LA
CONFÉRENCE D'ALGÉSIRAS

DU MÊME AUTEUR

Questions diplomatiques de l'année 1904. *Politique française; Question d'Orient; Guerre Russo-Japonaise.* 1 vol. in-16 de la *Bibliothèque d'histoire contemporaine*. 3 fr. 50

(Ouvrage couronné par l'Académie française)

LA CONFÉRENCE
D'ALGÉSIRAS

HISTOIRE DIPLOMATIQUE
DE LA CRISE MAROCAINE

(15 Janvier — 7 Avril 1906)

PAR

ANDRÉ TARDIEU

Premier secrétaire d'ambassade honoraire.

DEUXIÈME ÉDITION

PARIS

FÉLIX ALCAN, ÉDITEUR

LIBRAIRIES FÉLIX ALCAN ET GUILLAUMIN RÉUNIES

108, BOULEVARD SAINT-GERMAIN, 108

1908

Tous droits de traduction et de reproduction réservés.

PRÉFACE
DE LA DEUXIÈME ÉDITION

Les polémiques auxquelles a donné lieu la première édition de ce livre m'imposent l'obligation de résumer ici les critiques dont il a été l'objet et la réponse que j'ai opposée à ces critiques. Le but de cette préface est de montrer que ces polémiques n'ont affaibli aucune de mes affirmations. Le respect des lecteurs me faisait un devoir de cette démonstration. Je ne m'arrête donc pas aux articles approbatifs publiés en France, en Angleterre, en Espagne, aux États-Unis, en Russie, en Autriche même. Je me borne à noter que, comme le faisait remarquer un journal américain [1], *aucun démenti officiel* ne m'a contredit ni à Paris, ni à Londres, ni à Washington, ni à Madrid, ni à Rome, ni à Vienne, ni à Saint-Pétersbourg, et j'arrive, sans plus tarder, aux attaques de la presse allemande et aux essais de réfutation de la chancellerie impériale.

Le premier mouvement des journaux d'Outre-Rhin fut d'affirmer sans preuves que ces « soi-disant » (*sogenannten*) révélations n'avaient pas d'importance et ne tenaient point debout. On vit éclore toute une série de démentis imprécis et discourtois. « Ce sont, s'écriait le correspondant de Londres de la *Gazette de Cologne*, de vieux ragots de journaux réchauffés, des choses qu'on ne peut ni prouver ni démentir, un ramassis

---

[1]. La *New-York Evening Post*.

d'indications douteuses ou fausses..., qui d'ailleurs n'intéressent personne. » Ce sont de « vieux mensonges » ripostait le *Lokal-Anzeiger*. Et il ajoutait délicatement : « Les adorateurs de Michelet et de Thiers n'ont pas encore à craindre que leur idéal passe au second rang. » Je fus traité d' « empoisonneur » par M. Théodore Schiemann dans la *Gazette de la Croix*. Suivant lui, mon volume était simplement « monstrueux ». Le *Reichsbote* m'appelait lui aussi, « l'empoisonneur parisien, bien connu ». Pour la *Deutsche Tageszeitung*, c'était un « nouveau coup de la fronde delcassiste ». Pour la *National Zeitung*, j'étais un « fantaisiste ». Pour la *Schlesische Zeitung*, un « pamphlétaire » ; pour la *Braunschweigische Landeszeitung*, un « faussaire » ; pour la *Germania*, un « trouble-paix ». La *National Zeitung* se consolait en pensant que « ni le livre ni l'auteur n'étaient pris au sérieux en France ». Le *Hannoversche Kourrier* se gaussait de cette « littérature assez superflue ». La *Saale Zeitung* voyait en moi un agent « des cléricaux et des jésuites ». Pour la *Germania*, je faisais de « l'américanisme de presse » ; pour le *Beobachter* de Stuttgart, de la « fantaisie gauloise ». La *Neue Badische Landeszeitung* me reprochait d'être « hypnotisé par la trouée de Belfort » ; la *Magdeburgische Zeitung* de faire le « jeu de l'Angleterre ». La *Post* me désignait obligeamment pour « la potence ». J'en passe et des meilleurs, — parmi lesquels je m'en voudrais pourtant d'oublier le journal qui me dénonçait à ses lecteurs comme un « écrivain rabulistique [1]. »

Si docile que soit la presse allemande aux inspirations gou-

---

[1]. Les seuls démentis de faits énoncés au cours de cette première campagne portaient sur les trois points suivants : 1º qu'il n'y avait pas eu correspondance directe entre Guillaume II et M. Roosevelt, mais seulement communication diplomatique ordinaire de gouvernement à gouvernement ; 2º que le comte Witte n'avait jamais écrit à l'Empereur pour appuyer la thèse de la France ; 3º que le marquis di San-Giuliano, ministre des Affaires Étrangères d'Italie, avait déclaré inexact mon récit des événements du 7 au 14 mars. Comme on le verra plus loin, pages v et vi, la chancellerie de Berlin devait reconnaître peu de jours après que les deux premiers de ces démentis n'étaient pas soutenables. Quant au troisième, il suffit de rappeler que le marquis di San-Giuliano avait quitté la Consulta le 1er février.

vernementales, elle compte cependant des organes plus sérieux qui comprirent que ces négations sans preuves et ces injures sans arguments allaient à l'encontre du but qu'on se proposait. La *Gazette de Cologne*, après avoir publié la sortie de son correspondant de Londres, garda le silence. La *Gazette de Francfort*, tout en me reprochant d'être parfois « tendancieux », rendit justice à l'effort historique dont témoignait mon livre. Le *Berliner Tageblatt*, après en avoir cité de longs extraits, conclut qu'à son sens « la diplomatie allemande avait péché non par déloyauté mais par maladresse », car « dix mois durant, elle n'avait compris ni les dispositions de la France, ni celles de l'Europe ». La *Vossische Zeitung* exprima la même idée, ainsi que le *Hamburger Fremdenblatt*. La *Coblenzer Zeitung* ajouta : « Il y a longtemps que nous pensions qu'Algésiras n'était pas un coup d'éclat de la diplomatie allemande. Le livre de M. Tardieu confirme notre appréciation ». Le *Hannoversche Kourrier* écrivit : « Notre diplomatie n'a pas été déloyale, mais hélas ! aveugle ». La *Berliner Morgenpost* s'en prit aux « autosuggestions de la Wilhelmstrasse et de Potsdam ». Le *Neues Tagblatt* de Stuttgart conclut son commentaire en disant : « L'auteur sait beaucoup de choses et on aurait tort de traiter en bloc ses récits comme de simples racontars ». Le *Leipziger Tageblatt*, après avoir parlé de la « chamade allemande de mars 1906 », s'exprima dans le même sens : « Il est très grave de savoir que notre diplomatie fut dépendante de ce que, un beau jour, son facteur essentiel en eut assez de soutenir les réclamations que, pendant un an, ses représentants avaient appuyées de toutes leurs forces. » De même la *Neue Hamburger Zeitung* : « Notre diplomatie a manqué de coup d'œil et, sous les fers du régime personnel, elle a suivi une route peu conséquente et moins encore heureuse ». Le *Frankfurter General Anzeiger* déclara que la documentation de mon volume prouvait qu'il y avait eu des traîtres « à la Wilhelmstrasse ou plus haut ». Enfin plusieurs journaux réclamèrent une réfutation officielle. « C'est l'affaire de notre diplomatie, écrivait la *Magdeburgische Zeitung*. Elle seule, et non pas nous, est en état de répondre point par point, documents en mains ». Et d'autres organes ajoutaient : « Nous ne sommes naturellement pas en situation d'examiner si ces récits de M. Tardieu sont exacts dans tous leurs détails ». L'appel à la chancellerie était donc direct et pressant. Un journal même souhaitait que le chancelier s'expliquât à la tribune lors de la discussion du budget des Affaires Étrangères.

Bien qu'une réfutation officielle condamnât la première version — « allégations sans importance, démenti inutile », — on considéra à la Wilhelmstrasse que l'on ne pouvait s'y soustraire. Et le 24 mars, sous la forme d'un article anonyme paru dans la revue les *Grenzboten*, on s'exécuta. Cet article, par une précaution oratoire qui devait d'ailleurs être insuffisante, commençait par reconnaître la difficulté de réfuter mes révélations. On y lisait en effet :

> M. Tardieu paraît connaître les dossiers des chancelleries non seulement de Paris, mais aussi de Saint-Pétersbourg, de Londres, de Washington et de Berlin. Il connaît ce que les délégués à Algésiras se sont raconté à l'heure du cigare. Il sait si le comte de Tattenbach était tel ou tel jour bien ou mal luné. Il sait ce que le baron Speck de Sternburg a dit à M. Root, ce que M. de Schœn a dit au comte Lamsdorf. Il nous livre le contenu d'une correspondance du comte Witte avec l'homme de confiance que lui avait désigné l'empereur d'Allemagne, et s'il ne publie pas le texte des quatre ou cinq dépêches échangées entre le président Roosevelt et l'Empereur, ce n'est sans doute que par discrétion.

Et ils ajoutaient :

> La pire contre-vérité n'est pas celle qui est inventée ; même une invention peut encore dans un certain sens être conforme à la vérité. Beaucoup plus graves sont les travestissements de la vérité en ton et en couleur, les fausses intentions que l'on attribue aux choses. C'est le cas de M. Tardieu.

Après quoi, sans entreprendre de discuter l'ensemble du volume : *La Conférence d'Algésiras*, l'avocat de la Wilhelmstrasse limitait son effort à la période comprise entre la chute du cabinet Rouvier et l'arrivée aux affaires de M. Léon

Bourgeois (7-14 mars 1906). Il confirmait ainsi implicitement plus des trois quarts de mon récit. La discussion même à laquelle il se livrait de quelques soixante pages sur cinq cents, apportait d'ailleurs sur plusieurs points jusqu'alors contestés, un aveu intéressant. Voici ces points :

1° L'existence de la circulaire allemande du 12 mars 1906, niée par la *Gazette de l'Allemagne du Nord* lorsqu'elle écrivait : « Il n'existe pas de document de la diplomatie impériale qui... etc., » était reconnue par les *Grenzboten* qui se bornaient à en contester le caractère [1].

2° Ils accordaient que les démarches prescrites aux ambassadeurs d'Allemagne par cette circulaire avaient eu effectivement lieu pendant la crise ministérielle française. Ils en discutaient seulement la portée.

3° Ils avouaient que le comte Witte avait correspondu avec l'empereur d'Allemagne et reconnaissaient l'existence de la lettre du premier ministre russe (20 février 1906) et de la réponse impériale, précédemment démenties [2]. Ils ne discutaient que l'interprétation sans d'ailleurs présenter de ces deux documents une analyse sensiblement différente de celle publiée par moi.

4° Ils reconnaissaient aussi que le 12 mars le prince de Bülow avait bien réellement fait parvenir au comte Witte une communication personnelle [3]. Ils ajoutaient seulement que cette communication avait passé par l'intermédiaire d'un financier allemand, qui se trouvait alors à Saint-Pétersbourg. Ce détail de forme, — exact et dont j'ai tenu compte dans ma seconde édition, — ne change d'ailleurs rien au fond des choses.

5° Enfin, contrairement à l'affirmation antérieurement produite [4] qu'il n'y avait pas eu de communications directes entre l'Empereur et le président Roosevelt, mais seulement des

---

1. Voir ci-dessous page 333.
2. *Ibid.*, page 247.
3. *Ibid.*, page 319.
4. Voir ci-dessus page II, note 1.

communications diplomatiques ordinaires de gouvernement à gouvernement, les *Grenzboten* avouaient que, le 7 mars, M. Roosevelt avait remis au baron de Sternburg, ambassadeur d'Allemagne à Washington, un message personnel pour l'Empereur, auquel celui-ci répondit le 13 mars. Le désaccord ne portait donc plus que sur le nombre de ces communications.

Par rapport aux premiers démentis, cette ligne de défense était, on s'en rend compte, en sensible retraite. Elle n'en était pas pour cela meilleure ni plus facile à tenir. Si, des points avoués par les *Grenzboten*, on passe en effet à ceux qu'ils discutaient, on fait les constatations suivantes :

1° Les *Grenzboten* me reprochaient d'avoir faussé le sens du vote du 3 mars, qui mit dix voix du côté de la France et trois du côté de l'Allemagne. Ils soutenaient que ce vote avait été sans portée, n'avait pas modifié l'attitude de l'Allemagne. Comment explique-t-on alors les reproches violents adressés à propos de ce vote par les délégués allemands au marquis Visconti-Venosta, au comte Cassini, au duc d'Almodovar, au baron de Joostens ? Tout le monde à Algésiras a connu ces reproches, tous les gouvernements en ont la preuve dans leurs archives et les *Grenzboten* ne nient point qu'ils se soient produits. Comment explique-t-on, d'autre part, que le soir même de ce vote, M. de Tattenbach soit venu offrir à M. Révoil de s'entendre tout de suite sur la banque ? Comment explique-t-on enfin que le 5 et le 6, l'Empereur et le chancelier aient déclaré au prince de Monaco accepter les propositions françaises qu'ils écartaient depuis le 15 janvier ? A ces trois questions les *Grenzboten* ont négligé de répondre. Leur interprétation n'est donc pas défendable.

2° Ils prétendaient ensuite que la circulaire allemande du 12 mars ne parlait ni de la police de Casablanca, ni de l'isolement de la France, et ce, pour cette bonne raison que ces jours-là on n'avait pas, à Algésiras, abordé la question de Casablanca. Ils ajoutaient que le samedi 10 et le dimanche 11 mars, date de la dépêche Radowitz qui devint la circulaire du

12, il n'avait pas été question de Casablanca. Or, c'est précisément le samedi 10 mars qu'eut lieu la conversation décisive où M. de Radowitz déclara à sir Arthur Nicolson, à la grande surprise de celui-ci, que l'Allemagne ne céderait rien sur Casablanca [1]. De plus, quand le comte Wolff-Metternich fit à sir Edward Grey la communication dont il était chargé par la circulaire du 12 mars, de quoi parla-t-il [2] ? De Casablanca. Et le 15, quand l'ambassadeur d'Autriche à Londres questionna M. Geoffray, ministre de France, sur les renseignements qu'il tenait de son collègue allemand, que lui dit-il :

— Est-il vrai que vous acceptiez la police suisse à Casablanca [3] ?

J'ajoute que le fond et la forme des instructions anglaises et russes des 13 et 19 mars [4] seraient inintelligibles, si elles n'avaient pas été provoquées par l'affirmation venue de Berlin que la France était isolée. Ici encore, par conséquent, les *Grenzboten* énoncent une affirmation inconciliable avec les faits mêmes qu'ils ne discutent ni ne peuvent discuter. Il n'y a donc pas lieu de s'y arrêter.

3° Ils prétendaient ensuite que j'avais calomnié l'Allemagne en montrant qu'elle était devenue, par suite de la crise ministérielle française, plus intransigeante. Comment explique-t-on alors que le 7 mars, le prince de Monaco, arrivant à Paris de Berlin où l'avait appelé l'Empereur, se soit déclaré chargé de transmettre à M. Rouvier une proposition qui acceptait la police franco-espagnole pour tous les ports, sans régime spécial pour Casablanca [5], et que quatre jours plus tard, le 11, M. de Radowitz ait déclaré intangible, dans sa conversation avec sir Arthur Nicolson, le projet autrichien, c'est-à-dire le régime spécial de Casablanca, réveillant ainsi une prétention qui était abandonnée avant la chute du cabinet Rouvier, pen-

1. Voir ci-dessous page 311.
2. *Ibid.*, page 318.
3. *Ibid.*, page 318.
4. *Ibid.*, pages 329, 330, 331.
5. *Ibid.*, page 295.

dant le séjour à Berlin du prince de Monaco (4-6 mars)[1]?

4° En ce qui concerne le télégramme du prince de Bülow à M. Witte, le 12 mars, les *Grenzboten* ne niaient pas, on l'a vu, son existence, mais disaient qu'il avait passé par l'intermédiaire d'un financier allemand. Ce qui importe, c'est de savoir ce qu'il contenait. Or, on y trouvait la phrase suivante que je n'avais pas donnée dans ma première édition et que je cite textuellement : « Grâce à nos concessions, tout marchait favorablement à la conférence, lorsque tout à coup M. Révoil a provoqué de nouvelles difficultés, à l'étonnement de tous les autres plénipotentiaires qui jugent ses prétentions injustifiées *et qui tous, même les Anglais, inclinent en notre faveur...* Nous espérons que M. Witte fera entendre sa parole autorisée, etc... » Là encore, soutiendra-t-on que l'isolement de la France n'était pas affirmé par le prince de Bülow ?

5° Quant à la correspondance directe entre le président Roosevelt et l'empereur d'Allemagne, après l'avoir niée, on reconnaissait qu'elle avait existé le 7 et le 13 mars. Je maintiens qu'elle a été plus fréquente. Il y a eu d'abord, entre le 17 et le 23 février, deux dépêches transmises par les ambassadeurs respectifs. La première dépêche de M. Roosevelt recommandait les propositions françaises (police franco-espagnole) ; elle était la conséquence de la déclaration faite le 5 février, par M. Henry White à M. de Radowitz, lorsqu'il lui avait dit qu'il approuvait la solution franco-espagnole et la recommanderait à Washington[2]. L'Empereur répondit par un refus que M. de Sternburg alla communiquer à M. Roosevelt. La seconde dépêche du Président recommandait à l'Empereur la combinaison arrêtée le 14 et le 15 février à Algésiras par MM. White et Révoil (police franco-espagnole, rapports de la légation d'Italie) et dont j'ai publié dans mon livre le texte inédit[3]. L'Empereur répondit en revendiquant le droit pour le sultan

1. Voir ci-dessous page 205.
2. *Ibid.*, page 153.
3. *Ibid.*, page 180.

de choisir où il voudrait les instructeurs de la police. Et cette fois encore M. de Sternburg apporta la réponse *au nom de son souverain.* J'ajoute que c'est à ce premier échange de communications que se réfère le télégramme du Président en date du 7 mars, avoué par les *Grenzboten* et qui, sans elles, n'aurait pas eu de sens.

L'existence du télégramme impérial du 13 mars était également reconnue. Quant aux télégrammes impériaux du 15 et du 17, que niaient les *Grenzboten,* la réalité est la suivante. Le 15 mars, M. de Sternburg vint communiquer à M. Root un télégramme qu'il avait reçu, disait-il, *non du chancelier mais de l'Empereur,* télégramme qui réclamait « la porte ouverte » et dénonçait l'avidité des banques françaises. Le 17 mars, M. de Sternburg revint voir M. Root et lui fit part *d'une nouvelle communication de son souverain;* l'Empereur, dans cette communication, disait que, *seuls, les Américains soutenaient la France* et priait le Président d'accepter le projet Welsersheimb.

Restait un détail relatif à la communication conciliante transmise à M. Rouvier par le prince de Monaco, à la suite du séjour qu'il fit à Berlin le 5 et le 6 mars. Les *Grenzboten* disaient que le prince avait fait cette communication à M. Rouvier le 8 mars seulement, c'est-à-dire après la chute de celui-ci. La vérité, que j'ai vérifiée, est la suivante. Le prince de Monaco rentra à Paris le 7 mars et ce jour-là même, pendant qu'on discutait l'interpellation à l'issue de laquelle le cabinet devait démissionner, il confia à un ami de M. Rouvier les résultats de son voyage. Il les confirma, le lendemain 8, au président du Conseil démissionnaire et au Président de la République. Il n'en reste pas moins — et cela seul est à retenir, — que c'est le 5 et le 6, c'est-à-dire avant la chute du ministère, qu'on l'avait à Berlin chargé de nous transmettre les offres acceptables, qui, la crise une fois ouverte, furent retirées le 10 mars[1].

---

[1]. La réponse qu'on vient de lire fut adressée par moi à la *Gazette de Cologne* qui, très impartialement, la publia à la place même où elle avait repro-

Je suis donc autorisé à conclure que rien ne subsiste de la tentative de réfutation des *Grenzboten*. Par son caractère limité, cette réfutation confirme tout ce qu'elle ne discute pas, — c'est-à-dire les trois quarts du livre. Et ce qu'elle discute est également confirmé par l'insuffisance des arguments sur lesquels elle s'appuie. On m'a reproché, dans certains journaux allemands de m'être borné à « préciser les faits » au lieu d'en « discuter l'interprétation ». Quand la précision est absolue, l'interprétation est superflue. Les lecteurs impartiaux penseront avec moi que c'est ici le cas.

Qu'il me soit permis, en terminant, d'exprimer ma gratitude aux nombreux journaux et revues français et étrangers qui ont cité, commenté et discuté ce livre, avec sérieux et sincérité. Après comme avant cette discussion, je crois qu'il n'est jamais trop tôt pour tirer des événements la leçon qu'ils comportent. Or, la vérité seule, connue tout entière et sans fausse discrétion, a une valeur éducatrice. Je n'avais d'autre propos que de la faire connaître. L'approbation des uns et les attaques des autres me permettent d'espérer que j'ai rempli cette tâche modeste et nécessaire.

duit l'article des *Grenzboten*. Il est à propos de rappeler ici que cet article concluait en vantant l'objectivité de la presse allemande, toujours prête à donner audience même à un adversaire. Or, tandis que le factum de la chancellerie avait été partout reproduit (*Gazette de l'Allemagne du Nord*, *Strassburger Post*, *National Zeitung*, *Magdeburgische Zeitung*, *Neues Tagblatt* de Stuttgart, *Hamburger Korrespondenz*, *Hannoversche Kourrier*, *Vossische Zeitung*, *Post*, etc...) ma réplique à la *Gazette de Cologne* ne fut mentionnée nulle part, en Allemagne, sauf dans la *Hamburger Korrespondenz*.

Paris 15 juin 1907.

AVANT-PROPOS

La conférence d'Algésiras a marqué le dénouement de la crise la plus grave que la France ait traversée depuis 1875. Elle a tenu en haleine, trois mois durant, la curiosité du monde. Puis, l'accord établi, elle est tombée dans un oubli dont n'a pas suffi à la tirer la publication du Livre Jaune enregistrant ses protocoles.

Cette prompte insouciance s'explique par bien des raisons : d'abord par une tendance nationale à la sécurité et à l'optimisme, ensuite et surtout par l'ignorance où est restée l'opinion des conditions réelles d'un débat, dont Algésiras ne vit que la plus médiocre part et qui eut pour théâtre l'Europe et l'Amérique. C'est à dissiper cette ignorance que ce livre est destiné. Ceux-là seuls le trouveront prématuré qui prétendent imposer à une démocratie les actes de foi diplomatiques que les régimes absolus exigent de leurs sujets.

Quotidiennement mêlé par mes « Bulletins » du Temps à la discussion de l'affaire marocaine, j'ai soutenu, pendant ces semaines de lutte, ce que je croyais la vérité avec énergie et avec passion. Peut-être n'en faudra-t-il pas plus pour que certains aujourd'hui me reprochent de manquer d'impartialité. A cette accusation, ce volume, purement historique et documentaire, répondra pour moi.

Je l'ai écrit sans parti pris comme sans complaisance, en donnant la part large à l'exposition des faits, en réduisant *au minimum les appréciations personnelles. Si la politique allemande apparaît, dans les pages qui suivent, souvent inquiétante et inamicale, ai-je besoin d'ajouter que personne en France ne songe à en rendre l'Allemagne responsable? Les fautes du gouvernement impérial lui sont personnelles. Il est utile de les connaître, légitime de les préciser. Ce n'est pas là faire acte d'hostilité contre une grande nation qui mérite et possède l'estime du peuple même qui a le plus souffert par elle.*

Me sera-t-il d'ailleurs permis de rappeler que, durant les huit mois qui ont précédé la réunion de la conférence, j'ai été de ceux qui croyaient à la possibilité d'une entente que la diplomatie allemande nous promettait honorable? Si, du 15 janvier au 26 mars 1906, cette confiance a été trompée et si les hommes politiques et les publicistes, qui avaient en France un avis à exprimer, ont alors affirmé leur surprise, à qui la faute? Le gouvernement allemand s'est plaint de la véhémence de l'opinion française. C'est lui qui l'avait déchaînée par l'équivoque de sa diplomatie et la violence calculée de sa presse officieuse. Et il l'a justifiée finalement, en acceptant, après dix semaines de résistance, les solutions que, dès le début, nous avions recommandées à l'Europe.

Les renseignements le plus souvent inédits, que j'ai coordonnés et contrôlés après les avoir recueillis dans la plupart des pays représentés à la conférence, s'enchaînent historiquement avec une rigueur qui me dispense d'insister sur leur exactitude. On pourra discuter leur interprétation. On ne contestera pas leur authenticité. Ils se divisent en trois séries parallèles: discussions publiques à la conférence, pourparlers confidentiels entre plénipotentiaires, négociations entre chancelleries. C'est de ces trois sources inséparables que devait se composer l'histoire diplomatique de la conférence. C'est à concentrer cette histoire — fragmentairement connue et parfois totalement ignorée jusqu'ici, — que s'est appliqué mon effort.

Dans une première partie, j'ai montré les thèses, les droits et les intérêts en présence ; le milieu politique et local ; la rencontre des délégués ; leurs travaux économiques, simple escarmouche avant le combat. La seconde partie analyse les tractations secrètes des plénipotentiaires français et allemands en vue d'un accord direct ; l'intervention des puissances dans ces tractations inutiles ; la faillite de ces entretiens à huis-clos. La troisième partie raconte la crise de la conférence ; les débats publics sur les questions capitales de la Banque et de la Police ; le premier vote ; ses effets heureux ; puis le recul provoqué par la chute du ministère Rouvier. La quatrième partie retrace les efforts de M. Léon Bourgeois pour rétablir la situation compromise ; l'acheminement laborieux vers l'entente ; les dernières discussions sur l'inspection et la répartition des ports. L'ordre chronologique et l'ordre logique se confondent ainsi d'un bout à l'autre.

Quelque conclusion que les lecteurs doivent tirer de cette histoire de trois mois, il n'était pas inutile que les données leur en fussent soumises et que l'opinion française fût saisie des pièces d'un procès, dont elle a retenu seulement le retentissant début et l'apaisante issue. Il n'y a pas pour les peuples de meilleure école que la vérité. Et il n'est jamais trop tôt pour les y conduire.

10 janvier 1907.

LA
CONFÉRENCE D'ALGÉSIRAS

INTRODUCTION

I. Les accords de 1904. — II. L'Allemagne et les accords de 1904. — III. La France et le Maroc en 1904. — IV. Le voyage de Tanger et l'échec de la France à Fez. — V. M. Rouvier et l'accord du 8 juillet 1905. — VI. L'accord du 28 septembre 1905. — VII. La veille de la Conférence.

Le conflit franco-allemand relatif au Maroc a commencé près de deux ans avant la réunion de la conférence. Bien que l'histoire de ce conflit dépasse les limites de ce livre, le rappel linéaire et purement schématique des principaux événements qui, du 8 avril 1904 au 15 janvier 1906, ont jalonné la route dont Algésiras fut le terme, est indispensable à l'intelligence des débats et des pourparlers qui feront l'objet de cette étude.

I

Au seuil[1], nous trouvons la déclaration franco-anglaise du 8 avril 1904[2]. Cette déclaration vise l'Égypte et le Maroc. Elle couronne les négociations commencées à Londres en juillet 1903 par M. Delcassé et Lord Lansdowne, continuées, depuis, par M. Paul Cambon. En ce qui touche le Maroc, cet accord porte que

---

1. Deux accords antérieurs avaient été signés en décembre 1900 et le 1ᵉʳ novembre 1902 entre la France et l'Italie, aux termes desquels les deux pays se promettaient leur désintéressement mutuel au Maroc et à Tripoli. Voir ci-dessous page 61.
2. Voir appendice, page 479.

TARDIEU. 1

le gouvernement français n'a pas l'intention de changer l'état politique de l'Empire chérifien. Par contre, le gouvernement britannique reconnaît qu'il appartient à la France, notamment comme puissance limitrophe du Maroc sur une vaste étendue, de veiller à sa tranquillité et de lui donner son assistance pour toutes les réformes administratives, économiques, financières et militaires dont il a besoin. Pour une période de trente ans renouvelable par tacite reconduction, les deux gouvernements, également attachés au principe de la liberté commerciale, s'engagent à ne se prêter à aucune inégalité, pas plus dans l'établissement des droits de douanes ou autres taxes que dans les tarifs de transport par chemin de fer. Ils déclarent enfin prendre en considération particulière les intérêts de l'Espagne au Maroc, la France devant à ce sujet se concerter avec elle, et se promettent l'appui réciproque de leur diplomatie tant en Egypte qu'au Maroc.

C'est là un protocole de désintéressement en notre faveur. Nous obtenons l'adhésion du gouvernement britannique, — jusqu'alors notre plus redoutable adversaire à la cour chérifienne, — à une politique qui, sans menacer ni l'intégrité du Maroc, ni la souveraineté du Sultan, ni la liberté commerciale, nous place auprès du maghzen dans une situation spéciale et nous confie le soin de l'aider de toutes façons à rétablir l'ordre et la sécurité depuis si longtemps troublés. Cette politique de collaboration amicale a déjà été définie, pour les districts marocains limitrophes de l'Algérie, par les protocoles du 20 juillet 1901 et du 20 avril 1902 [1], destinés « à établir solidement la paix et la sécurité », de même qu'à « affirmer définitivement l'entente des deux gouvernements et le double et mutuel appui qu'ils ont résolu de se prêter. » On ne saurait mieux résumer la politique inscrite dans la déclaration du 8 avril qu'en disant qu'elle étend à l'ensemble du Maroc les principes appliqués par les accords de 1901 et 1902 au règlement des questions de frontière.

Le 3 octobre 1904, le traité franco-espagnol prévu par le traité franco-anglais est signé à son tour [2]. Il est, lui aussi, conçu en forme de déclaration. Il enregistre d'abord l'accord des deux pays en vue

---

1. Voir *Livre Jaune* 1901-05 (2ᵉ édition), pages 16 et 34.
2. Voir appendice, page 481.

de fixer l'étendue des droits et la garantie des intérêts résultant pour eux de leur situation spéciale ; ensuite l'adhésion de l'Espagne à la déclaration franco-anglaise du 8 avril. Sur quelles bases a été fixée « l'étendue des droits et la garantie des intérêts » ? On ne le dit pas : il y a donc un traité secret. Mais comme ce traité n'influencera que plus tard[1] les événements, il est inutile de le retenir ici. Notons seulement que les engagements pris en avril quant à l'intégrité du Maroc, à la souveraineté du Sultan et à la liberté commerciale sont solennellement confirmés.

Avec ces deux accords, nous tenons la base diplomatique du conflit, qui, bientôt, éclatera entre la France et l'Allemagne.

II

Rien, d'abord, ne rend ce conflit vraisemblable. Peu de jours avant la signature de l'arrangement franco-anglais, le 23 mars 1904, le prince de Radolin, ambassadeur d'Allemagne, a dit à M. Delcassé[2] :

— Je vais vous poser une question indiscrète. Est-il vrai qu'un accord soit signé ou sur le point de l'être entre la France et l'Angleterre ?

Dans sa réponse, le ministre a défini sa politique à l'égard du Maroc :

— Nous voulons maintenir au Maroc l'état politique actuel. Mais cet état, pour durer, doit manifestement être soutenu et amélioré... Le Sultan a pu déjà se convaincre de l'efficacité de notre aide sur les points où il nous l'a demandée. Il s'agit de la lui continuer. Mais elle lui sera donnée de telle sorte que tout le monde en bénéficiera, notamment au point de vue des transactions commerciales, que ne pourra que favoriser l'établissement de la sécurité, qui est un des premiers besoins du Maroc. Il est superflu d'ajouter que, sous quelque forme que nous soyons amenés à prêter assistance au Sultan, la liberté commerciale sera rigoureusement et entièrement respectée.

1. Voir ci-dessous page 377 et suivantes.
2. Voir *Livre Jaune. Affaires du Maroc*, 1901-05, page 122 et *Livre Blanc*, page 4. Les renvois au *Livre Blanc* se réfèrent à la traduction publiée par le Comité de l'Afrique française.

Le prince de Radolin trouve ces déclarations « très naturelles et parfaitement justifiées ». Quinze jours après, le traité est signé et aussitôt publié par les soins du gouvernement anglais. Aucune communication spéciale n'en est faite par la France aux puissances qui n'ont pas pris part à la négociation. M. Delcassé télégraphie seulement à M. Bihourd, notre ambassadeur à Berlin, de répéter au secrétaire d'État allemand ce qu'il a déjà dit au prince de Radolin de notre respect pour les intérêts de tous[1]. Avant même que cette démarche ne s'accomplisse, le chancelier de l'Empire parle au Reichstag le 12 et le 14 avril[2]. Le 12, il déclare qu'il n'a aucune raison de supposer que l'accord franco-anglais soit dirigé contre une puissance quelconque : « Nous n'avons, au point de vue des intérêts allemands (en général), rien à y objecter... En ce qui concerne le Maroc... nous avons là avant tout des intérêts commerciaux. Nous devons les protéger et nous les protègerons. Nous n'avons aucun sujet de redouter qu'ils puissent être méconnus ou lésés. » Le 14, nouveau discours confirmant la résolution d'observer « une politique de calme réfléchi et même de réserve,... de ne pas lancer le pays (à propos du Maroc) dans une aventure ».

Il semble donc que le gouvernement allemand rend justice à l'esprit dont s'inspire l'accord franco-anglais. Il ne se plaint pas, en tout cas, de l'absence de notification. Sans doute, le parti colonial fait entendre quelques protestations[3]. Sans doute aussi, notre ambassadeur à Berlin ne paraît pas penser que « la réserve » de l'Allemagne doive durer toujours[4]. Mais rien ne permet de prévoir inquiétude ni hostilité. De même, lorsque, le 7 octobre, M. Bihourd annonce la signature du traité franco-espagnol, dont, huit jours après, il remettra le texte, aucune objection n'est formulée et l'on enregistre purement et simplement notre engagement de maintenir la liberté commerciale. Le secrétaire d'Etat, baron de Richthofen, marque même à cette occasion que l'Allemagne n'attache aux affaires marocaines qu'un intérêt purement

---

1. Voir *Livre Jaune*, page 129.
2. *Ibid.*, pages 126, 127, 128.
3. Voir plus loin page 49.
4. Voir *Livre Jaune*, page 129.

économique[1]. L'année 1904 s'achève donc, du côté allemand, sur une impression de sécurité.

III

Tandis qu'en Europe ces événements se déroulent, nous avons au Maroc, — avec un excès de lenteur, il est vrai — poursuivi la réalisation des principes posés le 8 avril. Fidèles à notre attitude antérieure, nous nous sommes bornés, comme les années précédentes, à répondre aux demandes du maghzen, demandes d'argent d'abord, ensuite de secours militaires. Et Ben Sliman, à diverses reprises, nous a exprimé les remercîments du Sultan[2].

En mai, un citoyen des États-Unis, M. Perdicaris et son gendre, M. Varley, sujet britannique, ayant été arrêtés par le brigand Raissouli, la France intervient et, grâce au chérif d'Ouazzan, obtient leur délivrance, rendant ainsi un triple service au gouvernement chérifien, au gouvernement de l'Union et au gouvernement anglais[3]. Le 12 juin 1904, grâce à notre intervention, le maghzen signe avec un consortium de banques françaises un emprunt de 62 millions et demi, avec garantie sur les douanes, qui le sort de la crise financière où il se débattait[4]. En juillet, M. Regnault, consul général chargé de mission et délégué des porteurs de l'emprunt, organise dans les ports le prélèvement sur les recettes douanières prévu par le contrat et ne rencontre aucune difficulté[5]. A la même époque, le capitaine français Fournier est placé à la tête de la police de Tanger[6]. Un de nos croiseurs réprime à Larache des troubles menaçants pour l'autorité du Sultan[7]. Du côté de l'Algérie, nous exécutons largement les accords de 1901 et 1902, soit en assurant *via* Oran-Aïn-Sefra la relève de la garnison marocaine de Figuig, soit en accueillant sur notre territoire,

1. Voir *Livre Jaune*, pages 166 et 167.
2. *Ibid.*, pages 117 à 187 *passim*.
3. *Ibid.*, pages 135 à 157 *passim*.
4. Voir plus loin page 119.
5. Voir André Tardieu, *Questions diplomatiques de l'année 1904*. Félix Alcan, éditeur, page 57.
6. Voir *Livre Jaune*, page 160.
7. *Ibid.*, pages 117 à 187 *passim*.

non sans grands dommages et frais, les tribus chassées par le Prétendant[1]. Et tous ces actes amicaux de collaboration font à Alger l'objet de pourparlers suivis avec le nouveau commissaire marocain El Hadjoui[2].

A la fin de décembre 1904, le maghzen répond à ces services par un mauvais procédé en essayant de congédier la mission militaire française instituée au Maroc depuis plus de vingt ans. Mais sur notre énergique protestation, il renonce à ce projet[3]. Et, le 11 janvier 1905, notre ministre à Tanger, M. Saint-René-Taillandier part pour Fez où il doit exposer au Sultan notre programme de réformes. Cet exposé commence le 15 février et se prolonge pendant tout le mois de mars, en présence non seulement du maghzen et des vizirs, mais d'une « délégation » de notables marocains convoquée pour couvrir la résistance que bientôt nous allons rencontrer devant nous[4]. Dès le 21 février, Abd-el-Aziz, dans une conversation avec le consul allemand Vassel, nous accuse faussement d'invoquer un « mandat de l'Europe[5] ». C'est le commencement de la partie double liée contre nous par le Maroc et l'Allemagne et dont les symptômes vont se précipiter.

IV

Déjà au début de février 1905, M. de Kühlmann, chargé d'affaires d'Allemagne à Tanger, a dit au comte de Cherisey, chargé d'affaires de France, que son gouvernement lui a fait savoir que, n'ayant rien connu des accords intervenus au sujet du Maroc, il ne se reconnaît en aucune manière comme lié par eux[6]. M. Bihourd, chargé de demander à Berlin des explications n'a pu obtenir aucun éclaircissement[7]. Au milieu de mars, on apprend officiellement que Guillaume II, au cours de sa croisière dans la

---

1. Voir *Livre Jaune*, pages 117 à 187 *passim*.
2. *Ibid.*, page 176.
3. *Ibid.*, page 189.
4. *Ibid.*, pages 193 à 225 *passim*.
5. Voir *Livre blanc*, page 2.
6. Voir *Livre Jaune*, page 196.
7. *Ibid.*, page 198.

Méditerranée, compte s'arrêter à Tanger. Le 16 mars, le chancelier de Bülow, interpellé au Reichstag par le comte de Reventlow, se contente d'affirmer qu'il veillera à ce que les intérêts économiques allemands au Maroc ne soient pas lésés ; qu'au surplus le moment est mal choisi pour faire des déclarations plus détaillées [1]. Le 29 mars, répondant à M. Bebel, il est moins bref, mais non plus rassurant [2]. L'Allemagne ne poursuit au Maroc aucun avantage territorial. Mais elle tient à l'égalité économique. Et le chancelier continue en paraphrasant la déclaration de M. de Kühlmann sur l'ignorance où l'Allemagne se trouve des accords anglo-français et les conséquences qu'elle en tire. La menace à notre endroit est donc patente. Le 31 mars, M. Delcassé, questionné au Sénat par M. Decrais, évite de parler de cette menace. Il se contente d'observer que « rien dans notre politique marocaine, ni dans notre pratique des accords du 8 avril et du 6 octobre 1904 ne peut expliquer le mouvement de presse » qui a été signalé [3]. Il précise une fois de plus le caractère de notre politique. Il reconnaît la possibilité « d'incidents, d'accidents » même. Il conclut que « depuis un an, rien de nouveau ne s'est produit dans nos

---

[1]. « M. de Reventlow touche la question de savoir si et comment de nouveaux accords entre des tiers peuvent influencer nos relations avec le Maroc. » M. de Reventlow semble trouver que notre politique est trop inactive sur ce point, et que nous nous laissons aller à des négligences. Je comprends parfaitement l'attention que l'on apporte ici aux événements qui se déroulent au Maroc et à son sujet. Je considère comme du devoir du gouvernement allemand de veiller à ce qu'à l'avenir nos intérêts économiques dans ce pays ne soient pas lésés.
» Le moment est mal choisi pour faire des déclarations plus détaillées. Je les remets à plus tard. » (Le *Temps*, 17 mars 1905.)

[2]. Après avoir affirmé que l'Allemagne ne poursuivait aucun avantage territorial, le chancelier déclarait :
« Si M. Bebel a laissé entendre qu'il croit que notre politique envers le Maroc a changé depuis un an, je dois lui rappeler d'abord que le langage et l'attitude des diplomates et des politiques se règlent d'après les circonstances. Le moment que je juge favorable pour la production des intérêts allemands, je le choisis d'après ma propre estimation. Abstraction faite de cela, rien n'a changé dans les tendances de la politique allemande sur ce point. Celui qui cherche un fait nouveau ne le trouvera pas dans la politique allemande.
» Mais si l'on tente de modifier la situation internationale du Maroc ou d'installer un contrôle à la « porte ouverte » dans son développement économique, nous devrons aussi veiller plus qu'auparavant à ce que nos intérêts économiques ne soient pas en danger.
» Nous nous mettrons là-dessus en relations d'abord avec le Sultan du Maroc. » (Le *Temps*, 31 mars 1905.)

[3]. Voir *Journal officiel*, 1er avril 1905.

intentions ni dans nos actes ». Mais, au même instant, Guillaume II, par son discours de Tanger, introduit ce « fait nouveau », que M. Delcassé n'aperçoit pas.

Dans ce discours [1], l'Empereur insiste sur l' « indépendance » du Sultan, « souverain absolument libre », sur sa volonté de s'entendre « avec lui » pour sauvegarder les intérêts allemands au Maroc, sur la nécessité de ne procéder aux réformes (présentées par la France) « qu'avec beaucoup de précaution ». Aussitôt la presse allemande se met en mouvement ; elle réclame, pour le règlement des affaires marocaines, la réunion d'une conférence internationale, et dénie à la France toute qualité pour s'en occuper spécialement [2]. On cherche alors du côté français à s'expliquer. Le 7 avril [3], M. Delcassé renouvelle à la Chambre les explications qu'il a données au Sénat : « La pratique de nos accords ne peut, dit-il, motiver des appréhensions que leur conclusion n'a pas fait naître... Nous ne lésons en rien, nous ne méditons de léser en rien les intérêts d'autrui... L'ayant dit à plusieurs reprises, nous n'éprouvons aucun embarras à le répéter. » Le 13 avril, à un dîner chez le prince de Radolin, M. Delcassé rappelle à l'ambassadeur qu'il lui a fait connaître l'accord anglo-français avant sa signature ; qu'il a communiqué l'accord franco-espagnol ; qu'il est tout disposé à dissiper un malentendu, s'il en existe un malgré tout [4]. Le 18 avril, M. Bihourd

---

1. En voici le texte. « C'est au Sultan, en sa qualité de souverain indépendant, que je fais aujourd'hui ma visite. J'espère que, sous la souveraineté du Sultan, un Maroc libre restera ouvert à la concurrence pacifique de toutes les nations, sans monopole et sans annexion, sur le pied d'une égalité absolue. Ma visite à Tanger a eu pour but de faire savoir que je suis décidé à faire tout ce qui est en mon pouvoir pour sauvegarder efficacement les intérêts de l'Allemagne au Maroc, puisque je considère le Sultan comme souverain absolument libre. C'est avec lui que je veux m'entendre sur les moyens propres à sauvegarder ces intérêts. Quant aux réformes que le Sultan a l'intention de faire, il me semble qu'il faut procéder avec beaucoup de précaution, en tenant compte des sentiments religieux de la population pour que l'ordre public ne soit pas troublé. » Voir *Livre Jaune*, page 205.

2. *La Gazette de l'Allemagne du Nord*, suivie par toute la presse officieuse écrit :
« L'allocution de S. M. l'empereur s'accorde avec la déclaration que le chancelier comte de Bülow a faite le 29 mars au Reichstag. L'Allemagne demande que toutes les nations représentées au Maroc soient traitées, au point de vue économique, sur un pied d'égalité, selon l'esprit de la convention internationale conclue à Madrid en 1880 ». (Voir *Le Temps* 6, 7, 8 avril 1905.)
Sur la signification réelle de la convention de 1880, voir plus loin page 39.

3. Voir *Journal officiel* du 8 avril 1905.

4. V. *Livre Jaune*, page 211.

fait auprès de M. de Mühlberg une démarche analogue[1]. Mais l'une n'a pas plus d'effet que l'autre.

Alors la Chambre française perd son calme et, dans la séance du 19 avril, MM. Jaurès, de Castellane, Paul Deschanel, Vaillant, attaquent tour à tour le ministre des Affaires étrangères[2]. Celui-ci répond brièvement qu'il a déclaré, et fait déclarer qu'il était prêt à donner toutes explications qu'on jugerait utiles et qu'il n'a rien à ajouter. M. Rouvier, président du Conseil, intervient. Il souligne le changement d'attitude de l'Allemagne de 1904 à 1905, changement dû, selon lui, aux défaites russes. Il répète que nous sommes prêts à « causer »; que nous restons résolus à respecter l'égalité commerciale : « Nous demande-t-on autre chose ? Alors, qu'on le dise ! Nous avons parlé. Nous attendons la réplique. » Ce débat laisse donc les choses en l'état. M. Delcassé donne sa démission. M. Rouvier la refuse.

Cependant à Berlin le silence persiste[3]. Et au Maroc l'échec de notre politique se dessine. Le 12 mai, le comte de Tattenbach, ministre d'Allemagne à Lisbonne, envoyé en mission spéciale auprès du Sultan, arrive à Fez. Le 27, les « notables » reprenant la thèse soutenue depuis deux mois par la presse allemande, conseillent la réunion d'une conférence internationale qui examinera les propositions françaises[4]. Le 30, le Sultan s'approprie cette opinion[5]. M. Delcassé est d'avis de repousser le principe de la conférence. Le gouvernement pense autrement. Le ministre des Affaires étrangères se retire alors définitivement. Et M. Rouvier lui succède.

V

Le gouvernement allemand qui, depuis près de deux mois, refuse d'entrer avec nous en conversation, n'a pas attendu cet événement pour définir, vis-à-vis des tiers, sa position.

Dès le 12 avril, il a adressé une circulaire aux puissances pour

---

1. Voir *Livre Jaune*, page 214.
2. Voir *Journal officiel* du 20 avril 1905.
3. Voir *Livre Jaune*, page 215.
4. Voir *Livre Jaune*, page 223.
5. Voir *Livre Jaune*, page 225.

établir la faute commise par la France, qui a négligé de lui notifier ses accords ; pour conseiller la réunion d'une conférence et affirmer l'intérêt commun de l'Europe à soutenir la thèse allemande [1]. Le 5 juin, nouvelle circulaire [2] pour appuyer officiellement la proposition du Sultan, suggérée par M. de Tattenbach, tendant à convoquer cette conférence. M. Rouvier refuse d'aller à une réunion de cette sorte, si l'Allemagne doit « y faire échec à nos propositions [3] ». Le prince de Radolin lui répond que « l'Allemagne est derrière le Maroc avec l'ensemble de ses forces [4] ». Du moins devons-nous, avant d'accepter le principe de la conférence, « savoir comment l'Allemagne envisage les réformes ». Dans sa réponse [5] le prince de Bülow indique que c'est l'internationalisation des réformes qui a toutes ses préférences. M. Rouvier explique alors ce que la France a voulu faire, ce qu'elle veut faire au Maroc [6]. On négocie, — cependant que le chancelier insiste sur la nécessité de « ne pas laisser traîner cette affaire mauvaise, très mauvaise [7] » ; sur les satisfactions aussi qu'il nous accordera sans compter si nous acceptons la conférence ; sur le contraste enfin entre la résistance qu'il croit devoir avant la conférence opposer à nos demandes et la facilité avec laquelle il accédera à nos « légitimes prétentions », si l'on se fie à ses paroles et si la conférence se réunit [8]. Le 8 juillet, on arrive enfin à se mettre d'accord sur une formule impliquant à la fois l'adhésion de la France au principe de la conférence et la reconnaissance par l'Allemagne de nos droits et de nos intérêts [9]. M. Rouvier, le 10 juillet, en faisant connaître à la Chambre cet arrangement, déclare que l'Allemagne ne discute pas notre situation particulière, notre intérêt spécial au maintien de l'ordre, nos arrangements avec le Maroc, l'Angle-

---

1. Voir *Livre Blanc*, page 4.
2. *Ibid.*, page 10.
3. Voir *Livre Jaune*, page 232.
4. Voir *Livre Jaune*, page 232. Le *Livre Jaune* n'imprime que la première partie de cette phrase. Mais je tiens de M. Rouvier qu'elle a été prononcée telle que je la publie ci-dessus.
5. Voir *Livre Jaune*, pages 234 et 242.
6. Voir *Livre Jaune*, page 235.
7. *Ibid.*, pages 241 et 244.
8. *Ibid.*, pages 245, 247, 249.
9. Voir appendice, page 481.

terre et l'Espagne et qu'elle admet l'utilité de réformes à introduire « par voie d'accord international ».

Telle est, dès lors, la charte des rapports franco-allemands. Et c'est sous sa garantie qu'on s'achemine vers la conférence dont il ne reste plus, par une nouvelle négociation, qu'à établir le programme.

VI

Cette charte, du côté allemand, est assez mal observée. Et dès le 12 juillet, M. Saint-René-Taillandier, qui est resté à Fez, signale les négociations engagées par le comte de Tattenbach pour obtenir d'abord pour un entrepreneur allemand les travaux du port de Tanger, ensuite pour la maison Mendelssohn un emprunt qualifié avance [1]. La chancellerie allemande, interrogée, commence par nier, puis elle tente d'expliquer, sans d'ailleurs fournir de bonnes raisons. M. Rouvier observe que ces démarches procèdent d'une conception opposée à celle qui a inspiré l'accord du 8 juillet. Mais cette protestation est sans effet.

Pour le programme, la négociation, d'abord limitée à des échanges de notes, s'accélère à partir de l'arrivée à Paris du Dr Rosen, ministre d'Allemagne au Maroc, adjoint au prince de Radolin comme négociateur technique [2]. Le gros effort de la France tend à exclure la question de la frontière de la compétence de la conférence. Comme M. Rouvier l'écrit le 30 août : « La police sur la frontière franco-marocaine est réglée par des usages traditionnels, des traités et des conventions successifs, qui n'ont cessé d'être et doivent rester l'affaire exclusive des deux pays. Les conditions et rapports de voisinage assignent à cette police un rôle spécial ; ils en déterminent et justifient le régime, et ne permettent pas de concevoir que ce régime puisse être établi ou modifié autrement que par le seul accord des deux pays voisins [3]. » Nous obtenons satisfaction sur ce point. Mais le Dr Rosen essaye alors de nous faire prendre l'engagement, soit écrit soit verbal, de ne

---

1. Voir *Livre Jaune*, pages 253 à 305 *passim*.
2. Le Dr Rosen arriva à Paris le 7 septembre. Voir le *Temps*, 8 septembre. *Propos diplomatiques*.
3. Voir *Livre Jaune*, page 290 et suivantes.

pas solliciter le mandat de police dans le reste du Maroc. Nous nous y refusons énergiquement. Et nous insistons sur ce refus à Berlin comme à Paris¹. La négociation traîne. L'arrivée de M. Witte, qui revient de Portsmouth où il a signé la paix russo-japonaise et qui va être à Rominten l'hôte de Guillaume II, nous permet de hâter la conclusion. Et le 28 septembre le protocole relatif au programme est enfin signé².

Ce protocole comporte l'organisation par voie internationale de la police hors de la région frontière, la répression de la contrebande, la réforme financière, la création d'une Banque d'Etat, et pose le principe de l'adjudication en matière de travaux publics. Pour le port de Tanger et l'emprunt Mendelssohn, nous consentons à passer l'éponge moyennant un arrangement aux termes duquel les banques françaises participeront par moitié à l'avance consentie par le groupe allemand, cette avance devant être remboursée par la Banque d'État dès sa constitution.

VII

L'impression de détente est d'abord générale en France aussi bien qu'en Allemagne. On pense que « le plus fort est fait³ » et qu'à la conférence les adversaires de la veille s'entendront sans peine.

Le prince de Bülow, recevant à Baden-Baden l'auteur de ce livre, exprime le 4 octobre son espoir que la conférence, loin de séparer l'Allemagne et la France, les rapprochera ; il déclare que, du moment que nous respectons l'intérêt commercial de l'Empire et sa dignité, non seulement il ne nous gênera pas, mais il nous aidera, — au Maroc et ailleurs⁴. Quelques semaines plus tard, Guillaume II, dans une réunion privée, protestera contre les intentions belliqueuses qu'on lui a prêtées et affirmera qu'il a donné au comte de Tattenbach les instructions les plus conci-

---

1. Voir *Livre Jaune*, pages 305 et 306 et ci-dessous page 44.
2. Voir appendice, page 484.
3. C'est ce que disait en substance M. Rouvier dans sa déclaration du 16 décembre suivant. Voir appendice page 495.
4. Voir appendice, page 486.

liantes[1]. Dès le 17 octobre, les ministres de France et d'Allemagne recommandent simultanément au Sultan l'acceptation du programme arrêté le 28 septembre. Le 25, Abd-el-Aziz y adhère. Le 1ᵉʳ décembre, il invite les puissances signataires de la convention de Madrid de 1880 à se faire représenter à la conférence qui se tiendra à Algésiras[2].

Cependant certains indices contredisent le sentiment de sécurité qui s'est fait jour. Tout d'abord, la presse allemande, dans une série d'articles, prétend nous interdire de solliciter le mandat d'organiser la police hors de la région frontière. Le 28 novembre, dans son discours du trône à l'ouverture du Reichstag, Guillaume II affecte un ton assez pessimiste[3]. Le 6 décembre, le chancelier accentue cette note[4]. Il dit que la situation internationale ne peut pas être tenue pour absolument satisfaisante et, sans utilité, il

---

1. Voir le *Temps*, 28 décembre 1905. Voici le texte de la déclaration de l'Empereur :
« On a tort de dire qu'il existe autour de moi un parti de la guerre. Ce parti n'existe pas.
» Quand bien même il existerait, cela n'aurait aucune importance ; car à moi seul appartient de prendre une décision.
» Je ne veux pas la guerre, parce que je considérerais la guerre comme contraire à mon devoir devant Dieu et vis-à-vis de mon peuple.
» J'ai été agacé par certains procédés froissants de M. Delcassé, mais je rends pleinement hommage au tact et à la fermeté de M. Rouvier.
» Je ne ferai rien pour créer des difficultés. Et j'ai donné au comte de Tattenbach les instructions les plus conciliantes ».

2. Voir *Livre Jaune*, pages 311 à 320.

3. Voici le passage essentiel du discours du Trône :
« L'Empire d'Allemagne entretient des relations correctes avec toutes les puissances et des relations bonnes et amicales avec la plupart d'entre elles.
» Quand on envisage la situation dans laquelle l'Allemagne se trouve au point de vue international, on est obligé de constater que nous avons continuellement à compter avec une fausse interprétation des sentiments propres aux Allemands et avec des préventions concernant les progrès de l'activité de la nation allemande.
» Les difficultés qui s'étaient produites entre nous et la France dans la question du Maroc n'avaient pas d'autre cause qu'un penchant à résoudre sans notre coopération des questions dans lesquelles l'Empire allemand a aussi des intérêts à protéger.
» Les courants de ce genre peuvent être réprimés sur un point et renaître sur un autre. Je constate avec satisfaction que, dans la question marocaine, on est parvenu, par les moyens diplomatiques et en ménageant les intérêts et l'honneur des deux parties, à s'entendre concernant la convocation et le programme d'une nouvelle conférence relative au Maroc.
» La paix du peuple allemand m'est sacrée ; mais le signe des temps où nous sommes impose à une nation le devoir de renforcer ses moyens de défense contre les attaques injustes ».

4. Voir appendice, page 490.

renouvelle contre la France toutes les anciennes accusations, — y compris celle, officiellement démentie à deux reprises, d'avoir invoqué à Fez un mandat de l'Europe. Ce réquisitoire rétrospectif, s'ajoutant à la campagne de presse, détermine une certaine inquiétude sur l'avenir de la conférence. C'est dans ces conditions que, le 16 décembre, M. Rouvier expose à la tribune de la Chambre les grandes lignes de notre politique à la veille de la réunion d'Algésiras [1]. Il y rappelle les négociations qui précèdent ; la nécessité géographique et historique des principes que nous défendons ; les satisfactions consenties par nous aux susceptibilités allemandes ; les arguments que nous invoquerons devant les plénipotentiaires. Une majorité de 501 voix contre 51 approuve cette déclaration.

A partir de ce moment, la parole est à la conférence. C'est au 16 janvier qu'est fixée sa première séance.

1. Voir appendice, page 495.

PREMIÈRE PARTIE

L'OUVERTURE

CHAPITRE PREMIER

LES INTÉRÊTS ET LES DROITS

I. *Les intérêts français.* — La solidarité algéro-marocaine et ses conséquences. — Sécurité africaine et sécurité continentale. — Réformes et privilège d'exécution. — Les intérêts économiques de la France au Maroc. — Notre progrès. — Notre colonie. — Notre situation morale.
II. *Les droits de la France.* — Droits militaires, — Droits financiers. — Capacité spéciale. — Les appels du maghzen. — Notre intérêt spécial reconnu par l'Allemagne. — L'unité de notre programme.
III. *La thèse allemande.* — L'absence de notification du traité franco-anglais. — La convention de Madrid de 1880. — L'article 17. — La « tunisification ». — Le « mandat de l'Europe ». — Les prétendues promesses de M. Rouvier. — La thèse de l'internationalisation.
IV. *Les mobiles allemands.* — Les arguments économiques. — Les convoitises territoriales. — La politique générale. — France, Italie et Angleterre. — L'« occasion » marocaine et les défaites russes. — Les représailles allemandes.
V. *Les intérêts des tiers.* — Les aspirations espagnoles. — Les accords de 1904 et 1905. — L'opposition antifrançaise à Madrid. — La fidélité de l'Angleterre. — Les engagements de l'Italie. — L'alliance franco-russe. — Les États-Unis. — Sympathie et discrétion. — Les états secondaires. — L'Autriche-Hongrie et le Maroc.

I

La France, en arrivant à la conférence, avait à défendre un ensemble d'intérêts et de droits, dont les événements des mois précédents n'avaient ni modifié le caractère ni diminué l'importance. Sans doute, en admettant le 8 juillet 1905 l'intervention de l'Europe, notre politique marocaine avait subi un changement de forme et ce changement était un échec. Au lieu de négocier, comme nous l'avions fait avec l'Italie en 1900, avec l'Angleterre et avec l'Espagne en 1904, des protocoles de désintéressement qui nous laissaient les mains libres, nous avions accepté que toutes les puissances participassent à l'introduction des réformes. Mais, à cela près, nous avions maintenu, tel quel, le fond de nos revendications. Et, après comme avant les accords franco-allemands, la nature des choses nous obligeait à assurer la sauvegarde de nos intérêts fondés sur l'histoire et sur la géographie, de nos droits inscrits dans des contrats inattaquables.

Il ne dépend pas de la France de n'avoir pas une politique marocaine. Et le jour où elle a été maîtresse de l'Algérie, elle a connu l'obligation de définir cette politique. Après quatorze ans d'attente, elle s'est trouvée aux prises à l'Isly et à Mogador avec les troupes chérifiennes. Et le traité de Lalla-Marnia (mars 1845), en constatant l'impossibilité de marquer la frontière au sud du Teniet-es-Sassi et en autorisant nos troupes à exercer le droit de suite sur le territoire marocain, a créé entre les deux pays voisins une solidarité de police [1]. Les traités Révoil-Guebbas de 1901 et 1902 ont précisé cette situation qui s'imposera toujours aux préoccupations du gouvernement français [2]. L'Algérie en effet est une partie de la France. Mais ce n'est pas une partie comme les autres. Dans la métropole, l'homogénéité de la population est absolue. Aucune intrigue ne peut se nouer contre l'unité nationale. En Algérie, au contraire, pays soumis depuis peu et incomplètement francisé, la présence de 4 millions d'indigènes et de 217 000 étrangers contre 360 000 Français nous oblige à des précautions particulières. Sans doute la fusion a fait de grands progrès et un jour viendra où elle sera définitive. Mais jusque-là, nous aurons à remplir des devoirs spéciaux et à prévenir énergiquement deux ordres de dangers éventuels.

Le premier de ces dangers vient de la nature même des populations indigènes. L'Islam, partagé entre des gouvernements différents, constitue une nationalité unique. Un musulman est citoyen de tout pays musulman où il se trouve et bénéficie d'une solidarité dont l'équivalent n'existe pas parmi les nations chrétiennes. Nulle part, cette solidarité n'est plus visible et plus étroite

---

1. Le traité de Lalla Marnia portait à cet égard : « Dans le Sahara il n'y a pas de limite territoriale à établir entre les deux pays puisque la terre ne se laboure pas et qu'elle sert seulement de pacage aux Arabes des deux empires qui viennent y camper pour y trouver les pâturages et les eaux qui leur sont nécessaires. » (Art. 4.). Et plus loin : « Quant au pays qui est au sud des Ksours des deux gouvernements, comme il n'y a pas d'eau, qu'il est inhabitable et que c'est le désert proprement dit, la délimitation en serait superflue. » (Art. 6.)

2. Voir ci-dessus page 2.

qu'entre l'Algérie et le Maroc. Entre eux, religion, langue, mœurs, organisation familiale, tout est commun. Les confréries religieuses, organe essentiel de la vie spirituelle, sont les mêmes dans les deux pays et, dans les deux, ont les mêmes chefs. Celles du Maroc sont, chaque année, autorisées par nous à venir quêter en Algérie. La confrérie religieuse la plus considérable de l'empire chérifien, celle des Moulay Taïeb, est dirigée par les *cheurfa* d'Ouazzan qui sont, depuis 1883, nos protégés[1]. De même, plusieurs confréries, dont le centre est en Algérie, ont au Maroc des ramifications nombreuses. N'oublions pas d'ailleurs que, tous les ans, des Marocains, dont le nombre peut être évalué à 30.000, viennent dans le département d'Oran pour la moisson et pour la vendange[2]. C'est à cause de cette solidarité que tous les grands agitateurs algériens, Abd-el-Kader, les Oulad-Sidi-Cheikh, Bou-Amama, ont pu, contre nous, se servir du Maroc comme d'une base d'opération. C'est pour cela aussi que tout trouble au Maroc a son contre-coup en Algérie. Et de là vient notre intérêt spécial à veiller à la tranquillité de l'empire chérifien. Cet intérêt se mesure au préjudice que nous nous infligerions en renonçant à le sauvegarder.

L'autre danger est plus sérieux encore. Car ce n'est pas d'Afrique seulement, c'est d'Europe qu'il pourrait surgir. La tranquillité parfaite, ou peu s'en faut, dont jouit l'Algérie depuis 1871, risque de faire illusion sur les conditions dans lesquelles elle a été établie et maintenue. La paix algérienne est l'œuvre d'une volonté extérieure à l'Algérie. Cette volonté, c'est celle de la métropole qui, pour assurer l'ordre entre des éléments disparates, entretient sur le sol algérien un corps d'occupation de 60 000 hommes. Croit-on qu'une puissance avide de conquêtes coloniales n'apercevrait pas le parti qu'on peut tirer de cette situation ? Croit-on que, pour atteindre une si belle proie, défendue par moins de 400.000 Français, — les 4 millions d'indigènes et les 200 000 étrangers étant ou pouvant devenir soit indifférents

---

1. Voir Gourdin, *La politique française au Maroc*, Paris. 1906.
2. « Combien en ai-je vus de Marocains revenant de l'Algérie envier le sort de leurs voisins... Les routes sûres, les chemins de fer, le commerce facile, le respect de la propriété, voilà ce qu'ils ont vu par delà la frontière. » Vicomte de Foucauld, *Reconnaissance au Maroc*, (1883-1884). Paris, 1888.

soit hostiles — une politique audacieuse se ferait faute de troubler l'Algérie par des agents recrutés au Maroc et de préparer ainsi les voies à une agression plus directe ? Force nous est donc de veiller à ce que, sous quelque forme que ce soit, des influences étrangères susceptibles de pénétrer en Algérie ne puissent s'introduire au Maroc. Quand on défend une place, on ne commence pas par s'y enfermer et l'on en protège les approches. Le Maroc est le boulevard de l'Algérie. Non seulement nous avons besoin que l'ordre y règne. Mais nous avons besoin qu'aucune puissance, en y devenant prépondérante, n'en fasse contre la France d'Afrique le centre d'une politique hostile [1].

1. Cette vérité d'évidence peut se justifier *a posteriori* par l'étude des événements survenus en 1905 et 1906 sur la frontière algéro-marocaine. (Voir le *Temps* 15 mars 1906. *Propos diplomatiques*.)

« Depuis que la politique allemande, cessant de « se désintéresser des questions méditerranéennes », a inauguré au Maroc une action antifrançaise, nous avons pu constater chez les tribus marocaines et algériennes des dispositions nouvelles qui, si elles se développent, deviendront pour nous un danger. Dès le lendemain de la visite de Guillaume II à Tanger, le représentant du maghzen à Oudjda recevait l'ordre de cesser ses relations amicales avec les autorités françaises. Et, trois semaines après, l'amel de Figuig, au reçu d'une lettre du pacha de Tanger, prescrivait aux gens de Zenaga, qui, la veille encore, nous témoignaient une absolue fidélité, de ne pas se compromettre avec nous, « l'heure approchant où les Allemands viendraient remplacer les Français ». Ce n'était là qu'un commencement. Depuis lors, ces phénomènes se sont multipliés et précisés. Plus récemment, le pacha de Tanger a écrit de nouveau à l'amel de Figuig que le sultan, appuyé par l'Allemagne, allait « exiger » de la France l'évacuation des oasis sahariens occupés en 1900. En même temps, la nouvelle a été adressée aux tribus frontières, nouvelle qui émanait des représentants du maghzen et qui s'est répandue avec la rapidité qui caractérise au pays musulman la transmission de toute information politique, que les Allemands débarquaient à Agadir des armes destinées aux populations du Tafilalet. Le gouverneur de cette province, Moulaï Rachid, a été avisé de se tenir prêt à la « guerre de délivrance ». On a ajouté que Bou-Amama allait lui aussi se mettre en mouvement contre nous. Le 18 février, quand le poste français de Beni-Ounif a tiré des salves pour saluer l'élection de M. Fallières, l'amel de Figuig a fait sortir sa petite garnison. Il a dit : « D'ici peu, grâce aux Allemands, nous aurons, nous aussi, l'occasion de nous réjouir. » Et il a fait tirer des salves en l'honneur de cette espérance. A Kenadsa, le marabout qui avait sollicité et accepté joyeusement la construction d'une infirmerie indigène (prévue dans le programme de pénétration pacifique naguère approuvé par M. Jaurès), a, depuis l'intervention allemande à Tanger et Fez, refusé de nous laisser donner suite à ce projet, qui portait atteinte, a-t-il dit, à « la terre d'Abd-el-Aziz ». Les Doui-Menia, que nous avions toujours administrés de leur libre consentement, ont commencé à se plaindre de nous. Ils ont fait courir le bruit qu'on nous forcerait bientôt d'abandonner Tabzaza et Berguent. Comme, pour des raisons d'ordre administratif, la mise en exploitation du chemin de fer de Ben-Zireg s'est trouvée retardée, l'amel de Figuig a affirmé que c'était par suite d'une « interdiction » à nous adressée par le Sultan, d'accord avec l'Allemagne. »

La France africaine n'est pas d'ailleurs seule en cause. Qui ne voit, en effet, — si l'on admet, ce qui est la vérité, que tout trouble en Algérie qui nous obligerait à y envoyer 100 000 ou 150 000 hommes, désorganiserait la défense métropolitaine ; si l'on accorde, ce qui est l'évidence, qu'un pareil prélèvement sur nos effectifs de paix nous mettrait, par l'inaptitude à l'encadrement des réserves qui en résulterait, à la merci d'une attaque continentale, — qui ne voit que ce qui allait se débattre à Algésiras, ce n'était pas seulement l'avenir de l'Afrique du Nord, mais l'avenir de la France elle-même ? Relisez d'ailleurs les documents officiels français depuis 1904. Vous y trouverez toujours, plus ou moins nettement exprimée, cette vérité. C'est M. Delcassé qui, le 12 avril 1904, écrit à nos ambassadeurs :

Le Maroc placé sous notre influence, c'est notre Empire du nord de l'Afrique fortifié ; soumis à une influence étrangère, c'est, pour le même Empire, la menace permanente et la paralysie[1] :

C'est lui encore qui, au Sénat, le 7 décembre suivant, déclare :

Pour saisir l'intérêt, non point seulement considérable, mais capital, que nous avons à posséder auprès du Sultan l'influence prépondérante, figurez-vous pour une minute une puissance étrangère installée dans les conseils du maghzen. Quel est l'avenir réservé à l'Algérie ? Au lieu de sa prospérité, n'est-ce pas de sa sécurité qu'il va falloir désormais avoir souci ? Et le temps, et les soins, et l'argent que réclame l'exploitation méthodique des ressources de l'Algérie, n'est-ce pas à assurer son existence, à la mettre à l'abri d'une agression qu'il les faudra avant tout et surtout dépenser ? ?

Le 31 mars 1905, au Sénat encore, le ministre rappelle de nouveau cette situation :

L'affaiblissement extrême du maghzen, l'anarchie croissante et l'insécurité qui en résultaient, étaient préjudiciables à tout le monde, et tout d'abord à nous qui ne souffrions pas seulement comme les autres dans nos intérêts commerciaux, mais qui ressentions durement, en Algérie, les contre-coups des troubles qui ne cessent de désoler la région marocaine voisine de la frontière. Au dommage économique s'ajoutait pour nous un dommage politique, et nous avions ainsi un

1. Voir *Livre Jaune* 1904. Accords conclus le 8 avril 1904, pages 7 et suivantes.
2. Voir *Journal officiel* du 8 décembre 1904.

double titre à vouloir apporter un remède à une situation qui était devenue intolérable[1].

Le 7 avril, à la Chambre, même langage :

En traitant au nom de la France avec le gouvernement marocain, nous n'invoquerons, aujourd'hui comme hier, que les titres que nous confèrent une longue frontière commune, les dommages, les sacrifices de toute sorte qui résultent pour nous des troubles incessants de la région marocaine voisine, l'impuissance avouée du maghzen à y mettre fin, la nécessité reconnue par lui de notre concours, l'appel enfin qu'il a fait à nos propositions et à nos conseils[2].

Et M. Rouvier, le 16 décembre, expose la même doctrine lorsqu'il s'écrie :

La France, Messieurs, ne peut pas ne pas avoir une politique marocaine ; la forme et la direction que prendra dans l'avenir l'évolution de l'Empire marocain, influeront d'une manière décisive sur les destinées de nos possessions de l'Afrique du Nord. Depuis soixante ans, le voisinage du Maroc a été pour l'Algérie une cause permanente de trouble et d'agitation. La sécurité de nos communications et de nos postes frontières; celle de nos sujets algériens, menacée par des excitations de toute nature; la présence constante sur nos confins des rebelles et des fugitifs de chaque insurrection ; l'agression continue non point de maraudeurs isolés, non point de bandes, mais de hordes de plusieurs milliers d'hommes : tout nous imposait la nécessité de réclamer que l'État limitrophe remplît ses obligations envers nous.

La question qui se pose devant la conférence est simple. Chaque puissance a des droits au Maroc : ils ne sont pas contestés. Chaque puissance y bénéficie des traités : il n'a jamais été question d'y porter atteinte. Chaque puissance enfin, dans une mesure quelconque, peut faire valoir ses intérêts : ces intérêts doivent être respectés. *Mais ce que nous avons le devoir de montrer à la conférence, c'est la « qualité spéciale » de nos droits et l'importance de nos propres intérêts.*

L'intérêt politique de la France au Maroc était donc un intérêt vital, sur l'appréciation duquel jamais nous n'avions varié. Cet intérêt exigeait, d'abord que l'empire chérifien cessât d'être à nos portes un foyer d'agitation ; ensuite qu'une intervention interna-

---

1. Voir *Journal officiel* du 1er avril 1905.
2. Voir *Journal officiel* du 8 avril 1905.
3. Voir appendice, page 495.

tionale, c'est-à-dire étrangère, n'y devînt pas pour nous une menace éventuelle. En acceptant la conférence, nous n'avions pas méconnu cette double nécessité. Et devant ses membres, comme auparavant, notre premier devoir était d'obtenir qu'il en fût tenu compte par l'Europe.

Dans l'ordre économique, nous pouvions invoquer des titres, qui, pour être d'une nature différente, n'en étaient pas moins sérieux. Il convient d'abord de noter que l'anarchie croissante des dernières années a sensiblement diminué le trafic terrestre franco-marocain. De 16 millions et demi en 1901, ce commerce est tombé à 11 millions et demi en 1902, à 10 millions en 1903. L'impossibilité de procéder, à travers les razzias des tribus en lutte, à des échanges normaux, a abouti, en 1904, à une diminution nouvelle de plus de 3 millions et demi, soit en moins de quatre ans, une réduction de près des deux tiers. L'œuvre réformatrice engagée par la France se justifiait donc par le souci de notre commerce. Et elle devait par contre-coup profiter à toutes les puissances, puisqu'en 1904 la diminution des échanges n'avait pas atteint seulement le trafic terrestre, mais celui aussi des ports ouverts, notamment de Larache et de Casablanca[1], et que le commerce général du Maroc, qui était de 103 millions en 1902, n'était plus en 1903 que de 78 millions.

Que si maintenant l'on considère le commerce maritime de l'empire chérifien, on constate l'importance de la situation que la France avait à défendre[2]. Sans doute, les chiffres des statistiques françaises, anglaises et allemandes présentent souvent des différences assez considérables. Mais ils sont généralement concordants, si l'on envisage seulement la position relative des différentes puissances[3]. Pour Tanger, le commerce français est, en 1903, plus de deux fois supérieur au commerce allemand, plus de quatre fois en 1904. Et d'après les statistiques anglaises, la progression de nos achats et plus encore de nos ventes est depuis

1. Voir Luret, *Rapport sur les douanes marocaines.* n° 498, 1906.
2. Il faut considérer, pour avoir un total exact du commerce franco-marocain, d'abord le commerce des ports, ensuite celui de la frontière algéro-marocaine, celui enfin des présides espagnols où nous tenons, notamment à Melilla, une place très importante.
3. Voir à l'appendice page 499 les tableaux statistiques où les chiffres du commerce et du tonnage se trouvent groupés par pays et par année.

1898 beaucoup plus rapide que celle des achats et des ventes de l'Allemagne. Pour la navigation, nous sommes également en progrès. Et les Allemands eux-mêmes constatent ce progrès qui s'est affirmé encore en 1905. A Larache, le commerce allemand, en 1903, représente, d'après les statistiques anglaises, le dixième, et, d'après les nôtres, le douzième du commerce français. En 1904, notre supériorité se maintient dans une proportion de neuf à un d'après les évaluations françaises, de deux à un d'après les évaluations anglaises. A Tétouan, en 1903 et 1904, nous dépassons certainement l'Allemagne ; mais les statistiques sont trop incomplètes pour qu'on en puisse faire état. A Rabat, d'après un rapport allemand de mars 1904, le trafic français est plus de trois fois supérieur au trafic allemand. A Casablanca, les statistiques anglaises qui vont jusqu'à 1905, constatent notre avantage tant au point de vue des achats et ventes qu'à celui du tonnage. Les statistiques anglaises nous reconnaissent, par rapport à l'Allemagne, une supériorité d'un tiers ; les nôtres, une supériorité des deux tiers. A Mazagan, l'Allemagne achète trois fois plus que nous, mais nous vendons cinq ou six fois plus qu'elle. Au total, en 1904, nous la dépassons dans une proportion qui, suivant les statistiques allemandes, est de $1/5^e$, suivant les nôtres $2/5^e$. A Safi, le commerce total de l'Allemagne est légèrement inférieur au nôtre d'après les statistiques anglaises, et, d'après les nôtres, légèrement supérieur ; mais l'importation allemande est bien moindre que la nôtre. A Mogador, nous sommes distancés de 3 ou 400.000 francs sur 3 millions. A Fez enfin, qui en raison de sa situation n'a point de statistiques comme les ports, notre chiffre d'affaires est sensiblement supérieur à celui de l'Allemagne.

Dans l'ensemble, et en mettant de côté le commerce terrestre par la frontière algérienne, nous laissons l'Allemagne loin derrière nous dans tous les ports, sauf un. Si l'on y joint le commerce terrestre, pour lequel les évaluations sont certainement inférieures à la réalité, nous trouvons que nous dépassons l'Allemagne de 23 582 488 francs en 1902, de 24 290 852 francs en 1903, de 18 512 957 francs en 1904, de 26 135 855 en 1905. Cette dernière année, qui, pour tant de raisons politiques, aurait dû nous être défavorable, accuse un magnifique progrès. Non seulement nous avons une plus-value de près de 7 millions sur les chiffres de 1904, alors que l'Allemagne, en pleine faveur à Fez, subit une moins-value de plus de 3 millions et demi, mais nous distançons l'Angleterre elle-même et nous occupons le premier rang parmi les puissances commerçant au Maroc[1]. Nous détenons, de ce commerce, en 1902 31,1 p. 100, en 1903 31,7 p. 100, en 1904 30 p. 100, en 1905 46,3 p. 100. L'Allemagne, pour ces mêmes années, n'a que 9,01 p. 100 en 1902, 9,6 p. 100 en 1903, 11,1 p. 100 en 1904, 9,9 p. 100 en 1905. Pour le tonnage, nous venons au second rang avec 22,4 p. 100 en 1903, 22,9 p. 100 en 1904, 30,7 p. 100 en 1905, alors que l'Allemagne n'a que 18,7 p. 100 en 1903, 17,4 p. 100 en 1904 et 15,5 p. 100 en 1905. Nous sommes donc en progrès et elle en décroissance. Il faut noter d'ailleurs que, tandis que le com-

[1]. Le consul anglais à Tanger, M. White, dans son rapport sur 1905 écrit :
« Le caractère frappant des statistiques, c'est le grand progrès de la France. En 1905 pour la première fois, la France tient la tête de la liste avec un commerce total de 1 740 000 livres, la valeur des exportations en France et des importations de France étant plus élevée que celles d'aucun autre pays. »
Et plus loin :
« Le grand accroissement du commerce français et du tonnage français est la conséquence naturelle de l'affluence des Français au Maroc depuis l'accord franco-anglais. Le nombre des Français — Algériens mis à part — est probablement maintenant le triple de ce qu'il était il y a trois ans. Des banques françaises importantes ont été établies à Tanger et des maisons françaises ont fondé des succursales dans les villes de l'intérieur aussi bien que dans les ports. Le gouvernement français a aussi accordé des subsides à des Compagnies de navigation pour envoyer des steamers à Tanger à des dates régulières, accroissant ainsi le tonnage français et donnant de plus grandes facilités pour le commerce entre la France et l'Algérie. »
En ce qui concerne le commerce algéro-marocain, M. White écrit :
« Comme je l'ai fait observer dans mes rapports de 1903-1904, le commerce du Maroc par la frontière algérienne est destiné à devenir très important. De nouveaux centres commerciaux étant ouverts près de la frontière et le chemin de fer étant poussé plus avant, le commerce est certain d'augmenter dans de larges proportions, d'autant plus qu'il est probable que des facilités seront accordées et les difficultés actuelles supprimées.
» Ce chemin de fer est le canal naturel du commerce du district du Tafilalet, et bien que le commerce ait été provisoirement coupé, il se développera par ce chemin naturel au détriment de la route plus longue et plus coûteuse de Fez. Comme exemple du développement rapide des centres de négoce sur cette ligne de chemins de fer, je citerai Beni-Ounif près de Figuig. Cet endroit, qui n'était qu'une expression géographique il y a trois ans, est maintenant un centre commercial important avec plus de 200 maisons, dont 30 destinées au commerce.
» L'état troublé des provinces marocaines de la frontière a eu un effet déprimant sur le négoce avec l'Algérie, mais il est probable que lorsque l'ordre sera rétabli le commerce prendra une grande impulsion et dans quelques années le commerce de toute la partie orientale et méridionale du Maroc prendra le chemin de l'Algérie au lieu de celui des ports, le premier étant meilleur marché, plus sûr et plus rapide. »

merce allemand est surtout un commerce d'exportation du Maroc en Allemagne, le commerce français est surtout un commerce d'importation au Maroc : ce qui nous rend plus nécessaire qu'à quiconque le maintien de la sécurité. Si enfin on totalise le trafic des trois puissances qui arrivaient d'accord à Algésiras — Angleterre, France, Espagne, — on trouve que ce total représente 79 p. 100 du trafic marocain (63 millions environ sur 78 millions en 1905). Si donc on devait à la conférence invoquer l'intérêt commercial, ces puissances avaient, plus que personne, le droit d'être entendues [1].

Il serait d'ailleurs injuste de mesurer seulement aux statistiques douanières la valeur de notre situation matérielle et morale au Maroc [2]. Il faut noter aussi que le nombre des maisons françaises qui y sont installées n'est pas loin d'atteindre 250, dont plus de 180 à Tanger, et qu'on en trouve dans toutes les villes où résident les Européens. Les capitaux engagés par notre pays dans les affaires commerciales atteignent (sans compter les Compagnies de navigation) 25 millions au bas mot. Les banques françaises ont souscrit 67 millions sur les 72 qui constituent la dette étrangère du Maroc. Cinq Compagnies françaises, la *Compagnie de navigation marocaine et arménienne Paquet* (Marseille), la *Compagnie de navigation mixte* (Marseille), la *Compagnie havraise péninsulaire de navigation à vapeur* (Le Havre), la *Société générale de transports maritimes et à vapeur* (Marseille), la *Compagnie Castanié* (Oran), desservent les ports marocains [3]. Nos services postaux et

---

1. Les relations commerciales franco-marocaines sont régies par le traité de commerce du 24 octobre 1892 conclu par le comte d'Aubigny. En échange de l'application du tarif minimum français aux produits marocains à leur entrée en France, notre ministre à Tanger a obtenu : 1º la réduction de 10 p. 100 à 5 p. 100 *ad valorem* des droits d'entrée pour certains produits français (tissus de soie, pierres précieuses, bijoux d'or et d'argent, vins et liqueurs, pâtes alimentaires) ; 2º la réduction des droits de sortie pour certains produits marocains, la France demeurant soumise au traitement de la nation la plus favorisée pour les produits non mentionnés au traité ; 3º la suppression des prohibitions empêchant l'exportation de certains produits marocains : différents bois, minerais de fer, de cuivre, etc., sauf le plomb ; 4º la protection des marques de fabriques françaises. (Voir Fidel, *Les intérêts économiques de la France au Maroc*.)

2. Voir l'excellente étude de M. Camille Fidel, *Les Intérêts français et allemands au Maroc*. Paris, 1905.

3. Il convient de faire une place spéciale à la Compagnie Paquet, qui est à la fois entreprise de transports maritimes et agence commerciale et qui, par la souplesse admirable de son organisation, son intelligence des besoins

télégraphiques comprennent une recette principale à Tanger, deux recettes et cinq agences postales, qui ont encaissé, en 1904, 126 300 francs, leurs opérations de trésorerie s'élevant d'autre part à 2 420 000 francs. Nous avons deux câbles télégraphiques Tanger-Oran et Tanger-Cadix. Nos écoles, celles notamment de l'alliance française et de l'alliance israélite universelle, recevaient en 1903, 2 450 élèves et leur budget dépassait 100 000 francs. Notre presse est représentée par trois organes quotidiens, le *Maroc*, le *Journal du Maroc* et la *Dépêche marocaine* auxquels il faut ajouter le journal arabe *Éssaada* d'inspiration française. L'Institut marocain avec son excellente publication des *Archives* est la seule organisation scientifique d'études marocaines. Nos hôpitaux et nos dispensaires fonctionnent à Tanger, depuis 1864, à Casablanca, Mogador et Tétouan. Notre langue est à Tanger celle de toute la société cultivée.

L'activité commerciale et morale de notre pays est donc, par ses résultats, considérable. Si l'on envisage sa forme, on constate qu'elle est essentiellement individualiste et démocratique. Les 37 millions du commerce franco-marocain [1] sont en effet surtout répartis entre des maisons d'importance secondaire, auxquelles il faut ajouter les innombrables petits marchands égrenés tout le long de la frontière d'Algérie. Parcourez les villes de la côte ; étudiez dans chacune la colonie française : vous y trouverez des maraîchers, des boulangers, des restaurateurs, des épiciers, des quincaillers, des maçons, des mécaniciens, de petits agents maritimes, des pharmaciens. Si vous montez vers l'intérieur, vous rencontrerez des jeunes gens venus d'Auvergne avec un maigre capital pour s'essayer à l'élevage. Vous verrez aussi des instituteurs retraités qui s'efforcent de faire pénétrer la langue française dans ce milieu cosmopolite ; des médecins qui, pour accomplir leur tâche secourable, vivent dans les pires conditions de confort. Et tous vous diront que l'œuvre de réformes, dont la France a pris l'initiative, est indispensable à leurs affaires, à leur bien-être, à leur sécurité. Toute cette colonie vivace et courageuse ne saurait

---

locaux, l'habile établissement de ses tarifs, obtient chaque jour des résultats plus considérables.

1. Voir Bulletin du Comité du Maroc (avril 1906). *Les Intérêts démocratiques de la France au Maroc*, par MM. René Lecler et Saurin.

être confondue avec les « spéculateurs » que M. Jaurès, dans des diffamations imprécises, n'a cessé de dénoncer comme les auteurs responsables de la crise marocaine. Elle est une partie intégrante de la France laborieuse et ouvrière. Et, en défendant les fruits de son effort, nous remplissions un devoir élémentaire de solidarité patriotique.

Lorsqu'il traçait devant le parlement les grandes lignes de notre politique marocaine, M. Rouvier avait donc raison de dire qu'en demandant au Maroc des réformes capables d'assurer à la vie et aux biens des étrangers une sécurité réelle et en réclamant pour la France le mandat de présider à l'exécution de ces réformes, nous luttions pour un intérêt national où se confondaient à la fois la paix de l'Algérie, le calme de nos sujets musulmans, notre sécurité continentale, l'avenir enfin, au Maroc même, d'une influence matérielle et morale, dont nul ne pouvait produire l'équivalent.

II

Mais ce n'est pas seulement la prépondérance de nos intérêts que nous devions sauvegarder devant les plénipotentiaires assemblés, c'était aussi la lettre de nos droits consacrés par le maghzen en des engagements positifs. Et ces droits comme ces intérêts s'étendaient à l'ensemble de l'empire chérifien, dont la tranquillité générale, et non point seulement partielle, importait à la sécurité de l'Algérie.

Parmi ces droits, la conférence n'avait pas à considérer ceux qui visaient la police de la région frontière. On sait en effet que nous avions exigé et obtenu que cet ordre de questions ne lui fût point soumis[1]. L'accord du 28 septembre[2] portait à son paragraphe I l' « organisation, par voie d'accord international, de la police hors de la région frontière ». En conséquence, ni la situation que nous tenions tant du traité de 1845 que des accords Révoil-Guebbas de 1901 et 1902, ni l'organisation spéciale créée à Oudjda, Figuig et Adjeroud par une lettre de Ben Sliman, en date du 30 juillet 1902[3] ne

---

1. Voir ci-dessus, page 11.
2. Voir appendice, page 484.
3. Voir *Livre Jaune*, page 46.

devaient être examinés par les plénipotentiaires. M. Rouvier l'avait nettement indiqué en disant dans son discours du 16 décembre[1] :

Il ne s'agit pas du régime de notre frontière algérienne qui reste du ressort exclusif de la France et du Maroc : c'est là une réserve explicitement sanctionnée par le protocole du 8 juillet et confirmée le 28 septembre.

Les positions à cet égard étaient donc absolument nettes. Elles devaient être précisées, sans difficulté, dès les premières séances de la conférence.

Mais ce n'était pas tout, et dans le reste du Maroc, nous possédions, en vertu d'arrangements successifs, un ensemble de droits que nous avions à défendre. Pour Tanger d'abord, nous étions, depuis le 27 juin 1904, à la tête d'une organisation spéciale destinée à assurer la sécurité des étrangers[2]. Par une lettre de Ben Sliman, M. Saint-René-Taillandier avait été informé, à cette date, que le maghzen acceptait en principe notre concours. Simultanément le ministre des Affaires étrangères chérifien avait déclaré au comte de Saint-Aulaire, premier secrétaire de la légation de France en mission à Fez, que le Sultan « pénétré de la sagesse de nos conseils avait décidé de mettre la garnison de Tanger en meilleur état, de la pourvoir de quelques pièces d'artillerie et de confier à un officier français d'Algérie, le lieutenant Sedira, l'instruction des artilleurs ». M. de Saint-Aulaire ayant signalé au maghzen l'insuffisance de ces mesures, le Sultan avait fait un pas de plus et avait pris la décision suivante[3] :

Un officier français du grade de capitaine sera chargé de présider à la réorganisation de la garnison de Tanger où le lieutenant algérien Sédira est déjà chargé de former une section d'artillerie. Trois sous-officiers algériens seront adjoints au capitaine français.

Ben Sliman ajoutait : « S'il est besoin de quelques nouveaux instructeurs, il y sera pourvu dans un autre moment et progressivement. » En conséquence, le capitaine Fournier avait été appelé à réorganiser la police de Tanger. C'est lui qui, à la tête de ses troupes,

1. Voir appendice, page 495.
2. Voir Livre Jaune, page 154.
3. Voir Livre Jaune, pages 160 à 162.

avait rendu les honneurs à Guillaume II, le 31 mars 1905. C'est lui qui continuait à diriger dans cette ville les effectifs marocains.

De plus, en vertu d'une décision du Sultan Moulay Hassan, une double mission militaire française, l'une attachée à la personne du Sultan, l'autre installée à Rabat, demeurait investie — au moins théoriquement — d'une tâche analogue. Aux termes de cette décision, — jamais rapportée, — les officiers français devaient « instruire et diriger les bataillons de Rabat, de Salé et de Casablanca ». Une lettre de Ben Sliman du mois d'août 1903 portait que « le Sultan avait décidé de rendre à notre mission militaire toutes ses anciennes attributions et de la rétablir sur le même pied que du temps de Moulay Hassan ». Cette lettre ajoutait qu'Abd-el-Aziz « était résolu à s'aider des instructeurs français pour la réorganisation de ses troupes ». En fait, à plusieurs reprises, en 1901, 1902, 1903 et 1904, le maghzen avait sollicité notre concours militaire[1]. Malgré l'insistance de ces appels, malgré l'insécurité croissante de nos territoires, nous avions, dans un esprit scrupuleux de correction internationale, limité notre intervention au strict minimum. Nous étions néanmoins fondés à soutenir que, depuis cinq ans, le gouvernement chérifien s'adressait à nous et à nous seuls toutes les fois que ses adversaires menaçaient gravement son autorité. Et les témoignages de sa reconnaissance abondaient dans nos archives. Nous pouvions rappeler d'autre part que, dans une conversation du 11 avril avec M. Saint-René-Taillandier[2], Ben Sliman avait dit que le Sultan acceptait la création de corps de

1. Voir *Livre Jaune*, pages 1 à 187 *passim*.
2. Voir *Livre Jaune*, page 210. M. Saint-René-Taillandier écrivait d'autre part le 2 juin 1905 : « J'ai l'honneur de communiquer sous ce pli à Votre Excellence, à titre d'information, une copie du projet de réformes des troupes de police, dans la forme qu'il avait revêtue au moment où des pourparlers sur cette matière ont été interrompus par suite de la prétention que le maghzen a émise de faire garantir par les puissances l'exécution des engagements que nous nous disposions à prendre. Toutes ces stipulations ont été libellées par le maghzen lui-même qui a tenu à marquer ainsi de son empreinte celles de nos idées qu'il a déclaré accepter. J'ajoute qu'en me faisant part de cette acceptation, le ministre chérifien des Affaires étrangères m'a plusieurs fois redit qu'elle avait un caractère officiel. J'ai d'ailleurs entre les mains un texte arabe du projet, émanant du maghzen lui-même. C'est un témoin qui permettrait difficilement au maghzen de soutenir qu'il n'avait pas accepté le principe de la réforme militaire et même ses dispositions fondamentales. » Voir *Livre Jaune*, pages 226, 227, 228.

troupes réformés selon nos méthodes à Tanger, Rabat, Larache et Casablanca. Juridiquement, les arrangements relatifs à Tanger et aux missions militaires constituaient des accords directs entre la France et le Maroc, états souverains et indépendants : nul ne pouvait donc les discuter. Au surplus, le protocole du 8 juillet 1905 portait que « le gouvernement allemand ne poursuivrait à la conférence aucun but contraire aux droits de la France résultant de ses traités ou arrangements [1] ». De ce côté encore, notre situation était inattaquable.

En matière financière, le contrat de l'emprunt du 12 juin 1904 [2] nous assurait des privilèges justifiés par notre rôle prépondérant dans la constitution du crédit marocain et par l'importance de nos intérêts commerciaux. Cet emprunt de 62 millions et demi, avec intérêt à 5 p. 100, pris ferme à 80 p. 100 par les établissements contractants et amortissable en trente-six ans, avait permis au maghzen de rembourser ses emprunts antérieurs conclus à 60 p. 100 et plus, sans compter les commissions de banque. La garantie des prêteurs portait sur la totalité des recettes douanières de l'empire. Un prélèvement de 60 p. 100 devait être opéré sur ces recettes pour le service du coupon. Les banques françaises étaient autorisées à désigner un représentant qui, en qualité de délégué des porteurs de titres, installerait des agents dans chacun des huit ports ouverts avec droit de prélèvement et de contrôle. Un droit de préférence, en matière d'emprunts, de frappe-monnaie, d'achat ou vente d'or et d'argent, était expressément reconnu au consortium français et lui permettait de s'approprier, à conditions égales, toute proposition formulée en vue de l'une quelconque de ces opérations par un établissement concurrent, quel qu'il fût. Enfin le mandataire du consortium, M. Zangarussiano, ayant sollicité au nom de ses mandants la concession d'une Banque d'État, le maghzen, tout en faisant des objections quant à la date et quant à la forme de cette concession, en avait admis le principe [3]. Il avait répondu que cette affaire, présentant un caractère politique, devrait être traitée, non avec le réprésentant du syndicat des ban-

---

[1] Voir appendice, page 482.
[2] Voir *Livre Jaune*, page 143.
[3]. Voir *Livre Jaune*, page 142.

ques, mais avec le ministre de France. Dans une lettre adressée, à la fin de juin 1904, au comte de Saint-Aulaire par le ministre des finances chérifien, on lisait en effet : « Nous avons répondu au délégué des banques que, s'il désire cette création, la demande en sera faite par votre intermédiaire et vous êtes juge du moment opportun pour la formuler. »

Nous tenions donc, à titre de garantie, le seul revenu sûr du maghzen [1]. Nous étions liés à lui non seulement pour le présent, mais pour l'avenir, par le droit de préférence reconnu au consortium. Et il admettait, sous réserve d'une négociation ultérieure avec notre légation, la constitution par les soins de nos banques d'une Banque d'État marocaine. Est-il besoin d'ajouter que ces avantages décisifs, qui sur le terrain économique nous faisaient, vis-à-vis du Maroc et vis-à-vis de l'Europe, non demandeurs, mais défendeurs, étaient largement motivés par l'importance sans égale de notre concours financier? Du moins, faut-il observer que, du 12 juin 1904 au 16 janvier 1906, aucune protestation contre cet état de choses n'avait été énoncée. Nous ne demandions, — les accords franco-anglais et franco-espagnols en faisaient foi, — aucun monopole commercial, aucun privilège douanier. Nous étions résolus à défendre, pendant la conférence comme avant, la liberté commerciale. Mais nous n'étions pas moins décidés à sauvegarder nos droits acquis et à en obtenir le respect.

Outre ces droits contractuels, nous pouvions invoquer aussi la capacité spéciale résultant, pour l'accomplissement des réformes, de notre situation en Algérie. Si nous avions prétendu tirer parti des arguments historiques, nous aurions pu rappeler que nos privilèges au Maroc, — exterritorialité de nos nationaux, protection accordée à des sujets marocains, traitement de la nation la plus favorisée, préséance consulaire, — étaient les premiers en date, puisqu'ils remontaient aux traités de 1631 et de 1767 [2]. Mais nous n'avions que faire d'emprunter au passé les titres que le présent nous fournissait abondamment. L'histoire des quatre dernières années n'établissait pas seulement le besoin que le maghzen avait eu de notre collaboration : elle prouvait l'efficacité

---

1. Voir ci-dessous pages 114 à 119 pour la situation des finances marocaines.
2. Voir Rouard de Card, *Les traités de la France et du Maroc.*

de notre concours. Aucun pays, l'Espagne exceptée, n'était capable de rendre au Maroc des services égaux ou analogues à ceux qu'il avait reçus de nous. Par nos officiers et sous-officiers algériens, nous avions des cadres tout prêts pour l'instruction de ses milices. Et l'on a vu que l'expérience en avait éprouvé la valeur. Par notre habitude des questions musulmanes, nous pouvions, sans préparation préalable et de plain-pied, aborder l'œuvre réformatrice. Ainsi que M. Bacheracht, second délégué russe et M. Perez Caballero, second délégué espagnol, devaient l'expliquer le 5 mars à la conférence [1], si l'on considérait, en dehors de toute controverse politique, l'intérêt objectif des réformes à accomplir, il fallait confier le soin de les diriger à ceux-là et à ceux-là seuls qui avaient qualité pour y réussir. Nous avions, pendant quatre ans, fait valoir cet argument auprès d'Abd-el-Aziz. Il nous appartenait de le soutenir désormais devant l'Europe. Et libres, vis-à-vis de l'Allemagne, de tout engagement quant au mode d'exécution des réformes à introduire par voie d'accord international [2], nous avions le droit indiscutable de réclamer la mission de présider, comme mandataires des puissances, à cette exécution.

Il résultait d'ailleurs et du texte de nos accords avec l'Allemagne et des négociations d'où ces accords étaient sortis, que le gouvernement impérial reconnaissait la qualité spéciale de nos droits et de nos intérêts. Le 1er et le 8 juillet 1905, M. Rouvier avait dit au prince de Radolin « sans que celui-ci laissât prévoir la moindre difficulté », qu'il comptait que « le gouvernement allemand ne ferait pas d'objections à nos vues sur le mandat international que nous demanderions à la conférence de nous confier en ce qui concernait les réformes militaires ou plus exactement de police [3]. » Le 8 juillet, le protocole signé par le prince de Radolin avait consacré « la situation faite à la France au Maroc par la contiguïté, sur une vaste étendue, de l'Algérie et de l'empire chérifien et par les relations particulières qui en résultent entre les deux pays limitrophes, *ainsi que par l'intérêt spé-*

---

1. Voir ci-dessous, page 283.
2. Voir ci-dessous, page 187.
3. Voir *Livre Jaune*, page 249.

TARDIEU. 3

cial qui s'ensuit pour la France à ce que l'ordre règne dans l'empire chérifien [1] ». Le même jour, le chancelier avait précisé le sens de ce texte, dans une conversation avec M. Bihourd, « en accentuant le contraste qu'il croyait devoir, avant la conférence, opposer à nos demandes et la facilité avec laquelle il accepterait nos légitimes prétentions, si l'on se fiait à ses paroles et si la conférence se réunissait [2]. » Le 4 octobre, à Baden-Baden, il avait dit : « Si vous respectez la liberté commerciale et notre dignité, non seulement nous ne vous gênerons pas, mais nous vous aiderons au Maroc et ailleurs [3]. » L'empereur enfin avait affirmé à la fin de décembre : « J'ai donné au comte de Tattenbach les instructions les plus conciliantes [4]. » Malgré les prétentions violentes d'une partie de la presse allemande, nous étions donc, en arrivant à Algésiras, autorisés à penser que l'Allemagne ne discuterait pas ce que l'on peut appeler notre vocation marocaine et que, les questions de frontière étant laissées de côté, elle ne s'opposerait pas à ce que, dans l'ensemble de l'empire chérifien, les puissances élussent comme leur délégué celle d'entre elles que son histoire, sa situation et ses ressources désignaient sans conteste pour remplir cette mission [5].

Rien du reste, dans le programme que nous apportions à la conférence, ne pouvait, en justifiant ses appréhensions, motiver de sa part un changement d'attitude. Ce programme ne s'était pas modifié depuis le premier jour. Trois principes le dominaient : intégrité du Maroc, souveraineté du Sultan, liberté commerciale. Quant à son objet, il tenait en trois mots : réformes de police, réformes financières, réformes économiques. Réorganiser les finances par un contrôle honnête et par la création d'une Banque d'État; encadrer les effectifs marocains chargés du maintien de l'ordre dans les ports ouverts par des officiers et sous-officiers français; développer les œuvres humanitaires; agrandir les hôpitaux; améliorer les écoles; multiplier les relations commerciales; aménager

---

1. Voir appendice, page 482.
2. Voir *Livre Jaune*, page 249.
3. Voir appendice, page 488.
4. Voir ci-dessus, page 12.
5. Le ministre d'Allemagne à Tanger en juin 1904 avait demandé à notre ministre si nous n'allions pas prendre des dispositions pour rétablir la sécurité. (Voir *Livre Jaune*, page 157).

les ports, les ponts, les routes, en soumettant tous ces travaux à la loi de l'adjudication [1], telles étaient les grandes lignes de ce programme, nullement brutal ni exclusif, et qui, à aucun moment, sous aucune forme, n'impliquait ni annexion, ni conquête, ni protectorat. C'est lui que M. Delcassé définissait, lorsqu'il disait :

> Loin de diminuer l'autorité du Sultan, nous sommes au contraire très préoccupés de relever son prestige. C'est en son nom que les agents que nous pouvons être amenés à mettre à sa disposition exerceront leurs fonctions, s'appliquant soigneusement, conformément à notre volonté, à ménager les populations, à ne pas froisser les sentiments, à respecter leurs croyances, leurs habitudes, leur organisation. En retour, nous comptons que, comprenant le but de nos efforts, le maghzen voudra sincèrement les seconder; et, par là, une ère de paix et de prospérité ne tardera pas à s'ouvrir pour le Maroc.

C'est lui que la Chambre avait approuvé le 24 avril 1904, quand, sur la proposition de M. Jaurès et le rapport de M. Lucien Hubert, elle avait voté un crédit de 600 000 francs pour subvenir aux frais de la pénétration pacifique [2]; lui encore que M. Saint-René-Taillandier avait été chargé de recommander à Fez en janvier 1905 ; lui aussi que M. Rouvier avait exposé au prince de Radolin par sa note du 1er août [3]. C'est ce programme enfin que M. Rouvier, à la veille de la conférence, avait défendu à la tribune en disant :

> Je viens d'indiquer à la Chambre la nature et la position exacte de la question ; l'indépendance de l'empire marocain, la restauration et la

---

1. Voir *Livre Jaune*, pages 178 et suivantes, les instructions données par M. Delcassé à M. Saint-René-Taillandier au moment de son départ pour Fez.
2. Voir *Journal officiel* du 21 novembre 1903 et du 25 avril 1904.
   A cette occasion, M. Jaurès s'exprima ainsi :
   « Je suis convaincu que la France a au Maroc des intérêts de premier ordre. Je suis convaincu que ces intérêts mêmes lui créent une sorte de droit. Ce n'est pas impunément que les populations musulmanes ou marocaines pourraient être groupées contre nous... Nous avons donc le droit de prendre des précautions contre cet ordre de dangers. »
3. Voir *Livre Jaune*, page 256.
   Le programme exposé par M. Rouvier comportait : 1° mesures à prendre pour garantir l'ordre et la sécurité, c'est-à-dire instructeurs mis à la disposition des autorités chérifiennes pour la police des ports ; 2° mesures à prendre pour améliorer la situation financière (réformes des douanes, répression de la contrebande, assainissement monétaire, Banque d'État) ; 3° amélioration de l'outillage, travaux publics, principe de l'adjudication, interdiction d'aliéner les services publics de l'empire au profit d'intérêts particuliers.

réforme du maghzen nous paraissent toujours les deux conditions fondamentales de l'œuvre que réclame l'état actuel du Maroc.

La politique française n'avait donc varié ni dans son but ni dans ses moyens. Si des fautes de méthode en avaient compromis le succès, nous étions tenus de reprendre, par la route nouvelle que nous offrait la conférence, la marche interrompue par l'échec de 1905. Nos intérêts gardaient toute leur force, nos droits toute leur portée. Et c'est l'intégralité de ces droits et de ces intérêts, que nous allions demander à l'Europe, dont nous avions accepté l'intervention, de reconnaître et de consacrer.

III

En face de la thèse française ainsi motivée, comment se présentait la thèse allemande ? Avant d'arriver à la conférence, cette thèse avait passé par des états successifs, divers, sinon contradictoires. Ne parlons pas des premières adhésions que nous avions cru pouvoir enregistrer soit en 1901, soit en 1904, du temps où le prince de Radolin reconnaissait notre droit de « conserver au Maroc une situation absolument à part[1] », où le prince de Bülow refusait de s'inquiéter de l'accord anglo-français[2], où le ministre d'Allemagne au Maroc demandait au ministre de France « si nous ne comptions pas bientôt prendre des dispositions pour le rétablissement de la sécurité »[3], où M. de Mühlberg enfin enregistrait sans objection la communication de l'accord franco-espagnol[4]. Ne parlons pas non plus des infinies variations de la presse officieuse sur un « motif » souvent transposé. Et tenons-nous-en, par une stricte analyse, à préciser la pensée de la chancellerie impériale, telle qu'elle apparaissait à la veille du débat international dû à son initiative.

Le premier grief dirigé contre nous était un grief de forme. Si l'Allemagne s'était résolue à l'intervention qui, d'étape en étape,

---

1. Voir *Livre Jaune*, page 13.
2. *Ibid.*, page 126.
3. *Ibid.*, page 157.
4. Voir *Livre Jaune*, pages 165 et 167.

avait conduit l'Europe à Algésiras, c'est, disait-elle, que la France avait manqué vis-à-vis d'elle aux égards qu'on se doit entre nations et aux règles les mieux établies des rapports internationaux. La première note de ce mécontentement avait été donnée au début de février 1905 par M. de Kühlmann, chargé d'affaires d'Allemagne à Tanger, lorsqu'il avait dit à son collègue français :

> Nous nous sommes aperçus qu'on nous tenait à l'écart systématiquement. Nous avons donc fixé notre attitude en conséquence... J'ai cru devoir solliciter de mon gouvernement des instructions formelles. Et c'est alors que le comte de Bülow m'a fait savoir que le gouvernement impérial ignorait tout des accords intervenus au sujet du Maroc et ne se reconnaissait comme lié en aucune manière relativement à cette question[1].

N'être pas lié par des arrangements auxquels on est demeuré étranger est une chose ; protester contre ces arrangements en est une autre. En moins de six semaines, la chancellerie allemande passait de la première attitude à la seconde, se conformant ainsi à la maxime de son chef que « le langage et l'attitude des diplomates et des politiques se règlent d'après les circonstances[2] ». Le 31 mars, l'Empereur, en débarquant à Tanger, en saluant avec insistance le Sultan « souverain absolument libre », en lui conseillant de ne se prêter aux réformes proposées par nous, — M. Saint-René-Taillandier était à Fez depuis deux mois, — qu'avec « beaucoup de précaution », adoptait, à notre endroit, une position d'hostilité. Presque immédiatement, le 12 avril, M. de Bülow prenait l'Europe à témoin du reproche que, depuis trois mois, la presse allemande nous adressait : l'absence de notification des accords franco-anglais et franco-espagnols[3], et, quelques jours après, il précisait son point de vue en écrivant au prince de Radolin :

> Il eût été conforme à l'usage international que la France, après la conclusion de l'accord anglo-français concernant le Maroc, communiquât cet accord dans la forme habituelle à toutes les puissances intéressées. M. Delcassé a déclaré, il est vrai que, cette communication était devenue superflue du fait de la publication de la convention dans

---

1. Voir ci-dessus, page 6.
2. Reichstag, 29 mars 1905.
3. Voir *Livre Blanc*, page 4.

le *Journal officiel* français. Il n'échappera pas, toutefois, à M. le ministre que ces deux procédés de notification possèdent un caractère essentiellement différent. La communication directe n'est pas un simple acte de courtoisie. Le gouvernement français en s'y décidant se serait déclaré par là prêt à entrer en discussion avec les destinataires sur leurs intérêts, au cas où ils les auraient estimés lésés. La publication dans la feuille officielle française place au contraire les autres intéressés qui n'ont point été questionnés en présence tout simplement du fait accompli[1].

Jusqu'au seuil de la conférence et pendant la conférence même, nous allions entendre ce reproche. Est-il nécessaire de remarquer que, même en admettant que M. Delcassé l'eût encouru, sa démission aurait dû être pour l'Allemagne une suffisante satisfaction ; qu'en venant à la conférence, nous avions donné au gouvernement impérial la marque d'égards la plus décisive qu'il pût attendre de nous et que l'argument, légitime peut-être en 1905, ne l'était plus en 1906 ?

Le second grief visait non la forme mais le fond et se déguisait en thèse juridique. L'Allemagne s'était d'abord contentée de nous accuser de discourtoisie. Mais bientôt elle avisa d'un autre moyen et nous opposa la convention de Madrid de 1880.

Cette convention, disait le chancelier, ne se présente point comme un accord entre le Maroc d'une part et le reste des puissances signataires de l'autre, mais comme un accord de toutes les puissances signataires les unes avec les autres, de sorte que chaque puissance se trouve dans l'obligation vis-à-vis de toutes ces autres puissances de considérer les clauses du contrat comme déterminant sa conduite. La France a donc, en tant qu'elle veut acquérir au Maroc des droits spéciaux en contradiction avec les clauses de l'accord, à obtenir non seulement l'assentiment du Maroc, mais encore celui de toutes les autres puissances signataires. Les droits particuliers recherchés par la France auraient sans doute pour résultat une infraction à la convention de Madrid[2].

Le prince de Bülow ajoutait que l'article 17 de la convention garantissait à toutes les puissances le traitement de la nation la plus favorisée. Par conséquent, le rôle spécial que la France cherchait à prendre au Maroc était en contradiction avec les stipula-

1. Voir *Livre Blanc*, page 5.
2. Voir *Livre Blanc*, page 10.

tions de 1880. Et c'est pour cela, c'est pour soumettre à la nécessaire approbation de toutes les puissances signataires les projets de réforme de la France, que l'Allemagne avait demandé la conférence, — d'abord par l'intermédiaire du Sultan [1], ensuite par sa circulaire du 5 juin 1905 [2].

Il est aisé d'établir que cette interprétation de la convention de Madrid [3] était singulièrement abusive. Cette convention avait eu pour objet de limiter, à la demande du Maroc, le droit de protection applicable, de la part des légations, à certains sujets marocains et dont quelques puissances tendaient à abuser. Elle avait réglementé l'exercice de ce droit, déterminé les conditions de la naturalisation pour les Marocains, celles de l'acquisition de la propriété immobilière pour les étrangers, établi enfin les bases de l'impôt agricole. De politique générale ou de stipulations douanières, pas un mot. L'article 17, notamment, que l'Allemagne invoquait comme la charte de l'égalité internationale au Maroc, ne s'appliquait en réalité qu'au droit de protection. Cet article avait été introduit dans la convention à la dernière heure, sur l'initiative de l'amiral Jaurès, plénipotentiaire français, dans les conditions suivantes. L'Italie avait demandé et obtenu qu'on lui maintînt (article 16) un « droit consuétudinaire » de protection qui, contrairement aux principes admis par la conférence, devait avoir pour résultat d'assurer au gouvernement italien la faculté à peu près discrétionnaire d'étendre sa protection. C'est pour faire équilibre à ce droit susceptible d'abus ultérieurs que le délégué français proposa et fit adopter l'article immédiatement suivant, qui eut le numéro 17. Voici d'ailleurs ce que dit à ce sujet le président de la conférence :

Quelle que soit la modération avec laquelle le droit consuétudo-discrétionnaire a été exercé et le sera, il n'en devra pas moins, s'il est confirmé à l'Italie, être acquis dorénavant à toutes les autres puissances [4].

D'où l'article 17. On lit à l'article 16 que le droit consuétudi-

1. Voir *Livre Jaune*, pages 223 à 225.
2. Voir *Livre Blanc*, page 10.
3. Voir appendice, page 475 le texte de la convention de Madrid.
4. Voir *Livre Jaune*, 1880 page 246.

naire de protection ne pourra porter sur plus de douze protégés qu'avec l'assentiment du Sultan. C'est pour que cet assentiment ne profite pas à une seule puissance, à l'exclusion des autres, qu'on rédige aussitôt l'article 17, où il est dit :

> Le droit au traitement de la nation la plus favorisée est reconnu à toutes les puissances représentées à la conférence de Madrid.

Le sens de cet article est donc parfaitement clair. Pour l'apercevoir, il ne faut pas regarder à l'extérieur de la convention de 1880, mais à l'intérieur. L'article 17 ne se réfère pas à l'égalité générale, politique ou simplement commerciale, mais à l'égalité, toute spéciale, des protections. L'article 17 n'est pas une promesse des puissances entre elles de ne jamais se dépasser sur le terrain diplomatique ou économique, il est une promesse du Maroc de ne jamais les différencier dans les limites de 1880 et dans ces limites seulement, c'est-à-dire (suivant le préambule de la convention) dans l'exercice de la protection[1].

Cette démonstration, due à un jurisconsulte français, M. de Lapradelle[2], professeur à l'université de Grenoble, a été reprise et approuvée, en mars 1906, par un jurisconsulte allemand, M. Niemeyer, professeur à l'université de Kiel[3], qui a reconnu que

---

1. Voir le *Livre Jaune* de 1880 sur la conférence de Madrid, page 239.

2. Voir A. de Lapradelle, *La Convention de 1880. Revue politique et parlementaire*, 10 mars 1906.

3. Voir le *Temps* du 27 mars 1906. L'article de M. Niemeyer disait : « Le traité de Madrid de 1880 se trouve dans le *Journal officiel de l'Empire*, p. 103, etc. La seule question qui soit abordée dans ce traité est celle-ci : Dans quelle mesure les puissances signataires ont-elles à exercer le droit de protection sur leurs propres sujets ? Le droit de protection, dont il est question dans ces décisions, n'a absolument rien à voir avec un protectorat ou avec une intervention politique. Ce droit de protection est une institution juridique exercée dans tous les pays de capitulations par les nations depuis des siècles. Il est certain que personne n'a songé à autre chose qu'à l'exercice de ce droit à la conférence de Madrid. Le traité de Madrid ne consacre rien sur les questions économiques ou politiques du Maroc, rien non plus sur la réforme marocaine. Le gouvernement français avait raison, par conséquent, de prétendre que l'article 17 invoqué par le gouvernement allemand, concernant le traitement de la nation la plus favorisée, se rapporte uniquement à l'exercice du droit de protection. Il est certain que personne n'a jamais songé à autre chose, à la conférence de Madrid, qu'à ce droit de protection. Comment, d'ailleurs, la France qui était à ce moment la nation au Maroc de beaucoup la plus favorisée et qui certainement cherchait encore à améliorer sa situation, aurait-elle provoqué le vote d'un pareil article, s'il avait eu une autre signification ? En réalité, il ne s'agissait dans cette clause de la nation la plus favorisée que

la thèse juridique allemande ne tenait pas debout ; qu'il n'y avait dans tout cela qu'une « question de force ». Quand donc le prince de Bülow écrivait dans sa circulaire du 5 juin 1905 : « Le gouvernement impérial croit voir dans une conférence le meilleur moyen pour l'introduction des réformes. Ces réformes ne pouvant se produire qu'avec l'appui des puissances signataires, la possibilité de leur réalisation est limitée par les décisions de la convention de Madrid, en particulier par l'article 17, aux termes duquel toute puissance signataire possède au Maroc le droit d'être traitée comme la nation la plus favorisée, de sorte qu'aucune puissance n'y saurait prétendre à un traitement privilégié », il forçait arbitrairement le sens du texte qu'il invoquait. Si la France, à ce moment, avait été en meilleur état, — matériel et moral, — rien n'eût été plus aisé que de réfuter le « moyen de droit » de la chancellerie allemande. En raison de notre situation politique et militaire [1], nous avions renoncé à cette réfutation et admis le principe d'une nouvelle conférence. Là encore, est-il besoin de faire observer que notre seule présence à Algésiras prouvait notre désir d'être agréable à l'Allemagne, — fût-ce aux dépens de notre droit et de la vérité juridique ?

Le troisième grief allemand visait l'objet même de notre politique marocaine. Il se résumait dans l'affirmation que la France voulait « tunisifier » le Maroc, c'est-à-dire y instaurer un protectorat dont la conséquence serait la fermeture de l'empire chérifien

de garantir aux puissances signataires de la conférence des avantages que l'Italie avait obtenus relativement à la protection de ses nationaux au Maroc. La presse allemande se trompe, quand elle affirme que le traité anglo-français n'est pas valable parce qu'il est en contradiction avec la convention de Madrid. »
Le professeur Niemeyer ajoutait que la politique allemande, légitime d'ailleurs à son avis, se fondait non pas sur le droit, comme on vient de le voir, mais sur l'intérêt, et que c'est par la force qu'elle modifierait le droit international des gens au Maroc.

1. M. Pierre Baudin, dans son livre excellent, l'*Alerte*, a montré quelles lacunes comportait alors notre situation militaire. Tant pour les munitions que pour les places fortes, les chemins de fer et l'habillement, ces lacunes, que l'on dut, en 1905, très hâtivement combler, s'élevaient à 224 190 200 francs. Et ces dépenses n'étaient pas des dépenses imprévues ; c'était « pour exécuter, en quelques mois, des commandes qu'on aurait dû faire en quelques années ; c'était pour combler des vides énormes dans des stocks de munitions, pour mettre en état nos quatre grandes places fortes, pour compléter l'armement et l'équipement des armées, pour des travaux de chemin de fer absolument indispensables à la concentration telle qu'elle est prévue par le plan de mobilisation. » (Voir l'*Alerte*, pages 1-23).

à la concurrence économique. Pour justifier cette accusation, l'Allemagne invoquait un article de M. Alcide Ebray, paru dans le *Journal des Débats* du 25 mars 1905, article contraire non seulement à l'évidence, mais aux textes les mieux connus et qui disait :

> Aux yeux des coloniaux comme de tous les Français qui ne veulent pas travailler pour le seul bien de l'humanité, le Maroc devait devenir quelque chose comme le pendant de la Tunisie[1].

Armé de cette appréciation sans valeur, le chancelier écrivait le 5 juin, après avoir résumé les propositions de M. Saint-René-Taillandier :

> De cette façon, la France pourrait comme à Tunis prendre en mains tout l'appareil administratif du pays et toutes les décisions administratives du gouvernement marocain, mettant ainsi le Maroc sous sa domination politique et économique[2].

Le 7 décembre, cinq semaines avant la réunion de la conférence, il revenait à la charge devant le Reichstag en disant :

> Le ministre français Saint-René-Taillandier fut envoyé à Fez pour soumettre au gouvernement marocain des propositions dont l'acceptation aurait mis le Maroc dans une situation analogue à celle de la Tunisie... La souveraineté du Maroc garantie par des traités internationaux se trouvait mise en question[3].

En réalité, tout démentait la comparaison ainsi établie entre notre politique à Tunis et notre programme marocain. A Tunis, nous avions débuté par une conquête militaire et jamais, au Maroc, nous n'avions songé à entreprendre rien de tel. A Tunis, notre premier soin avait été de limiter, par traité, l'autorité du Bey, et, au Maroc, nous avions toujours déclaré que notre but était de renforcer la souveraineté du Sultan. Comme l'écrivait M. Rouvier au prince de Radolin le 21 juin 1905[4], nous n'avions tenté d'obtenir d'Abd-el-Aziz ni la direction des affaires intérieures et extérieures de son empire, ni la mainmise sur son système mili-

---

1. Voir *Livre Blanc*, page 2.
2. Voir *Livre Blanc*, page 10.
3. Voir appendice, page 492.
4. Voir *Livre Jaune*, pages 235 et suivantes.

taire. Nous n'avions donc point cherché à introduire au Maroc un régime analogue à celui qui n'avait été d'ailleurs appliqué dans la régence de Tunis qu'avec le consentement de l'Allemagne. L'assimilation établie entre les deux situations n'était pas exacte; mais à supposer qu'elle l'eût été, à supposer même que, contrairement à la réalité, la convention de 1880 eût visé d'autres points que l'exercice du droit de protection, on ne pouvait pas en tirer la conclusion que les intérêts économiques des puissances dussent en souffrir. En effet, les modifications apportées à certaines parties du statut tunisien avaient laissé intacts les traités antérieurement signés par le gouvernement beylical. Au Maroc, le gouvernement chérifien avait souscrit, en 1890, des engagements envers l'Allemagne qui donnaient au commerce allemand les garanties les plus complètes ; il n'était jamais venu à notre pensée que ces engagements pussent n'être pas respectés. L'Allemagne n'en soutenait pas moins que notre désir de présider aux réformes, soit par accord direct avec le Sultan, soit par mandat de l'Europe, dissimulait le parti pris d'obtenir une situation privilégiée qui nous permît, au détriment des autres puissances, de refermer la « porte ouverte ».

Restaient deux autres reproches. Le premier formulé pour la première fois par M. Vassel, consul d'Allemagne à Fez, le 21 février 1905, imputait à M. Saint-René-Taillandier une sorte d'abus de confiance [1]. On prétendait, sur la foi du maghzen, que le ministre de France s'était présenté à la cour chérifienne comme le mandataire de l'Europe. Dès le 9 avril, M. Saint-René-Taillandier avait démenti formellement cette assertion [2]. Et, le 15 juin, il avait renouvelé énergiquement ce démenti [3]. Jusqu'au dernier discours du prince de Bülow, nous devions cependant retrouver devant nous cette accusation ridicule, qui, sur la simple affirmation du Sultan, prêtait arbitrairement à notre diplomatie une attitude aussi maladroite pour le moins qu'incorrecte.

Jusqu'au bout, ou peu s'en faut, des débats d'Algésiras, nous devions également nous entendre imputer la violation de prétendus

---

1. Voir *Livre Blanc*, page 2.
2. Voir *Livre Jaune*, page 207.
3. Voir *Livre Jaune*, page 233.

engagements verbaux pris par M. Rouvier à l'égard du Dr Rosen, le 28 septembre 1905. Et ce grief, pour être le moins justifié de tous, ne devait pas être le moins bruyamment invoqué [1]. M. Rosen prétendait que M. Rouvier lui avait alors promis de ne pas solliciter pour la France le mandat d'organiser la police dans les ports et de se contenter de la situation spéciale qui nous était reconnue sur la frontière. Pour s'assurer que jamais M. Rouvier n'avait souscrit pareille promesse, il suffit de relire dans notre *Livre Jaune* les dépêches d'où il résulte que le président du Conseil, en signant le protocole du 28 septembre, avait pris soin de dire au Dr Rosen d'abord, au prince de Radolin ensuite, de faire dire enfin au prince de Bülow par M. Bihourd, qu'en dehors de la formule signée par les deux gouvernements, il entendait n'avoir pas avancé d'engagements sur aucun point à l'égard de l'œuvre de la conférence [2]. Pour s'assurer que notre intention de profiter de cette liberté en vue d'obtenir le mandat de police n'était point ignorée de l'Allemagne, il suffit de relire, dans le même *Livre Jaune*, la dépêche, antérieure de quelques semaines, où M. Rouvier télégraphiait à M. Bihourd qu'il avait fait connaître au prince de Radolin, sans provoquer d'objections, que la France demanderait à la conférence de lui confier le mandat international pour les réformes de police [3]. Quant à soutenir que notre intérêt spécial se limitait, soit dans notre pensée, soit d'après les accords franco-allemands de 1905, à l'organisation de la police dans les districts voisins de l'Algérie, c'était également impossible en présence des textes que nous venons de rappeler, de la déclaration de M. Rouvier du 16 décembre 1905 [4]; en présence surtout du protocole du 8 juillet de la même année, reconnaissant la situation spéciale faite à la France « au Maroc » (et non par conséquent dans telle ou telle partie du Maroc, mais dans l'ensemble de l'empire chérifien) par les relations particulières des deux pays [5]? N'était-il pas d'ailleurs évident que, dans la région frontière, dont le statut est réglé par une série de traités

1. Voir ci-dessous, pages 140 et 197.
2. Voir *Livre Jaune*, page 305.
3. Voir *Livre Jaune*, page 249.
4. Voir *Journal officiel* du 17 décembre 1905 : « Notre droit est plus général encore, etc.., »
5. Voir appendice, page 483.

franco-marocains dont le premier remonte à 1845, ni l'Allemagne, ni la conférence ne pouvaient rien nous « accorder », parce que nous n'avions nous-mêmes rien à « demander », nos droits étant indiscutables et, aux termes du protocole de juillet, indiscutés [1] ? La liberté que nous conservions dans cette région ne pouvait donc devenir le prix de l'abandon qu'on prétendait nous imposer de notre « intérêt spécial » dans le reste du Maroc. Si le Dr Rosen avait pris ses désirs pour la réalité ou cherché à s'attribuer auprès de son gouvernement le mérite d'un succès fictif, nous n'avions pas à en tenir compte et à sacrifier notre politique aux commodités du négociateur allemand [2].

Sur ces bases discutables, le prince de Bülow apportait à la conférence un programme, qui, pour n'avoir jamais été exposé dans son ensemble, n'en était pas moins facile à résumer. Il déclarait d'abord [3] « que les propositions françaises en ce qui concerne les réformes de l'armée, de l'administration intérieure et des finances, porteraient une grave atteinte à la souveraineté du Sultan ; ensuite que les autres puissances ne profiteraient pas, au même degré que la France, des avantages économiques de ces réformes, car ces avantages reviendraient, notamment en ce qui concerne les concessions, en première ligne à la puissance réformatrice ». En conséquence, il opposait à nos projets un projet purement international fondé sur la prétendue égalité de droits assurée à tous les signataires de la convention de Madrid, par l'article 17 de cette convention.

Le gouvernement impérial estime, disait-il, que la réorganisation de l'armée et de la police devrait se faire de telle manière que, comme M. Rouvier l'a bien fait remarquer, la conférence donnât un mandat

---

[1]. « L'Allemagne ne poursuit aucun but... contraire aux droits de la France résultant de ses traités ou arrangements... » Voir appendice, page 483.

[2]. Je suis d'ailleurs à même, ayant été mêlé directement à cette affaire, de préciser ce qui s'était passé dans la dernière semaine de septembre 1905. Le Dr Rosen m'avait dit avec insistance qu'il exigerait de M. Rouvier l'engagement de ne pas solliciter le mandat de police à la conférence, et il m'avait assuré que, s'il n'avait pu obtenir à cet égard une promesse écrite, il avait du moins un engagement verbal. Très surpris, je fis part de cette affirmation au président du Conseil, qui fit appeler aussitôt M. Rosen, et lui reprocha vivement son langage, sans que celui-ci, assez décontenancé, fît la moindre objection. C'est alors que M. Rouvier crut devoir prendre les précautions spéciales qui figurent au *Livre Jaune* (Voir pages 305 et 306).

[3]. Voir *Livre Jaune*, page 242.

en vue de l'exécution des réformes nécessaires. Ce mandat devrait naturellement revenir à la France seule, tant qu'il s'agit des districts avoisinant la frontière algérienne, procédé qui, d'après l'opinion énoncée par M. Rouvier, satisferait au désir principal de la France.

Par contre, il n'y aurait pas de raisons pour lesquelles le mandat devrait être donné à la France pour les endroits plus éloignés, particulièrement les places situées à l'Océan Atlantique. Il serait plutôt convenable que la réorganisation de l'armée et de la police, tant qu'elle serait nécessaire, se fît dans les différents districts par les différentes puissances.

La réforme des finances doit être traitée d'une manière internationale, de telle façon que la banque du Maroc ne soit pas fondée exclusivement sur des banques de différentes puissances. Les fonds pour cette banque seraient à verser à parties égales par les puissances, et l'administration de la banque serait à exercer par les divers États d'une manière autant que possible égale. Mais, dans tout ce qui précède, il ne s'agit nullement de propositions faites par l'Allemagne. Cela ne peut être que la simple déduction du principe de l'acceptation de l'invitation à la conférence[1].

C'est cette thèse, définie en ces termes le 16 juin 1905, que nous allions rencontrer devant nous à Algésiras, — avec cette seule modification (obtenue le 28 septembre) que la question de la frontière ne serait pas soumise à la conférence. Elle aboutissait à réduire au minimum le rôle de la France, en portant au maximum celui de l'Europe ; à ignorer pratiquement notre intérêt spécial théoriquement reconnu le 8 juillet ; à faire litière de nos droits acquis et à ne nous laisser, dans l'œuvre réformatrice, qu'une part égale à celle que recevraient la Belgique, la Suède ou les Pays-Bas[2]. C'était l'anéantissement de tout ce que nous avions à sauvegarder. Et ce contraste seul permettait de préjuger de quelles difficultés, pour les plénipotentiaires assemblés, serait hérissé le chemin de l'entente.

IV

Les arguments que l'Allemagne invoquait n'étaient que l'enveloppe des fins qu'elle poursuivait. Quelles étaient ces fins ? Qu'avait-

---

1. Voir *Livre Jaune*, page 235.
2. Voir notamment ci-dessous, page 287.

elle voulu en intervenant au Maroc? Qu'attendait-elle de la conférence? Au delà des apparences, quelles étaient les réalités?

Il eût été injuste de contester l'importance croissante des intérêts économiques de l'Allemagne au Maroc. Et personne ne songeait à la discuter. Le temps était loin où le prince de Bismarck, alors chancelier, et le prince Clovis de Hohenlohe, alors secrétaire d'État par intérim aux Affaires étrangères, déclaraient que l'Allemagne, n'ayant point au Maroc d'intérêts, y règlerait son attitude sur celle de la France[1]. Depuis cette déclaration, vieille déjà de vingt-six ans, l'Allemagne était née à la politique mondiale. Et cherchant « son avenir sur l'eau » elle avait essaimé sur l'Afrique, comme sur l'Asie et l'Amérique, l'armée de ses commis voyageurs. Au Maroc même, elle avait obtenu de notables résultats. C'est surtout depuis 1890 que ces résultats étaient devenus appréciables, à la suite de deux événements d'ordre divers. Le premier de ces événements était la fondation par le Dr Jannasch, président du *Central Verein für Handelsgeographie* et directeur de la *Deutsche Exportbank*, de la ligne directe de navigation *Atlas* entre Hambourg et le Maroc. Le second était la conclusion, par le comte de Tattenbach, d'un traité de commerce, le plus complet de ceux signés par le maghzen, qui fixait à 10 p. 100 *ad valorem* les droits d'importation, établissait les droits de sortie, autorisait l'exportation des céréales et devenait la base du tarif général marocain[2]. Depuis lors, l'Allemagne, déployant au Maroc les qualités, — extrême réduction des prix, fût-ce aux dépens de la solidité; adaptation ingénieuse aux mœurs et aux préférences locales; activité des représentants de commerce, — qui lui ont conquis tant de marchés, a obtenu de beaux succès. On a vu[3] la place occupée dans les huit ports ouverts

---

[1]. Le comte de Saint-Vallier, ambassadeur de la République française à Berlin à M. de Freycinet, ministre des Affaires étrangères.

Berlin, le 23 avril 1880.

Le prince de Hohenlohe m'a dit être spécialement chargé de me déclarer que, l'Allemagne n'ayant point d'intérêts au Maroc, son délégué aurait l'instruction de régler son attitude d'après celle de son collègue de France; des ordres en ce sens vont être envoyés au comte de Solms.

SAINT-VALLIER.

[2]. Voir Wolfrom. *Le Maroc*, Paris 1893.

[3]. Voir ci-dessus, pages 23 à 27 et appendice, page 499.

par le commerce allemand. Cette place, pour être de plus en plus inférieure à celle que nous y tenons, ne laisse pas que d'être considérable. Au point de vue du commerce général et du tonnage maritime, l'Allemagne, en 1903, 1904 et 1905, venait au troisième rang. Cinq Compagnies allemandes, la *Oldenburg-Portugesische Damchiffsrhederei*, la *Deutsche Ost-Afrika Linie*, la *Robert Sloman Junior Linie*, la *Norddeutscher Lloyd* et la *Hamburg Amerika Linie*, font régulièrement escale au Maroc. Il existe dans l'empire chérifien une quarantaine de maisons allemandes représentant (en dehors des Compagnies de navigation) un capital d'environ 10 millions de marks. Le nombre des Allemands résidants est évalué à 150. La poste impériale est fort bien organisée[1]. Des médecins européens établis dans l'empire chérifien, les Allemands sont, avec les Français, les plus réputés. C'est donc là un ensemble d'intérêts, bien éloigné assurément de valoir les nôtres, mais éminemment respectable, et dont le gouvernement allemand se devait de sauvegarder, non seulement le présent, mais l'avenir. Par contre, tout le monde accordera que rien, dans le programme français, ne les lésait, ni ne les menaçait. Le principe de la liberté commerciale, inscrit par nous dans tous nos accords d'une part[2], d'autre part la clause du traité de commerce germano-marocain de 1890 portant que ce traité resterait en vigueur jusqu'à la conclusion d'un traité nouveau, les protégeait efficacement. Le prince de Bülow et M. de Mühlberg avaient du reste reconnu, en 1904, que ces intérêts n'étaient point en péril[3]. Ce n'est donc pas dans un danger réel couru par eux, qu'on peut trouver l'explication profonde de l'intervention de l'Allemagne. Et force est de chercher ailleurs le motif qui, ici, nous échappe.

Ce motif est-il, comme on a pu le croire à de certaines heures, dans des convoitises territoriales? Et est-ce pour satisfaire ces convoitises que l'Allemagne s'est mise en travers de la politique française? Il est certain que l'Empire allemand, depuis qu'il a une marine et que son commerce s'est développé, est en quête, un peu partout, de dépôts de charbon et de points d'appui. Il est incontestable qu'à diverses reprises il a pensé qu'il en pourrait trouver

---

1. Voir T. Steeg, Rapport sur le Budget des postes, 1907.
2. Voir appendice, page 479.
3. Voir ci-dessus, page 4.

au Maroc et que les accords franco-anglais ont sensiblement inquiété ceux qui, dans le parti colonial, avaient jeté les yeux sur l'empire chérifien. Le 20 avril 1904, les pangermanistes wurtembergeois, réunis à Esslingen, demandaient au gouvernement de « mettre à profit la situation, pour développer les intérêts économiques de l'Allemagne au Maroc [1] ». Le 27 mai, la Société coloniale allemande exprimait des vœux analogues [2]. A cette même réunion le comte Joachim de Pfeil, chargé du rapport, expliquait que « l'Empire avait encore la possibilité de mettre la main sur une terre où l'Allemand pouvait prospérer ; qu'il fallait diriger sur le Maroc les 32 000 émigrants qui vont chercher fortune aux États-Unis tous les ans ; que ces émigrants trouveraient là un climat et des conditions de production appropriés à leur activité ; qu'enfin, au point de vue politique, le Maroc était à l'heure présente le seul point d'appui dont pourrait se servir la marine allemande pour maintenir, au cas de complications internationales, le libre passage entre l'Atlantique et le canal de Suez ». Et il paraphrasait sa formule déjà populaire : « Oui, fût-ce au prix d'une guerre, nous avons besoin du Maroc ! » Quelques jours après, l'Union pangermanique, tenant à Lübeck sa réunion annuelle, n'était pas moins catégorique. Elle adoptait une résolution, dont le comte de Pfeil

---

1. Voici les passages essentiels de ces vœux : « Comme la plupart de nos colonies sont peu susceptibles d'extension, comme, au contraire, le Maroc peut devenir une colonie de peuplement et d'agriculture, en même temps qu'il serait un point d'appui des plus précieux pour notre flotte sur une route de navigation des plus importantes, il est désirable que le gouvernement impérial fasse le nécessaire, au cas où le *statu quo* ne pourrait être maintenu au Maroc, pour s'établir dans la région Ouest de ce pays, où déjà le négoce allemand occupe une situation considérable, souvent même prépondérante, et pour que notamment Oualidia et Agadir soient occupés, comme précédemment Tsingtau en Chine, afin de démontrer et d'affirmer nettement la sphère d'intérêts allemands dans ce pays. » (Voir *Livre Jaune* page 121).

2. « En présence de la situation inattendue que l'arrangement franco-anglais crée au Maroc, l'assemblée coloniale juge nécessaire que le gouvernement impérial entreprenne des démarches pour obtenir ce qui suit : 1° Tant que durera au Maroc l'état de choses présent, la liberté commerciale sera garantie dans toute sa plénitude, et les droits politiques et économiques des sujets allemands y résidant devront être sauvegardés de façon expresse ; 2° Au cas où le *statu quo* serait modifié en faveur de la France, l'Empire allemand devrait recevoir des compensations au moins égales à l'accroissement de la puissance française, compensations correspondant à la fois à l'importance de ses intérêts économiques dans le pays, aux besoins qu'a sa flotte de points d'appui maritimes et aux besoins d'expansion de sa population. » (Voir *Livre Jaune* page 136).

se faisait encore le promoteur, et réclamait, au nom des intérêts politiques et économiques de l'Allemagne, l'acquisition de la côte atlantique du Maroc ; elle se déclarait blessée de l'humiliation subie par l'Empire, non consulté au moment des négociations franco-anglaises ; elle sommait le gouvernement de saisir l'occasion qui lui était offerte de faire prévaloir les prétentions allemandes et de prendre pied solidement dans l'empire du maghzen [1]. Enfin un an plus tard, M. Théobald Fischer, que l'on peut considérer comme l'interprète le plus autorisé de l'opinion allemande à l'égard du Maroc, affirmait [2] que, dans l'éventualité d'un partage, le minimum des revendications allemandes porterait sur la partie du Maroc située entre l'Atlas et l'Atlantique, au sud de Rabat et y compris le Sous, laissant à la France tout le reste du pays.

Mais, — et M. Fischer, partisan du partage, le reconnaissait lui-même, — le démembrement du Maroc n'était pas en cause. Au surplus, beaucoup d'Allemands étaient loin de penser comme lui sur les avantages d'une installation au Maroc [3]. Toujours d'autre part, nous nous étions engagés à respecter non seulement la souveraineté du Sultan, mais l'intégrité de l'empire chérifien. Toujours aussi le gouvernement impérial avait proclamé qu'il ne demandait aucun avantage territorial. Guillaume II l'avait dit à Alphonse XIII à Vigo en 1904. Le prince de Bülow l'avait répété sur tous les tons [4]. En admettant ou que ces affirmations ne fussent pas pleinement sincères, ou que, avec le temps, les appétits coloniaux eussent gagné le gouvernement, l'Allemagne, par suite des négociations avec la France et de la conférence elle-même, avait les mains liées et bientôt elle constaterait l'impossibilité où elle se trouvait de prendre pied sur la côte marocaine. N'est-il pas d'ailleurs évident que, si elle avait recherché des profits immé-

---

1. Voir *Livre Jaune*, page 138.
2. Voir Camille Fidel, *L'Opinion allemande et la question du Maroc*, Paris, 1905.
3. Voir *Questions diplomatiques et coloniales*, 16 septembre 1904. Le contre-amiral Rosenthal disait : « La force sert à faire les conquêtes dont on a besoin, lesquelles ne sont pas précisément au Maroc ». Le colonel Hubner écrivait : « Si le Maroc devait nous tomber dans la main comme un fruit mûr, alors peut-être devrait-on se tenir prêt à le saisir. Mais actuellement il faudrait secouer l'arbre fortement et longtemps encore. Employons notre force dans l'Afrique du Sud-Ouest où elle est nécessaire. »
4. Voir appendice, page 490.

diats, elle les eût obtenus mille fois plus aisément de la négociation directe offerte par M. Rouvier que de la conférence ? On a dit que son but était d'obtenir ces profits non au Maroc, mais en Turquie. Hypothèse séduisante, mais fragile et que ruine le refus catégorique opposé par le Dr Rosen à M. Révoil, quand celui-ci lui avait proposé d' « élargir » la négociation[1]. Donc, ici encore, le motif est inadéquat à l'acte. Et de même que, pour sauvegarder une importation de 3 millions, nullement menacée du reste, le gouvernement allemand n'aurait pas risqué une guerre avec la France, de même des velléités d'occupation, discutées par une fraction importante de l'opinion, n'auraient pas suffi à expliquer l'intensité de sa politique.

Ces motifs particuliers écartés, restent les raisons d'ordre général. Ces raisons, ce n'est pas au Maroc, c'est en Europe qu'il les faut chercher. Et c'est peut-être parce qu'elles n'ont rien à voir avec le problème marocain que, si souvent, sur le terrain proprement africain, la politique allemande semblera incertaine et déconcertante. Ces raisons doivent être graves. Car l'intervention hostile de Guillaume II, — à laquelle il eût été logique et possible de substituer une communication amicale et une protestation diplomatique — contredit à la fois et l'attitude obligeante qu'il gardait à notre endroit depuis 1888[2], et le désir, aussi vif chez lui que chez Bismarck, de s'entendre hors d'Europe avec la France. Le changement est absolu autant que brusque. D'où vient-il ? A cet égard, les dates répondent avec une lumineuse netteté. A partir de 1901, la politique française, qui jusqu'alors, et du fait même de l'alliance russe, a été purement conservatrice, se modifie et de l'observation passe à l'action. Partant de cette idée juste que notre entente avec Pétersbourg, n'ayant pu ni dû être pour nous un instrument de revanche, peut et doit nous donner du moins, pour le règlement de nos affaires et la poursuite de nos intérêts, la liberté de nos mouvements, notre diplomatie aborde, du côté de l'Italie d'abord, du côté de l'Angleterre ensuite, une

---

1. A cette offre, M. Rosen répondit qu'il n'était pas autorisé à traiter une autre question que celle du Maroc. Ce fait détruit l'hypothèse ingénieuse exposée par M. Victor Bérard dans son livre l'*Affaire marocaine* et les explications souvent développées dans le même sens, au cours de conversations privées, par le baron de Marschall, ambassadeur d'Allemagne à Constantinople.

2. Voir ci-dessous, page 70.

campagne de rapprochement. L'Italie, dans la Triple-Alliance, avait, du temps de Crispi, joué contre la France le rôle d'une pointe offensive. Profitant à la fois de ses intérêts et de ses aspirations, nous négocions avec elle une entente qui, d'abord commerciale, devient bientôt politique et qui, le 3 juillet 1902, permet à M. Delcassé de déclarer à la Chambre que l'Italie ne peut, en aucun cas et sous aucune forme, devenir ni l'instrument, ni l'auxiliaire d'une agression contre notre pays ; que la Méditerranée (Maroc et Tripoli), jadis cause de désaccord entre nos voisins et nous, est désormais un principe d'union. A quelques mois de distance, une explication de même ordre nous amène à liquider avec l'Angleterre tout un passé de rivalités coloniales et de ressentiments ataviques. Et cette liquidation, plus notoire encore que celle du malentendu franco-italien, s'enregistre, le 8 avril 1904, dans un traité public.

Le résultat de ce traité, auquel l'Espagne adhère six mois plus tard et qui confirme l'un des termes de notre accord avec l'Italie, doit être de nous donner les mains libres au Maroc. Mais plus encore, au regard de l'Allemagne, il est de nous assurer, dans l'Europe occidentale, une liberté d'action et une influence morale qui tranchent avec notre position antérieure et font de nous un centre attractif. C'est l'heure, précisément, où la Triple-Alliance, longtemps tenue pour intangible, laisse entendre des craquements. Le paradoxe de l'union austro-italienne éclate en manifestations de défiance réciproque et en armements symétriques. L'Allemagne même n'a plus à Rome son prestige d'autrefois. On se rend toujours des visites et, dans ces visites, on prononce toujours des discours. Mais les discours italiens sont plus froids que les discours allemands. Et l'accueil réservé à Guillaume II, lors de son voyage de 1904, est sensiblement moins chaleureux que celui fait à M. Loubet. L'Angleterre, d'autre part, dans l'instant où elle s'accorde avec la France, est, de plus en plus, la rivale de l'Allemagne. Le temps est loin, où Guillaume II se félicitait à Portsmouth de la puissance de la flotte anglaise. L'Allemagne, elle aussi, est devenue une puissance navale. Engagée sous son impulsion et par la politique commerciale du comte de Caprivi dans les voies de la politique mondiale, elle y trouve sur sa route le gouvernement et le peuple anglais. Va-t-elle, désormais, y rencontrer, unies, l'Angleterre et la France ? A cette question, Guillaume II d'abord ne répond pas directement. Mais il est facile de voir le fond de ses sentiments. L'arrangement anglo-français est du 8 avril 1904. Dès le 28 du même mois, il parle à Carlsruhe et que dit-il ?

> Pensons à la grande époque où fut créée l'unité allemande, aux combats de Wœrth, de Weissembourg et de Sedan. Les événements actuels nous invitent à oublier nos discordes intérieures. Soyons unis pour le cas où, dans la politique du monde, nous serions contraints d'intervenir.

Le 1ᵉʳ mai, à Mayence, pour l'inauguration d'un pont, nouveau discours, plus net encore :

> Cette œuvre destinée à développer les relations pacifiques pourrait servir à des fins plus graves.

Enfin, le 14 mai, à Saarbrück, la même note retentit. Et après s'être félicité que la ville, où il parle, ait, grâce aux victoires de 1871, cessé d'être une ville frontière, il se loue, sans nécessité, d'avoir au cours de son voyage, visité Metz « boulevard de l'Allemagne » qui « ne cherche d'affaire à personne » mais qui est prête à se défendre contre tous.

Nous voilà, avec ces discours, loin des déclarations flatteuses où l'on rendait hommage à la France, « au glorieux adversaire de 1871, toujours si utile à la cause de la civilisation » ; plus loin encore des commentaires sceptiques par lesquels le comte de Bülow avait accueilli le rapprochement franco-italien. Le chancelier avait vu sans colère l'Italie faire à notre bras un « tour de valse ». Il avait même dit : « Les accords franco-italiens sur certaines questions méditerranéennes (Maroc et Tripolitaine) ne vont pas contre la Triplice. Ils ne s'appliquent pas, en somme (*ueberhaupt*), au terrain propre de la Triplice ». En présence de la situation nouvelle, M. de Bülow[1], accusé par l'opposition d'avoir laissé isoler l'Allemagne, est forcé de faire contre mauvaise fortune bon cœur, d'affirmer que l'Allemagne ne prend aucun ombrage des accords anglo-français, notamment en ce qui touche

---

1. Voir les discours du 12 et 14 avril 1904.

le Maroc. Mais Guillaume II, moins prudent, ne se gêne point pour proclamer son humeur et sa déception ; et, peu à peu, des manifestations oratoires, on se prépare sans transition à passer aux actes qu'annoncent, en février 1905, les propos de M. de Kühlmann [1]. Qu'est-ce qui a déterminé, qu'est-ce qui a hâté cette évolution si inattendue dans son principe et, dans sa forme, si anormale ?

Ici encore les dates sont éloquentes. C'est en septembre 1904 que les armées russes succombent à Liao-Yang. C'est en mars 1905 qu'elles sont écrasées à Moukden. La Russie, pour longtemps, est donc sans action sur les affaires d'Europe. En même temps la France, sous le ministère de M. Combes, paraît la proie des socialistes. La suprématie de M. Jaurès n'est pas douteuse. Et on la croit à Berlin plus totale et plus durable qu'elle n'est en réalité [2]. L'armée, mal dirigée, est moralement divisée par la délation. Matériellement, ses approvisionnements sont insuffisants [3]. Tout cela se dit à Paris. Et, dans plus d'un milieu, on ajoute à la vérité l'apport d'imaginations hostiles. L'ambassade allemande à Paris recueille ces bruits décourageants. Elle en fait des rapports qu'elle sait devoir être agréables à l'Empereur. Un de ses membres surtout donne le ton et se plaît, usant de sa situation de famille qui lui ouvre à Berlin toutes les portes, à peindre notre « décadence ». On se décide donc à tout risquer, car on a la confiance que nous reculerons. Nous reculons en effet. M. Delcassé tombe, victime à la fois de ses propres fautes et de la haine allemande. Puis c'est M. Rouvier qu'on essaye de mâter, fût-ce par des menaces directes [4]. Et la conférence obtenue, on tente, avant sa réunion, de nous arracher une abdication totale [5]. Est-ce bien du Maroc qu'il s'agit ? Oui, dans une certaine mesure. Car aux coloniaux allemands, et peut-être au gouvernement, l'appétit est venu en mangeant. Mais le grand dessein, le but essentiel n'est pas de mettre la main sur tout ou partie de l'empire chérifien ; c'est de prendre

---

1. Voir ci-dessus, page 6.
2. J'ai pu le constater moi-même, dans des conversations avec le prince de Radolin et avec le prince de Bülow.
3. Voir ci-dessus, page 41.
4. Voir ci-dessus, page 10.
5. Voir ci-dessus, page 11.

sur les « mauvais propos » et sur la politique « isolante » de M. Delcassé une éclatante revanche; c'est de nous prouver que nos accords avec l'Angleterre, si l'Allemagne n'en veut point, sont nuls et non avenus, impuissants et caducs. Bref, c'est la politique générale qui est en cause. Le Maroc n'est qu'une occasion.

Et qui dit cela? Est-ce un Français partial et passionné? Non. C'est le prince de Bülow lui-même.

Il y a, dans les incidents auxquels a donné lieu, depuis bientôt six mois, l'affaire marocaine, deux choses distinctes à considérer. Le Maroc est la première, la politique générale est la seconde. Au Maroc, nous avons des intérêts commerciaux importants. Nous avons tenu et nous tenons encore à les sauvegarder. Sur le terrain général, nous avons été obligés de répondre à une politique qui tendait à nous isoler et qui, à cette intention avouée, empruntait, vis-à-vis de nous, un caractère nettement hostile. L'affaire marocaine était la manifestation la plus récente et la plus caractérisée de cette politique; elle a été pour nous l'occasion d'une riposte nécessaire[1].

Cette « riposte nécessaire », l'Allemagne, en arrivant à Algésiras, entend qu'elle soit complète et décisive. Nous étions surpris tout à l'heure de constater la fragilité de ses griefs et la médiocrité de ses intérêts. C'est qu'aucun de ces griefs n'est sérieux, aucun de ces intérêts déterminant. Ce n'est pas l'absence de notification qu'elle nous reproche; ce n'est pas la convention de Madrid qu'elle défend; ce n'est pas la tunisification qu'elle redoute. Les inquiétudes commerciales et les convoitises territoriales mêmes sont peu de chose à côté de la « leçon » qu'elle veut nous infliger. Et c'est pourquoi l'Allemagne oubliera soit ses engagements, soit ses intérêts, — ses engagements de tenir un large compte de nos prétentions légitimes, de ne pas nous gêner, de nous aider ; ses intérêts, qui lui eussent conseillé de prendre hypothèque sur nous en se montrant, après la démission de M. Delcassé, arrangeante et modérée, d'accepter un accord à deux, fertile en avantages soit au Maroc soit ailleurs, au lieu d'imposer à tout prix la réunion de la conférence. Elle mêlera l'amertume de ses plaintes au miel de ses promesses. Le discours pessimiste du 6 décembre suivra les décla-

1. Voir appendice, page 487.

rations rassurantes de Baden-Baden. Et à Algésiras, sans égard pour les solutions objectives, elle poursuivra l'œuvre de représailles qu'elle s'est donnée comme tâche en exigeant de nous l'abandon de notre programme, de nos droits et de nos intérêts [1].

C'est à ce point de vue qu'il faut se placer, si l'on veut, dans les pages qui vont suivre, voir clair à travers les infinies contradictions de la politique allemande. Supposez qu'il s'agisse seulement du Maroc : vous n'expliquerez pas l'année d'attente depuis le traité franco-anglais, le contraste entre l'attitude prise en 1905 par le chancelier et ses discours d'avril 1904 ; vous ne comprendrez pas la persistance à réclamer la conférence, la violence inutile de la presse officieuse, le recours aux journaux et aux voyages impériaux pour poser une question qu'on aurait eu tant d'occasions de traiter, soit à Paris, soit à Berlin, par des entretiens diplomatiques qui eussent évité tout froissement ; l'intransigeance négative et obstinée de M. de Radowitz et du comte de Tattenbach. Voyez, au contraire, dans le voyage de Tanger la notification réfléchie de l'hostilité de l'Allemagne à notre politique nouvelle ; retenez que cette notification — qu'on ajournait, en 1904, quand les événements d'Extrême-Orient commençaient à peine à se dessiner, — se produit quelques mois après Liao-Yang et quelques jours après Moukden ; qu'elle se prolonge par une erreur d'optique et par l'escompte imprudent de notre faiblesse persistante et de notre impuissance diplomatique [2]. Admettez qu'il s'y joigne, — mais de façon subsidiaire et intercurrente — l'arrière-pensée de prendre pied au Maroc : vous tiendrez, sous la thèse de surface, les mobiles réels auxquels, en ce mois de janvier 1906 et dans les semaines prochaines, obéira la politique allemande. Les débuts de la conférence, en éclairant ce système complexe, allaient nous imposer, si nous voulions garder notre rang de grande puissance, une résistance énergique. A ce titre encore, la discussion d'Algésiras était une affaire nationale.

---

1. On crut aussi à Berlin que l'Angleterre ne nous serait pas fidèle.

2. A aucun moment, l'Allemagne ne parut se rendre compte que, depuis le mois de mai 1905, la France s'était fortifiée matériellement et moralement. Voir ci-dessous page 93.

V

En dehors des adversaires français et allemands, la conférence allait réunir les représentants de toutes les puissances signataires de la convention de Madrid de 1880. Ces signataires étaient, outre le Maroc, l'Angleterre, l'Espagne, l'Italie, l'Autriche-Hongrie, la Russie, les États-Unis, le Portugal, la Belgique, les Pays-Bas et la Suède.

De ces dix puissances, l'Espagne seule se trouvait, vis-à-vis du Maroc, dans une situation qui, par certains points, rappelait la nôtre. Par suite, comme nous, du voisinage, l'Espagne a été de tout temps en contact avec le Maroc. Sans doute, dans l'ordre politique, commercial, religieux, scientifique, ce contact ne peut se comparer à celui du Maroc et de l'Algérie. Les deux peuples, bien que voisins, sont restés étrangers l'un à l'autre ; et les Espagnols qui habitent les colonies de la côte restent confinés dans leur territoire, à l'état d'hostilité presque continue avec les tribus qui les entourent. Ces colonies elles-mêmes n'ont été d'ordinaire utilisées que comme bagnes. Melilla seul, depuis qu'il est port franc, s'est développé. Mais c'est surtout la France et l'Angleterre qui en ont à tous égards profité. Ceuta a une grande valeur stratégique, mais aucune valeur commerciale. Alhucemas, Penon de Velas, l'île Alboran, Peregil et Ifni sont sans intérêt. Les îles Zaffarines ne présentent que l'avantage d'être situées à l'embouchure de la Moulouïa, mais sont complètement délaissées. Les présides coûtent 2 500 00 pesetas. Le mouvement commercial, qui est d'environ 2 millions, laisse à l'Espagne un bénéfice de 400 000 pesetas. L'excédent de dépenses est donc supérieur à 2 millions.

Malgré cela, l'opinion espagnole est fort attachée, surtout depuis les désastres coloniaux, à ce qu'elle appelle ses « droits historiques » sur le Maroc. Elle fait remonter ces droits au testament d'Isabelle-la-Catholique donnant aux Espagnols la mission de poursuivre les Maures jusque sur la rive africaine. Elle les a réalisés partiellement lors de la cession de Ceuta en 1688, lors de l'expédition de 1720, lors de celle surtout de 1859, qui aboutit à la prise de Tétouan, au paiement d'une indemnité de guerre et à l'agrandissement du territoire de Ceuta, mais, à part cela, ne produisit aucun résultat politique ni économique. Le commerce hispano-marocain, qui consiste surtout en achats espagnols au Maroc, représente de 4 à 8 p. 100 du trafic marocain global[1]. Ce n'est pas là une situation très-brillante. Mais c'est pour le patriotisme espagnol une raison suffisante d'espérer des revanches, d'ailleurs imprécises, des déboires de 1898. Aussi, quand il devint notoire que la France et l'Angleterre négociaient au sujet du Maroc, l'émotion fut-elle vive à Madrid. Cette émotion se calma un peu, lorsqu'on connut l'article de l'accord anglo-français qui prévoyait comme un corollaire une négociation franco-espagnole. Mais elle se réveilla, lorsque, le 3 octobre 1904, cette négociation aboutit à une déclaration qui, on l'a vu, était aussi ambiguë que brève. Aux termes de cette déclaration, les deux pays contractants s'étaient mis d'accord sur l'étendue de leurs droits et la garantie de leurs intérêts. Dans quelles conditions? Le public n'en savait rien. Il pourrait n'être pas sans inconvénient de préciser dès maintenant le détail, non encore publié, des dispositions prises. Il suffit d'ailleurs, au point de vue qui nous occupe et pour l'intelligence des débats de la conférence, de savoir que, dans cet arrangement conclu avec le traité franco-anglais pour base, la France avait, pour emprunter une expression à la langue juridique, situation de défenderesse ; qu'elle associait l'Espagne à ses plans de pénétration pacifique, dans la partie du Maroc où cette pénétration était possible à nos voisins ; qu'elle ne faisait cependant aucune concession de nature à exclure notre action éventuelle d'une région quelconque du Maroc. A aucun degré, il ne s'agissait de partage. On envisageait seulement — dans une forme singulièrement compliquée, il est vrai, — une collaboration économique et aussi les modalités hypothétiques d'une action défensive de police, que le progrès de l'anarchie pourrait un jour rendre nécessaire. Ce traité qui fit, étant inconnu, l'objet d'interprétations contradictoires et de discussions vaines, fut le 1ᵉʳ septembre 1905 amendé par un protocole additionnel, qui n'en modifia pas le principe et se borna seulement à préciser certains

---

1 Voir appendice, page 499.

de ses termes. Par suite de la conférence décidée depuis le 8 juillet, des dispositions furent prises, notamment, en vue de l'organisation de la police dans les ports. Larache et Tetouan devaient recevoir des instructeurs espagnols. La police de Tanger devait être pour quinze ans franco-espagnole avec un chef français et devenir, après cette date, purement espagnole. Les autres ports recevraient des instructeurs français [1]. Enfin il était entendu que, dans la Banque d'État, l'Espagne aurait une place supérieure à celle des autres puissances, la France exceptée [2].

Par suite de ces arrangements, les droits et intérêts spéciaux que nous allions soutenir à la conférence se devraient concilier avec ceux que nous avions reconnus à l'Espagne. Il allait de soi que nous serions fidèles aux engagements pris. C'était du reste notre intérêt. Accusés par l'Allemagne de vues exclusives et de tentatives de monopole, nous trouvions dans l'appui de la puissance la plus directement intéressée aux affaires marocaines une précieuse justification. Du côté de l'Espagne, la situation était plus complexe. La plupart des hommes d'État, qui menaient alors ses affaires, pensaient, comme le jeune roi, qu'il fallait à tout prix maintenir les accords conclus avec les puissances occidentales. Ce n'est pas, en effet, à la France seule que l'Espagne était liée par ces accords. C'était en outre à l'Angleterre, puisque le traité anglo-français du 8 avril avait prévu explicitement les arrangements franco-espagnols et que ces arrangements eux-mêmes avaient été connus et approuvés par le cabinet britannique. Cette intimité avec Paris et Londres ayant autant de prix pour l'avenir que dans le présent, l'Espagne devait sans peine en accepter les charges. Au point de vue proprement marocain, elle n'avait d'ailleurs rien à regretter. Les deux accords de 1904 et de 1905 l'avaient largement admise aux bénéfices éventuels de l'œuvre d'ordre et de régénération que nous entreprenions. Il n'est pas douteux que, sur ce point, la conviction d'Alphonse XIII, de M. Moret, président du Conseil, du duc d'Almodovar, ministre

---

1. L'accord du 1ᵉʳ septembre ne mentionnait que Larache et Tetouan (police espagnole) ; Tanger (police mixte) ; Rabat et Casablanca (police française). Mais en se reportant au traité du 3 octobre 1904, il était évident que les autres ports, Safi, Mazagan, Mogador, devaient, si on s'occupait d'eux, recevoir des instructeurs français (Voir plus loin, pages 157 et 377).

2. Voir ci-dessous, page 391.

d'État et de M. de Léon y Castillo, ambassadeur à Paris, était acquise, et qu'à leur sens l'Espagne, tant pour faire honneur à sa signature que pour sauvegarder sa situation soit en Europe, soit en Afrique, devait rester unie à la France et à l'Angleterre.

Toutefois cette opinion trouvait à Madrid même des contradicteurs. Sans aller jusqu'à partager l'animosité des adversaires caractérisés de la France, tels que M. Villanueva, ancien ministre de la Marine[1], beaucoup d'Espagnols, d'un esprit plus ambitieux que positif, nous gardaient rancune d'avoir posé cette question du Maroc qui leur apparaissait, tant qu'elle demeurait à l'état de nébuleuse, comme l'occasion possible, pour leur pays, d'entreprises et de succès dont l'ampleur n'était égalée que par l'imprécision. En présence de la conférence exigée par l'Allemagne, alors que peut-être l'intervention de cette puissance allait arrêter pour longtemps le développement du programme français, ils se demandaient si l'Espagne n'aurait pas eu profit à être libre de tout engagement. Et volontiers ils eussent accepté, puisque ces engagements étaient pris, l'hypothèse de les répudier, fût-ce aux dépens de la foi jurée. Eblouis et obsédés par la perspective de bénéfices marocains immédiats et impartagés, ils étaient prêts à ouvrir l'oreille à toutes les tentations. Or, le tentateur n'était pas loin qui devait les conduire sur la montagne et leur offrir d'un geste tout l'empire chérifien. Il pouvait, d'autre part, se trouver jusque dans le ministère espagnol des hommes, qui cédant, à de vieilles habitudes intellectuelles ou à un mirage décevant, seraient impressionnés par ces offres. Les ministres qui s'étaient succédé au pouvoir depuis 1904, avaient tous entendu la voix du séducteur. C'est contre le danger d'une défection possible, bien qu'improbable, que nous aurions à nous prémunir en réconfortant la confiance et la fidélité de l'Espagne. En tout cas, le texte et l'esprit des traités nous permettaient de compter sur son appui actif et efficace.

Trois autres puissances encore avaient avec la France des engagements de sortes diverses qui, pour des motifs variés, devaient

---

1. M. Villanueva a fait plusieurs enquêtes sur la question marocaine, toujours dans un esprit antifrançais. En 1905, lors du voyage de M. Loubet, il avait refusé la plaque de grand-officier de la Légion d'honneur et donné sa démission de ministre de la Marine.

lier leur action à la sienne. Parmi elles, l'Angleterre était au premier rang, puisque la convention, signée par nous avec elle, avait été le point de départ de la crise diplomatique qu'il s'agissait de dénouer. Sa situation politique et économique au Maroc[1] était, jusqu'au 8 avril 1904, restée prépondérante[2]. Mais, depuis cette date, elle s'était effacée devant nous et, comme ses titres, ses ressources étaient à notre service. Par respect de la parole donnée et aussi par considération pour les raisons qui lui avaient fait rechercher notre amitié, elle allait être à nos côtés, dans le débat qui s'ouvrait, l'allié le plus sûr, le plus énergique, le plus dévoué. Peut-être, en 1905, avait-elle éprouvé quelque déception à constater en nous un esprit de conciliation poussé jusqu'à la faiblesse. Il ne restait, en tout cas, rien de cette irritation passagère. Ses intérêts, elle le déclarait publiquement, se confondaient avec les nôtres. Et notre cause était la sienne.

L'Italie, moins libre de ses mouvements, était moins nette d'attitude. Elle aussi, pourtant, était liée à nous. Et le protocole de désintéressement mutuel signé en décembre 1900, à propos de Tripoli et du Maroc, et confirmé le 1er novembre 1902[3], lui faisait un devoir de se prononcer pour les solutions, et pour celles-là seulement, que nous soutiendrions. Mais elle était l'alliée de l'Allemagne : et la chancellerie impériale a, en matière d'alliances, des conceptions impérieuses. En concluant avec nous un accord méditerranéen, l'Italie avait agi dans la plénitude de son droit, et d'un

---

1. L'Angleterre avait eu longtemps des vues sur le Maroc. En 1844, elle avait énergiquement combattu la politique française, en 1861, la politique espagnole. Le percement du canal de Suez avait accru pour elle l'importance du détroit de Gibraltar. De 1890 à 1895, elle avait pratiqué au Maroc la politique la plus active, notamment au moment de l'ambassade à Fez de Sir Charles Evans Smith, et certainement songé à un protectorat. En 1900 et 1901, sir Arthur Nicolson, par l'intermédiaire du caïd Mac Lean et de M. Harris, avait exercé sur le maghzen une action prépondérante et antifrançaise (Voir André Gourdin, *La Politique française au Maroc*. Paris, 1906).

2. Le commerce anglais a gardé le premier rang au Maroc, jusqu'en 1905 où il a été distancé par le commerce français. Voir appendice, page 499.

3. M. Prinetti, ancien ministre des Affaires étrangères d'Italie, disait, en avril 1906, à un rédacteur de la *Stampa* : « Durant mon ministère, j'ai eu plusieurs fois l'occasion, dans mes relations avec l'ambassadeur de France, de confirmer et de river l'accord que le marquis Visconti-Venosta avait déjà conclu (en décembre 1900) au sujet de la Méditerranée. Mais je n'ai eu à modifier d'aucune façon ni la substance ni la forme qui sont restées intactes. ».

droit que l'Allemagne elle-même lui avait reconnu. Lorsque, en effet, en 1882, Mancini avait négocié la Triple Alliance, il n'avait pu, malgré ses efforts, obtenir de Bismarck, outre la garantie des territoires italiens, celle des « intérêts primordiaux communs ». En d'autres termes, l'Allemagne avait refusé à l'Italie de l'aider à assurer le maintien, si nécessaire pour elle, de l'équilibre méditerranéen. Si donc, quelques années plus tard, l'Italie avait cherché, d'abord auprès de l'Angleterre, ensuite auprès de la France, la protection de ses intérêts dans la Méditerranée, c'est que l'Allemagne, en lui refusant cette protection, l'avait implicitement autorisée à régler sans elle, en toute indépendance, cet ordre de problèmes. Cela est si vrai que, lorsqu'intervint le règlement franco-italien, le chancelier, qui, en 1897, avait dit : « L'Allemagne n'a pas d'intérêts dans les questions méditerranéennes [1] », répéta dans la forme la plus nette que « les accords franco-italiens relatifs à ces questions ne portaient pas en somme sur le terrain de la Triple-Alliance [2] ». Comment, dans ces conditions, pouvait-on s'étonner à Berlin que l'Italie hésitât à sacrifier à une alliance, qui a toujours ignoré la Méditerranée, des traités signés, en dehors de cette alliance, pour le règlement des problèmes méditerranéens ? C'est l'Allemagne qui n'avait pas voulu, quand l'Italie l'en priait, connaître de ces problèmes. Comment invoquait-elle à leur sujet les obligations générales d'une alliance qu'elle avait refusé d'étendre à la Méditerranée ? Telle était cependant la prétention de la chancellerie impériale, qui attribuait d'avance à l'Italie un rôle de « second », et rien de plus. Notre jeu, dans ces conditions, serait de rappeler au cabinet de Rome les engagements positifs pris vis-à-vis de nous. Avec quel succès ? L'avenir nous l'apprendrait.

Quant à la Russie, qui, n'ayant pas d'intérêts au Maroc, n'avait de traités marocains ni avec nous ni avec qui que ce fût, elle devait trouver, dans son alliance avec la France, une règle de conduite que rien ne pouvait faire fléchir. L'appui que nous attendions d'elle était, à beaucoup d'égards, analogue à celui que nous lui avions prêté en Extrême-Orient à la fin de la guerre sino-japo-

---

1. Reichstag, 8 février 1898.
2. *Ibid.*, 8 janvier 1902.

naise. Sans doute la valeur matérielle de cet appui se trouvait, par les désastres de Mandchourie et la crise révolutionnaire, sensiblement amoindrie. Mais il gardait une force morale dont nous étions assurés de pouvoir disposer. A diverses reprises, le gouvernement russe nous l'avait affirmé. Et lors de la signature de l'accord du 28 septembre, le concours de M. Witte ne nous avait pas été inutile. Nous pouvions, au surplus, rendre à la Russie, sur le terrain financier, les services que nous attendions d'elle sur le terrain politique. Seule, la prolongation de la crise marocaine s'opposait à la conclusion de l'emprunt depuis longtemps désiré à Pétersbourg et en principe accepté par nous : motif nouveau pour que le gouvernement du Tsar nous aidât à obtenir la solution favorable, dont, par contre-coup, il bénéficierait.

Les États-Unis arrivaient à la conférence dans une situation sans analogue. Des cinq puissances qui s'y trouvaient, soit d'un côté, soit de l'autre, libres de tout engagement, ils étaient seuls à tenir au service de leur opinion une force matérielle et morale considérable. Ils devaient à la nature des choses une parfaite impartialité. Et cette impartialité n'assurait que plus de prix à leur approbation. Des deux parts, du côté français aussi bien que du côté allemand, cette approbation devait donc être désirée et recherchée. Toutefois elle ne pouvait être accordée que dans des conditions toutes spéciales de réserve et de discrétion. La politique américaine, très pratique et très opportuniste dans l'action, se développe à l'abri de principes qu'elle évite de heurter de front. Le plus respecté de ces principes est la doctrine de Monroë qui, tendant à fermer le nouveau monde aux nations européennes, a pour contre-partie le désintéressement des États-Unis par rapport aux conflits dont l'Europe est le théâtre. Sans doute, à notre temps, cette doctrine a subi des atteintes. M. Roosevelt n'a pas voulu qu'elle pût couvrir les abus commis par les républiques latines et, avec son aveu, une flotte anglo-italo-allemande a bloqué les côtes du Venezuela. Il n'a pas jugé non plus qu'elle dût interdire aux États-Unis les longs espoirs et les vastes pensées. Et les escadres américaines, en passant par les Philippines, ont porté jusque dans la Méditerranée le pavillon étoilé. Cependant il y a, dans le Sénat américain, un parti qui juge excessive et dangereuse la politique « mondiale » du président actuel et qui, en toute occasion, fait à cette politique une active opposition. A propos du Maroc, le sénateur Bacon, un des meneurs de ce parti, avait protesté déjà contre l'immixtion du gouvernement de l'Union dans une querelle qui ne le regardait point et risquait de provoquer des complications. Pour répondre à ces critiques, M. Root, secrétaire d'État, avait montré aux principaux membres du Sénat les instructions qu'il se proposait d'adresser à M. Henry White, son représentant à Algésiras. Sauf une intervention, promise par lui aux sociétés israélites en faveur des juifs marocains, M. Root ne prescrivait à M. White aucune initiative. Il devait s'associer aux mesures prises pour la protection de l'égalité commerciale comme à celles destinées à mettre un terme à l'anarchie. Il était laissé libre d'apprécier la valeur relative des solutions proposées et de signer *ad referendum* le protocole auquel aboutiraient les travaux de la conférence.

Telle était la façade officielle de la politique américaine. Mais, en fait, une puissance du rang des États-Unis ne prend point part à une réunion internationale telle que celle d'Algésiras sans que son action y devienne bientôt sensible. L'Empereur d'Allemagne, qui a toujours prodigué aux États-Unis les marques publiques de prévenance, — tout en les dénonçant dans des conversations privées comme un danger pour l'Europe [1], — ne négligeait rien pour s'assurer leur concours. Mais, les méthodes de l'impérialisme allemand en général, en particulier la prétention de l'Allemagne de garder un caractère pangermanique aux colonies allemandes des États-Unis ou de l'Amérique du Sud, l'emportaient, dans l'esprit de M. Roosevelt, sur le souvenir des manifestations d'égards. De notre côté, nous pouvions invoquer des titres sérieux à sa sympathie. Sans autant d'affectation, mais avec plus de succès que l'Allemagne, nous avions témoigné aux Américains une confiance dont ils nous savaient gré et qu'ils payaient de retour. En 1904, nous leur avions, au Maroc même, prêté nos bons offices pour la libération de M. Perdicaris, citoyen de l'Union, emprisonné par Raissouli: nous avions été officiellement remerciés de notre efficace intervention et notre situation spéciale avait été reconnue par la diplomatie

---

1. Voir Victor Bérard, *L'Affaire marocaine*, page 328. L'Empereur a publiquement parlé d'une croisade du continent contre les États-Unis ou les Jaunes à un grand nombre d'officiers de marine, soit français soit étrangers.

américaine[1]. Quelques mois plus tard, en 1905, au lendemain de la démission de M. Delcassé, M. Roosevelt, en adressant directement à l'Empereur d'Allemagne des conseils de modération, nous avait grandement aidés[2]. M. Jusserand, ambassadeur de France à Washington, pouvait s'autoriser de ces précédents pour demander au gouvernement américain de nous continuer son appui, au moins dans la coulisse. C'était pour nous, en présence des éventualités prochaines, une sécurité précieuse.

Les quatre États secondaires qui participaient à la conférence, c'est à savoir : le Portugal, la Belgique, les Pays-Bas et la Suède, pouvaient se répartir en deux groupes. Le Portugal constituait à lui seul le premier. Traditionnellement lié à la politique anglaise, récemment malmené par l'Allemagne dans l'affaire du sanatorium de Madère, il prenait parti pour la Grande-Bretagne et pour nous. Au contraire, la Belgique, les Pays-Bas et la Suède étaient par-dessus tout désireux de tirer leur épingle du jeu et de ne se brouiller avec personne. C'est à regret qu'ils participaient au débat. Et c'est à esquiver les responsabilités qu'ils étaient d'avance résolus. Tous d'ailleurs, encore qu'à des degrés divers, avaient subi l'influence de l'argumentation allemande. Ils n'étaient pas bien sûrs que nous n'eussions pas réellement nourri le dessein de « tunisifier » le Maroc et de fermer la « porte ouverte ». Du moins faut-il reconnaître, en ce qui concerne la Belgique, qu'elle résistait sincèrement à la tentation de prendre pied au Maroc grâce au conflit franco-allemand. Les Pays-Bas, d'une nuance plus germanophile, avaient été sondés par la diplomatie impériale, qui leur eût

---

[1]. Les représentants des États-Unis allaient même plus loin ainsi qu'en témoigne la dépêche suivante du 2 juillet 1904 (Voir *Livre Jaune*, page 157) de M. Saint-René-Taillandier à M. Delcassé : « ... Le consul des États-Unis, en m'apportant ses remerciements pour nos bons offices dans l'affaire Perdicaris, a ajouté que son gouvernement, n'ayant pas ici de mission d'ordre général, avait considéré comme terminé le rôle de la marine américaine ; il m'a, en même temps, demandé *si nous ne comptions pas prendre des dispositions pour le rétablissement de la sécurité.* La plupart de mes collègues, *y compris celui d'Allemagne*, me posent à titre personnel des questions analogues. »

[2]. Le rôle de M. Roosevelt, en 1905, avait été fort actif. C'est lui qui avait le plus vivement insisté pour que la France acceptât la conférence. Et, à ce moment, dans un télégramme, Guillaume II lui avait spontanément promis de s'en remettre à lui du choix de la solution. On verra plus loin comment fut tenue cette promesse.

volontiers attribué la police de la totalité des ports. Mais ils avaient évité de prendre aucun engagement. Quant à la Suède, elle s'abstenait d'avance et déclarait que son représentant serait purement et simplement à la disposition de la conférence.

L'Autriche-Hongrie et le Maroc étaient du côté de l'Allemagne. Encore fallait-il cependant tenir compte, chez l'un et chez l'autre, de sentiments divers qui pouvaient opposer quelque résistance aux prétentions allemandes. L'Autriche, pleinement indépendante à l'égard de la France et liée à l'Allemagne par une étroite alliance, devait évidemment seconder les vues de son alliée. Mais, du moment que la conférence l'obligeait à une action directe, elle devait, pour garder son rang de grande puissance, montrer que sa politique demeurait autonome. Sa situation nouvelle dans les Balkans n'est pas, du reste, pour lui faire voir, avec satisfaction, l'intrusion de l'Allemagne dans la Méditerranée. Enfin, aussi bien pour apaiser les Hongrois très-irrités contre le cabinet de Berlin que pour obtenir un succès personnel, elle souhaitait être le courtier d'une solution transactionnelle, que lui rendaient également désirable ses excellentes relations avec la France. Que la délégation autrichienne apparût comme l'intermédiaire commode, sinon nécessaire, de la conversation franco-allemande ; que les propositions formulées par elle devinssent la base des transactions initiales et de l'arrangement final, c'en était assez pour que la diplomatie autrichienne pût s'attribuer le mérite d'avoir sauvegardé la paix européenne. Pour cela, une double action était indispensable. Et, sans doute, cette action s'exercerait d'abord sur la France, à qui l'on demanderait les premières concessions. Mais si la France répondait à cet appel, il faudrait de toute évidence se retourner alors vers l'Allemagne et la convier à la contre-partie. Il convient d'ajouter, toutefois, qu'au début de la conférence, l'Autriche acceptait le réquisitoire de l'Allemagne contre la France comme l'expression de la vérité et que, soucieuse de sauvegarder l'avenir de sa situation commerciale au Maroc[1], elle admettait qu'il fallût prendre contre l'éventualité d'un monopole français des précautions et des garanties.

---

1. Le commerce austro-hongrois est au Maroc en progrès sensible : 1 183 557 francs en 1902, 1 432 508 en 1903, 1 401 886 en 1904.

Quant au Maroc, il se présentait à la conférence dans un état de semi-confiance. Au début, en mars 1905, il avait espéré que l'intervention de l'Allemagne le dispenserait, sans qu'il lui en coûtât rien, d'écouter nos conseils de réforme et même de tenir vis-à-vis de nous ses engagements antérieurs de 1901 et 1902. Il considérait, en effet, que l'Allemagne faisait échec à la France pour des motifs de politique européenne et que, partant, il n'avait qu'à laisser se développer cette intervention bienvenue. Dans une seconde période, après l'arrivée du comte de Tattenbach à Fez, il avait compris qu'il lui faudrait payer le concours allemand de notables avantages économiques [1]. Mais à cela encore il se résignait. La seule chose qu'il crût impossible, c'était d'une part que la France et l'Allemagne pussent se mettre d'accord, d'autre part que cet accord pût aboutir aux réformes, dont il se flattait d'être définitivement préservé. Le protocole du 8 juillet 1905 avait dissipé la première de ces illusions. Celui du 28 septembre avait dissipé la seconde. Non seulement Français et Allemands cherchaient une solution amiable. Non seulement la France restait sur ses positions et demeurait capable de se faire respecter [2]. Mais la conférence, considérée par le maghzen, au moment où il la proposait, comme un moyen d'écarter de lui toute intervention européenne, provoquait cette intervention. Et les puissances, en l'acceptant, s'appropriaient les projets que M. Saint-René-Taillandier était venu, cinq mois plus tôt, soutenir à Fez. La situation n'était donc plus celle sur laquelle on avait compté. Elle se rapprochait infiniment de celle que l'on pensait avoir évitée.

Il suffisait d'entendre, au début de janvier, les représentants du Sultan à Tanger pour discerner en eux l'inquiétude éveillée par ce changement. Ils gardaient l'espérance que l'Allemagne, pour les empêcher de tomber sous l'influence française, ferait opposition à nos plans. Ils étaient disposés, comme pis aller, à accepter les solutions internationales qu'on recommandait à Berlin, parce que l'expérience leur apprenait que l'Europe collective n'est

---

[1]. Voir *Livre Jaune*, pages 221 à 306 *passim*.

[2]. Voir *Livre Jaune*, pages 265 à 303, l'affaire de Bou Mzian Miliani, Algérien, que les autorités marocaines avaient arrêté arbitrairement et que nous fîmes relâcher, en septembre 1905, avec excuses et indemnité.

jamais à craindre [1]. Mais, pour plus de sûreté, ils se préparaient déjà à pratiquer une obstruction qui constituait, contre les réformes, leur dernière ligne de défense. Ils invoquaient la nécessité de ne pas irriter l'opinion publique, qui, en réalité, était, et on l'a bien vu, fort indifférente. Ils insistaient sur l'obligation où ils seraient d'en référer à leur souverain sur chaque question. Ils laissaient prévoir ainsi l'extrême lenteur de leurs réponses, les voyages à Fez aller et retour, la consultation prolongée du Sultan, celle peut-être des « délégués » appelés à Fez, en 1904, et, depuis lors, gardés là-bas comme en réserve [2]. Le maintien du *statu quo* était leur but. Ils tenaient à leur anarchie, féconde en abus, partant en bénéfices. Ils attendaient de la conférence le maximum d'argent avec le minimum de contrôle. Mais de réformes, quelles qu'elles fussent, ils ne voulaient pas. Les puissances, au contraire, à mesure qu'elles étudieraient de plus près le problème marocain ; qu'elles connaîtraient mieux ce gouvernement spoliateur et despotique servi par une administration corrompue, l'insécurité croissante du pays, la ruine de l'agriculture, les exactions des gouverneurs, l'impossibilité des communications, les méfaits des usuriers, les lois restrictives du commerce, les dangers réels courus par les Européens, seraient de plus en plus convaincues de la nécessité de ces réformes et du caractère nécessaire des mesures proposées par nous. C'était, pour notre cause, un argument dont la la valeur irait croissant.

Ainsi se présentaient, à la veille de la première séance, les thèses, les droits et les intérêts en présence. On voit, par leur complexité, à quelles combinaisons variées ils devaient se prêter. Intérêts locaux et intérêts européens, droits naturels et droits contractuels, thèses officielles et raisons cachées, tels étaient les éléments de la discussion, tels étaient les écueils parmi lesquels allait évoluer le débat, — dans quel milieu et dans quelle atmosphère, c'est ce qu'il nous reste maintenant à préciser.

1. Voir ci-dessous, page 284.
2. Voir *Livre Jaune*, page 199.

CHAPITRE II

LE MILIEU ET LA RENCONTRE

I. *Chefs d'État et gouvernements.* — Guillaume II, le prince de Bülow et M. de Holstein. — M. Loubet et M. Fallières. — M. Rouvier et M. Léon Bourgeois. — Édouard VII et sir Edward Grey. — Nicolas II et le comte Lamsdorf. — Victor-Emmanuel III et ses ministres. — Alphonse XIII et M. Moret. — M. Roosevelt et M. Root. — François-Joseph et le comte Goluchowski.
II. *Les plénipotentiaires.* — M. Révoil et M. Regnault. — M. de Radowitz et le comte de Tattenbach. — Sir Arthur Nicolson. — Le comte Cassini et M. Bacheracht. — Le duc d'Almodovar et M. Perez Caballero. — Le marquis Visconti-Venosta. — M. Henry White. — Le comte de Welsersheimb. — La vie à Algésiras. — L'hôtel et l'*ayuntamiento*.
III. *L'opinion.* — L'évolution de l'opinion française. — Les préparatifs militaires. — La presse. — Le *Temps* et M. Clemenceau. — M. Jaurès et l'*Humanité*. — Le public allemand. — Les journaux et l'officiosité. — Les tiers.
IV. *L'ouverture de la conférence.* — Les instructions de M. Révoil. — Les premiers entretiens avec sir Arthur Nicolson et le comte Cassini. — Le discours du duc d'Almodovar et M. Révoil. — Compliments et procédure. — La déclaration de M. Révoil (15 janvier).

I

La conférence d'Algésiras allait mettre en jeu, avec les intérêts des États qui y participaient, les tempéraments divers des hommes qui les gouvernaient.

Du côté allemand, Guillaume II, comme toujours, est au premier plan. Cette « personnalité puissante » — l'expression est du prince de Bülow[1] — n'a point coutume de laisser faire et de laisser passer. Elle parle et elle agit elle-même : non pas qu'elle soit toujours, dans l'instant qu'elle intervient, fixée sur la valeur de son intervention, mais parce qu'il est de son rôle d'affirmer ses initiatives. Le voyage de Tanger a révélé cette double disposition : au dernier moment, l'empereur hésite ; il semble chercher, auprès

---

1. Reichstag, 14 novembre 1906. Voir le *Temps* du 16 novembre 1906.

de l'officier français commandant le *Du Chayla*, un prétexte pour ne pas débarquer.

— La mer ne sera-t-elle point mauvaise ? questionne-t-il avec insistance.

Après deux heures d'attente, il vient à terre. Et là, ce sont de nouvelles interrogations au comte de Cherisey, chargé d'affaires de France.

— Êtes-vous sûr de n'avoir rien reçu de Paris[1] ?

On dirait qu'il voudrait être retenu ; qu'il craint les conséquences de son acte. C'est qu'en effet, après cet acte d'hostilité, va commencer un « nouveau cours ». La courtoisie appliquée dont la France a été l'objet de sa part depuis 1888[2] ne saurait prévaloir contre cette « agression diplomatique ». Devant l'échec brutal infligé à ce qui est le grand dessein de sa politique, que fera le gouvernement français ? Si affaibli qu'on le suppose à Berlin, on peut craindre un ressaut soudain, la guerre peut-être, en tout cas la brouille. C'est pour cela que Guillaume II est incertain. Enfin

---

1. Je tiens ces détails des témoins mêmes de la scène.
2. Voir Georges Villiers. *Guillaume II et la France*. Revue Bleue, 29 avril 1905 : « S'agit-il de commémorer un anniversaire de 1870, l'Empereur ne manque pas de rendre hommage à « l'ennemi chevaleresque » (14 décembre 1891), aux « braves soldats français luttant avec le courage du désespoir pour leurs lauriers, leur passé, leur empereur » (2 septembre 1895). Le maréchal de Mac-Mahon meurt ; le jour même, il charge le comte de Munster de porter à la duchesse de Magenta l'hommage de ses condoléances (18 octobre 1893). Le président Carnot est assassiné à Lyon ; là encore, il sait trouver la note juste et, le premier des souverains étrangers, il exprime sa sympathie à la veuve du président qui, « digne de son grand nom, est mort au champ d'honneur ». A cette occasion, et malgré une certaine résistance de l'opinion allemande, il fait mettre en liberté deux officiers de marine français arrêtés pour espionnage. Viennent ensuite des démarches analogues à la mort du maréchal Canrobert (29 janvier 1895), de Jules Simon (8 juin 1896), au lendemain de l'incendie du Bazar de la Charité (4 mai 1897), ou de la perte du transatlantique la *Bourgogne* (juillet 1898), et, plus près de nous encore, aux obsèques de Félix Faure, où il délègue, pour le représenter, l'un des généraux allemands les plus proches de la France par ses relations de famille, le prince Antoine Radziwill (février 1899). Le 6 juillet de la même année, se trouvant dans les eaux norvégiennes, il visite le vaisseau-école français *Iphigénie* et télégraphie à M. Loubet pour le féliciter « comme marin et comme camarade » de l'aimable accueil qui lui a été réservé. En 1900, il veille personnellement à ce que la section allemande de l'Exposition soit aussi brillante que possible. En 1901, il reçoit à Berlin, le général Bonnal qu'il avait invité aux manœuvres et le comble d'égards. Plus récemment enfin, la catastrophe de la Martinique lui fournit une autre occasion de nous adresser un de ces télégrammes émus où il excelle et d'entretenir une atmosphère amicale, un peu artificielle peut-être, utile cependant et salutaire par la détente qui en résulte. »

il franchit le Rubicon marocain et, personnellement, il s'engage à protéger le Sultan. De ce jour, c'est lui, c'est sa dignité, qu'on va nous opposer. Dès ce moment, d'ailleurs, il se tait. On n'entend plus sa voix. Sa diplomatie seule occupe la scène. M. Delcassé, qui « parlait mal de lui [1] », s'en va. M. Rouvier arrive. L'Empereur persiste dans le silence. Il le rompt, à la fin de décembre, dans une conversation privée, mais faite à coup sûr pour être répétée, en affirmant ses « intentions conciliantes [2] ». De nouveau donc, le voilà qui tend la main à la France. Mais la France est défiante. Et l'accueil réservé fait à ses propos irrite Guillaume II. C'est un engrenage fatal. Une double tendance se partage alors la volonté impériale. L'Empereur désire une entente. Il le dit. Il le répète à tous ceux qu'il reçoit et, sans doute, il est sincère. Mais cette entente, il la veut telle qu'elle soit pour nous inacceptable. Hypothèse, dira-t-on ? non : car, au long des pages qui suivent, on verra Guillaume II, à toutes les heures de crise, agir contre nous, non pas même par l'intermédiaire de son chancelier ou de ses ambassadeurs, mais directement [3]. Il est, il l'affirme du moins, las de toutes ces difficultés marocaines. Mais il entend qu'on puisse dire que l'Allemagne a triomphé et ce souci d'orgueil exaspéré fait de lui, dès le début de la conférence, l'adversaire acharné de notre diplomatie. C'est lui qui décide. C'est lui qui télégraphie aux chefs d'État étrangers. C'est de l'action exercée sur lui que sortira à la dernière heure l'accord honorable conquis par notre fermeté.

Or cette action est d'autant plus malaisée que Guillaume II est homme d'impression et d'impulsion. Son intelligence vive et assimilatrice connaît mal le fond des affaires. Il en a des vues incomplètes et flottantes. C'est la rançon de son omnicompétence, de son activité multiforme. Les idées qui le frappent n'ont pas de contre-

---

1. M. Delcassé eut, assure-t-on, le tort dans les couloirs de la Chambre d'exprimer trop librement son opinion sur la politique allemande et sur l'Empereur lui-même.
Quand on apprit la démission de M. Delcassé, l'Empereur, qui se trouvait à une manœuvre militaire à côté du général de Lacroix, envoyé en mission spéciale pour le mariage du Kronprinz, lui dit tout à coup : « Il est parti ! » Il, c'était M. Delcassé.

2. Voir ci-dessus, page 12.

3. Voir notamment ci-dessous, page 319.

poids. Il appartient à chacune d'elles successivement et intégralement. Pour le Maroc, celle qui le guide, c'est qu'on l'a provoqué, qu'il s'est engagé, qu'il doit l'emporter. Quant à l'essence du problème, à ces « détails », qui sont tout lorsqu'on discute sur des droits et sur des intérêts, il ne s'y arrête pas : il les ignore, il les supprime. Et il lui manque ainsi cette vertu supérieure des véritables hommes d'État qui est, suivant l'expression d'Albert Sorel, de pénétrer dans l'âme de leurs adversaires, de se placer à leur point de vue pour juger leurs raisons, d'entrer, comme on dit, dans leur peau. De cela, Guillaume II est à peu près incapable. Et la difficulté de négocier avec lui en est sensiblement accrue.

A côté de l'Empereur, hostile par amour-propre, le chancelier. Figure curieuse, complexe et décevante [1], le prince de Bülow n'a pas été en cette affaire ce qu'espéraient ceux qui avaient recueilli de sa bouche tant de protestations amicales pour la France. Que cette attitude ait été déterminée par sa propre conviction, par la volonté de son souverain ou par l'influence de ses bureaux, elle est bien nette. Et, comme l'Empereur, il s'obstinera jusqu'au dernier jour à chicaner sur les conséquences pratiques de « l'intérêt spécial » qui nous a été reconnu le 8 juillet 1905. A dire vrai, pour s'étonner du contraste entre ses promesses à M. Bihourd et ses déclarations de Baden-Baden d'une part, son discours de décembre et son hostilité durant toute la conférence d'autre part, il faut oublier que M. de Bülow se pique avant tout d'être un réaliste, un utilitaire, un opportuniste. Préoccupation, consciente ou non, de continuer Bismarck, souci d'éviter les fautes dont ont pâti d'autres nations, instinct ou calcul, peu importe. Le fait est là. Dès ses premiers discours, cette idée s'est affirmée.

Le temps est passé où les Allemands laissaient à un de leurs voisins la terre, à l'autre la mer et gardaient pour eux le ciel où plane la pure doctrine [2].... Nous ne jouerons jamais les brandons de discorde, mais jamais non plus les cendrillons [3].

---

1. Voir Georges Villiers. *Le prince de Bülow.* Revue Bleue des 11 et 18 novembre 1905.
2. Reichstag, 6 décembre 1897.
3. Reichstag, 27 avril 1898.

Au service de ce système, une règle de conduite invariable : considérer les choses en toute impassibilité, ne jamais céder au sentiment :

> Napoléon III a voulu jouer à la providence sur terre : cela ne lui a pas réussi[1]... Notre devoir, tout en respectant les sentiments du peuple allemand, est de ne nous laisser guider que par son intérêt[2].

Pour pratiquer cette politique réaliste et substantielle (*sachliche Realpolitik*), qui n'oublie jamais que « sur cette dure terre où nous sommes, il faut être ou marteau ou enclume », il importe de ne pas s'embarrasser de principes. Le prince de Bülow le disait, il y a deux ans : « Je ne suis pas un faiseur de déductions » et il ajoutait : « Nous arriverions à de jolis résultats, si nous nous laissions guider par des principes absolus[3]. » L'intérêt allemand, qui seul doit conduire la politique allemande, peut et doit varier. Car « l'Allemagne n'a pas lié sa politique *in omnes casus et eventus, in omnia sæcula*[4] ». Cette politique s'est modifiée dans les questions méditerranéennes, suivant les circonstances, et M. de Bülow s'en fait gloire. En 1897, lors de l'affaire de Crète, l'Allemagne est sortie du concert des puissances, parce « qu'elle n'avait point d'intérêts dans les choses d'Orient et dans les questions méditerranéennes[5] ». En 1902, affirmation identique :

> Les accords franco-italiens sur certaines questions méditerranéennes (Maroc et Tripoli), ne sont pas dirigées contre la Triplice. Ils ne portent pas, en somme, sur son terrain[6].

Trois mois après, même note :

> Je ne compte pas la question marocaine au nombre de celles qui attirent de façon immédiate et directe l'attention de notre diplomatie. Nous n'avons pas de pignon sur la Méditerranée. Nous nous félicitons que la France et l'Italie, qui y ont chacune de grands et sérieux

---

1. Reichstag, 19 novembre 1900.
2. Reichstag, 13 décembre 1900.
3. Reichstag, 16 mars 1905.
4. Reichstag, 13 décembre 1900.
5. Reichstag, 8 février 1897.
6. Reichstag, 8 janvier 1902.

intérêts, s'y soient mises d'accord. Mais nous n'y poursuivons pas une politique personnelle[1].

Ce qui n'a pas empêché, le jour où des considérations de politique générale y ont déterminé la chancellerie allemande, les problèmes méditerranéens de passer au premier plan et le Maroc de devenir une question vitale. Ainsi l'a voulu la *Realpolitik*. Par les définitions qu'il en a données, le prince de Bülow permettait de prévoir les conséquences qu'il en tirerait. Il allait une fois de plus nous prouver qu'il ne se souciait ni des principes ni de la logique, quand il croyait pouvoir profiter des circonstances, — mais montrer aussi que, ce faisant, il n'avait une juste vue ni de la situation de la France ni de la situation de l'Europe.

Eût-il, livré à lui-même, suivi une autre route ? C'est une question qu'on ne peut pas ne point poser, mais à laquelle on ne sait comment répondre. Au moment où s'ouvre la conférence, il y a dans les bureaux de la Wilhelmstrasse un personnage réputé tout puissant, qui, depuis 1905, tient entre ses mains le « dossier Maroc ». C'est le conseiller intime de Holstein, premier conseiller rapporteur[2]. Que n'a-t-on pas dit de ce vieillard solitaire, qui se signalait dès ses débuts en se faisant l'espion de son chef, M. d'Arnim, à l'ambassade de Paris et qui, depuis lors, dans l'ombre de la chancellerie, invisible et présent, avait assisté à la grandeur et à la décadence de trois chanceliers ? On le donnait, — ses amis du moins[3], — comme désireux d'une « entente solide »[4] avec la

---

1. Georges Villiers. Déclarations du comte de Bülow, 30 mai 1902.

2. Voir le *Temps*, 22 avril 1906. « M. de Holstein, subordonné influent et agissant, n'était pas fait pour atténuer ce que cette politique avait de fâcheux, de blessant et de menaçant. Son caractère, sa mentalité, sa nature ressemblaient par trop de points aux manifestations auxquelles nous faisons allusion pour qu'il fût possible d'admettre qu'entre elles et lui un lien n'existait pas, — lien que ses chefs purent méconnaître, mais que créait la confiance même qu'ils lui témoignaient ou l'initiative qu'ils lui laissaient. »
M. de Holstein, dans une interview des *Berliner Neueste Nachrichten*, s'est vivement défendu d'avoir tenu le rôle qu'on lui attribuait. Si cela est exact, la responsabilité de l'Empereur et du chancelier en devient plus lourde ; au surplus, peu importe. (Voir le *Temps* du 10 décembre 1906).

3. Notamment, le prince de Radolin.

4. M. de Holstein estimait que, pour être durable, cette entente devait comporter, sous une forme ou sous une autre, une renonciation nouvelle de la France aux provinces perdues en 1871.

France. Mais on oubliait d'ajouter que cette entente, il ne l'admettait que léonine et écrasante pour nous. C'est lui qui avait insisté pour le voyage de Tanger[1]. Depuis, quel rôle avait-il joué? Quel rôle allait-il jouer? Sans nul doute, un rôle peu apaisant, et nullement conciliateur; car il ne doutait pas qu'on ne pût, par la menace, tout obtenir de la France apeurée devant l'Europe intimidée. Comme, dès la crise finie, il a pris une retraite qui ressemble à une disgrâce, on a fait de lui le bouc émissaire. Et à coup sûr, il fut pour beaucoup dans l'obstination de la chancellerie. Mais de là à voir en lui l'unique responsable, il y a un pas qu'en toute équité nous ne saurions franchir. Dans l'instant que les plénipotentiaires arrivent à Algésiras, M. de Holstein est certainement résolu à continuer le *bluff*, qui a réussi dix mois plus tôt. Mais il n'est pas seul de son avis[2]. Car le prince de Bülow et l'Empereur lui-même vont, deux mois durant, malgré les conseils, les avertissements, les instances, s'engager personnellement dans la politique du refus et de la résistance. S'ils eussent été partisans, comme ils l'avaient assuré, d'un accord acceptable avec toutes ses conséquences; s'ils eussent traité le problème marocain sans arrière-pensée d'expansion africaine et de représailles européennes; s'ils eussent tenu compte de la spécialité de notre situation dans l'empire chérifien au lieu de chercher surtout à rompre l'entente franco-anglaise, leur volonté se fût imposée aux menées de leurs collaborateurs. Force est donc de penser, qu'en Allemagne c'est l'ensemble du personnel gouvernemental qui veut un succès de façade et qui, pour le chercher, se prépare à exiger de la France l'abandon de son programme et de sa dignité. Nous n'avons à attendre de ce personnel, ni modération, ni équité, ni clairvoyance. Et pour l'amener à une transaction, un seul moyen s'offre à nous : élever en face de lui la « réprobation de l'Europe[3] », pour lui donner l'impression de cet isolement, qu'il nous accusait de préparer quand nous n'y songions pas, et qui devient, alors qu'il croit l'avoir conjuré, l'instrument nécessaire de notre action défensive.

1. L'Empereur ne se décida à descendre à terre qu'après avoir pris connaissance de dépêches pressantes de la chancellerie. Voir ci-dessus, page 70.
2. On peut dire que M. de Holstein avait proposé le plan de campagne. Mais c'est l'Empereur et le chancelier qui dirigèrent les opérations.
3. Cette expression est du comte Lamsdorf.

A Paris, tandis que se déroulera la conférence, la magistrature suprême et le ministère des Affaires étrangères changeront tous deux de titulaires. Parvenu au terme de son mandat, M. Émile Loubet sera remplacé le 18 janvier par M. Armand Fallières, qui entrera en fonctions le 18 février. Partisan du principe politique adopté par M. Delcassé, M. Loubet n'avait pu cependant méconnaître, au mois de juin 1905, la disproportion singulière entre les conséquences possibles de cette politique et les moyens d'exécution dont elle disposait. Il avait accepté loyalement la nécessité des concessions alors conseillées par M. Rouvier. Mais il conservait une sourde défiance contre les intentions de l'Allemagne, et la valeur des assurances amicales, que nous avions parfois recueillies, lui paraissait douteuse. Son successeur, très-neuf, il le disait lui-même, dans les questions étrangères, se préoccupera, dès son élection, d'étudier l'affaire marocaine. D'accord avec le gouvernement sur l'attitude à garder, lié d'autre part à une réserve constitutionnelle que l'usage a exagérée, il n'interviendra que pour approuver les décisions prises, pour assurer aussi, pendant la crise ministérielle, l'unité et la continuité de notre politique. Cette intervention, pour être limitée, n'en était pas moins nécessaire et devait être utile. M. Fallières ne pouvait faire plus. Il était prêt à remplir son devoir tel que les circonstances le lui traçaient.

M. Rouvier avait remplacé M. Delcassé au quai d'Orsay, — on sait dans quelles pénibles conditions. Rien ne préparait à cette action diplomatique intense ce financier émérite rompu par une longue expérience à la vie parlementaire. Mais il lui avait suffi de considérer la situation en homme d'affaires pour définir sa ligne de conduite et s'y fixer. Il avait pris le conflit marocain comme la liquidation difficile d'une opération bonne en soi. Cette liquidation impliquait des sacrifices, mais il fallait réserver l'avenir. On pouvait céder sur la forme, à condition de sauver le fond. D'où la négociation de juin 1905, d'où les accords de juillet et de septembre. La conférence venue, M. Rouvier explique à la Chambre, en termes excellents, ce qu'il y fera et pourquoi[1]. A dire vrai, il ne ressent pas toute la confiance qu'il exprime. Il a cru aux promesses

---

1. Voir appendice, page 495.

allemandes en mai 1905. Et il a été terriblement déçu par l'obstruction ensuite rencontrée. Il s'attend donc aux difficultés, tout en gardant l'espoir de les résoudre. Son action directe n'est point d'ailleurs terminée, car plus d'une fois le prince de Radolin essaiera de rouvrir à Paris une négociation parallèle à la conférence[1]. Dans ces occasions-là, M. Rouvier ne sera peut-être pas le négociateur idéal : car il parle trop et se met quelquefois en colère. Mais, souvent aussi, ces mouvements d'irritation oratoires produiront l'effet qu'il en attend ; c'est ainsi que le 27 septembre 1905 il a, d'une rude poussée, amené le Dr Rosen à signer[2]. A de certaines heures, il aura, comme tous les sanguins, des crises de lassitude. Mais il sera, dans ces cas-là, facile de le remonter. Et alors, avec une belle ardeur, il foncera sur l'adversaire étonné. A la Chambre, sa vigueur, scandée de grands coups de poing sur la tribune, impressionne ses auditeurs. Et les attaques dessinées, notamment par M. Jaurès, s'évanouissent bientôt. Il a fait preuve, en 1905, d'une abnégation, pareille à celle dont M. Delcassé avait dû s'inspirer au moment de Fachoda. Malgré l'amertume de cette longue lutte, il croit au succès, quand, dans une séance incohérente, la Chambre le renverse. Il maintient alors avec énergie ses intructions à M. Révoil ; puis il passe la main à M. Bourgeois, un peu attristé de ne pas présider à la solution qu'il préparait depuis deux mois. A aucun moment, il n'a cru que nous pussions sacrifier nos droits et nos intérêts. On s'en rend compte dès le début de la conférence. Et il possède à l'étranger une autorité justifiée. M. Léon Bourgeois, qui le remplacera en pleine crise, à l'heure où l'interrègne ministériel encouragera l'Allemagne à la pire intransigeance[3], aura, en moins de deux semaines, le mérite de rétablir nos affaires et d'assurer le succès qui, à son arrivée, était gravement compromis. Quel que soit son désir de conciliation, il se convaincra, par l'étude

---

1. Voir ci-dessous, page 201.
2. M. Rouvier avait obtenu la certitude que, dans ses exigences, M. Rosen allait au delà de ses instructions : M. Rosen me l'avait dit à moi-même pour établir la « bonne foi » de son gouvernement. Dans ces conditions, M. Rouvier déclara au négociateur allemand qu'il chargeait M. Bihourd de poursuivre la négociation et que M. Witte ferait d'ailleurs connaître à l'Empereur notre dernier mot. Deux jours après, l'accord intervenait.
3. Voir ci-dessous, page 316.

rapide de l'énorme dossier de la conférence, que nous ne pouvons plus rien céder, et, par la fermeté de ses instructions, par son action personnelle sur les ambassadeurs, par sa dialectique souple, aiguë, pénétrante, il ressaisira l'avantage que nous avait arraché la chute du précédent cabinet. C'est un service dont on appréciera mieux l'étendue en lisant le récit de ces journées décisives [1].

Le roi d'Angleterre, initiateur du rapprochement qui, par son contre-coup, avait provoqué la crise, n'avait probablement pas prévu les répercussions indirectes de l'accord du 8 avril. Il avait considéré cet accord comme une simple liquidation : or, très vite, il était devenu, grâce à l'adhésion de l'opinion publique, le principe d'un groupement nouveau et durable des puissances. Peut-être Édouard VII avait-il pensé ensuite, — bien qu'il fût personnellement attaché à la paix, — que, dans l'hypothèse d'une guerre, tenue par maint Anglais pour désirable et probable, la France serait le champion continental de la Grande-Bretagne : or, en 1905, la France avait marqué sa volonté d'éviter la guerre, même au prix de sacrifices pénibles. La réunion de la conférence étant décidée, le roi prend aussitôt son parti et affirme son désir qu'elle aboutisse à une entente. Il estime que, si cette entente est honorable pour la France et consacre à l'égard du Maroc « l'intérêt spécial » que l'Angleterre a été la première à nous reconnaître, ce sera pour l'amitié franco-anglaise la meilleure des justifications et le plus souhaitable des succès. Très-droit en affaires, il a dit à tous nos hommes d'État que nous pouvons compter sur lui « absolument ». Et c'est « absolument » qu'il entend nous soutenir. Il veut aussi que l'attitude de la diplomatie britannique dissipe la crainte, exprimée à Paris, d'une pression anglaise de nature à nous entraîner aux aventures ; que, par conséquent, le concours qu'elle nous apporte soit aussi discret qu'actif.

— Dites-nous, sur chaque point, ce que vous souhaitez, a-t-il déclaré à M. Paul Cambon, nous serons à vos côtés sans restriction ni réserve.

Ce n'est pas violer un secret que de rappeler que la présence à Algésiras de sir Donald Mackenzie Wallace, l'habituel *missus*

---

[1]. Voir ci-dessous, pages 325 à 355.

dominicus d'Édouard VII[1], va préciser pour sir Arthur Nicolson le sens de la volonté royale. Nous devons beaucoup à la sympathie de ce souverain réaliste, sage et fin, qui avait, en arrivant au trône, la précieuse maturité d'une longue expérience et qui, depuis son avènement, a servi à la fois les intérêts britanniques et la cause de la paix générale. Son gouvernement n'est, en l'espèce, que l'exécuteur de ses desseins. Sir Henry Campbell Bannerman s'en remet à son secrétaire d'État, sir Edward Grey : et celui-ci est pour nous un ami excellent. Il est équitable d'ajouter que, dans toutes les capitales, ses instructions fermes et nettes seront remarquablement interprétées par la diplomatie britannique, notamment par M. Egerton, ambassadeur à Rome et M. Cartwright, chargé d'affaires à Madrid. Sir Edward Grey comprend que de l'attitude de son pays dépend, pour une large part, la fidélité de l'Italie et de l'Espagne à l'entente méditerranéenne. Il se dispose à agir en conséquence.

Les intentions ne sont pas moins bonnes à Saint-Pétersbourg. Mais l'esprit politique et les moyens d'action sont moindres. Nicolas II est sincèrement dévoué à la France. Et jamais nous n'avons inutilement fait appel au concours qu'il nous doit comme allié. Son ministre d'alors, le comte Lamsdorf, est tout aussi fidèle. Quant au comte Witte, président du Conseil, il voit dans l'alliance française activement pratiquée la seule solution possible de la crise financière. Pour des raisons diverses, tous trois nous sont acquis. Mais, au début de la conférence, ils ne se rendent pas un compte exact des obstacles que nous allons rencontrer et de l'effort nécessaire pour en triompher. Entre Guillaume II et Nicolas II, les relations sont directes et continuelles. A Bjorkoe, en 1905, l'Empereur d'Allemagne a donné à l'Empereur de Russie l'assurance formelle de sa résolution de résoudre la question marocaine « dans l'esprit le plus conciliant ». Depuis lors, toute une correspondance a confirmé cette assurance. Nicolas II, impressionnable, indolent, crédule et optimiste par crainte des difficultés, prend à la lettre les promesses de Guillaume II. Le comte Lamsdorf fait de même et il répète fréquemment, sans d'ailleurs préciser, à l'ambassadeur de France :

---

1. Depuis lors, sir Donald Mackenzie Wallace a rempli une mission analogue à Saint-Pétersbourg.

— Vous verrez, vous verrez que la conférence vous réservera des surprises agréables.

C'est dire que ni le Tsar ni le ministre ne sont le moins du monde préparés aux surprises, désagréables celles-là, qui vont nous être prodiguées. D'où, au début surtout, un certain flottement. Mais dès que la conviction sera établie chez eux que nous avons donné, sans être payés de retour, des preuves indiscutables de modération, ils seront pour nous tels qu'ils doivent être. Et la netteté de leur concours, à l'instant décisif, contribuera pour beaucoup à la concession finale, obtenue de l'Allemagne après dix semaines de lutte.

Le Roi d'Italie n'aime guère l'Empereur d'Allemagne. Alors qu'il était prince de Naples, il fut un jour traité par Guillaume II avec une familiarité un peu cavalière ; on assure qu'il s'en souvient encore. De plus, il est d'esprit moderne, libéral, de manières simples ; c'est un taciturne, un concentré. Tout l'appareil mystico-théâtral, dont l'Empereur aime à s'entourer, lui plaît peu. Il croit à la nécessité de la Triplice, qui protège l'Italie contre une attaque autrichienne. Mais il tient à l'amitié des puissances occidentales, nouée avant son avènement et resserrée par lui. L'Italie étant, comme la France, la terre d'élection des crises ministérielles, plusieurs gouvernements vont s'occuper, à Rome, de la conférence. Tous, il est vrai, s'inspireront des idées du roi, et ces idées se préciseront, à mesure que s'accentueront les prétentions allemandes. Il y aura des nuances cependant. Le marquis de San-Giuliano, qui est à la Consulta en janvier, a prouvé sa volonté de tenir un large compte des accords franco-italiens, en envoyant à Algésiras, au lieu de M. Silvestrelli[1], qui eût été l'agent subalterne d'une politique à la suite, le marquis Visconti-Venosta, signataire du premier de ces accords. M. de San-Giuliano est partisan résolu de la thèse historique de l'autonomie de l'Italie dans les questions méditerranéennes, de l'entente avec l'Angleterre et de l'action balkanique. Son président du Conseil, M. Fortis, ancien collaborateur de Crispi, mais très-libéré de l'esprit crispinien, lui laisse toute liberté, et comme il ne craint pas les responsabilités,

---

1. C'est M. Tittoni qui avait désigné M. Silvestrelli, son parent, ambassadeur à Madrid, diplomate plutôt gallophobe et en tout cas maladroit, dont les mésaventures, à Berne et à Athènes, sont légendaires.

il va de l'avant. Leurs successeurs respectifs, le baron Sonnino et le comte Guicciardini, seront moins résolus, plus chicaniers. Le baron Sonnino, juif de race, protestant de religion, anglais d'éducation, acceptera les engagements pris par ses prédécesseurs ; mais ils les interprétera avec tant de subtilité que leur valeur pratique risquera de s'évanouir. Quant au comte Guicciardini, c'est un personnage de second plan, un peu effaré des difficultés de la situation, intimidé par les rodomontades du comte de Monts, ambassadeur d'Allemagne, désireux de contenter tout le monde. Sans la fermeté du Roi, sans la vigilance des ambassadeurs de France et d'Angleterre, il eût pu y avoir des faiblesses. Les hommes d'État italiens sont ingénieux et fuyants. Ils avaient à jouer un jeu malaisé. Nous étions disposés à le reconnaître, mais non pas à admettre que la France fût victime de leur embarras.

De tous les Espagnols, Alphonse XIII est assurément le plus épris de notre pays, de nos mœurs, de nos idées. Il a fait, en trois jours, la conquête de Paris. Et la France, dans le même temps, l'a conquis. Son intelligence alerte, claire, plus pratique que n'est d'ordinaire celle de ses compatriotes, est frappée par les avantages « capitaux » que l'Espagne trouve dans une solidarité étroite avec l'Angleterre et la France. Il a passé quelques jours à Berlin en 1905. Il s'y est mortellement déplu. Et il l'a dit, à son retour, à Paris. Il a eu conscience qu'on voulait, — citons textuellement, — « l'épater ». Et il a réagi. A la veille d'Algésiras, il nous a exprimé et il a exprimé à ses ministres sa volonté de marcher avec nous. On ignore en Allemagne, la ténacité de cette volonté, qui bientôt s'affirmera à l'épreuve. Le premier ministre, M. Moret, est beaucoup plus docile à l'inspiration royale que tel de ses prédécesseurs, par exemple M. Maura. Lui aussi, d'ailleurs, est un ami de notre pays et un partisan de la triple entente cordiale. M. Moret n'a qu'un défaut, rançon de ses qualités : une imagination ailée, qui prête figure de combinaisons réalisables à d'imprécises aspirations. On le ramène du reste aisément sur la terre. Et là, c'est l'homme le plus loyal du monde. Le sous-secrétaire du ministère d'État, qui sera, durant la conférence, son collaborateur immédiat, M. de Ojeda, paraît sensiblement moins sûr. Il est de ceux, au moins au début, que séduit le mirage allemand. La séduction est telle qu'elle l'entraînera parfois à des indiscrétions fâcheuses, au profit du chargé d'affaires d'Allemagne, M. de Stumm. Mais il n'est pas le maître. Et nous ne pourrons que nous louer, en fin de compte, de la fidélité soutenue du gouvernement espagnol.

M. Roosevelt n'a pas envers nous d'obligations. La sympathie qu'il va nous témoigner trouve-t-elle, comme on le prétend, son origine profonde dans le peu de goût qu'il ressent pour Guillaume II ? C'est possible. Ce qu'on ne peut nier, c'est d'abord le sentiment très-haut qu'il a de la grandeur de son pays, de son devoir de chef d'État, son souci de travailler à la paix du monde, son esprit de justice et d'équité. Il a fait, dans l'affaire du Maroc, sa politique, sans souci des oppositions. Il l'a faite discrètement, parce que cette discrétion était la condition du succès. Il a pris, dès le début, des initiatives. Il a continué jusqu'au bout. Et quand il a cru que nous avions raison, il l'a dit carrément à l'Allemagne. Ces natures vigoureuses et actives sont portées souvent à dépasser le but par un certain dédain pour les contingences. M. Roosevelt se trompe quelquefois. Il lui arrivera de se tromper au cours de la conférence, d'autant que la question marocaine lui échappe dans ses détails. Mais aucun amour-propre ne l'enchaîne à ses erreurs. Il a le sens et le respect de ce qui est droit et sage. C'est par la droiture et la sagesse de nos propositions, commentées par un ambassadeur qui est pour lui un ami personnel, que nous aurons prise sur son esprit. Il sera frappé d'abord de l'argument allemand de la « porte ouverte ». Mais dès qu'il aura discerné que cet argument n'est qu'un prétexte, il n'en tiendra plus compte. On sait que son secrétaire d'État, M. Elihu Root, est son *alter ego*; qu'il est en toute occasion l'interprète de sa pensée. Ce sont donc les idées de M. Roosevelt qui prendront corps, du premier au dernier jour, dans les instructions signées de M. Root. La France a rendu autrefois aux États-Unis des services que ceux-ci n'oublient pas. Cette reconnaissance va trouver, dans l'action du gouvernement de l'Union, une expression pratique qu'on n'a guère coutume de rencontrer dans les relations internationales.

Tels sont, dans les pays les plus directement intéressés au débat, les acteurs principaux. Il faut faire une place encore, dans cette revue rapide, à François-Joseph et au comte Goluchowski. Liés à l'Allemagne, ils ne veulent pas cependant que notre pays puisse les considérer comme des ennemis, et ils sont prêts à se conduire en conciliateurs plus qu'en satellites de la chancellerie de Berlin. Ils ont un rôle à jouer et ils veulent le jouer. Le Roi de Portugal nous a personnellement promis de mettre à notre service l'influence dont il peut disposer. Le roi des Belges entend passer au travers des difficultés, mais résister à la pression allemande et ne pas oublier le besoin que son pays et lui-même ont du marché français. Les gouvernements hollandais et suédois se réservent. A Fez enfin, Abd-el-Aziz, parmi ses phonographes et ses motocyclettes, se laisse aller à la gallophobie paresseuse qu'il nourrit depuis la conquête du Touat. Occasion du conflit, et victime possible de l'entente désirée, il suit de loin, par des renseignements fragmentaires, la large activité diplomatique, qui, trois mois durant, va, d'Algésiras, rayonner sur le monde.

II

Les plénipotentiaires des puissances n'avaient été désignés que tardivement. On avait été partagé entre le désir de ne pas grossir, par l'importance des personnalités choisies, la portée de la conférence et la juste appréciation de la gravité des questions qui devaient y être débattues. Finalement, c'est au sommet de la hiérarchie diplomatique que l'on s'était décidé à prendre les délégués.

M. Paul Révoil, plénipotentiaire français, a quarante-neuf ans. Avocat d'origine, il a derrière lui une courte et brillante carrière de fonctionnaire. Après avoir accompagné au quai d'Orsay M. Develle, en 1893, il s'y est fixé. Ministre à Tanger en 1900, il a rétabli nos affaires, menacées alors à la fois par l'hostilité du maghzen et par la solidarité des ministres d'Angleterre et d'Allemagne. Et c'est à lui qu'on a dû de pouvoir, en bonne posture, aborder trois ans plus tard la négociation avec l'Angleterre. Il a continué à s'occuper du Maroc de 1901 à 1903 en qualité de gouverneur général de l'Algérie : et c'est alors qu'il a signé les accords relatifs à la frontière[1]. Un conflit politique avec M. Combes

---

1. Voir ci-dessus, page 2.

l'ayant obligé à se démettre, il est, depuis deux ans, en disponibilité, quand, en 1905, éclatent les difficultés franco-allemandes. Le 7 juin, M. Rouvier arrive au quai d'Orsay, amenant du ministère des finances un personnel ignorant des questions internationales. M. Révoil, sans titre, sans investiture officielle, s'installe dans un des bureaux du cabinet et prend, en collaboration immédiate avec le président du Conseil, la direction de la négociation franco-allemande. C'est lui qui rédige les notes alors échangées; qui donne forme à ce programme français que Berlin avait attaqué sans le connaître; qui tient tête en septembre au Dr Rosen et arrache à l'intransigeance du négociateur allemand une entente préliminaire à peu près acceptable. Sa désignation en qualité de plénipotentiaire français à la conférence s'imposait donc. Elle fut, dès le principe, décidée. On le nomma toutefois ambassadeur à Berne avant de l'envoyer à Algésiras. M. Révoil, au cours des débats, allait montrer les mêmes qualités qu'il venait de déployer depuis six mois : un patriotisme agissant et digne, beaucoup d'abnégation dans une lutte épuisante, une merveilleuse richesse d'invention et d'arguments, une méritoire ténacité, infiniment de bonne grâce, de bonne humeur et de bonne volonté. Tout homme a ses défauts : les siens sont, dans les périodes d'inaction, une tendance au pessimisme; dans les heures de conflit, une subtilité poussée jusqu'à l'excès. Du moins, faut-il reconnaître que cette subtilité nous sera souvent utile pour tourner ou pour ébranler l'obstacle, et qu'en fin de compte l'ingéniosité de M. Révoil triomphera de l'obstination allemande. Une autre vertu nous servira chez lui : sa parfaite droiture, qui lui gagnera en quelques semaines la confiance de ceux-là même qui arrivaient à Algésiras le plus prévenus contre nous. La loyauté de notre délégué, soulignée par l'équivoque de nos adversaires, nous vaudra la victoire morale avant le succès matériel. Il y a des résultats que l'honnêteté atteint plus sûrement que la rouerie. L'honnêteté de M. Révoil nous sera aussi précieuse que son habileté. Il sera d'ailleurs secondé par un collaborateur de premier ordre, M. Eugène Regnault, alors délégué des porteurs français de l'emprunt marocain, aujourd'hui ministre de France au Maroc. M. Regnault est un des esprits les plus clairs de notre corps diplomatique. Si l'on songe que, trois mois durant, il sera en lutte directe avec le comte de Tattenbach et que, sur tous les points, il réussira à le contenir sans jamais se départir ni de son sang-froid, ni de sa patience, on aura la mesure de ses qualités. Il est superflu d'ajouter que M. Révoil et lui avaient, par leur carrière antérieure, une connaissance des questions marocaines sensiblement supérieure à celle de tous les autres délégués.

La délégation allemande se compose de M. de Radowitz, ambassadeur à Madrid, et du comte de Tattenbach, ministre à Lisbonne. M. de Radowitz, fatigué par une longue carrière, n'avait sans doute pas souhaité la mission qui lui incombait. Peu renseigné quant aux conditions pratiques des réformes à introduire au Maroc, il est incapable d'une initiative que ses instructions ne lui auront pas prescrite. Il tient, par-dessus tout, à n'avoir pas de difficultés à Berlin. Il répète à qui veut l'entendre, qu'il est conciliant ; et c'est peut-être vrai. Mais ses actes ne le sont guère. Il promène de l'hôtel à l'*ayuntamiento* une physionomie lasse et désabusée, avec, de temps à autre, des réveils d'impertinence et se plaint sans cesse des violences de la presse. Il manque d'autorité, sinon de clairvoyance, et subit l'influence de son second [1], tout en évitant de se solidariser avec lui, quand ce dernier s'emporte à des manifestations incorrectes. Plus ou moins consciemment, il est d'ailleurs l'instrument docile du *bluff* allemand et donne à tout instant, même à ses alliés [2], sa parole d'honneur qu'il est arrivé à l'extrême limite des concessions. Toutefois sa réelle courtoisie contribuera plus d'une fois à atténuer la gravité locale de l'antinomie franco-allemande.

M. de Tattenbach est d'un tempérament plus marqué. Aussi résolu que M. de Radowitz est hésitant, il porte dans la discussion des allures de *bursch* fanfaron et casse-cou, qu'on eût été moins surpris de rencontrer chez un Allemand du Nord que chez ce Bavarois. Contre la France, il organise dès le début une savante campagne de diffamation et dénonce sans relâche à ses collègues nos mauvais desseins. M. de Tattenbach, suivant le mot d'un plénipotentiaire, ressent pour notre pays, dont il a l'année précédente triomphé à Fez sans grands efforts, un « cordial mépris ». Il est

---

1. On disait beaucoup — je n'ai pu le vérifier, — que c'est le comte de Tattenbach, et non M. de Radowitz, qui avait la confiance de l'Empereur.

2 Le marquis Visconti-Venosta lui en sut très-mauvais gré.

assuré qu'en nous menant « tambour battant », il nous réduira tôt ou tard. Parfois, M. de Radowitz tente de le retenir : il lui échappe. Quand il veut frapper un coup, il s'enferme avec un correspondant et dicte quelqu'une de ces dépêches retentissantes et inexactes, qui, si souvent, vont brouiller les cartes [1]. Avec lui, rien jamais n'est définitif. Jusqu'au dernier jour, il reprend d'une main ce qu'il donne de l'autre. C'est un lutteur intrépide, — énergique, sinon adroit, serviteur de son souverain et de son pays, toujours prêt à pourfendre diplomatiquement ses adversaires, ironique et spirituel, amusant par sa brusquerie, confiant outre mesure dans le prestige allemand. Il croit connaître à fond le problème marocain. En réalité, le Maroc qu'il connaît n'est plus celui qui est représenté à la conférence. Il ne doute pas du succès de la manière forte, qui lui réussissait si bien, quand il arrêtait de ses propres mains l'assassin de l'Allemand Rockstroh [2]. Il représente une autre méthode que M. de Radowitz. Il est exigeant, cassant, et, un jour, le marquis Visconti-Venosta sera obligé de lui tourner le dos [3], tant sa véhémence l'emporte loin. Il amusera d'abord; puis il agacera. Quelquefois, il fera peur : et ce seront ses meilleurs moments. C'est à lui, qu'en décembre, Guillaume II affirmait « avoir donné les instructions les plus conciliantes [4] ». Qu'eût été l'attitude de M. de Tattenbach, si ces instructions eussent été différentes [5]? A ces protagonistes, il faut joindre M. Klehmet, conseiller

1. Voir notamment ci-dessous, page 167 et suivantes.
2. Pendant sa mission au Maroc en 1890.
3. Plus de vingt personnes assistèrent à cette scène.
4. Voir ci-dessus, page 13.
5. M. Galtier traçait ce portrait du comte de Tattenbach : « Souvent, négligemment assis d'une seule jambe sur une table à écrire, M. de Tattenbach expose à un interlocuteur attentif, ministre ou ambassadeur, ses manières de voir. Il accompagne ses paroles de gestes précis et décidés : tantôt le revers de sa main a l'air de trancher une question; tantôt le pouce et l'index se rejoignent comme pour cueillir et offrir un argument ou pour enlever une épine ou une arête, tantôt la main s'ouvre toute grande, ingénûment, semblant dire : « Regardez : mon cœur y est, avec son fond ; lisez. Je ne suis pas pour la politique du poing fermé. » Non, certes : M. de Tattenbach développe sa théorie du pied d'égalité au Maroc. Il excelle sur ce thème orthopédique. La tête est encore plus curieuse à observer que la main. Elle a vraiment un caractère peu banal. D'un ovale allongé, avec des traits fortement en saillie, aux courbes énergiques, elle a une expression militaire, qu'accentue la fine moustache pointue et les cheveux blancs, ras, coupés à l'ordonnance. Le menton et le front sont des ouvrages avancés reliés par un nez légèrement aquilin. Les yeux à éclipses sont comme protégés par la coupole du front et par un bour-

rapporteur, venu tout exprès de Berlin, modeste, insinuant et actif, rédacteur des notes et des projets élaborés sous les influences tantôt concordantes, tantôt contradictoires de M. de Radowitz, du comte de Tattenbach ou encore de la chancellerie.

Les amis du premier degré sont, pour M. Révoil, sir Arthur Nicolson, ambassadeur à Madrid, délégué de la Grande-Bretagne, le comte Cassini et M. Bacheracht, délégués de la Russie. Sir Arthur Nicolson est de ces hommes qui font peu de bruit et beaucoup de besogne. On le verra rarement à l'hôtel. Il restera le plus souvent dans sa villa et se réservera pour les discussions officielles. Moins ferme dans ses vues, il aurait laissé à ses collègues allemands l'espoir de trouver, dans l'entente anglo-française, la fissure qu'ils souhaitaient. Moins prudent, il aurait donné au débat une fâcheuse allure de duel. Sir Arthur Nicolson prépare, dès ce moment, son ambassade de Saint-Pétersbourg par une politique de fermeté enveloppée de courtoisie, assurant sa pleine efficacité à l'accord de son pays et du nôtre, sans qu'aucun des tiers y puisse voir une pointe agressive. Grâce à M. Révoil, qui l'associera à tous ses projets, il sera d'ailleurs à même de jouer ce rôle en toute sûreté. Et il s'en acquittera dans l'esprit le plus objectif, sans se souvenir que, quelques années plus tôt, il a été au Maroc même, dans des circonstances différentes, l'adversaire de la France et le rival de notre représentant[1]. Le comte Cassini est moins actif, mais non moins sympathique. Il a coutume d'envisager toutes choses avec un scepticisme indulgent. Il s'ennuie à Algésiras et se

relet épais, qui porte les sourcils rares où se dressent cependant, tels les aloès des haies d'Algésiras, quelques poils plus vigoureux. Le regard de ces yeux bleus, d'un bleu qui tient de l'acier et du glacier, a une pénétration agressive ; c'est une vrille à longue portée. En somme, cette tête semble avoir été faite pour l'offensive. Le derrière de cette tête a été taillé à pic : il est droit, abrupt ; il paraît impossible qu'une idée se cramponne sur cet escarpement. Toutes les pensées doivent venir se placer dans la tourelle ou la casemate du front, prêtes à partir. Dans les discussions, lorsque M. de Tattenbach mobilise toutes les forces de sa dialectique, les mains et les regards ne lui suffisent pas. Ses épaules entrent en action, surtout la droite, qui est chargée d'un service de première ligne. Elle a un mouvement brusque, comme si elle voulait repousser ou enfoncer. La tête appuie ce mouvement d'un geste de côté ou de bas en haut très combatif, et, à l'occasion, mal calculé. M. de Tattenbach n'est pas complètement réfractaire au sourire ou au rire. Je l'ai vu souvent joyeux ; il sait être aimable et galant avec les femmes. Mais les cuirassés peuvent se pavoiser et saluer longuement. Même alors, qui les prendrait pourtant pour des yachts de plaisance ? » (Joseph Galtier. Le *Temps*, 8 mars 1906.)

1. Voir ci-dessous, page 118.

plaint de la cuisine. Comme il fuit les controverses vaines, il se plaît à raconter aux journalistes ses impressions de Chine : c'est autant de pris sur le Maroc. Toutefois, quand il y a lieu, il intervient fortement en notre faveur. Il se félicite à cet égard de la netteté de ses instructions :

— En quarante ans de carrière, dira-t-il, je n'en ai jamais reçu d'aussi fermes.

Il répète, en toute occasion, qu'il est à la conférence pour nous soutenir, quoi qu'il advienne, et quand M. de Radowitz le lui reprochera, il revendiquera, non sans raideur, le droit de la Russie d'agir à sa guise :

— Laissez-moi tranquille, déclarera-t-il un jour : je sais ce que j'ai à faire et je ferai ce que je voudrai [1].

Ces coups de boutoir, très exceptionnels du reste, produiront grand effet. Le comte, après les avoir donnés, remontera voir « Pompon », son caniche blanc, et fumer des cigarettes russes en souriant, suivant sa spirituelle formule, de l'embarras des « grandes impuissances ». Quant à M. Bacheracht, qui connaît bien le Maroc, il n'hésitera jamais à défendre devant la conférence nos idées et nos propositions, dont sa compétence reconnaissait la modération et la justesse.

Avec l'Espagne et l'Italie, les relations de la délégation française seront moins simples. On sait que des tendances contradictoires se dessinaient à Madrid. Ces contradictions avaient à Algésiras leur contre-coup. Non pas, en général, sur le duc d'Almodovar [2] : ce très-galant homme, à qui trois passages au ministère d'État avaient assuré une expérience assez large des questions politiques, était ami de l'Angleterre par éducation et de la France par conviction. De plus, il avait un vif sentiment de l'honneur. Et quand on faisait auprès de lui appel à la parole donnée, on était toujours sûr d'être entendu. Mais il allait être soumis à une rude épreuve. Chaque jour, et plus d'une fois par jour, M. de Radowitz ou le comte de Tattenbach essaieront d'ébranler sa fidélité. Cela commencera par des offres. Puis, quand il deviendra évident que l'Espagne reste à nos côtés, ce seront des plaintes, des reproches, des vio-

1. Voir ci-dessous, page 280.
2. Le duc d'Almodovar est mort le 24 juin 1906.

lences. Le pauvre duc se dérobera et racontera tout à M. Révoil ou à sir Arthur Nicolson. Malgré son embarras et un ou deux instants de faiblesse, il sera pour nous un ami dévoué, — plus dévoué même que le reste de la délégation espagnole, dont l'autre membre, M. Perez Caballero, non point par hostilité, mais par désir de jouer un rôle en rapport avec son réel talent, nous causera parfois, involontairement sans doute, certaines difficultés. Pour l'Italie, nous ne pouvions que nous féliciter qu'elle fût représentée par le marquis Visconti-Venosta. Si M. Silvestrelli, d'abord désigné, eût été à sa place, nous aurions probablement vu s'évanouir le bénéfice des accords franco-italiens. Avec le marquis, c'est autre chose. Il a, en acceptant la mission qu'on lui confiait demandé à être libre de son action : c'était le moins qu'on dût à sa haute situation politique et morale. Ce qu'il veut, c'est agir en conciliateur. A dire vrai, nous eussions pu lui demander plus, puisque l'Italie, de par la Triple-Alliance, n'a pas avec l'Allemagne d'engagements méditerranéens et qu'elle en a, au contraire, avec la France. Mais nous aurions pu aussi, avec un autre négociateur, trouver beaucoup moins encore, c'est-à-dire une Italie enchaînée totalement à l'Allemagne et oubliant ses promesses envers nous. Le marquis Visconti-Venosta n'admet pas que son pays doive publiquement se compromettre. Mais, dans la coulisse, il est résolu à soutenir les solutions qui lui paraîtront justes : et nos propositions présentent ce caractère. Il estime d'ailleurs que la conférence d'Algésiras est pour les relations franco-italiennes, qu'il veut bonnes et confiantes, une épreuve décisive. Il faudra donc obtenir de lui ce qu'il est prêt à nous donner, mais ne pas espérer davantage. Il pourra être malaisé de maintenir constamment cette moyenne entre le désirable et le possible. M. Révoil y donnera tous ses soins et y réussira complètement. Au surplus, le plénipotentiaire italien sera particulièrement sensible aux mauvaises manières de M. de Tattenbach, comme aux équivoques de M. de Radowitz et les fautes de l'Allemagne nous seront, auprès de lui, plus précieuses encore que nos arguments.

M. Henry White, ambassadeur à Rome, délégué des États-Unis, s'inspirera de ses instructions dans le sens le plus amical pour la France. M. White, comme toute sa famille, est de cœur attaché à notre pays. Et, d'autre part, c'est en Angleterre qu'il a fait la plus grande partie de sa carrière. Il sera, dans son action officielle, soumis aux mêmes conditions de discrétion que M. Roosevelt et M. Root. Mais il ne s'interdira pas plus qu'eux de marquer ce qui lui semble bon. Or, très rapidement, M. Révoil fera naître en lui la conviction que la politique française ne menace aucun des intérêts avouables qu'on prétend sauvegarder à Algésiras. Et, très rapidement aussi, M. White prendra position. Ce sera pour M. de Tattenbach une sensible déception que de trouver le représentant des États-Unis rebelle aux diverses combinaisons qu'il lui proposera tour à tour. Et cette résistance tiendra contre tous les assauts. Parmi les autres délégués, celui du Portugal, le comte de Martens Ferrao, nous est tout acquis. Ceux de la Belgique, des Pays-Bas et de la Suède sont plutôt renseignés par l'Allemagne et leur désir d'éviter les responsabilités n'exclut pas, surtout de la part du comte de Buisseret, deuxième délégué belge, une certaine défiance à l'égard de la France. Au contraire, le premier délégué, le baron de Joostens, est d'une correction parfaite à notre endroit. Celui de l'Autriche, le comte de Welsersheimb, ignore à peu près tout de la question marocaine et manque d'idées générales. Mais, de très bonne foi et de très bonne volonté, il essaye de se mettre au courant, et, comme le comte Goluchowski, souhaite devenir l'agent d'une solution transactionnelle. On n'en peut dire autant de son collaborateur, le comte Koziebrodski, dont l'extrême agitation compliquera souvent la situation. Quant aux délégués marocains, Torrès, Mokri et Bennis, instruments de l'obstruction dont le mot d'ordre vient de Fez, ils vivront, durant la conférence, très à l'écart, échappant le plus possible aux influences européennes, même à celle de l'Allemagne, confiants dans la fortune et dans l'inertie du maghzen pour réduire à rien les réformes qu'on élaborera devant eux, ne sortant de leur réserve que pour demander de l'argent ou formuler des objections de détail, auxquelles on ne s'arrêtera pas.

Tout ce monde, — cent cinquante personnes environ en joignant aux plénipotentiaires les secrétaires et la presse[1], — va vivre, près de quinze semaines, dans le tassement irritant de la petite ville espagnole. Sauf la délégation française, la délégation anglaise et

---

1. On trouvera à l'appendice, pages 502 et 503 la liste complète des délégations et celle des principaux correspondants de journaux.

la délégation marocaine, qui ont des villas, les autres, sont installées, tant bien que mal, à l'hôtel *Reina Cristina*. C'est l'hôtel des plénipotentiaires. La plupart des correspondants sont à l'hôtel *Anglo-Hispano*, berceau de toutes les fausses nouvelles, qu'on dément, le soir, au *Reina Cristina*. L'auberge diplomatique est d'une architecture bizarre, hispano-anglaise :

> On dirait une grande ferme, une illustration des œuvres de Walter Scott, avec ses *bows-windows* d'angle, sa tourelle centrale, ses espèces de belvédères massifs et trapus. L'hôtel est bas, comme couché, à la manière des maisons du pays. Des galeries font face à la baie ; des colonnettes ornent ces galeries et les *bows-windows* octogonales ; au milieu de la construction, un charmant *patio* met sa note andalouse. Tout le rez-de-chaussée s'ouvre sur ce *patio*. Salle de billard, de ping-pong, salons de lecture, fumoirs meublés à l'anglaise. La salle à manger, longue et large, regarde la baie avec ses fenêtres spacieuses. Le jardin de l'hôtel présente le caractère de la végétation luxuriante de l'extrême Sud. Les gardénias, les magnolias, les eucalyptus, les myrtes, les palmiers, les citronniers et les orangers y marient leurs ombres violettes et leurs parfums lourds qu'avive toujours une pointe d'air marin [1].

On entend, d'une allée à l'autre, les conversations. C'est le paradis des reporters. Pour négocier, les délégués vont de chambre en chambre, sous les yeux des journalistes affamés de nouvelles, réduits le plus souvent à l'abstinence, prêts à tout grossir comme à tout déformer et l'on signale avec gravité qu'hier la France est montée chez l'Amérique ou que la Russie est descendue chez l'Autriche. Le soir, au salon et au fumoir, quand on a quitté les tables pavoisées aux couleurs de chaque nation, même promiscuité : impossible de s'isoler après une discussion véhémente ; impossible de se protéger contre les questionneurs, qui ont payé dix pesetas le droit de dîner et d'interroger. C'est une sorte de grand paquebot, où viendraient se résumer les rivalités d'un monde. On conçoit la nervosité qui en résulte. Pour calmer cette excitation, on est à l'affût de toutes les distractions, de toutes les diversions : ou c'est un secrétaire russe, qui arrive de Tanger avec son violon ; ou c'est un correspondant, qui chante un répertoire d'airs napolitains; ou c'est le duc d'Orléans, qui vient passer

[1]. Voir Joseph Galtier, Le *Temps*, 21 janvier 1906.

l'après-midi ; ou encore, c'est une promenade en torpilleur ou bien la prestation de serment des recrues de la garnison. Mais tout cela est factice. Et les jours passent, impitoyablement monotones, rivant les uns aux autres ces gens qui ne s'entendent pas et qui se retrouvent à la table de bridge après celle de la conférence. De temps à autre, dans les landaus de louage, on monte à travers les ruelles tortueuses, à *l'ayuntamiento*, l'hôtel de ville d'Algésiras, aménagé pour la circonstance en palais de congrès, avec ses salles claires, ses lampes électriques, ses escaliers tapissés de rouge et garnis de plantes vertes, que le comte de Tattenbach, toujours ardent, bouscule en descendant. Les gens de l'endroit assistent impassibles à ces déplacements. A force de durer, la conférence lasse leur curiosité paresseuse. Plus loin, c'est le télégraphe pris d'assaut, c'est la baie que sillonnent les chaloupes porteuses d'autres dépêches. Et l'on se sent gagner, à suivre de loin les bateaux, à l'indifférence des vieillards de *Faust*.

— Nous sommes là, dit l'un, pour les péchés de l'Europe. Et le *Reina Cristina* est un hôtel expiatoire.

— *Pax hominibus bonæ voluntatis*[1], réplique le marquis Visconti-Venosta, « Nestor de la conférence[2] ».

Pendant neuf longues semaines, on vit dans un état de crise permanente. Et, malgré cela, on succombe sous le poids de l'ennui, de l'uniformité, parfois de la désespérance. Il est toujours méritoire d'assurer le repos du monde. Y travailler dans de telles conditions, en cumulant la claustration d'un conclave avec l'indiscrétion d'une salle des pas-perdus, est une manière d'héroïsme diplomatique. Pour les plénipotentiaires et leurs collaborateurs, la conférence est une campagne. Dans leurs états de service, il faudra la leur compter double.

III

L'opinion française considérait la conférence avec un mélange d'optimisme et de défiance.

---

[1]. C'est sur l'album de la comtesse de Tattenbach que le marquis inscrivit cette pensée évangélique. Tout le monde comprit l'allusion.
[2]. Robert de Caix, *Journal des Débats*, 6 février 1906.

Le voyage de Guillaume II à Tanger et les menaces de guerre qui l'avaient suivi avaient troublé la sécurité où bien des gens s'endormaient. On en était venu à croire, depuis plusieurs années, que les risques de guerre, à force d'être lointains, étaient insignifiants. L'alerte de mai et de juin 1905 avait détrompé tout le monde. Sans doute, cette alerte était loin : et chez nous, comme disait M. Clémenceau dans son discours de Lyon, on oublie vite. Cependant la presse allemande et parfois le gouvernement s'étaient chargés de nous tenir en éveil. Les propos rassurants avaient été contredits par les toasts et par les discours où l'on brandissait le « sabre allemand ». Et dans ses articles de la *Gazette de la Croix*, le professeur Schiemann avait motivé la persistance de cette mauvaise humeur en prononçant que la France continuait « la politique de Delcassé sans Delcassé ». Cette politique, dans sa forme rectifiée, n'était, il faut l'avouer, conçue avec clarté que par une minorité. Une démocratie, absorbée depuis longtemps par les uttes religieuses et sociales, ne comprend guère les nécessités de l'action mondiale. « Le Maroc, qu'est-ce que c'est que cela ? » Voilà ce que beaucoup disaient, au moins au début. Peu à peu cependant, après la démission de M. Delcassé, après les preuves évidentes de conciliation fournies par M. Rouvier dès l'accord de juillet, on s'était étonné de l'intransigeance tenace opposée par l'Allemagne à nos demandes, notamment pendant les négociations de septembre. Et, plus profondément chaque jour, l'idée que peut-être, pour elle, le Maroc n'était qu'un prétexte à nous chercher noise ; qu'en tout cas une guerre était possible, avait pénétré dans les masses. A l'énervement stérile du primptemps, une vigilance consciente avait succédé. Sans se bien rendre compte de la nature du péril, on sentait qu'il existait. Et l'on savait aussi que des mesures avaient été prises pour nous mettre à même d'y faire face [1]. Le service obligatoire a pour conséquence heureuse qu'à

---

1. Voici par catégories les crédits supplémentaires demandés au parlement pour l'exercice 1905 :

Munitions	93 849 000
Places fortes de l'Est	33 695 000
Armement des armées	41 409 000
Habillement	29 156 000
Divers (dont 1 650 500 pour les chemins de fer)	26 081 000
Total	224 190 000

tout instant l'ensemble de la nation est plus ou moins renseigné sur l'intensité de sa préparation militaire. Permissionnaires et réservistes racontent chez eux ce qu'ils ont vu, ce qu'ils ont fait. L'état moral résultant de leurs impressions était sensiblement meilleur que celui d'avril et de mai. Des paysans penchés sur leur sillon, des ouvriers sortant de l'atelier exprimaient l'opinion « qu'il ne fallait pas que l'Allemagne nous ennuyât ». Sans doute, on continuait à avoir sur la solidarité de nos intérêts marocains, algériens et continentaux des idées assez vagues. Mais on savait que nous avions consenti au maintien de la paix de gros sacrifices et que ces sacrifices n'avaient pas suffi pour établir une entente. On considérait donc que l'Allemagne était de mauvaise volonté et que nous pouvions voir renaître, au cours de la conférence, les difficultés que nous avions tout fait pour résoudre.

Ce changement des dispositions générales se manifestait dans le parlement. En avril et en mai 1905, le gouvernement ou du moins le ministre des Affaires étrangères, avait été âprement discuté. Depuis le 8 juillet, on comprenait qu'il fallait soutenir M. Rouvier. Et, M. Jaurès excepté, personne ne lui posait de questions de nature à compliquer sa tâche [1]. Dans la presse, la même évolution se marquait. L'unanimité des grands journaux s'était déclarée favorable à un règlement amiable du conflit marocain. Et nul n'avait blâmé les concessions souscrites par le président du Conseil. Mais tout le monde avait été déçu du peu de succès de ces concessions, des menées poursuivies à Fez par le comte de Tattenbach, des résistances rencontrées auprès du Dr Rosen, du ton menaçant des journaux d'outre-Rhin. Plus nettement que leurs confrères, le *Temps* [2], l'*Aurore* [3] et le *Journal des Débats* [4] avaient cru nécessaire, tout en acceptant franchement la conférence, de souligner cette situation, et, peu à peu, toute la presse les avait suivis. Ils avaient reconnu les imprudences de M. Delcassé. Mais ils n'admettaient pas que l'Allemagne pût éternellement les faire payer à la France. A la veille de la conférence, ils réservaient leur

---

1. Voir ci-dessous, pages 165 et 260.
2. Voir *Bulletins de l'Etranger*, de décembre 1905 et janvier 1906.
3. Voir les articles de M. Clémenceau de décembre 1905 et janvier 1906.
4. Voir les *Débats* de décembre 1905 et janvier 1906.

opinion avec une parfaite modération[1]. Mais ils étaient prêts à défendre nos droits, s'il devenait évident que l'Allemagne les méconnaissait, avec une énergie soutenue. M. Clémenceau, dans sa vigoureuse campagne de l'*Aurore*, avait précisé la limite des concessions possibles. Le *Temps*, dans ses « Bulletins » qui, après quinze jours de conférence, allaient, plus de deux mois durant, être quotidiennement consacrés à l'affaire marocaine, avait dénoncé l'équivoque que l'on tentait de créer sur nos prétendus engagements à l'égard du mandat de police[2]. Et la définition donnée par ces deux organes du programme et des intérêts français était acceptée par la presque totalité de la presse de Paris et des départements. Sans doute, dans les milieux financiers, timorés par habitude et germanophiles par tendance, on leur reprochait la rigueur de leur attitude comme susceptible de provoquer des complications. Mais ils estimaient l'un et l'autre que ces complications se mesureraient bien plutôt à l'impression qu'on aurait de notre faiblesse. Ils pensaient, — et l'événement leur a donné raison, — que nous avions prouvé notre modération, sans que cette preuve nous valût de sensibles avantages ; qu'il nous restait à démontrer notre fermeté. Ils estimaient enfin que l'Allemagne, ayant laissé passer l'heure de nous surprendre par une agression, ne se hasarderait pas à la guerre après nous avoir accordé le loisir de la

---

1. Le *Temps* écrivait le 17 janvier :
« Le problème à résoudre n'est point, croyons-nous, de nature à décourager les hommes de bonne volonté qui vont, tout au bout du sol espagnol, travailler pour le repos de l'Europe ; car pour réussir, il suffit qu'une volonté sincère d'entente soit au service d'une claire intelligence des intérêts en présence. En ne considérant que ces intérêts et en bannissant les soucis d'amour-propre, qui se comprennent dans un tête-à-tête, mais que la conférence, organe collectif, peut bannir, les plénipotentiaires d'Algésiras accompliront œuvre utile, — utile aux puissances dont le désaccord a provoqué leur réunion, utile aussi à la cause de la paix et de la civilisation. »
Le *Journal des Débats* du 16 janvier disait :
« Puisse la conférence résoudre les questions posées conformément à l'intérêt général! Nous avons indiqué ici quelles étaient les principales et comment elles nous apparaissaient. Tout le monde exprime l'espoir qu'elles seront réglées de manière à dissiper les malentendus et à ramener l'apaisement et la confiance entre les puissances. C'est un vœu auquel nous nous associons de tout notre cœur : et pourquoi ne serait-il pas réalisé puisque l'Allemagne, dans les lettres échangées le 8 juillet dernier entre le prince de Radolin et M. Rouvier, a reconnu notre « intérêt spécial » au Maroc. »
M. Clémenceau, dans l'*Aurore* du 11 janvier, était plus pessimiste et insistait surtout sur le conflit des thèses en présence.
2. Voir ci-dessus, page 44.

préparer. Armés de ces principes directeurs, ils allaient s'attacher à démontrer aux tiers notre bonne foi, à nos adversaires notre résolution, menant au jour le jour contre la presse allemande une lutte, où nos plénipotentiaires rencontreraient le meilleur appui moral.

Dans cette unanimité, une seule dissonance éclatait : on la devait à M. Jaurès et à son journal, l'*Humanité*[1]. Par suite d'une incorrigible inconscience, d'un étrange besoin de paradoxe ou d'un orgueil exaspéré, M. Jaurès, dans les questions nationales, prend le contre-pied de l'intérêt français. Que ce soit pour vanter les mérites de la Triple-Alliance « contrepoids nécessaire au chauvinisme franco-russe » ou pour plaider en faveur des « sans-patrie », tel que M. Gustave Hervé, les circonstances atténuantes, il est trop souvent avec les adversaires de son pays. Dans l'affaire marocaine, il avait tranché une fois pour toutes, que nous avions tort et l'Allemagne raison. Très-ignorant des faits de la cause[2], il s'en tenait à des attaques imprécises contre les « spéculateurs » ou le « syndicat marocain ». Le 16 décembre, il avait tenté d'engager un débat sur la déclaration de M. Rouvier ; selon lui, le président du Conseil n'avait pas pris assez de soin des intérêts allemands[3]. A maintes reprises, durant les débats, il renouvellera à la tribune, sans nul succès d'ailleurs, des tentatives analogues. Et, plus fréquemment encore, ses articles de l'*Humanité* s'emporteront contre notre diplomatie à de violentes critiques ou à de perfides insinuations. Épris au Maroc comme ailleurs de la chimère internationaliste, il servira inconsciemment le jeu de la chancellerie impériale par ses efforts répétés pour affoler l'opinion et désarmer nos représentants. Fort heureusement, sa voix isolée ne suffira pas à rompre l'unité du sentiment public et l'on finira par comprendre à Berlin que, pour tenir la France, il ne suffit pas d'avoir avec soi celui qu'en 1905 le prince de Radolin appelait « l'homme le plus considérable du parlement français[4] », mais dont M. de Bülow,

---

1. Voir l'*Humanité* des mois de janvier, février et mars 1906.

2. Le *Temps* eut souvent l'occasion d'établir cette ignorance des faits et des textes. Voir les numéros du *Temps* des 10 février, 25 février, 27 février, 1er mars 1906.

3. Voir *Journal officiel* et *Humanité* du 17 décembre 1905.

4. Le prince de Radolin employa cette expression en parlant de la démarche

enfin désabusé, disait, le 9 novembre 1906 : « Une hirondelle ne fait pas l'été. »

En Allemagne, il importe, lorsqu'on parle de l'opinion, de distinguer celle du pays et celle des journaux officieux. L'Allemagne industrielle et commerçante sait qu'elle a besoin de la paix. Et il lui paraît inconcevable que ceux qui la gouvernent puissent songer à la guerre. Toutefois la discipline est telle qu'une guerre impopulaire, une fois déclarée, deviendrait une guerre nationale. Le Maroc, soit qu'il s'agit de le prendre soit qu'il s'agit de le maintenir ouvert, ne semblait pas valoir les os d'un grenadier poméranien[1]. On eût été plus sensible à l'accusation portée contre la France d'avoir manqué d'égards à l'Allemagne, — et davantage

personnelle qu'il avait faite chez M. Jaurès pour le prier de renoncer à son projet d'aller faire une conférence à Berlin en juillet 1905.

1. Voir le *Siècle* du 15 janvier 1906. M. Camille Pitollet raconte une conversation avec deux négociants allemands de Spandau.

« Ils m'affirmèrent, croyant que je ne connaissais que fugitivement l'état d'esprit du peuple allemand, que personne parmi les travailleurs et les « milieux roturiers » (*bürgerliche kreise*), c'est-à-dire le petit commerce, ne se souciait des intrigues de Bülow et consorts. Ils me certifièrent que des ministres qui sont nommés en dehors de la volonté du peuple, qui ne sont jamais choisis parmi les députés, qui ne sont même pas responsables, n'étaient à leurs yeux qu'une façon de valets supérieurs, bien payés, méprisables et serviles. Ils me répétèrent à plusieurs reprises que, pour le *bisschen Marokko*, le « petit bout de Maroc », ils ne sacrifieraient pas une minute de leur temps, pas un pfennig de leur bourse. »

Le correspondant du *Temps* à Berlin, M. Edgar Roels, écrivait le 7 janvier :

« N'étaient les journaux, on ne se douterait guère à Berlin qu'une semaine à peine nous sépare de la conférence d'Algésiras et que le *Livre Blanc* paraîtra dans deux ou trois fois vingt-quatre heures. L'opinion publique allemande, dont l'éducation en matière de politique extérieure est encore à faire, témoigne pour la question marocaine la lassitude qu'on éprouve à la fin d'une histoire trop longue et dont l'intérêt est épuisé, et elle s'occupe d'autre chose. Les parlementaires eux-mêmes ont besoin du *Livre Blanc*, publié à leur intention, pour se laisser distraire des problèmes généraux et électoraux que soulèvent la réforme financière et les nouveaux impôts ; et à côté des diplomates et des journalistes, les financiers sont peut-être les seuls qui suivent la question de la conférence, à cause des perturbations qui en résultent dans les rapports économiques internationaux. La bourse de Berlin s'en rend compte par les ventes répétées de rente allemande pour compte de porteurs étrangers, et qui ont provoqué sur le 3 p. 100, en deux jours, une baisse de 3/4 de point. Le monde des affaires a hâte de voir cette question liquidée, mais il n'en est pas moins très éloigné de partager les sentiments d'incertitude qui paraissent dominer à l'étranger. Le public allemand tout entier semble du reste plutôt étonné qu'on puisse croire à Paris et ailleurs que la paix est menacée. Personne ici ne voulant la guerre, personne n'y croyant, on ne comprend pas que le langage et l'attitude des gouvernants aient pu paraître inquiétants au dehors. »

TARDIEU.

encore à celle d'avoir voulu l'isoler. Mais on estimait généralement que nous avions donné les satisfactions nécessaires en sacrifiant M. Delcassé. La conférence, qui allait se réunir, n'intéressait guère le gros public. Il considérait que l'Allemagne avait voulu cette conférence ; qu'elle l'avait ; que par suite tout devait bien finir. Et les idées de représailles européennes, que nous avons notées dans le monde gouvernemental, le secret dessein de rompre l'amitié franco-anglaise en démontrant à la France l'inutilité de l'entente cordiale, n'avaient pas de prise sur la masse. Dans les milieux coloniaux, il y avait évidemment des exaltés, qui répétaient après le comte Joachim de Pfeil : « Le Maroc vaut bien une guerre [1]. » Mais ces exaltés étaient l'exception. Et l'indifférence d'alors se mesure au mécontentement qu'ont provoqué par contre-coup les événements de 1906 [2].

Toutefois, c'est par la presse qu'on juge au jour le jour du sentiment d'un pays. Et la presse allemande, sauf une ou deux exceptions, dénature systématiquement l'esprit qu'elle prétend refléter. Quand la politique extérieure est en cause, les journaux d'outre-Rhin sont, même dans l'opposition, des organes de gouvernement. C'est à la chancellerie qu'ils puisent leurs inspirations. C'est à ses mots d'ordre qu'ils obéissent. Ce sont ses idées qu'ils exposent. Il y a d'abord les officieux du premier degré, *Gazette de l'Allemagne du Nord*, *Agence Wolff*, *Correspondance d'Empire de l'Allemagne du Sud*. Ces diverses institutions sont des institutions d'Etat, dont la principale raison d'être est d'imprimer, telles quelles, les notes rédigées à la Wilhelmstrasse. Nous allons les voir, tout au long des débats, faire leur double métier d'appareils enregistreurs et d'appareils propagateurs, prêts à recueillir les fausses nouvelles, quitte à les démentir ensuite. Quand on ouvre les feuilles de ce genre, on sait ce qu'on y trouvera et on ne les ouvre qu'à cause de cela. Mais, à côté de ces confidents de tragédie, il y a des journaux qui vivent par eux-mêmes, sont prospères et célèbres, et qui pourtant, par un lien étroit bien que discret, tiennent au gouvernement. C'est le *Lokal-Anzeiger*, c'est la *Gazette de Cologne*, c'est le *Berliner Tageblatt*, c'est même la *Ga-*

---

1. Voir ci-dessus, page 49.
2. Voir ci-dessous, page 466.

zelle de Francfort. Nous retrouverons, dans les deux premiers, tous les arguments que la diplomatie impériale développera au même instant à Algésiras et dans les capitales. Tandis que le correspondant parisien du *Tageblatt*, M. Théodor Wolff[1], s'efforcera d'exposer les choses objectivement, la rédaction berlinoise ne fera qu'obéir à la consigne de la Wilhelmstrasse. Et, à la *Gazette de Francfort*, les critiques sévères dirigées par les « leaders » contre la politique impériale n'empêcheront pas M. Stein, le correspondant du journal à Berlin, de publier les apologies agressives que lui dictera le prince de Bülow, dont il est l'ami personnel. Si l'on joint à ce chœur docile les comparses comme la *Post*, la *Gazette de Voss*, la *Gazette de la Croix*, on est en présence d'une armée mobilisée pour la guerre et qui met son honneur dans sa discipline. Certains, comme M. Schiemann, que nous citions tout à l'heure, sont les intimes de l'Empereur. Et leurs articles portent témoignage des desseins que nous nous sommes efforcés de démêler[2]. Habitués à obéir, ils ne supportent pas la contradiction. La menace est leur arme favorite. Et c'est par elle qu'ils vont agir, — sans succès d'ailleurs, — sur la France et sur l'Europe. Les socialistes du *Vorwaerts* eux-mêmes évitent de discuter à fond la politique marocaine et leurs blâmes ne dépassent pas ce que leur impose le protocole du parti. Quant aux indépendants, tel que le rédacteur en chef de la *Gazette de Francfort*, s'ils vont jusqu'à une sévérité rétrospective pour les méthodes de la chancellerie, ils évitent de la contredire dans l'instant qu'elle est à l'œuvre. Unanimité commode, mais dangereuse, qui épargne aux hommes au pouvoir des gênes irritantes, mais les prive d'un frein nécessaire et prépare, par l'illusion du jour, la déception du lendemain.

A l'étranger, l'Allemagne ne rencontre plus les instruments dociles que Bismarck mobilisait naguère et que M. de Holstein, fidèle à la vieille méthode, essaie de galvaniser[3]. La France est soutenue surtout par la presse anglaise, sans distinction de nuance. Chaque jour, le *Times* et les grands journaux reproduiront ou

---

1. M. Wolff est, depuis novembre 1906, directeur du *Tageblatt*.
2. Voir Maurice Muret, M. Théodore Schiemann. *Questions diplomatiques et coloniales* du 16 février 1906.
3. Il n'y a guère que la *Neue Freie Presse* qui continue à être l'instrument de la chancellerie allemande.

résumeront l'argumentation du *Temps* et s'en approprieront les conclusions. Le ton sera volontiers agressif à l'égard de l'Allemagne, invariablement amical à l'égard de la France. En Italie, à mesure que la presse allemande deviendra plus violente dans ses attaques contre le marquis Visconti-Venosta, la susceptibilité nationale s'irritera davantage. Et, vers la fin de la conférence, on arrivera à une véritable exaspération. A Madrid, plusieurs journaux serviront d'écho aux espoirs des hommes politiques amis de l'Allemagne et soucieux d'obtenir de nous plus que les accords de 1904. La *Epoca* seule nous est fermement fidèle. Sur tous les autres, M. de Radowitz exerce, au contraire, une action prépondérante. En Russie, la presse officieuse est indifférente, sauf dans les occasions où le comte Witte la met en mouvement, et toujours en notre faveur. En revanche, la presse libérale nous appuie avec énergie. En Autriche, les journaux sont ou neutres ou germanophiles. Par contre, toute la presse hongroise prend nettement parti pour la France. Aux Etats-Unis, les organes, assez nombreux, qui tiennent à la colonie allemande, nous attaquent avec véhémence. Les autres, surtout au terme de la crise, protestent contre cette pression. M. Stanhope, du *New-York Herald*, est l'un des plus ardents. Même dans les pays où l'influence allemande est puissante, de grands journaux, comme l'*Indépendance Belge* ou le *Journal de Genève*, sont avec nous. Partout, on fait place large aux dépêches des agences ou des envoyés spéciaux. C'est une mêlée générale, dont on ne retrouve l'équivalent qu'en remontant au congrès de Berlin.

IV

Parmi les plénipotentiaires, les uns, ambassadeurs ou ministres à Madrid, s'y trouvaient depuis le début de janvier, les autres y arrivèrent à partir du 11. Quelques-uns, dont M. White et les Marocains, se rendirent directement à Algésiras. Il y eut, le 12, le 13 et le 14, diverses conversations entre les principaux délégués. Mais ce ne furent, que des rencontres de courtoisie. Il convient de noter cependant les entrevues de M. Révoil avec M. Moret, sir Arthur Nicolson, le comte Cassini et le marquis

Visconti-Venosta, qui avait vu l'avant-veille M. Rouvier. Le plénipotentiaire français les employa, en effet, à faire connaître à ses collègues le sens général des instructions qu'il apportait de Paris.

Ces instructions, assez brèves, et de nature à laisser au représentant de la France sa pleine liberté d'action quant au choix des moyens, rappelaient d'abord les principes généraux de notre politique marocaine, tels que le président du Conseil les avait exposés le 16 décembre à la tribune de la Chambre. Elles envisageaient ensuite les questions de procédure, — présidence à attribuer au duc d'Almodovar; danger des commissions spéciales ; dépôt sur le bureau de la conférence de la déclaration franco-anglaise du 8 avril 1904, de la déclaration franco-espagnole du 3 octobre de la même année, des protocoles franco-allemands du 8 juillet et du 28 septembre 1905, — et spécifiaient que les arrangements de 1901 et 1902 relatifs à la frontière algéro-marocaine n'étaient pas du ressort de la conférence. Elles abordaient ensuite les problèmes inscrits à l'ordre du jour. De ces problèmes, le premier à résoudre était celui de la contrebande des armes ; le second était celui de la police dans les ports. Mais, pour créer cette police, il fallait pouvoir la payer. Et, pour la payer, il fallait que le Maroc fût sorti des difficultés financières où il se débattait. La marche à suivre était donc celle-ci : 1° contrebande, 2° réformes financières et Banque d'État, 3° police.

Si l'on créait une organisation spéciale pour la répression de la contrebande, M. Révoil devait demander que la France et l'Espagne en fussent chargées. Pour les réformes financières, il était invité à exposer les droits acquis de la France, résultant du contrat du 12 juin 1904. Ces droits ne constituaient pas, d'après nous, une atteinte au régime de l'égalité commerciale, mais consacraient purement et simplement une situation de fait[1], à savoir notre part prépondérante dans la constitution du crédit marocain et dans le commerce du Maroc en général[2]. M. Rouvier examinait ensuite les autres moyens d'améliorer la situation financière, — le contrôle des douanes (de préférence au relèvement des droits) et l'assainissement monétaire. Il rappelait que nous nous étions

---

1. Voir ci-dessus, page 25.
2. Voir ci-dessus, pages 23 à 30.

toujours déclarés partisans de la liberté et de l'égalité économiques ; que nous y demeurions attachés; que nous demandions enfin à la conférence de s'approprier les deux principes inscrits dans l'accord du 28 septembre 1905 :

> Engagement par le maghzen de n'aliéner aucun des services publics au profit d'intérêts particuliers.
> Principe de l'adjudication sans acception de nationalité pour les travaux publics.

Il ajoutait que, si nous avions des concessions à faire, c'était plutôt sur le terrain économique que nous les consentirions, mais en prenant soin de garder les mains libres jusqu'au dernier jour, afin d'obtenir par ces concessions une solution satisfaisante de la question de la police.

Sur ce dernier point, les instructions de M. Révoil commençaient par limiter la tâche à accomplir. Il ne s'agissait pas de réformer l'armée marocaine, les missions existantes y suffisaient ; ni de s'occuper de la région frontière, les accords franco-allemands s'y opposaient. Le rôle de la conférence était de réorganiser la police dans les ports ouverts, avec des contingents marocains et des cadres mixtes. En vue de cette réorganisation, M. Révoil devait affirmer : 1° que la France excluait toute organisation internationale comme contraire à sa situation spéciale reconnue le 8 juillet et susceptible d'aggraver, loin de les diminuer, les rivalités européennes ; 2° que nos ressources particulières et notre position en Algérie nous qualifiaient pour exercer le mandat de police ; 3° que nous étions prêts à le partager avec l'Espagne. Nous repoussions donc, soit la police par secteurs, soit la police par une ou plusieurs puissances neutres. Au cas où une entente sur les bases ainsi définies serait impossible, M. Révoil devait proposer le maintien du *statu quo* sauvegardant nos droits acquis et réservant l'avenir pour une négociation ultérieure. C'était, comme on voit, la mise en acte de ce que nos droits nous permettaient, de ce que nos intérêts nous conseillaient de réclamer [1].

Des entretiens de M. Révoil avec ses collègues, deux amendements à ces instructions, l'un négatif, l'autre positif, furent le

---

1. Voir ci-dessus, pages 1 à 30.

résultat. Sur l'avis de sir Arthur Nicolson, M. Révoil renonça dès Madrid à déposer, sur le bureau de la conférence, les arrangements franco-anglais, franco-espagnol et franco-allemands; cette procédure était, selon lui, inutile et dangereuse : inutile, parce que l'Allemagne avait reconnu, le 8 juillet 1905, nos traités et arrangements relatifs au Maroc[1], dangereuse, parce qu'en les invoquant, nous invitions la conférence à les discuter. D'autre part, il fut entendu que, dès la première séance, M. Révoil, dans une courte déclaration, affirmerait publiquement les principes directeurs de la politique française : souveraineté et indépendance du Sultan; intégrité de son empire; porte ouverte; adjudication. C'était un moyen excellent d'impressionner en notre faveur ceux des délégués qui nous attribuaient peut-être des arrière-pensées exclusives. C'était une parade directe aux accusations allemandes, une façon décisive de devancer l'Allemagne sur son propre terrain et de la dessaisir de ses arguments en nous les appropriant. Le duc d'Almodovar, le comte Cassini, le marquis Visconti-Venosta et M. Henry White, mis dès le soir de l'arrivée au courant de ce projet, l'approuvèrent sans réserve.

Cette arrivée fut ce que sont toutes les cérémonies de ce genre : train spécial, honneurs militaires, réceptions officielles. Le lendemain lundi 15 janvier, à trois heures moins dix, les premiers délégués arrivèrent au palais de l'*ayuntamiento*. Ce furent d'abord les Belges; puis, dans une même voiture, — détail fort remarqué, bien qu'il fût le résultat du hasard, — M. Révoil et sir Arthur Nicolson. A trois heures, tout le monde était réuni dans le cabinet du duc d'Almodovar, qui prenait aussitôt la parole en ces termes[2] :

Messieurs les délégués, c'est la seconde fois que les représentants de Sa Majesté Chérifienne se réunissent sur le territoire espagnol avec les plénipotentiaires des puissances intéressées au Maroc pour délibérer sur des questions de la plus haute importance pour l'avenir du Maghreb. L'Espagne est heureuse d'offrir aux uns et aux autres une hospitalité que, comme quelqu'un le disait tout récemment, elle peut considérer dans l'espèce comme une tradition; et sous l'empire de ces sentiments j'ai l'honneur de vous adresser, au nom de S. M. le Roi,

1. Voir appendice, page 479.
2. Pour cette première séance, voir le *Livre Jaune*, sur la conférence d'Algésiras, pages 5 à 16.

mon auguste souverain, et de son gouvernement, leurs souhaits de cordiale bienvenue, ainsi que de vous exprimer l'espoir que nos communs efforts mèneront à bonne fin la tâche élevée et délicate qui nous est imposée à Algésiras[1].

Usant du bénéfice de l'ordre alphabétique, M. de Radowitz disait alors :

Messieurs, l'ordre alphabétique me donne le droit de vous prier de vouloir bien m'accorder la parole. J'ai donc l'honneur de vous proposer de confier la présidence des travaux de cette conférence à Son Excellence M. le duc de Almodovar del Rio, le digne représentant du pays qui, en ce moment, offre son hospitalité aux délégués des puissances réunis[2].

Sur quoi, les délégués ayant unanimement adopté cette proposition, le duc d'Almodovar répondait :

Je remercie vivement Son Excellence M. le premier délégué d'Allemagne des termes si pleins de considération pour l'Espagne et de déférence personnelle à mon égard dont il s'est servi pour proposer à LL. EE. messieurs les plénipotentiaires que, conformément à l'usage, la présidence de nos travaux me soit confiée ; et je suis également reconnaissant aux autres délégués de l'assentiment bienveillant qu'ils ont bien voulu donner à cette proposition. Il serait peut-être superflu de vous assurer que, faute d'autres qualités, j'apporterai à l'accomplissement des importantes fonctions qui viennent de m'être dévolues le même esprit de conciliation, dont nous sommes tous animés. Pour que la conférence achève de se constituer, je me permets de proposer comme secrétaires M. Pina, chef de section au ministère d'État, M. Pierre de Margerie, conseiller à l'ambassade de France à Madrid, et, comme secrétaires-adjoints, M. Hontoria et M. de Ojeda, secrétaires d'ambassade[3].

On passait aussitôt dans la salle des séances où les délégués prenaient place, suivant l'ordre alphabétique, en commençant par la droite du président. Exception était faite pour les délégués du Maroc placés à sa gauche. Immédiatement, le duc d'Almodovar prononçait le discours d'ouverture. Ce discours, dans la matinée, avait donné lieu à une courte et amicale négociation entre le pré-

1. Voir Protocoles, page 7.
2. Voir Protocoles, page 8.
3. Voir Protocoles, page 8.

sident et M. Révoil. Par une démarche courtoise, le représentant de l'Espagne l'avait, par avance, communiqué à son collègue français. Et celui-ci avait estimé qu'il entrait, avec quelque imprudence, dans des précisions prématurées. M. Révoil avait donc signalé au duc qu'en 1880 M. Canovas, président de la conférence de Madrid, était resté dans les généralités ; qu'il ne fallait pas donner prise, dès le premier jour, à d'éventuelles contradictions ; que, plus encore, il était nécessaire de ne pas établir de distinction même verbale entre les intérêts solidaires de la France et de l'Espagne. De fort bonne grâce, le président s'était rendu à ces observations et avait amendé son premier projet. Il s'exprima donc comme il suit :

Messieurs, en fixant le programme qui doit servir de base à nos délibérations, les puissances qui ont contribué directement à le préparer, ainsi que celles qui ont adhéré par la suite, ont clairement manifesté l'intérêt qui s'attache à ce que l'ordre, la paix et la prospérité règnent au Maroc. Ce but est en lui-même aussi considérable pour le Sultan qu'avantageux pour les autres gouvernements, en raison de l'influence qu'il exercera sur le développement du commerce, et sur les relations des nations avec le Maghreb. Les puissances sont également d'accord pour reconnaître que ce but précieux ne saurait être atteint que moyennant l'introduction de réformes dans l'empire, réformes basées sur le triple principe de la souveraineté du Sultan, de l'intégrité de ses États et de l'égalité de traitement en matière commerciale, c'est-à-dire « la porte ouverte ».

Sa Majesté Chérifienne et les puissances, en adoptant le programme, ne nous ont pas, toutefois, investis de la mission de tracer un plan complet pour la transformation administrative du Maroc. Il s'agirait plutôt d'étudier en commun les moyens d'application des mesures qui, dès à présent, paraissent être à la fois et les plus urgentes et les plus faciles à introduire.

La confiance que nous avons tous dans l'influence civilisatrice de la paix et du commerce nous autorise à espérer que ces mesures, bien que leur portée puisse au premier abord sembler limitée, seraient aussi les plus efficaces. Lorsque les corps de police auront été organisés là où la conférence le jugera réalisable, lorsque la contrebande des armes sera réprimée, des ressources assurées pour les dépenses publiques et pour améliorer l'outillage des ports, lorsque, en conséquence, la tranquillité sera rétablie et les transactions économiques facilitées, la meilleure appréciation, par les populations marocaines, des bienfaits de la paix et du travail permettra à Sa Majesté Chérifienne d'ouvrir à son empire les perspectives de prospérité si conformes aux désirs de tous.

Le respect mutuel de nos intérêts réciproques et le désir sincère de les concilier, doivent être, à mon avis, avec les principes de la souveraineté du Sultan et de l'intégrité de son empire, notre règle de conduite au cours de cette conférence. Si de semblables sentiments ne nous étaient inspirés par la disposition de nos esprits, ainsi que par l'esprit qui anime nos gouvernements, ils nous seraient déjà dictés par l'attitude expectante du monde entier qui attend des solutions de concorde, conformes aux aspirations, toujours croissantes, de la solidarité universelle[1].

L'heure était venue pour nous de faire la déclaration décidée depuis l'avant-veille. M. Révoil se leva aussitôt :

Je m'associe, dit-il, aux sentiments éloquemment exprimés par S. Exc. M. le président et je propose à la conférence de donner son adhésion à la pensée qu'il vient de formuler si heureusement et de prendre pour base des réformes projetées le triple principe de la souveraineté du Sultan, de l'intégrité de ses États et de la porte ouverte en matière commerciale. A ces principes se rattachent ceux qui sont inscrits au programme en matière économique : adjudication pour les travaux publics, aucune aliénation des services publics au profit d'intérêts particuliers[2].

Avec quelque émotion, sembla-t-il, M. de Radowitz, qui sans doute se réservait à lui-même l'initiative que son collègue français venait de prendre, adhéra aux paroles de M. Révoil, en exprimant l'espoir que les travaux de la conférence seraient féconds en résultats heureux. C'était, au moins sur les principes, une unanimité pleine de promesses. Après avoir, sur la proposition de son président, décidé de s'occuper d'abord de la contrebande des armes, sans que toutefois cet ordre dût restreindre la liberté d'action des plénipotentiaires, la conférence s'ajourna au surlendemain. Il fut en même temps décidé que la procédure serait la suivante : pour éviter la multiplication des commissions spéciales, les délégués, en dehors des séances officielles, tiendraient des réunions privées, dites de comité, consacrées à l'étude préparatoire des questions soumises à ses délibérations. Le secrétariat rédigerait un compte rendu de ces séances. Ce compte rendu, qui ne serait pas imprimé[3],

---

1. Voir Protocoles, page 9.
2. Voir Protocoles, page 9.
3. On décida ultérieurement l'impression de ces compte-rendus.

à la différence des protocoles des séances officielles, serait dressé en un seul exemplaire et soumis successivement à tous les délégués, qui, après l'avoir approuvé, y apposeraient leur signature. Les signatures donneraient à ce document sa valeur authentique. Les décisions adoptées en principe dans les séances de comité seraient renvoyées à une commission chargée d'en préparer le texte et de le présenter à l'approbation de la conférence réunie en séance officielle. Le rôle de ce comité de rédaction se bornerait à préparer les textes, suivant les décisions prises au préalable par les plénipotentiaires.

L'impression produite par cette première séance résultait surtout de la déclaration de M. Révoil. Ceux des plénipotentiaires, à qui il avait eu déjà l'occasion de parler de nos projets, lui savaient gré d'avoir si exactement conformé sa manifestation publique à ses assurances privées. Les autres ne pouvaient s'empêcher de reconnaître que nous avions fourni spontanément les garanties qu'on était en droit de désirer de nous. Et par là même, l'Allemagne, qui avait provoqué, contre la France, la réunion de la conférence, se trouvait, dès le principe, obligée d'adhérer aux vues de notre représentant. Adhésion théorique, il est vrai, et dont, au jour le jour, nous allions éprouver bientôt l'infinie fragilité. Sur la théorie, l'accord existait. La pratique révélerait le conflit.

CHAPITRE III

LES DÉBATS ÉCONOMIQUES

I. *La contrebande des armes.* — Le questionnaire espagnol. — L'erreur de M. de Radowitz. — Une entente facile. — Les districts frontières. — La formule du marquis Visconti-Venosta. — L'adhésion de M. de Radowitz.

II. *La politique financière du Maroc.* — Le projet chérifien. — L'origine de la crise fiscale. — Les anciens impôts. — Les deux *tertibs*. — Le déficit. — Le questionnaire espagnol. — La conférence et le projet marocain. — Concessions et conditions. — Les deux courants. — M. Perez Caballero et le marquis Visconti-Venosta. — Impôts et douanes.

III. *Le maghzen et les douanes.* — Les intérêts des puissances. — La situation de la France. — Une moyenne nécessaire. — Les thèses en présence. — L'adoption du projet français. — Décimes additionnels et caisse spéciale. — Les mesures d'exécution. — Les droits d'exportation. — L'adjudication. — Les réformes administratives des douanes. — La répression. — L'impression générale.

I

En prenant possession du fauteuil de la présidence, le duc d'Almodovar avait dit :

Sa Majesté Chérifienne et les puissances ne nous ont pas investis de la mission de tracer un plan complet pour la transformation administrative du Maroc. Il s'agirait plutôt d'étudier en commun les moyens d'application des mesures qui, dès à présent, paraissent être à la fois et les plus urgentes et les plus faciles à introduire.

De l'unanime aveu, la répression de la contrebande des armes répondait à cette définition. Et tout le monde avait approuvé le président de l'inscrire en tête de l'ordre du jour[1]. Urgente, cette répression l'était à coup sûr, car si la conférence se réservait d'étudier ultérieurement l'organisation de la police dans l'empire

---

1. Les séances, où il fut question de la contrebande des armes, furent la première séance de comité et les séances plénières 2, 3, 4 et 7.

chérifien, il était évident qu'en limitant sur son territoire l'introduction des armes, elle faciliterait d'autant le rôle de cette police [1]. La question ne devait d'autre part provoquer de difficultés ni locales ni européennes et comportait surtout, de la part des puissances, des mesures contre leurs nationaux. Elle était donc, à ce double titre, une commode introduction aux débats et permettait aux délégués de prendre, avant la bataille, un contact sans péril.

C'est le 18 janvier, à la première séance de comité, tenue à trois heures de l'après-midi, que la question fut abordée. La délégation espagnole avait, à cet effet, préparé un questionnaire [2] affirmant d'une part la nécessité de prohiber l'importation des armes et des munitions, d'autre part la possibilité d'admettre des exceptions à cette règle ; envisageant ensuite l'hypothèse des diverses sanctions ; affirmant enfin que, dans les régions frontières des possessions espagnoles et françaises, la surveillance et la répression de cette contrebande devaient être l'affaire exclusive des gouvernements marocain, espagnol et français. Dès le premier jour par conséquent, la conférence trouvait en présence les trois termes qu'elle allait avoir à concilier : la souveraineté du Sultan, qu'il s'agissait de renforcer tout en la limitant ; l'intérêt général de l'Europe, qu'il fallait accorder avec les intérêts particuliers ; la situation spéciale de l'Espagne et de la France, dont il était impossible de ne point tenir compte. Dès ce moment aussi, la délégation française prenait l'attitude qu'elle conserverait jusqu'à la fin et établissait un contact, qu'elle ne laisserait plus se rompre, avec les représentants de l'Espagne et de l'Angleterre. De même qu'il avait entretenu M. Révoil, de son discours inaugural, de même le duc d'Almodovar avait rédigé, d'accord avec les plénipotentiaires de France et de Grande-Bretagne, son questionnaire sur la contrebande des armes. C'est dans cette conversation préparatoire que fut décidée l'assimilation des possessions espagnoles et françaises, quant à la surveillance de la contrebande dans les districts marocains frontières. Et lorsqu'à la séance de comité, M. de Radowitz,

---

1. Les meilleurs juges estiment que, dans ces dernières années, plus de 400 000 fusils à tir rapide ont été introduits au Maroc. Les bandes du Tafilalet, qui ont attaqué jusqu'à l'automne 1904 nos postes de l'Extrême-Sud oranais, possédaient de nombreux fusils mauser.

2. Voir Protocoles, page 16.

en se ralliant le premier à la proposition espagnole relative à cette police, crut avoir l'initiative et le mérite (dont il se félicitait le soir même dans le hall de l'hôtel) de la « concession » accordée à l'Espagne, il ne fit que consacrer les résultats d'une entente préalable, établie en dehors de lui par les trois puissances intéressées.

Il n'y eut pas, sur la nécessité de la répression, de divergences d'opinion entre les membres de la conférence. La première séance de comité manifesta cet accord. Aussi bien, la plupart des traités de commerce antérieurs contenaient des dispositions analogues à celles qu'il s'agissait de condenser en une forme générale. Cette unanimité fut si vite évidente qu'au milieu de cette séance, et avant d'aborder les paragraphes relatifs à la surveillance et aux sanctions, le marquis Visconti-Venosta proposa que les cinq premiers articles, où devait s'inscrire l'affirmation du principe, fussent rédigés par une commission spéciale. MM. Perez Caballero, le comte de Tattenbach, Malmusi, Regnault et Mokri furent, sur la suggestion de M. Révoil, chargés de procéder à ce travail. Leur projet [1] examiné à la séance plénière du 22 janvier ne provoqua point d'objections sérieuses. L'article 1er prohibant « l'importation et le commerce des armes de guerre, pièces d'armes et munitions chargées ou non chargées, ainsi que des poudres, salpêtre, fulmicoton, nitroglycérine et toutes compositions destinées exclusivement à la fabrication des munitions », fut adopté sans difficulté. Adopté également l'article 2, qui exceptait de l'interdiction les armes ou munitions destinées aux troupes chérifiennes et précisait les formalités à remplir dans ce cas. Il en fut de même des articles 3 et 4, prohibant les armes de luxe, sauf celles destinées, sur permis spécial, à l'usage personnel des importateurs.

A ce moment cependant une courte discussion s'engagea. Les délégués belges, arguant de l'intérêt commercial de leur pays, avaient exprimé le vœu qu'on diminuât autant que possible les entraves apportées au commerce des armes de luxe. Ils avaient formulé cette demande à la séance de comité du 18 [2]. Ils la renouvelèrent explicitement à la séance plénière du 22, tout en déclarant par une note écrite qu'ils se contenteraient d'une satisfaction de

1. Voir Protocoles, page 26.
2. Voir Protocoles, page 13.

principe. Leur proposition, appuyée par M. Perez Caballero, rencontra la double opposition de sir Arthur Nicolson et du comte de Tattenbach. Le plénipotentiaire anglais fit valoir que la réglementation libérale souhaitée par les délégués belges devait être subordonnée à l'état du Maroc et demanda qu'elle ne pût être établie qu'à la suite d'une décision unanime du corps diplomatique et seulement dans les ports où seraient accrédités des consuls de carrière. Le comte de Tattenbach, allant plus loin, exprima l'opinion que les magasins d'armes, dont l'ouverture devait faire l'objet du futur règlement, ne devaient être autorisés que dans la seule ville de Tanger. MM. Révoil et Regnault, voyant l'importance que la délégation belge attachait au vœu qu'elle avait reçu de son gouvernement l'ordre d'énoncer, s'employèrent à lui ménager gain de cause, sans heurter les susceptibilités de la conférence. A la séance du 22, M. Révoil proposa de ne pas insister sur l'unanimité nécessaire du corps diplomatique, d'indiquer que le règlement serait édicté « dès que les circonstances le permettraient », d'ajouter enfin que les licences autorisant l'ouverture de magasins d'armes pourraient être accordées « pour Tanger et pour les ports où le commerce serait ultérieurement autorisé ». La conférence adopta pour les deux articles litigieux la formule suggérée par notre représentant. Les plénipotentiaires belges, appréciant l'utile concours que nous leur avions apporté, remercièrent M. Révoil de son initiative.

La troisième séance plénière, qui se tint le 24 janvier, permit d'achever l'étude du projet. Les cinq premiers articles, qui avaient fait l'objet de la discussion précédente, furent définitivement approuvés. Et l'on se mit aisément d'accord sur les modalités de la police à exercer. On fixa tour à tour le chiffre des amendes applicables aux contrevenants soit dans les ports ouverts au commerce, soit dans les autres ; la procédure à suivre par la douane marocaine et les autorités consulaires dans le cas d'une contravention prouvée ou soupçonnée ; la répartition des primes entre les indicateurs, les agents de la douane et le Trésor marocain. On avait un instant songé à organiser une surveillance maritime internationale, qui eût appliqué à la contrebande des armes sur les côtes marocaines une méthode analogue à celle adoptée pour la répression de la traite. Et l'on avait pensé que l'organisation de cette surveillance pourrait se confondre avec celle de la police douanière en général. Par un heureux artifice de rédaction, on put éviter d'aborder un sujet, qui eût posé prématurément des questions d'exécution, en reconnaissant au gouvernement chérifien un droit nouveau, celui d'amener le navire contrevenant au port le plus proche et de l'y faire saisir par l'autorité consulaire [1].

Restait à préciser les dispositions spéciales aux districts frontières des possessions françaises et espagnoles. On se souvient qu'après entente avec M. Révoil et sir Arthur Nicolson, le duc d'Almodovar avait consacré à ces dispositions l'un des paragraphes de son questionnaire. Le président de la conférence avait donné lecture de ce texte à la séance de comité du 18 et, à cette occasion, M. Perez Caballero, aussitôt approuvé par MM. Révoil et de Radowitz, avait fait observer que, tant pour des raisons de voisinage qu'en vertu d'anciennes stipulations contractuelles entre le Maroc et l'Espagne, celle-ci occupe, dans certaines parties de l'empire chérifien, une situation analogue à celle qui appartient à la France dans les provinces limitrophes de l'Algérie. Cette affirmation de principe ne fut pas contestée dans les séances suivantes. On convint seulement, sur le conseil du marquis Visconti-Venosta, d'en simplifier la rédaction et de formuler ainsi l'article :

> Dans la région frontière de l'Algérie, l'application du règlement sur la contrebande des armes restera l'affaire exclusive de la France et du Maroc. De même, l'application du règlement sur la contrebande des armes dans le Riff et, en général, dans les régions frontières des possessions espagnoles restera l'affaire exclusive de l'Espagne et du Maroc.

Cette formule, plus compréhensive que celle du duc d'Almodovar, équivalait, dès le seuil des débats, à un déclinatoire de compétence de la conférence pour tout ce qui regardait les districts frontières. Elle donnait son véritable sens à l'engagement pris par l'Allemagne le 8 juillet de ne pas soumettre à la réunion d'Algésiras les questions relatives à ces districts et soulignait la faiblesse de la thèse ultérieurement développée par la presse d'outre-Rhin sur

---

[1]. Voir Protocoles, page 35.

les « concessions » que le gouvernement impérial « permettait » à la conférence de nous accorder sur ce point [1]. Du texte adopté sans mot dire par M. de Radowitz, il résultait avec clarté qu'on ne pouvait, en l'espèce, parler de concessions, puisqu'il s'agissait pour nous d'un droit antérieur et que la conférence n'avait rien à nous accorder pour la raison décisive que nous n'avions rien à lui demander. C'était un résultat à noter et dont, plus d'une fois par la suite, nous devions être amenés à rappeler la portée.

Au cours de ce premier débat, l'attitude des différentes délégations avait été des plus correctes. Il semblait qu'on fût heureux de se sentir sur un terrain de tout repos, — en attendant les fondrières. On y insistait. On s'y attardait. Presque toutes les propositions pratiques, presque toutes les rédactions furent suggérées par la délégation française, et notamment par M. Regnault. Mais personne n'essaya de créer de difficultés. Les Marocains eux-mêmes, dont M. Révoil dut relever par deux fois la singulière prétention de ne rien accepter sans en référer à Fez et de se passer de cette référence lorsqu'il s'agissait de refuser [2], ne maintinrent finalement leurs réserves que sur deux points seulement, à savoir : les conditions d'autorisation du commerce des armes de chasse et les prescriptions relatives à la destruction des armes et munitions de guerre saisies par la douane [3]. Joignez à cela quelques télégrammes de félicitations du Roi d'Espagne ou des Chambres espagnoles [4], la belle humeur de l'arrivée, l'agrément des découvertes pittoresques ou psychologiques, vous aurez l'impression extérieure de cette première prise de contact, qui, comme les deux suivantes, ne servit qu'à occuper le tapis, tandis que, dans la tranchée diplomatique, se préparaient les attaques sérieuses.

1. Voir ci-dessus, page 45.
2. Voir Protocoles, page 25.
3. Ces réserves donnèrent lieu à une courte discussion, le 13 février, à la septième séance de la conférence. On adopta à la demande des délégués marocains la rédaction suivante : « Art. xiv. Le maghzen conservera les marchandises confisquées, soit pour son propre usage, si elles peuvent lui servir, à la condition que les sujets de l'Empire ne puissent s'en procurer, soit pour les faire vendre à l'étranger. »
Voir Protocoles, pages 87 et 88.
4. Voir Protocoles, pages 17, 25, 31.

II

La politique du maghzen à l'égard des puissances européennes obéit à deux lois : celle du moindre effort et celle du moindre mal. Tantôt il cherche à obtenir de l'opposition des ambitions rivales le maintien du *statu quo*, tantôt il s'efforce de tirer des concessions qu'on lui arrache le maximum de profit ou matériel ou moral. C'est ainsi que la conférence, considérée d'abord à Fez comme un moyen de neutraliser la France par l'Allemagne, était apparue, après les accords franco-allemands de juillet et septembre 1905, comme la source de bénéfices possibles et d'abord d'une augmentation de revenus.

Cette augmentation, ce n'est ni à un effort de ses agents ni à un sacrifice de ses sujets que le maghzen entendait la demander. Il lui semblait plus simple, ayant à Algésiras l'Europe sous la main, de frapper à la caisse de l'Europe. Si l'on se reporte au projet marocain déposé à la quatrième séance de comité, le 29 janvier[1], on remarque avec quelle cynique candeur la délégation chérifienne demandait aux puissances de transmettre à leurs ressortissants cette note à payer qui est l'obsession d'Abd-el-Aziz. Ce projet, qui comportait « l'amélioration de l'état actuel », n'était, dans ses deux parties, qu'un appel à la bourse des étrangers. Augmentation des droits de douane ; aide fournie aux fonctionnaires du maghzen pour encaisser l'impôt ; droits de stationnement, de visite et de patente sur les bateaux dans les ports ; droits sur les postes, sur les télégraphes, sur les phares, sur la lumière électrique et sur l'électricité, sur les fabriques, sur les voitures, sur le timbre et l'enregistrement, sur les passeports et sur les banques, sur le pesage, le magasinage et les quais, sur les téléphones, les théâtres, les cafés, les imprimeries, les barques, la pêche des poissons de mer et les contrats d'achats de propriétés, — rien n'y manquait. Et l'on voyait, à ce simple énoncé, d'où le maghzen entendait que vint l'argent.

S'il en était ainsi, c'est que, depuis l'avènement d'Abd-el-Aziz, le Maroc, qui, jusqu'alors, n'avait pas d'histoire financière, en a

---

1. Voir Protocoles, page 58.

une et que cette histoire n'est pas heureuse. C'est une erreur de croire que l'empire chérifien n'ait pas une administration fiscale. Il en possède une assez compliquée et non sans valeur : car les *oumanas* qui en sont chargés sont généralement des négociants ayant pris dans leur commerce le goût et l'habitude de l'exactitude. Toutefois, le fisc chérifien, qui faisait aisément face aux dépenses élémentaires d'administration, de police et de guerre, lorsque, sous le régime ancien, les besoins en numéraire étaient limités, ne peut répondre aux continuelles exigences du Sultan actuel. Les redevances en nature, qui représentent une forte partie de l'impôt payé par les tribus, suffisaient, tant bien que mal, à nourrir les troupes, à assurer la *mouna* [1] des fonctionnaires indigènes ou des ministres étrangers. Elles étaient inutiles, lorsqu'il s'agissait d'acquérir en Europe des bicyclettes ou des kodaks, des chemins de fer Decauville ou des automobiles. Aussi bien, les revenus en espèces étaient-ils, avec le temps, devenus de plus en plus restreints, de moins en moins faciles à percevoir, ajoutant à l'augmentation des besoins la diminution des recettes.

Les ressources qui entrent dans les caisses du maghzen sont théoriquement assez nombreuses. En fait, depuis plusieurs années, aucune perception régulière n'alimente son budget. Et les « réformes » qu'il a tentées de réaliser n'ont eu pour résultat que de supprimer ce qui existait sans rien mettre à la place. En principe, les impôts marocains se divisent en trois catégories [2]. Il y a d'abord les impôts coraniques, qui, répondant à une obligation purement religieuse, sont, en pays musulmans, les plus faciles à percevoir. Il y a ensuite les redevances de souveraineté, dont le caractère politique a toujours été antipathique aux tribus. Il y a enfin les impôts administratifs, qui sont des taxes indirectes frappant le commerce soit à l'intérieur de l'empire, soit à ses frontières, tant à l'importation qu'à l'exportation. Les impôts coraniques sont l'*achour*, le *zekkat* et l'*hediya*. Le *zekkat* atteint le capital, l'*achour* frappe le revenu annuel. L'un et l'autre, étant donnée la nature du capital, qui est représenté par des troupeaux, et du revenu, qui est représenté par des récoltes, sont des impôts

---

1. Voir ci-dessous, page 116.
2. Voir *Archives marocaines* n° du 1er mars 1904. *Les impôts marocains*, par Michaux Bellaire et *Le Maroc d'aujourd'hui* par Eugène Aubin. Colin, éditeur.

agricoles. L'*hédiya* est au contraire un don gracieux et spontané qui doit être fait au Sultan par chaque ville et par chaque tribu aux trois grandes fêtes de l'année. Ces trois contributions, ordinairement rachetées par les gouverneurs qui se payent ensuite sur leurs administrés, ont toujours été l'instrument des moins acceptables abus. Les impôts de souveraineté comprennent la *naïba*, la *harka*, la *ghérama*, la *dhaïra*, la *sokra* et la *mouna*. La *naïba* est une redevance payée au Sultan pour la jouissance du sol par les tribus dont les contingents restent ordinairement dans leurs foyers (se distinguant ainsi de ceux des tribus *guich* qui sont toujours avec le Sultan). C'est une sorte de taxe de remplacement militaire, qui, en raison de la situation même de ceux qui la paient, est perçue fort arbitrairement. La *harka* représente la participation personnelle et financière des tribus soumises aux expéditions fréquentes menées contre les réfractaires. La *ghérama* résulte de la responsabilité collective d'une tribu pour les crimes ou délits commis sur son territoire. La *dhaïra* (amende) est aux mains des gouverneurs, qui en font, comme on pense, un usage immodéré. La *sokra* est la somme payée par les contribuables aux agents civils ou militaires du maghzen mis en mouvement dans une affaire déterminée. La *mouna* est une redevance en nature due dans les mêmes conditions que la *sokra*. Enfin les impôts indirects comprennent en première ligne les droits de douane (10 p. 100 *ad valorem* à l'importation et à l'exportation). Ils comprennent, en outre, le *droit des portes* perçu aux portes des villes sur les marchandises et mis chaque année en adjudication, les droits de régie pour le tabac indigène à fumer et à priser, et pour le kif, graine de chanvre qui se fume également.

Jusqu'en 1880, ces différents impôts, bien que perçus irrégulièrement, assurèrent au maghzen des ressources à peu près suffisantes. Ils avaient cependant un défaut : c'est que, par leur nature même soit religieuse soit militaire, ils laissaient les Européens en dehors de leur application. La préoccupation de soumettre au paiement des taxes les résidants étrangers paraît avoir été, depuis la conférence de Madrid de 1880, la raison déterminante des réformes financières, généralement malheureuses, engagées par le gouvernement chérifien. C'est, en effet, en exécution de l'article 12 de la convention de Madrid[1] spécifiant que l'impôt agricole serait payé par les étrangers et par les protégés que fut édicté le *tertib* (règlement) du 30 mars 1881. Et c'est sur ce premier *tertib* que se greffa celui de 1903. Ni l'un ni l'autre n'eurent le résultat qu'on en attendait en ce qui touche les étrangers. Par contre, ils aboutirent, au profit des indigènes, à un sensible dégrèvement. Et, par là même, ces deux tentatives d'unification fiscale eurent pour conséquence l'augmentation du déficit. Le *tertib* du 30 mars 1881 établissait trois impôts que devaient payer indistinctement Marocains, étrangers et protégés : un impôt agricole ou dîme payable en nature ou en espèces ; un impôt sur les animaux domestiques ; un impôt sur les marchandises transportées variant suivant la valeur de la marchandise et suivant la nature de la bête de somme, chameau, mule ou âne. Il prévoyait enfin l'éventualité de droits de vente. En fait, le *tertib* de 1881 ne fut jamais appliqué. Soit qu'on se soit aperçu que la perception des taxes sur les étrangers provoquerait des difficultés sans rapport avec le profit pécuniaire qu'on en pouvait attendre ; soit qu'on ait craint que, par cette perception, les consuls ne fussent conduits à une intervention permanente dans l'administration locale ; soit qu'on ait constaté chez les musulmans une antipathie marquée contre une réforme qui associait indirectement les infidèles au paiement d'un impôt coranique, on cessa presque immédiatement de rien demander aux Européens et on revint, vis-à-vis des indigènes, aux anciennes taxes, non sans avoir pourtant créé des espoirs d'affranchissement qui en rendaient plus malaisé le recouvrement régulier.

Le même phénomène, mais plus accentué encore, se produisit, lorsqu'à l'automne de 1901 le Sultan proposa aux puissances l'adoption d'un nouveau *tertib*, qui reprenait, avec quelques modifications, celui de 1881. En droit, la réforme se justifiait par la nécessité de mettre un terme, d'une part aux exactions des gouverneurs, de l'autre, au privilège abusif d'exemption fiscale dont jouissaient les étrangers. Mais les difficultés pratiques, tant du côté européen que du côté indigène, restaient les mêmes. Il semble bien d'ailleurs que l'idée de cette réforme ait été inspirée

1. Voir Appendice, page 475.

à Menebbi, alors ministre de la guerre, par sir Arthur Nicolson, ministre d'Angleterre à Tanger, dans un dessein beaucoup plus politique que financier. Nul alors ne songeait encore, même à titre d'hypothèse, à la possibilité de l'accord franco-anglais, qui devait se conclure trente mois plus tard. Et la diplomatie britannique nourrissait l'espoir de fermer le Maroc à notre influence en le régénérant économiquement et politiquement. Sir Arthur Nicolson avait cru que le *tertib* pourrait aider à cette régénération défensive. Et il s'était fait le parrain de la réforme proposée. Après quelques hésitations, toutes les puissances l'acceptèrent le 23 novembre 1903. Le nouveau règlement astreignait les étrangers et protégés, au même titre que les Marocains, à payer l'impôt sur les animaux domestiques, les terrains et les attelées de labour, les vergers et les jardins. Il spécifiait que cet impôt serait égal pour tous, exclusif de tout autre, soustrait dans sa perception à l'arbitraire des gouverneurs, réparti et levé par un corps spécial d'*oumanas* et d'*adouls*[1], avec le concours des consuls en ce qui concernait les étrangers. C'était là une véritable tentative de révolution financière, supprimant l'impôt coranique, le mieux accepté de tous, abolissant les privilèges religieux les plus traditionnels, substituant le droit régalien au droit religieux dans un pays où l'idée religieuse est la seule base de l'autorité politique : autant de raisons pour qu'il fût inapplicable. Tout en adhérant aux propositions du maghzen, les légations marquèrent d'ailleurs leur scepticisme en ajoutant au règlement un article aux termes duquel les étrangers et protégés ne devaient être astreints au paiement des taxes du *tertib* qu'autant que les Marocains les acquitteraient eux-mêmes. Le Sultan avait espéré, sous prétexte de réforme fiscale, faire payer les Européens. On lui répondait en l'obligeant d'abord à faire payer ses sujets.

Le résultat fut déplorable. Avec une imprudence sans nom, le maghzen avait cessé de percevoir les anciens impôts avant même d'avoir obtenu le consentement du corps diplomatique à l'établissement des nouveaux. Les contribuables perdent vite l'habitude de payer. Les Marocains profitèrent du dégrèvement, mais restèrent obstinément rebelles aux impôts de remplacement, si bien

---

1. Les *adouls* sont les notaires marocains.

que, depuis 1901, on peut affirmer que, sauf les douanes, aucun revenu régulier n'alimente plus le Trésor chérifien. Ben Slimau disait, en 1902, à notre vice-consul à Fez, M. Gaillard :

— Notre situation est désastreuse. Nous ne percevons plus les anciens impôts. Nous ne percevons pas les nouveaux. Nous vivons sur les réserves et les recettes douanières.

En arrivant à la conférence, les délégués marocains auraient pu tenir le même langage. C'est donc à une nécessité vitale qu'obéissait le maghzen en demandant aux plénipotentiaires de prendre sur le commerce étranger le supplément de ressources qu'il attendait d'eux. Mais les plénipotentiaires ne pouvaient, on le conçoit, accepter ce point de vue sans exprimer d'expresses réserves. La combinaison de ces deux thèses, la lutte des intérêts européens contre l'intérêt marocain, la conciliation de l'augmentation nécessaire des revenus du Sultan avec la protection légitime du trafic étranger dominent les séances où furent étudiés tour à tour la réorganisation fiscale, l'accroissement des droits de douane, la surveillance douanière et la caisse spéciale des travaux publics.

Bien que le questionnaire espagnol, sur lequel s'engagea le débat, comprît tout à la fois les deux questions de la réforme fiscale et de l'augmentation des droits de douane et bien que ces deux questions fussent solidaires, puisque, dans l'un et l'autre cas, il s'agissait de développer, pour rendre possibles les réformes, les revenus du Sultan, il y a lieu de les étudier séparément et d'isoler l'une de l'autre. La seconde, en effet, par ses répercussions, allait bien au delà de la première. Le questionnaire, que le duc d'Almodovar déposa à la deuxième séance de comité, le 25 janvier, s'inspirait d'un esprit de prudence [1]. Il commençait par limiter le rôle de la conférence en marquant d'abord qu'elle devrait écarter, si utile fût-elle, toute réforme de nature à « amener une modification substantielle de l'organisation administrative ou qui serait en contradiction avec les mœurs et les idées fondamentales de la société marocaine »; en indiquant ensuite qu'il ne s'agissait pas pour elle de rédiger « un règlement directement applicable », mais seulement de « donner des conseils », d'émettre des « vœux »

---

1. Voir Protocoles, page 45.

ou de formuler des principes « destinés à être développés plus tard par S. M. Chérifienne avec les garanties que la conférence estimerait nécessaires ». En d'autres termes, elle différenciait expressément cette seconde partie de sa tâche de la première. Pour la contrebande des armes, elle avait statué. Elle statuerait également pour les douanes. Pour la réorganisation fiscale, dans la mesure où cette réorganisation ne touchait pas les étrangers, elle se bornait au contraire, respectueuse de la souveraineté du Sultan, au rôle d'organe consultatif. En quelques mots, M. Révoil précisa, à cet égard, la nuance indiquée par le duc d'Almodovar[1]. Les points d'ordre pratique soumis à l'assemblée par son président étaient les suivants : convenait-il de s'en tenir au *tertib* de 1903 ou de revenir à l'ancien système de perception des impôts? Les puissances pouvaient-elles demander à cette occasion des garanties ou des facilités nouvelles pour leurs nationaux? Devait-on abolir ou modifier l'*hediya?* Devait-on supprimer les taxes subsidiaires, comme la *sokra* et la *mouna*, toucher aux taxes indirectes et aux monopoles, créer enfin de nouveaux impôts? Le champ, comme on voit, était vaste. Et la conférence, s'il lui plaisait d'étendre son rôle de conseiller, pouvait se donner carrière. Elle se garda fort heureusement d'un excès de zèle, qui eût comporté des risques sans profits corrélatifs. Et la discussion resta constamment sur un terrain plus modeste.

La commission de rédaction, qui avait été chargée de préparer le projet relatif à la contrebande des armes, fut maintenue en fonctions pour la réforme fiscale. A ses membres qui étaient, on s'en souvient, MM. Perez Caballero, le comte de Tattenbach, Malmusi, Regnault et Mokri [2], on adjoignit seulement, sur la proposition de sir Arthur Nicolson, le comte de Buisseret, M. Bacheracht, Si Abder Rhaman Bennis, et, ultérieurement, le comte de Martens Ferrao. Ces neuf commissaires commencèrent leur travail à la suite de la deuxième séance de comité, en prenant pour base le questionnaire espagnol. Ils le continuèrent, en y englobant, dans la mesure toutefois où ils le jugèrent convenable, le projet marocain, qui ne fut déposé par les délégués du Sultan qu'à la troisième

---

1. Voir Protocoles, pages 42.
2. Voir ci-dessus, page 110.

séance de comité et dont on a vu plus haut le caractère général. Au cours de la discussion, les deux points de vue dont nous indiquions tout à l'heure l'opposition se trouvèrent constamment en présence. Sur le maintien même du *tertib*, c'est-à-dire sur l'essentiel de l'organisation fiscale, tout le monde fut d'accord; car nul ne voulait s'engager dans une refonte totale de la fiscalité marocaine. Mais tandis que les Marocains insistaient sans se lasser sur la nécessité d'y soumettre sans retard les étrangers, dont « l'exemple » devait, d'après eux, encourager les indigènes à payer, les représentants de l'Europe marquèrent avec une unanime énergie leur volonté de ne point se prêter à ce jeu et de maintenir intacte la clause du règlement de 1903, aux termes de laquelle les étrangers ne seraient astreints au paiement de cet impôt qu'autant que les Marocains l'acquitteraient eux-mêmes réellement ; intact aussi l'article qui prévoyait l'intervention des consuls pour cette perception ultérieure. C'est dans le même esprit, qu'à propos des droits de phare les Marocains essayèrent d'insinuer que les étrangers devraient les payer seuls, attendu qu'ils bénéficieraient plus que personne des améliorations projetées : mais cette seconde proposition n'eut pas plus de succès que la première. Quand enfin ils réclamèrent obstinément une réponse à leur suggestion d'impôts sur les postes, les télégraphes, les téléphones, l'électricité, etc., on leur répondit simplement qu'on avait le regret de ne pouvoir donner suite à l'idée qui leur était chère.

Par contre, les délégués européens tinrent la main à ce que le projet de déclaration relatif aux impôts précisât certains avantages garantis en théorie, mais non assurés en fait à leurs nationaux[1]. Sir Arthur Nicolson eut une large part dans la décision prise à cet égard. Et, sur sa demande, dans le deuxième paragraphe de l'article, on spécifia que les droits conférés aux étrangers par la convention de Madrid pour l'achat de propriétés, seraient maintenus et étendus. L'autorisation du gouvernement chérifien, exigé en 1880 pour ces achats d'une façon générale, fut supprimée

---

1. L'article 11 de la convention de Madrid portait : « Le droit de propriété au Maroc est reconnu pour tous les étrangers. L'achat de propriétés devra être effectué avec le consentement préalable du gouvernement. » Comme ce consentement n'était jamais donné, le droit de propriété était resté purement théorique.

dans les ports ouverts et dans un rayon de douze kilomètres autour de ces ports. La même liberté fut accordée, en dehors des ports ouverts, pour Ksar-el-Kébir, Arzila et Azemmour ainsi que, éventuellement, pour d'autres localités du littoral et de l'intérieur, mais seulement dans un rayon de deux kilomètres. Enfin on tint la main à ce qu'une part notable des ressources résultant dans les villes des impôts nouveaux fût consacrée expressément à des améliorations municipales.

Ces impôts nouveaux, représentant les seules concessions proprement fiscales faites au maghzen, se réduisirent d'ailleurs à peu de chose. On accepta le principe d'une taxe à établir ultérieurement sur les constructions urbaines, mais sous la réserve de l'affectation partielle des recettes « aux besoins de la voierie et de l'hygiène municipales et d'une façon générale aux dépenses d'amélioration et d'entretien des villes[1] ». On admit, si des taxes d'un caractère municipal étaient appliquées dans l'avenir à « certains commerces, industries et professions » et payées par les Marocains, la possibilité de les étendre aux ressortissants étrangers. On adhéra à la proposition marocaine de créer un droit de timbre sur les contrats et actes authentiques passés devant *adouls;* un droit de mutation, au maximum de 2 p. 100, sur les ventes immobilières ; un droit de statistique et de pesage, au maximum de 1 p. 100 *ad valorem*, sur les marchandises transportées par cabotage ; un droit de passeport sur les sujets marocains ; éventuellement des droits de quais et de phares, avec affectation de leur produit à l'amélioration des ports, et des droits de stationnement et d'ancrage après la réalisation de ces améliorations. Enfin, dans la séance du 7 février, on prit acte, sous réserve de l'approbation des puissances et des indemnités à accorder aux Européens lésés par ce monopole, de l'intention du maghzen d'étendre aux tabacs de toute sorte le monopole déjà existant pour le tabac à priser, le principe de l'adjudication devant être appliqué sans restriction à ces différents monopoles[2]. En dehors de ces quelques mesures, on maintint exactement l'état

---

1. Le corps diplomatique de Tanger fut chargé d'élaborer ultérieurement un règlement à ce sujet d'accord avec le représentant du Sultan.

2. Un vœu fut adopté impliquant la suppression de la *mouna* des ambassades pendant leur séjour à Fez.

de choses antérieur sans ouvrir au maghzen aucun crédit de confiance.

Si l'on jette un regard d'ensemble sur cette discussion de médiocres conséquences, on constate que deux courants contradictoires se dessinèrent à son début dans la conférence et qu'ils finirent par aboutir à une solution de conciliation d'un caractère négatif. On avait abordé ce débat avec une ardeur encore entière. Bien peu, parmi les délégués, avaient une expérience personnelle et pratique de la fiscalité marocaine. Plusieurs, au contraire, en avaient acquis une connaissance théorique et livresque en parcourant les documents qui se trouvaient par hasard à leur disposition. Ceci explique l'ambition réformatrice de certains d'entre eux, par exemple de M. Perez Caballero, dont l'érudition étonna, puis inquiéta ses collègues. Beaucoup des plénipotentiaires, — le marquis Visconti-Venosta était le plus considérable, — estimaient au contraire que c'était une duperie de prétendre reviser la législation financière du Maroc.

— Nous ne sommes pas venus pour cela à Algésiras, disait le délégué italien, après une séance où on avait abondamment disserté sur la *naïba*, la *sokra* et la *mouna*. On se moque de nous. Et la plaisanterie n'est point bonne.

Cette mauvaise humeur d'une part, d'autre part la difficulté bientôt évidente d'arriver à un résultat pratique lassèrent assez vite les excès de zèle. Et l'on aboutit au projet de *statu quo* dont nous avons résumé les grandes lignes. On savait d'ailleurs que, tant pour augmenter les ressources du Sultan que pour amorcer les réformes, une seule chose était efficace, un seul revenu utilisable et que ce revenu, c'étaient les douanes. On se trouva donc implicitement d'accord pour passer rapidement sur les impôts et aborder le problème douanier, — problème délicat, puisqu'il mettait en cause les droits généraux résultant des traités de commerce, les droits spéciaux des créanciers français de 1904; puisqu'il impliquait, en outre, pour le contrôle des recettes supplémentaires aussi bien que pour leur emploi, l'intervention d'un organisme international. On entrait dans le vif du débat. Et, très vite, la discussion allait perdre le caractère académique qu'elle avait conservé dans les premières séances.

III

Le débat sur les impôts, avec son vaste début et ses conclusions modestes, avait convaincu la conférence que, si elle voulait répondre au vœu du maghzen tendant à l'augmentation de ses revenus et aux nécessités financières résultant des réformes, c'était à une révision des tarifs douaniers et à une réorganisation de l'administration douanière qu'elle devait aboutir. Les recettes des douanes étaient les seules sur lesquelles on pût compter, les seules aussi qu'il fût possible de développer avec certitude[1]. C'est au développement de ces recettes qu'on se trouvait fatalement conduit après les conseils platoniques prodigués au fisc marocain.

El Mokri et ses collègues s'en étaient bien rendu compte et l'excès de leurs demandes accusait, sans discrétion, la disette de leur maître. Dès le mois de juin 1905, Abd-el-Aziz avait, dans la circulaire par laquelle il réclamait la réunion de la conférence, avoué ses besoins d'argent : le premier mot de ses représentants à Algésiras fut pour demander des fonds : « Il conviendra, avait dit Mokri le 22 janvier, de délibérer avec vous sur les moyens qui pourront faciliter au maghzen l'amélioration de l'état actuel de ses finances[2]. » Et, plus loin : « Nous vous prierons de nous aider à chercher la création de nouvelles ressources qui permettront au maghzen de consolider ses finances ». Mokri ne devait point d'ailleurs s'en tenir aux généralités. Et, à la quatrième séance de comité, il déposait le programme financier, dont on a suivi plus haut la courte et fâcheuse carrière[3]. Au premier rang des réformes proposées, figurait une augmentation des droits de douane. Et cette augmentation était d'importance, puisqu'elle doublait l'ensemble des droits à l'importation, appliquant même à certains produits des surtaxes de 40, 70, 80 et 100 p. 100[4].

Il était clair qu'aucune puissance ne consentirait à l'établisse-

---

1. Voir ci-dessus, page 119.
2. Voir Protocoles, page 40.
3. Voir ci-dessus, pages 121.
4. Ces produits étaient le sucre, le thé, le café, les boissons alcooliques, l'opium.

ment de droits aussi vexatoires. D'ailleurs, le principe même de la majoration douanière était loin d'être accepté par le plus grand nombre des plénipotentiaires. Les uns, au premier rang desquels figurait M. de Radowitz, se déclaraient hostiles à toute majoration ; les autres, comme le comte de Welsersheimb, représentant de l'Autriche, n'étaient pas aussi catégoriques, mais ils inclinaient à penser que, sans surtaxe douanière, on pourrait, dans une organisation meilleure des services, trouver l'excédent de recettes dont on avait besoin. D'autres enfin, comme sir Arthur Nicolson, ne refusaient pas de consentir à l'élévation des droits de douane, mais ils mettaient à leur adhésion une condition formelle : c'est que les fonds ainsi recueillis seraient versés dans une caisse spéciale, dont l'Europe garderait le contrôle. Entre ces thèses diverses, la situation de la délégation française était délicate. La réserve de l'Allemagne lui imposait l'obligation de prendre l'initiative des propositions. Et, dans ces propositions, il lui fallait accorder, avec la nécessité de trouver pour les réformes les fonds indispensables, la défense de l'intérêt français. L'idée directrice de notre politique était de ne point créer au Maroc d'organisations internationales de longue durée, susceptibles de devenir pour nous une menace ou une gêne. Or, quoi qu'on fît, si l'on instituait, — et comment y échapper ? — une caisse spéciale pour les recettes supplémentaires des douanes, c'était un premier élément d'internationalisation qu'on introduisait dans l'empire chérifien. Quant à se contenter d'une réforme administrative, il n'y fallait pas songer. Nous savions, par l'expérience de l'emprunt de 1904, que, si l'on peut opérer un prélèvement sur les recettes douanières, un contrôle effectif de ces recettes est impossible [1]. De plus, c'est pour des travaux définis, pour améliorer notamment l'outillage des ports, qu'on cherchait des ressources nouvelles. Quelle garantie aurait-on que ces travaux seraient exécutés, si on laissait au maghzen le soin d'y présider ? Et comment, sans augmenter les droits, obtenir l'argent nécessaire ? Il eût fallu pour cela prendre sur les recettes du Sultan, diminuer par conséquent ces recettes : or on était à Algésiras pour les augmenter. De quelque côté donc

---

[1]. M. Regnault, en 1904, avait réussi à organiser le prélèvement, mais non le contrôle.

que l on envisageât le problème, force était de revenir à ces deux conclusions : majoration des droits de douane, affectation de l'excédent ainsi obtenu à des dépenses déterminées par les soins d'une caisse spéciale. A vrai dire, les instructions de M. Révoil indiquaient qu'à un relèvement général des droits de douane, une meilleure spécification semblait préférable[1]. Mais, d'une part, la question n'était plus entière, puisque la conférence était saisie d'un projet de majoration et par le programme marocain et par le questionnaire espagnol (§ 12). D'autre part, si nous pouvions admettre des éléments d'organisation internationale, c'était, de toute évidence, sur le terrain économique, où nous avions, dès le premier jour, affirmé notre attachement au principe de la « porte ouverte »[2]. Il fallait tenir compte aussi de l'intérêt que nous avions à fortifier la bonne impression produite sur les États de second ordre par nos déclarations initiales. Et, pour ce faire, il était essentiel de garder la direction morale des débats, en opposant à l'inertie de la délégation allemande, qui n'avait jusqu'alors présenté aucune solution, le caractère pratique de nos propositions. Il n'était pas non plus sans intérêt de montrer au maghzen que, tandis que M. de Radowitz lui refusait cette augmentation de revenus à laquelle il tenait par-dessus tout, nous étions prêts à la lui consentir sous certaines conditions.

Ces conditions étaient d'abord l'affectation contrôlée des ressources nouvelles à des travaux publics, dont toutes les puissances commerçantes devaient également bénéficier. C'était ensuite de ne pas engager l'avenir, d'arrêter des mesures spéciales et temporaires, répondant aussi bien aux besoins locaux qu'aux nécessités de la période transitoire par où passait notre politique marocaine, de ne rien créer par conséquent de général ni de définitif. Sans doute, c'était là, de notre part, une première transaction qu'il aurait été plus opportun de réserver pour le moment, où il fût devenu possible, le débat s'élargissant, d'obtenir une contre-partie. Mais cette attitude expectante n'aurait-elle pas donné à croire à des arrière-pensées, qu'on eût invoquées contre nous ? D'accord avec sir Arthur Nicolson, le marquis Visconti-Venosta, le duc d'Almo-

1. Voir ci-dessus, page 101.
2. Voir ci-dessus, page 106.

dovar, le comte Cassini et M. White, M. Révoil rédigea donc le projet suivant qui prenait, entre ces thèses opposées, une moyenne équitable :

CAISSE SPÉCIALE DES DOUANES

Des décimes additionnels aux droits d'importation seront perçus à titre temporaire. Les sommes en provenant formeront un fonds spécial affecté à des dépenses ou à des travaux d'utilité publique destinés à développer l'outillage économique et le commerce international dans les ports.

Le programme des travaux et leur ordre seront arrêtés par le corps diplomatique à Tanger avec l'agrément du maghzen. Les études, devis, projets et cahiers des charges s'y rapportant seront établis par un ingénieur compétent assisté au besoin d'un ingénieur adjoint, qui seront tous deux désignés par le corps diplomatique et dont le traitement sera imputé sur les fonds de la caisse spéciale. Les adjudications de travaux publics seront présidés par un délégué du corps diplomatique assisté d'un délégué du gouvernement chérifien et de l'un des deux ingénieurs. Les fonds de la caisse spéciale seront déposés à la Banque d'État marocaine qui en tiendra la comptabilité.

C'est sur cette rédaction, arrêtée d'avance et d'abord verbalement résumée, qu'allait pivoter la discussion. La séance de comité, où fut abordée la question, — c'était la troisième, celle du 27 janvier, — permit aux opinions contradictoires de s'exprimer tour à tour. Entre sir Arthur Nicolson, qui réclamait, avant d'en référer à son gouvernement, la certitude que les recettes supplémentaires seraient versées dans une caisse spéciale ; entre M. de Radowitz, qui se déclarait hostile à toute augmentation et qu'avaient d'abord appuyé les représentants de l'Italie, de l'Autriche et de la Belgique, M. Révoil développa les idées énoncées dans le projet qu'on vient de lire : le contrôle des douanes serait insuffisant et inefficace ; le gouvernement chérifien n'abandonnerait d'ailleurs qu'à grand peine le supplément problématique de ressources ainsi obtenu ; au contraire, des décimes additionnels, d'un caractère spécial et provisoire, seraient plus aisément affectés aux travaux publics, dont tout le monde reconnaissait l'urgente nécessité. Cette argumentation, à laquelle s'étaient ralliés dès le début, sous réserve de l'approbation de leurs gouvernements, les plénipotentiaires de Russie, d'Espagne, de Portugal, des États-

Unis et des Pays-Bas, ne fut point inutile, puisqu'au sortir de la séance, M. de Radowitz vint demander à son collègue français de lui soumettre le texte écrit de sa proposition, afin qu'il pût le télégraphier à Berlin. Cette première proposition, que le projet définitif ne fit que développer[1], apparaissait donc à tous, dès cette première séance et malgré la divergence des points de vue primitifs, comme propre à fournir les bases d'une entente ultérieure et prochaine.

Cette impression se vérifia au cours de la séance suivante (cinquième séance de comité), le 3 février, au matin. On se trouva d'abord d'accord pour écarter les prétentions marocaines. A l'unanimité, on exprima l'avis que « l'idée de surélever le droit de 10 p. 100 *ad valorem* qui grève actuellement l'importation des marchandises au Maroc à 20 p. 100 pour la généralité des produits, à 40 p. 100 pour le sucre, le thé et le café et à 100 p. 100 pour les boissons autres que les eaux minérales n'était pas admissible ». La même unanimité négative se manifesta, quand Mokri exprima l'opinion que la surtaxe, si surtaxe il y avait, « ne pouvait être versée autre part que dans le Trésor chérifien ». Et bien que les réponses des gouvernements à la référence de leurs délégués ne fût point encore parvenue, on ne refusa pas de s'occuper du taux de la surtaxe éventuelle. M. Révoil proposa de la fixer à un quart du droit lui-même, soit, par exemple, pour les marchandises payant un droit de 10 p. 100 (c'était le cas le plus général) une majoration de 2,50 p. 100. On ne fit point d'objection à cette proposition. On décida seulement d'attendre, pour statuer, que la question de la caisse spéciale pût, elle aussi, être abordée. M. de Radowitz avait expliqué au cours du débat que, bien que l'Allemagne fût opposée en principe à une augmentation des droits de douane, il était prêt, en vue de maintenir l'unanimité dans la conférence, à présenter le projet à son gouvernement et à solliciter ses instructions.

La discussion continua le 10 février, à la sixième séance de comité, sur les bases d'un projet sensiblement identique à celui de M. Révoil. Les trois articles qui constituaient ce projet ne provoquèrent pas d'opposition. Le comité de rédaction fut chargé de

---

1. Voir Protocoles, page 64.

reprendre l'ensemble. Le 17 février, à la neuvième séance officielle, son travail fut l'objet d'un nouvel examen. Un seul incident fut soulevé à propos du taux de la surtaxe. Sir Arthur Nicolson proposait en effet de fixer cette surtaxe, non pas au quart du droit d'importation, comme l'avait proposé M. Révoil, mais d'une façon invariable à 2,50 p. 100 *ad valorem*[1]. Cet amendement, en obligeant les délégués à en référer de nouveau à leurs gouvernements, retarda la solution. Cette solution, telle qu'elle s'inscrivit dans l'Acte final, fut conforme à la proposition de sir Arthur Nicolson. A cette modification près, c'est le projet Révoil qui avait été adopté, aussi bien dans son principe (établissement de décimes additionnels) que dans sa modalité (versement à la caisse spéciale, affectation aux dépenses de travaux publics, établissement d'un programme par le gouvernement chérifien et le corps diplomatique, désignation, sur avis des membres du corps diplomatique d'un ingénieur, pour présider aux études, devis, cahiers des charges et adjudications). Le principe de l'adjudication était accepté sans difficulté pour l'ensemble des travaux publics à exécuter. C'était là, on s'en souvient, une idée que nous avions soutenue dès nos négociations de 1905 avec l'Allemagne et qui était de nature à empêcher les opérations du genre de celles que, cette même année, le comte de Tattenbach avait engagées à Fez[2]. La conférence devait, six semaines plus tard[3], préciser les règlements applicables aux adjudications, sans que d'ailleurs ces modalités s'écartassent à aucun degré de la règle adoptée à notre demande. L'impression que la politique française n'était point une politique d'aventure, mais présentait au contraire, sur chaque question, des propositions

---

[1]. Sir Arthur Nicolson motivait sa proposition en disant : « Certaines marchandises de luxe ne sont à présent frappées à leur entrée au Maroc que d'un droit de 5 p. 100 *ad valorem* tandis que les marchandises de consommation ordinaire, comme en général toutes les marchandises, sont grevées d'un droit de 10 p. 100 *ad valorem*. Si la surtaxe projetée était fixée au quart du droit d'importation, les marchandises de la première espèce auraient à payer 6,25 p. 100 *ad valorem*, tandis que les autres paieraient 12,30 p. 100 *ad valorem*. L'écart entre les tarifs applicables à ces deux différents groupes de produits se trouverait donc porté du chiffre actuel de 5 p. 100 au chiffre de 6,25 p. 100, ce qui ne paraît pas équitable. Une taxe uniforme de 2,50 p. 100 *ad valorem* sur toutes les marchandises laisserait subsister la distinction actuelle de 5 p. 100 entre les unes et les autres. »

[2]. Voir ci-dessus, page 11.

[3]. Voir ci-dessous, page 402.

TARDIEU.

pratiques et, pour tous, acceptables s'en trouvait fortifiée. Notre cause ne pouvait qu'y gagner moralement.

C'était là l'essentiel du débat sur les douanes : ce n'était pas tout cependant. Et à côté de cette décision de principe, la conférence devait étudier aussi diverses mesures subsidiaires qui s'y rattachaient directement. La première fut la diminution des droits d'exportation. Il existe au Maroc des droits de ce genre, allant parfois jusqu'à la prohibition pure et simple, sur un certain nombre de produits. Ils se justifient, tant par les ressources qu'ils assurent au maghzen que par la nécessité fréquente de faire face à des crises de disette qu'expliquent la mauvaise organisation des cultures et l'insuffisance des communications. Deux thèses se trouvaient en présence. Les représentants du maghzen redoutaient qu'en diminuant les droits, on ne diminuât aussi les recettes : et, au début, cette crainte parut partagée par sir Arthur Nicolson. La majorité des plénipotentiaires estimait au contraire qu'en augmentant les facilités d'exportation, on accroîtrait le produit des droits tout en abaissant leur taux. C'est cette seconde manière de voir qui prévalut. On envisagea l'hypothèse du dégrèvement pour les pois chiches, le maïs, l'orge, le blé. On réclama l'élévation de 6 000 à 10 000 des têtes de gros bétail que les puissances sont autorisées à exporter annuellement du Maroc[1]. On demanda la liberté du cabotage entre les ports de l'empire pour les marchandises et les animaux de toute espèce originaires du Maroc, à l'exception des chevaux, mulets, ânes et chameaux, pour lesquels un permis spécial du maghzen devait rester nécessaire. Malgré la mauvaise volonté de la délégation marocaine, qui se livra, au cours de la discussion, à une persistante obstruction, ces différentes mesures prirent place dans l'Acte final, soit sous forme de clauses acceptées, soit sous forme de vœux recommandés au bon accueil du Sultan.

La réforme et le contrôle de l'administration des douanes n'avaient pas paru suffisants pour assurer aux travaux publics nécessaires un budget constant et régulier. Mais l'adoption de la surtaxe n'excluait point cette réforme. La conférence consacra à l'étudier quatre de ses séances, A la cinquième séance de comité,

---

1. Les Marocains firent à cette proposition une vive opposition.

le 3 février, le comité de rédaction fut, sur la proposition de
M. Perez Caballero, chargé de définir « les bases sur lesquelles
devraient être établies les formalités douanières ainsi que l'unification des législations relatives à la répression de la fraude et de
la contrebande ». A la séance du 10 février, lecture fut donnée de
cet avant-projet [1], qui s'inspirait naturellement du règlement déjà
adopté pour la répression de la contrebande des armes. Aucune
observation importante n'ayant été formulée, le comité reçut mission de préparer un projet définitif, dont l'examen fut abordé le
13, à la septième séance officielle, continué le 14 et le 17. Cet
examen, purement technique, ne présenta point d'intérêt général.
Et le texte de l'Acte final se suffit à lui-même à cet égard [2]. Tout au
plus, peut-on noter que, comme pour la contrebande des armes, la
répression de la contrebande douanière fut, dans les régions limitrophes des possessions de la France et de l'Espagne, confiée à
ces deux puissances. Ce n'était là d'ailleurs que l'application d'un
principe définitivement accepté [3].

A l'heure où s'achevait ce travail soigneusement étudié et si
bien approprié aux besoins locaux qu'il a, depuis sa promulgation,
été cité comme un modèle dans d'autres pays musulmans [4], l'intérêt des délégués avait cessé de s'y attacher. Ce n'était plus dans
la salle de l'*ayuntamiento*, dans les séances plénières ou de comité,
que se décidait l'avenir de la conférence. C'était dans les salons de
l'hôtel, au cours des entrevues privées des plénipotentiaires.
C'était dans les capitales, parmi l'entre-croisement des télégrammes. Les grosses questions, déjà, n'étaient plus entières. Et
avant la discussion publique, la discussion à huis-clos les avait
entamées. L'étude de ces négociations directes, à laquelle nous
arrivons maintenant, est plus neuve et plus passionnante que
celle des débats initiaux dont nous venons de retracer l'histoire.
Il eût été cependant injuste et regrettable de céder, pour y parvenir, à la tentation de brûler les étapes. L'œuvre préliminaire,

1. Voir Protocoles, page 94.
2. Voir appendice, page 522.
3. Il fut admis en principe que les décimes additionnels perçus par les douanes terrestres seraient, autant que possible, employés à des travaux intéressant la région.
Voir Protocoles, page 84.
4. Notamment, en Turquie.

qu'avait accomplie dans ses premières séances la conférence, n'avait pas eu seulement le mérite de préparer les contacts et de ménager les transitions : elle était objectivement bonne et apportait à l'anarchie marocaine des remèdes dont l'expérience permettra d'apprécier la valeur. Tous les plénipotentiaires, dans l'étude de ces questions arides, avaient fait preuve de bonne volonté. Ceux-là mêmes qui, comme le marquis Visconti-Venosta et M. White, s'étonnaient ou s'irritaient d'être occupés de ces « vétilles », n'avaient point refusé une collaboration loyale aux auteurs des projets adoptés. La délégation allemande avait, peut-être à dessein, joué un rôle effacé, encore souligné par l'ingénieuse activité de MM. Révoil et Regnault. Et les tiers, la galerie, comme disait M. de Tattenbach, ne cachaient pas leur étonnement de trouver si pauvre en solutions pratiques la puissance à la demande de qui la conférence s'était réunie. Du moins faut-il reconnaître que, dans cette première période, la correction avait été parfaite et que, pour aborder le grand débat, on se trouvait, de part et d'autre, après cette discussion courtoise, dans les meilleures dispositions.

DEUXIÈME PARTIE

LE HUIS-CLOS

(15 janvier — 19 février).

CHAPITRE PREMIER

LE CONTACT

I. *Les premières négociations directes.* — La réserve de la France. — La première communication de M. de Radowitz au marquis Visconti-Venosta et à M. White (23 janvier). — La réponse de M. Révoil et de sir Arthur Nicolson. — La première conversation de M. de Radowitz et de M. Révoil (26 janvier). — Les questions de M. de Radowitz. — Les prétendues promesses de M. Rouvier. — La réponse de M. Révoil.

II. *Les pourparlers de M. Regnault et du comte de Tattenbach (29 janvier-3 février).* — Le premier échange de vues sur la banque et sur la police. — L'attitude conciliante du plénipotentiaire allemand. — L'apparence et la réalité.

III. *Le double jeu des plénipotentiaires allemands.* — L'offre du mandat de police à l'Espagne et à l'Italie. — « Le projet marocain ». — Les cinq combinaisons de M. de Radowitz. — Les offres du comte de Tattenbach au plénipotentiaire anglais (3 février).

IV. *La seconde conversation de MM. Révoil et de Radowitz (3 février).* — M. de Radowitz soutient le projet Lanessan. — M. Révoil le combat et admet à titre personnel la police franco-espagnole. — M. de Radowitz la repousse. — Réponse de M. Révoil.

V. *L'opinion des plénipotentiaires.* — Le comte Cassini, le marquis Visconti-Venosta et M. White partisans de la police franco-espagnole. — L'état d'esprit de M. de Radowitz. — Les faiblesses de la diplomatie allemande (3-6 février).

VI. *L'activité des chancelleries.* — Les offres allemandes à Madrid. — Entrevues de MM. Cambon, Moret et de Ojeda. — L'optimisme du comte Lamsdorf. — Une lettre du Tsar à Guillaume II (20 janvier). — L'intervention russe à Berlin. — Le comte Lamsdorf et M. Bompard. — Le baron de Sternburg et M. Root. — M. Jusserand et M. Roosevelt. — Le Président nous promet son intervention éventuelle (20 janvier — 9 février).

VII. *Le silence de Guillaume II.* — La presse allemande. — Une légère détente. — L'illusion de notre faiblesse. — Le parti de l'intransigeance à Berlin.

I

Il semble que les conférences internationales aient pour objet de faire discuter par une collectivité de puissances des questions que les intéressés ne peuvent ou ne veulent point débattre en tête-à-tête. Et pourtant, dans la plupart d'entre elles, les solutions qu'on adopte sont préalablement définies, en dehors des séances officielles par les conversations privées des principaux partenaires. A première vue, on aurait pu penser que la conférence d'Algésiras échapperait à cette règle. On sait en effet combien l'Allemagne avait insisté pour prendre l'Europe à témoin de son différend avec nous ; comment, après la retraite de M. Delcassé, elle était allée jusqu'à la menace [1] pour obtenir l'adhésion de la France au principe de la conférence ; comment enfin elle s'était refusée à une négociation directe, qui, à ce moment, eût pu lui valoir cependant de notables avantages. En septembre 1905, au cours des pourparlers entre le Dr Rosen et M. Révoil, quand ce dernier, surpris de l'intransigeance négative de son interlocuteur, lui avait offert d'élargir le champ du débat, c'est-à-dire, par un détour, de revenir à un arrangement à deux, M. Rosen avait répondu qu'il n'y était pas autorisé. Plus récemment enfin, en décembre 1905 et en janvier 1906, M. de Flotow, chargé d'affaires d'Allemagne, puis le prince de Radolin lui-même [2] avaient exprimé à M. Rouvier l'opinion que, la conférence étant saisie, c'est à elle et à elle seule qu'il appartenait de déterminer les solutions. Tout concourait donc à faire croire que les chapitres importants du programme seraient étudiés, comme l'avaient été les premiers, en séance de commission ou de comité, sans que les plénipotentiaires allemands cherchassent à les soumettre d'abord à un examen privé et confidentiel, prélude d'un accord direct.

Du côté français, c'est à cette méthode de discussion publique qu'on s'était arrêté et qu'on désirait se tenir. Si l'on se reporte à l'histoire des négociations de 1905, on constate que la France y avait pris l'initiative de toutes les concessions, de toutes les transactions. Il était donc naturel qu'elle attendît les propositions allemandes ; plus naturel encore qu'elle comptât que ces propositions se produiraient devant l'Europe assemblée à la demande de l'Allemagne. C'était évidemment notre intérêt. Et c'était aussi notre droit : notre intérêt, parce que notre loyale acceptation de la liberté économique et la légitimité de nos revendications politiques

---

1. Voir ci-dessus, page 10.
2. Le prince de Radolin ne rentra de congé à Paris que le 30 décembre 1905.

n'avaient pas tardé à frapper l'esprit même des plénipotentiaires qu'aucun engagement ne liait à nous; notre droit, parce qu'après avoir subi ce que la réunion de la conférence avait de vexant et de pénible, il était juste que les avantages de cette réunion, — publicité des négociations, exclusion de certains procédés que nous connaissions trop bien, appui moral de l'opinion — nous fussent assurés. Il était cependant évident que, si M. de Radowitz exprimait à M. Révoil le désir de causer à l'avance avec lui des grosses questions du programme, le plénipotentiaire français ne pourrait, ne fût-ce que par courtoisie, se dérober à l'entretien. Le refus de cet entretien nous eût donné d'ailleurs une apparence de raideur, d'autant plus inutile à prendre que nous restions maîtres d'arrêter à notre heure le dialogue officieux pour revenir au débat officiel. Les plénipotentiaires de Russie et d'Italie étaient d'avis que nous n'avions rien à perdre à cette manière de procéder.

En partant pour Algésiras, M. Révoil pouvait penser que la négociation s'engagerait *de plano* devant la conférence. En y arrivant, il devait prévoir le contraire. En effet, dans les conversations tenues à Madrid au moment du passage des plénipotentiaires, M. de Radowitz avait fait part à diverses personnes notamment à M. Jules Cambon, de son projet de se mettre, dès les premiers jours de la conférence, en rapports avec M. Révoil. A vrai dire, ce projet ne parut point d'abord devoir être suivi d'exécution. Entre le délégué allemand et le délégué français, les relations furent immédiates et fréquentes, mais d'une absolue banalité. M. Révoil n'avait pas à prendre l'initiative qui eût mis fin à cette banalité. Et M. de Radowitz semblait avoir perdu le souvenir de ses propos de Madrid. Le 19 janvier, une occasion s'offrit à lui. Le baron de Richthofen, secrétaire d'État à l'office impérial des Affaires étrangères d'Allemagne, venait de mourir. M. Révoil se rendit chez son collègue pour lui présenter les condoléances du gouvernement de la République. M. de Radowitz se montra touché de cette démarche, insista sur le prix qu'il y attachait : mais, cette fois-là non plus, pas un mot de politique ne fut prononcé. Il était clair que le plénipotentiaire allemand entendait s'en tenir à l'invite vague qu'il avait faite à Madrid, et que, cette conversation qu'il affirmait souhaiter, il voulait que M. Révoil l'engageât. Au même moment, le vendredi 19 janvier, le baron d'Estournelles de Constant, sénateur, qui, en traversant Berlin, avait rendu visite au prince de Bülow, rentrait à Paris et rapportait une impression identique; le chancelier lui avait déclaré que, sur la question capitale, c'est-à-dire sur la question de la police, M. de Radowitz attendait les propositions de M. Révoil, les suggestions d'une tierce puissance ne pouvant en l'espèce se substituer à ces propositions directes. On doit croire que, bien que sans mandat, M. d'Estournelles ne manqua pas de montrer au prince de Bülow ce que cette prétention avait d'inacceptable. En tout cas, M. Rouvier renouvela à M. Révoil, qui était à cet égard en parfait accord avec lui, l'instruction de ne pas rechercher les conversations privées et, si ces conversations s'engageaient, de garder une absolue réserve, tant que l'Allemagne n'aurait pas abattu ses cartes.

Pendant toute une semaine, cette situation ne se modifia point. Du 15 au 23 janvier, M. de Radowitz continua de se taire, cependant que son second, le comte de Tattenbach, semblait poursuivre, auprès des différentes délégations, une méthodique campagne d'intimidation. Enfin, le mardi 23 janvier, M. de Radowitz, comprenant sans doute que ce jeu ne gagnerait rien à durer et que M. Révoil resterait jusqu'au bout sur la défensive, craignant peut-être aussi qu'en laissant passer les jours, il n'arrivât dans de mauvaises conditions morales à un débat public sur la police et sur la banque, se décida à faire une double démarche auprès du marquis Visconti-Venosta et de M. Henry White. A l'un et à l'autre, il s'en vint exprimer son regret que l'heure des discussions importantes approchât, sans que Français et Allemands eussent échangé leurs vues. La discussion en conférence et en comité sur la contrebande douanière d'abord, sur les impôts ensuite, marchait d'une vive allure. Aborderait-on la banque sans savoir ce que l'on pensait de la police, alors que peut-être « en couplant ces deux problèmes », on pourrait parvenir à une entente? Des bases de cette entente, M. de Radowitz ne disait, il est vrai, rien de positif. Il excluait un certain nombre de solutions : celle qui aurait consisté à réserver pour un règlement ultérieur l'organisation de la police dans les ports; celle aussi qui aurait donné à la France mandat d'organiser cette police; celle enfin qui aurait partagé ce mandat entre l'Espagne et nous. Après quoi, ayant écarté ce que la France pouvait éventuellement accepter, il se déclarait prêt à étudier toute autre solution, voire à la payer d'importantes concessions, probablement financières. C'était toujours le même système : amorcer, puis retirer; en tout cas ne formuler aucune offre ferme et nous amener par là à nous découvrir : raison nouvelle pour nous de persister dans notre attitude.

C'est ainsi qu'en jugèrent M. Révoil et sir Arthur Nicolson, lorsque les deux plénipotentiaires, que M. de Radowitz avait pris pour intermédiaires, vinrent leur rendre compte de cette conversation. L'ambassadeur d'Angleterre déclara que sa politique était trop profondément solidaire de celle de son collègue français pour qu'il pût même consentir à se faire, auprès de lui, le truchement de propositions transactionnelles. Quant à M. Révoil, il insista de nouveau sur le paradoxe qu'il y avait à voir l'Allemagne, instigatrice de la conférence, s'obstiner dans une attitude négative, impuissante à apporter des propositions, recourant à des tiers pour nous convier à en énoncer, alors que, depuis le début, toutes les transactions avaient été suggérées, définies, et payées par nous. Ni le plénipotentiaire italien, ni le plénipotentiaire américain ne purent méconnaître la force de ces arguments. Ni l'un ni l'autre ne purent davantage se méprendre sur la résolution de M. Révoil de s'y tenir fermement attaché. Il devenait donc évident que, si M. de Radowitz voulait, avant le débat public, un tête-à-tête avec le représentant de la France, il serait obligé de le solliciter et d'en accepter la responsabilité. Après quelques jours d'hésitation, il se résolut à cette initiative.

C'est le jeudi 25 janvier, dans la soirée, que M. de Radowitz prit son parti. Répétant presque textuellement ce qu'il avait dit au marquis Visconti-Venosta et à M. White, il exprima à M. Révoil son désir de causer avec lui, de s'entendre avec lui avant le débat public et son intention de lui rendre, à cet effet, visite le lendemain matin 26. C'était là entre la délégation allemande et la délégation française le premier contact politique. Par le contraste même qu'il présentait dans sa forme avec l'attitude antérieure de l'Allemagne, il marquait combien les représentants de l'Empire, à Algésiras, sinon à Berlin, avaient déjà changé d'avis sur l'avantage qu'offrait à leur pays cette conférence pour la réunion de laquelle ils avaient depuis sept mois, si énergiquement insisté. Toutefois cette conversation, importante comme symptôme, le fut médiocrement à considérer sa substance. Car M. de Radowitz, qui eût préféré qu'elle s'engageât dans d'autres conditions, évita avec soin toutes précisions. Il affirma d'abord son désir d'entente. Cette entente à deux était, disait-il, la condition nécessaire du succès de la conférence : rien de plus juste, puisque la conférence elle-même n'avait pas d'autre cause qu'un désaccord à deux. Il ajouta qu'il était très désireux de connaître les idées de M. Révoil : toujours par conséquent cette méthode questionneuse, à laquelle nous refusions de nous prêter, puisque la déclaration, lue à la Chambre le 16 décembre par le président du Conseil, contenait de notre politique un exposé complet. Il parla alors de la Banque d'État, qui bientôt devait venir en discussion et offrit que le comte de Tattenbach s'en entretînt confidentiellement avec M. Regnault. Il répéta que l'Allemagne ne pourrait consentir à ce que le mandat d'organiser la police fût conféré à la France ; qu'au surplus le Dr Rosen, au retour de sa mission à Paris, avait dit que M. Rouvier était résolu à ne pas solliciter ce mandat.

C'était là, comme précédemment, non point un corps de propositions, mais un ensemble de négations et d'interrogations, qui ne pouvait servir de base à une négociation ni même provoquer des réponses utiles. Sur un point seulement, une réplique s'imposait et M. Révoil ne manqua pas de la formuler. M. de Radowitz, prenant à son compte une thèse que la diplomatie allemande devait soutenir sur d'autres points, entre autres à Saint-Pétersbourg et à Vienne [1] et que la presse berlinoise développait déjà avec une véhémence inspirée [2], prétendait que le gouvernement français avait promis, en septembre, de ne pas solliciter le mandat d'organiser la police dans les ports; qu'en d'autres termes nous avions, à ce moment, consenti, outre les engagements inscrits dans l'accord du 28, d'autres promesses encore, celle notamment de ne pas défendre devant la conférence l' « intérêt spécial » reconnu par l'Allemagne à la France le 8 juillet 1905 [3]. Il soutenait que la reconnaissance de cet intérêt se trouvait dans la liberté qui nous était laissée d'organiser la police sur la frontière de l'Algérie sans que

1. Voir ci-dessous, page 197.
2. Voir le *Temps*, janvier et février 1906.
3. Voir appendice, page 482.

la conférence eût là-dessus à statuer ; qu'il n'y avait pas lieu, par conséquent, de nous accorder dans le reste du Maroc une situation particulière. Et, pour écarter avant la discussion une solution qu'il ne voulait point accepter, il s'efforçait de nous lier les mains en invoquant une prétendue promesse, restrictive de notre liberté, qui aurait été faite au Dr Rosen, — sous quelle forme, on ne le disait point — à la fin de sa mission à Paris. On a vu déjà quels arguments décisifs répondaient à cette prétention [1]. M. Révoil s'y référa sans provoquer d'objections. Il conclut en déclarant à M. de Radowitz que, si l'Allemagne semblait décidée à refuser à la France le mandat de police, la France était, en revanche, résolue à le demander ; que, ce faisant, elle entendait sauvegarder, suivant l'expression de M. Rouvier, la qualité spéciale de ses droits et de ses intérêts ; que cette sauvegarde était du reste conciliable avec le respect le plus scrupuleux de la liberté économique.

L'entretien se termina, sans conclusion pratique, sur l'intention exprimée par M. de Radowitz de le reprendre un prochain jour.

II

C'est le vendredi 26 janvier que M. de Radowitz avait rendu visite à M. Révoil. C'est le lundi 29 qu'eut lieu entre M. Regnault et le comte de Tattenbach la première des entrevues convenues au cours de cette visite. M. de Tattenbach arrivait à ces pourparlers officieux, — secrets même, avait dit M. de Radowitz, mais comment garder dans l'hôtel le secret sur une rencontre de ce genre ? — avec une réputation déjà acquise de brusquerie et de raideur. Depuis le commencement de la conférence, il allait de délégation en délégation avec des propos comminatoires, multipliant ces « moulinets de sabre » que, peu de jours après, M. Delbrück devait recommander comme propres à intimider les Français, et mêlant la menace à la plaisanterie. Dans ses premiers rapports avec M. Regnault, c'est cependant la note aimable, familière et sans gêne qui domina. Notre délégué technique, aussi incapable de se laisser prendre aux avances que troubler par les

---

[1]. Voir ci-dessus, page 44.

menaces, allait se contenter d'ailleurs de répondre aux arguments de son interlocuteur par les objections appropriées, en demeurant sur son terrain.

On parla d'abord de la Banque d'État, non sans avoir rappelé qu'aux termes de l'entretien entre MM. Révoil et de Radowitz, on s'occuperait ensuite de la police, pour chercher, suivant l'expression du plénipotentiaire allemand, dans l'étude combinée des deux questions « les éléments d'une transaction ». De cette conversation à bâtons rompus, qui n'opposa pas l'un à l'autre deux textes écrits, mais se borna à confronter des idées, une impression d'ensemble se dégagea, sensiblement plus nette que celle qui résultait des entrevues antérieures de M. de Radowitz soit avec le marquis Visconti-Venosta, soit avec M. Révoil. On sait[1] quels étaient en matière financière les droits des banques françaises créancières du Maroc ; comment, de ces droits garantis par le contrat du 12 juin 1904, les uns étaient inaliénables, les autres ne pouvaient être cédés que contre une juste compensation[2]. Si lumineuse que fût cette vérité juridique, le comte de Tattenbach la méconnaissait avec désinvolture. Pour lui, le droit de préférence du consortium français devait être purement et simplement abandonné : il l'anéantissait d'un trait de plume et nous conviait à faire comme lui. Après quoi, il partageait le capital de la banque en parts égales entre toutes les puissances représentées à la conférence et, sans tenir compte de la situation prépondérante de la France dans le commerce du Maroc, sans s'arrêter au rôle décisif joué par l'épargne française dans la constitution du crédit marocain, sans reconnaître que la Banque d'État ne pourrait fonctionner qu'après entente avec nos banques, il nous plaçait au même rang que la Suède ou les Pays-Bas : le tout présenté avec rondeur et comme une chose naturelle, suivant la méthode qu'emploie volontiers la diplomatie allemande pour masquer, au début d'une discussion, l'excès de ses prétentions.

En réfutant brièvement cette thèse insoutenable, M. Regnault n'eut point le sentiment qu'elle fût définitive. Ce sentiment se confirma à la seconde et à la troisième entrevue, le jeudi 1ᵉʳ et le

1. Voir ci-dessus, page 31.
2. Voir ci-dessous, page 183.

vendredi 2 février. Ces jours-là, le comte de Tattenbach fut plus conciliant qu'à la première rencontre. Il parut admettre, non sans réticences il est vrai, que les droits du groupe français ne pouvaient être cédés sans compensation et que, si le droit de préférence en matière d'emprunt inscrit à l'article 33 du contrat de 1904 était abandonné à la Banque d'État, la France devrait avoir, dans la constitution du capital, un certain avantage sur les autres puissances. De plus, après avoir abordé la question de la police et envisagé à grands traits diverses solutions, le comte de Tattenbach reconnut que le moment était venu pour M. de Radowitz d'en parler à M. Révoil. De son entretien avec le second délégué allemand, M. Regnault ne parvint pas à dégager quelle était la thèse de la diplomatie impériale : il écarta un certain nombre de solutions, sans que son interlocuteur lui fît des objections sérieuses ; il ne l'amena pas à formuler de propositions fermes. Au surplus, comme M. de Tattenbach l'observait avec raison, il avait été entendu qu'on ne ferait pas état de ces conversations préliminaires. C'était donc entre les deux plénipotentiaires que les pourparlers pouvaient s'engager utilement. Et le second délégué allemand ajoutait qu'il conseillerait à M. de Radowitz d'en prendre l'initiative. Dans l'ensemble, le ton et les déclarations de M. de Tattenbach n'étaient ni sans bonne grâce ni sans bonne volonté : la précision seule faisait défaut, aussi bien que l'autorité.

Une chose du moins semblait certaine, c'est que les représentants de l'Allemagne à Algésiras souhaitaient un accord direct avec la France et croyaient avoir intérêt à ce que cet accord s'établît le plus promptement possible. Depuis le début de la conférence, trois semaines avaient passé, trois semaines pendant lesquelles l'activité des plénipotentiaires français avait été utile et agréable à tous, pendant lesquelles aussi, à vivre si près du Maroc, les délégués, même les moins instruits des choses marocaines, avaient fini par en acquérir des clartés. Chaque jour, le courrier de Tanger apportait la nouvelle d'un exploit de Raissouli. L'audace des brigands prenait, à quelques cents mètres de la réunion diplomatique chargée de la réprimer, des allures de défi. On se rendait compte qu'à côté du conflit franco-allemand il y avait un problème proprement marocain et que ce problème requérait une prompte solution. On comprenait que l'insécurité, dont souffraient au

Maroc les personnes et les biens des ressortissants étrangers, ne pouvait se prolonger indéfiniment. Or, si sur ce point comme sur d'autres, la France apportait des solutions pratiques, acceptables, n'ayant d'autre inconvénient que de déplaire à l'Allemagne, qui sait si la conférence ne serait pas tentée de s'y rallier ? Sans doute, aucune de ces solutions ne pourrait devenir exécutoire sans le consentement allemand. Mais, plus encore qu'un échec matériel, on redoutait un échec moral et l'apparence de cet « isolement » qu'on reprochait à M. Delcassé d'avoir voulu préparer. La prudence conseillait donc de s'arranger avec la France, d'arriver devant la conférence d'accord avec elle, de proposer aux délégués des combinaisons arrêtées d'avance, d'éviter la discussion et d'affirmer l'entente.

Tout permet de croire que telle était la pensée de M. de Radowitz, quand il marquait à M. Révoil le désir d'une nouvelle entrevue [1]. Restait à savoir ce que seraient, non seulement pour les plénipotentiaires allemands, mais pour la chancellerie impériale les conditions de cette entente ; dans quelle mesure surtout on recourrait encore à Berlin au *bluff* et à la pression, qui n'avaient que trop réussi en 1905 et dont les intransigeants attendaient en 1906 un succès identique.

III

Si M. Révoil ne pouvait tirer de sa première conversation avec M. de Radowitz des données précises sur les desseins de la diplomatie allemande, cette induction devenait plus difficile encore lorsque, mettant en commun, ainsi qu'il avait fait dès le début, avec ses collègues de Russie, d'Angleterre, d'Espagne, d'Italie et des États-Unis les informations qu'il recevait, notre plénipotentiaire constatait l'infinie diversité des propositions, ou pour mieux dire des suggestions allemandes : car jamais ces suggestions vagues n'allaient jusqu'à une offre ferme. C'était un chaos, un étrange amalgame, qui témoignait ou d'une invraisemblable incertitude politique ou d'une duplicité difficile à qualifier. Suivant qu'il par-

---

[1]. Voir ci-dessous, page 148.

lait à l'un ou à l'autre de ses collègues, M. de Radowitz soufflait le chaud ou le froid. Quand il leur rendait compte de sa conversation avec M. Révoil, il exagérait l'optimisme de son récit. Et quand il répondait à leurs questions, il leur indiquait des solutions qui, toujours différentes, n'avaient comme trait commun que d'être inacceptables pour la France.

Avec l'Espagne d'abord, le gouvernement allemand avait essayé d'engager une intrigue qui, menée parallèlement à Madrid, aurait eu des chances de succès, si la diplomatie espagnole avait été moins clairvoyante et moins loyale, l'amitié franco-anglaise moins étroite et moins vigilante. On sait quels « arguments de principe » l'Allemagne invoquait contre l'attribution du mandat de police à une seule puissance [1]. Ce mandat unique aurait, à l'en croire, pour conséquence de ruiner la liberté commerciale et de fermer la « porte ouverte » au profit de la puissance qui en serait investie. Elle écartait donc cette solution non, disait-elle, par hostilité contre la France, mais pour des raisons d'ordre général. Ces raisons, décisives contre nous, ne l'étaient sans doute point contre d'autres; car, le vendredi 26 janvier, nous apprenions qu'elles ne l'empêchaient pas d'offrir à l'Espagne le mandat unique. L'ambassadeur d'Autriche à Saint-Pétersbourg qui, en rejoignant son poste vers le 15 janvier, avait vu à Berlin le prince de Bülow, avait dit à son arrivée à son collègue anglais :

— L'Allemagne va proposer que la police des ports soit donnée à l'Espagne.

Presque simultanément, à Madrid et à Algésiras, cette prédiction se vérifia et l'offre fut formulée à M. de Ojeda, sous-secrétaire d'État, par M. de Stumm, chargé d'affaires d'Allemagne, au duc d'Almodovar par M. de Radowitz et le comte de Tattenbach. Elle produisit un certain effet sur M. de Ojeda [2]. A Algésiras, au contraire, le duc d'Almodovar l'écarta en invoquant, à la demande de M. Révoil, l'existence des accords franco-espagnols. La manœuvre avait donc échoué. Mais elle n'était point faite pour inspirer confiance.

Presque au même moment, on tentait, bien que sous une forme

[1]. Voir ci-dessus, page 46.
[2]. Voir ci-dessous, page 156.

moins directe, une opération analogue du côté de l'Italie. On n'allait point, il est vrai, jusqu'à une démarche auprès du marquis Visconti-Venosta. Mais une feuille officieuse, connue pour recevoir les communiqués de la chancellerie et du chancelier lui-même, la *Correspondance d'Empire de l'Allemagne du Sud*, écrivait :

La pensée d'un mandat de police général confié à l'Italie, pensée que la presse italienne a combattue, a surgi sans être fondée sur une base officielle. L'Allemagne ne se serait pas opposée à sa réalisation, si elle avait cru qu'un pareil mandat correspondît aux vœux de la diplomatie italienne.

Une fois de plus, par conséquent, on reconnaissait à Berlin que le mandat unique, attentatoire à la souveraineté du Sultan, si la France en devait être investie, devenait conciliable avec cette souveraineté, dès qu'une autre puissance nous était substituée. Le marquis Visconti-Venosta se contenta de hausser les épaules, quand la note de la *Correspondance d'Empire* parvint à Algésiras. A Rome, M. de San-Giuliano, ministre des Affaires étrangères, s'écria dans une conversation privée :

— C'est encore un coup des Allemands.

C'était, en tout cas, une raison de plus pour nous de nous tenir sur la réserve.

Ce n'était pas tout d'ailleurs. Dans les derniers jours de janvier, on vit circuler à Algésiras un « projet marocain sur la police », dont il fut impossible de préciser l'origine, dont les délégués chérifiens renièrent la paternité et qui, également répudié par le comte de Tattenbach dans ses entretiens avec M. Regnault, fut cependant développé et soutenu par M. de Radowitz dans sa deuxième conversation avec M. Révoil le samedi 3 février [1]. Ce projet, coïncidant et concordant avec un article de M. de Lanessan [2],

1. Voir ci-dessous, page 148.
2. La conclusion de cet article publié par le *Siècle* en date du 21 janvier était la suivante :
« Il ne reste donc qu'une solution admissible : celle qui consiste à charger le Sultan de la police de son Empire, en déterminant les moyens dont il devrait disposer et en instituant un contrôle international de l'organisation et de l'emploi de ces moyens. Il y aurait encore quelque atteinte portée à son indépendance personnelle, mais son autorité de souverain resterait intacte aux yeux des populations du Maroc. »

qui déchaîna en Allemagne une sorte d'enthousiasme, proposait de confier l'organisation de la police au Sultan, qui aurait recruté librement les officiers instructeurs et créé à Tanger une école spéciale, le tout sous le contrôle de l'Europe. Est-ce à cette solution que l'Allemagne s'arrêtait ? On eût pu le croire à voir l'insistance apportée à répandre, à Algésiras et dans les chancelleries, le numéro du *Siècle* qui contenait l'article de M. de Lanessan. Tous les plénipotentiaires reçurent cet article sous enveloppe. Et plusieurs ambassadeurs allemands le signalèrent aux gouvernements auprès desquels ils étaient accrédités. Cependant ni M. de Radowitz ni le comte de Tattenbach ne se décidaient à se l'approprier formellement. Ni l'un ni l'autre ne lui donnaient le caractère d'une proposition définitive. Cette fois encore, on était sur un terrain instable, où rien de solide ne pouvait être fondé.

Au même instant, dans leurs conversations avec M. Henry White, les plénipotentiaires allemands, s'inspirant probablement d'une note remise à Washington par le baron Speck de Sternburg, ambassadeur d'Allemagne [1], envisageaient tour à tour l'idée d'une police par secteurs, celle d'une police confiée à une puissance neutre, celle enfin de l'organisation de cette police par le Sultan lui-même. Un autre jour, M. de Radowitz disait au duc d'Almodovar, qu'on pourrait confier la police à quatre puissances seulement, qui seraient la France, l'Espagne, l'Italie et l'Allemagne : ainsi reparaissait, à côté de l'internationalisation que nous repoussions, l'idée de l'installation allemande dans un port atlantique, que l'Angleterre écartait plus énergiquement encore que la France. Cependant, rencontrant le vendredi 2 février son collègue anglais, M. de Radowitz ne parlait plus de tout cela. Il se contentait de dire que le mandat général à la France était inacceptable ; que, pour le reste, son attitude, à lui, était négative ; que, peut-être, on pourrait ne pas discuter cette question, la réserver pour un règlement ultérieur. C'était, à parler franc, la bouteille à l'encre et l'Allemagne paraissait prendre plaisir à en épaissir l'obscurité.

Par un dernier paradoxe, le comte de Tattenbach n'allait-il pas, le samedi 3 février, jusqu'à insister longuement auprès de sir Arthur Nicolson pour que ce dernier abandonnât M. Révoil et se

---

[1]. Voir ci-dessous, page 160.

joignit à M. de Radowitz, afin d'imposer à la France des concessions? M. de Tattenbach, faisant bon marché de l'accord anglo-français, disait au représentant de la Grande-Bretagne :

— Vous avez recueilli de cet accord le bénéfice qui vous revenait. La conférence vous offre une occasion unique de reprendre votre liberté. Profitez-en et arrangeons-nous.

Cette extraordinaire démarche, qui produisit sur sir Arthur Nicolson, aussi bien que sur sir Edward Grey, une mauvaise impression, achevait de caractériser l'indécision inquiétante de la politique allemande et nous obligeait plus que jamais à jouer serré. C'est dans ces conditions que, le même jour samedi 3 février où M. de Tattenbach était allé voir le plénipotentiaire anglais pour tenter de le « débaucher », M. de Radowitz eut avec M. Révoil une nouvelle entrevue.

IV

A considérer le ton de l'entretien et la conclusion à laquelle il aboutit, cette entrevue devait apparaître comme l'indice d'un accord possible et confirmer ce que les événements des jours précédents avaient donné à penser du désir de M. de Radowitz de réaliser cet accord. Non seulement, en effet, le plénipotentiaire allemand écarta de lui-même plusieurs solutions, inacceptables pour nous, qu'il avait envisagées dans ses récentes conversations avec le duc d'Almodovar et sir Arthur Nicolson, mais quand M. Révoil lui fit connaître officiellement et le terrain sur lequel nous nous placions et la limite des concessions qu'il jugeait personnellement possibles, il évita, tout en formulant des objections, de répondre par un refus. Il commença, sans tenir compte des déclarations du comte de Tattenbach à M. Regnault[1], par soutenir la combinaison connue à Algésiras sous le nom de « projet marocain » et développée dans le *Siècle* par M. de Lanessan[2].

— Je ne vous parlerai, dit-il, ni de la division par secteurs, ni de l'organisation par l'Italie ou par une puissance neutre. Mais que diriez-vous de la solution suggérée par le *Siècle* ?

1. Voir ci-dessus, page 146.
2. Voir ci-dessus, pages 146 et 147.

A cette question nettement posée, il était aisé de répondre avec une égale netteté. La proposition de M. de Lanessan, que M. de Radowitz s'appropriait ainsi, se heurtait en effet à de multiples obstacles. L'ancien ministre de la Marine résumait son projet par cette phrase : « Charger le Sultan de la police de son empire en déterminant les moyens dont il devrait disposer et en instituant un contrôle international de l'organisation et de l'emploi de ces moyens. » Or, comment M. de Lanessan conciliait-il ce « contrôle international » avec l'affirmation, que contenait d'autre part son article, « qu'une police internationale ne ferait qu'ajouter un nouvel élément de désordre à ceux qui existent déjà au Maroc » ? Comment méconnaissait-il que, de deux choses l'une, ou ce contrôle international serait fictif : et alors on s'en remettrait au maghzen d'une œuvre qu'il était manifestement incapable d'accomplir ; ou il serait effectif : et alors nous introduirions aux portes de l'Algérie une organisation européenne susceptible de devenir pour nous un danger ? Comment enfin n'apercevait-il pas le paradoxe qu'il y avait à recruter les instructeurs, — qu'il voulait musulmans — parmi ces « musulmans d'Afrique, d'Asie ou même d'Europe », (en d'autres termes parmi des Turcs, des Syriens ou des Égyptiens), qui ont paru toujours plus propres à recevoir des leçons qu'à en donner et qui, d'ailleurs, étant d'une autre obédience religieuse que les Marocains, auraient été mal reçus par les sujets du chérif de Fez, rival traditionnel du chérif de Constantinople ?

De ces trois ordres d'arguments, M. Révoil développa surtout ceux qui avaient un caractère pratique, montrant à la fois et l'incapacité réformatrice du Sultan, et les ressources spéciales de la France pour réaliser les réformes. Il ajouta, et cela encore était nécessaire pour dissiper une équivoque que la presse allemande entretenait avec soin, qu'en parlant de « mandat général » on dénaturait à dessein la politique française. Général, ce mandat ne l'était point au sens que lui donnait l'article de M. de Lanessan. Il ne s'agissait pas, jamais il ne s'était agi de créer de toutes pièces dans l'ensemble du Maroc une armée ou une gendarmerie, moins encore de couvrir le pays de « camps retranchés », ce qui eût équivalu à une occupation militaire. Il s'agissait seulement, par une direction meilleure imprimée aux organismes chérifiens, de préserver les intérêts européens sur les points, nettement limités, où ces intérêts existaient, c'est-à-dire dans les ports ouverts. Ce programme, qui était à Algésiras celui de M. Révoil, avait été à Fez, six mois plus tôt, celui de M. Saint-René-Taillandier. Qu'on se reporte, en effet, au résumé établi alors par le maghzen même des propositions françaises relatives à la police, on y lit :

> Le principe initial sur lequel sera fondée la réforme est le maintien des cadres militaires établis par le maghzen dans leur organisation actuelle et sans qu'aucune modification y soit apportée [1].

Quant aux modalités de ce mandat, elles étaient, d'après le même document, les suivantes :

> A Oudjda, 3 tabors marocains avec 20 instructeurs français et algériens. A Tanger 3 tabors avec 14 instructeurs. A Larache, réalisation ultérieure de la réforme par un prélèvement sur la garnison de Tanger. A Rabat, 2 tabors avec 8 instructeurs. A Casablanca, 2 tabors avec 8 instructeurs : soit en tout 50 instructeurs [2].

Est-ce avec ces cinquante hommes qu'on nous accusait de vouloir « prendre » le Maroc et les jugeait-on suffisants pour renouveler dans l'empire chérifien ce qu'à Tunis, vingt-cinq ans plus tôt, un corps d'armée avait pu mener à bien ? Est-ce enfin par cette intervention restreinte que nous menacions de « ruiner » la liberté commerciale et de « fermer le Maroc au commerce étranger » ?

C'étaient là des raisons très fortes. Il faut noter que, jamais, pendant la conférence, ni la diplomatie, ni la presse allemande n'y ont répondu par des arguments et qu'elles se sont bornées à répéter leurs affirmations sans les appuyer de preuves nouvelles. Dans la conversation du 3 février, M. de Radowitz ne fit ni plus ni mieux. Mais reprenant l'offensive par un retour à la méthode interrogative, il demanda à M. Révoil si, en dehors de la combinaison Lanessan et de la police française, il n'en apercevait point d'autre qui fût acceptable pour nous. En présence de cette question, le représentant de la France avait à prendre une décision, qui n'était pas sans gravité. Ses instructions, on s'en souvient,

---

1. Voir *Livre Jaune*, page 226.
2. Voir *Livre Jaune*, pages 226-229.

l'autorisaient à accepter le partage du mandat de police entre la France et l'Espagne ¹. Il pouvait donc répondre de façon positive à la demande de M. de Radowitz. Restait à savoir si cette réponse immédiate était expédiente. En abandonnant si tôt notre première ligne, — mandat de police à la France seule, — ne risquions-nous pas de nous désarmer pour la suite de la négociation ? N'était-ce pas donner barre sur nous à l'adversaire ? N'y avait-il pas danger à « rompre » si vite devant son fer et n'allions-nous pas diminuer ainsi la liberté ultérieure de nos mouvements ? M. Révoil ne le pensa point. Et sans s'engager officiellement — en marquant qu'il exprimait une opinion toute personnelle et qu'il restait sur le terrain pratique où il s'était placé dès le début, — il déclara que, seule avec la France, l'Espagne lui semblait, par sa situation et son histoire, qualifiée pour prendre une part efficace à l'organisation de la police. C'était là jouer franc jeu en face d'un partenaire qui, jusqu'alors, ne nous en avait pas donné l'exemple. C'était en revanche prendre, vis-à-vis des tiers, l'avantage de la droiture, prouver à l'Espagne que, dès le principe, nous nous montrions, fût-ce avec certains risques, fidèles à nos engagements. Il y avait des arguments pour. Il y avait des arguments contre.

M. de Radowitz, s'il fut surpris de la déclaration, si tôt obtenue, de M. Révoil, ne le montra pas. Et, tout de suite, il retourna contre l'hypothèse de la police franco-espagnole toutes les objections qu'il venait d'opposer à l'hypothèse de la police française : analogie des deux solutions, menace pour la porte ouverte, enfin, — et ceci était curieux après l'affirmation tant de fois renouvelée que le gouvernement impérial ne désirait rien pour lui-même au Maroc, — exclusion de l'Allemagne. Si encore, et le plénipotentiaire allemand prenait ici avantage de la concession de son interlocuteur, à la France et à l'Espagne on adjoignait une troisième puissance ? A cette allusion, le délégué français répliqua vivement qu'il ne pouvait envisager une hypothèse semblable ; qu'au surplus il ne prenait pas comme base des pourparlers la solution franco-espagnole, mais la solution française ; que celle-ci, dont M. Rouvier avait parlé maintes fois au prince de Radolin et à M. Rosen, ainsi que M. Bihourd au prince de Bülow, restait pour nous

---

1. Voir ci-dessus, page 102.

légitime en droit et en fait ; que peut-être, à titre transactionnel et pour donner satisfaction à l'Allemagne, nous accepterions le partage avec l'Espagne ; qu'en tous cas nous n'irions pas plus loin dans la voie de l'internationalisation. Cette riposte impressionna sans doute le négociateur allemand. Car, sans y répondre par un *non possumus* et sans même la discuter, il conclut qu'il allait en référer à Berlin et prendre les instructions de son gouvernement.

La partie était donc engagée. Elle l'était, de notre part, avec une absolue franchise, puisque, dès l'abord, nous indiquions la transaction que nous pourrions éventuellement admettre. Du côté allemand, on allait être probablement tenté de profiter de cette première concession pour nous en demander d'autres. Mais ce n'était pas, semble-t-il, le sentiment propre de M. de Radowitz, dont, à ce moment, le désir d'entente paraissait à tous ses collègues incontestable.

V

Ce désir ne put qu'être fortifié par les incidents qui suivirent la conversation du 3.

Le dimanche matin 4, les promeneurs, à qui la conférence laissait des loisirs, remarquèrent que le remorqueur chargé de porter à Gibraltar les télégrammes de la délégation allemande faisait plusieurs fois la traversée de la baie : signe certain pour la curiosité locale que les communications avec Berlin étaient nombreuses et importantes et que M. de Radowitz, comme il l'avait promis, demandait des instructions. Dès le lendemain lundi d'ailleurs, et sans attendre la réponse de la chancellerie, le délégué allemand allait prendre l'avis de plusieurs de ses collègues, notamment de M. White, du marquis Visconti-Venosta, du comte Cassini et, en leur racontant sa conversation du samedi avec M. Révoil, il leur parlait de cette solution franco-espagnole, que le plénipotentiaire français avait présentée comme la limite extrême de ses concessions éventuelles. L'accueil de ses trois collègues dut frapper M. de Radowitz, car tous les trois se trouvèrent d'accord pour louer le caractère pratique et modéré de cette solution.

— Cela me paraît très bien, tout à fait bien, répondit le comte Cassini.

Le marquis Visconti-Venosta exprima l'opinion que, si on voulait faire œuvre pratique, il était naturel de s'adresser aux instructeurs français et espagnols. Quant à M. White, il fut plus affirmatif encore. D'après lui, la France n'avait plus à prouver son sincère attachement au principe de la « porte ouverte », car cet attachement ne faisait de doute pour personne. Dans ces conditions, la solution franco-espagnole apparaissait comme le maximum de ce que l'équité et la logique permettaient de demander à la France. Peut-être pourrait-on prendre certaines garanties sur la façon dont le mandat serait rempli ; en tout cas il ne saurait être question de l'adjonction d'une tierce puissance :

— Je vais, conclut M. White, télégraphier à Washington que cette combinaison franco-espagnole me paraît raisonnable ; que je m'y rallie et que je la recommande.

Cette unanimité en notre faveur parut produire un effet immédiat. Le mardi 6, le comte de Tattenbach, rencontrant dans le hall de l'hôtel le comte Cassini, lui dit à très haute voix :

— Cela ne peut pas durer. Il faut en finir. J'ai demandé à M. de Radowitz de le télégraphier à Berlin. Ce n'est pas bien difficile d'ailleurs. Qu'est-ce que nous voulons ? Des garanties pour la liberté commerciale. Quant à la police, nous serons très arrangeants.

Et le lendemain, M. de Radowitz, croisant à son tour M. Révoil, lui disait spontanément :

— Je n'ai pas encore la réponse. Mais très prochainement, dans un jour ou deux, j'espère pouvoir vous l'apporter.

Si M. de Radowitz n'eût pas compté que cette réponse serait conciliante, n'aurait-il pas mis moins d'empressement à en parler à son collègue ? Il n'est pas téméraire de le supposer. Et il est légitime aussi de penser que, n'ayant point trouvé dans la conférence un état d'esprit favorable à une politique antifrançaise, reconnaissant la nécessité de promptes mesures pour mettre fin à l'insécurité marocaine, constatant la faveur avec laquelle étaient reçues les combinaisons suggérées par nous, — combinaisons parfaitement conciliables avec les intérêts généraux des puissances, — il désirait être autorisé à un accord qui évitât les discussions publiques. Sans doute, il n'était venu à ce désir que lentement et par à coups : d'où les contradictions de son attitude pendant les jours précédents. Mais, à cette date du 6 février, il jugeait que l'intérêt de l'Allemagne ne l'orientait point vers l'intransigeance et souhaitait qu'on le comprît à Berlin.

Malheureusement pour l'entente, entre ce que pensent et ce que disent à leurs chefs les ambassadeurs allemands, il y a un abîme. Il leur arrive souvent d'être clairvoyants. Il leur arrive plus rarement d'être sincères. Soucieux d'envoyer des rapports qui plaisent, ils se préoccupent plus de ce qu'on pense à Berlin que de ce qu'ils voient à Paris, à Londres, à Algésiras ou ailleurs. Ils sont courtisans en même temps que diplomates. Et ils parlent en courtisans plus encore qu'en diplomates. Si l'affaire marocaine, facile à arranger au début, s'est développée et aggravée, la faute en est, pour une large part, à cette disposition fâcheuse de la diplomatie impériale. Dans le cas présent, M. de Radowitz se rendait certainement compte de l'avantage pris par la France depuis le 16 janvier; il savait que nous pouvions compter sur l'appui moral de cinq grandes puissances, Russie, Angleterre, Italie, Espagne, États-Unis; que, parmi les États secondaires, aucun n'était pour nous mal disposé; qu'en fait notre « situation spéciale », toujours contestée à Berlin, était, à Algésiras, reconnue par tous. Il savait enfin que, dans ces conditions, M. Révoil ne céderait pas plus qu'il n'avait dit. Il le savait. Mais le disait-il à la chancellerie avec assez de force pour dissiper l'illusion des bureaux sur les dispositions de la France; pour ruiner la confiance funeste qu'on y nourrissait dans une nouvelle capitulation de notre part; pour démasquer le sophisme pernicieux d'après lequel notre pays, ayant cédé déjà, devait céder encore ? C'est à quoi la suite des événements devait permettre bientôt de répondre négativement.

VI

La crainte que nous ressentions que le gouvernement allemand ne fût pas complètement renseigné par ses délégués sur l'état des esprits à la conférence, comme aussi l'intérêt que nous avions à maintenir un contact étroit avec les chancelleries, dont, à des titres divers, la sympathie nous était acquise, devaient déterminer M. Rouvier à tenir nos ambassadeurs exactement informés de toutes les communications de M. Révoil. Il appartenait, par contre, aux représentants de la France dans les différentes capitales, de seconder l'action de notre plénipotentiaire, en obtenant des gouvernements, auprès desquels ils étaient accrédités, un concours aussi énergique que possible. Ce concours ne prendrait toute sa valeur et ne produirait tout son effet que lorsque la négociation serait fortement engagée. Il n'en était pas moins utile qu'il se manifestât dès la phase préparatoire d'où l'on n'était pas encore sorti.

C'est d'abord avec l'Espagne qu'il nous importait de conserver une étroite solidarité. Elle seule, en vertu des accords du 3 octobre 1904 et du 1er septembre 1905, devait être associée à notre action au Maroc. Elle seule, par sa situation géographique, aurait pu, détachée de nous, devenir contre nous l'instrument local d'une politique hostile. On a vu quels éléments favorables la diplomatie allemande pouvait rencontrer à Madrid [1]. C'est à prévenir l'action de ces éléments que s'employa M. Jules Cambon. Son premier soin fut de veiller à ce que le projet prêté au comte de Tattenbach [2] de proposer aux puissances la neutralisation du Maroc, c'est-à-dire son internationalisation contractuelle, fût, s'il se produisait, aussi nettement repoussé par la diplomatie espagnole qu'il devait l'être par la nôtre. Étant donnée la nature des relations que 1 200 kilomètres de frontières imposent à la France avec le Maroc, la neutralité, que les tribus auraient violée sans cesse, n'aurait eu pour effet que de mêler à nos démêlés avec elles l'ensemble des puissances ; elle nous eût imposé des devoirs sans nous conférer de droits : c'était la pire des solutions. Mais à cet égard, l'Espagne, surtout après les accords de 1904 et 1905, était dans une situation identique à la nôtre. C'est à faire ressortir cette identité que M. Cambon s'attacha. M. Morel lui déclara que jamais un gouvernement espagnol, sous peine d'être « lapidé », ne pourrait accepter une telle combinaison. L'accord sur ce point était donc absolu. Et ce n'est pas par une proposition de ce genre que risquait d'être rompue l'entente franco-espagnole.

1. Voir ci-dessus, page 60.
2. Le comte de Tattenbach avait, assez vaguement, parlé de ce projet pendant son séjour à Madrid.

Il y avait un danger plus grave. C'était que l'Allemagne, prenant les Espagnols par leur côté faible, ne leur fît entrevoir, comme une terre promise, un Maroc fermé à la France et ouvert à leur essor. Ce danger n'était point chimérique. On a vu qu'à Algésiras même il s'était manifesté[1]. Il se manifesta à Madrid plus fortement encore. A diverses reprises, M. de Stumm, chargé d'affaires d'Allemagne, continuant avec M. de Ojeda des entretiens commencés sans doute par M. de Radowitz, envisagea cette hypothèse de la police des ports confiée à l'Espagne, qu'au même moment le baron d'Ærenthal donnait à son collègue anglais comme admise par le prince de Bülow[2]. Le péril était d'autant plus menaçant que, à notre connaissance, M. de Radowitz avait reçu d'une source demeurée mystérieuse[3] communication de nos accords avec l'Espagne. Il savait donc que ces accords ne visaient explicitement que cinq ports sur huit ; c'est à savoir Tanger, Tétouan, Larache, Rabat et Casablanca[4] ; qu'ils ne mentionnaient pas trois des ports de la côte atlantique : Safi, Mazagan, Mogador ; que l'Espagne, à qui ils donnaient la police de Tétouan et de Larache seulement, pourrait être séduite par l'extension et la généralisation d'un mandat jusqu'alors limité. A travers beaucoup de réticences, M. de Ojeda, en causant soit avec M. Cambon, soit avec M. Cartwright, chargé d'affaires d'Angleterre, avait à peu près avoué les démarches allemandes que nous connaissions d'autre part. Peu de jours après, le duc d'Almodovar y faisait une allusion discrète[5]. Il était donc urgent d'aviser. Tandis que M. Révoil expliquait au délégué espagnol, sans provoquer de sa part aucune objection, l'absolue nécessité qui s'imposait à l'Espagne comme à la France de rester fidèles à leurs accords et de repousser toute proposition qui tendrait à les en écarter, M. Cambon faisait auprès de M. Moret une démarche analogue. Le président du Conseil fut plus catégorique encore que n'avait été le ministre d'État. Il affirma que jamais M. de Ojeda n'avait envisagé devant lui la possibilité de manquer aux engagements pris. Il ajouta qu'à ses yeux les profits éventuels que pour-

1. Voir ci-dessus, page 145.
2. *Ibid.*, page 145.
3. On estima généralement que l'indiscrétion émanait de M. de Ojeda.
4. Voir ci-dessus. page 59.
5. *Ibid.*, page 145.

rait trouver l'Espagne à écouter les offres allemandes n'étaient pas comparables à l'avantage capital que représentait pour elle son union avec la France et l'Angleterre. Quatre jours après, M. de Ojeda lui-même abondait dans le même sens. M. Moret lui avait-il parlé des arrière-pensées qu'on lui prêtait ? Avait-il été impressionné par les nouvelles reçues d'Algésiras, et surtout par ce fait qu'en même temps qu'elle proposait la police à l'Espagne, la délégation allemande suggérait aux autres délégués cinq ou six solutions différentes[1]? Quoi qu'il en fût, le sous-secrétaire d'État, après avoir vivement critiqué l'attitude de l'Allemagne, déclarait que la France et l'Espagne ne pourraient sauvegarder leurs intérêts respectifs qu'en maintenant, d'accord avec l'Angleterre, leurs arrangements antérieurs, en resserrant même, s'il était possible, les liens qui les unissaient[2]. Le lendemain, 2 février, M. de Ojeda renouvelait à M. Cartwright ces déclarations. Et les jours suivants, le duc d'Almodovar prouvait par son attitude qu'il était résolu à s'en inspirer uniquement. La loyauté et la clairvoyance des négociateurs espagnols avaient donc résisté aux avances allemandes. Nous pouvions compter sur leur concours fidèle[3].

Après l'Espagne, l'Angleterre et l'Italie étaient les seuls pays

---

[1]. Voir ci-dessus, page 147.

[2]. On remarquait aussi à Madrid qu'un succès extérieur serait fort utile au jeune roi.

[3]. De cet incident une conclusion cependant se dégageait. La forme de nos accords avec l'Espagne relatifs à la police et la limitation à cinq des ports où ils prévoyaient explicitement une organisation avaient ouvert la porte aux manœuvres allemandes. Il pouvait en être de même par la suite. Tout semblait d'ailleurs indiquer que la conférence, quand elle aborderait la police, statuerait pour l'ensemble des huit ports. Sans doute, on estimait au quai d'Orsay que, à considérer la lettre et l'esprit des accords franco-espagnols, les trois ports passés sous silence dans ces accords, c'est à savoir Mazagan, Safi et Mogador, devaient nous revenir de droit. Mais qui prouvait que l'Espagne ne serait pas tentée de soutenir une interprétation contraire ? Qui prouvait surtout que l'Allemagne, renseignée, nous l'avons dit, sur les stipulations franco-espagnoles, ne ferait pas de ces trois villes la base d'une action antifrançaise ? Il était évidemment désagréable de modifier une fois encore les arrangements de 1904, déjà rectifiés en 1905. Mais n'était-il pas plus périlleux de traiter la question par prétérition, laissant ainsi le champ libre à l'intervention directe ou indirecte d'une tierce puissance, peut-être de l'Allemagne elle-même ? C'était là un danger que notre plénipotentiaire à Algésiras jugeait avec raison indispensable de conjurer. L'entente avec l'Espagne tenait dans notre jeu une place trop importante pour qu'il nous fût permis d'y laisser des lacunes. On devait, dans la suite, régler cette question. (Voir ci-dessous, page 377.)

avec lesquels nous eussions sur la question du Maroc des conventions. Avec la première, il n'y eut, pas plus à ce moment qu'à aucun autre, de négociations, et il n'en pouvait y avoir : car la solidarité des deux politiques était absolue et, non seulement à Algésiras, mais encore dans toutes les capitales, les représentants de l'Angleterre se bornaient à déclarer qu'ils approuvaient et appuyaient sans réserve tout ce que la France déciderait ou ferait. Avec la seconde, aucun pourparler ne fut d'abord engagé à Rome : car le marquis Visconti-Venosta n'avait accepté d'aller à Algésiras qu'à condition d'y être maître absolu de son action. Et c'est sur place que se déterminait l'attitude dont on a vu plus haut le caractère. En dehors de ces deux puissances, deux autres encore, qui n'avaient au Maroc aucun intérêt, pouvaient nous seconder utilement ; l'une, la Russie, était notre alliée ; l'autre, les États-Unis, était, à notre endroit libre, de tout engagement.

Nulle part plus qu'à Saint-Pétersbourg, il ne nous était facile d'agir et de faire agir pour la défense de nos intérêts. Il était clair[1] que les démarches, que notre ambassadeur, M. Maurice Bompard, avait à faire auprès du comte Lamsdorf ne pouvaient être que bien accueillies. Elles le furent en effet. Mais, dans les premiers jours de la conférence, elles rencontrèrent chez le ministre russe, sinon un parti pris d'optimisme, du moins une sécurité excessive. Le comte Lamsdorf continuait à annoncer, le plus sincèrement du monde, à M. Bompard « des surprises agréables ». Il l'informait d'ailleurs que, dans une lettre du Tsar portée de Pétersbourg à Berlin le samedi 20 janvier par le général Tatischef, attaché militaire russe en Allemagne, Nicolas II rappelait à Guillaume II ses promesses rassurantes et lui exprimait l'espoir que l'effet s'en ferait bientôt sentir. Les télégrammes du comte Cassini sur ce qui se passait à Algésiras ne firent d'abord que confirmer le comte Lamsdorf dans sa quiétude. Au moment même où il les recevait, l'Empereur d'Allemagne réitérait à M. Kokovtzof, ancien ministre des Finances[2], de passage à Berlin, l'affirmation de ses intentions conciliantes. De son côté, le baron d'Ærenthal, ambassadeur d'Autriche à Saint-Pétersbourg,

---

1. Voir ci-dessus, page 62.
2. C'est le 16 janvier que M. Kokovtzof fut reçu par l'Empereur.

qui avait vu vers le milieu de janvier le prince de Bülow[1], se portait garant de la volonté du chancelier d'arriver à une entente et multipliait les projets de transaction, sans qu'on pût, il est vrai, exactement savoir dans quelle mesure ils répondaient aux vues du gouvernement allemand. Lorsque le compte rendu de l'entretien du 3 février entre MM. Révoil et de Radowitz parvint à Saint-Pétersbourg, le comte Lamsdorf, après en avoir donné connaissance à M. Bompard, lui dit que c'était, à son avis, le premier pas vers une transaction. Désireux cependant d'assurer aux événements, dont lui faisait part le comte Cassini, toute leur efficacité, il offrit à notre ambassadeur de communiquer au comte d'Osten-Sacken, ambassadeur de Russie à Berlin, le télégramme du plénipotentiaire russe à Algésiras, en le chargeant d'en donner lecture au prince de Bülow. Le comte d'Osten-Sacken recevrait en même temps mission de recommander au chancelier la solution approuvée par le comte Cassini. Ainsi le gouvernement allemand saurait, par une autre source que ses propres représentants, quel était, à la conférence, le sentiment dominant.

Si l'on se souvient qu'en causant, le 5 février, avec M. de Radowitz, le plénipotentiaire russe avait formellement reconnu le caractère pratique et acceptable de la solution franco-espagnole ; si l'on note que, dans sa dépêche au comte Lamsdorf, il avait répété cette approbation, en ajoutant que tous ses collègues pensaient comme lui, on appréciera le prix que devait avoir pour nous la démarche prescrite au comte d'Osten-Sacken. Cette démarche marquait directement à Berlin la fidélité de l'appui que la Russie entendait nous prêter. Elle exerçait sur l'Allemagne une pression morale, qui, toute discrète et amicale, avait chance, semblait-il, d'être bien accueillie. Sur les instructions de M. Rouvier, M. Bompard ne se borna pas cependant à en attendre l'effet. Et, dans la soirée du vendredi 9 février, il se rendit de nouveau chez le comte Lamsdorf. Il lui rappela tout ce que, depuis le début de l'affaire, nous avions consenti de concessions. Il lui montra combien il était légitime de demander à l'Allemagne une réciprocité de bons procédés ; comment, du reste, une organisation internationale de la police augmenterait à la fois l'anarchie marocaine et les rivalités euro-

---

[1]. Voir ci-dessus, page 145.

péennes. Il conclut en lui signalant l'intérêt qu'il y aurait à ce que l'Empereur de Russie, par une démarche personnelle, fît appel à l'Empereur d'Allemagne en prenant acte des engagements nombreux qu'il avait reçus de lui. Tout en observant que l'intervention directe du Tsar devait être réservée pour l'instant décisif et ne point se produire trop tôt, le comte Lamsdorf rendit pleine justice à la légitimité de nos demandes. Et après avoir, une fois de plus, exprimé sa confiance dans l'efficacité de la communication confiée au comte d'Osten-Sacken, — communication dont les résultats n'étaient point encore connus de lui, — il promit de soumettre au Tsar le désir de l'ambassadeur de France, appuyé le même jour par un télégramme de M. Nélidof, ambassadeur de Russie à Paris. Avant même que la partie ne fût engagée à fond, nous avions donc la certitude que la Russie tiendrait à nos côtés son poste d'alliée, non seulement à Algésiras, mais encore à Berlin. Sans doute, cette solidarité était une arme à deux tranchants. Elle pouvait intimider l'Allemagne. Elle pouvait aussi l'irriter. Quoi qu'il en fût, nous agissions prudemment en nous l'assurant. Et par la netteté qu'il mettait à embrasser notre cause et à soutenir nos arguments, le gouvernement russe nous rendait un service notable.

Les États-Unis avaient été, dès le premier jour, l'objet des avances allemandes. Au début de janvier, le baron Speck de Sternburg, ambassadeur d'Allemagne, remit à M. Root une note, qui était tout à la fois une apologie pour la politique antérieure de son pays et, — il le pensait du moins, — la preuve de sa modération présente. Dans cette note, il rappelait quelle importante concession on nous avait accordée en nous laissant la police des districts frontières de l'Algérie. Et, partant de cette idée fausse qu'on avait par là épuisé la reconnaissance de notre « intérêt spécial », il indiquait l'excès qu'il y aurait à nous charger encore d'organiser la police dans le reste du Maroc, le danger aussi que cette organisation ferait courir à la liberté commerciale. Il excluait par conséquent le mandat accordé à la France. Mais, cela dit, il proposait trois combinaisons : ou bien la police par secteurs ; ou bien la police à une puissance secondaire, Suède, Danemark, Hollande ou Suisse ; ou bien enfin la police au Sultan, qui recruterait librement des instructeurs européens, de préférence parmi les États secondaires. L'ambassadeur d'Allemagne répétait que son pays défendait les intérêts généraux des puissances. Il avait donc l'espoir que les puissances, et d'abord les États-Unis, soutiendraient la politique désintéressée de l'empire allemand. En même temps la colonie allemande des États-Unis multipliait, dans les journaux sur lesquels elle avait de l'action, les diatribes contre les « convoitises françaises » et conseillait, dictait presque au gouvernement américain une adhésion explicite à la thèse allemande.

La manœuvre aurait pu réussir[1], si, d'une part, l'indiscrétion de la campagne de presse n'avait irrité M. Roosevelt et M. Root, si, d'autre part, l'ambassadeur de France à Washington, M. Jusserand, ne les avait mis en garde contre l'argumentation du baron de Sternburg. M. Jusserand signala ce qu'avaient de sophistique les affirmations allemandes; marqua que ni l'Allemagne ni personne n'avaient pu nous « accorder » quoi que ce fût sur la frontière algéro-marocaine, la police de cette frontière ayant fait l'objet d'accords directs entre le Sultan et nous de 1845 à 1902; revendiqua en conséquence le droit de la France de défendre dans le reste du Maroc « l'intérêt spécial » reconnu par l'Allemagne; montra enfin que la police faite par le Sultan serait inefficace, que la police internationale deviendrait une source de conflits; que, seule, la France, par ses cadres algériens, pouvait utilement organiser cette police, — limitée d'ailleurs aux villes de la côte et parfaitement conciliable avec la liberté commerciale. Appuyé par l'ambassadeur d'Angleterre, qui avait reçu de Londres l'ordre de s'associer aux démarches de son collègue français, M. Jusserand développa ces raisons d'abord à M. Root, qui promit d'en tenir compte dans ses communications avec M. White, ensuite à M. Roosevelt, qui en reconnut également la valeur. Dès le début par conséquent, notre thèse était présentée à Washington dans toute sa force et le gouvernement américain pouvait en apprécier la cohérence.

Cela ne suffisait pas cependant. Et notre intérêt nous conseillait d'obtenir davantage de M. Roosevelt. M. Bompard et M. Nélidof avaient demandé au comte Lamsdorf que le Tsar intervînt personnellement auprès de l'empereur d'Allemagne. Une intervention identique du président des États-Unis nous serait, le

---

[1]. Notamment, l'argument de la « porte ouverte ».

moment venu, également précieuse. Pas plus à Washington qu'à Saint-Pétersbourg, le désir exprimé par nous ne rencontra d'objections[1]. Comme avait fait le comte Lamsdorf, M. Roosevelt se contenta de remarquer qu'il fallait réserver cette démarche comme une suprême ressource, attendre l'occasion favorable, éviter d'en compromettre le succès par une initiative prématurée. Nous avions donc la certitude qu'à l'instant critique une double action morale s'exercerait en notre faveur. Et cette certitude acquise au moment où à Algésiras la délégation allemande semblait s'orienter vers la conciliation, permettait d'espérer une issue favorable.

VII

Les vues des délégués à Algésiras et celles des principaux gouvernements nous étaient dès ce moment connues. Il nous eût été profitable de pénétrer aussi les dispositions intimes de la chancellerie allemande. Mais, pendant les trois premières semaines de la conférence, le secret le plus absolu ne cessa de les envelopper. M. Kokovtzof avait vu Guillaume II le 16 janvier. M. d'Estournelles, avait vu le chancelier le 19. D'aucune de ces entrevues il n'avait été possible de dégager une indication positive. Le prince de Bülow avait affirmé au comte Raben, ministre des Affaires étrangères de Danemark, ses intentions conciliantes, mais ce n'était qu'une assurance vague, après beaucoup d'autres. L'ambassade d'Allemagne à Paris n'était pas moins fermée. A Madrid, M. de Stumm, plus communicatif, disait que l'Empereur avait en tête d'autres soucis que le Maroc et que ce qui se passait en Pologne l'inquiétait davantage que ce qu'on faisait à Algésiras. Hormis ces données imprécises[2] et le refus opposé à l'octroi du mandat de

---

1. Cette conversation eut lieu dans les premiers jours de février.

2. On peut retenir aussi un discours prononcé à un dîner parlementaire par le comte de Ballestrem, président du Reichstag, qui fit mauvais effet à Algésiras. Il était ainsi conçu :

« Pour maintenir la paix de l'Europe et du monde, car on ne peut plus faire que de la politique mondiale, soyons forts. Il faut être forts pour obliger ceux qui voudraient troubler la paix à n'en rien faire. Les autres puissances s'en garderont bien, si elles savent qu'elles seraient battues par la première armée du monde et par une flotte grandissante.

» Le Reichstag, qui est né à Versailles le 18 janvier 1871, le même jour que

police à la France, l'ignorance était absolue. Force était donc de se contenter des renseignements que fournissait la presse officieuse. Mais, là encore, la moisson était maigre. Au début, le ton des principaux organes avait été médiocrement plaisant. A l'occasion de la fête de l'Empereur, la *Gazette de l'Allemagne du Nord* avait consacré au « sabre » allemand un développement emphatique et vaguement menaçant, qui ne convenait ni à la circonstance particulière ni aux conditions générales de l'Europe[1]. Bientôt après, le professeur Schiemann, aussitôt suivi par un chœur de *Dii minores*, avait feint de croire que le fâcheux article publié dans le *Siècle* par M. de Lanessan représentait l'opinion du gou-

l'Empire et est par conséquent son jumeau, doit soutenir la politique de l'Empereur et lui en fournir les moyens.

» Nous avons un Empereur superbe, que les autres nations nous envient; elles montrent même souvent leur rancune et leur jalousie de ne pas posséder un semblable monarque. Aussi, nous soutiendrons la politique de l'Empereur pour lui plaire et plaire au peuple allemand » (Voir le *Temps* du 29 janvier 1906).

1. Le *Temps* répondit à cet article en essayant, dans l'intérêt de l'entente, de mettre hors de cause la personnalité de l'Empereur :

« Nous avons ici même assez énergiquement affirmé notre foi dans la possibilité et dans l'utilité d'un règlement équitable des difficultés coloniales franco-allemandes pour avoir le droit d'espérer que notre parole sera entendue. Il n'y a, nous l'avons dit et nous le répétons, aucun obstacle réel à ce règlement, à condition toutefois qu'on n'en crée pas d'artificiels. Nous ne doutons pas de la sincérité de l'Empereur et du chancelier, quand ils affirment leurs bonnes intentions. Mais il nous paraît qu'ils sont mal servis et que, notamment, les fonctionnaires chargés d'inspirer la presse trahissent ou contredisent leur pensée. Il existe à l'office des Affaires étrangères des traditions fâcheuses défendues par certains chefs de service qui ont fini par se croire les maîtres de la politique impériale. Et l'on ne peut que regretter de trouver fréquemment dans les journaux allemands les traces d'une influence qui a survécu à trois chanceliers et s'exerce encore aujourd'hui. Ce n'est point notre coutume de traiter ici des questions de personnes. Mais nous ne pouvons pas ne point regretter que, dans toute cette affaire, M. de Holstein et son entourage aient plus souvent que de raison ressuscité les vieilles habitudes provocantes, qui ne répondent ni à l'intérêt de l'Allemagne, ni à la dignité de la France.

» Si M. de Tchirschky-Bœgendorff, en prenant la succession du baron de Richthofen, peut collaborer utilement avec l'Empereur et le chancelier pour tenir en bride ces officieux trop zélés, nous nous féliciterons sans réserve de ce changement. L'Allemagne et la France ont accompli un effort sérieux pour rendre à leurs relations un caractère normal. Est-ce au moment où elles ont de bonnes raisons de croire qu'elles y sont parvenues, qu'il convient de compromettre ce résultat par des fautes de goût telles que celle qu'on relève aujourd'hui dans la *Gazette de l'Allemagne du Nord*? Nous ne le pensons pas. Et nous espérons qu'à Berlin on partagera cette opinion. » (Voir le *Temps* du 28 janvier).

Il convient d'ajouter que l'ambassade d'Allemagne à Paris prit vivement la défense de M. de Holstein et assura que c'était un ami de la France. Il convient d'observer aussi que, depuis quinze jours, M. de Holstein était directement chargé du service de la presse.

vernement et du public français[1]. Et avec un optimisme blessant pour la France, il avait écrit : « On a l'impression très nette que la conférence, après s'être rangée au programme allemand, ne pourra avoir qu'un résultat satisfaisant et pacifique. » Enfin le *Lokal-Anzeiger* avait abondé dans le même sens, et prétendu que M. Révoil était loin d'approuver l'intransigeance du *Temps* et des autres journaux français[2].

Bientôt, il est vrai, — et au moment même où à Algésiras le ton des négociateurs allemands se modifiait, — une certaine détente parut se dessiner. La *Gazette de Cologne*[3], non sans quelque lour-

[1]. Le professeur Schiemann avait écrit, à propos de la thèse de M. de Lanessan : « Si pareille pensée avait été celle du gouvernement français pendant ces dernières années, il n'y aurait eu ni affaire marocaine, ni conférence d'Algésiras. Jusqu'au 31 mars 1905, le peuple français semble s'être placé sur le terrain de M. Delcassé. Il n'est donc pas étonnant que nous ayons supposé que la France était derrière ses ministres et que nous ayons dirigé nos plans en conséquence. Mais à quoi bon des récriminations stériles ? Nous comptons avec des faits qui sont le résultat final d'une évolution politique et nous trouvons les conséquences que tire M. de Lanessan tout à fait acceptables. Sans doute, pour réorganiser la police marocaine, il vaudrait mieux la confier au Sultan et à des instructeurs, qu'ils fussent soit Européens, soit indigènes, élevés militairement à l'européenne. Pour qu'ils pussent jouir d'une autorité suffisante, il faudrait aussi obtenir certaines garanties internationales et protéger leurs personnalités ; mais ce sont là des questions de détails qui seront faciles à régler, du moment où l'on aura accepté en partie le projet de M. de Lanessan. Reste à savoir jusqu'à quel point le peuple de France est d'accord avec cet homme d'État. »

Le *Temps* du 2 février releva cet article en disant : « Il suffit de considérer l'article de M. Schiemann pour constater que l'optimisme de son auteur doit nous être aussi peu plaisant que le fut naguère son pessimisme. Si M. Schiemann se réjouit, c'est qu'il estime que la France cédera, cédera sur toute la ligne, cédera plus qu'elle n'a jamais cédé, plus qu'elle n'a promis de céder dans les accords du 8 juillet et du 28 septembre 1905. Tout ira bien, pense-t-il, parce que, le débat sur la police étant ouvert, les délégués français manquant à leur devoir, s'abstiendront de faire valoir « cet intérêt spécial », que l'Allemagne nous a reconnu au Maroc, accepteront qu'on institue à nos portes une organisation internationale qui sera la négation même de la spécialité de nos intérêts, annuleront d'un cœur léger les sacrifices antérieurs que nous a coûtés le Maroc, perdront en un mot la partie sans même se servir des cartes qu'ils ont en main. M. Schiemann, à ce compte, se déclare satisfait. Sa satisfaction nous serait précieuse. Mais nous ne saurions la payer d'un tel prix. » (Voir le *Temps* du 2 février).

[2]. Voir le *Temps*, 5 février.

[3]. Le *Temps* du 5 février commenta en ces termes l'article de la *Gazette de Cologne* :

« Nous reconnaissons volontiers le ton généralement modéré de ce document. Nous pensons, comme notre confrère, qu'on fera bien, tant à Paris qu'à Berlin, de suivre avec attention, mais sans nervosité, les débats de la conférence. Aussi bien, il est faux que de l'issue de ces débats dépende la paix de l'Europe. Suivant que cette issue sera plus ou moins favorable, la situation

deur, éprouva le besoin de nous rassurer sur les suites d'un échec possible de la conférence. Elle ajouta, d'ailleurs, que la réunion seule de cette assemblée assurait au prestige de l'Allemagne la satisfaction nécessaire. La *Gazette de Franfort* observa de son côté que, depuis la réunion d'Algésiras, personne à Berlin ne pouvait plus parler d'isolement. C'étaient là des constatations satisfaisantes, puisqu'elles semblaient dégager le débat des considérations d'amour-propre, qui, si longtemps, l'avaient compliqué. On continuait, il est vrai, à soutenir par intermittence que nous avions «promis», — où, quand, comment, on ne le disait pas, — de ne pas solliciter le mandat de police. Mais la polémique avait perdu de son âpreté. Et quand M. Jaurès crut devoir, le 8 février, interpeller M. Rouvier pour lui demander «s'il acceptait la responsabilité des campagnes de presse tendant à créer dans l'affaire marocaine de dangereuses complications», l'unanimité évidente par laquelle la Chambre obligea l'auteur de l'interpellation à la retirer, ne provoqua pas à Berlin les commentaires auxquels on aurait pu s'attendre [1].

internationale sera plus ou moins claire. Mais il est absurde de supposer que la guerre en dût sortir, si l'on n'arrivait pas à s'entendre sur la question de la police. Sur tous ces points, nous sommes d'accord avec la *Gazette de Cologne*, et nous éprouvons même quelque surprise à la voir enfoncer une porte si grande ouverte. « Il s'en faut, écrit son correspondant de Berlin, que l'échec de la conférence puisse être pour l'Allemagne une raison de tomber sur la France. » En vérité, s'il en était autrement, que faudrait-il penser des assurances pacifiques du gouvernement impérial ? Au surplus, la *Gazette de Cologne* s'exagère nos «inquiétudes» et notre «nervosité». La France n'est ni inquiète ni nerveuse, d'abord parce qu'elle n'estime pas que ses aspirations légitimes puissent justifier une agression, ensuite parce qu'une attaque injustifiée ne la trouverait ni moralement ni matériellement démunie. Sans insister plus que de raison sur une phrase qui nous paraît seulement un peu lourdement rassurante, nous préférons retenir un autre passage de la même dépêche, passage qui, selon nous, énonce une idée très juste. «Le fait que la conférence s'est réunie, écrit le correspondant berlinois de la *Gazette de Cologne*, a déjà eu cette conséquence que l'on ne peut plus parler maintenant d'une diminution du prestige de l'Allemagne. » Il nous plaît de trouver dans un journal allemand l'expression de cette opinion, que nous avons soutenue souvent sans rencontrer pour elle à Berlin l'écho que nous souhaitions. C'en est donc fini désormais des arguments d'amour-propre. »

1. Voici la déclaration que fit M. Rouvier :
« Si les honorables auteurs de l'interpellation ont eu le dessein de me faire répéter une fois de plus à la tribune une vérité connue de tous au dedans et au dehors, en France et en Europe, à savoir que la presse française jouit d'une liberté absolue, sans limites, qu'elle puise ses inspirations dans son patriotisme, dans l'opinion qu'elle se fait des questions qui se débattent à l'intérieur et à l'extérieur, que le gouvernement n'a ni à approuver, ni à

Néammoins la volonté d'écarter les propositions françaises continuait à s'affirmer dans certains organes, par exemple dans le *Lokal-Anzeiger*. Toute conclusion ferme dans un sens ou dans l'autre était donc impossible. Il semblait qu'entre les deux routes qui s'offraient à elle, la diplomatie allemande attendît hésitante. Si, à ce moment, rendant justice à nos raisons, elle avait accepté de bonne grâce la solution franco-espagnole qu'elle finit par admettre à la fin de mars ; si elle avait demandé pour la police ainsi organisée les garanties que la France accorda sans hésiter, dès qu'on eût consenti à ne donner comme instructeurs aux troupes marocaines que des Français et des Espagnols, la conférence eût duré six semaines de moins et bien des germes de défiance déposés par elle dans les relations internationales eussent été épargnés à l'Europe. Mal informé de notre volonté et de notre capacité de résistance, obsédé de la passion des représailles, le gouvernement allemand ne le comprit pas. Il ne sut pas ou il ne voulut pas voir la situation telle qu'elle était. Sans tenir compte de nos concessions, il résolut d'exiger tout ou rien. Et cédant à l'espoir de nous obliger à de nouveaux sacrifices, il sortit de sa réserve pour marquer tout à coup et sur tous les terrains une inacceptable intransigeance. Au contact succédait le conflit. Ce conflit allait durer sept semaines, mêlée diplomatique à peu près sans précédent où toutes les chancelleries et la plupart des chefs d'État durent tour à tour intervenir.

désapprouver, ni à censurer, ni à inspirer aucun article de presse... (*Très bien ! Très bien !*) si c'est le but que poursuivent les honorables députés, ils feront bien, je pense, de retirer leur motion.

» J'ajoute que, s'il en était autrement, il me serait impossible d'accepter un débat aussi peu de jours après la déclaration que j'ai apportée à la tribune, qui a défini la politique française à l'extérieur et qui a eu l'approbation de la presque unanimité de la Chambre.

» Il me serait impossible, dis-je, d'envisager un nouveau débat sur la politique extérieure, au moment même où la conférence d'Algésiras est appelée à régler de délicates questions (*Très bien ! Très bien !*)

» Autrement, je serais obligé de demander à la Chambre, profitant d'une latitude que me donne le règlement, d'ajourner l'interpellation *sine die* (*Applaudissements*). » (Voir *Journal officiel* du 9 février 1906).

CHAPITRE II

LE CONFLIT

I. *L'incident de la dépêche Wolff.* — L'étonnement des plénipotentiaires. — M. Mercadier et le comte de Tattenbach. — Les explications de M. de Radowitz (9-12 février).

II. *L'origine de la manœuvre.* — M. de Radowitz chez M. White et chez le marquis Visconti-Venosta (8 février). — L'attitude de l'Italie et des États-Unis. — L'initiative du comte de Tattenbach et l'intransigeance allemande.

III. *La troisième entrevue Radowitz-Révoil (13 février).* — La proposition allemande. — L'inspection. — L'état d'esprit de M. Révoil.

IV. *La seconde concession de la France.* — L'entente franco-américaine et la surveillance de la police. — Le projet Révoil-White (15 février). — La tactique décidée. — Les rapports de la légation d'Italie. — La réponse à M. de Radowitz (17 février).

V. *Suite des négociations Tattenbach-Regnault.* — Les deux thèses. — Le projet français sur la banque. — L'optimisme au 17 février.

VI. *La crise du 19.* — Le refus du comte de Tattenbach. — Le refus de M. de Radowitz. — Introduction et exécution. — Les incertitudes du duc d'Almodovar. — Sa proposition pour la police. — Le bilan de cinq semaines. — La faillite du huis-clos.

I

Le vendredi 9 février, le correspondant de l'agence Wolff, à la suite d'un entretien avec le comte de Tattenbach, envoyait à Berlin un télégramme qui paraissait le lendemain, samedi 10, dans tous les journaux allemands. Après avoir rappelé que l'article de M. de Lanessan avait d'abord permis d'espérer un accord, le correspondant constatait que cet article avait, au contraire, fourni à M. Révoil « l'occasion de modifier sa tactique ». Et il ajoutait :

Tandis qu'en effet, conformément au désir exprimé par le délégué français, on avait cherché à arriver, avant d'aborder la question de la police, à une entente sur la question de la Banque d'État qui doit être créée au Maroc, et que des pourparlers étaient déjà engagés à cet effet, le représentant de la France a demandé, d'une façon tout à fait inattendue, à voir régler avant tout la question de la police. La conséquence immédiate de ce changement d'attitude a été l'interruption de la discussion sur la question de la banque qui suivait déjà un cours favorable.

Les premiers échanges de vue confidentiels concernant la question de la police ont aussitôt abouti à faire ressortir l'opposition des points de vue, l'Allemagne s'en tenant à un règlement international, tandis que la France désire le vote de dispositions qui lui assureraient, même en dehors des districts de la frontière algérienne, une prépondérance absolue pour l'exercice des pouvoirs de police dans tout le Maroc, même au cas où pour éviter de paraître poursuivre un protectorat déguisé elle consentirait à ce que des pouvoirs analogues fussent accordés à l'Espagne dans quelques districts.

D'après l'attitude observée jusqu'ici par le délégué allemand, il est à croire que celui-ci ne donnera son adhésion à aucun projet qui, en ouvrant la porte à la tunisification de toute la côte marocaine, sanctionnerait les visées tendant à incorporer le Maroc à l'Afrique française, visées qui ont donné lieu à la protestation de l'Allemagne et à la réunion de la conférence.

Lorsque le télégraphe renvoya à Algésiras le texte de cette dépêche, elle provoqua parmi les délégués une sorte de stupeur. Le récit qu'elle contenait des négociations des derniers jours était en effet si manifestement contraire à la vérité; la façon dont elle présentait les pourparlers officieux de M. Regnault et du comte de Tattenbach dénaturait si complètement le caractère de ces pourparlers; l'attitude qu'elle prêtait aux représentants de la France était si radicalement opposée à celle qu'ils n'avaient cessé de garder, que les plénipotentiaires des grandes puissances, informés, dès le début, d'une négociation dont ils avaient été les initiateurs et les garants, ne pouvaient admettre, surtout de la part de l'agence Wolff, une aussi grossière suite d'erreurs.

Dès le premier moment, c'est-à-dire dans la matinée du samedi 10, le marquis Visconti-Venosta et M. White s'en entretinrent avec M. Révoil. Leur émotion était naturelle. Car, on s'en souvient, c'est le délégué de l'Italie qui, le premier, avait fait part à M. Révoil du désir de la délégation allemande de causer officieusement avec la délégation française[1]. Et c'est de ces causeries officieuses que l'agence Wolff prenait occasion pour attaquer injustement la

---

1. Voir ci-dessus, page 138.

politique française. Comme le marquis Visconti-Venosta, M. White savait que « le désir d'arriver à une entente sur la banque », prêté par la dépêche à M. Révoil, avait été exprimé non par lui, mais par M. de Radowitz. Comme le marquis Visconti-Venosta, M. White savait que les représentants de la France n'avaient pas eu à « demander d'une façon tout à fait inattendue à voir régler avant tout la question de la police », puisque c'était M. de Radowitz qui, le premier, avait affirmé son espoir de « trouver dans l'étude couplée de la banque et de la police les éléments d'une transaction¹ ». Ils savaient aussi, ayant assisté aux entretiens où cela avait été convenu, que, pour passer, suivant l'ordre indiqué par M. de Radowitz, de la banque à la police, le représentant de la France n'avait pas eu à « modifier son attitude », puisque les deux questions devaient être, à la demande du délégué allemand, examinées « ensemble ». Ils savaient que la seconde visite de M. de Radowitz à M. Révoil, le samedi 3 février, visite consacrée à la police, avait été toute spontanée ; que jamais, au cours de cette visite ni depuis, M. de Radowitz n'avait cru, pu, ni paru croire que la France songeât « à incorporer le Maroc à l'Afrique française et à tunisifier toute sa côte ». Ils savaient enfin qu'à aucun moment la conversation, soit sur la banque soit sur la police, n'avait été, ni d'une part ni de l'autre, considérée comme rompue ni même comme interrompue.

Du moins pouvait-on espérer que, contre cette altération de la vérité par une agence officieuse, la délégation allemande serait aussi prompte à protester que la délégation française, italienne ou américaine. Cette protestation, en enlevant à la dépêche Wolff toute importance, eût émoussé la pointe de ses attaques. Et l'effet irritant qu'elle devait produire, si le gouvernement impérial ou ses représentants semblaient y être pour quelque chose, eût été, du même coup, conjuré. Dans un dessein de conciliation et d'apaisement, M. Mercadier, correspondant de l'agence Havas, alla, dans l'après-midi du dimanche 11, trouver le comte de Tattenbach. Il lui expliqua qu'à sa connaissance la dépêche Wolff dénaturait les faits : il le priait donc de la démentir. M. de Tattenbach s'y refusa. M. Mercadier lui demanda l'explication de ce refus. M. de Tattenbach

1. Voir ci-dessus, page 138 et suivantes.

se contenta de le maintenir. Et ce fut tout. Force était donc de se convaincre que la délégation allemande ne voulait ou ne pouvait pas désavouer l'agence Wolff et qu'elle n'avait pas été étrangère à une manœuvre, dont il ne restait plus qu'à parer les conséquences, en la démasquant sans retard. Dès le lundi 12, le *Temps*, après une double enquête à Algésiras et à Paris, rétablissait la vérité[1] et, après un récit circonstancié des négociations Radowitz-Révoil et Tattenbach-Regnault, concluait :

> La dépêche Wolff est non seulement tendancieuse, mais mensongère. Plusieurs plénipotentiaires à Algésiras savent de *visu et auditu* que les faits se sont passés comme nous venons de le dire. M. de Radowitz ne nous démentira pas.

Ce démenti, en effet, ne se produisit pas. M. de Radowitz, visiblement gêné, se plaignit à différents délégués et à des correspondants de la « violence » avec laquelle le *Temps* avait répondu à la dépêche Wolff. Mais, à l'objection que cette réponse était légitime, il ne répliqua rien. Et quand on le pressa davantage d'expliquer les fausses nouvelles de l'agence Wolff, il invoqua « une erreur de transmission télégraphique[2] ». M. de Tattenbach avait refusé de découvrir l'agence. M. de Radowitz accusait le télégraphe : ce sont nuances où se mesure la différence des tempéraments. En même temps, la *Gazette de l'Allemagne du Nord*, organe attitré de la chancellerie, qui, dès le lundi 11, s'était empressé de s'approprier la dépêche avec un zèle qu'elle réserve d'ordinaire aux documents dont la source officielle lui est connue[3],

---

1. Voir le *Temps*, 13 février 1906. *Propos diplomatiques*.

2. M. de Radowitz donna cette explication à M. White et aussi au correspondant du *Temps*, M. Joseph Galtier, qui télégraphia le 15 février : « Les délégués ne lurent pas sans étonnement cette dépêche qui ne rapportait pas exactement les faits et en donnait des commentaires erronés. Aussi, avec bonne grâce, on affirma que la dépêche était inexacte ; il y avait, paraît-il, erreur de transmission. Rien n'empêche le télégraphe de transmettre des erreurs ; il faudra, à l'avenir, veiller sur cette particularité. » (Voir le *Temps*, 16 février.)

3. Voici le texte de cet article qui cautionnait la dépêche Wolff :
« Comme nous l'avons déjà signalé, d'après une nouvelle télégraphique d'Algésiras, l'examen de la question de la banque a été interrompu parce que la représentation française a manifesté inopinément le désir de voir la question de la police réglée en premier lieu. A ce qu'on mande en outre d'Algésiras, le sondage confidentiel, à propos de la question de police, a conduit aussitôt à la constatation de ces deux contraires : que l'Allemagne tient

déclarait avec désinvolture que tout cela n'avait pas d'importance : « Qui, disait-elle, a pris la première initiative des pourparlers et qui a exprimé à l'un ou à l'autre un désir sur l'ordre de discussion ? C'est véritablement chose d'intérêt secondaire. » La *Gazette* en pensait autrement, lorsque, secondant l'agence Wolff, elle imputait à la France la responsabilité d'avoir « modifié » cet ordre de discussion. Aussi bien, l'indifférence qu'elle affectait s'accordait mal avec les termes injurieux de sa réplique, qualifiée le jour même de « polémique grossière » par la *Gazette de Francfort*[1]. En réalité, en faisant publier par l'agence Wolff le refus de l'Allemagne d'accepter les propositions françaises, on avait tenté contre la France une manœuvre d'intimidation, qui s'était trouvé déjouée par la publicité qu'elle avait reçue à Paris. Quels étaient l'origine et le but de cette manœuvre ? Dans quelles circonstances s'était-elle développée ? Quel fait nouveau révélait-elle ?

II

En quittant, le lundi 5 février, M. White et le marquis Visconti-Venosta, M. de Radowitz leur avait dit que M. Révoil lui semblait résolu à ne pas aller plus loin que la solution franco-espagnole et ses deux interlocuteurs lui avaient répondu que cette solution raisonnable était, à leur gré, acceptable pour l'Allemagne[2]. Il était naturel de penser que cette opinion de ses collègues, s'ajoutant à sa propre impression, déterminerait M. de Radowitz, en demandant à Berlin des instructions, à appuyer la combinaison que déclaraient admissible les représentants de l'Italie et des États-Unis. Il n'était pas moins légitime d'espérer que la chancellerie tiendrait compte de cet avis motivé. Or, le jeudi 8 février, M. de Radowitz rendait de nouveau visite à M. White et au mar-

---

fermement à un règlement international, tandis que la France désire, même en dehors des districts limitrophes de l'Algérie, une organisation qui lui assure absolument la haute main pour l'exercice des attributions de police dans tout le Maroc, dans le cas même, où pour éviter l'apparence d'un protectorat réel, elle voudrait admettre, dans certains districts, l'exercice d'attributions pareilles pour l'Espagne. »

1. Voir le *Temps*, 15 février 1906.
2. Voir ci-dessus, page 153.

quis Visconti-Venosta. Il semblait, comme toujours, las et ennuyé. Il venait, disait-il, de recevoir la réponse à sa demande d'instructions du dimanche 4. Et cette réponse était un refus des propositions de la France. Le projet qu'on présentait n'était ni celui que M. de Radowitz avait soutenu dans sa conversation avec M. Révoil, ni celui dont il avait parlé à sir Arthur Nicolson[1]. Ce n'était pas davantage le projet dont M. de Stumm avait entretenu M. de Ojeda, ni celui qui avait été suggéré au duc d'Almodovar par le comte de Tattenbach[2]. Ce n'était enfin aucun de ceux que le baron Speck de Sternburg avait communiqués à Washington[3]. C'était une huitième variante, consistant à confier la police au Sultan, mais en lui imposant de choisir ses instructeurs parmi les nationaux de trois puissances secondaires. Cette combinaison était singulièrement impratique. Il était, d'autre part, évident que M. Révoil la repousserait, car elle représentait le maximum d'internationalisation. M. de Radowitz qui, sans doute, s'en rendait compte, paraissait médiocrement désireux de la communiquer à son collègue français. Et s'adressant à M. White, il le priait de se charger de la commission. Il lui demandait, de plus, de défendre auprès de nous cette étrange combinaison. Il ajoutait que le plénipotentiaire américain avait dû ou allait recevoir de Washington l'ordre d'agir en ce sens.

M. White, qui n'avait rien reçu et qui probablement était sûr, d'après les dernières instructions de M. Root, de ne rien recevoir de semblable[4], refusa avec vivacité d'accepter le rôle qui lui était offert. Le marquis Visconti-Venosta, sollicité lui aussi, refusa également. A dire vrai, le refus de l'un et de l'autre était fort explicable. Connaissant, comme ils les connaissaient, les intentions de M. Révoil, ayant approuvé ses propositions et dit à M. de Radowitz qu'ils les approuvaient[5], quelle eût été leur attitude, s'ils eussent recommandé au représentant de la France une solution

---

[1]. Voir ci-dessus, pages 139 et 147.
[2]. *Ibid.*, page 145.
[3]. Voir ci-dessus, page 160.
[4]. M. White savait en effet que son gouvernement ne soutiendrait pas officiellement une proposition repoussée par l'une des deux parties, surtout par la France.
[5]. Voir ci-dessus, page 153.

non seulement contraire à ses vues, mais plus inacceptable encore que celle qu'il avait écartée dans son entretien du 3 avec le délégué de l'Allemagne ? Puisqu'il était établi que les tentatives pour arriver à un accord direct avaient échoué, puisque l'écart entre les deux thèses, au lieu de diminuer, s'aggravait, il était correct de saisir la conférence et de confier à ses membres le soin d'élaborer la transaction que les intéressés n'avaient pas réussi à formuler. M. de Radowitz pouvait, devait communiquer à M. Révoil les instructions qu'il venait de recevoir. Mais lui seul avait qualité pour faire cette communication.

Au lieu de déférer à ce conseil et d'aller voir M. Révoil, M. de Radowitz ne bougea point. A ceux de ses collègues qui s'en étonnaient, il répondit qu'à la réflexion il avait cru préférable de ne pas nous transmettre le texte qui lui était parvenu ; qu'il avait de nouveau télégraphié à Berlin ; qu'il attendait une réponse et l'espérait plus favorable. M. de Radowitz, ce faisant, n'était-il pas d'accord avec M. de Tattenbach ? C'est possible, probable même, car le lendemain 9, après un long entretien entre le second plénipotentiaire allemand et le correspondant de l'agence Wolff, celui-ci envoyait à Berlin la dépêche que l'on sait et qui coupait les ponts à des concessions ultérieures. Non seulement, par une incorrection fâcheuse, cette dépêche, en revenant à Algésiras, apprenait à la délégation française ce refus de l'Allemagne que M. de Radowitz s'était abstenu de lui notifier. Mais elle ajoutait à ce procédé regrettable une altération plus regrettable encore des faits les mieux établis. Pourquoi ces inexactitudes inutiles ? On hésite à répondre à cette question. Peut-être, espérait-on « qu'il en resterait toujours quelque chose » et que celles des puissances qui n'avaient pas connu le détail des pourparlers engagés depuis le 26 janvier seraient impressionnées par ces affirmations péremptoires. Peut-être, croyait-on que ceux-là mêmes qui pourraient démentir n'oseraient point le faire, et qu'ainsi, en cas de rupture, nous aurions la responsabilité de l'échec de la conférence. Peut-être, cédait-on simplement au mouvement de mauvaise humeur provoqué par le refus de M. White et du marquis Visconti-Venosta de se faire les avocats du projet envoyé de Berlin ; ou encore M. de Tattenbach comptait-il ainsi devancer les instructions plus conciliantes que M. de Radowitz, après sa conversation du 8 avec ses collègues italien et américain, avait dû demander à Berlin. Quoi qu'il en fût, on prenait l'Europe à témoin du refus que l'on opposait à nos propositions en nous attribuant le mauvais rôle. Et l'on s'engageait à fond dans la voie de l'intransigeance par la publicité incorrecte qu'on donnait à cette décision. Immédiatement, d'ailleurs, les manifestations irritées qui, du télégramme Wolff, se répercutaient dans toute la presse d'outre-Rhin [1], prouvaient que le gouvernement allemand, tournant le dos à la conciliation, allait reprendre contre nous une campagne de brutalité. Confiante dans notre faiblesse, l'Allemagne ressuscitait les méthodes de 1905 et mettait en pratique l'axiome, alors vérifié à nos dépens, qu'en menaçant la France, on la tient, — et qu'elle marche.

III

Il faut rendre à M. de Radowitz cette justice que, pendant ces journées dont chacune ajoutait quelque chose à l'antinomie des thèses en présence, son attitude personnelle fut conciliante : conciliation de surface, il est vrai, et qui ne changeait rien au fond du débat, mais qui, du moins, avait le mérite de n'en pas aggraver l'âpreté. Lorsque, le mardi 13 février, il vint, en s'excusant d'avoir tant tardé, apporter à son collègue la réponse qu'il lui avait annoncée dix jours plus tôt, ce fut en protestant de son désir

[1]. Toute la presse allemande emboîte à ce moment le pas à l'Agence Wolff. La *Gazette de l'Allemagne du Nord* écrit : « D'après des dépêches des journaux berlinois, le *Temps* publie un nouvel article provocateur contre l'attitude de l'Allemagne dans la question de la police. Les injures ne sont pas des arguments. Plus le rédacteur du « Bulletin » du *Temps* s'emportera dans une colère injustifiée, plus l'Allemagne enregistrera froidement ces reproches, se bornant à regretter le cas où l'entente à la conférence devrait en être rendue plus difficile. Les représentants français et allemands ont la mission de rechercher cette entente à Algésiras et étaient entrés en pourparlers confidentiels sur les questions de la banque et de la police. Qui a pris la première initiative des pourparlers et qui a exprimé à l'un ou à l'autre un désir sur l'ordre de discussion ? C'est véritablement une chose d'importance secondaire. Nous croyons qu'en France aussi, peu de gens prendront goût aux invectives d'un publiciste trop zélé. Ces apostrophes, dans tous les cas, ne sont pas empreintes d'un esprit pacifique et conciliateur. Elles ne contiennent rien de neuf. Quand on piétine dans de l'ordure, elle s'étale, mais ne se fortifie pas (*Getretener Quark wird breit nicht stark*) ». Le *Berliner Tageblatt* déclare que l'Allemagne sera « intraitable sur la question de la police ». Le *Lokal-Anzeiger* dit : « La conférence est en danger. » (Voir les extraits dans le *Temps* des 15, 16, 17, 18 février 1906.)

d'entente, en affirmant la possibilité de continuer la discussion, en corrigeant enfin, par un optimisme affecté, ce que les offres allemandes avaient d'inacceptable.

La note que M. de Radowitz avait ordre de remettre à M. Révoil était conçue comme il suit :

Il serait à propos que la conférence demandât au Sultan de se charger de l'organisation de la police. Il aurait le devoir d'entretenir dans des places déterminées une troupe de police, laquelle serait formée et commandée par des officiers étrangers choisis librement par le Sultan. Les fonds nécessaires pour l'entretien de la troupe seraient mis à la disposition du Sultan par la nouvelle Banque d'État. Le corps diplomatique à Tanger aurait à exercer le contrôle de l'exécution de cette organisation. Un officier supérieur étranger appartenant à l'une des puissances secondaires pourrait être chargé de l'inspection et en rendre compte au corps diplomatique à Tanger. Toute cette institution serait faite, à titre d'essai, pour une durée de trois à cinq années.

L'Allemagne, par conséquent, n'avait pas fait un pas. Nous lui avions marqué nos intentions modérées en passant du mandat unique au mandat franco-espagnol, indiqué par M. Révoil comme une concession éventuellement acceptable. Cette concession n'était pas payée de retour[1]. Pour sauvegarder la « souveraineté du Sultan et l'égalité des puissances », il fallait, disait-elle, d'une part que le sultan lui-même fût chargé de la police, d'autre part que les instructeurs étrangers de cette police fussent librement choisis par lui. Le projet communiqué le 8 à M. White et au marquis Visconti-Venosta était donc modifié sur ce point. Il l'était aussi en ce sens que le rôle de l'Europe, limité d'abord à déterminer les villes où le Sultan serait tenu d'entretenir un corps de police, recevait une extension nouvelle. Les puissances, d'après la note du 13, devaient « contrôler » le fonctionnement de la police. A cet effet un officier supérieur choisi dans l'armée d'un État secondaire serait chargé de l'inspection et rendrait compte de sa mission au corps

---

[1]. Cependant la *Gazette de Cologne*, dans une note officieuse, n'avait pas paru écarter absolument cette solution. Elle avait dit : « Si une telle proposition était faite, elle aurait besoin d'être soumise à un examen très sérieux et très prudent, car elle n'exclurait pas *a priori* l'appréhension qu'une domination commune de la France et de l'Espagne sur la police ne dégénérât de fait en une domination sinon exclusive, du moins prépondérante de la France. » Voir le *Temps*, 12 février 1906.)

diplomatique à Tanger. M. de Radowitz ajoutait que c'était là un cadre général dont les principes devaient être sauvegardés, mais qui, dans le détail et dans la forme, pouvait être amendé ou modifié. Il faisait valoir le caractère logique de la combinaison, le respect qu'elle témoignait de la souveraineté du Sultan en confiant à Abd-el-Aziz lui-même la réorganisation de la police, au lieu de donner à telle ou telle puissance le mandat d'y procéder. Il souhaitait que, sur ces bases, on parvînt enfin à s'accorder.

Le projet qu'il nous recommandait et que son gouvernement avait mis près de deux semaines à élaborer était pour nous une vieille connaissance, car il reproduisait dans ses grandes lignes, avec l'inspection en plus, un de ceux que M. de Sternburg avait suggérés à M. Root [1], celui que M. de Lanessan avait exposé dans le *Siècle* et qui avait reçu à ce moment l'approbation de M. Schiemann et de M. de Radowitz lui-même [2]. Nos objections à ce revenant demeuraient donc identiques. Nous ne pouvions admettre ni que l'on annulât l'intérêt spécial de la France qu'on avait promis de respecter; ni que l'on créât à nos portes une organisation internationale où la « liberté » du Sultan servirait d'instrument à des intrigues européennes aussi menaçantes pour notre paix algérienne que pour notre sécurité continentale. Au surplus, ces instructeurs, venus on ne savait d'où, n'apporteraient à leur tâche aucune garantie de compétence et les inévitables rivalités nationales, qui les opposeraient les uns aux autres, frapperaient de stérilité les efforts mêmes qu'ils tenteraient pour accomplir œuvre utile. N'était-il pas curieux d'ailleurs que, dans le même temps où l'Allemagne abandonnait l'organisation de la police par secteurs et par mandat international pour mieux sauvegarder, disait-elle, la souveraineté d'Abd-el-Aziz, elle portât à cette souveraineté une atteinte directe en plaçant à la tête de la police un officier étranger qui, au lieu d'être responsable devant le Sultan, rendrait ses comptes au corps diplomatique à Tanger? Il y avait là une contradiction qui montrait, une fois de plus, combien les « principes » invoqués par l'Allemagne étaient incertains et flottants [3].

---

1. Voir ci-dessus, page 160.
2. *Ibid.*, page 146.
3. La campagne de fausses nouvelles reprenait d'ailleurs. Le 13 février, la *Gazette de Francfort* écrivait : « On mande de Berlin : Ce n'est plus un secret

Sans développer ces arguments, M. Révoil se contenta de répondre qu'il transmettrait à Paris la réponse de l'Allemagne et demanderait des instructions. Toute conversation eût été superflue, et par cela même imprudente. Quand, dans une négociation, l'une des parties affecte de ne point apprécier les concessions de l'autre, celle-ci a tout intérêt à se réserver. C'est à cette attitude que s'arrêtèrent MM. Rouvier et Révoil. Ils tenaient cependant l'un et l'autre à ce que la France, pas plus dans l'avenir que dans le passé, ne pût être accusée d'intransigeance. Les craintes mêmes que l'on ressentait, depuis l'incident de la dépêche Wolff, sur l'arrière-pensée que pouvait nourrir l'Allemagne de rompre la conférence [1], nous obligeaient à prendre nos sûretés pour que la responsabilité de cette rupture ne pût nous être imputée. Deux intérêts se trouvaient donc en présence que nous devions concilier : d'une part, éviter de nous enferrer par de nouvelles concessions non payées de retour; d'autre part, rédiger notre réponse de telle sorte que la négociation ne semblât en aucun cas arrêtée par notre fait. Il fallait, en d'autres termes, demeurer sur le terrain de la note allemande, sans abandonner nos principes, et indiquer notre volonté conciliatrice sans nous lier les mains par la promesse inconditionnelle d'un sacrifice stérile. Rester sur nos positions en marquant que nous n'en sortirions que si l'on nous y conviait par un bon procédé, tel était le plan qu'il fallait suivre : il n'était ni sans difficultés ni sans dangers. Mais de l'avis de tous, y compris M. White et le marquis Visconti-Venosta [2], c'était le seul qui pût, en préservant nos droits, maintenir la porte ouverte à une négociation ulté-

pour personne que, dans un entretien qu'il a eu, il y a quinze jours, avec M. de Radowitz, M. Révoil a exprimé l'idée de confier la police à la France, conjointement avec l'Espagne, et que, comme cette proposition se heurtait à des hésitations et à des scrupules de la part du représentant de l'Allemagne, *M. Révoil a donné à entendre qu'une troisième puissance pourrait intervenir pour exercer une sorte de contrôle* sur le fonctionnement de cette police. » On a vu par ce qui précède (page 151) que c'était là le contraire de la vérité. Le *Temps* du 14 février démentit énergiquement cette assertion controuvée.

1. Plusieurs des délégués, depuis la dépêche Wolff, avaient cette crainte. M. Mercadier, correspondant de l'Agence Havas, télégraphiait le 12 : « Nous avons ici entendu émettre cette impression par certains délégués, qui se posent nettement la question : l'Allemagne veut-elle oui ou non rompre la conférence? et qui penchent pour l'affirmative. »

2. Le marquis Visconti-Venosta, convaincu par les affirmations de M. de Radowitz, avait déclaré à M. Révoil que jamais la police franco-espagnole ne serait acceptée par l'Allemagne.

TARDIEU. 12

rieure et laisser à l'Allemagne, si cette négociation devait ne pas aboutir, la responsabilité d'un échec déplaisant pour l'Europe entière.

IV

Dans les instructions qu'il avait, au début de la conférence, adressées à M. Révoil, le gouvernement français n'avait pas envisagé cette hypothèse. Il avait considéré comme possibles deux solutions : ou bien, la police franco-espagnole ; ou bien, si cette police rencontrait une opposition irréductible, le maintien du *statu quo*, chaque puissance s'engageant à ne pas le modifier dans la suite par une entente directe avec le Sultan[1]. On a vu que, de ces deux solutions, la seconde n'était plus réalisable : la conférence après un mois de travail, ne considérait pas qu'elle pût laisser sans remède l'anarchie marocaine, et voulait tenter quelque chose. Quant à la première, l'Allemagne, sans le dire explicitement, la repoussait, en réclamant pour le Sultan le droit de choisir les instructeurs étrangers où et comme il voudrait, en revendiquant pour l'Europe le privilège de faire contrôler la police. Existait-il un moyen de rendre cette solution acceptable pour l'Allemagne en y ajoutant une stipulation qui répondît à ses vues sans contredire aux nôtres? Tel était le problème à résoudre.

Si l'on réduit à l'essentiel la thèse des négociateurs français, on peut la résumer ainsi : « Organisation de la police par la France et l'Espagne, toutes garanties étant données que cette organisation ne porterait aucune atteinte à la liberté commerciale. » C'était une équation à deux termes. L'un de ces termes, — organisation de la police par nous et par les Espagnols, à l'exception de tous autres, — représentait la protection des intérêts français et de la sécurité algérienne ; c'était la sauvegarde de notre droit spécial : nous ne pouvions ni l'abandonner ni le modifier. L'autre terme, — garanties pour la « porte ouverte », — n'était pas dans le même cas : nous avions indiqué quelles étaient les garanties que nous offrions; mais si l'on en désirait d'autres, nous étions prêts à les étudier, voire même à les accepter, pourvu que demeurât intact le privi-

---

[1]. Voir ci-dessus, page 102.

lège franco-espagnol pour l'exécution des réformes de police. Dans cet ordre d'idées, on pouvait évidemment concevoir, sous une forme à préciser ultérieurement, une sorte de surveillance, prolongeant la conférence et s'assurant que les instructeurs français et espagnols s'acquitteraient de leur tâche sans dommage pour l'égalité économique. On se rapprochait ainsi de cette idée d'inspection introduite par M. de Radowitz dans la note du 13 février. On faisait donc un pas en avant. Et cependant, en subordonnant l'acceptation par la France de cette surveillance éventuelle à l'acceptation par l'Allemagne de la police franco-espagnole, on évitait tout engagement susceptible d'être, sans compensation, retourné contre nous. Il était possible également de renoncer à la formule « mandat de police à la France et à l'Espagne », en se contentant de spécifier que les instructeurs de cette police, placée sous la direction du Sultan, seraient exclusivement Français et Espagnols. Le résultat pratique était le même [1].

Il était, par contre, indispensable que, si nous nous décidions à cette concession, les négociateurs allemands ne fussent qu'ultérieurement informés de notre décision. Si, en répondant à M. de Radowitz, M. Révoil avait découvert son projet, nos interlocuteurs n'auraient sans doute pas manqué de nous demander des amendements qui l'eussent rendu inacceptable. Il fallait donc que ce projet lui-même apparût au cours de la négociation comme un amendement, alors seulement que l'Allemagne se serait montrée disposée à nous concéder la police franco-espagnole, et mieux valait encore que cet amendement, au lieu d'émaner de nous, fût présenté par un tiers dans la forme d'une transaction impartiale offerte par ce tiers aux deux parties en cause. Avant de rien rédiger, M. Révoil voulut s'assurer que ces conditions seraient remplies. Mettant à profit les relations excellentes qu'il avait nouées depuis un mois avec ses principaux collègues, il demanda à M. White s'il pourrait compter sur son intervention. M. White était au nombre des délégués qui avaient indiqué à M. Révoil l'opportunité de compléter la solution franco-espagnole par quelque disposition qui satisfît l'Allemagne [2]. Il ne pouvait donc que se féliciter de voir son

[1]. Il est intéressant de signaler que M. Rouvier et M. Révoil eurent cette idée chacun de leur côté et presque simultanément.
[2]. Voir ci-dessus, page 153.

conseil suivi. Mais il ne se borna pas à cette approbation ; et, après avoir promis à son collègue français de s'approprier le projet qu'il rédigerait dans ce sens et de le présenter en temps utile comme une transaction américaine, il lui offrit spontanément de le faire recommander à Berlin par le président Roosevelt. Dans ces conditions, la combinaison, à laquelle M. Rouvier et M. Révoil avaient simultanément reconnu qu'il serait opportun de recourir, perdait ses inconvénients pour ne garder que ses avantages. Et, en faisant sur elle comme sur la promesse de M. White le secret le plus absolu, il devenait loisible de lui donner forme par une rédaction définitive. Celle, à laquelle en s'arrêta, était conçue comme il suit :

S. M. Chérifienne désire assurer par des moyens efficaces la sécurité des ports et de leur voisinage et procéder à une organisation plus complète de la police. A cet effet, elle créera des corps de troupe dont les effectifs et les cadres inférieurs seront recrutés parmi les musulmans marocains et qui seront placés sous le commandement de fonctionnaires chérifiens.

L'instruction, la discipline de ces corps de police, le contrôle de leur administration et de leur solde seront confiés à des officiers et sous-officiers français et à des officiers et sous-officiers espagnols, qui assisteront également l'autorité chérifienne dans l'exercice du commandement. Ces officiers seront nommés par S. M. Chérifienne sur la présentation de la légation dont ils relèvent. Les ressources nécessaires à la solde des troupes seront fournies par la banque d'État.

L'officier français et l'officier espagnol les plus élevés en grade (sans que ce grade puisse dépasser celui de lieutenant-colonel) seront chargés d'établir chaque année, de concert avec le représentant du Sultan à Tanger, un rapport d'ensemble sur l'organisation et le fonctionnement de la police. Ce rapport sera adressé au Sultan, et, par les soins de la légation d'Italie à Tanger, au gouvernement royal italien qui en fera part aux autres puissances. Le gouvernement italien aura la faculté de faire procéder à l'établissement de tels rapports complémentaires qui seraient jugés utiles [1].

De nos demandes initiales, nous conserverions par conséquent l'essentiel, la police franco-espagnole. Mais à la note allemande du 13 février, nous empruntions et l'organisation de la police par le Sultan et le principe du contrôle [2]. Ce contrôle, au lieu de le

[1]. L'entente avec M. White au sujet de ce projet s'établit les 14 et 15 février.
[2]. Voir ci-dessus, page 175.

confier au corps diplomatique ou à un officier pris dans une armée neutre, nous demandions à l'Italie de s'en charger par l'intermédiaire de son ministre à Tanger. Entre les deux systèmes, on pouvait hésiter. L'Italie était une puissance méditerranéenne, mais nos engagements avec elle et la politique de désintéressement qu'elle nous avait promis de suivre au Maroc nous préservaient de toute inquiétude à son endroit. Le corps diplomatique était une collectivité ; mais cette collectivité avait son siège à Tanger : c'est dire qu'on pouvait craindre de sa part, suivant les dispositions de son doyen, une intervention hostile dans le fonctionnement de la police. A Paris, on penchait plutôt en faveur de ce dernier procédé. M. Révoil préférait le premier, qui devait finalement être abandonné, mais qui, d'abord, fut adopté. Il restait d'ailleurs bien entendu avec M. White que nous ne consentirions à nous occuper de la surveillance, qu'après avoir obtenu satisfaction par l'octroi à l'Espagne et à nous du mandat de police et que, dans ses conversations avec M. de Radowitz, il ne nous découvrirait à aucun degré. Si l'Allemagne persistait à repousser la solution franco-espagnole, notre concession, — rapports de la légation d'Italie communiqués par elle aux puissances, — ne serait pas produite en séance.

Restait à répondre à M. de Radowitz. Il va de soi que, dans cette réponse, la transaction éventuelle, dont nous venions de définir les modalités, devait être seulement indiquée et nettement subordonnée à l'acceptation de nos demandes sur la nationalité des instructeurs. Le samedi 17 février, M. Révoil remettait donc à M. de Radowitz la note suivante :

Il n'y a pas d'opposition à l'organisation de la police par le Sultan dans les ports, ni au paiement des troupes et des officiers par la Banque d'État, ni à la courte durée de cette institution, mais sous la condition que les officiers étrangers choisis par S. M. Chérifienne seraient des officiers français et espagnols.

Le point de la proposition allemande relatif à une surveillance de l'exécution de cette organisation ne pourrait être examiné que si la question de la nationalité des officiers avait été résolue comme il est indiqué ci-dessus.

Il ne manquait pas de signaler en même temps à son collègue allemand combien notre réponse, si prompte et si mesurée,

témoignait de notre désir d'arriver à un accord. Et M. de Radowitz le reconnaissait. Laissant, par une concession nouvelle, le
champ libre à une transaction honorable pour tous, nous avions
le droit d'espérer que le gouvernement allemand ne s'y déroberait
pas. Sans doute, nous n'acceptions ni l'internationalisation, ni
l'officier neutre inspecteur. Mais nous admettions le principe d'une
surveillance à exercer sur la police et nous adhérions par là, sinon
aux modalités, du moins à l'essence même de la note allemande.
Rien ne s'opposait logiquement à ce que, dans ces conditions, nous
fussions payés de retour par le recrutement des instructeurs en
France et en Espagne seulement. C'est sur ces bases invariables
qu'allait, jusqu'à l'accord final, se maintenir notre politique [1].

V

Cependant, entre M. Regnault et le comte de Tattenbach, la conversation relative à la banque n'avait été interrompue pas plus
après qu'avant la dépêche Wolff. Les deux délégués avaient continué à se voir et à échanger des idées, sans du reste que cet
échange eût à aucun moment un caractère officiel ou que le succès
de ces pourparlers fût considéré comme la condition nécessaire

---

1. La presse française accueillit d'abord cette seconde concession très froidement. Le *Temps*, entre autres, écrivit : « Si l'Allemagne nous donnait sur
ce point une réponse catégorique, les négociateurs français semblent penser
qu'il serait possible d'établir entre la France et l'Espagne, chargées de la
police, et l'Europe, de qui émanerait le mandat, un intermédiaire. Cet intermédiaire aurait pour mission d'homologuer chaque année les résultats de
l'œuvre entreprise et de les faire connaître aux puissances qui y trouveraient
le compte rendu de la tâche confiée par elles aux instructeurs français et
espagnols. Le memorandum de M. Révoil ne fait qu'esquisser — à titre éventuel et sous réserve de l'acceptation du premier point relatif à la nationalité
des instructeurs — cette solution. Et il ne prononce pas le nom de la puissance qui jouerait ce rôle de délégué de la conférence et d'organe enregis-
treur des réformes. Mais il est probable que l'Italie serait acceptée par tous,
si l'on se mettait d'accord sur le principe. Quoi qu'il en soit, il nous est impossible de dissimuler qu'une telle organisation — même en supposant réglée à
notre avantage la question des instructeurs — nous paraît une satisfaction
excessive donnée aux prétentions injustifiées de l'Allemagne. Nous désirons
que la conférence aboutisse à un accord. Mais nous pensons que cet accord
ne doit pas être recherché à tout prix. Nous nous demandons si nos représentants, dans leur louable zèle pour l'entente finale, ne vont pas plus loin
que de raison et si, en poussant jusqu'au point qu'on vient de lire la limite
de leurs concessions, ils ne dépassent pas les bornes où aurait dû nous
retenir notre intérêt positif. » (Voir le *Temps* du 19 février).

de la mise à l'ordre du jour de la question de la Banque d'État.

La discussion, très rapidement, s'était concentrée sur les droits du consortium français et sur la valeur que la cession de ces droits devait représenter pour la banque. On se souvient que ces droits étaient les suivants :

1° Garantie générale de l'emprunt de 1904 sur la totalité du produit des douanes (art. 11) ;

2° Affectation spéciale et exclusive au service de l'emprunt de 60 p. 100 du produit des douanes, cette proportion étant calculée sur des recettes annuelles de 12 millions de pesetas (art. 17) ;

3° Obligation pour le gouvernement marocain, s'il désirait gager un nouvel emprunt sur le solde disponible (40 p. 100) des recettes douanières, de ne fixer le quantum à prendre sur ce solde qu'après entente avec les banques contractantes (art. 32) ;

4° Préférence assurée (à conditions et prix égaux) aux banques contractantes pour la négociation de tout nouvel emprunt (art. 33) ;

5° Préférence identique pour la frappe des monnaies à l'étranger et les achats ou ventes d'or et d'argent (art. 33) ;

6° Nomination d'un délégué des porteurs de titres ayant des employés dans chaque port et possédant droit de prélèvement, d'enquête et de contrôle sur les douanes (art. 12, 16 et 30) ;

Enfin, par une lettre du mois de juin 1904, le ministre des Finances marocain s'était s'engagé à ce que, si une Banque d'État était créée, elle le fût par les soins des banques contractantes.

De ces droits, les uns, ceux qui étaient inscrits aux articles 11, 16 et 17 n'étaient point cessibles, car ils constituaient la garantie inaliénable des obligataires ; les autres, au contraire, pouvaient être abandonnés à la future Banque d'État contre une juste compensation : c'étaient ceux de l'article 33. Mais tandis que M. Regnault soutenait que cet abandon n'était admissible que contre un avantage fait aux établissements contractants dans la constitution du capital de la Banque d'État, le comte de Tattenbach demandait que l'égalité absolue fût maintenue à cet égard entre toutes les puissances représentées à la conférence[1]. Il ne discutait pas le droit du consortium français : il l'ignorait. Ou, quand il était mis au pied du mur, il disait :

1. Il reprenait par conséquent la concession qu'il avait paru disposé à faire précédemment (Voir ci-dessus page 143).

— Vous avez la préférence, soit pour les emprunts soit pour la frappe de la monnaie, *à conditions ou prix égaux*. Or, en pareille matière, il n'y a pas d'égalité absolue. Donc votre droit n'a qu'une valeur médiocre.

Et sans tenir compte de ce fait que la Banque ottomane, qui jouit du même privilège, l'exerce pratiquement depuis cinquante ans[1], il opposait, aux arguments de M. Regnault, l'affirmation persistante que nous nous exagérions la valeur de l'apport fait à la Banque d'État par le consortium français. On n'était pas d'accord non plus sur le régime légal de la future banque. Et M. de Tattenbach n'acceptait pas qu'elle fût régie par la loi française.

A la suite de quatre ou cinq conversations de ce genre, M. Révoil estima que le moment était venu pour nous de fixer nos idées dans un projet qui pût être distribué à la conférence. Il était assez difficile de préjuger les résolutions de la délégation allemande. Mais dût-elle persister dans ses exigences, nous ne pouvions renoncer à faire valoir nos droits devant les plénipotentiaires. Le premier projet que rédigea M. Révoil parut au président du Conseil un peu prématuré, en ce sens qu'il énonçait des solutions qui, acceptables comme transactions finales, étaient trop modérées pour servir de base à des propositions sur lesquelles, de toute évidence, on nous demanderait des sacrifices. Dans une nouvelle étude, la délégation française, assistée du représentant de la Banque de Paris et des Pays-Bas, M. Dupasseur, tint compte des observations du gouvernement et prit ses dispositions pour avoir devant elle plus de marge. Aux termes de ce projet, le capital était divisé en quinze parts : onze de ces parts étaient distribuées à raison de une par puissance : les quatre autres étaient réclamées pour le consortium en échange de son droit de préférence. Nous avions ainsi, dans le conseil d'administration composé de quinze membres, cinq voix pour la France et les banques françaises, auxquelles, s'ajoutait, d'après un engagement explicite de sir Arthur Nicolson, la voix de l'administrateur anglais, et que pouvaient renforcer, après des négociations appropriées, les voix de la Russie, de l'Espagne, du Portugal, de l'Italie et de la Belgique. L'accord du 1er septembre 1905 avait promis à l'Es-

---

1. Voir ci-dessous, page 228.

pagne, dans la banque, une situation supérieure à celle de toute autre puissance, la France exceptée [1]. Notre part, comme puissance, étant égale à la sienne, nous restions dans la lettre de l'accord. Et quant à l'esprit, nous pouvions rétrocéder aux Espagnols une des quatre parts du consortium, dans lequel au surplus les banques espagnoles étaient représentées. Si l'on note en outre que nous réclamions la législation française ; que nous indiquions Paris comme siège social et comme lieu de réunion du conseil d'administration, on voit que, pour n'être pas exagérées, nos demandes se trouvaient pourtant établies de telle sorte que, suivant les instructions de M. Rouvier, nous gardions la possibilité de consentir des concessions sur le terrain économique.

Le samedi 17 février, M. Regnault, sans découvrir les détails de notre plan, revint une fois de plus sur les idées dont il s'inspirait. Le comte de Tattenbach ne fit pas autant d'objections que les fois précédentes. Il prit des notes, annonça l'intention de télégraphier à Berlin et de continuer la conversation. Il espérait, dit-il, pouvoir à titre privé, communiquer bientôt à son collègue, comme conclusion de ces entretiens préliminaires, un projet allemand. Nous étions autorisés à penser que ce projet, s'il ne nous donnait pas complète satisfaction, représenterait du moins un effort transactionnel ; que, sans abandonner en principe sa thèse de l'égalité absolue, l'Allemagne reconnaîtrait en fait les droits indiscutables des banques françaises et que, renonçant à introduire dans le débat sur la banque des préoccupations politiques, elle chercherait avec nous un arrangement équitable et pratique, mettant en harmonie les intérêts respectifs. Un coup de théâtre double et simultané allait montrer ce que valait, tant pour la police que pour la banque, l'optimisme de ceux qui nourrissaient cet espoir.

VI

Le lundi, 19 février, dans la matinée, M. de Tattenbach vint voir M. Regnault.

---

1. Voir ci-dessus, page 59.

— Je vais, lui dit-il, vous communiquer mon projet. Je l'ai établi avec M. de Glasenapp, fonctionnaire de la *Deutsche Bank*. Je vous prie de considérer cette communication comme toute personnelle.

Ce disant, il remettait à son collègue le document annoncé. M. Regnault, en y jetant les yeux, éprouvait une légitime curiosité mêlée d'assez de confiance. Il savait, en effet, que M. Gwinner, directeur de la *Deutsche Bank*, arrivé à Paris la semaine précédente, avait dit à M. Thors, directeur de la Banque de Paris, que les projets étudiés à Algésiras lui semblaient bien compliqués ; qu'il fallait simplifier ; demander 60 parts pour la France, en offrir 40 à l'Allemagne et qu'à Berlin on accepterait. M. Thors, naturellement, n'avait rien répondu. Peut-être cependant la suggestion de M. Gwinner se serait-elle introduite dans le papier que M. de Tattenbach venait de remettre à M. Regnault ; en tout cas, y retrouvait-on la trace des conversations antérieures entre les deux délégués. Une rapide lecture suffit à notre représentant pour se convaincre qu'il n'en était rien. Non seulement le projet allemand ne « simplifiait » quoi que ce fût, mais, faisant table rase des entretiens qui s'étaient succédés depuis le 26 janvier, passant outre aux promesses de conciliation formulées par le délégué allemand dans la dernière entrevue, il reprenait intégralement toutes les exigences initiales de l'Allemagne et faisait de la Banque d'État, au lieu d'un établissement financier, une machine de guerre politique contre l'influence et les droits de la France. Égalité absolue entre toutes les puissances ; silence pur et simple sur les droits du consortium ; refus d'adopter la législation française ; fixation à Tanger du siège social ; constitution du capital en pesetas ; subordination du conseil d'administration composé de vingt-six membres à un conseil de surveillance constitué par le corps diplomatique ; affectation des recettes douanières à la banque en déduisant « peut-être » la somme nécessaire au service de l'emprunt de 1904 : tels étaient les traits caractéristiques de ce projet qui, financièrement complexe et peu pratique, n'avait de signification nette que contre nous. Cette signification s'accusait, si l'on se reportait aux entrevues précédentes. M. Regnault le fit observer à M. de Tattenbach en lui exprimant sa surprise. Celui-ci ne répondit rien. Si quelque incertitude pouvait subsister sur les mobiles, l'acte lui-même n'en comportait aucune : l'Allemagne inaugurait, à notre égard, dans la question de la banque, une politique hostile, et, au lieu d'un pas en avant, elle en faisait deux en arrière.

Ce n'était pas d'ailleurs un fait isolé. Le même jour, dans l'après-midi, M. de Radowitz se faisait annoncer chez M. Révoil :

— Je viens, lui dit-il, vous apporter la réponse de mon gouvernement à votre note de samedi sur la police. Je regrette qu'elle ne réponde pas à vos vues.

Cette réponse, divisée en deux paragraphes, était conçue comme il suit :

> La condition que les officiers étrangers choisis par S. M. Chérifienne soient des officiers français et espagnols ne nous paraît pas compatible avec le caractère international de l'organisation de la police.
>
> Nous désirons donc maintenir nos propositions en nous déclarant prêts à examiner tout autre qui aurait comme point de départ le principe de l'égalité des droits pour tous accepté par la conférence.

M. de Radowitz essaya d'atténuer ce que ce refus avait de brutal et d'exprimer sa confiance dans une proposition nouvelle de notre part. Avec beaucoup de raison, M. Révoil lui fit remarquer qu'il n'y avait que peu de chances d'entente entre deux interlocuteurs dont l'un ne voulait rien céder. L'obstination de l'Allemagne à réclamer pour la police un « caractère international » ne reposait d'ailleurs sur aucun texte et le « principe » qu'elle invoquait n'avait d'autre base que sa volonté. Le protocole du 8 juillet 1905[1] avait reconnu l'utilité de réformes de police et de réformes financières, « dont l'introduction serait réglée par voie d'accord international » : et rien de plus. En d'autres termes « l'introduction » des réformes devait se faire non par l'Allemagne ou la France ou toutes les deux ensemble, mais par la conférence. Quant à l'exécution des mesures ainsi arrêtées, la forme n'en était pas préjugée. Dans le protocole du 28 septembre[2], la formule était identique. Pas plus de celui-ci que du précédent on ne pouvait, par conséquent, déduire l'obligation que l'Allemagne tentait de nous imposer. De plus, en affirmant « l'égalité des droits pour

1. Voir appendice, page 482.
2. Voir appendice, page 484.

tous » dans l'ordre politique, elle manquait à son engagement du 8 juillet de reconnaître notre « intérêt spécial ». Comme pour la banque, elle se contentait de répondre à nos offres transactionnelles par un impérieux *sic volo*. Depuis la dépêche Wolff, elle se tenait, en dépit des entretiens continués, en dépit de l'acceptation éventuelle par la France du principe de la surveillance, à une intransigeance irréductible.

Simultanément, nous trouvions une preuve nouvelle de son active hostilité dans l'attitude incertaine de la délégation espagnole. A Madrid, le Roi et M. Moret n'avaient point varié [1]. Mais à Algésiras, le duc d'Almodovar, et plus encore son entourage, étaient visiblement troublés. Et nous ne rencontrions plus en eux la franchise des jours précédents. Nous savions que l'article du projet allemand sur la banque, constituant le capital en pesetas, avait été à l'avance connu d'eux : ils ne nous en avaient rien dit. Le 19, à la fin de la journée, c'est-à-dire après l'entrevue de M. de Tattenbach avec M. Regnault et de M. Révoil avec M. de Radowitz, la délégation espagnole faisait remettre à M. Révoil, en vue de la séance qui devait avoir lieu le lendemain matin 20, un questionnaire sur la banque, dont elle ne lui avait jamais parlé et qui n'était pas favorable à la France. Ce silence répondait mal à l'engagement réciproque, pris dès le début de la conférence par les représentants de la France et de l'Espagne, de n'avoir l'un pour l'autre rien de caché. M. Révoil, sans protester, se contenta de faire remarquer qu'il lui fallait le temps d'étudier le questionnaire; de demander et d'obtenir la remise de la séance à l'après-midi. Ce qu'ayant appris, M. de Tattenbach se fâcha et exigea de la présidence qu'avec le questionnaire on imprimât son projet, qui, effectivement, fut imprimé et distribué : le tout, sans que, cette fois encore, M. Révoil fût averti. Petits symptômes, dira-t-on, mais auxquels on ne pouvait se tromper et qu'un autre allait confirmer.

Dans la soirée, en effet, de cette journée du 19, qui devait être, jusqu'au bout, mauvaise pour la France, le duc d'Almodovar venait voir M. Révoil et après lui avoir parlé avec émotion des difficultés de l'heure présente, il lui disait son désir de trouver, malgré tout,

---

1. Voir ci-dessous, page 207.

une solution. Une note, qu'il tirait aussitôt de sa poche, énonçait cette solution. Aux termes de cette note l'Espagne, tout en exprimant son regret de l'opposition allemande, déclarait renoncer pour sa part, en raison de son désir d'entente, à la combinaison franco-espagnole. La police serait organisée par le Sultan, sous le contrôle du corps diplomatique et pour trois ans, avec des instructeurs exclusivement marocains[1], sauf à Tétouan et à Oudjda. La France était conviée à la même renonciation, sa situation à Oudjda faisant équilibre à celle que l'Espagne réclamait à Tétouan. Les deux puissances apprécieraient, au bout des trois années, si elles devaient reprendre les prétentions qu'elles abandonnaient provisoirement. Sans doute, le duc d'Almodovar déclarait que ce n'était là qu'une suggestion personnelle. Si nous n'en voulions pas, il n'en soufflerait mot à personne. Personne d'ailleurs ne lui en avait parlé... M. Révoil, qui savait que le représentant de l'Espagne, plus influençable qu'audacieux, n'aurait pas pris de lui-même une initiative si contraire à son attitude précédente; qui se rappelait d'autre part que, le même jour, avant le déjeuner, M. de Tattenbach avait parlé d'une combinaison analogue[2], avait le devoir de protester énergiquement. Il invoqua les accords franco-espagnols, sauvegarde des intérêts respectifs des deux pays. Il montra que, de ces accords, plus nécessaires que jamais si la conférence échouait, l'Angleterre était garante. Il ajouta que la combinaison proposée serait, de la part de l'Espagne et de la nôtre, non pas une concession, mais une abdication ; que, notamment, nous donner Oudjda, c'était nous donner ce que nous avions déjà, puisque la police de la frontière ne regardait pas la conférence. Il signala la nécessité de resserrer l'union, pour résister solidairement à la pression allemande. Le duc d'Almodovar nia cette pression : mais, au même moment, et, de l'aveu des gouvernements intéressés[3], elle s'exerçait avec une violence inouïe dans toutes les capitales et à Madrid plus qu'ailleurs. A Algésiras, du moins, elle n'aurait d'autre résultat, — puisque le projet espagnol était par notre résistance rejeté dans les limbes d'où il n'aurait jamais dû

1. Seules devaient subsister les missions militaires existantes.
2. Plusieurs délégués avaient assisté à cette conversation.
3. Voir ci-dessous, pages 203 à 208.

sortir, — que de nous éclairer sur le péril et de redoubler notre vigilance [1].

De la dépêche Wolff aux événements du 19 février, la continuité de la politique allemande était absolue. Escomptant notre faiblesse, elle répondait à nos concessions, — police franco-espagnole, acceptation éventuelle d'une surveillance, — par le maintien de ses prétentions. Et à cette conférence, où, suivant le prince de Bulow, il ne devait y avoir ni vainqueurs ni vaincus, elle entendait nous imposer le sacrifice de nos droits les plus précis et de nos intérêts les plus essentiels. Dans ces conditions, n'avions-nous pas été mal inspirés de poursuivre aussi longtemps les conversations particulières avec ses représentants ? Et n'eût-il pas été plus expédient de porter plus tôt le débat devant l'Europe assemblée et de solliciter son verdict ? A Paris, l'opinion penchait en ce sens [2]. A Algésiras, nos délégués estimaient que nous n'avions rien à regretter [3]. D'une part, cette longue période d'attente nous avait permis de dissiper dans l'esprit des tiers bien des préjugés

[1]. Cette proposition espagnole fut communiquée le surlendemain à M. Rouvier par M. de Leon y Castillo, ambassadeur d'Espagne.

[2]. Voir le *Temps* du 17 février.

[3]. M. Joseph Galtier, correspondant du *Temps*, exposait en ces termes, le 27 février, les raisons qui avaient déterminé M. Révoil à ne pas brusquer les choses :

« Il ne serait pas juste de soutenir que les conversations d'Algésiras ont été inutiles à la France. Il serait de même inexact de prétendre que les délégués se sont plaints du dialogue franco-allemand. Voici en effet le résultat de l'enquête que j'ai faite à ce sujet.

» Les conversations préparatoires sont de tradition dans les conférences. On a toujours vu les nations principalement intéressées essayer de s'entendre, afin de faciliter la tâche des séances officielles ; on choisit les points litigieux les plus importants qu'on s'efforce de régler.

» Cette fois, à Algésiras, il n'y avait en réalité que deux puissances en désaccord. Rien de plus naturel qu'elles aient utilisé le temps que leur laissait l'examen des questions secondaires pour préparer le terrain aux discussions essentielles. Sans doute, ces conversations devaient rester confidentielles et privées, mais pour le public seulement. En réalité, les délégués ont pu les suivre : on les tenait au courant et ils n'étaient pas sans influence sur la marche de ces échanges de vues.

» Les deux interlocuteurs n'ont pas cessé d'être devant la conférence. Loin de se plaindre, les délégués ont parfaitement compris l'utilité de ces pourparlers qui, dans leur pensée, devaient aider au succès de la conférence. L'Allemagne et la France ne se sont pas mises à l'écart pour entretenir une conversation mystérieuse : la preuve, c'est que MM. Révoil et Regnault ont vu plus souvent les autres délégués que les délégués allemands.

» Cette façon de causer n'a pas eu pour effet de retarder la conférence ou de ralentir ses travaux. Il convient de rappeler que la conférence de Madrid,

que l'Allemagne y avait éveillés et entretenus[1]. D'autre part, à vouloir brusquer les choses et nous hâter vers un vote, nous aurions risqué de mécontenter ceux des plénipotentiaires, — et c'était la majorité, — qui craignaient par-dessus tout d'avoir à se prononcer publiquement entre nos adversaires et nous. L'Europe, considérée comme personne morale, n'a pas de tempérament. Elle a peur des coups et des difficultés. Et les responsabilités mêmes lui sont désagréables. Sans doute, nous étions sûrs d'être soutenus jusqu'au bout par l'Angleterre, la Russie, le Portugal et, en dépit des faiblesses récentes de ses représentants, par l'Espagne[2]. Mais les autres délégués ne dissimulaient pas leur désir d'éviter le scrutin. Et quand ils conseillaient l'entente préalable, ils ne faisaient que traduire en une forme honnête les conseils de leur timidité. Le marquis Visconti-Venosta, lui-même, quand on le pressait, avouait que, si l'on votait, il craignait d'être obligé de s'abstenir. Et l'Italie cependant avait avec nous des engagements ! Que qui avait une seule question à résoudre, a pris quarante-six jours. A Algésiras, on a abordé et résolu déjà plusieurs problèmes difficiles et nous n'en sommes pas encore à la septième semaine.

» Enfin cette méthode de travail a permis de mettre au point certaines opinions erronées à notre sujet. En effet, la diplomatie allemande par une série savante de manœuvres habiles avait voulu convaincre l'Europe que nos demandes lésaient les intérêts généraux et avait essayé de prendre, au nom de la justice, le prétendu mandat européen qu'elle nous accusait d'avoir usurpé en vue de servir nos desseins particuliers.

» Les pourparlers d'Algésiras ont coupé court à ces manœuvres et ruiné ces espérances. Les préventions à notre égard, si elles existaient et là où elles existaient, sont tombées. Les puissances représentées ici savent ce qu'il faut penser des légendes créées par l'Allemagne. Elles ne voient pas, d'autre part, que celle-ci ait jusqu'ici parlé au nom des intérêts de l'Europe. Elles constatent qu'elle a une singulière façon de soigner ces intérêts.

» Il n'est personne qui ne soit convaincu, à cette heure, par la netteté de notre attitude et de notre langage, de la droiture et de la loyauté de nos intentions. Nous avons gagné les sympathies les plus précieuses, à ce point que, si l'Allemagne manifestait enfin un désir véritable de conciliation en faisant droit à nos justes et légitimes demandes, il y aurait en Europe un sentiment de soulagement et de satisfaction. »

1. C'est ainsi notamment que l'argument, si souvent employé, de la « porte ouverte », avait perdu son efficacité.

2. A ce moment, à Tanger, l'Espagne dans une affaire d'importance secondaire nous marquait sa bonne volonté. Il s'agissait du renouvellement des douze membres élus de la commission d'hygiène qui est, à Tanger, une sorte de conseil municipal à pouvoirs limités. En 1903, cette élection avait été toute à l'avantage de la colonie espagnole et nettement anti-française. En février 1906, les ministres de France et d'Espagne s'entendirent sur l'établissement des listes et le résultat fut : Espagnols 4; Français 3; Anglais 2; Italien 1; Allemand 1; Américain 1.

dire des pays qui n'en avaient point? Les États Unis nous aideraient activement, nous le savions et l'avions éprouvé déjà. Mais l'action de M. White, d'autant plus efficace qu'elle était moins publique, pourrait-elle aller jusqu'à prendre en séance notre parti? Ses instructions et les nécessités de la politique américaine ne nous permettaient guère de l'espérer. De la Belgique, de la Suède, de la Hollande, il fallait prévoir l'abstention; du Maroc et de l'Autriche, l'hostilité. Cela nous donnait cinq ou six voix au maximum. Et, certes, c'était quelque chose, si nous devions en fin de compte nous contenter d'un résultat moral. Mais ce n'était pas assez pour renoncer dès l'abord aux chances éventuelles d'accord qu'offraient les pourparlers directs dont nous venions, après coup, de constater l'échec. Quoi qu'il en fût, nous n'avions plus le choix. D'ailleurs les débats économiques étant presque complètement épuisés, force était de passer aux autres articles du programme. Il fallait désormais aller devant la conférence et la saisir de nos propositions, — mais non sans avoir d'abord riposté dans les capitales aux menées de la diplomatie allemande. Ces menées, plus intenses chaque jour, nous imposaient, avant le débat public, une défensive vigoureuse.

CHAPITRE III

LA PRESSION ALLEMANDE

I. *L'obstruction allemande.* — Les trois démarches du comte d'Osten-Sacken. — Les trois refus du prince de Bülow (10-19 février). — M. de Schœn et le comte Lamsdorf. — Le prince de Reuss et M. Crozier.

II. *L'intrigue allemande.* — Les accusations de M. de Schœn. — Une lettre de Guillaume II au Tsar (11 février). — Le ministère Sonnino et l'insistance du comte de Monts. — Le recours au marquis Visconti-Venosta. — Les menaces de M. de Stumm. — Alphonse XIII et Guillaume II. — Une dépêche de l'Empereur. — Le prince de Radolin au quai d'Orsay (14 et 15 février). — Le prince de Bülow et le comte Goluchowski.

III. *La résistance française.* — La réfutation des griefs allemands. — Le marquis de Reverseaux et le comte Goluchowski. — Les conseils autrichiens. — Les avis du comte Lamsdorf. — L'action de M. Barrère et de M. Egerton sur le gouvernement italien. — M. Jules Cambon et M. Moret. — Les instructions d'Alphonse XIII (10-20 février).

IV. *L'affaire de Mar-Chica.* — La défiance espagnole. — La première croisière du *Lalande.* — L'intervention du *Turki.* — L'incident du *Zénith* (15 février). — L'émotion de M. Moret. — Une étrange démarche du prince de Radolin.

V. *L'échec des négociations directes.* — Le pessimisme. — Les responsabilités de l'Allemagne. — La France et la conférence. — Le débat nécessaire.

I

La dépêche Wolff nous avait apporté, la première, la nouvelle du refus par l'Allemagne de nos propositions. Mais M. de Radowitz, dans sa communication du 13 février, ne fut pas devancé que par elle. De toutes parts, en effet, s'affirmait l'intransigeance allemande.

Le comte d'Osten-Sacken, ambassadeur de Russie à Berlin, fut le premier à en être informé. C'est un vieux diplomate que M. d'Osten-Sacken. De sympathies, il est Allemand. Mais, fonctionnaire correct et scrupuleux, il accomplit avec ponctualité les missions qui lui sont confiées. En l'espèce, il ne portait guère intérêt aux revendications françaises ; peut-être ne les connaissait-il qu'imparfaitement et discernait-il mal la gravité du problème marocain pour l'Algérie et pour la France. Il suffisait cependant qu'il reçût l'ordre de soutenir ces revendications pour qu'il le fît en toute loyauté. Suivant les instructions du comte Lamsdorf, il demanda une audience au prince de Bülow. Le 10 février, il lui lut le télégramme du comte Cassini [1] exposant et recommandant la solution franco-espagnole ; il appuya cette solution. A ces arguments sérieux, le chancelier répondit par un syllogisme en forme de pirouette.

— Nous écartons absolument, dit-il, la possibilité de confier le mandat de police à la France seule. Or le donner à la France et à l'Espagne, c'est comme si on le donnait à la France. Nous repoussons donc la combinaison franco-espagnole.

Suivait l'argumentation connue et maintes fois déjà réfutée : Les puissances chargées de la police pourraient à leur gré refermer la « porte ouverte » ; aussi bien, M. Rouvier avait promis au Dr Rosen de ne pas solliciter le mandat général [2]. Par conséquent, une seule solution était acceptable, — celle que M. de Radowitz avait reçu l'ordre de proposer à M. Révoil : la police par le Sultan avec instructeurs librement recrutés par lui sous le contrôle du corps diplomatique et surveillance d'un inspecteur. A défaut de quoi, on pourrait adopter la division par secteurs ; ou encore rester dans le *statu quo*. Malgré ce que cette réponse avait de décourageant, M. d'Osten-Sacken, obéissant avec zèle aux instructions du comte Lamsdorf, revint à la charge. Quelques jours après, au cours d'une soirée officielle, il insista sur l'importance que le gouvernement russe attachait à sa récente démarche. Le prince de Bülow lui répliqua par un *non possumus* catégorique. La France, cependant, donnant spontanément satisfaction à une suggestion du comte Lamsdorf, venait de faire un pas de plus vers l'Allemagne en déclarant à Algésiras, le 17 février, que, si la police franco-espagnole était acceptée, elle ne refuserait pas d'envisager les garanties dont pourrait être entouré le fonctionnement de cette police [3]. De nouveau, l'ambassadeur de Russie, informé de cette concession, reçut l'ordre de se rendre chez le chancelier, de lui signaler que,

1. Le premier entretien eut lieu le 9 ou le 10 février. Je n'ai pu savoir exactement lequel de ces deux jours.
2. Voir ci-dessus, page 159.
3. Voir ci-dessus, page 144.

par cette proposition, nous démontrions péremptoirement notre désir d'entente; que l'Allemagne, au contraire, parlait toujours du sien, mais ne le prouvait point par ses actes. Cette fois encore, 19 février, M. de Bülow fut irréductible. Et avec plus de raideur que de coutume, il invoqua, au lieu d'arguments positifs, la dignité de l'Empire « et de l'Empereur lui-même ». En quoi cette dignité eût-elle souffert, le 19 février, d'une solution qu'elle devait accepter le 26 mars ? Il est impossible de le comprendre; mais, avec une obstination irritée, le chancelier se butait à ses prétentions, incriminait notre mauvaise volonté et notre violence, s'en prenait à nos « coloniaux », dont, selon lui, M. Révoil était l'agent docile et semblait, en fin de compte, prêt à revenir soit au système des secteurs, soit au mandat conféré à une puissance tierce. Dans ces perpétuelles variations, un seul point fixe, par conséquent : le refus de tout ce que nous proposions, la méconnaissance de tout ce que nous cédions, la volonté de tout ce que nous repoussions.

M. de Bülow ne se bornait pas à opposer ce refus aux démarches de M. d'Osten-Sacken. Il en informait soit à Berlin soit ailleurs tous ceux qui pouvaient nous le redire. Un jour, c'est au comte Lanza, ambassadeur d'Italie, qu'il affirmait sa résolution de n'accepter « jamais » la police franco-espagnole. Un autre jour, c'est M. de Szœgyeny Marich, ambassadeur d'Autriche, qu'il prenait pour confident de cette résolution « inébranlable ». En même temps, et comme s'il eût craint que le comte d'Osten-Sacken, ne suffît pas à renseigner sur ses dispositions le gouvernement russe, il envoyait M. de Schœn, ambassadeur d'Allemagne à Saint-Pétersbourg, les confirmer au comte Lamsdorf. M. de Schœn, ancien ministre à Copenhague, ancien conseiller d'ambassade à Paris, était doublement sûr d'être écouté, car on savait que la faveur impériale avait fait son rapide avancement. Quand donc il venait informer le ministre russe que l'Allemagne n'accepterait pas les propositions de notre note du 17, sa parole ne pouvait manquer de produire impression. Le *veto* opposé à nos offres était comme aggravé par cette communication superflue.

Ce *veto* se compliquait d'ailleurs de récriminations. Depuis le début de l'affaire marocaine, l'Allemagne s'était fait de la susceptibilité une sorte de monopole. Sans prendre garde aux blessures qu'elle portait, elle se plaignait sans cesse de celles qu'elle recevait. Dans le cas présent, M. de Schœn n'attachait point d'importance aux fausses nouvelles de l'agence Wolff[1], aux polémiques de la *Gazette de l'Allemagne du Nord*[2] qualifiées de grossières par la *Gazette de Francfort* elle-même, à tant d'autres encore ou pénibles ou injurieuses pour la France. Mais il déclarait que les articles du *Temps* étaient « intolérables » et que le chancelier en était exaspéré[3]. Ignorer les provocations et protester contre les ripostes, c'est une tactique que nous allions retrouver devant nous jusqu'au bout du débat. Quelques jours plus tôt, sur un autre terrain, cette mauvaise humeur s'était marquée d'ailleurs à notre endroit dans une conversation entre M. Crozier, ministre de France à Copenhague, et le prince de Reuss, secrétaire de la légation d'Allemagne dans cette ville. Le baron de Courcel, ambassadeur extraordinaire aux obsèques du roi Christian[4], avait prié M. Crozier de lui ménager une audience de la reine d'Angleterre et une audience de l'empereur Guillaume : rien de plus naturel, de la part d'un ancien représentant de la France à Berlin et à Londres. En répondant à notre ministre que la brièveté de son séjour en Danemark empêcherait l'Empereur de recevoir spécialement M. de Courcel, le prince de Reuss crut devoir ajouter que le ton de la presse française s'opposait aussi à cette réception. Le parti pris de nous brimer par une résistance injustifiable et de nous interdire toute révolte contre ces procédés se manifestait donc un peu partout. Nous étions loin des promesses d'obligeance, de bonne grâce, d'«aide», qu'on avait prodiguées pour nous amener à la conférence. Au lieu d'aide, nous trouvions la résistance. Et la résistance même allait céder la place à une active hostilité.

II

La manœuvre dirigée contre nous avait deux faces. D'une part on nous accusait de manquer à nos promesses et de compromettre,

---

1. Voir ci-dessus, page 167.
2. *Ibid.*, page 171.
3. Les articles du *Temps* avaient surtout aux yeux de l'Allemagne le grand tort d'être quotidiennement consacrés à la conférence et de tenir ainsi en éveil l'opinion française. Le prince de Radolin s'en plaignit plusieurs fois à M. Rouvier.
4. Voir ci-dessous, page 241.

d'abord par l'obstination de nos négociateurs, ensuite par la violence de nos journaux, le succès de la conférence. D'autre part on affectait en ce succès une absolue confiance, marquant du même coup celle que l'on avait de nous voir céder jusqu'au bout. Parallèlement, une pression, habilement exercée sur nos amis tendait à les détacher de nous soit par des avances soit par des menaces.

Nulle part mieux qu'à Saint-Pétersbourg cette double tactique ne fut visible. M. de Schœn, à deux reprises successives, alla se plaindre au comte Lamsdorf de notre manque de bonne volonté. Le comte, avec grande raison, observa que, depuis le début, nous étions seuls à en avoir montré. Démission de M. Delcassé, acceptation de la conférence, passage du mandat unique au mandat franco-espagnol, adhésion éventuelle à des garanties de contrôle, n'étaient-ce point là des concessions ? M. de Schœn, n'ayant rien à répondre, nous accusa alors de violer les promesses faites au Dr Rosen [1]. Et comme le comte Lamsdorf marquait quelque doute à cet égard, l'ambassadeur reprit :

— Je vous apporterai des documents qui vous prouveront que, non seulement M. Rouvier s'était engagé à ne pas solliciter le mandat général, mais encore qu'il avait accepté le mandat international.

Quelques jours après, M. de Schœn revenait avec ses « documents », — il aurait dû dire son document, car ce document était unique. C'était un télégramme récent du Dr Rosen affirmant une fois de plus la renonciation de M. Rouvier. Ce télégramme visait une dépêche du président du Conseil, en date du 25 septembre 1905, dans laquelle celui-ci disait : « J'ai au même degré que le gouvernement impérial le désir d'éviter tout désaccord flagrant entre nous à la conférence [2]. » Et M. Rosen traduisait : « Je m'engage à ne pas demander le mandat général. » Traduction hardie, si l'on songe que cette lettre est celle-là même où M. Rouvier dit avec une netteté contre laquelle l'équivoque n'a point de prise : « En dehors de la formule signée par les deux gouvernements, j'entends n'avoir d'engagement sur aucun point. » Le comte Lamsdorf, qui connaissait cette lettre et pouvait apprécier à sa

---

1. Voir ci-dessus, page 44.
2. Voir *Livre jaune*, page 305.

valeur l'argument du Dr Rosen, savait que, si nous avions gardé le droit de solliciter ce mandat général, nous avions en fait renoncé à l'exercer, puisque nous étions prêts à partager la police avec l'Espagne et à la limiter à huit ports. Il en fit la remarque à M. de Schœn, qui n'en persista pas moins à nous rendre responsables de toutes les difficultés et à imputer à notre intransigeance la responsabilité d'un échec éventuel : persistance d'autant plus étrange qu'au même moment Guillaume II, dans une lettre à Nicolas II, assurait que tout allait pour le mieux à Algésiras et que l'accord était certain[1]. On s'étonnerait de cette contradiction, si l'on ne remarquait que, pour concilier l'assurance optimiste du souverain avec les propos inquiétants de ses représentants, une seule condition était à la fois nécessaire et suffisante : que la France capitulât. Ainsi serait maintenu le refus de l'Allemagne et justifiée pourtant la confiance impériale. Par deux chemins différents, l'une et l'autre arrivaient au même terme : l'abandon de nos droits et le sacrifice de nos intérêts. Tel était le prix de « l'arrangement » dont l'Empereur se déclarait sûr.

A Rome, une crise ministérielle offrait à l'Allemagne la possibilité d'agir contre nous. Le ministère Fortis était tombé[2], succombant moins à une faute déterminée qu'à une sorte de difficulté de vivre. Le marquis de San-Giuliano, qui avait envoyé à Algésiras aux lieu et place de M. Silvestrelli, le marquis Visconti-Venosta, disparaissait et était remplacé par le comte Guicciardini. Quant au président du Conseil, le baron Sonnino, on le savait, de goûts et d'éducation, très anglais. Néanmoins, à Berlin, on fondait sur lui des espérances. A plusieurs reprises, le comte de Monts, ambassadeur d'Allemagne, qui n'a point le renom d'atténuer ce que peuvent avoir de déplaisant les communications dont il est chargé, alla voir M. Sonnino et le comte Guicciardini. Chaque fois, il leur exposa que l'Allemagne, défendant « les intérêts généraux de l'Europe », comptait doublement sur la fidélité de son allié. Il conclut en demandant que des instructions fussent envoyées dans ce sens au plénipotentiaire italien. N'était-ce pas d'ailleurs, ajoutait-il, l'intérêt de l'Italie de « reprendre sa liberté », puisque,

---

1. Cette lettre partit de Berlin le 10 février.
2. Le ministère Fortis fut renversé le 1er février et remplacé le 8 par un ministère Sonnino.

grâce à la conférence, toute l'affaire marocaine était remise en question¹? La situation de M. Sonnino était difficile. D'abord, il ne pouvait faire abstraction des engagements de ses prédécesseurs, — et notamment du marquis Visconti-Venosta, — vis-à-vis de la France. Il savait mieux que personne qu'en refusant à l'Italie la « garantie de ses intérêts primordiaux », c'est-à-dire méditerranéens, la Triple-Alliance lui avait laissé la liberté de prendre, pour la sauvegarde desdits intérêts, les mesures que lui suggéreraient les circonstances. Il savait enfin que les accords anglo-italien et franco-italien, conclus dans l'exercice de cette liberté, n'avaient pas provoqué d'objections de la part de l'Allemagne². Il n'ignorait pas davantage que le marquis Visconti-Venosta n'avait consenti à aller à Algésiras qu'à condition d'être absolument libre de son action. Si, comme le désirait M. de Monts, on se fût avisé de lui envoyer des ordres, on se serait exposé à recevoir par dépêche sa démission. A mots couverts, le président du Conseil et le ministre des Affaires étrangères confièrent à l'ambassadeur d'Angleterre leur embarras. Sans doute, à mesure que la conférence s'acheminerait vers sa crise, cet embarras ne ferait que s'accroître. Y avait-il du moins un moyen d'en sortir provisoirement et de reculer l'inévitable échéance ? Après quelques hésitations, on répondit à M. de Monts en l'informant des conditions spéciales dans lesquelles le marquis Visconti-Venosta était parti à Algésiras ; en conseillant par conséquent que le prince de Bülow s'adressât à lui directement. Puis, par une *combinazione* bien italienne et d'ailleurs fort honorable, on nous avertit discrètement de cette procédure, pour mettre M. Révoil à même de répondre sur le même terrain. Ce n'en était pas moins une position précaire et, à tout instant, nous pouvions craindre que l'équilibre instable ainsi assuré ne fût, par une nouvelle et plus forte pression de l'Allemagne, rompu à notre détriment.

Cette pression s'exerçait à Madrid de façon aussi énergique qu'à Rome et elle y trouvait à son service de plus puissants instruments. Elle tentait tour à tour de troubler M. de Ojeda, M. Moret, le roi lui-même. Tantôt M. de Stumm annonçait l'échec de la confé-

1. C'est ce qu'avait dit le comte de Tattenbach à sir Arthur Nicolson le 3 février (Voir ci-dessus page 148).
2. Voir ci-dessus, page 162.

rence ; tantôt, à cette menace d'un caractère général, il en ajoutait de plus directes. Il laissait entendre que les dispositions du gouvernement impérial à l'égard de l'Espagne n'étaient plus les mêmes qu'en janvier : car il avait pu apprécier combien étroitement la politique espagnole était unie à la politique française. Il se plaignait formellement au président du Conseil de l'attitude de la délégation espagnole à Algésiras. Il l'informait du mécontentement personnel de son souverain et ajoutait que, si cela continuait, l'empereur ne viendrait sans doute pas rendre à Madrid au roi Alphonse la visite qu'il avait reçue de lui l'année précédente[1]. Sous l'éperon de cet avertissement discourtois, le jeune roi se révolta de toute la générosité de son âge et de son caractère : et il fit immédiatement prier Guillaume II de fixer la date de sa visite. L'Empereur d'Allemagne, sur un ton du reste amical, lui répondit qu'il n'était pas à même de lui fournir une indication ferme : c'était un refus poli de venir pour le moment à Madrid. En même temps, dans une forme beaucoup moins plaisante, l'attaché militaire allemand demandait aux ministres espagnols des renseignements sur l'affaire de Mar-Chica[2] et sur le « concert » qui semblait s'être établi entre l'Espagne et nous pour le règlement, sur place, de ce vulgaire incident de contrebande. Chaque jour enfin M. de Ojeda, soit avec les représentants de l'Angleterre soit avec ceux de France, devenait un peu plus gêné, un peu plus fermé, un peu plus pessimiste ; et si l'absolue loyauté du roi était aussi évidente que la fidélité du président du Conseil, on sentait l'atmosphère chargée d'intrigues et que de sourdes menées se tramaient contre nous. Le 19 février, la note du duc d'Almodovar sur la police[3] nous apprenait à quoi avait abouti le travail allemand. Elle nous montrait aussi sur quel terrain nous devions nous placer pour le déjouer.

A Paris même, le prince de Radolin, oubliant ses déclarations de janvier sur la nécessité de laisser à la conférence seule le soin de trancher les questions, faisait au quai d'Orsay d'étranges démarches, dont le but imprécis aggravait le caractère anormal. Le mercredi 14 et le jeudi 15 février, il demandait audience au

---

1. Le roi d'Espagne était allé à Berlin en novembre 1905. Les démarches menaçantes de M. de Stumm se répétèrent du 11 au 20 février.
2. Voir ci-dessous, pages 208 et suivantes.
3. Voir ci-dessus, page 189.

président du Conseil. M. Rouvier, constatant que l'ambassadeur venait lui parler des problèmes soumis à la conférence, c'est-à-dire rouvrir une négociation directe, l'arrêta dès les premiers mots. C'est l'Allemagne qui avait voulu la conférence. Nous y étions. Il fallait y rester. C'était vis-à-vis des délégués un devoir d'élémentaire correction. L'Allemagne, après avoir refusé obstinément que l'affaire du Maroc se réglât en tête-à-tête, avait-elle attendu, pour changer d'avis, que les représentants de treize puissances fussent, depuis un mois, réunis à Algésiras? S'il en était ainsi, nous avions, quant à nous, le regret de ne pouvoir nous y prêter. Le prince n'insista point. Il parla alors du mandat général et de « l'engagement » pris de ne pas le solliciter. M. Rouvier lui rappela les documents que l'on sait. Le prince n'en contesta pas la force. Sa seconde visite fut aussi incertaine que la première : des allusions, des essais indirects de renouer un dialogue parallèle à la conférence, rien de plus. Pour y couper court, le président du Conseil lui remit une note sommaire qui, en quelques lignes, établissait une fois de plus que la renonciation affirmée par M. Rosen n'existait que dans son imagination, dénonçait l'équivoque entretenue sur le sens du mot « mandat général », — un mandat n'étant pas général lorsqu'il est limité à huit ports, partagé entre deux puissances et, éventuellement, subordonné dans son exercice à des garanties de surveillance. La note ajoutait que M. Révoil avait pleins pouvoirs pour négocier sur ces bases et qu'à lui et à ses collègues seuls devait être laissé le soin de poursuivre cette négociation. C'était la sagesse même : et après un mois de conférence, en présence d'une politique aussi flottante qu'inamicale, la courtoisie et la prudence eussent également condamné l'ouverture à Paris de pourparlers sans objet, mais non point sans danger. Un fait, connu de nous quelques heures après, devait apporter à notre réserve une justification de plus. Dans deux communications adressées l'une à Vienne, l'autre à Rome, le prince de Bülow, prenant à son compte les informations inexactes de la dépêche Wolff, ne s'étonnait-il pas que M. Révoil eût « rompu la discussion sur la banque »?[1] Ceci au moment où cette conversation,

---

[1]. M. de Bülow s'appropriait ainsi une fausse nouvelle de la *Gazette de Cologne* déjà démentie par le *Temps*.

jamais interrompue, continuait, on l'a vu, dans les conditions mêmes demandées par M. de Radowitz, entre M. Regnault et M. de Tattenbach. Quelle que fût l'origine d'aussi étranges erreurs, nous ne pouvions assister sans inquiétude au développement de cette politique insidieuse et décevante, avec laquelle rien jamais n'était acquis, ferme, ni définitif et qui, infiniment ondoyante et diverse dans ses moyens, trouvait son unité dans la méconnaissance persistante de nos droits et de nos intérêts.

III

La première mesure à prendre était une précaution d'ordre général. A Algésiras, à Berlin, à Vienne, à Rome, à Madrid, à Saint-Pétersbourg, à Paris même, nous constations que l'on invoquait contre nous trois sophismes. Le premier était la prétendue promesse faite au Dr Rosen de ne pas demander pour la France le mandat de police. Le second consistait dans la méprise volontaire que l'on commettait sur le caractère et l'étendue de ce mandat. Le troisième, qui avait pris corps dans la dépêche Wolff, dénaturait l'attitude de nos représentants à Algésiras et nous imputait des responsabilités que nous ne pouvions pas accepter. Sur les trois points, il était aisé de rétablir la vérité. Tous les documents nécessaires furent mis à la disposition de nos ambassadeurs. Et, dans chaque capitale, la rectification fut faite avec succès.

A Vienne, le comte Goluchowski ne cacha pas sa surprise. Comment de telles confusions étaient-elles possibles ? En les signalant, le marquis de Reverseaux, qui, du premier au dernier jour, tint avec infiniment de tact et de succès un rôle malaisé, savait qu'il stimulerait le zèle du ministre commun pour une solution conciliante. Sans doute, le comte Goluchowski a fait pendant ses onze ans de ministère une politique très-allemande. Mais c'est la politique de sa fonction. Et, personnellement, il n'a jamais donné à cette politique un caractère anti-français. On sait les liens qui l'attachent à notre pays. C'est d'autre part un esprit plein de mesure. Dans l'affaire marocaine, il ne méconnaissait aucune des difficultés de sa position. Mais il avait eu, dès le début, la pensée de trouver dans ces difficultés mêmes l'étoffe d'un succès personnel. Ce succès ne devait pas lui être inutile. Très attaqué, surtout en Hongrie, il serait fortifié à son poste si, par ses soins, l'Autriche apparaissait comme la médiatrice de l'Europe en mettant d'accord l'Allemagne et la France [1]. Plusieurs fois, il avait demandé au marquis de Reverseaux de transmettre à Paris des conseils transactionnels. Puis, le temps passant, il avait été forcé de reconnaître dans ses conversations avec notre ambassadeur que, depuis la réunion de la conférence, nous avions prouvé, notamment le 3 et le 17 février, notre désir sincère d'entente. Cette preuve de notre modération fut très habilement utilisée par M. de Reverseaux. Et, sur ses suggestions discrètes, d'un mouvement naturel et comme spontané, le comte dirigea vers nos adversaires les exhortations au calme que, d'abord, il nous avait adressées. A plusieurs reprises, il marqua au général de Wedel, ambassadeur d'Allemagne, que les tiers n'approuveraient pas, si elle se prolongeait, l'intransigeance de M. de Radowitz. Au duc d'Avarna, ambassadeur d'Italie, il exprima plus ouvertement son blâme pour l'attitude équivoque de la chancellerie allemande. Simultanément, une interpellation, sans importance pratique, il est vrai, était déposée au Reichsrath par l'un des leaders du parti tchèque, le Dr Kramarcz, sur les risques que faisait courir à l'Autriche, dans l'affaire marocaine, une interprétation abusive du traité de la Triple Alliance [2]. A des degrés divers et avec des conséquences très iné-

---

[1]. Voir ci-dessus, page 66.
[2]. M. Kramarcz motivait ainsi son interpellation déposée le 15 février :
« Nous avons le ferme espoir que la question marocaine, malgré ses dangers évidents, sera résolue pacifiquement. Nous considérons comme nécessaire de savoir si notre monarchie, eu égard à l'article 2 du traité d'alliance austro-allemand, est suffisamment protégée contre les dangers qui pourraient compromettre sa tranquillité du fait de la politique mondiale de l'Empire d'Allemagne. Certes, il n'y aurait personne en Autriche qui ne serait épouvanté à l'idée que l'Autriche doive intervenir avec sa force armée pour la politique marocaine de l'Allemagne. Les peuples de l'Autriche doivent protester d'autant plus énergiquement contre une pareille éventualité qu'ils sont plus disposés à défendre leurs intérêts et ceux bien compris de la monarchie.
» Précisément, pendant ce conflit, on reconnaîtra ce que nous avons si souvent affirmé : que la Triple-Alliance, au moment où la politique européenne devient une politique mondiale, recèle pour nous des dangers incalculables sans compensations suffisantes pour notre sécurité. Si donc la Triple-Alliance ne doit pas être pour les peuples de l'Autriche un élément de plus grande inquiétude, il faut que nous apprenions par une déclaration autorisée que nos obligations ne doivent pas s'exercer en dehors du cas où il s'agirait de maintenir l'équilibre et le *statu quo* en Europe. Nous ne voulons aucune

gales, ces événements étaient, à notre profit, des mesures de prophylaxie, qui, sur le terrain le moins favorable pourtant à notre cause, arrêtaient les insinuations allemandes et nous valaient, sinon un appui, au moins des sympathies. Nous devions, à la fin du débat, en recueillir le bénéfice.

A Saint-Pétersbourg, nous n'avions pas à convaincre le comte Lamsdorf de notre bonne foi et de notre bon droit. La dialectique de M. de Schœn n'avait pas troublé son esprit clair et son cœur fidèle. Et l'appui, que, dès le principe, il nous avait prêté, ne s'était pas démenti. Convaincu qu'après ses affirmations publiques d'intransigeance, le gouvernement allemand ne céderait pas à des arguments, mais seulement à la nécessité, il cherchait avec nous comment cette nécessité, évidemment d'ordre moral, pourrait se manifester. Le comte Lamsdorf eut, en cette occasion, une vue très juste et que l'événement confirma. L'Allemagne ne se rendait pas à nos raisons : c'était donc l'échec à peu près assuré de la conférence. Mais le très vif souci qu'ont les Allemands, à commencer par l'Empereur, de l'opinion de l'Europe à leur égard, cette préoccupation un peu théâtrale de paraître et d'être applaudis qu'on note en eux si fréquemment, ne fournissait-elle pas une prise sur leur politique ? Le comte Lamsdorf estimait que si. Et, pour ce qui le concernait, soit dans ses conversations avec M. de Schœn, soit dans ses télégrammes au comte d'Osten-Sacken, il insistait sur la responsabilité qu'assumait l'Allemagne, en empêchant le succès d'une conférence, réunie à sa demande, par des exigences que l'Europe était unanime à ne pas approuver. Il voulait que cette remarque allât jusqu'à Guillaume II. Et, pour cela, il prescrivait à l'ambassadeur de Russie de se rendre, malgré le deuil de la cour impériale russe, au bal donné par l'Empereur d'Allemagne, le 21 février, et de lui parler dans ce sens. Il voulait aussi que son

politique agressive, nous ne pensons à aucun agrandissement territorial et, pour rien au monde, nous ne voudrions prendre sur nous la responsabilité d'une guerre qui ne serait occasionnée que par la politique d'expansion de notre alliée. »

Simultanément la presse hongroise soutenait des idées analogues. Un des organes principaux du parti magyar, le *Magyar Orszag*, journal de M. Kossuth, déclarait « que la Hongrie ne veut s'identifier en aucune façon avec la politique allemande au Maroc » et il ajoutait : « On peut aussi nous représenter comme les ennemis de la Triplice ; nous ne protesterons pas, car nous considérons que la Triplice est l'obstacle principal à nos revendications légitimes. »

représentant ne fût pas seul à tenir ce langage à Berlin. Et tout en reconnaissant qu'il fallait éviter l'apparence blessante d'une pression concertée, il nous conseillait instamment de mettre en mouvement tous nos amis. Il savait par l'ambassadeur d'Angleterre que le cabinet de Saint-James irait avec nous jusqu'au bout. Mais, selon lui, ce n'était pas assez. Il fallait que l'Italie et les États-Unis vinssent aussi à la rescousse et que, d'un même mouvement, avec la Russie et l'Angleterre, ces deux puissances rendissent sensible à l'Allemagne le jugement de la conscience publique qui donnait raison à la France. La seule chance d'accord résidait, à ses yeux, dans cette offensive diplomatique. Il ne cessait de nous y convier.

Mais, avant d'attaquer, il fallait, sur des points essentiels, repousser les assauts dont nous étions l'objet. A Rome d'abord, malgré l'appui unanime de la presse, malgré la présence dans le cabinet d'un ami dévoué de notre pays, M. Luzzatti, ministre du Trésor, malgré même les sentiments intimes du roi, on a vu combien nous étions serrés de près par les menées allemandes. L'intérêt du ministère italien s'était trouvé d'accord avec le nôtre pour repousser momentanément ces menées, en renvoyant au marquis Visconti-Venosta les conseils et les demandes apportés par M. de Monts à la Consulta[1]. Ce n'était là toutefois qu'un expédient précaire. Et, tôt ou tard, il faudrait prendre parti sur le fond. On sait que les engagements réciproques de la France et de l'Italie au sujet de Tripoli et du Maroc, ont la forme d'un protocole de désintéressement mutuel. Mais les obligations qui résultent de ces sortes de contrat peuvent être interprêtés de deux façons différentes : ou bien les contractants se garantissent un appui effectif pour le développement de leurs politiques respectives ; ou bien ils se bornent à ne pas entraver ce développement. Dans l'esprit des signataires des accords franco-italiens aussi bien que dans celui de leurs successeurs, MM. Prinetti et Tittoni notamment, la première interprétation était seule valable. Et, partant, l'Italie devait appuyer de son vote à Algésiras les seules solutions présentées par la France. Mais, à mesure qu'approchait l'heure des responsabilités, les faibles, il y en a partout, murmuraient qu'après tout le devoir de l'Italie

---

1. Voir ci-dessus, page 199.

ne saurait aller plus loin que l'abstention, glose évidemment judaïque d'un traité conçu dans une autre pensée, mais à laquelle les circonstances et ce qui se disait, à la conférence même, des projets du plénipotentiaire italien assuraient des chances de prévaloir. Que faire là contre ? D'abord rappeler avec énergie au nouveau président du Conseil le caractère et la portée des accords franco-italiens. Ensuite lui donner l'impression qu'il avait affaire, en cette occasion, non pas à la France seule, mais à un bloc franco-anglais, dont l'intime union pouvait faire contrepoids, dans les préoccupations italiennes, à la masse allemande. M. Barrère et M. Egerton, actifs et résolus, s'acquittèrent de leur tâche avec un plein succès. M. Barrère, après un premier entretien avec le comte Guicciardini, aborda la question avec le baron Sonnino. A l'un et à l'autre il expliqua ce que nous attendions de l'Italie et pourquoi. Il rappela les engagements de M. Tittoni, de M. Prinetti et du signataire du premier accord, le marquis Visconti-Venosta lui-même. Il faut rendre aux deux hommes d'État italiens cette justice qu'ils rassurèrent M. Barrère le plus galamment du monde. Ils reconnurent que l'Italie, aux termes de ces accords, ne pouvait pas ne pas appuyer nos propositions, à plus forte raison appuyer, contre les nôtres, celles de l'Allemagne. Restait, il est vrai, les bruits répandus à Algésiras sur les intentions du marquis Visconti-Venosta. Mais M. Révoil y pourvoirait. Et du moins étions-nous sûrs que rien ne viendrait de Rome l'écarter de nous. Deux jours après d'ailleurs, l'ambassadeur d'Angleterre soutenait, par une démarche officielle, l'initiative de M. Barrère. Et en indiquant au comte Guicciardini qu'il agissait d'ordre de son gouvernement, il lui déclarait que les propositions de la France méritaient, par leur modération, l'unanime approbation ; que l'Angleterre les faisait siennes ; qu'elle était convaincue que l'Italie suivrait son exemple [1].

Une tâche identique s'imposait à M. Jules Cambon. Il la remplit avec une égale décision. L'intrigue allemande avait porté, au moins à Algésiras, puisque le duc d'Almodovar, droit et bien disposé cependant, avait été jusqu'à la suggestion que l'on sait [2]. Il

---

[1]. Ces entretiens de M. Barrère et de M. Egerton avec MM. Sonnino et Guicciardini eurent lieu du 16 au 20 février

[2]. Voir ci-dessus, page 189.

fallait redresser les volontés hésitantes. Aidé du chargé d'affaires
d'Angleterre, M. Cartwright, notre ambassadeur alla droit au fait.
Si l'Espagne, cédant à des offres allemandes, oubliait ses engagements, elle ne ferait que déplacer l'obstacle qu'elle fuyait : car la
résistance anglo-française se substituerait à la résistance allemande. C'était l'évidence même. Aussi bien, M. Morel affirmait sur
l'honneur qu'on se méprenait sur les sentiments des plénipotentiaires espagnols à Algésiras ; que jamais le duc d'Almodovar ni
personne n'avait pu songer à s'écarter du chemin tracé par les
accords. Il faisait valoir cependant les mérites de la note du 19,
qui, selon lui, réservait l'avenir et permettait d'éviter une rupture.
C'est cela que nous ne pouvions admettre. Énergiquement soutenu par le chargé d'affaires d'Angleterre, M. J. Cambon signala au
président du Conseil que mieux valait cette rupture que l'abdication
proposée ; que mieux valait l'échec de la conférence avec le maintien des accords franco-espagnols que le succès de la conférence
par la ruine de ces accords. Dans ces accords résidait, en effet,
pour l'Espagne comme pour nous, la seule garantie du lendemain.
Ce que serait ce lendemain, on l'ignorait. Il pouvait, vu la situation générale de l'Europe, être plus difficile pour l'Allemagne que
pour nous. Et qui sait s'il ne nous offrirait pas, plus tôt que nous ne
pensions, l'occasion d'exécuter au Maroc les arrangements de 1904
et de 1905 ? Nous faisions observer d'ailleurs que, dans l'instant
qu'elle tentait d'amorcer avec l'Espagne des pourparlers équivoques,
l'Allemagne essayait d'en nouer à Paris avec nous [1]. Fidèles à
nos engagements, nous refusions ces apartés. On devait faire de
même à Madrid. Cette démonstration répondait aux convictions de
M. Morel. S'il avait pu être superficiellement impressionné par
des insinuations contraires, sa pensée intime restait la même.
Cela ressortait de ses paroles, de son ton, de la chaleur avec
laquelle il répétait, une fois de plus, que rien ne valait pour son
pays l'entente étroite avec la France et l'Angleterre. La volonté
du roi, il le déclarait à M. Cambon et le faisait dire à M. Rouvier,
était d'ailleurs invariable. Pour éviter le retour des malentendus,
Alphonse XIII désirait que le duc d'Almodovar s'abstînt de toute
initiative, de toute intervention, risquant de retarder l'entrée en

1. Voir ci-dessus, page 200.

scène de la conférence et son vote. Au surplus, la proposition du 19 n'avait pas d'existence officielle. Il n'en restait rien, du moment que nous l'écartions. La seule base ferme et durable, c'étaient les accords. On s'y tenait des deux parts avec une égale fermeté. A Madrid comme à Rome, nous faisions face par conséquent à l'effort allemand. Mais il restait, avec l'Espagne, à régler amicalement une difficulté locale qui, contemporaine de la réunion de la conférence, fournissait, en durant, à la diplomatie allemande, l'occasion de rouvrir contre nous les intrigues que nous venions de déjouer.

IV

L'affaire de Mar-Chica, dont quatre diplomaties et trois marines de guerre eurent tour à tour à s'occuper, ne méritait pas tant d'honneur. Et si le caractère ombrageux des Espagnols ne l'avait fâcheusement grossie, elle eût été tranchée sans peine par la France et par le Maroc. Mar-Chica est une lagune, au sud et non loin du préside espagnol de Melilla. Des Français [1], avec qui bientôt des Belges s'étaient associés, avaient fondé là une factorerie : quelques tentes et un baraquement en planches. A quoi s'occupaient-ils ? Très-certainement à approvisionner le prétendant, dont le camp se dressait sur la montagne, à quelques kilomètres. Mais un certain nombre de journalistes espagnols, ceux notamment d'un journal de Melilla, *El Rif*, affirmaient que nos compatriotes ne se bornaient pas à de légitimes opérations commerciales : qu'ils faisaient aussi de la contrebande de guerre et qu'ils avaient promis au Rogui de lui apporter 60 000 fusils. Or le Rogui était notoirement insolvable. Cette fourniture importante avait donc un but politique. Et là-dessus, sans vérifier les faits, sans examiner les intérêts en cause, on accusait la France de poursuivre, tout près de Melilla, un dessein machiavélique, — lequel, on ne le disait point, à quelles fins, on ne l'expliquait pas. Mais, l'écho multipliant les commérages locaux, le bruit de nos « intrigues » arrivait jusqu'à Tanger, passait à Algésiras et se répercutait à Madrid.

C'était une ennuyeuse histoire, et qui, si médiocre fût-elle,

---

1. Le nombre de ces Français varia de cinq à dix.

risquait de nous attirer divers désagréments. Il va de soi qu'après les sacrifices consentis par nous en faveur du Sultan, personne en France ne pouvait songer à soutenir contre lui le Rogui. Il n'est pas moins évident que, si nous eussions voulu le faire, ce n'est pas la région que les accords de 1904 reconnaissaient à l'Espagne comme sa sphère d'influence que nous eussions donnée pour terrain à cette action. C'étaient là des vérités d'évidence. Mais les Espagnols sont souvent plus sensibles à des impressions qu'à des raisons. Ils sont prompts à la défiance. Et leur amour-propre est inquiet. Certains d'entre eux, comme M. Villanueva, nous étaient hostiles. D'autres, seulement crédules, s'associaient au jeu des premiers. Il était donc à craindre que, dans l'instant où la fidélité de l'Espagne nous était le plus nécessaire, elle ne fût ébranlée par les imputations dirigées contre nous. Et cette crainte était d'autant plus légitime que l'Allemagne, aux aguets, pourrait être tentée d'intervenir soit dans la coulisse soit publiquement. D'autre part, au Maroc même, il était fâcheux qu'un conflit fût possible entre les autorités chérifiennes et des ressortissants français. Les Marocains ignorent les nuances du droit public européen. S'ils se décidaient à des mesures de répression, nul doute qu'ils n'allassent trop loin, nous obligeant ainsi à les contenir. Rien ne nous autorisait d'ailleurs à penser qu'ils dussent traiter l'affaire dans un esprit amical ou seulement loyal[1]. De ce côté encore par conséquent, des difficultés étaient à prévoir, dont le retentissement accru par la proximité, ne manquerait pas de compliquer les débats d'Algésiras.

Notre intérêt était de prévenir ce qu'il pourrait être délicat d'arrêter ou de réprimer. Dès le 15 janvier, le croiseur *Lalande* avait été envoyé à Mar-Chica. Si des navires battant pavillon français avaient été surpris par lui en flagrant délit de contrebande de guerre, il les aurait arrêtés : il ne pouvait faire davantage. Or, dans sa croisière, le *Lalande* ne rencontra ni voiliers ni vapeurs français : seules, les balancelles espagnoles de Melilla longeaient la côte, avec des intentions peut-être répréhensibles, mais qui ne nous regar-

[1]. Ghennam, délégué intérimaire du Sultan à Tanger, allait, quelques jours après, marquer une froideur toute particulière dans les félicitations officielles qu'il apporta à M. Saint-René-Taillandier, lors de l'entrée en fonctions de M. Fallières.

daient point. Sur la lagune de Mar-Chica, on apercevait la petite factorerie. Mais le yacht, qui était réputé l'approvisionner, l'*Eider*, n'était pas là. Nos consuls, dans les villes de la côte européenne et africaine, avaient été invités à veiller sur les mouvements de ce petit bâtiment et d'un autre, le *Zut*, appartenant au même armateur. Mais nous étions désarmés à l'égard des navires de nationalité étrangère. Et quand, à la fin de janvier, un vapeur suédois, venant en ligne droite d'Anvers, débarqua à Mar-Chica 2 canons, 600 obus, 1000 fusils et 350 000 cartouches, il allait de soi que nous ne pouvions rien pour la répression du délit qu'il commettait en introduisant au Maroc des marchandises en dehors des ports ouverts. L'Espagne, informée par nous de l'enquête du *Lalande*, le reconnaissait d'ailleurs et exprimait l'avis, que, seul, le maghzen pouvait agir efficacement pour mettre un terme à une situation délicate. Elle invitait donc le représentant du Sultan à Tanger à prendre toutes mesures convenables à cet effet.

La seconde des complications que nous avions à redouter, c'est à savoir, l'intervention du Maroc, était donc imminente. A deux reprises successives, à la fin de janvier et au début de février, un petit vapeur marocain, qui constitue à lui seul toute la flotte d'Abd-el-Aziz, le *Turki*, s'en fut à Mar-Chica et envoya sur la factorerie des obus d'ailleurs inefficaces et dont aucun n'atteignit le but. C'était là un procédé sommaire que nous ne pouvions pas admettre. Si nos compatriotes faisaient de la contrebande de guerre, il était licite, après vérification, de les saisir à terre et de les remettre aux autorités françaises : mais cette canonnade *a priori* n'était pas acceptable. Elle était plus injustifiable encore, si le délit se bornait à commercer en dehors des ports ouverts. De toute façon, nous devions protéger nos nationaux, si gênants fussent-ils pour notre politique, contre une action coercitive. Une telle action était d'autant plus déplaisante que les canons du *Turki* étaient maniés par un personnel allemand au service du Sultan. M. Rouvier, en termes catégoriques, invita donc M. Révoil et M. Saint-René-Taillandier à formuler auprès des représentants du Maroc une énergique protestation et à déclarer que le maghzen serait rendu responsable de tout acte de guerre commis contre des Français. Comme cependant il importait que notre bonne foi ne pût être suspectée, le *Lalande*, revenu à Tanger, reçut l'ordre de retourner à Mar-Chica et de s'opposer aux actes de contrebande qu'il constaterait. Dans ces conditions, nous étions doublement qualifiés pour exiger que le *Turki* reçût l'ordre de ne plus tirer.Cette sommation fut adressée à Tanger au fils de Torrès[1] en même temps que notification lui était faite par écrit du départ du *Lalande*. On a vu qu'elle n'avait pas empêché le *Turki* de recommencer en février l'inutile bombardement de janvier. Les Marocains s'en excusèrent en disant que les Français de Mar-Chica ne se contentaient pas de faire de la contrebande; qu'ils étaient les alliés du Rogui; qu'ils avaient des canons, — c'était vrai, — et que le *Turki* avait ouvert le feu pour prévenir une attaque, — c'était douteux, — non pas même sur la factorerie, mais sur des maisons arabes l'avoisinant. Le retour du *Lalande* allait nous permettre de vérifier dans l'avenir la sincérité de ces assertions.

Il était indispensable que le commandant du croiseur agît énergiquement tant pour contenir la malencontreuse activité de nos nationaux que pour parer aux brutalités du *Turki*. Le commandant s'acquitta par des avertissements menaçants de la première partie de sa tâche. Pour la seconde, il aviserait selon les circonstances. Ces circonstances, précisément, n'allaient pas tarder à se compliquer. Le 14 février, un vapeur français, le *Zénith*, quittait Oran. En réponse aux avis réitérés de la préfecture que l'accès de Mar-Chica était interdit, l'armateur déclarait formellement que son bateau allait à Nemours et à Melilla, pas ailleurs. Le 15, le *Zénith* était néanmoins devant Mar-Chica. Et le *Turki*, l'apercevant, le canonnait aussitôt. Le *Lalande* intervenait et arrêtait la canonnade, en obligeant toutefois le *Zénith* à repartir pour Oran, après s'être assuré d'ailleurs qu'il ne portait pas de contrebande de guerre. Le *Turki*, se retournant alors vers la terre, bombardait la factorerie : ce à quoi le *Lalande* s'opposait également. Le commandant de notre croiseur, qui, la veille, avait donné un délai de trois jours aux gens de Mar-Chica pour quitter leurs établissements et rejoindre son bord, avait rempli son devoir en défendant au *Turki* d'user de violence. L'intervention de son bâtiment n'en fit pas moins, à Algésiras et à Madrid, l'objet des inter-

---

[1]. Torrès était, pendant son absence, remplacé dans ses fonctions de délégué du Sultan à Tanger par son fils et par Ghennam.

prétations les plus désagréables. Les journaux protestaient les uns violemment, les autres sourdement. M. Moret craignait d'être interpellé. Il disait que notre croiseur s'était opposé à une action légitime du navire marocain, — action demandée par l'Espagne. Il admettait notre droit d'empêcher le bombardement de la factorerie, mais il estimait que nous n'aurions pas dû défendre au *Turki* de poursuivre le *Zénith*. Il craignait que l'Allemagne n'en profitât pour se mêler d'une affaire qui ne la regardait point. Que le commandant du *Lalande*, après avoir visité le *Zénith* et constaté qu'il n'avait pas à bord de contrebande de guerre, eût dû, non content de le faire repartir pour Oran, le laisser canonner par le *Turki*, c'était une thèse insoutenable. Le gouverneur de Melilla avait d'ailleurs approuvé sans réserve l'attitude du commandant. M. Moret, par contre, avait raison de prévoir l'intervention de l'Allemagne. Cette intervention allait se produire sur deux terrains à la fois.

Le 16 février, M. de Tattenbach, muni d'un télégramme du mécanicien allemand du *Turki* racontant l'affaire du 15 et se plaignant du *Lalande*, demandait des explications à M. Regnault : demande d'un caractère personnel, d'ailleurs, qu'il motivait par le seul désir d'éviter des incidents. Ce que M. Regnault savait de la mission du *Lalande* suffisait à dégager notre responsabilité. M. de Tattenbach en convint. Il ajouta même qu'il était prêt à faire des observations à Torrès dans le même sens que celles que nous avions déjà formulées. Sans répondre à cette invite, M. Regnault observa que l'affaire n'était pas du ressort de la conférence et laissa l'entretien sans conclusion. Bien lui en prit, car, tandis que le comte de Tattenbach lui faisait ces offres obligeantes, encore qu'un peu indiscrètes peut-être, le prince de Radolin, d'ordre évidemment du chancelier, apportait au quai d'Orsay une communication beaucoup moins amicale[1]. D'après lui, le gouvernement allemand savait, — or il ne pouvait avoir d'autre source que les journaux, — que les Français de Mar-Chica se livraient en grand à la contrebande de guerre au profit du Rogui. Dans ces conditions, et sans nous dire de quoi il s'autorisait pour se mêler de cette affaire, le gouvernement impérial s'adressait

---

1. Le même jour, 16 février.

à nous directement pour avoir des explications. Il aurait pu également, disait l'ambassadeur, saisir la conférence, mais il avait préféré ne pas « faire un éclat ». C'était là une initiative étrange. Entre deux États souverains, la France et le Maroc, que signifiait cette intervention de l'Allemagne? A quel titre se produisait-elle? Quel droit invoquait-on pour la motiver? Le Maroc était-il sous le protectorat de l'Allemagne, pour que le prince de Radolin vînt ainsi parler en son nom, envisager même à cette occasion l'hypothèse d'un « éclat »? La réponse qui fut faite à l'ambassadeur ne lui permit pas d'ignorer notre légitime étonnement. Rien ne nous autorisait à admettre l'authenticité des détails qu'il donnait, d'après une dépêche de M. Harris dans le *Times*. Nous avions pris toutes les mesures légales pour nous opposer à des actes de contrebande plus gênants pour nous que pour personne, sans rien pouvoir du reste contre les navires suédois, belges, allemands même qui s'y livraient. Au surplus, c'était l'affaire du Maroc et la nôtre. Elle n'intéressait personne d'autre. Ainsi accueillie, la « demande d'explications » n'eut pas de suite. Peut-être sut-on par une voie indirecte que, si elle eût été contre tout droit portée devant la conférence, « l'éclat » annoncé fût venu de nous et n'eût fait de tort qu'à l'Allemagne, surprise en flagrant exercice de ce « protectorat » qu'elle nous reprochait de convoiter.

Dès le 19 février, nous décidions d'ailleurs que le *Lalande* repartirait pour une troisième croisière, afin de s'opposer à la fois à tous actes illégaux de la part de bâtiments français, à tous actes violents de la part du *Turki*. Son commandant avait l'ordre de prévenir du but de sa mission le navire marocain. Si des vapeurs ou des voiliers portant pavillon français étaient reconnus par lui, après visite, coupables soit de contrebande, soit simplement de stationnement illégal dans les parages de Mar-Chica, interdits depuis quinze jours par un règlement de la marine, il les ferait juger par un tribunal maritime français. L'affaire semblait donc en voie d'arrangement du côté du Maroc. Et du côté espagnol, l'initiative allemande, aussi inquiétante pour l'Espagne que pour nous, avait rétabli la confiance et la solidarité.

V

Telle était, au terme de cette première période et à la veille du jour où allaient reprendre les séances, la situation à Algésiras et dans les capitales. Tous les plénipotentiaires se trouvaient, à des degrés divers, mais unanimement d'accord pour juger qu'elle était mauvaise et que les exigences de l'Allemagne rendaient vraisemblable l'échec de la conférence. Le duc d'Almodovar ne cachait pas son pessimisme. Sir Arthur Nicolson et M. Révoil s'attendaient à une rupture. Le comte de Welsersheimb la tenait pour si probable qu'afin de la masquer, son gouvernement proposait au marquis de Reverseaux de suspendre la conférence [1]. Seul, le comte Cassini trouvait dans son habituel scepticisme les éléments d'une confiance persistante.

Si cette rupture se fût produite, l'Allemagne en aurait porté devant l'Europe la responsabilité. Elle avait exigé la conférence : la conférence s'était réunie. Elle avait voulu que l'intégrité du Maroc, la souveraineté du Sultan et la liberté commerciale fussent respectées : nous les avions non seulement reconnues, mais garanties. Elle avait invoqué sa dignité : cette dignité était satisfaite par la réunion d'Algésiras ; ses intérêts économiques : ces inté-

---

[1]. Le pessimisme éclatait dans toutes les correspondances. M. Joseph Galtier télégraphiait : « La plupart des ambassadeurs que j'ai vus ne m'ont pas caché leurs sentiments. Ils pensent que les négociations demeurent ouvertes, mais qu'il n'est plus de saison de s'abandonner à un optimisme confiant. » (Le *Temps*, 21 février 1906).

M. Robert de Caix écrivait au même moment : « Certains plénipotentiaires — nous disons certains et non pas tous — semblent conserver peu d'espoir de mener à bien la conférence. Ils laissent d'ailleurs deviner leurs sentiments plus qu'ils ne les expriment : ils affirment leur optimisme, mais avec moins de spontanéité que de raidissement contre une idée qu'ils veulent repousser, comme un homme qui fait désespérément un acte de foi à l'heure de sa vie où il est sur le point de ne plus croire. Il subsiste assurément encore à Algésiras des optimismes robustes et décidés à l'action, mais le doute, très rare à l'époque de la période préparatoire, a gagné de nombreux esprits. »

M. Stanhope, correspondant du *New-York Herald*, qui arrivait de Berlin disait : « L'Allemagne veut à tout prix humilier la France soit par la guerre soit par la paix. »

Enfin le correspondant de l'agence *Havas* télégraphiait : « Les principaux délégués des autres puissances considèrent que la conférence est condamnée maintenant d'une manière à peu près inévitable. »

rêts étaient sauvegardés par les engagements les plus formels. Que demandions-nous? A trouver dans l'organisation de la police la reconnaissance pour l'Espagne et pour nous d'une situation particulière et d'un intérêt spécial qui n'étaient pas contestables et que l'Allemagne même avait admis en juillet 1905. On avait dit à Berlin que la tâche des plénipotentiaires serait de concilier ces intérêts spéciaux avec les intérêts généraux de l'Europe. Les seconds étaient par notre loyauté pleinement préservés. Par l'intransigeance de l'Allemagne, les premiers étaient sacrifiés. Et dans quelles conditions? Après que les promesses les plus rassurantes nous avaient été prodiguées. Relisez le *Livre Jaune* : « La conférence facilitera au Maroc de satisfaire aux désirs justifiés de la France[1]. » Et plus loin : « L'Allemagne, affirme le prince de Bülow, ne peut faire aujourd'hui, — 23 juin 1905, — ce qu'elle aurait certainement pu faire il y a un an et ce qu'elle pourra peut-être faire dans un an. Si vous acceptez la conférence, la diplomatie impériale adoptera dans les négociations ultérieures une attitude dont vous aurez lieu d'être satisfaits[2]. » Ou encore : « La conférence ne tend pas à procurer à la diplomatie allemande une misérable satisfaction d'amour-propre, ni à porter atteinte à la dignité d'une grande nation[3]. » Le 9 juillet 1905, M. de Bülow accentuait « le contraste entre la résistance qu'il croyait devoir, avant la conférence, opposer à nos demandes et la facilité avec laquelle il accepterait nos légitimes prétentions si l'on se fiait à ses paroles et si la conférence se réunissait[4] ». Enfin le 4 octobre 1905, il reconnaissait, dans une déclaration dont le texte fut revu et approuvé par lui[5], que le Maroc n'avait été pour l'Allemagne qu'une « occasion » et, la dignité de l'Empire comme ses intérêts commerciaux étant respectés, il s'engageait « à ne pas nous gêner, à nous aider même au Maroc et ailleurs ». Or de toutes ces promesses, que restait-il? L'Allemagne, depuis le début de la conférence, ne nous avait rien cédé. La France, tout en prouvant son droit de revendiquer pour elle seule la charge d'organiser la

---

1. Voir *Livre Jaune*, page 235.
2. Voir *Livre Jaune*, page 241.
3. *Ibid.*, page 244.
4. *Ibid.*, page 249.
5. Voir appendice page 486.

police, avait accepté de la partager avec l'Espagne. A ceux qui l'accusaient de vouloir ainsi prendre le Maroc, elle avait prouvé qu'il ne s'agissait, qu'il ne s'était jamais agi, fût-ce en 1905, que de mettre dans huit ports une soixantaine d'instructeurs français et espagnols à la disposition des autorités chérifiennes. Si on lui donnait satisfaction sur la question, essentielle pour elle, de la nationalité de ces instructeurs, elle ne refusait même pas d'envisager des garanties de surveillance pour le fonctionnement de cette police. L'Allemagne cependant était restée intraitable. C'est alors que la presse française, suivant l'exemple donné par le *Temps*[1], avait, avec une unanime énergie, demandé au gouvernement de porter le débat devant la conférence ; de prouver, devant l'Europe et avec l'aveu de l'Europe, que l'Allemagne, par ses prétentions, paralysait l'effort d'une conférence réunie à sa demande ; de montrer que les puissances, dont la chancellerie impériale

---

[1]. Voici des extraits des principaux articles du *Temps* à ce sujet :

« Il est temps que la conférence dise son mot. Il est temps qu'elle puisse statuer sur la qualité spéciale de nos intérêts et de nos droits ; évaluer la situation unique que nous crée notre empire algérien ; comparer à nos titres, qui sont très-forts, nos prétentions, qui sont très-modérées ; exprimer enfin son opinion sur les combinaisons diverses que MM. Révoil et de Radowitz ont jusqu'ici discutées dans le silence du cabinet. Convaincus de la bonté de notre cause, nous demandons que la conférence soit mise à même de reconnaître le caractère particulier de notre droit, à même aussi d'indiquer comment il en sera tenu compte. Si, à ce moment, l'Allemagne demeure intransigeante, il sera temps de parler de « refus » et « d'échec », — sans d'ailleurs prendre au tragique les conséquences de l'un ou de l'autre. Jusque-là il ne saurait y avoir rien de définitif. Car l'avis de l'Europe n'est pas encore tombé dans la balance. Et cet avis ne saurait manquer de peser beaucoup sur l'issue de la conférence. » (11 février 1906.)

Et encore :

« Plus que jamais, nous estimons qu'on aurait grand tort d'abuser des conversations préalables souhaitées par M. de Radowitz et qui n'ont jusqu'ici pas donné de résultat. Nous avons, depuis le 6 juin dernier, l'expérience de ce que sont ces conversations. Les délégués allemands y manifestent simultanément les plus cordiales intentions de conciliation et l'intransigeance la plus obstinée. C'est en attestant leur modération qu'ils ont exigé en juin la conférence et rappelé d'un ton comminatoire que « l'Allemagne était derrière le Maroc ». C'est en proclamant leur désir d'entente qu'en septembre, au cours de la mission Rosen, ils ont tenté de nous lier les mains par des engagements anticipés que M. Rouvier refusa toujours de prendre. C'est en affirmant leur volonté d'être modérés qu'ils nous proposent aujourd'hui à Algésiras les combinaisons mêmes qu'ils savent que nous refuserons. A quoi bon persévérer dans cette route ingrate et stérile ? Peut-être, au grand jour de la salle des séances, avec l'Europe comme témoin, cette obstination s'adoucira-t-elle ? En tout cas, c'est notre intérêt de tenter l'épreuve, et, en la tentant, d'obtenir l'avis motivé des puissances sur les solutions contradictoires défendues par l'Allemagne et par nous. » (15 février 1906.)

disait défendre les intérêts, n'avaient que faire de cet appui et jugeaient leurs intérêts largement respectés par nous[1]; d'aboutir enfin, si l'accord était impossible, au maintien du *statu quo* moins préjudiciable à coup sûr que les abdications où l'on tentait de nous acculer[2].

Sans doute la conférence souhaitait n'avoir pas à se prononcer. Mais d'une part l'absolue netteté de notre attitude, invariable quant aux principes, conciliante sur les moyens, d'autre part les variations de la politique allemande irréductible dans son hostilité pour la France, pleine de contradictions dans ses rapports avec les tiers, avaient créé autour de notre délégation une atmosphère de sympathie. Et de petites puissances comme la Belgique[3] ou les Pays-Bas refusaient, malgré la pression dont elles étaient l'objet, de prendre position contre nous. De l'Angleterre[4] et de la Russie

[1]. En Allemagne, on s'appliquait généralement à donner l'impression que la négociation restait ouverte. La *Gazette de l'Allemagne du Nord* écrivait : « La réponse française décline la proposition allemande et diffère peu au fond de la première réclamation du mandat franco-espagnol. La contre-proposition française équivaut sommairement à donner à la France une influence politique presque exclusive sur la côte de l'Atlantique et léserait ainsi le libre développement des intérêts économiques. C'est précisément parce que l'Allemagne reconnut la situation de la France dans la région frontière, consolidée par des traités, et qu'elle lui laissa la main libre dans ces régions, qu'il lui est difficile, après l'attitude qu'elle a prise, de laisser à la France une influence décisive sur la côte marocaine à l'exclusion de toutes les puissances n'ayant pas des conventions spéciales avec la France. Toutefois si la réponse de la France ne nous paraît pas satisfaisante, nous ne voulons cependant pas renoncer à l'espoir que l'entente surviendra finalement aussi dans la question de la police. » La *Gazette de Cologne* s'exprimait dans le même sens. On télégraphiait enfin à la *Neue Freie Presse* « qu'à l'occasion d'un déjeuner de l'Automobile-Club, l'Empereur Guillaume s'était déclaré de nouveau contre la guerre, disant notamment que ce serait folie de croire que l'Allemagne pourrait déclarer la guerre à propos du Maroc ». (Voir le *Temps*, 2 février.)

[2]. A plusieurs reprises, la presse française signala les avantages, notamment financiers, que la France pourrait trouver au maintien du *statu quo*.

[3]. Le ministre de Belgique, M. Leghait, vint dire officiellement à M. Rouvier, le 14 février, qu'il était faux que les délégués belges à Algésiras eussent l'ordre d'appuyer les propositions allemandes. Presque au même moment, le gouvernement japonais, très désintéressé dans l'affaire, nous exprima spontanément sa sympathie.

[4]. Lord Lansdowne, le 19 février, prononça à la Chambre des Lords les paroles suivantes, d'accord avec le gouvernement : « Nous considérerions avec crainte toute tentative d'améliorer, au moyen d'un contrôle international, l'administration d'un pays en proie aux désordres. » Aux Communes, sir Henry Campbell Bannerman déclara : « La conférence d'Algésiras progresse lentement, mais de manière satisfaisante. Les rapports de l'Angleterre et de la France ne sont pas modifiés. L'Angleterre donne à la France tout l'appui diplomatique

nous pouvions attendre un concours actif et public. L'Espagne, après un instant d'incertitude, gardait sa place à nos côtés de la façon la plus nette et la plus loyale. L'Italie ne contestait pas les devoirs que lui imposaient ses engagements. Les États-Unis nous assuraient une aide qui, pour être discrète, n'en était pas moins précieuse. Le débat en séance nous vaudrait donc au moins un succès moral. Et peut-être, par ce succès, appuyé d'une démarche simultanée à Berlin des puissances amies de la France, pourrions-nous vaincre la résistance que nos raisons n'avaient pas entamée. C'était la seule chance qui restât d'une entente. Nous allions tenter l'aventure.

en son pouvoir, et cela sans porter atteinte à sa parfaite amitié et son bon vouloir à l'égard des autres puissances. Cet accord ne renferme aucun noir dessein contre toute autre nation. Nous voulons seulement y trouver le moyen de fortifier les sentiments presque affectueux que nous désirerions vivement promouvoir entre les deux pays. (*Applaudissements.*) »

TROISIÈME PARTIE

LA CRISE

(20 février - 14 mars.)

CHAPITRE PREMIER

LE DÉBAT SUR LA BANQUE

I. *Les deux thèses.* — Le projet allemand. — Ses défauts et ses tendances. — Le projet français et l'accord de septembre 1905. — Politique et finances. — La séance du 20 février et le questionnaire espagnol.
II. *Les séances des 22 et 24 février.* — M. Révoil et le droit de préférence. — Le sens réel de ce droit. — L'Allemagne et l'Espagne. — La banque et le corps diplomatique. — La contradiction persiste. — Le renvoi au comité de rédaction. — Les efforts de M. de Radowitz pour reculer la prochaine séance.
III. *La séance du 3 mars.* — Le travail du comité de rédaction. — Les cinq points en litige. — Nos concessions possibles. — La question des parts. — Les quinze articles adoptés. — Le débat inutile. — Un nouvel ajournement. — Faut-il aborder la police ?

I

Le brusque dépôt du projet de banque, communiqué le lundi 19 février, à M. Regnault par le comte de Tattenbach, n'était pas le fait du hasard[1]. Le soir même du jour où cette communication avait eu lieu, le délégué allemand demandait, en effet, que ce projet servît de base à la discussion en comité fixée au lendemain matin mardi : ainsi la thèse allemande, en devançant la nôtre, se fût acquis dans les débats une sorte de priorité pratique, qui eût peut-être suffi à lui assurer les suffrages des indifférents.

Averti de l'initiative allemande, M. Révoil y répondit, d'abord en demandant la remise à trois heures de l'après-midi de la séance du matin, ensuite en faisant imprimer le projet, sur lequel, la semaine précédente, il s'était mis d'accord avec le président du Conseil[2]. Lorsque le duc d'Almodovar ouvrit la séance, les délégués se trouvaient donc en présence de deux textes. On a vu

1. Voir ci-dessus, page 188.
2. Voir ci-dessus, page 184.

comment se caractérisait celui du comte de Tattenbach[1]. Selon le mot d'un des plénipotentiaires, ce n'était pas une banque, mais un gouvernement, et un gouvernement tourné tout entier contre la France. De même qu'en matière de police la dernière proposition de M. de Radowitz cherchait, par l'internationalisation à tous les degrés, à anéantir nos intérêts spéciaux, fût-ce en portant atteinte à cette souveraineté du Sultan si souvent invoquée contre nous par l'Allemagne[2], de même la Banque d'État de M. de Tattenbach, organisme plus politique que financier, n'intervenait abusivement dans l'administration marocaine que pour que fût mieux justifiée sa subordination au corps diplomatique, organe international entre tous. Quant aux droits de la France, — droits naturels résultant de ce fait que nous faisions au Maroc 80 p. 100 des affaires de banque et que, dans la constitution du crédit marocain, l'épargne française représentait 92 p. 100; droits contractuels assurés aux banques françaises par l'emprunt de 1904, — M. de Tattenbach les ignorait. Sa banque, créée pour cinquante années devait être l'agent financier du gouvernement marocain, et, à ce titre, jouir d'un droit de préférence pour les opérations de crédit[3]. Le capital, constitué en pesetas, serait fourni, à raison d'une part chacune, par les puissances siégeant à Algésiras[4]. Le gouvernement marocain verserait dans ses caisses « tous les revenus quelconques de l'empire[5] ». Les revenus des douanes, notamment, lui seraient assignés. On en déduirait « peut-être », — ce « peut-être » était un chef-d'œuvre, — les sommes nécessaires au service de l'emprunt français[6]. La banque, enfin, serait chargée de ce service (qui appartient par traité à la Banque de Paris) et de celui de la dette publique[7]. A quel prix M. de Tattenbach supposait-il que les porteurs de l'emprunt et les banques contractantes abandonneraient leurs droits? Il ne le disait pas. Et par là même son projet, impossible à mettre en œuvre, — puisque

1. Voir ci-dessus, page 186 et Protocoles, page 114.
2. Voir ci-dessus, page 142.
3. Voir projet allemand, articles 11 et 13. Protocoles, page 116.
4. Voir projet allemand, article 2. Protocoles, page 115.
5. Voir projet allemand, article 12. Protocoles, page 116.
6. Voir projet allemand, article 12. Protocoles, page 116.
7. Voir projet allemand, article 12. Protocoles, page 116.

d'une part les recettes douanières restaient la garantie de notre emprunt, puisque d'autre part le droit de préférence de nos banques, en matière d'opération de crédit et de frappe de monnaie, demeurait indiscutable, — perdait toute valeur pratique.

Cette valeur n'était pas plus sérieuse, si l'on considérait les articles relatifs au fonctionnement de cet établissement financier, vraiment unique en son genre. Le conseil d'administration se composerait de vingt-six membres que désigneraient, à raison de deux chacune, les treize puissances représentées à la conférence [1]. A ces vingt-six membres, nommés par un procédé insolite puisqu'au lieu de tenir leur mandat des actionnaires, ils seraient désignés du dehors, se superposerait un conseil de surveillance formé par les ministres à Tanger des puissances représentées à la conférence [2], et autorisé à prendre en tout temps connaissance de la gestion de la banque. Enfin la banque serait administrée sous ce double contrôle, plus politique que financier, par un directoire [3] que choisirait le conseil d'administration : en d'autres termes, plus de quarante personnes seraient autorisées, à des titres divers, à se mêler de sa direction. Pour compliquer encore sa tâche, son capital, au lieu d'être fixé en or, le serait en pesetas, monnaie d'un cours variable. Juridiquement, elle serait dans tous les litiges, qu'elle fût demanderesse ou défenderesse, et en dépit de la nationalité de ses adversaires, soumise aux codes mixtes égyptiens [4]. En première et dernière instance, ces litiges seraient jugés au Maroc par une cour consulaire mixte, composée des présidents des cours consulaires des puissances intéressées à la banque, avec adjonction d'un délégué marocain [5]. Le siège social, sans égard pour la commodité des vingt-six administrateurs, serait fixé à Tanger [6]. La banque aurait communication, chaque année, du budget marocain, — lequel n'existe pas. Elle prélèverait les sommes nécessaires à l'organisation de la police et à l'accomplissement des travaux publics urgents [7].

1. Voir projet allemand, article 7. Protocoles, page 116.
2. Voir projet allemand, article 6. Protocoles, page 115.
3. Voir projet allemand, article 5. Protocoles, page 115.
4. Voir projet allemand, article 3. Protocoles, page 115.
5. Voir projet allemand, article 4. Protocoles, page 115.
6. Voir projet allemand, article 1. Protocoles, page 115.
7. Voir projet allemand, article 12. Protocoles, page 116.

Elle établirait, par les soins du conseil de surveillance, le budget de la police [1] ; en d'autres termes, le corps diplomatique de Tanger, déjà chargé d'après la note de M. de Radowitz du 19 février du contrôle et de la direction de cette police, en serait aussi le bailleur de fonds [2]. Toutes dispositions qui, pratiquement injustifiables et contraires, la dernière surtout, à la souveraineté du Sultan, ne s'expliquaient que par la résolution de nous faire pièce. Peu importait que la banque ne pût fonctionner qu'avec peine, si nos droits acquis avaient plus de peine encore à s'exercer. Et l'on ne s'inquiétait point des inconvénients techniques, si l'on jugeait atteint le but politique par l'échec de nos intérêts [3].

Le projet de M. Révoil présentait un autre caractère. Comme notre délégué le fit remarquer en le déposant, il avait pris pour base l'article même du protocole du 28 septembre relatif à la Banque d'État [4]. Cet article était ainsi conçu :

Concours financier donné au maghzen par la constitution d'une Banque d'État avec privilège d'émission, se chargeant des opérations de trésorerie et s'entremettant pour la frappe de la monnaie dont les bénéfices appartiendraient au maghzen. La Banque d'État procéderait à l'assainissement de la situation monétaire. Les crédits ouverts au maghzen seraient employés à l'équipement et à la solde des troupes de police et à certains travaux publics urgents, notamment à l'amélioration des ports et de leur outillage [5].

Aux termes de cet article, il était évident que la Banque d'État devait être exclusivement un instrument de crédit et de régularisation, non de politique et d'administration. Nous étions donc hostiles à toute combinaison qui ferait d'elle l'arbitre des services publics, en la chargeant de dresser des budgets, ou en la soumettant à l'action directe du corps diplomatique baptisé conseil de surveillance. Sans doute, les principes mêmes adoptés en

---

1. Voir projet allemand, article 17. Protocoles, page 117.
2. Pour les détails, le projet allemand se référait à l'organisation de la Banque ottomane.
3. Un journal spécial allemand, le *Bœrsen Courrier*, exprima un jugement sévère sur le projet Tattenbach.
4. Voir Protocoles, page 113.
5. Voir appendice, page 484.

matière économique s'opposaient à ce que la banque pût favoriser une puissance aux dépens d'une autre [1]. Mais, à cet égard, nos déclarations initiales, les mesures arrêtées pour les travaux publics et notamment l'adjudication prescrite sous le contrôle du corps diplomatique [2] fournissaient les plus sûres garanties. Nous étions prêts d'ailleurs à les fortifier, en instituant à Tanger un conseil d'escompte composé de notabilités des diverses colonies qui s'assurerait de l'égale répartition des ressources de la banque entre les entreprises et le commerce des différentes nationalités [3]. Pouvait-on aller plus loin et effacer d'un trait de plume le passé et les droits acquis ? Nous ne le pensions pas ? Nous étions obligés de nous souvenir que le crédit du Maroc avait été fondé par le marché français ; que le Sultan, dans le libre exercice de sa souveraineté, avait contracté un emprunt à des conditions déterminées ; que cet emprunt appartenait à un groupe français et qu'il stipulait des droits de préférence dont nul ne pouvait faire abstraction, sans empêcher la banque de rendre au Maroc les services qu'on attendait d'elle et sans la vouer à de continuels litiges. Nous proposions donc, sans entrer dans les détails administratifs où se perdait le projet allemand, que la Banque d'État, constituée au capital de 15 millions de francs, fût chargée, comme agent financier du gouvernement marocain, des opérations de caisse et de trésorerie, ainsi que des opérations monétaires [4]. Son capital devait être divisé en quinze parts [5], dont onze aux puissances et quatre aux établissements contractants de l'emprunt de 1904. En échange de ces quatre parts, les établissements céderaient à la Banque d'État leurs droits de préférence pour les emprunts et opérations monétaires (article 33 du contrat du 12 juin 1904). Le conseil d'administration se composerait de quinze membres, à raison d'un par part et serait élu dans ces conditions par l'assemblée générale des actionnaires. Il nommerait le directeur et les sous-directeurs. Un comité international d'escompte et

---

1. Voir ci-dessus, page 106.
2. *Ibid.*, page 129.
3. Voir Protocoles, page 114 et projet français Protocoles, page 118.
4. Voir Protocoles, pages 117 et 118.
5. Chaque part devait donner droit à désigner un administrateur et, préalablement, un membre du comité chargé d'établir les statuts.

TARDIEU.   15

un haut-commissaire marocain, siégeant l'un et l'autre à Tanger, représenteraient les organes de surveillance. La banque serait constituée sous le régime de la loi française et placée dans les conditions de juridiction et de compétence fixées au Maroc par les capitulations. Tous les emplois seraient également accessibles aux ressortissants de toute nationalité.

La séance du 20 février fut extrêmement courte. Le duc d'Almodovar donna lecture d'un nouveau questionnaire qu'il avait préparé avec M. Révoil [1]. Le délégué français exposa, sans provoquer de réponse, le caractère général de son projet [2]. Nul ne répliqua.

1. Voir Protocoles, pages 119 et 120.
2. Voici le texte des explications de M. Révoil : « Les termes dans lesquels le programme de la conférence, préparé d'accord avec les gouvernements français et allemand, a prévu l'institution d'une Banque d'État montrent qu'il a été entendu entre eux que la banque marocaine serait exclusivement un instrument de crédit et de régularisation, mais que là se bornerait son rôle ; qu'elle ne devrait être ni un instrument politique ni un élément administratif. D'autre part, il a été entendu que la banque ne pourrait servir une influence étrangère aux dépens d'une autre. Les mesures qui ont été adoptées en ce qui concerne les adjudications publiques, en confiant le règlement de plusieurs questions au corps diplomatique de Tanger, les principes d'égalité qui ont été affirmés en cette matière, sont des garanties que le fait de faire des avances au maghzen pour des travaux publics ne pourra transformer la banque en instrument partial en faveur de telle ou telle nationalité. Il faut maintenant envisager l'accession des diverses puissances à la collaboration qui sera donnée au maghzen. Peut-on faire abstraction complète du passé ? Fidèle à l'attitude que la France a observée depuis le début de la conférence, la délégation française s'est placée sur un terrain à la fois pratique et libéral. On ne peut prétendre sérieusement faire litière des faits établis et des droits acquis. Le crédit du Maroc a été fondé par le marché français. Le Sultan, dans le libre exercice de sa souveraineté, a contracté un emprunt dans des conditions déterminées. Ce contrat appartient à un groupe français. Dans cet emprunt, il a été établi des droits déterminés de préférence qui, sans constituer un privilège, sont un instrument excellent de crédit. Il est sage, il est normal que le passé soit absorbé dans le présent. La France ne prétend pas invoquer la situation commerciale des diverses puissances au Maroc, mais il faut faire une part au passé dans la future banque ; les intérêts français reconnus par le Sultan dans sa souveraineté et sans porter atteinte à personne doivent être sauvegardés. Alors, peut être admise l'égalité des souscriptions et les mêmes principes peuvent être appliqués pour l'attribution des emplois et pour la constitution du conseil d'administration. Mais, faire sortir la banque de ces limites étroites, en faire l'arbitre des services publics, la charger de dresser des budgets, la soumettre à l'action directe d'un conseil de surveillance que constituerait le corps diplomatique, paraît une véritable hérésie, car c'est étendre au Maroc le champ des divisions politiques au lieu de le restreindre. La non-absorption du passé par le présent empêcherait la banque de rendre au Maroc les services qu'on en attend et l'exposerait à de perpétuels litiges. Le projet français n'a pas négligé un autre point de vue : créant un instrument de crédit aussi fort, on pouvait redouter qu'il fût fait des ressources de la banque une répartition arbitraire entre les entreprises et le

Et ce fut tout. C'est le 22 seulement[1], après que la présidence eût inscrit en face de chaque article du questionnaire[2], la réponse allemande et la réponse française, que s'ouvrit la discussion.

II

L'examen du travail de comparaison préparé par la présidence occupa les deux séances du 22 et du 24 février[3]. Ce qui politiquement caractérisa cet examen fut la parfaite netteté avec laquelle, sur tous les points litigieux, la délégation espagnole prit parti pour les propositions françaises. On a vu que, déjà pour la rédaction du questionnaire, le duc d'Almodovar s'était mis d'accord avec M. Révoil. Il allait être pour nous, pendant tout ce débat, l'allié le plus fidèle. Et le gouvernement français devait, peu de jours après, remercier M. Moret du concours précieux trouvé auprès de lui et de M. Perez Caballero par nos plénipotentiaires. Techniquement, cette première discussion ne révéla de la part des Allemands aucune disposition à la conciliation, mais elle manifesta leur isolement et la tendance unanime des principaux délégués, — les autres se taisant, — à approuver les vues de la France. Ce n'était, au surplus, qu'une rencontre préliminaire, d'où personne n'espérait que dussent sortir des conclusions définitives.

L'effort principal de M. Révoil s'appliqua à montrer que, tant qu'on n'aurait pas tranché le point capital, à savoir l'évaluation et la cession contractuelle des droits du consortium français, il serait impossible de mettre sur pied un projet viable de Banque d'État. S'agissait-il de spécifier les pouvoirs de la banque comme agence financière du gouvernement marocain, les revenus qui devraient être versés dans ses caisses et les droits de priorité dont elle jouirait ? Le contrat du 12 juin 1904 établissait péremptoirement qu'en ce qui concerne les douanes, c'est-à-dire le seul revenu sûr, on ne pouvait disposer que de 40 p. 100 des recettes,

---

commerce de diverses nationalités. C'est en vue d'empêcher de semblables abus que ce projet propose la création d'un conseil-d'escompte composé de notabilités des diverses colonies. »

1. Voir Protocoles, page 120.
2. Voir Protocoles, pages 127 à 135.
3. Voir Protocoles, page 120 à 141.

et encore en fin d'année, après qu'il aurait été reconnu que le prélèvement de 60 p. 100 suffisait au service de l'emprunt français[1]. Parlait-on de charger la Banque d'État du service de la dette et des emprunts? Nous rappelions aussitôt le privilège assuré à cet égard à la Banque de Paris et des Pays-Bas[2]. Force était donc d'aborder la question même du droit de préférence, droit d'autant moins facile à ignorer qu'il constituait pour le gouvernement marocain un excellent instrument de crédit. M. de Tattenbach, qui s'en rendait compte, reprit l'argumentation qu'il avait esquissée déjà dans ses conversations avec M. Regnault[3]. Si son projet ne disait rien de notre droit de préférence, c'est que ce droit n'avait pas, selon lui, grande valeur. Il ne devait s'exercer que « si les conditions et prix étaient égaux ». Or, en pratique, on pouvait dire que jamais deux offres n'étaient égales et que, par conséquent, notre droit était plus apparent que réel[4]. C'était une assez habile façon de déplacer la question pour éviter d'y répondre. Mais, en réalité, elle se posait dans des termes différents. Le droit de préférence n'était point du tout le privilège hypothétique et factice que disait M. de Tattenbach : il comportait la faculté pour les banques françaises de s'approprier les conditions quelconques offertes au Maroc en vue d'un emprunt, par un établissement concurrent[5]. Était-ce là, comme le prétendait M. de Tattenbach, une interprétation abusive ? Certainement non, puisque la Banque ottomane, toujours citée par la délégation allemande comme un exemple, avait dans son contrat une clause identique à l'article 33 du contrat de 1904 et que, depuis cinquante ans, cette clause était appliquée, sans discussion, avec le sens même que nous entendions lui donner au Maroc : à savoir, droit de se substituer à tous autres prêteurs en s'appropriant leurs offres. L'avantage que nous avions

---

1. Voir Protocoles, pages 121, 122, 123, 124, entre autres :
« Son Excellence M. le comte de Tattenbach (Allemagne) demande qu'en tout cas le 40 p. 100 des douanes puisse être assigné à la banque. Son Excellence M. Révoil (France) répond affirmativement, mais cette assignation aurait lieu seulement en fin d'exercice et lorsqu'il serait établi que le 60 p. 100, qui n'est qu'un minimum, aurait suffi au service de l'emprunt. »
2. Voir Protocoles, pages 121, 122, 123, 124.
3. Voir ci-dessus, page 142.
4. Voir Protocoles, page 124.
5. Voir Protocoles, pages 124 et 125.

obtenu se justifiait d'ailleurs par la part détenue par nous dans les affaires de banque au Maroc et par la constitution, due à nos capitaux, du crédit marocain. Sir Arthur Nicolson et M. Perez Caballero étaient, sur tous ces points, d'accord avec M. Révoil et déclaraient appuyer ses prétentions [1]. Le comte de Tattenbach ne répliquait pas et, tout en confessant par son silence qu'il manquait d'arguments contre notre thèse, s'en tenait à la sienne. L'entente était donc impossible jusqu'à nouvel ordre et le reste du débat ne pouvait présenter qu'un intérêt secondaire.

La délégation allemande avait, sans nul doute, espéré qu'en proposant que le capital de la banque fût constitué en *pesetas*, elle détacherait de nous la délégation espagnole [2]. Une courte déclaration de M. Révoil [3], répétant les assurances données directement par lui au duc d'Almodovar, déjoua ce calcul. Nous entendions ne rien changer à la situation de la *peseta* sur le marché

1. Voir Protocoles, page 125.
2. Voir projet allemand, article 2. Protocoles, page 115.
3. Voir Protocoles, page 125, 146, 147. La délégation allemande, ayant vu échouer cette manœuvre, chercha, le 3 mars, à faire sentir à l'Espagne le poids de son mécontentement par l'amendement suivant : « La banque prendra les mesures qu'elle jugera utiles pour assainir la situation monétaire au Maroc, sans toutefois porter atteinte à la valeur libératoire de la monnaie espagnole telle qu'elle est basée sur les traités existants. En conséquence, la banque sera exclusivement chargée de l'achat des métaux précieux, de la frappe et de la refonte des monnaies, ainsi que de toutes autres opérations monétaires qu'elle fera pour le compte et au profit du gouvernement marocain. Les dispositions précédentes de cet article laissent intacte la question du droit de préférence du consortium des banques signataires du contrat d'emprunt 1904. » M. Perez Caballero répliqua : « La délégation espagnole considère que, si la conférence a mission de tracer des règles pour l'avenir, il ne lui appartient pas de soumettre le passé à revision. La circulation de la monnaie espagnole au Maroc est un fait, et comme tel, elle doit être respectée. L'origine de ce fait et de la force libératoire de la monnaie espagnole au Maroc ne se trouve pas seulement dans les traités qui en font emploi lorsqu'il s'agit de fixer le montant des droits de douane. Il dérive aussi des usages traditionnels, des décisions chérifiennes, telles que par exemple les proclamations de 1898 prescrivant aux populations marocaines d'admettre partout la monnaie espagnole sous des peines sévères, ainsi que de plusieurs actes et règlements du corps diplomatique à Tanger, relatifs au paiement de certaines taxes. Cette circulation représente un avantage réel pour le Maroc lui-même. » M. Révoil appuya énergiquement cette thèse en disant : « On ne peut s'abstraire de l'état de fait acquis au bénéfice de la monnaie espagnole. On n'a pas le droit d'entraver cette situation qu'il faut au contraire respecter. Du reste, le rôle de la banque, en matière d'assainissement de la monnaie, ne concerne que la monnaie indigène et ce rôle peut parfaitement se concevoir sans qu'il soit porté atteinte à la monnaie espagnole. »
Finalement, M. de Tattenbach s'inclina (Voir Protocoles, pages 146, 147).

marocain. Nous étions résolus à n'entraver à aucun degré sa circulation. Il nous paraissait en revanche que, dans une banque dont le capital serait fourni par treize puissances différentes, la monnaie d'or, monnaie internationale par excellence, était toute désignée pour servir à l'évaluation de ce capital. L'accord s'établit sur ce point. Mais, sur tous les autres, on vit reparaître, encore aggravée, l'opposition des deux systèmes. Comme c'était son devoir, M. Révoil critiqua fortement le rôle attribué par M. de Tattenbach au corps diplomatique sous le nom de conseil de surveillance[1]. Il montra combien il était peu correct, soit pour présider aux opérations d'assainissement de la monnaie, soit pour contrôler le fonctionnement général de la banque, de superposer aux administrateurs responsables une assemblée qui serait, par sa nature même, essentiellement politique ; comment, du reste, cette intervention des ministres dans la fixation des budgets de police et autres était attentatoire à la souveraineté du Sultan. Si la Banque d'État restait, conformément au protocole du 28 septembre 1905, une institution de crédit et de régularisation, le contrôle du corps diplomatique était superflu. On n'était conduit à ce contrôle que par l'extension abusive des attributions de la banque ; mais à cette extension politique et administrative, nous étions opposés. Nous écartions donc le conseil de surveillance que réclamait M. de Tattenbach[2].

— Accepteriez-vous, dit alors sir Arthur Nicolson, trois censeurs, autorisés à assister avec voix consultative aux délibérations du conseil d'administration[3] ?

1. Voir Protocoles, page 123.
2. Voir Protocoles, pages 136 et 137. M. de Tattenbach motivait ainsi sa proposition : « Tout d'abord, en ce qui concerne le pouvoir de la banque d'émettre des billets, l'encaisse de la banque est, à la vérité, une première garantie pour le public. Mais elle ne paraît pas suffisante : l'émission doit être aussi garantie par la confiance que le public aura dans le bon fonctionnement de cette institution, et cette confiance sera d'autant plus grande que la surveillance sera plus étroite. En second lieu, la mission d'assainissement de la monnaie, confiée à la banque, est un privilège exceptionnel et grave, qu'aucune autre banque d'État au monde ne possède. Le projet français ne prévoit aucune surveillance particulière sur la banque dans cet ordre d'idées, et il y a là une lacune qu'il est indispensable de combler. Si le projet allemand propose de confier la surveillance spéciale de la banque au corps diplomatique à Tanger, c'est qu'on ne saurait trouver sur place un autre organe susceptible de remplir cette mission. »
3. Voir Protocoles, page 138.

Cette proposition du délégué anglais, formulée d'accord avec nous, fut « prise en considération » par M. de Tattenbach[1] ; mais on verra comment il se réservait, tout en l'acceptant, de revenir à son premier projet[2]. Il maintenait également ses vues sur le mode de recrutement des administrateurs[3] et sur leur nombre évidemment excessif. Il les maintenait aussi quant à la nécessité de fixer à Tanger le siège social[4] ; enfin sur toutes les questions de législation et de juridiction[5], écartant la législation française, réclamant les codes mixtes égyptiens pour tous les litiges, que la

1. Voir Protocoles, page 138.
2. Voir ci-dessous, page 312.
3. Voici le texte des explications échangées à ce sujet :

« Son Excellence M. le comte de Tattenbach (Allemagne) fait observer qu'il y a deux modes différents d'élection proposés par le projet allemand et par le projet français. L'Allemagne désirerait que chaque groupe de nationalité choisît lui-même son représentant au conseil d'administration, tandis que la France propose de réunir l'ensemble des actionnaires et de les charger de choisir les administrateurs sans autre limitation que le nombre assigné à chaque nationalité. Le système français pourrait entraîner des choix qui ne seraient pas désirables aux yeux des groupes nationaux intéressés.

» Son Excellence M. Révoil (France) remarque que c'est un principe que les administrateurs soient choisis par l'ensemble des actionnaires et, en fait, dans la pratique, les choix se feront d'accord avec les groupes nationaux intéressés. » (Voir Protocoles, page 126).

4. Voir Protocoles, page 140.
5. Voici la partie du procès-verbal relative à la juridiction.

« Sur le n° 12 (Législation et juridiction applicables à la banque) Son Excellence M. le comte de Tattenbach (Allemagne) dit que la banque projetée devant avoir un caractère international et être constituée sur la base de l'égalité des puissances, il n'y aurait pas de raison pour lui appliquer la législation d'un des pays contractants plutôt que celle d'un autre. C'est pourquoi il propose de la soumettre à la législation appliquée en Égypte par les tribunaux mixtes, législation qui a fait ses preuves depuis un quart de siècle.

» Son Excellence M. Révoil (France), sans nier les mérites de la législation mixte de l'Égypte, demande quelles objections on pourrait formuler contre la législation française qui, à bien des points de vue, est la base commune de la plupart des législations étrangères et qui, étant donné le caractère abstrait de la loi, ne saurait être considérée comme une source d'influence politique pour le pays qui l'a édictée.

» Son Excellence M. le comte de Tattenbach (Allemagne) demande alors comment l'opinion antérieure exprimée par M. le délégué plénipotentiaire de France sur le caractère politique de l'intervention du corps diplomatique à Tanger en matière de surveillance de la gestion de la banque, se concilie avec son opinion actuelle que l'application de la loi et la soumission à la juridiction d'un pays déterminé n'ont pas de portée politique.

» Son Excellence M. Révoil (France) répond qu'il y a une différence essentielle entre les agents diplomatiques dont la mission est précisément de représenter les intérêts politiques, et une conception abstraite comme la loi appliquée par des tribunaux dont l'unique souci doit être la justice. Personne certainement ne supposera que, dans un litige d'ordre privé entre la banque et des

banque fût défenderesse ou demanderesse — combinaison que les délégués anglais et américains déclarèrent inacceptable [1], — et insistant pour la création à Tanger d'un tribunal consulaire spécial, qui jugerait en première instance et en appel. Deux amendements seulement furent admis par lui, que M. White et sir Arthur Nicolson avaient déposés après entente avec M. Révoil : jugement par la cour de Lausanne soit en seconde instance pour la généralité des procès, soit en première pour les procès entre la Banque d'État et le gouvernement marocain [2].

C'étaient là, en vue de l'entente finale, de bien maigres résultats. Et le comité de rédaction, qui recevait l'ingrate mission de mettre debout, après cet échange de vues stérile, un projet transactionnel, avait le droit d'être embarrassé. Force lui serait de « réserver » la plupart des articles, en tout cas les articles essentiels, et de laisser à des négociations latérales ou à une discussion ultérieure le soin de départager les adversaires. Ce n'était pas non plus dans le projet [3] déposé en leur nom personnel par les délégués marocains, à la séance du 24, que l'on pouvait

particuliers non français, les tribunaux consulaires, et en général la juridiction française, puissent être guidés par un sentiment de partialité.

» Son Excellence M. le comte de Tattenbach (Allemagne) explique que ce qui a inspiré sa proposition de tribunal mixte, ce n'est pas le soupçon de partialité contre qui que ce soit, mais le fait qu'il n'y a pas, à ses yeux, de raison particulière pour placer plutôt la banque sous le régime de la loi française que sous celui de toute autre législation. » (Voir Protocoles, pages 138 et 139).

1. Voir Protocoles, page 139.
2. Voir Protocoles, page 139.
3. Voir Protocoles, pages 141 et 142. Notons toutefois que ce projet fixait le capital en livres sterling or et non en *pesetas*. L'article relatif à la répartition disait :

Article VIII. — Ce capital sera divisé en quinze parts réparties de la manière suivante : deux parts seront réservées au Maroc qui est le plus intéressé dans la banque; une part sera réservée aux contractants de l'emprunt 1904 et le reste sera réparti entre les puissances représentées à la conférence. Dans le cas où les douze dernières parts n'auraient pas été souscrites, la ou les parts disponibles seront réparties entre tous, proportionnellement à leur souscription initiale. Mokri expliqua ainsi qu'il suit le dépôt de ce projet :

« Notre projet, dit-il est une réponse au questionnaire du président de la conférence. C'est vous dire qu'il ne pouvait pas se produire avant qu'on nous eût remis ce document. L'initiative que nous avons prise ce matin ne devait pas être d'ailleurs inattendue pour la conférence, car en quittant mardi dernier la salle des séances, au moment où le duc d'Almodovar m'annonça qu'on allait nous remettre deux textes juxtaposés des projets français et allemand, je lui dis en souriant : « Eh bien! nous présenterons à notre tour un troisième projet qui trouvera parfaitement sa place entre les deux. »

trouver les éléments d'un arrangement; car, sauf sur deux points (attribution d'une part au consortium et de deux parts au Maroc dans la formation du capital), c'était une réédition du projet allemand. Le comte de Tattenbach affirmait, il est vrai, qu'il allait recevoir des instructions de Berlin et insistait pour qu'on ne fixât pas à une date trop rapprochée la séance suivante. Mais on nous avait parlé si souvent de ces instructions qui, ou bien n'arrivaient pas, ou bien accentuaient l'intransigeance, que nous avions perdu le goût de nous prêter à les attendre. Nous demandions donc que la prochaine réunion eût lieu le jeudi 1er mars, au lieu du samedi 3 indiqué par M. de Radowitz. Devant la résistance de celui-ci, et dans la crainte de paraître brusquer les choses, nous finîmes cependant par accepter cette seconde date. Aussi bien, l'important travail confié au comité de rédaction fournissait aux plénipotentiaires un prétexte honnête pour s'ajourner ainsi pendant toute une semaine.

III

Quand, le samedi 3 mars, la conférence se réunit en séance officielle, le comité de rédaction avait, depuis la dernière séance de comité du samedi 24 février, tenu quatre réunions. Les délégués, informés journellement et renseignés dès le 2 mars par le projet des rapporteurs, — projet où neuf articles sur vingt-cinq avaient dû être réservés, c'est-à-dire laissés sans solution, — savaient, en arrivant à cette séance, que le désaccord entre l'Allemagne et la France portait sur cinq points capitaux.

Sur la question du siège social, M. de Tattenbach n'avait fait qu'une concession, c'est que le comité d'études, qui serait appelé à rédiger les statuts de la Banque d'État, fixât dans une ville d'Europe, à son choix, le siège du conseil d'administration ; par contre, le siège social serait à Tanger. Pour la législation, il s'en tenait aux codes égyptiens. Pour la juridiction, il persistait à réclamer un tribunal mixte. Mais, vu les objections de diverses puissances[1], ce tribunal mixte ne serait compétent que quand la

---

1. Voir Protocoles, pages 150 et 151.

banque serait poursuivie par un de ses clients ; dans le cas inverse, la juridiction nationale du défenseur prévaudrait ; dans les litiges entre la banque et le gouvernement marocain, comme dans ceux entre la banque et ses actionnaires, la cour de Lausanne jugerait en premier et dernier ressort ; elle jugerait en appel toutes les autres causes. Pour la surveillance, la délégation allemande ne se contentait, ni du haut-commissaire marocain, ni du comité international d'escompte ; elle voulait un organe de contrôle indépendant de la banque et émanant directement d'une désignation internationale ; si donc elle acceptait les trois censeurs proposés par sir Arthur Nicolson, elle entendait qu'ils fussent choisis parmi les membres du corps diplomatique ou tout au moins nommés par lui. Quant à la formation du capital et au compte à tenir, dans cette formation, du droit de préférence du consortium français, M. de Tattenbach avait donné des indications plus négatives que positives, et parfois contradictoires ; mais il ne semblait pas qu'il dût aller au delà d'une part dans l'évaluation de l'apport du consortium. Et encore redoutait-il visiblement que cette part ne suffît à nous assurer la majorité dans le comité d'études d'abord, ensuite dans le conseil d'administration.

Les progrès réalisés en huit jours étaient donc plus que médiocres ; les chances d'entente restaient minimes ; et si M. de Tattenbach avait reçu les instructions dont il parlait le 24 février, ces instructions ne lui avaient pas permis de céder grand'chose. Parmi les exigences qu'il persistait à formuler, il en était, sans doute, sur lesquelles nous pouvions accepter des transactions. Que le siège social fût, pour une banque marocaine, fixé à Tanger, c'était assez légitime, à condition que le siège du conseil d'administration fût ailleurs. Que le choix de la législation n'eût guère d'importance pratique, c'était encore évident. Que même la juridiction ne fût pas la juridiction française, et qu'on créât un tribunal spécial, nous pouvions à la rigueur y souscrire, puisqu'en tout cas cette juridiction ne serait compétente que pour les procès où la banque serait défenderesse. Donc trois points sur cinq nous permettaient de transiger. Le quatrième, désignation des censeurs, était plus délicat : car l'intervention du corps diplomatique était aussi contraire à nos principes qu'à nos intérêts. Mais peut-être réussirait-on à trouver une formule qui, tout en excluant cette intervention, donnerait satisfaction à l'Allemagne. Sur le dernier point seulement, nous avions un intérêt vital à sauvegarder. D'une part, nous ne pouvions pas admettre une évaluation dérisoire des droits du consortium et de son apport. D'autre part, en raison de notre situation présente au Maroc aussi bien qu'en vue de notre avenir, il était nécessaire que, dans la formation du capital, c'est-à-dire dans le comité d'études et dans le conseil d'administration [1], nous eussions la majorité. Si le nombre des parts était fixé à quinze, il nous en fallait huit ; neuf, s'il était fixé à dix-sept. Comme nous avions la certitude que les voix de la Russie, de l'Angleterre, de l'Espagne et du Portugal, s'ajouteraient à la nôtre pour faire un bloc de cinq, il fallait que le consortium eût trois parts dans le premier cas, quatre dans le second. Pour accepter que ce chiffre fût diminué, nous aurions eu besoin d'être sûrs qu'une voix encore, celle de la Belgique, des États-Unis ou de l'Italie, nous serait assurée ; mais, si vraisemblable que ce fût, ce n'était point une certitude. La prudence nous conseillait donc de maintenir au chiffre primitif notre évaluation de l'apport du consortium ; et dans le doute où nous étions sur les pensées secrètes de l'Allemagne, cette prudence était un devoir.

L'examen du projet [2] préparé par le comité de rédaction aboutit à l'adoption de quinze articles, les articles 1, 2, 3, 6, 10, 11, 12, 13, 14, 16, 18, 21, 22, 24 et 25. Définition de la banque sous le nom de « Banque d'État du Maroc », et fixation à quarante années de la durée de son privilège [3] ; spécification de ses droits, notamment en matière d'émission de billets au porteur, et aussi comme trésorier-payeur de l'empire chérifien [4] ; versement dans ses caisses des revenus des douanes (réserve faite des droits des porteurs de l'emprunt 1904) et des décimes additionnels destinés à la

1. Voir Protocoles, page 126.
2. Au début de la séance, la délégation marocaine se plaignit que le projet du comité de rédaction n'eût pas été traduit en arabe. Or le projet marocain avait été présenté en français et les délégués chérifiens n'avaient pu en fournir le texte arabe.
3. Article 1.
4. Articles 2 et 3.

caisse spéciale des travaux publics [1]; organisation et régime des succursales et agences de la banque [2]; attributions du haut-commissaire marocain et de son adjoint [3]; arbitrage de la cour fédérale de Lausanne pour les contestations entre le gouvernement et la banque [4]; fixation du nombre des administrateurs au même chiffre que celui des parts de capital initial, et énonciation de leurs pouvoirs [5]; recrutement des employés sans acception de nationalités [6]; création à Tanger d'une commission internationale d'escompte désignée par le conseil d'administration [7]; constitution en or d'un capital de 15 à 20 millions de francs susceptible d'augmentations ultérieures [8]; formation dans un délai de trois semaines, à partir de la clôture de la souscription d'un comité spécial chargé d'élaborer les statuts [9], — telles étaient les dispositions essentielles de ces quinze articles. Elles laissaient en dehors toutes les questions sur lesquelles avaient porté les discussions antérieures. En un mot, pas plus qu'en comité, pas plus qu'en commission de rédaction, on n'avait réussi en séance à faire l'entente sur ces questions.

La certitude acquise par M. Révoil, que la délégation allemande ne ferait ni concessions ni même propositions sur la répartition des parts du capital, accusait, pour le représentant de la France, l'obligation de ne rien céder sur les autres points, puisque la compensation légitime de ces sacrifices nous eût été refusée sur le seul terrain où on pût nous l'assurer. Dans ces conditions, le débat devait de nouveau opposer l'un à l'autre, sur chacun de ces articles, les deux systèmes que l'on connaît. Ce fut le cas pour la législation, M. de Tattenbach insistant pour les codes égyptiens, M. Révoil observant que plusieurs Sociétés étrangères, notamment la Compagnie de Suez, ont librement adopté la loi fran-

1. Article 6.
2. Articles 10 et 11.
3. Article 12.
4. Articles 13 et 14.
5. Article 18.
6. Article 18.
7. Article 21.
8. Article 22.
9. Articles 16 et 24.

çaise[1]. Ce fut le cas pour la juridiction, M. de Tattenbach acceptant que la compétence de son tribunal mixte fût limitée aux causes où la banque serait défenderesse, mais réclamant néanmoins la création de ce tribunal à compétence limitée ; M. Révoil, sir Arthur Nicolson, le comte Cassini, M. Perez Caballero et le comte de Martens Ferrao se prononçant, au contraire, pour les tribunaux français[2]. De même, sur la question de la surveillance, on entendit encore sir Arthur Nicolson affirmer l'incompétence financière des diplomates[3], M. Révoil observer que les puissances verraient sans plaisir leurs ministres assumer les responsabilités

1. M. Révoil motiva en ces termes son attitude quant à la législation : « Le projet de la délégation allemande présente un inconvénient sérieux, celui de nécessiter dans chacun des pays l'intervention législative en vue de soumettre leurs nationaux respectifs à la législation égyptienne, ce qui serait une cause de retard prolongé et risquerait de soulever des susceptibilités nationales, puisqu'il s'agirait de modifier essentiellement le statut personnel des étrangers en pays de capitulations. Le Maroc n'ayant pas de législation sur les sociétés, les étrangers n'étant pas soumis à la juridiction marocaine, une double question se pose de ce fait pour l'institution de la banque d'état du Maroc. Comme législation, la délégation française propose la législation française. La nationalité d'une loi ne suffit pas à en faire un instrument politique en faveur de la nation qui l'a édictée. La loi doit être considérée d'après sa valeur concrète et objective. La loi française sur les sociétés jouit dans les affaires financières d'une confiance que la pratique a démontrée. Beaucoup d'intérêts étrangers n'ont pas hésité à se grouper sous son égide. » (Voir Protocoles, pages 149 et 150.)

2. M. Révoil motiva en ces termes son attitude quant à la juridiction :
« La banque peut être poursuivie par trois catégories de demandeurs : 1° l'État marocain ; 2° les associés ; 3° la clientèle particulière. La délégation française a accepté pour le premier cas l'arbitrage de la cour fédérale de Lausanne. Elle serait disposée à étendre la mesure aux différends entre la banque et les associés, en raison de leur recrutement international. Une clause de même nature est insérée dans l'acte constitutif de la Société internationale de Suez ; pour la première instance, les associés acceptent l'arbitrage ; la cour de Paris est juridiction d'appel. On pourrait accepter l'arbitrage de la cour de Lausanne en premier et dernier ressort. La compétence de la juridiction française serait ainsi limitée aux instances dans lesquelles la banque sera poursuivie par la clientèle privée. Or, on peut dire que cela ne changera rien à la situation normale au Maroc, où 80 p. 100 des affaires de banque sont faites actuellement par des sociétés françaises. La Banque d'état n'ayant aucun monopole qui puisse mettre en jeu les intérêts particuliers, ceux qui feront des affaires avec elle auront par ce fait même accepté librement sa juridiction. » (Voir Protocoles, page 150.)

3. « Son Exc. Sir Arthur Nicolson (Grande-Bretagne) craint que, malgré tout le respect qui lui est dû, le corps diplomatique à Tanger ne présente pas, à cet égard, les conditions de compétence désirables. Les fonctions de censeur exigent des connaissances techniques qui ne rentrent pas dans les préoccupations habituelles des diplomates. En outre, il semble que ce serait là faire sortir le corps diplomatique de son rôle normal et donner inévitablement un caractère politique à une institution qui doit demeurer purement financière. » (Voir Protocoles, page 150.)

civiles et même pénales attachées aux fonctions de censeurs[1], cependant que M. de Tattenbach répondait par des négations à ces affirmations et proposait que les censeurs fussent choisis par et dans le corps diplomatique[2]. Sur le point essentiel enfin, M. Révoil développa, une fois de plus, le droit du consortium aux quatre parts qu'il demandait pour lui[3]. Et, une fois de plus, le

---

[1]. M. Revoil, appuyé par les représentants de l'Angleterre, de l'Espagne et de la Russie dit notamment :
« Le recrutement dans ou par le corps diplomatique à Tanger que la délégation allemande propose est-il préférable ? Le corps diplomatique aura-t-il des intérêts du Sultan et de l'impartialité de la banque un soin plus grand et aussi persistant que le comité d'études composé comme il le sera, chargé de la mission qui lui incombera. Que l'on prenne les censeurs parmi les membres du corps diplomatique ou que ce soit eux qui les choisissent, il y a grand risque que les censeurs ainsi recrutés ne s'abstraient pas des rivalités politiques ou économiques locales. On introduira ainsi dans la banque la politique dont il y a lieu de la garantir, et le contrôle de ses rapports avec l'État, ainsi que celui des opérations qu'elle fera pour son compte seront loin d'avoir la compétence strictement impartiale qu'il faut souhaiter. En résumé, la délégation française accepte l'idée d'assurer aux censeurs une origine qui les rendra indépendants de la banque, mais elle ne pense pas que la solution proposée par la délégation allemande réponde à ce but dans les conditions désirables. » (Voir Protocoles, pages 154 et 155.)

[2]. « Son Exc. M. le comte de Tattenbach (Allemagne) réplique que, même en supposant qu'on ne puisse trouver parmi les membres du corps diplomatique à Tanger, des personnalités compétentes en matière financière, pour surveiller la gestion de la banque, ceux-ci seraient facilement renseignés de tous côtés, et se trouveraient d'ailleurs mieux placés que tous autres pour faire des enquêtes ainsi que pour prendre les mesures propres à éviter que des préjudices soient causés d'un côté aux intérêts chérifiens, et de l'autre à ceux du commerce en général. La délégation allemande avait proposé primitivement l'institution d'un conseil de surveillance composé du corps diplomatique à Tanger ; elle a accepté plus tard de substituer à ce conseil le système des trois censeurs suggéré à la dernière séance de comité par Son Exc. Sir Arthur Nicolson, mais elle ne saurait admettre la désignation de ceux-ci par un organe qui représente exclusivement les intérêts de la banque. » (Voir Protocoles, page 155.)

[3]. Voici la déclaration de M. Révoil :
« Le crédit du Maroc a été fondé par le marché français. Le Sultan, dans le libre exercice de sa souveraineté, a contracté un emprunt dans des conditions déterminées. Ce contrat appartient à un groupe français. Dans cet emprunt, il a été établi des droits déterminés de préférence qui, sans constituer un privilège, sont un instrument excellent de crédit. Il est sage, il est normal que le passé soit absorbé par le présent. Si la banque n'a pas seule et sans conteste le droit de préférence qui appartient aujourd'hui au consortium, elle ne pourra pas rendre au Maroc les services qu'on attend et elle resterait exposée à de perpétuels litiges... Le projet français n'a pas voulu baser la répartition du capital sur la situation commerciale et économique respective des diverses puissances au Maroc. Il vise seulement à sauvegarder les intérêts français déterminés par le Sultan dans le libre exercice de sa souveraineté. Les droits du consortium ne sont pas seulement un

comte de Tattenbach répondit que c'était exagéré[1]. On piétinait donc sur place. Et à moins de convier les délégués à jouer le rôle d'arbitre, aucune solution pratique n'apparaissait à l'horizon.

Or, si les intéressés ne songeaient ni l'un ni l'autre à adresser cet appel à la conférence, la conférence était moins disposée encore à y répondre, si d'aventure on le lui eût adressé. Sans un geste d'intervention, elle laissait imperturbablement accoler à chaque article litigieux l'étiquette « réservé », qui dénonçait la faillite de ses travaux. Et elle continuait à faire des vœux pour que la fortune des négociations directes éloignât d'elle la coupe des responsabilités. Avec sa haute autorité, le marquis Visconti-Venosta traduisit éloquemment l'embarras de ses collègues : « Je ne méconnais point, dit-il la gravité des questions concernant la banque qui n'ont pas encore été résolues. Mais j'estime que ces difficultés ne sont pas au-dessus de notre bonne volonté. Je crois que leur importance n'égale pas les grands et légitimes intérêts qui attendent des délibérations de la conférence un gage de confiance et de sécurité internationales[2]. » C'étaient là de nobles sentiments exprimés en un beau langage. Mais la situation n'en était pas plus facile. Chaque minute qui passait aggravait pour la délégation française les risques de chaque initiative. L'Allemagne, depuis le 16 janvier, n'avait rien cédé sur rien. Par contre, la franchise et la modération de nos demandes initiales restreignaient pour nous le champ des négociations et nous faisaient bien étroite la marge des transactions possibles. Fallait-il arrêter le débat sur la banque, — il se trouvait d'ailleurs interrompu de lui-même, puisque dix de ses articles étaient « réservés » pour une étude ultérieure, — et porter devant la conférence la question de la

intérêt privé que la Banque d'État doit nécessairement absorber et compenser; ils représentent, en dehors de leur valeur propre, l'expression résumée, la réalisation concrète de la situation de premier ordre que la France occupe au Maroc sur le terrain économique, et qu'on peut synthétiser dans les proportions suivantes : sans compter 30 à 40 p. 100 du commerce, 92 p. 100 de la dette publique et 80 p. 100 des affaires de banque. La porte ouverte, c'est la libre concurrence ; ce n'est pas le nivellement des droits acquis. » (Voir Protocoles, page 158.)

1. Sur les arguments par lesquels M. de Tattenbach justifiait ses prétentions, voir ci-dessus, page 228.
2. Voir Protocoles, page 159.

police? Fallait-il, au contraire, aboutir d'abord à un accord sur la banque pour que, si l'on ne s'entendait point sur la police, la conférence eût accompli néanmoins œuvre utile et qui se suffît à elle-même? A ces questions, nous ne pouvions répondre qu'en tenant compte des dispositions rencontrées par nos représentants à Algésiras et dans les chancelleries. De ces dispositions dépendraient notre attitude. Cette même séance du 3 mars, où l'on venait de constater, pendant deux longues heures, l'impossibilité de s'accorder, allait être marquée, à son terme, par l'offensive résolue à laquelle, après examen, nous devions nous déterminer.

CHAPITRE II

LA SEMAINE DES CHEFS D'ÉTAT

I. *La mission du baron de Courcel.* — L'histoire d'une audience. — Le silence de l'Empereur. — Les offres du prince de Bülow. — Leur caractère inacceptable. — Une légende naissante. — Le démenti français (17-21 février).
II. *Guillaume II et la Russie.* — Une lettre du comte Witte à Guillaume II. — La réponse de Guillaume II. — Ses propositions. — L'étonnement du Tsar. — Une déclaration de Nicolas II. — Un article de « l'Etat russe » (20 février-2 mars).
III. *Guillaume II et M. Roosevelt.* — La première dépêche de M. Roosevelt. — Le premier refus de Guillaume II. — La seconde dépêche de M. Roosevelt. — Le second refus de Guillaume II. — Un conseil des ministres à Washington. — Les instructions de M. White (17 février-2 mars).
IV. *L'Italie et l'Espagne.* — L'état d'esprit de M. Sonnino. — L'activité de MM. Barrère et Egerton. — Les « confidents » du marquis Visconti-Venosta. — Les idées de M. Moret. — Les instructions du duc d'Almodovar. — M. de Stumm, l'Empereur et le chancelier (22 février-1er mars).
V. *Les puissances tierces.* — Notre politique à leur égard. — Belgique, Pays-Bas, Suède. — L'Autriche et ses ennuis. — Un mot de François-Joseph. — L'activité transactionnelle du comte Goluchowski (22 février-1er mars).
VI. *Le bilan européen au 3 mars.* — Le vote nécessaire. — Banque et Police. — La nervosité de l'opinion française. — Les attaques de M. Jaurès. — La violence des journaux allemands. — Les instructions de M. Révoil (25 février). — Vers le scrutin.

1

Lorsque la désignation du baron de Courcel, ancien ambassadeur de France à Berlin et à Londres, comme représentant de la France aux obsèques du roi Christian IX de Danemark, devint publique, une partie de la presse, notamment en Allemagne, exprima l'opinion que la rencontre de Guillaume II et de ce diplomate éminent ne serait pas sans influence sur les délibérations d'Algésiras. Combien de fois n'avait-on pas dit que l'Empereur était conciliant; que les bureaux seuls étaient responsables de la longue intransigeance allemande ! Peut-être Guillaume II profiterait-il de cette occasion pour prendre la direction personnelle de l'affaire et la hâter vers sa solution. Quoi qu'il en fût, ce n'était pas au gouvernement français à provoquer cette initiative, moins encore à la solliciter. Si l'Empereur voulait proposer à M. de Courcel une solution du débat marocain, M. de Courcel écouterait et répéterait les paroles impériales : il ne pouvait faire davantage et, en l'envoyant à Copenhague remplir un devoir de courtoisie, M. Rouvier n'avait pas songé à substituer son action à celle de la conférence.

Il ne semblait pas, d'ailleurs, que Guillaume II eût le désir d'aborder avec notre ambassadeur extraordinaire le problème marocain. Par l'intermédiaire du prince de Radolin et de M. Crozier, le baron de Courcel, comme c'était son devoir, avait sollicité une audience de l'Empereur d'Allemagne. Or cette audience spéciale avait été refusée[1]. Et le prince de Reuss, secrétaire de la légation allemande en Danemark, avait ajouté, sans nécessité, à la raison matérielle qui expliquait ce refus, — à savoir la brièveté du séjour à Copenhague de son souverain, — un motif d'ordre politique tiré du ton de la presse française. Le 17 février, l'Empereur arrivait à Copenhague à bord du cuirassé *Preussen*. Le soir même, un dîner réunissait au château les princes et princesses venus pour les obsèques et les ambassadeurs extraordinaires d'Angleterre et de France. A son entrée, Guillaume II répondait au salut du baron de Courcel par des paroles de bienvenue. Mais, le dîner fini, il laissait échapper l'occasion d'un entretien. Le lendemain, dimanche 18 février, était consacré aux funérailles. Pendant le trajet de Copenhague à la cathédrale de Röskilde, l'Empereur, modifiant la décision que le prince de Reuss avait notifiée, deux jours plus tôt à M. Crozier, faisait savoir à notre ministre qu'il recevrait l'ambassadeur extraordinaire de France, à bord du *Preussen*, avant son départ. C'était une attention obligeante, — encore soulignée par le ton cordial de l'entretien qui eut lieu à quatre heures du soir. Mais, de politique, pas un mot. En quittant M. de Courcel, dont il savait le projet de rentrer à Paris par Berlin, l'Empereur lui dit : « Au revoir, à Berlin ! » sans que d'ailleurs, à Berlin plus qu'à Copenhague, il dût, on le verra, causer avec lui

---

1. Voir ci-dessus, page 196.

du Maroc. Il ajouta quelques mots gracieux à l'adresse de M. Rouvier, dont le chef de cabinet, M. Dæschner, accompagnait le baron de Courcel. Puis, l'ambassade française ayant pris congé, le cuirassé impérial quitta les eaux danoises.

A Berlin, M. de Courcel avait conservé trop de relations pour n'être pas forcément amené à aborder le sujet du jour. Le soir même de son arrivée, c'est-à-dire le mardi 20 février, il rencontrait dans un dîner offert par M. Bihourd, ambassadeur de France, le chancelier de l'Empire. Le lendemain, il se rendait à un bal de cour. Et, le même jour, il avait une longue conversation avec le prince de Bülow. Si l'Empereur avait gardé et devait jusqu'au bout garder une absolue réserve, il n'en fut pas de même du chancelier. Avec la gracieuseté séduisante et l'optimisme communicatif qu'il sait témoigner à ceux qu'il veut convaincre, il redit au baron de Courcel ces choses aimables et vagues que plusieurs de nos compatriotes avaient entendues déjà. Qu'était-ce que cette affaire marocaine au regard de la question, essentielle pour le repos de l'Europe, des relations franco-allemandes ? Il fallait s'entendre. Et on le pouvait, si on le voulait. La conférence piétinait et coupait les cheveux en quatre. Pourquoi ne pas lui apporter une solution toute faite, établie de bonne amitié, sans souci des discussions précédentes ? L'Allemagne ne demandait, en somme, qu'à sauvegarder sa dignité. Et le prince de Bülow concluait en substance :

— Vous réclamez une situation privilégiée : je vous l'accorde. Choisissez un port à votre convenance. Mettez-y des officiers français, ils y seront seuls maîtres de la police. Pour les sept autres ports, convenons d'une police internationale, recrutant ses instructeurs dans les différents pays, sans en excepter l'Allemagne et la France. Ainsi, dans chacun de ces sept ports, il y aura des officiers de nationalités différentes : et la France sera seule à avoir *son* port à elle. Je n'en demanderais un pour l'Allemagne que si une autre puissance faisait la même demande. Bien entendu, tout cela serait provisoire et l'avenir serait réservé. Pour la banque, vous voulez aussi être avantagés. Bien qu'en principe je sois pour l'égalité des parts, je ne m'y refuse pas. Mais gardons cela pour un arrangement ultérieur. Laissons d'abord finir la conférence : nous nous entendrons après.

Et le chancelier, en faisant valoir l'importance de cette « concession », affirmait hautement qu'il n'en ferait plus d'autres et que c'était son dernier mot.

Ce « dernier mot » était le plus invraisemblable qui se pût concevoir. Et, pour nous inviter à y souscrire, il fallait ou que l'Allemagne n'eût rien compris à notre politique ou qu'elle nous crût résignés à toutes les abdications. Depuis le début de la conférence, la France, appuyée sur ses accords avec l'Angleterre et l'Espagne, n'avait cessé d'affirmer deux principes, l'un négatif, l'autre positif. Le premier, c'est qu'elle n'admettrait jamais que, sous prétexte de police, on instituât aux portes de l'Algérie une organisation internationale, susceptible et de préparer un démembrement de l'empire chérifien et de troubler la sécurité de nos possessions. Le second, c'est que, pour organiser cette police, deux puissances seulement étaient qualifiées par leur situation et par leur histoire, par leurs ressources et par leurs intérêts, la France et l'Espagne[1]. Or, que nous offrait le prince de Bülow? De prendre le contrepied de ces deux affirmations, de reconnaître à toutes les puissances les mêmes capacités et les mêmes droits qu'à l'Espagne et à nous-mêmes, d'accepter l'internationalisation de la police dans la forme la plus inquiétante, puisque la porte serait ouverte même à des officiers allemands. Et dans quelles conditions se produisait cette offre? Alors que tous nos amis, forts de notre parole, s'étaient compromis à Algésiras et à Berlin pour la solution franco-espagnole que nous avions indiquée comme le terme de nos concessions[2]. Ce qu'on nous demandait, c'était de déchirer de nos propres mains les accords de 1904 avec l'Angleterre et avec l'Espagne. L'Angleterre, en se désintéressant du Maroc à notre profit, n'avait assurément pas songé que nous pussions rétrocéder à l'Allemagne une part de ce qu'elle nous livrait. Et l'Espagne, que nous adjurions depuis six semaines de s'en tenir strictement à la lettre de ses arrangements avec nous, aurait le droit de s'étonner que nous en fissions si bon marché. Sans doute, elle réclamerait un port pour elle seule. Mais alors, on nous en prévenait, l'Allemagne en voulait un dans les mêmes conditions : autant dire qu'on partageait le Maroc en y installant l'Allemagne, — folie criminelle que

1. Et l'Allemagne, en ce qui nous concerne, avait, rappelons-le, dans l'accord du 8 juillet 1905, reconnu cet intérêt spécial.
2. Voir ci-dessus, pages 193 à 219.

la Grande-Bretagne nous eût empêchés de commettre quand même nous y eussions consenti. Et de quel prix fallait-il payer cette transaction ? De l'abandon de nos droits financiers. Car l'entente ultérieure, qu'on nous annonçait sur la banque, nous rappelait fâcheusement « l'aide » autrefois promise pour la police. L'avenir qu'on nous « réservait » dans ces conditions, n'avait rien qui pût nous tenter, car il nous trouverait séparés de nos alliés par notre faute, affaiblis avec notre aveu, proie facile pour toutes les entreprises hostiles. Un présent détestable avec un lendemain inquiétant, voilà ce que nous proposait le prince de Bülow. Pour croire que nous y souscririons, quel cas faisait-il ou de notre clairvoyance ou de notre fermeté ?

Si nous avions permis, fût-ce un instant, que la légende s'accréditât de notre adhésion, — et la presse allemande, en répétant que les conversations du chancelier et du baron de Courcel ne seraient pas inutiles à l'entente, faisait ce qui dépendait d'elle pour accréditer cette légende[1], — les efforts qu'à ce moment même nos amis poursuivaient pour nous fussent devenus stériles. Dès le retour à Paris de notre ambassadeur extraordinaire, le gouvernement, par une note communiquée aux agences, remit donc les choses au point et, en indiquant que la négociation se poursuivait à Algésiras dans les mêmes conditions, marqua qu'il ne tiendrait pas compte des dernières suggestions du prince de Bülow[2]. Une

---

1. Voir, par exemple, le *Temps* (25 février). « La *Gazette de l'Allemagne du Nord* oppose aux impatiences de la presse française le fait que la conférence continue tranquillement ses travaux. Le journal officieux constate que si les questions capitales ne sont pas encore solutionnées, la conférence a réglé déjà de grosses difficultés. Il invoque les impressions favorables emportées par M. de Courcel d'après les organes français eux-mêmes. » La *Gazette de Voss* tenait le même langage, quelques jours après.

2. Il y eut d'abord une note Havas ainsi conçue :
« Le séjour en Allemagne de M. de Courcel lui a permis de s'entretenir de nouveau avec l'Empereur et aussi avec le chancelier. Mais nous croyons savoir que ces conversations n'ont pas eu de répercussion sur les négociations qui se poursuivent à Algésiras devant la conférence et vont continuer dans les mêmes conditions. »
Le *Temps* écrivait deux jours plus tard (26 février 1906) : « Il faut dissiper les équivoques ou tout au moins les illusions qu'on tente de nouveau de répandre quant à la possibilité de s'entendre en dehors de la conférence. Les journaux allemands, dans un dessein que nous n'apprécions pas, mais que nous sommes obligés de constater, paraissent attendre quelque chose de la visite à Berlin du baron de Courcel. Or, nous l'avons déjà dit, mais nous le répétons de la façon la plus formelle, les deux jours passés en Allemagne par l'éminent ambassadeur n'ont exercé aucune action sur les négociations

fois encore, le coup était paré. Mais la solution n'en semblait pas plus proche ni le succès plus facile.

II

Le gouvernement russe nous avait utilement soutenus et pouvait nous soutenir encore. Mais son action auprès du chancelier était épuisée par les trois refus successifs qu'il avait essuyés[1]. C'était l'avis du comte Lamsdorf lui-même. Des efforts plus personnels étaient seuls désormais susceptibles d'aboutir. L'heure était venue de les provoquer.

Le 20 février, tandis qu'à Algésiras on abordait le débat sur la banque et qu'à Berlin le baron de Courcel s'entretenait avec le chancelier, le comte Witte, à notre demande, adressait à l'Empereur d'Allemagne une communication directe et pressante. A son retour d'Amérique, M. Witte avait été reçu par Guillaume II à Rominten[2] avec des honneurs quasi royaux. Et parmi beaucoup de compliments, son hôte impérial lui avait fait quelques promesses. Tout le monde, à ce moment, prévoyait qu'en rentrant dans son pays l'heureux négociateur de Portsmouth serait appelé à prendre en mains la direction des affaires. L'Empereur lui avait parlé de cette hypothèse ; il avait ajouté :

— Si je puis, alors, en quelque façon, vous être utile, écrivez-moi. Je ne négligerai rien pour vous aider.

Et il avait conclu en lui indiquant par quel intermédiaire il devrait faire passer ses lettres.

Le comte Witte, encore sous le charme de cet accueil et confiant

---

d'Algésiras. On parle des « impressions favorables » rapportées par M. de Courcel. Tous les Français, qui ont eu l'occasion depuis dix mois de rencontrer l'Empereur ou le chancelier, ont rapporté des impressions pareilles. Mais ces impressions ont difficilement survécu au spectacle des événements ultérieurs. En fait, on n'a rien dit, — et nous soulignons le mot *rien*, — ni au baron de Courcel ni à personne qui nous autorise à penser que l'Allemagne consente à la consécration pratique de cet « intérêt spécial » qu'elle a théoriquement reconnu à la France le 8 juillet. En d'autres termes, l'intransigeance allemande persiste *ne varietur*. Et ce serait une duperie de laisser traîner les travaux de la conférence en espérant de ce retard le changement d'une attitude qui, malgré des conseils amicaux et des pressions énergiques, s'est jusqu'ici obstinément maintenue. »

1. Voir ci-dessus, pages 193 à 196.
2. Voir ci-dessus, page 12.

dans l'appui promis, ne doutait guère du succès de sa démarche. Sa lettre commençait par un plaidoyer très ferme bien que très mesuré pour notre cause. Il montrait d'abord qu'au Maroc les intérêts allemands étaient sensiblement inférieurs aux intérêts français ; que, partant, les concessions devaient être plus faciles à l'Allemagne qu'à la France. Il parlait aussi de nos droits. Mais, comme de juste, c'est surtout l'argument russe qu'il invoquait. Combien délicate était entre la France alliée et l'Allemagne amie la situation de l'Empire russe; combien difficile celle même du Tsar! Combien enfin cette situation était encore aggravée par la crise intérieure que traversait la Russie! Le premier ministre, tant au nom de son pays qu'en son nom personnel, s'adressait donc à la bonne volonté de Guillaume II et lui demandait de donner à la France, inquiète de ses intentions, un gage de son esprit de conciliation, en admettant, avec les garanties convenables, les solutions proposées par elle.

Pour résister à cet appel, il fallait, semblait-il, des raisons bien fortes. Or M. de Bülow avait dit et redit que le Maroc n'était pour l'Allemagne qu'une « occasion [1] ». Si cela était vrai, comment douter que la voix du comte Witte ne dût être entendue ? Elle ne le fut pas cependant. Par le même chemin que la demande, la réponse fut expédiée et parvint à Pétersbourg le 1er mars. Cette réponse était un refus : bien plus, un réquisitoire et un réquisitoire qui réveillait des griefs dont on pouvait se croire libéré. Que demandait-on, disait le correspondant du comte, des concessions à l'Allemagne, alors qu'elle avait « accordé » à la France la police des districts marocains frontières de l'Algérie [2] ? Comment supposait-on qu'elle céderait quoi que ce fût, en présence des violences de la presse française [3]? Si on voulait à Saint-Pétersbourg éviter une rupture, c'est à Paris plutôt qu'à Berlin qu'il fallait adresser les conseils de modération, à Paris et à Algésiras, car M. Révoil et M. Regnault, sacrifiant le bien de leur pays à un intérêt personnel,

1. Voir appendice, page 487.
2. Pour la réfutation de cette thèse, voir ci-dessus, page 44.
3. La presse française n'avait été que très-résolue dans la réfutation des mauvaises raisons de la presse allemande et dans la dénonciation des erreurs voulues commises à Berlin (Voir les articles du *Temps*, des *Débats* et de *l'Aurore*). La vérité, c'est qu'on ne pardonnait pas aux journaux français la force de leur démonstration. (Voir ci-dessus, affaire de la dépêche Wolff, p. 167).

« intriguaient » pour remporter un succès d'amour-propre. Cependant, par égard pour la Russie, par égard pour le comte Witte, l'Empereur voulait bien faire une concession encore : et cette concession, dont l'importance était, par ce qui précédait, si fortement mise en valeur, c'était... la combinaison même que, six jours plus tôt, le chancelier avait proposée au baron de Courcel et dont on a vu quelles étaient pour la France les ruineuses conséquences. Il était donc impossible de parler encore d'une divergence de vues entre l'empereur Guillaume et la chancellerie, puisque, à quelque porte qu'on frappât, l'intransigeance était la même et la réponse identique. Seule, une confiance persistante dans la faiblesse de la France et dans sa capitulation finale expliquait cette intransigeance et le peu d'égards avec lequel on accueillait une démarche aussi pressante que celle du premier ministre russe.

Le Tsar, inquiet, attristé, étonné surtout, déclarait ne pas comprendre. Nicolas II a le cœur et l'esprit très-droits. Peut-être, pour résoudre la crise la plus formidable qui ait depuis des siècles opposé un peuple à un régime, manque-t-il de fermeté de vues, d'énergie et d'en dehors. Mais, en matière de politique étrangère, il a toujours dit ce qu'il voulait et fait ce qu'il disait. Il avait entendu à Bjorkœ les assurances réitérées de Guillaume II. Il avait sous la main les lettres où ces assurances étaient confirmées. Et comme il constatait que les événements n'y répondaient pas, il exprimait honnêtement sa légitime surprise. Il se rappelait l'appui prêté par la France à la Russie après la guerre sino-japonaise et il trouvait avec raison les circonstances analogues. Il nous rendait pleine justice, d'ailleurs, quant à la modération de nos demandes. Et il estimait que la politique allemande contredisait non seulement les promesses à lui faites par l'empereur Guillaume, mais les engagements pris vis-à-vis de la France le 8 juillet et le 28 septembre 1905. Il se déclarait donc résolu à nous aider de tout son pouvoir, soit par l'intermédiaire de ses représentants diplomatiques, soit par son action personnelle. Il priait notre ambassadeur d'en transmettre l'assurance formelle à M. Fallières et à M. Rouvier. Il se réservait seulement d'apprécier la meilleure façon de donner à cette action toute sa force et toute sa valeur[1].

---

1. L'empereur de Russie renouvella formellement cette assurance à notre ambassadeur le 22 février 1906.

Dès le 2 mars, le journal l'*Etat Russe,* édité par le gouvernement et connu pour être son organe officiel, publiait un article très énergique en faveur de notre politique, et cet article produisait à Berlin une assez vive impression. On refusait cependant d'en tenir plus de compte que de la lettre du comte Witte et l'on se contentait de déclarer que le gouvernement russe prouvait sa partialité en se faisant, — obsédé qu'il était du désir de contracter à Paris un emprunt, — l'avocat des thèses les moins défendables.

III

Le 15 février[1], M. White avait dit à M. Révoil :
— Puisque vous acceptez d'entourer de garanties le fonctionnement de la police franco-espagnole, je suis prêt à m'approprier cette transaction et à la présenter, le moment venu, comme une proposition américaine. Je crois pouvoir ajouter que le président consentira à la recommander à Berlin.

A la suite de cette conversation, un projet avait été rédigé[2]. Ce projet se terminait ainsi :

L'officier français et l'officier espagnol le plus élevés en grade seront chargés d'établir chaque année, de concert avec le représentant du Sultan à Tanger, un rapport d'ensemble sur le fonctionnement de la police. Ce rapport sera adressé au Sultan, et, par l'intermédiaire de la légation d'Italie à Tanger, au gouvernement italien qui le communiquera aux puissances. Le gouvernement italien pourra, s'il le juge utile, faire établir des rapports complémentaires.

Quand M. Roosevelt eut connaissance de ce texte, il avait devancé nos désirs. Et l'intervention personnelle qu'il nous avait promise s'était déjà produite. Sans attendre de notre part une demande nouvelle, il avait télégraphié à l'Empereur d'Allemagne pour lui recommander purement et simplement la solution franco-espagnole. Quarante-huit heures après, la réponse impé-

1. Voir ci-dessus, page 179.
2. Voir ci-dessus, page 180.

riale parvenait à Washington : c'était un refus catégorique. Sans se laisser arrêter, M. Roosevelt estima que le texte que lui envoyait M. White lui fournissait une naturelle occasion de répliquer. Et en enregistrant le refus initial, il suggéra à Guillaume II, par une seconde dépêche, la possibilité d'une transaction. Ne pourrait-on, par exemple, la police étant limitée à huit ports, la confier au Sultan et aux autorités chérifiennes ? Les instructeurs seraient français et espagnols. Les plus élevés en grade adresseraient un rapport au Sultan. L'Italie recevrait communication de ce rapport et contrôlerait, au nom des puissances, le fonctionnement de la police ainsi constituée. Pour la banque, un avantage devrait être reconnu à la France en échange des droits du consortium. Pour le reste, égalité absolue et « porte ouverte ». C'était exactement la combinaison suggérée par M. Révoil, adoptée par M. White et qui, impossible à présenter par nous, pouvait l'être utilement par un tiers. M. Roosevelt la faisait sienne et, marquant le caractère international qu'elle avait, par conséquent l'importance de la concession consentie par la France, il priait instamment l'Empereur de l'accepter. Presque immédiatement Guillaume II répondait. Et, une fois encore, il refusait. Il refusait, en enveloppant ce refus dans une proposition contradictoire; mais, chose curieuse, cette proposition n'avait rien de commun — sinon d'être inacceptable — avec celle qu'au même moment il adressait au comte Witte et faisait suggérer par le prince de Bülow au baron de Courcel. Dans la réponse à M. Roosevelt, pas un mot du port donné à la France seule et de la police internationale, Allemagne comprise, pour les autres, mais retour à la combinaison exposée dans la note allemande du 19 février, au système Lanessan, aux propositions du début, à savoir organisation de la police dans tous les ports par des instructeurs que le Sultan recruterait librement. A l'heure par conséquent où la solution devenait imminente, où la conférence allait être appelée à se prononcer, l'Allemagne ne savait pas ce qu'elle voulait ou, si elle le savait, elle ne le disait pas. Et soit au nom du chancelier, soit au nom de l'Empereur, deux systèmes radicalement différents étaient simultanément présentés à un chef d'État et à un chef de gouvernement, qui pouvaient compter sur une réponse ou plus sérieuse ou plus sincère.

Dans ces conditions, il ne nous restait qu'à obtenir l'intervention énergique de M. White au cours du débat qui ne pouvait tarder à s'engager. Mais, ici, nous nous heurtions aux difficultés d'ordre intérieur qui ont été signalées plus haut [1]. Sans que le détail en fût connu, l'activité diplomatique déployée par le gouvernement de l'Union n'était pas complètement ignorée. Quand deux ambassades, si discrètes soient-elles, transmettent des dépêches de chefs d'État, comme les ambassadeurs sont obligés d'aller eux-mêmes porter aux destinataires le texte déchiffré, cela donne lieu à des allées et venues faciles à constater. A Algésiras même, tout le monde savait que M. White avait nettement pris parti en notre faveur pendant les conversations privées, mais notoires des quinze derniers jours. Et l'on supposait bien qu'il n'avait pas agi sans instructions. Les adversaires du président ne guettaient donc qu'une occasion publique de saisir M. Roosevelt en flagrant délit d'intervention européenne, d'oubli des principes de Monroë. Il fallait par conséquent être prudent. Et un vote en séance était une imprudence. Ni M. Roosevelt ni M. Root n'étaient, par nature, partisans de l'abstention. Et tous deux eussent pris volontiers dans le *plenum* de la conférence la même attitude qu'ils avaient délibérément adoptée soit à Algésiras soit à Berlin. Mais les situations sont plus fortes que les volontés. Et si M. White avait marqué aussi nettement que le président et le secrétaire d'État sa préférence pour la politique française, ce qui avait été possible dans des entretiens privés ou des correspondances secrètes, ne l'était pas au grand jour. Plusieurs membres du gouvernement insistaient d'ailleurs pour le respect des règles traditionnelles. Et, après un débat en conseil, il fut décidé que M. White, si la question se posait au fond dans un scrutin, s'inspirerait de ses instructions primitives et s'abstiendrait de se prononcer sur une question litigieuse qui n'intéressait pas directement le gouvernement de l'Union ; en tout cas cette abstention serait accompagnée d'un commentaire qui ne permettrait pas de l'interpréter contre nous et, tant que pourrait durer l'action officieuse, cette action s'exercerait pour nous, M. Roosevelt nous en renouvelait l'assurance. Jusqu'au bout, par conséquent, si les circonstances s'y prêtaient, le gouvernement américain nous con-

---

[1]. Voir ci-dessus, page 63.

serverait son concours efficace et resterait dans la coulisse le défenseur utile de nos propositions [1].

IV

A Rome, sans craindre une infidélité positive, M. Barrère discernait des nuances inquiétantes dans l'appréciation que portaient les membres du gouvernement sur les accords franco-italiens. Les sympathies nous étaient acquises. Mais on différait dans l'évaluation des possibilités. L'Allemagne, surtout après les pressions des dernières semaines, était mal vue de tous. Et c'est avec satisfaction qu'on aurait assisté sans danger à l'échec de sa politique. Mais de là à participer à notre résistance, il y avait un pas. On peut, entre alliés, se suspecter. Mais se combattre ? A cette question, quelques francophiles résolus, M. Luzzatti par exemple [2], répondaient en invoquant les obligations des arrangements avec la France et le silence de la Triple-Alliance sur les questions méditerranéennes. Il s'en fallait toutefois que cette vue simple et hardie fût celle de tous les ministres. Le comte Guicciardini,

---

1. Les instructions en ce sens furent envoyées le 2 mars à M. White. La presse américaine, à l'exception des journaux allemands des États-Unis, était favorable à la France. (Voir le *Temps*, 23 février 1906.) L'*Evening Post* disait que « si l'Allemagne continuait à refuser, malgré les conseils des puissances désintéressées, les propositions faites par la France, elle se trouverait seule de son avis, et qu'en tout cas sa contre-proposition de confier la police du Maroc à de petits pays n'y ayant aucun intérêt devait être considérée comme une simple manœuvre d'obstruction ». Le *Globe* écrivait : « L'Empereur d'Allemagne, en adoptant dès le commencement une attitude intransigeante, a mis la France, qui est une nation fière, dans une telle position qu'il serait difficile à ce pays de reculer. Néanmoins, si la conférence n'aboutit pas, son insuccès, bien que tendant à aggraver la situation, n'est pas de nature à constituer un *casus belli*. » Le *New-York Times* disait dans un assez long article sur la question marocaine : « L'insuccès de la conférence laisserait l'Allemagne dans une position très difficile, et nous ne croyons pas que ce soit là ce que Guillaume II désire. Elle laisserait, de plus, les choses dans un état pire qu'elles n'étaient auparavant. C'est l'Allemagne qui a délibérément fait de la question marocaine une question internationale, et si, par suite de son attitude, la conférence actuelle échouait, sa responsabilité en serait gravement augmentée. L'état de choses est tel au Maroc que de graves désordres peuvent y éclater à tout moment ; or, la France est la seule puissance qui, par sa situation, puisse prendre des mesures promptes et efficaces si une telle éventualité se produisait. »

2. M. Luzzatti désirait qu'une solution favorable de la conférence rendît possible la conversion de la rente italienne.

ministre des Affaires étrangères, ne contredisait pas les ambassadeurs de France et d'Angleterre, quand ils venaient lui rappeler les promesses souscrites et les devoirs acceptés. Souvent même, il en reconnaissait toute la portée. Mais le baron Sonnino, plus subtil et plus discuteur, appliquait à ce cas de conscience internationale les ressources d'un esprit qui joint à la ténacité sémitique toute la souplesse italienne[1].

— Désintéressement mutuel, disait-il, qu'est-ce que cela veut dire ? Que nous ne nous gênerons pas les uns les autres ; que nous assisterons avec sympathie à nos progrès respectifs. Mais sommes-nous obligés de voter publiquement pour vous ?

Et à cette interrogation qu'il se posait à lui-même, le président du Conseil s'abstenait de répondre. Il aiguillait alors vers des considérations ingénieuses :

— A quoi bon mettre l'Italie dans une situation difficile ? La France triomphait moralement : que ne se contentait-elle de ce résultat ? A quoi bon voter ? A quoi bon forcer à voter ? Surtout sur cette question si épineuse de la police ? Comme il serait plus habile de laisser finir la conférence sans conflit, sans rupture, et de compter sur le temps, ce grand médecin, qui travaillait pour la Russie, pour la France, pour tout le monde, sauf pour l'Allemagne !

Le baron Sonnino espérait-il que cette musique harmonieuse endormirait notre vigilance ? C'est peu probable. En tout cas, nous ne pouvions lui en laisser l'illusion. Jamais, en signant les accords de 1900 et 1902, on n'avait hésité ni d'un côté ni de l'autre, à considérer qu'ils imposaient aux contractants l'obligation d'une aide mutuelle : la France devait favoriser le développement de l'influence italienne à Tripoli ; l'Italie devait favoriser le développement de l'influence française au Maroc. Déjà l'Italie avait éprouvé notre bonne volonté sur le terrain où nous lui avions promis de la lui témoigner. Nous comptions qu'elle nous paierait de retour en soutenant nos propositions. Et nous ne pouvions admettre aucune autre interprétation du contrat qui nous liait à elle.

En même temps, avec un flegme impassible, M. Egerton pour-

1. Les entrevues des ambassadeurs de France et d'Angleterre, qui vont être racontées dans les pages qui suivent, avec le baron Sonnino et le comte Guicciardini, eurent lieu les 25, 26, 28 février et 1er mars.

suivait ses manifestations. Ou bien il posait des questions insidieuses : était-il vrai que le marquis Visconti-Venosta eût l'intention de s'abstenir? Cela produirait à Londres, et ailleurs, un fâcheux effet. Ou bien il donnait des avis positifs : si l'Italie ne votait pas, l'Angleterre éprouverait du déplaisir et elle ne serait pas seule à ressentir cette impression. Le comte Guicciardini répétait toujours que le marquis Visconti-Venosta ferait ce que lui conseillait le respect de la foi jurée. Et, sans doute, eût-il donné beaucoup pour que son plénipotentiaire reçût seul les communications que l'Allemagne, la France et l'Angleterre partageaient entre eux deux. Mais si fort qu'on affirmât que le marquis était libre de son action, personne ne négligeait d'agir sur le gouvernement italien, dont M. Visconti-Venosta n'était, après tout, que le représentant et le mandataire.

À Rome même, il y avait un petit cercle qui se prétendait dépositaire de la pensée secrète du délégué italien et qui, de temps à autre, mettait sa note dans le concert. Un jour, une agence annonça d'Algésiras que le marquis Visconti-Venosta s'abstiendrait. Le *Temps* fit alors remarquer que « jusqu'à preuve du contraire, il était impossible d'admettre que l'éminent représentant de l'Italie pût prendre une attitude aussi contraire aux intérêts politiques et économiques de son pays[1] ». Sur quoi, la petite coterie romaine de dénoncer cette « attaque », de se plaindre amèrement que le concours donné à la France par le marquis fût, en France même, si mal reconnu : colère imprudente, puisque le *Temps* s'était contenté de se déclarer convaincu que M. Visconti-Venosta continuerait à mériter notre reconnaissance. Pour s'en assurer, nul n'était, au surplus, mieux placé que M. Révoil. Et lui seul pouvait être absolument fixé. Tandis qu'en d'autres capitales une aide précieuse venait de nos ambassades à notre délégué, de Rome M. Barrère ne pouvait, par la force des choses, lui envoyer que des indications : et c'est l'action directe exercée à Algésiras qui déterminerait, en dernière analyse, l'attitude de la diplomatie italienne.

Madrid était plus net que Rome. L'incident du 19, le fléchissement passager de la délégation espagnole, la franche explication

---

[1] Voir le *Temps*, 26 février.

qu'il avait provoquée, enfin l'attitude de l'Allemagne [1], tout avait contribué à resserrer l'union entre les Espagnols et nous. Tous les hommes d'État sérieux étaient d'accord avec le roi pour penser que la triple entente franco-anglo-espagnole n'était pas seulement pour l'Espagne la garantie de ses intérêts marocains, mais encore, et à un égal degré, la meilleure sauvegarde de sa sécurité européenne. De notre côté, nous savions trop au milieu de quels pièges la conférence se poursuivait pour garder rancune d'une erreur momentanée à ceux qui, depuis près de six semaines, avaient été pour nous de loyaux collaborateurs. On a vu d'ailleurs quel avait été, pendant le débat sur la banque, le rôle du duc d'Almodovar et de M. Perez Caballero, avec quelle vigueur ils avaient défendu les principes communs de notre politique et de la leur. Les remerciements que nous avions adressés, à cette occasion, à M. Moret, étaient très-sincères. Et la satisfaction avec laquelle le premier ministre les avait reçus ne l'était pas moins. Les instructions envoyées par lui au duc d'Almodovar, le 23 février, répondaient au surplus, dans le fond et dans la forme, à tout ce que nous souhaitions : elles lui prescrivaient de déblayer le terrain pour arriver à tout prix, avant la rupture possible, à un vote sur la banque et sur la police. Ce faisant, M. Moret, avec une vue d'homme d'État, traçait à son représentant l'attitude même que, quelques jours plus tard, l'examen de la situation nous déterminerait à prendre. Enfin le roi, pour éviter le retour de tout malentendu, renouvelait au duc d'Almodovar l'ordre de s'abstenir de toute initiative non concertée avec les représentants de la France. L'Allemagne, qui le constatait, n'en était point contente. A Algésiras, elle marquait, on a vu comment, sa mauvaise humeur. Et après avoir tenté de séduire l'Espagne par la constitution en pesetas du capital de la banque, elle essayait de châtier sa résistance par un amendement insidieux qui, s'il eût été adopté, eut gravement entravé au Maroc la circulation de la monnaie espagnole [2]. A Madrid, M. de Stumm avait repris ses plaintes. Mais cette fois ce n'était pas du duc d'Almodovar qu'il se plaignait ; c'était de M. de Ojeda. Et c'est à M. de Ojeda lui-même qu'il portait

1. Voir ci-dessus, page 200.
2. Voir ci-dessus, page 229.

ses récriminations[1]. Il ne lui reprochait pas d'être trop favorable à la France. Le grief qu'il lui faisait était de trop parler de l'Empereur. L'Empereur, disait-il, était très conciliant et il était injuste et maladroit d'en douter. Le prince de Bülow avait, en définitive, la responsabilité comme la direction de la politique allemande. Pourquoi mettre en cause le souverain? M. de Ojeda ne répondit rien à cette étrange doléance, dont on ne savait si elle était destinée à couvrir l'Empereur ou à compromettre le chancelier. Mais il ne se refusa pas le plaisir de la raconter un peu partout. Elle fit le tour des salons de Madrid, puis de l'hôtel *Reina Cristina*. Et une fois de plus, malgré l'imposante discipline qui paraît caractériser l'État allemand, on se demanda si cette façade majestueuse ne cachait pas une extraordinaire anarchie. Quoi qu'il en fût, le sous-secrétaire d'État paraissait guéri de ses faiblesses pour l'Allemagne. Et sa dernière aventure achevait de le rejeter de notre côté.

L'Angleterre, à Madrid comme à Rome, nous avait appuyés sans un instant de mollesse ou d'hésitation. Elle marquait en toute occasion que, partie aux engagements souscrits par la France au sujet du Maroc, elle s'intéressait activement à l'application de ces accords et que, partout où l'on avait affaire à nous, on avait affaire à elle. L'Allemagne le savait du reste. Et le comte de Tattenbach lui-même, capable pourtant de toutes les hardiesses, n'aurait sans doute pas renouvelé l'étrange tentative de « débauchage » qu'il avait dessinée au début de février contre sir Arthur Nicolson[2]. Quant au Portugal, il restait résolument uni à l'Angleterre et à la France.

V

A côté des puissances, sur qui nous avions le droit de compter, il en était qui, sans avoir aucune raison de se compromettre pour nous, en avaient moins encore de faire à notre égard acte d'hostilité. La Belgique, la Suède, les Pays-Bas, l'Autriche même, avaient déclaré qu'en venant à la conférence elles ne demandaient qu'une chose, l'égalité économique et la « porte ouverte ». Il était donc très

---

1. Cette visite eut lieu le 24 février.
2. Voir ci-dessus, page 148.

légitime que — sans prier ces puissances, astreintes pour des raisons diverses à ne point encourir le mécontentement de l'Allemagne, de voter pour la France, — nous leur fissions connaître notre espoir de ne pas trouver dans leur abstention la marque d'une hostilité quelconque à l'endroit de nos propositions. Voter pour celles de l'Allemagne, aucune, l'Autriche exceptée, ne le ferait vraisemblablement. Mais s'abstenir sans dire pourquoi, c'était déjà donner à nos adversaires une satisfaction, à nos dépens. Nous souhaitions donc que le refus de voter fût accompagné de commentaires qui apportassent à cette satisfaction le correctif nécessaire, pour que l'impartialité fût non seulement apparente, mais réelle [1]. Nos ambassadeurs et nos ministres chargés d'exprimer ce vœu, furent partout bien accueillis. Déjà, M. Leghait, ministre de Belgique, avait spontanément affirmé à M. Rouvier qu'il était faux que le délégué belge à Algésiras eût l'ordre de voter avec l'Allemagne [2] : le baron de Joostens devait, en cas de conflit politique, s'abstenir et ne voter que dans les débats où seraient engagés les intérêts commerciaux de son pays. A La Haye, M. Van Tets, ministre des Affaires étrangères, informait M. de Monbel que le jonkheer Testa voterait avec la majorité : nous n'avions, en ce cas, rien à craindre. A Stockholm enfin, M. de Trolle répondait à M. Marchand que les instructions de M. Sager lui prescrivaient de s'abstenir si un désaccord se produisait et de faire le nécessaire pour qu'en aucun cas il ne parût prendre parti soit dans un sens soit dans l'autre.

Restait l'Autriche. Il était difficile d'admettre que, forcée de se prononcer, elle pût éviter de soutenir les prétentions allemandes. Mais l'évidente et légitime répugnance qu'elle éprouvait à adopter, à notre égard, une attitude que nous aurions le droit de juger hostile, nous permettait d'espérer qu'elle multiplierait, avant d'en arriver là, les efforts transactionnels. Déjà, le comte Goluchowski avait exprimé au duc d'Avarna un jugement sévère sur la politique allemande [3]. Au bal de cour donné le jeudi 27 février, l'empereur François-Joseph fut, dans ses entretiens avec les ambassadeurs,

---

[1]. C'était là ce que les États-Unis nous avaient formellement promis. Voir ci-dessus, page 251.

[2]. Voir ci-dessus, page 217, note 2.

[3]. Voir ci-dessus, page 203.

Tardieu.

moins indulgent encore. Il affirmait ne rien comprendre à la situation. Entre les assurances de Guillaume II, assurances données à Copenhague lors des obsèques de Christian IX à l'archiduc Léopold-Salvator et renouvelées en toute occasion, et l'intransigeance injustifiable opposée à notre modération, il se déclarait incapable de trouver une conciliation.

— J'ai fait, disait-il, tout ce que j'ai pu. J'ai agi des deux côtés. La France a fait des concessions. Elle ne peut pas céder davantage. Qui sait ce que veut l'Allemagne ?

Pour que l'Empereur tînt ce langage, il fallait qu'il ressentît âprement les ennuis de l'alternative où le réduisait son allié. Il suffisait d'ailleurs, pour s'en assurer, de suivre les propositions successivement formulées par le comte Goluchowski. Un jour, il conseillait de « suspendre » la conférence, sans prendre garde à ce que cette suspension aurait de blessant pour les puissances et de dangereux pour la France, qui livrerait ainsi le Maroc à toutes les intrigues allemandes. Un autre jour, il exposait les raisons de droit et de fait qui, selon lui, s'opposaient à ce que les délégués fussent appelés à voter [1] et il nous fallait réfuter cette thèse comme nous avions réfuté la première. Si le ministre commun s'en était tenu là, les sentiments que lui inspirait l'obstination allemande nous eussent été de peu de profit. Mais, fort heureusement, son activité ne s'exerçait pas seulement de notre côté. Et il prodiguait au prince de Bülow les plus sages avertissements. Mieux encore, il élaborait des projets que, sans doute en tant qu'allié, — Guillaume II aurait dit : en tant que « second [2] », — il se croyait tenu de soumettre à Berlin où on les lui modifiait sans façon, mais qui n'en ébranlaient pas moins, à petits coups successifs, le mur devant lequel nous nous trouvions arrêtés depuis six semaines. Ces projets furent nombreux. Quelques-uns ne durèrent que l'espace d'un matin : celui par exemple qui nous donnait Tanger en répartissant les autres ports entre l'Espagne et nous ; l'Allemagne l'écarta et il s'évanouit pour ne plus reparaître. Un autre cependant, depuis le 20 février, courait les chancelleries. Le comte de Tattenbach en avait parlé au comte Cassini ; le comte

---

1. Voir ci-dessous, page 268.
2. Voir ci-dessous, page 268.

de Lützow, ambassadeur d'Autriche à Rome, en avait eu aussi connaissance. C'était la solution franco-espagnole avec inspection. Seulement, d'après des rumeurs discrètes, tandis que l'Autriche se tenait à cette solution raisonnable et laissait l'inspecteur à son inspection, l'Allemagne, obstinée à exclure, même quand elle feignait de l'accepter, la police franco-espagnole, voulait que l'inspecteur eût, outre un droit de contrôle général, le commandement direct d'un port où les instructeurs seraient de même nationalité que lui : elle reprenait ainsi d'une main ce que, de l'autre, elle semblait donner. Dans ces deux systèmes tenait en germe toute la discussion, dont l'accord, à la fin, devait sortir. Plus l'Autriche verrait s'approcher l'heure du vote, plus l'action qu'elle exerçait à Berlin se ferait forte et insinuante. De ce côté encore, nous n'avions que des motifs de souhaiter un scrutin public.

VI

Ainsi se précisait, pour le gouvernement français, la nécessité, chaque jour plus impérieuse, de prendre la décision à laquelle l'interruption forcée du débat sur la banque le conduisait d'autre part[1] : à savoir, d'amorcer la discussion sur la police en amenant les délégués à émettre un vote qui, à défaut de conséquences matérielles, eût du moins une signification morale.

On pouvait considérer que les tentatives de conciliation, poursuivies simultanément à Saint-Pétersbourg et à Washington, avaient définitivement échoué. L'Allemagne, à moins d'y être forcée, ne reviendrait pas sur des refus aussi énergiques que nombreux[2].

1. Voir ci-dessus, page 240.
2. Un détail, que je suis en mesure d'affirmer de la façon la plus catégorique, montre quel soin mettait l'Allemagne à user contre nous de tous les moyens propres à nous isoler et à nous créer des difficultés. Au début de février, l'ambassade d'Allemagne à Constantinople, pria Abd-ul-Hamid d'écrire au Sultan du Maroc pour lui conseiller d'écouter les avis de l'Allemagne « protectrice des Musulmans ». Abd-ul-Hamid y consentit et fit remettre la lettre à l'ambassade, qui l'expédia au Dr Rosen, lequel la fit porter à Fez. La manœuvre, d'ailleurs, ne réussit pas; car Abd-el-Aziz répondit qu'il ne reconnaissait pas le Sultan de Constantinople et n'avait rien à voir avec lui. Quelques jours après, le chancelier s'efforçait de se servir encore de la Turquie, — c'était à la veille de la séance du 3 mars, — en la priant de signaler à l'Italie les « agissements de la France sur les confins de la Tunisie et de Tripoli ». Inu-

Était-ce dans un vote de la conférence que l'on pouvait trouver le moyen de lui forcer la main? Oui, s'il nous assurait une imposante majorité; non, s'il nous laissait face à face avec elle. Mais, ce vote, sur quel terrain le provoquer? Sur la banque? C'était bien imprudent. Si, en effet, il était suivi d'une rupture, la France aurait l'air d'avoir voulu cette rupture pour des intérêts financiers, ces intérêts que M. Jaurès, chaque matin dans l'*Humanité* et le 24 février à la tribune de la Chambre, dénonçait comme le ressort caché de la politique française dans l'affaire du Maroc. Qu'au contraire, l'Allemagne devenant conciliante, l'accord s'établit sur la banque, c'est-à-dire sur un terrain où, quoi qu'on fît, ce que nous cédions était plus important que ce que nous recevions; sur un terrain, enfin, où nous n'avions admis l'hypothèse de consentir des concessions que pour en obtenir d'autres en matière de police, l'espérance d'arriver, sur cette dernière question, à un arrangement sortable s'évanouissait sans retour. La conférence se séparait, sans que les tiers eussent été mis dans la déplaisante nécessité d'opter, mais sans que l'avenir ni le présent même fussent pour nous sauvegardés. Pour conjurer ces risques, un seul moyen : obtenir, avant que l'Allemagne n'eût répondu sur la banque, que l'organisation de la police fût inscrite à l'ordre du jour de la conférence et, si, comme il était probable, l'Allemagne faisait résistance, provoquer sur cette inscription même un vote, qui ne serait évidemment qu'un vote de procédure, mais dont l'effet moral, s'il était favorable, ne nous échapperait pas et maintiendrait ouverte la discussion.

Cette détermination était d'autant plus nécessaire que la prolongation, — inévitable, si l'on tient compte des écueils parmi lesquels se mouvait la délégation française, — des pourparlers secrets avait énervé l'opinion. Le 23 février, M. Denys Cochin, puis M. Jaurès, demandaient à M. Rouvier, qui ne pouvait pas en donner, des explications sur notre politique extérieure [1]. M. Jaurès, por-

---

tile d'ajouter que cette accusation ne reposait sur rien et ne tendait qu'à brouiller les cartes entre Rome et Paris.

1. Voici la réponse de M. Rouvier :
« La Chambre comprendra qu'il est impossible au ministre des Affaires étrangères de suivre l'honorable M. Jaurès dans le développement de ses critiques. Aussi bien, ne suis-je pas à cette tribune pour lui opposer une réponse explicite, mais simplement pour établir ce que j'ai dit dans une interruption, à

tant à la tribune ses articles quotidiens, interpellait à la fois le gouvernement et le journal le *Temps*. Au gouvernement, il reprochait de trop peu renseigner la Chambre, au *Temps*, de trop renseigner le public. Il s'indignait que le président du Conseil s'en tînt à sa déclaration du 16 décembre et affirmât que, ce jour-là, il avait dit, des instructions données à M. Révoil, tout ce qu'il en pouvait dire. Il s'indignait que le *Temps* réfutât, au jour le jour, avec preuves à l'appui, les inexactitudes que la presse allemande publiait sur les négociations d'Algésiras. Comme personne ne le suivait et qu'il le savait, il ne sollicitait pas de la Chambre un vote qui eût été une déroute. Mais sa campagne se développait dans l'*Humanité*. Au moment où l'Allemagne accentuait sa méthode dilatoire ; au moment où tous les Français clairvoyants compre-

savoir que les instructions données à notre plénipotentiaire à Algésiras sont absolument et exactement conformes à la déclaration lue devant la Chambre. Et si personne ne peut contester cette affirmation, est-il exact de dire que le gouvernement assume seul la responsabilité de la direction de la politique extérieure ? Est-ce que l'exposé détaillé et précis de cette politique n'a pas été fait devant vous le jour où, le *Livre Jaune* vous ayant été distribué, vous aviez les documents sous les yeux, et si la Chambre, par un vote d'une formidable majorité, a reconnu qu'il ne fallait pas instituer de débat, est-ce que cela ne revient pas à dire qu'elle approuvait les déclarations du gouvernement et que, par là même, elle approuvait les instructions données à notre plénipotentiaire ?
» Vous constatez, M. Jaurès — et nous sommes d'accord sur ce point — que nul, eût-il du génie, n'a le droit, dans le régime sous lequel nous vivons, d'avoir une politique extérieure personnelle ; que celui qui parle au nom de la France a le devoir — devoir profond, étroit, impérieux — de s'imprégner de la volonté nationale. Mais ne vous êtes-vous pas demandé, avant de porter vos critiques à cette tribune, si votre langage n'allait pas de l'autre côté de la frontière, permettre un doute sur la communauté des sentiments entre le gouvernement et l'opinion publique, et si un tel doute venant à se produire n'était pas de nature à affaiblir l'action extérieure de notre pays. » (Voir *Journal officiel* du 24 février 1906).
Le *Temps* apprécia ainsi cette séance (25 février) :
« Tout est bien qui finit bien. Nous nous félicitons par conséquent de l'intervention de M. Jaurès, puisqu'elle a mal fini pour lui. Celle de M. Cochin, prudente et mesurée, n'était sans doute pas nécessaire, et l'honorable député a tenu d'ailleurs à atténuer ses critiques rétrospectives par l'adhésion qu'il a donnée contre M. Jaurès aux déclarations du gouvernement. Le président du Conseil était donc autorisé à conclure que l'attitude de la très-grande majorité de la Chambre le dispensait heureusement d'insister sur un débat dont les risques étaient évidents. La conférence peut poursuivre son œuvre : l'unanimité française n'est pas entamée, et nos représentants, aujourd'hui comme hier, ont le pays derrière eux. Si, quand viendra l'heure des élections, la conférence d'Algésiras a, par l'intransigeance de l'Allemagne, été condamnée à ne pas aboutir, on pourra constater que la France républicaine considère avec autant de sérénité le *statu quo* ainsi maintenu qu'elle eût volontiers accepté un accord en harmonie avec ses intérêts et ses droits. »

maient qu'il n'était de salut que dans le recours immédiat à la conférence, M. Jaurès faisait le jeu de nos adversaires, en suggérant des combinaisons dont chacune eût provoqué un arrêt des délibérations. Tantôt[1], le *Temps* ayant demandé qu'on abordât le problème de la police, il accusait ce journal de vouloir livrer le Maroc aux « entreprises financières », — bien que ce fût, en vérité, une étrange façon de livrer le Maroc à ces entreprises que de réclamer, au lieu d'un accord immédiat sur la banque fait pour satisfaire les gens de bourse, une discussion sur la police qui ne pouvait les intéresser. Tantôt, changeant de tactique, mais visant au même but, il demandait que la conférence se transformât en tribunal arbitral[2]. M. Rouvier avait déjà, à la tribune, écarté cette hypothèse. M. Jaurès y revenait. Sans admettre qu'une conférence internationale est, par sa constitution, par son caractère, par sa compétence essentiellement différente d'un tribunal ; sans indiquer comment, à Algésiras, les prétentions en présence pourraient entrer dans le cadre du droit des gens et faire l'objet du « compromis » qui est la condition de toute sentence arbitrale, il se butait à son idée, dont la seule conséquence pratique eût été l'ajournement, auquel, au même moment, M. de Radowitz travaillait de toutes ses forces[3]. Sans doute, M. Jaurès était isolé et sa voix, en France, retentissait dans le désert. Mais on se faisait en Allemagne

---

1. Voir l'*Humanité*, 26 février, 27 février, 28 février, 1er mars 1906.

2. Sur la question de l'arbitrage, voir le *Temps*, 1er mars 1906 : « Pour en finir avec cette question de l'arbitrage, il suffit de rappeler que l'arbitrage, solution juridique, c'est-à-dire soumise à des règles fixes, des conflits internationaux, suppose un accord préalable qu'on nomme « compromis », et qui énonce la règle de droit, le principe à appliquer aux faits en cause. Comment pourrait-on, dans le cas présent, établir cet accord ? Nous fondons nos prétentions sur nos intérêts politiques les plus essentiels, sur le danger que ferait courir à l'Algérie la prédominance au Maroc d'une influence hostile à la nôtre, sur l'importance de notre commerce, sur la part que nous avons prise à la constitution du crédit marocain. Peut-on soutenir que l'appréciation de ces prétentions relève du droit des gens ou du droit privé ? Aperçoit-on d'après quel principe juridique devrait être définie la mesure dans laquelle nos demandes sont recevables ? Et faute d'un « compromis » précis, n'est-il pas évident que le jugement arbitral serait en réalité un jugement arbitraire ? La seule question susceptible d'être tranchée par voie d'arbitrage, c'est celle de l'interprétation de l'article 17 de la convention de Madrid invoqué par l'Allemagne pour empêcher la France d'obtenir au Maroc des avantages ou des concessions. Sur ce terrain, une décision arbitrale serait possible. Mais le débat aujourd'hui est plus large. C'est donc en forme diplomatique, c'est-à-dire par la conférence, qu'il doit être traité à Algésiras. »

3. Voir ci-dessous, page 267.

des illusions voulues sur son influence. Et il devenait urgent d'établir l'impuissance de ses efforts en leur opposant le fait accompli [1].

Ce n'était pas moins indispensable, si l'on considérait la presse allemande, dont la violence devenait chaque jour plus singulière. M. Révoil présentait-il à la conférence une justification parfaitement mesurée de son projet de banque [2] ? Aussitôt la *Gazette de Cologne* s'emportait contre ce « coup oratoire », digne, disait-elle, d'un « feuilletoniste français ». Deux jours après, elle revenait à la charge, déclarant avec une inquiétude significative que nos délégués « parlaient pour la galerie [3] ». Dans la *Gazette de Francfort*, M. Stein, ami personnel du prince de Bülow, se plaignait des articles du *Temps* et il ajoutait : « Il n'est pas sage de placer des hommes pacifiques, mais conscients de leur force, dans la situation de céder à une pression ou même d'être soupçonnés d'y céder » : injure gratuite à la France qui, sans doute, n'était une fois de plus sommée de céder elle-même que parce qu'on ne la jugeait à Berlin ni

---

1. Une partie de l'opinion estimait qu'aux sacrifices exigés par l'Allemagne le *statu quo* était préférable. Le *Temps* avait déjà soutenu cette thèse. M. Hanotaux écrivait dans le *Journal* le 26 février 1906 :
« Dès le début, le *statu quo* m'avait paru préférable. J'écrivais, ici même, le 12 *juin* 1905 : « Notre politique traditionnelle était le maintien du *statu quo*.
» Tout le monde y trouvait son compte : les Marocains qui n'aiment pas les
» changements ; la diplomatie, qui n'aime pas les difficultés ; la France, enfin,
» qui, par l'endosmose de la frontière oranaise et par son action près des
» tribus désunies, acquérait une autorité croissante sur les terres voisines et
» dans les affaires du voisin. Cela se faisait tout bonnement, tout naturelle-
» ment, sans gloire, mais aussi sans péril... Avec une si forte position défen-
» sive, nous pouvons attendre. » Il est très possible que nous soyons obligés de revenir à cette pratique, après un détour, il est vrai, avec un échec en plus et quelques chances de moins. Mais tant pis. »

2. Voir ci-dessus, page 226, note 2.

3. Voir le *Temps* du 3 mars 1906.
A cette occasion, le *Temps*, faisant allusion à un récent discours militaire de l'Empereur, écrivit :
« Qu'on renonce donc, à Berlin, si l'on veut l'entente, à ces manières de croquemitaine. Qu'on se dispense de nous rappeler ce qui s'est passé il y a trente-cinq ans : car si nous avons beaucoup appris, nous n'avons rien oublié. Et si l'on interprète comme une marque d'inquiétude le silence que tout récemment encore nous avons cru devoir faire sur une parole malheureuse tombée d'une bouche impériale, qu'on se hâte d'abandonner cette dangereuse illusion. Il n'y a en France ni faiblesse ni nervosité. Il n'y a que la résolution unanime de sauvegarder l'intérêt national. » Dans ce discours l'Empereur avait dit : « Dieu veuille qu'un cas de guerre ne se présente pas ! Mais si jamais pareil fait devait se présenter, je suis convaincu que l'armée ferait ses preuves comme il y a trente-cinq ans. » (Voir le *Temps*, 27 février.)

« forte » ni « consciente de sa force ». Enfin le professeur Delbrück publiait dans les *Annales prussiennes* un article plus menaçant encore où il écrivait [1] :

L'Allemagne n'a demandé et imposé la conférence que pour faciliter à la France sa retraite... Dans peu de semaines nous verrons si les puissances de l'Ouest sont résolues à maintenir contre nous une hautaine barrière et, dans ce cas, l'épée devra nécessairement trancher le différend.

La décision ne pouvait plus sans danger être différée. Le 25 février, M. Rouvier prescrivait donc à M. Révoil de ne pas laisser achever la discussion de la banque sans demander qu'on abordât celle de la police. Pour que cette démarche nous fût profitable, pour que, en tous cas, elle ne nous portât pas de dommage, il était indispensable de préparer le terrain et de « manœuvrer » les délégués individuellement avant de s'adresser à eux collectivement. M. Révoil allait s'acquitter de cette partie essentielle de sa tâche avec une maîtrise qui força le succès. Si ce succès n'eut d'abord pas de lendemain, ce n'est ni à lui ni au gouvernement qu'en devait incomber la responsabilité, mais au parlement seul qui, en provoquant, en pleine crise étrangère, une crise ministérielle, allait obliger nos représentants à tout reprendre à pied d'œuvre.

1. Voir le *Temps*, 4 mars.

CHAPITRE III

LA POLICE A L'ORDRE DU JOUR

I. *La réponse de la France à la note allemande du 19 février.* — L'entrevue du 26 février entre MM. Révoil et de Radowitz. — Le jeu des Allemands. — Les ajournements de M. de Radowitz. — Le vote et les pronostics. — La thèse du comte Goluchowski. — Conférences et scrutins. — La réfutation française. — L'appel à notre complaisance. — Le compte des voix.

II. *L'incident Mokri (27 février).* — Les travaux de Safi et de Casablanca. — L'origine de l'affaire. — Craintes injustifiées. — L'attitude de l'Allemagne. — M. Jaurès et l'*Humanité*.

III. *Le premier vote.* — Le travail préparatoire. — La tactique de M. Révoil. — Le rôle des Russes et des Anglais. — La promesse du marquis Visconti-Venosta. — La séance du 3 mars. — Le vote. — L'impression à Algésiras. — Le comte de Tattenbach chez M. Révoil. — Préférence et contrôle.

IV. *La séance du 5 mars.* — Les déclarations de MM. Bacheracht, Révoil, de Radowitz et Perez Caballero. — Les deux thèses. — L'ordre du jour.

V. *L'optimisme.* — Les pourparlers de M. de Radowitz avec MM. White et Visconti-Venosta sur la banque. — La démarche du comte de Welsersheimb. — Le projet autrichien et sa signification. — La colère du Dʳ Rosen. — La confiance du comte Lamsdorf. — Une lettre de Guillaume II au comte Witte. — Le prince de Radolin et le baron de Courcel. — Guillaume II et le prince de Monaco (7 mars). — L'accord semble acquis. — Les instructions de M. Révoil (7 mars). — Une troisième dépêche de M. Roosevelt à Guillaume II. — La chute du cabinet Rouvier.

I

Lorsque, le 19 février, la communication par M. de Tattenbach à M. Regnault du projet allemand sur la banque et la remise par M. de Radowitz à M. Révoil de sa note sur la police eurent déterminé le gouvernement français à clore les négociations directes et à saisir la conférence[1], une question se posait encore. Convenait-il d'informer le plénipotentiaire allemand de notre résolution, ou pouvions-nous, au contraire, laisser sans réplique une communication qui équivalait au refus pur et simple de nos propositions ? Enfin, si

1. Voir ci-dessus, page 218.

nous répondions, dans quelle forme devait être conçue cette réponse et à quel moment devions-nous la remettre ? Sur ce dernier point, aucun doute n'était possible. Il fallait, d'abord, que le débat en conférence fût, au préalable, amorcé. Il fallait, ensuite, que nous fussions renseignés sur le résultat des démarches que nous avions provoquées dans différentes capitales. Ces démarches étaient, à ce moment, nombreuses et concordantes. Il y avait l'action exercée sur le prince de Bülow par le comte d'Osten-Sacken [1], sur M. de Schœn par le comte Lamsdorf [2], sur l'Empereur lui-même par le président Roosevelt [3] et le comte Witte [4]. Il y avait aussi le séjour à Berlin du baron de Courcel [5]. Quant à la question même de savoir si une nouvelle note française devait continuer un dialogue évidemment inutile, deux thèses étaient en présence. En répondant, nous semblions disposés à prolonger l'entretien direct et cette apparence était contraire à nos résolutions comme à notre intérêt. En ne répondant pas, nous offrions aux Allemands une occasion commode de nous accuser près des tiers de mauvaise volonté et nous nous exposions, si une rupture survenait, à en être dénoncés comme les auteurs responsables. Pour conjurer ce double risque, il suffisait de rédiger notre note en termes qui satisfissent à ces deux ordres inverses de considérations et qui accentuassent, loin de l'atténuer, notre parti pris de laisser désormais à la conférence l'examen du litige.

Après un échange de vues entre MM. Rouvier et Révoil, la rédaction suivante fut adoptée :

Le principe de l'égalité pour tous en matière économique, auquel se réfère la proposition allemande, a été accepté par nous sans aucune réserve.

Nous sommes convaincus que rien n'y saurait porter atteinte dans les propositions que nous avons formulées pour l'organisation de la police, mais si la conférence reconnait au point de vue d'un égal traitement économique l'utilité de nouvelles garanties, nous ne nous refuserons pas à les examiner.

1. Voir ci-dessus, page 194.
2. *Ibid.*, page 204.
3. *Ibid.*, page 249.
4. *Ibid.*, page 246.
5. *Ibid.*, page 241.

C'est à la conférence qu'il appartient, conformément à l'accord du 8 juillet, de déterminer les solutions.

C'était, dans des termes très modérés, affirmer que nous maintenions nos propositions antérieures quant à la nationalité des instructeurs et à la possibilité d'une surveillance, mais que nous entendions ne plus faire de ces propositions l'objet d'entretiens à deux, et en saisir la conférence. M. de Radowitz, qui depuis cinq jours manifestait à ses collègues de Russie et d'Italie le désir de recevoir notre réponse, marqua, lorsque M. Révoil la lui remit le lundi 26 février, de la satisfaction et de l'inquiétude : de la satisfaction, parce que, disait-il, notre note était conçue dans des termes conciliants et soulignait notre adhésion au principe de l'égalité ; de l'inquiétude, parce qu'il se demandait s'il allait lui devenir impossible de s'entretenir, comme auparavant, avec son collègue français. C'étaient là deux sentiments aussi injustifiés l'un que l'autre. Rien ne pouvait empêcher M. de Radowitz de causer avec M. Révoil autant qu'il lui conviendrait. En revanche, notre adhésion à l'égalité commerciale, adhésion affirmée dès la première séance de la conférence, n'impliquait ni l'abandon des droits acquis que l'Allemagne prétendait en déduire, ni l'oubli de l'intérêt politique spécial qu'elle nous avait reconnu en 1905 et que, maintenant, elle contestait. M. Révoil eut soin d'ailleurs de préciser que notre réponse impliquait le refus de continuer les négociations directes. Malgré cela, dans ses entretiens avec ses collègues et bien que notre note du 26, comme nos précédentes déclarations, n'abandonnât rien des principes affirmés par nous dès le premier jour, M. de Radowitz se déclara enchanté. Et M. de Tattenbach fit comme lui. L'un et l'autre pensaient-ils que, par cette affectation de confiance, ils détourneraient les délégués d'accepter le débat public que nous réclamions ? En voyant les plénipotentiaires allemands si convaincus de l'accord final, leurs collègues se demanderaient peut-être si la discussion en séance n'allait pas gêner les pourparlers officieux. Et fortifiant de cette crainte leur commun désir d'éviter les responsabilités, ils accéderaient aux demandes d'ajournement que multipliait au même moment M. de Radowitz.

Lorsque, le 24 février, l'examen du questionnaire sur la banque avait été terminé en comité et que sir Arthur Nicolson avait proposé la fixation de la séance prochaine au mardi 27, le délégué de l'Allemagne avait si nettement marqué son déplaisir, qu'aucune date ferme n'avait été arrêtée. Lorsque, le 27, M. White lui avait demandé d'accepter, pour le jeudi 1ᵉʳ mars, une séance publique consacrée à la banque, il avait dit non, quelques heures après avoir dit oui et, toujours en annonçant l'arrivée d'instructions, demandé qu'on attendît encore. Lorsque, le mercredi 28, le marquis Visconti-Venosta lui avait signalé que la conférence pouvait difficilement passer une semaine entière sans siéger, il avait sollicité de nouveau un répit et prié qu'on ne se réunît pas avant le samedi 3 mars. Sa volonté de traîner les choses en longueur, soit pour user la résistance de la France et la patience des tiers, soit pour donner à la politique allemande la cohésion pratique dont elle avait été jusqu'alors dépourvue, était donc évidente. Cette évidence même nous imposait le devoir de ne pas nous prêter à ce jeu.

Mais à mesure qu'approchait l'heure du recours à la conférence, M. Révoil en apercevait mieux les risques et, tandis qu'à Paris on en voyait surtout les avantages, il en discernait les difficultés. Tout d'abord, nous nous heurtions à une objection de forme que le comte Goluchowski[1] avait été le premier à formuler, mais qui servait trop bien la commodité des plénipotentiaires pour ne pas rencontrer dans leurs rangs de nombreux et chauds partisans. Dans une conférence, disait le ministre autrichien, on ne vote pas : et ce pour une raison bien simple, c'est que l'unanimité est requise. A quoi bon compter les voix pour et contre, du moment qu'une seule voix contre suffit à écarter les mesures proposées ? Comment d'ailleurs provoquer des scrutins dans une assemblée où, de l'avis des principaux intéressés, il ne devait y avoir « ni vainqueurs ni vaincus » ? Cette argumentation captieuse jouait visiblement sur les mots. Pour savoir si l'unanimité est acquise, il n'y a qu'un moyen : c'est de voter. Aussi bien, s'il est vrai que, dans les conférences, on ne procède pas d'ordinaire par scrutins proprement dits, on prend toujours l'avis des plénipotentiaires; et cette consultation équivaut pratiquement à un scrutin. Si l'on se reporte d'ailleurs aux précédents, on constate que, dans certains cas, les présidents de conférences ne se sont pas contentés

---

1. Voir ci-dessus, page 258.

de cette consultation. Au congrès de Berlin, par exemple, M. de Bismarck n'hésita pas à provoquer des votes sur des points discutés, et la majorité, qui se forma dans ces conditions, fut un acheminement à l'unanimité qui s'établit ensuite. Il est fréquent du reste que les délégués d'États secondaires, — c'était à Algésiras le cas de M. Sager, plénipotentiaire suédois[1], — reçoivent l'instruction de voter avec la majorité. Que peuvent-ils faire, si tout moyen leur est refusé de voir où est cette majorité ? A quoi serviraient enfin les conférences, s'il suffisait que deux puissances fussent en désaccord pour que l'action des tiers fût empêchée de s'exercer ? C'étaient là des raisons qui ne permettaient, ni en droit ni en fait, de s'arrêter à la suggestion où le comte Goluchowski avait tenté de prêter figure de doctrine à son désir naturel de ne pas prendre parti. Après une réfutation énergique de notre part, personne n'insista plus sur cette dialectique d'occasion.

Mais alors on s'adressa à la conscience que, disait-on, nous devions avoir de nos intérêts véritables. C'était, à peu de chose près, ce que le baron Sonnino expliquait, presque en même temps, à M. Barrère[2]. Pourquoi obliger les tiers à se prononcer ? Ils nous sauraient gré de notre discrétion. Et l'Allemagne elle-même, qui faisait son possible pour reculer l'échéance de ce verdict, nous serait reconnaissante de ne pas le réclamer. Si d'ailleurs la conférence, après un vote, se séparait sans conclure, le Maroc deviendrait pour longtemps, soit dans l'ordre politique, soit dans l'ordre économique, la proie des entreprises allemandes. Tout serait remis en question. Et c'est alors que la sécurité de l'Algérie pourrait être compromise. Au contraire, en réservant l'organisation de la police et en concluant sur la banque, nous aurions les plus fortes garanties commerciales, voire politiques, puisque le règlement sur la contrebande des armes enregistrerait nos droits dans les districts frontières. Mais, là encore, l'argumentation qu'on nous opposait ne résistait pas à l'examen. La reconnaissance, que l'on nous conviait à escompter, n'est pas une monnaie qui ait cours dans les relations internationales. Qu'une négociation fût

1. Voir ci-dessus, page 66.
2. Voir ci-dessus, page 253.

ultérieurement reprise avec l'Allemagne, serions-nous récompensés par elle de n'avoir pas réclamé un vote qui, faute d'avoir été émis, se prêterait, de sa part, à toutes les interprétations? Quant aux tiers, à ceux-là surtout qui avaient des engagements vis-à-vis de nous, n'était-ce pas pécher par faiblesse que de leur faciliter l'oubli de ces engagements? Qu'est-ce qui nous prouvait, au surplus, qu'un protocole économique, — avec des concessions françaises à la base[1], — nous assurerait une tranquillité politique, même provisoire? De quelque côté qu'on envisageât cette hypothèse, elle était pour nous inacceptable. Et mieux valait courir les risques d'un scrutin.

En présence de l'attitude des divers délégués, ces risques pouvaient être évalués comme il suit. Pour les propositions allemandes, c'est-à-dire contre nous, voteraient certainement le Maroc et l'Autriche ; non moins certainement voteraient pour les propositions françaises, l'Angleterre, la Russie, l'Espagne et le Portugal ; soit cinq voix sûres pour ces propositions, trois voix sûres contre. Les États-Unis seraient très probablement forcés, pour les raisons de politique intérieure que l'on sait[2], de s'abstenir, mais ils avaient promis de déclarer qu'ils trouvaient nos offres raisonnables : c'était donc moralement, — et l'effet moral seul importait, puisque les résultats matériels étaient subordonnés à la condition nécessaire de l'unanimité, — une voix de plus pour la France, soit six contre trois. Restaient la Belgique, la Suède, les Pays-Bas et l'Italie. Tandis que les trois premiers étaient de petits États libres avec nous de toutes promesses, la dernière était une grande puissance qui nous avait engagé sa parole. Belges, Suédois et Hollandais s'abstiendraient ; mais cette abstention, évidemment légitime, ne serait pas accompagnée d'un blâme à l'adresse de nos propositions. Quant à l'Italie, qui, au début et dans toutes les négociations secrètes, nous avait prêté un si excellent concours[3], son représentant semblait de plus en plus atteint de la phobie du vote. Il partageait, en les aggravant, les vues du baron Sonnino sur la nécessité de ne point compromettre son pays. Et il épiloguait sur

1. On ne saurait rappeler assez qu'en matière financière, nous étions, grâce à nos droits acquis, défendeurs et non demandeurs.
2. Voir ci-dessus, page 64.
3. Voir ci-dessus, pages 153 et 174.

le sens des protocoles de désintéressement mutuel, dont il avait signé le premier, sans prévoir que l'application lui en deviendrait un jour aussi amère. La délégation française ne désespérait pas cependant, soit en exerçant sur lui une énergique action persuasive, soit en évitant de poser la question sous une forme trop aiguë d'obtenir, à la fin, qu'il votât pour nous. Cela faisait alors sept voix pour la France, trois abstentions, et seulement trois voix contre. Cette répartition nous donnait satisfaction. Car dût-elle ne s'établir que sur un point secondaire, et non sur le fond du débat, l'impression produite à Berlin pour la suite de la négociation n'en serait pas moins salutaire et profonde. Au lieu d'une attaque de front, nous pouvions dessiner un mouvement de flanc. Peu importait, pourvu que l'adversaire en sentît la pointe arriver jusqu'à lui.

II

Un incident secondaire, que grossit, semble-t-il, une nervosité d'ailleurs explicable, poussa nos représentants à hâter le moment où tout se passerait au grand jour. Pendant l'une des séances où le comité de rédaction discutait les projets de banque, et notamment la caisse spéciale constituée, pour l'exécution des travaux publics dans les ports, par les centimes additionnels aux droits de douane [1], Mokri fit la déclaration suivante :

— Les travaux des ports de Safi et de Casablanca ont été, avant la conférence, concédés à une Compagnie française, la Compagnie Marocaine, en même temps que les travaux du port de Tanger étaient concédés à la Compagnie allemande Borgeaud et Reuteman. Les travaux de ces ports ne devront donc pas être exécutés au moyen des ressources que fourniront les centimes additionnels sur les douanes [2].

---

1. Voir ci-dessus, page 128.

2. Mokri donna à ce sujet les explications suivantes à M. Joseph Galtier, correspondant du *Temps* :

« Le maghzen chargea une Compagnie allemande de la construction d'un môle à Tanger; de même il s'entendit avec la Compagnie Marocaine pour les travaux de Casablanca et de Safi. Cette Compagnie avait d'ailleurs antérieurement soumis ses plans pour des môles à Tanger, Casablanca et Safi. Le maghzen écarta Tanger, parce que les propositions de la Compagnie allemande pour

Pour être inattendue, la communication de Mokri n'en était pas moins exactement conforme à la vérité. Depuis 1902, Abd-el-Aziz songe à réaliser, dans les villes commerçantes de son empire, d'importants travaux publics. A la fin de 1903, la Compagnie Marocaine, filiale de la Compagnie du Creusot, fut chargée de procéder à quelques-uns d'entre eux : elle construisit notamment à Tanger de vastes magasins pour les douanes chérifiennes[1]. Les pourparlers continuèrent entre elle et le Maghzen, et, le 15 mars 1905, des lettres officielles enjoignirent aux autorités de Tanger, de Casablanca et de Safi de se concerter avec les représentants de la Compagnie pour les études des travaux à accomplir dans ces trois ports, — à savoir construction de quais, de terre pleins et de magasins[2]. Le yatch *Senta* spécialement affrété, ayant à son bord M. Renaud, ingénieur en chef de la marine, fut chargé de poursuivre ces études, qui durèrent du commencement de mars à la fin de juin. Partout les autorités marocaines firent bon accueil à la mission et, sur les instructions du maghzen, l'aidèrent dans la mesure de leurs moyens. La Compagnie Marocaine se préparait, après cette enquête préparatoire, à passer aux actes, lorsque, pendant la mission à Fez du comte de Tattenbach, l'Allemagne produisit une lettre chérifienne, en date du 26 mars 1905, chargeant la maison Borgeaud et Reuteman de dresser deux plans des améliorations réalisables dans le port de Tanger et promettant de lui confier l'exécution d'un de ces deux plans[3]. Le contrat devint définitif. Et le protocole du 28 septembre 1905 enregistra la recon-

cette dernière ville lui parurent plus avantageuses, mais il s'entendit avec la Compagnie française pour Casablanca et Safi. Pour Safi, nous nous contenterons d'une jetée en fer et en bois comme celle de Tanger ; à Casablanca, il s'agit d'un môle proprement dit. La légation de France n'est jamais intervenue et n'a pas eu à intervenir dans cette affaire. Elle l'ignorait complètement, et cela s'explique par ce fait que la Compagnie du Creusot est depuis longtemps en rapports directs d'affaires avec le maghzen. Nous avions bien l'ordre de notre gouvernement de mettre la conférence au courant de cette situation. Si je ne l'ai pas fait plus tôt, c'est que l'occasion ne s'était pas encore présentée. »
(Voir le *Temps*, 2 mars.)

1. Voir Bulletin du comité de l'Afrique française, décembre 1905.

2. Une lettre spéciale pour Tanger avait été envoyée dès le 7 mars par Mohammed Ettazi. Voir *Livre Jaune*, page 311.

3. On estima généralement que c'est le comte de Tattenbach qui obtint cette promesse et que la lettre chérifienne du 26 mars fut rédigée après coup et antidatée à la suite de ses démarches.

naissance par la France des droits de la maison allemande[1]. La Compagnie Marocaine, qui se trouvait dépossédée, se plaignit au maghzen. Et celui-ci, pour atténuer sans doute les responsabilités qu'il savait avoir encourues vis-à-vis d'elle[2], lui répondit en lui confirmant officiellement ses engagements pour les ports de Safi et de Casablanca. Plusieurs semaines après, Ben Sliman renouvelait spontanément cette promesse dans une lettre où il écrivait au représentant de la Société :

> Fais savoir à ta compagnie que le Sultan vient d'ordonner à Mokri d'avoir à déclarer à la conférence, que le maghzen a concédé à la Compagnie Marocaine les travaux de Safi et de Casablanca. En conséquence, ces deux affaires ne doivent en aucun cas être comprises dans les débats de la conférence.

C'est de cette communication que Mokri venait de s'acquitter. Il expliqua son attitude en rappelant les faits qui précèdent. On dut reconnaître que son récit était scrupuleusement exact.

Rien, dans ces événements, ne pouvait compromettre le gouvernement français. A aucun moment, ni pendant son séjour à Fez, ni depuis, M. Saint-René-Taillandier n'avait sollicité ou laissé solliciter aucune concession d'aucune sorte. Il ne dépendait ni ne lui ni du gouvernement d'empêcher que, longtemps avant la conférence et avant même qu'il ne fût question de la réunir, des industriels français eussent, par leurs propres moyens, obtenu du maghzen un contrat. Mais certains procédés, que nous ne connaissions que trop, nous permettaient de redouter que notre évidente bonne foi ne fût pas appréciée en Allemagne avec la netteté désirable. Nous gardions le souvenir d'une incorrection assez étrange, qui pouvait n'être pas sans rapport avec l'incident actuel. Dans le *Livre Blanc*, publié en décembre à Berlin, figurait une dépêche[3] où M. de Tattenbach assurait que M. Saint-René-Taillandier avait présenté à Abd-el-Aziz un programme d'ensemble pour les travaux publics et l'exploitation des ports. Cette dépêche était dénuée de

---

1. Voir appendice, page 487.
2. Le gouvernement français avait en effet, lors de l'accord du 28 septembre, expressément réservé les droits de la Compagnie vis-à-vis du maghzen.
3. Voir *Livre Blanc*, pages 8, 9, 10 et surtout page 15 la dépêche du 13 août 1905.

fondement. Et si elle nous avait été communiquée, nous eussions signalé l'erreur avant sa publication. Mais, par une exception singulière à la règle toujours suivie en pareille matière, la communication de ce document ne nous avait pas été faite, bien qu'il mît en cause un de nos agents diplomatiques. Nous avions demandé à Berlin une rectification : jamais cette rectification ne s'était produite. N'allait-on pas grâce à la déclaration de Mokri, déclaration exacte quant au fond, mais tendancieuse peut-être quant à l'intention, nous accuser d'intrigues contraires à nos promesses, contraires à notre déclaration du 16 janvier sur l'égalité économique [1] ? Sans action sur la Compagnie Marocaine, nous ne pouvions pas peser sur elle pour lui imposer l'abandon de ses droits. Et cependant il était à craindre qu'on n'usât des paroles par lesquelles Mokri avait reconnu ces droits pour jeter sur notre politique une suspicion qui, vu les circonstances, pouvait nous être préjudiciable.

L'événement ne justifia cette crainte que dans une mesure restreinte. Le gouvernement allemand ne fit aucune allusion à l'incident. Le comte de Tattenbach demanda des renseignements à Mokri, mais ne formula aucune protestation. Sans doute, des journaux allemands eurent le mauvais goût de renouveler, à cette occasion, leurs attaques contre la France. La *Gazette de Cologne* affirma que la concession de Casablanca et de Safi violait la convention du 8 juillet 1905, sans prendre garde que le 15 mars 1905, date de la concession, on ne pouvait, et pour cause, violer cette convention de quatre mois postérieure. Et elle ajouta avec un illogisme persistant que le gouvernement français avait sans doute été au courant, puisque Mokri avait cru devoir faire publiquement, à ce sujet, une déclaration devant M. Regnault [2]. Le *Lokal-Anzeiger* et la *Gazette de Voss* faisaient chorus. Mais le reste de la presse était très calme. Un seul journal, avec autant de violence que d'obstination, incriminait la France : et ce journal était un journal français, *l'Humanité*. A des reprises successives [3], M. Jaurès, qui ne parlait qu'avec courtoisie des « démarches »

---

1. Voir ci-dessus, page 106.
2. Voir le *Temps*, 28 février, 1er et 2 mars 1906.
3. Voir l'*Humanité*, 28 février et 1er mars 1906.

faites par l'Allemagne pour le port de Tanger, dénonçait, à propos de Safi et de Casablanca, la « duplicité » et « l'action occulte » de son pays [1]. Il annonçait même son intention d'interpeller et n'abandonnait son dessein que devant la certitude d'un désastre [2]. L'affaire gardait donc les proportions modestes qui convenaient et ne faisait de tort qu'à lui seul. Mais pour nos délégués, prompts à l'inquiétude par nécessité et par habitude, elle rendait plus vif encore le désir d'une discussion publique où nulle embûche ne fût possible.

III

C'est, on s'en souvient, le dimanche 25 février [3], que M. Rouvier avait adressé à M. Révoil des instructions dans ce sens.

En même temps qu'il agissait sur ses collègues pour les rallier à nos vues, le délégué de la France avait réglé la procédure de l'initiative qu'il préparait. Il fallait d'abord trouver une occasion naturelle de poser devant la conférence la question couplée banque-police. Il fallait ensuite que, sans retard, le second terme de l'équation apparût à l'ordre du jour, et, pour cela, qu'un projet pratique fût déposé. Ce projet sans doute aurait pu venir de nous. Mais un louable désir d'éviter de froisser l'Allemagne par des initiatives directes devait nous faire préférer qu'il émanât d'un tiers. Le comte Cassini et M. Bacheracht, se rendant à notre vœu avec infiniment de bonne grâce, acceptèrent donc de fournir sa base à la discussion. Et il fut entendu que, dès que le problème serait abordé, le ministre de Russie à Tanger demanderait à soumettre à ses collègues ses vues — conformes aux nôtres — sur l'organisation de la police. Restait ce que l'on pouvait appeler l'amorçage. C'est sir Arthur Nicolson qui devait s'en charger. Le plénipotentiaire anglais attachait à cette initiative une telle importance, qu'il essaya de provoquer deux réunions l'une le mardi 27 février, l'autre le jeudi 1er mars [4]. Devant les objections de M. de

---

1. Voir l'*Humanité*, 28 février et 1er mars 1906.
2. Voir le *Temps* du 2 mars.
3. Voir ci-dessus, page 264.
4. *Ibid.*, page 268.

Radowitz et, pour ne rien brusquer, il convint avec M. Révoil d'attendre jusqu'au samedi 3 mars. Ce jour-là, en séance officielle[1], la conférence acheva l'examen du projet sur la banque établi par le comité de rédaction. Il était impossible de tarder davantage à parler de la police, sans compromettre le succès de l'effort que nous préparions.

Ce succès, M. Révoil n'avait rien négligé pour nous l'assurer. C'est sur le marquis Visconti-Venosta que son action avait surtout porté. Il lui avait montré qu'il ne s'agissait, en somme, que d'une question d'ordre et de procédure; que, partant, toutes les opinions pouvaient être soutenues sans que personne en prît ombrage; que, durant toute une semaine, on s'était abstenu de siéger par égard pour l'Allemagne[2]; qu'on pouvait bien, par égard pour la France, adopter une méthode de discussion que la logique recommandait d'ailleurs, ainsi que le souci d'un résultat rapide. Plusieurs fois déjà, la conférence avait étudié parallèlement, en comité et en séance, des articles différents de son programme[3]; rien de plus naturel que de continuer. Bien que le marquis Visconti-Venosta se rendît compte que ce vote d'ordre condamnerait son espoir d'éviter le débat sur la police[4]; bien qu'il prévît — incomplètement cependant, — la mauvaise humeur qu'en ressentirait l'Allemagne, il ne crut pas possible de nous refuser une satisfaction qui était le minimum de ce que nos engagements avec l'Italie nous autorisaient à attendre d'elle. M. White, le vote n'ayant pas un caractère ostensiblement politique, promit avec plaisir son concours. Quant aux délégués belges, très froissés d'une récente algarade des délégués allemands à leur endroit[5], ils n'étaient pas fâchés de leur rendre, sans risque, coup pour coup.

Nous sommes au lundi matin 3 mars. Il est midi. Depuis dix heures, on discute sur la banque. Dix articles ont été réservés. C'est dire que, de plusieurs jours, il sera impossible aux plénipo-

---

1. Voir ci-dessus, page 240.
2. Voir ci-dessus, page 268.
3. Par exemple pour la contrebande des armes, la réforme fiscale et la banque.
4. Voir ci-dessus, page 191.
5. M. de Radowitz avait très brutalement reproché au baron de Joostens de n'avoir pas appuyé l'amendement allemand sur la circulation de la *peseta*. Voir ci-dessus, page 229.

tentiaires de revenir sur la question[1]. Le président a proposé, pour la prochaine séance, la date du 5 mars. Mais le marquis Visconti-Venosta remarque que quarante-huit heures ne suffiront pas pour établir un accord sur les dix points contestés. Imprudemment, M. de Radowitz, croyant qu'il va obtenir une fois de plus cet ajournement qui est l'objet de ses vœux, abonde dans le même sens. Sir Arthur Nicolson prend alors la parole :

— Les observations du représentant de l'Italie et du représentant de l'Allemagne montrent, dit-il, que, pendant un espace de temps assez long, nous ne pourrons examiner utilement le projet sur la banque. Suivant la méthode consacrée[2], je demande donc que la séance, dont le président proposait à après-demain 5 mars la fixation, soit une séance de comité consacrée à l'organisation de la police[3].

Immédiatement le comte Cassini approuve la proposition. M. Révoil fait de même. Mécontent et troublé, — tout le monde put s'en apercevoir, — M. de Radowitz explique qu'il vaut mieux, avant d'aborder la police, en finir avec la banque ; se contenter, par conséquent, de ne pas fixer la date de la prochaine séance, en un mot s'ajourner encore. Sir Arthur Nicolson réplique et, avec une certaine vivacité, il rappelle que, du 24 février au 3 mars, on n'a rien fait ; qu'il est impossible de récidiver. Le duc d'Almodovar, saisissant avec présence d'esprit le moment favorable, conclut qu'en présence de ces deux opinions contradictoires, il désire consulter la conférence. M. de Radowitz voit, — trop tard, — le danger. L'heure est venue de ce vote, qu'il a tout fait pour éviter. Consulté le premier, il renouvelle ses observations sur la convenance qu'il y a à n'interrompre point la discussion du projet de banque. Le comte de Welsersheimb, avec quelque hésitation, vient à son secours et opine dans le même sens. Mais, après lui, c'est la débâcle.

1. Voir ci-dessus, page 240.
2. Voir ci-dessus, page 276 note 3.
3. Voir Protocoles, page 160.
   M. Joseph Galtier donna à ce sujet le détail suivant : « L'ambassadeur d'Autriche, ayant à ce moment exprimé la crainte que le comité de rédaction déjà chargé du projet de banque ne pût étudier en même temps le projet de la police si on l'en saisissait : « Oh ! a répliqué en souriant sir A. Nicolson, la question de la police est très simple » (Le Temps, 5 mars 1906.)

La délégation belge se ralliera à la majorité : elle sait en effet que, par cette déclaration, elle nous donnera toute satisfaction et répondra, sans pourtant se compromettre, au mauvais procédé des délégués allemands. M. White est plus net :

— Je ne vois aucun inconvénient à commencer, dit-il, en séance de comité l'examen de la question de la police. Je crois de plus que, si son Exc. M. le président s'absente à l'occasion de la visite à Madrid de S. M. le roi de Portugal [1], il convient qu'au moment de son départ l'étude de tous les articles du programme soit aussi avancée que possible.

M. Révoil, qui a déjà donné son avis, insiste : « On ne peut pas traiter la question de la banque. Il est conforme aux précédents de passer à celle de la police. » Sir Arthur Nicolson rappelle qu'il a pris l'initiative de la proposition ; qu'il n'a donc pas à répéter qu'il l'approuve. C'est maintenant le tour du marquis Visconti-Venosta. M. de Radowitz et le comte de Tattenbach reprennent espoir. Car, s'il vote avec eux et que, comme il est probable, les Pays-Bas et la Suède le suivent, cela fera six voix contre la proposition anglaise, six pour, les Belges devant s'abstenir, faute de la majorité à laquelle ils ont promis de se rallier : ce sera l'échec de cette proposition. Mais le plénipotentiaire italien a déjà pris la parole et il répond au président :

— Je propose d'employer la première séance officielle à l'examen des points réservés du projet de banque et de consacrer, en attendant, une séance de comité à un premier échange de vues sur la question de la police.

Après cette déclaration, le succès nous est acquis. M. Testa, délégué des Pays-Bas, se range à l'avis du préopinant. Le délégué du Portugal fait de même. Le comte Cassini réitère son adhésion aux vues de M. Révoil. Le plénipotentiaire suédois déclare s'abstenir de tout vote et se mettre à la disposition de la conférence : c'est-à-dire de la majorité qui, dès ce moment, est formée, puisque huit délégués, auxquels s'est joint le délégué belge, ont voté pour. La délégation marocaine vote non. Mais la délégation espagnole ajoute un dixième oui aux neuf qui ont été précédemment émis. Cela fait dix voix pour nous et trois contre. Le duc d'Almo-

---

1. Le roi de Portugal devait arriver le 12 mars à Madrid.

dovar tire aussitôt la conclusion de ce rapide débat, en fixant, au lundi 5 mars, une séance de comité destinée à « aborder l'étude de la question de la police ».

Dès le soir même, à Algésiras, dès le lendemain dans toute l'Europe, le sens de ce premier scrutin était abondamment commenté. Ce sens n'était point douteux et ne prêtait pas à l'équivoque. La conférence, quelque désir qu'en pussent avoir isolément la plupart de ses membres, ne croyait pas possible de se dérober à une discussion publique du problème de la police. Elle partageait donc l'opinion, souvent combattue par la presse allemande [1], que l'étude couplée du projet de banque et des projets de police pouvait seule fournir les bases d'une entente. Elle révélait enfin, non pas certes sur le fond des choses, mais par une manifestation d'ordre significative, un groupement de puissances sensiblement différent de celui qu'avaient annoncé les journaux de Berlin [2]. Combien de fois ces journaux n'avaient-ils pas affirmé que, de plus en plus, les négociateurs d'Algésiras rendaient justice à l'Allemagne, et se rangeaient aux côtés de cette « tutrice des intérêts généraux de l'Europe »! Or, à la première occasion « la tutrice » était abandonnée par tous les pupilles qu'elle revendiquait, sauf un. Et quand il s'agissait de se prononcer sur la meilleure façon d'engager les réformes, elle n'avait avec

1. Voir notamment ci-dessus, page 174, note 1.
2. Le *Lokal-Anzeiger*, du 4 mars 1906, avait ainsi résumé le groupement des puissances : « Nous pouvons dire que, du côté russe, des démarches telles que celles attribuées au Tsar ou à M. Witte ne furent pas faites. Les intérêts purement économiques de la Russie demandent une prompte fin de la conférence, parce que le gouvernement français a fait savoir à Saint-Pétersbourg que le marché de Paris ne pourrait prendre de nouvel emprunt russe qu'après la conférence. La Russie obtint une semblable réponse des autres gouvernements auxquels elle s'adressa dans son pressant besoin d'argent. L'Autriche est toujours aux côtés de l'Allemagne, tandis que les Etats-Unis demandent la porte ouverte comme l'Allemagne, mais sans s'occuper de l'intérêt particulier ou général. L'Italie voudrait éviter dans l'avenir comme dans le passé toutes tendances antiallemandes. Les rôles de ces deux dernières puissances portant la marque de la neutralité bienveillante, sont donc favorables à l'issue heureuse de la conférence. L'Angleterre se fit jusqu'à présent un devoir de suivre la France dans toutes ses exigences comme dans toutes ses concessions et n'a pas été jusqu'à présent un trouble-paix. L'Espagne est encore hésitante dans ses sympathies pour les exigences excessives de la France qui ont peu de points communs avec la manière de voir du gouvernement de Madrid. Elle est balancée entre la crainte de tunisification du Maroc et l'espoir de voir donner satisfaction à ses desseins particuliers. La situation est donc assez claire. » (Voir le *Temps*, 5 mars 1906.)

elle que l'Autriche, et, — concours compromettant entre tous, — le Maroc, dont nul n'ignorait le désir de voir la conférence aboutir à une faillite. Ni pour le gouvernement allemand, ni pour M. de Radowitz, ce vote n'était un succès. Pour l'un et pour l'autre, c'était un avertissement.

Cet avertissement, souligné par les conversations qui eurent lieu, à l'heure du cigare, dans l'après-midi du 3, provoqua chez les membres de la délégation allemande des réactions contradictoires. Au marquis Visconti-Venosta, au duc d'Almodovar, au baron de Joostens, d'amers reproches furent adressés sur leur attitude. Le comte de Welsersheimb lui-même entendit critiquer sa « mollesse ». Et comme le bruit courait déjà que les vues françaises sur la police seraient exposées, le lundi 5, par M. Bacheracht, M. de Radowitz s'en plaignit au comte Cassini sur un ton si vif que le plénipotentiaire russe, sortant de son calme habituel, lui répliqua très-vivement que la Russie n'avait pas d'ordres à recevoir et qu'elle exprimerait, quand et comme bon lui semblerait, son avis sur toutes les questions. Cette riposte directe, qu'accentua M. White en signalant à M. de Radowitz la lourde responsabilité que prendrait l'Allemagne si elle semblait vouloir retarder la discussion et entraver l'entente, porta-t-elle ses fruits? On pourrait le croire. Car, ce même jour, un peu avant le dîner, M. de Tattenbach, qui, dans la journée, s'était plaint de l'intransigeance de ses instructions, venait voir M. Révoil. Il l'accablait, comme de coutume, « de protestations, d'offres et de serments ». Puis, brusquement :

— Je vais vous dire la limite extrême de nos concessions. Que le consortium cède à la Banque d'État, outre son droit de préférence pour les emprunts (art. 33) son droit de contrôle sur les douanes (art. 16), et nous lui accorderons deux parts sur quinze dans le capital. Pour les censeurs, ne parlons plus de la désignation par le corps diplomatique, puisque vous la repoussez, mais cherchons un procédé qui assure aussi fortement leur indépendance. Pour la législation, nous acceptons la loi française. Donnez-nous la juridiction mixte en première instance. Et gardons, pour l'appel, la cour de Lausanne.

Le jeu était facile à percer. Si M. Révoil, séduit par la possibilité de conclure immédiatement sur la banque, avait dit oui, jamais la police, dont M. de Tattenbach ne soufflait mot, ne fût devenue objet d'entente ni même de discussion ; et le Maroc fût resté ouvert à l'action politique de l'Allemagne. Du même coup, la négociation directe aurait été renouée, et ce, le soir même du jour où nous avions prié la conférence de discuter et de se prononcer. C'était nous déjuger, en marquant à son endroit une impertinente versatilité. Au surplus, la concession que M. de Tattenbach nous demandait (abandon du droit de contrôle) et que peut-être il croyait sincèrement acceptable, était matériellement impossible, ce contrôle constituant la garantie, non des banques, mais des porteurs. Pour toutes ces raisons, également fortes les unes et les autres, M. Révoil ne pouvait répondre à M. de Tattenbach. Il devait même lui faire comprendre que l'heure était passée des conversations officieuses. M. de Tattenbach, sans avoir rien obtenu, dut se retirer en renouvelant ses assurances d'amitié et de bonne volonté.

Pendant ce temps, la presse allemande, sur un mot d'ordre promptement donné, ou faisait sur le vote un silence absolu ou en diminuait à dessein l'importance[1]. A la chancellerie, le fonctionnaire, chargé des relations avec la presse, disait au correspondant du *Temps*[2] :

> Nous n'estimons nullement que le scrutin de samedi diminue les chances d'entente : car nous ne voulons pas y voir une manifestation contre nous, mais simplement l'expression d'une opinion sur le meilleur moyen de faciliter la discussion de la banque.

1. *La Gazette de l'Allemagne du Nord* écrivait le 5 mars : « Dans la séance de samedi soir, à Algésiras, on a voté sur la question de savoir si on devait délibérer dans une séance confidentielle de comité sur l'organisation de la police avant que la conférence elle-même, en séance plénière, ne terminât la discussion des statuts de la banque. Pendant que les délégués allemands étaient d'avis qu'on réglât d'abord la question de la banque, la majorité de tous les autres délégués trouva plus opportun d'avoir une délibération confidentielle sur la question de la police avant la prochaine réunion plénière devant discuter la question de la banque. Le motif allégué à ce propos par plusieurs délégués est qu'un tel procédé pourrait faciliter une entente finale dans les deux questions. Le vote concernait, par conséquent, une question de règlement intérieur et on a eu tort de lui attribuer, comme l'ont fait certains journaux étrangers, une signification politique. Si le mode préféré par la conférence pour discuter pratiquement les deux questions principales, facilite réellement un accommodement des difficultés qui existent encore dans chacune d'elles, alors cette manière de faire est absolument conforme au but de la politique allemande ». (Voir le *Temps*, 7 mars 1906.)

2. Voir le *Temps*, 6 mars.

Le *Lokal-Anzeiger* se bornait à enregistrer, sans commentaire, le vote de l'Italie. Seules, la *Gazette de Francfort*[1] et les *Nouvelles de Hambourg*, signalaient l'échec de l'Allemagne. L'ancien organe bismarckien concluait :

> En fait, l'Allemagne reste isolée avec le Maroc. Le vote montre combien peu justifiée était cette fois encore l'optimisme des officieux allemands qui ont propagé des illusions, en répandant des nouvelles inexactes sur l'attitude des puissances représentées à la conférence[2].

Cette appréciation d'un journal d'opposition était sévère. Peut-on contester qu'elle fût juste[3] ?

IV

La séance de comité consacrée à la police s'ouvrit le lundi 5 mars à trois heures de l'après-midi[4]. Le duc d'Almodovar, avec beaucoup de netteté, indiqua que c'était des questions du programme, l'une des plus importantes : toute réforme, en effet, et le commerce international étaient subordonnés au rétablissement de l'ordre et au maintien de la sécurité publique. Déjà, un premier effort avait été accompli par le règlement sur la contrebande des armes. Il s'agissait maintenant, à titre d'essai et pour une courte durée, de réorganiser dans un certain nombre de ports et par voie d'accord international, les corps de police marocains. Le président ajouta :

— Je n'ai pas cru nécessaire d'établir un questionnaire : d'abord parce que cette question, si importante qu'elle soit au fond, est simple dans ses termes ; ensuite parce que Son Exc. M. Bache-

---

1. La *Gazette de Francfort* écrivait : « La conférence du Maroc a, samedi, pour la première fois, procédé à un vote. Cette première décision a été une défaite pour l'Allemagne. Il ne s'agit, à la vérité, que d'une question de forme ; mais cette décision est digne de remarque, car elle fournit une indication sur le groupement qui pourrait se produire entre les délégués sur le fond des questions. » (Voir le *Temps*, 7 mars.)

2. Voir le *Temps* du 8 mars 1906.

3. Ce même jour samedi 3, le roi d'Angleterre arriva à Paris, où il passa trois jours pendant lesquels il reçut diverses personnes, notamment M. Delcassé. Il renouvela à M. Fallières l'assurance de son absolue fidélité.

4. Voir Protocoles, pages 168 et suivantes.

racht m'a fait connaître son intention de présenter à la conférence, au nom de la délégation russe, un exposé des vues qu'une expérience de plusieurs années lui a suggérées à cet égard. Je donne donc la parole à M. Bacheracht.

On a vu dans quelles conditions le ministre de Russie à Tanger avait, à la demande de M. Révoil, accepté d'ouvrir le débat [1]; comment aussi M. de Radowitz avait marqué son mécontentement de cette initiative russe [2]. La parfaite convenance et la réelle habileté de l'exposé de M. Bacheracht ne purent qu'aggraver ce mécontentement [3]. Le ministre russe commença par énoncer quelques principes : inégalité des intérêts européens au Maroc, mais obligation commune à toutes les puissances de sauvegarder la sécurité personnelle de leurs nationaux, leur liberté et leurs biens ; nécessité aussi de traiter cette question dans un esprit de concorde, en dehors de toute arrière-pensée politique, par l'organisation d'une troupe de police susceptible de fonctionner utilement. Pour cette organisation, on avait proposé de recruter des instructeurs parmi les ressortissants des diverses puissances et aussi des États neutres. Mais quelle action collective avait jamais, dans cet ordre d'idées, créé des résultats durables ? Et M. Bacheracht rappelait que les officiers étrangers, engagés depuis vingt ans au service du Sultan, n'avaient pu, malgré leur mérite, former une troupe cohérente et disciplinée. Comment des « instructeurs agissant au nom d'un vague mandat collectif, ne connaissant ni la langue ni les coutumes du pays, réussiraient-ils là où d'autres, mieux placés, avaient échoué » ? Il ajoutait :

Dans le cas spécial qui nous occupe, avec une organisation faite d'éléments internationaux multiples et variés, qui interviendrait ? Qui insisterait sur l'exécution des engagements ? Qui enfin sur-

1. Voir ci-dessus, page 275.
2. Voir ci-dessus, page 280.
3. M. Bacheracht, commentant ses déclarations devant la conférence, dit à M. Joseph Galtier : « Je me suis placé, en face des réalités et j'ai considéré la question au seul point de vue pratique. Un long séjour au Maroc m'a donné quelque expérience de la situation et des besoins du pays. Sans doute, il est bon d'arrêter des règlements administratifs, encore faut-il qu'on puisse les appliquer. L'essentiel, pour obtenir des résultats, c'est l'unité d'action. » (Voir le *Temps*, 7 mars.)

veillerait, point essentiel, le fonctionnement régulier du recrutement, les châtiments en cas d'insubordination ou de désertion[1] ?

Voulait-on, en effet, s'assurer que l'Europe collective n'inspire aux Marocains ni crainte ni respect ? Il suffisait de considérer le Conseil Sanitaire de Tanger, « image permanente de son impuissance », en conflit perpétuel — et inégal — avec le gouvernement chérifien. M. Bacheracht précisait alors sa comparaison et il disait :

Cette assemblée, je puis bien le constater, en faisant partie depuis huit ans, malgré l'utilité et la persévérance de ses conseils, ne parvient qu'à grand'peine à obtenir du maghzen les mesures nécessaires pour la préservation de ce pays du danger d'invasion épidémique et elle a à lutter pied à pied chaque année avec le gouvernement marocain, même sous ce rapport.

Quant à l'exercice des autres pouvoirs qui ont été conférés au conseil sanitaire en vertu des firmans chérifiens, tels par exemple que la surveillance de mesures d'hygiène dans l'intérieur des villes, les questions de l'adduction des eaux, des abattoirs, des marchés etc., il se heurte à chaque pas à d'invincibles résistances de la part des autorités locales et à un mauvais vouloir érigé par elles, dirait-on, en système.

C'est à un tel point vrai, que toutes ces questions, de la dernière importance pour la ville de Tanger, dont la population a au moins doublé ces dix dernières années, n'approchent même pas, depuis ce temps, de leur solution, malgré tous nos incessants efforts ! L'Europe réunie en conseil ne réussit même pas à obtenir le balayage du marché, dont l'état de saleté repoussante est le signe quotidien de l'impuissance du conseil sanitaire, impuissance émanant de son vice originel : la collectivité. Et l'on voudrait confier à un tel régime, fondé sur ces mêmes principes, l'exécution de réformes bien autrement importantes et difficiles que le coup de balai que nous ne parvenons même pas à faire donner au marché de Tanger !

Une expérience de huit années du conseil sanitaire me met en mesure d'affirmer que l'internationalisation de la police au Maroc ne donnera jamais des résultats pratiques appréciables. Il se peut que le maghzen ait des préférences pour une solution semblable, mais c'est uniquement parce qu'une longue expérience lui a appris à connaître les hésitations et la faiblesse des efforts collectifs des puissances[2].

1. Voir Protocoles, page 171.
2. Voir Protocoles, page 171.

Devait-on renouveler une telle expérience, alors qu'il s'agissait de la vie même des étrangers? Le délégué russe ne le pensait pas. Il fallait, selon lui, agir « avec promptitude et à coup sûr ». Car « si la conférence ne réussissait pas à remédier à l'état de choses existant, cet état de choses empirerait » en proportion même d'une impunité que semblerait consacrer l'apparente insouciance de l'Europe. Force était donc de trouver une combinaison autre que celle d'abandonner au maghzen, avec ou sans instructeurs internationaux, le soin des mesures à prendre et pour cela de constituer, là du moins où résident les colonies étrangères, « une autorité réelle ». Mais cette autorité, deux puissances seulement étaient en état de l'exercer « la France et l'Espagne seules en mesure, par leur position géographique de puissances limitrophes, et de par les moyens dont elles disposent, d'assumer sans aucun délai, pour une courte durée, tout en sauvegardant la souveraineté du Sultan par le maintien de son autorité effective, la tâche de concourir à l'organisation, dans certaines villes du littoral, de corps de troupes de police marocains. »

La conclusion de M. Bacheracht était la suivante :

Pour présider et veiller à l'organisation de cette troupe, la France dispose, comme l'Espagne aussi, d'un excellent instrument, au moyen de cadres de sous-officiers algériens ou rifains, musulmans de foi et de race. Des officiers français et espagnols seraient désignés pour inaugurer ce service d'instruction. Un officier français, accompagné de plusieurs sous-officiers algériens, a même déjà sur l'ordre exprès du Sultan, commencé à l'organiser à Tanger.

Pour arriver à un bon résultat, il ne suffirait pas, d'ailleurs, de circonscrire ces officiers dans le rôle strict d'instructeurs, mais il serait essentiel de les investir d'une certaine autorité pratique, et avant tout d'un contrôle sur le paiement régulier de la solde, dont une grande partie, jusqu'ici, est détournée de son emploi légitime, ce qui réduit souvent les soldats à la nécessité, pour ne pas mourir de faim, soit de vendre leurs objets d'équipement et leurs armes, soit de déserter, ce à quoi nous assistons chaque jour.

On pourrait de la sorte, tout en laissant le commandement aux officiers marocains, investir les instructeurs d'une autorité effective et d'un moyen de contrôle permanent. Les corps de troupes ainsi constitués serviraient dans l'avenir de modèles au gouvernement chérifien pour en constituer de semblables avec ses propres sujets, sans éléments étrangers, et assurer graduellement, dans l'ensemble du pays, l'ordre et la sécurité, sans lesquels toutes les réformes et tous les droits acquis par les Européens sont et resteront illusoires [1].

Cette démonstration vigoureuse de l'inefficacité des solutions proposées par l'Allemagne appelait, de la part de celle-ci, une réplique énergique et une réfutation précise. M. de Radowitz ne parut pas s'en rendre compte. Et il se borna à donner lecture d'une courte note, en ajoutant que cette note « posait des bases générales » et que, dans son cadre, d'autres combinaisons pourraient être acceptées. Elle était conçue comme il suit :

L'une des bases pour les travaux de cette conférence est le principe de la liberté économique dans le Maroc, sans aucune inégalité. Or, cette liberté économique et le développement des intérêts commerciaux au Maroc, dépendent en premier lieu, du maintien de l'ordre et de la sécurité dans l'empire chérifien.
Le Sultan du Maroc, dans l'exercice de sa souveraineté, aura à prendre les mesures nécessaires pour la garantie de la sécurité des personnes et des biens des étrangers. La nécessité s'impose, aux puissances signataires, de lui venir en aide par l'organisation d'une troupe de police suffisante, à établir dans des places déterminées.
Les puissances signataires, étant également intéressées à cette organisation, devront être appelées à y prendre part [2].

Sauf l'affirmation d'un principe, — nécessité d'une troupe de police, — cette déclaration était vide d'indications pratiques. Elle énonçait, d'ailleurs, dans sa dernière phrase, une prétention insoutenable : à savoir que les puissances étaient « également intéressées » à cette organisation. En fait, il était clair que la Suède, la Belgique ou les Pays-Bas n'avaient pas, au maintien de l'ordre au Maroc, un intérêt « égal » à celui de la France ou de l'Espagne. En droit, il n'était pas moins évident que M. de Radowitz, en affirmant cette égalité, violait les engagements pris par son gouvernement, lorsque, le 8 juillet 1905, il avait reconnu l'intérêt « spécial » de la France. De cette prétendue égalité, M. de Radowitz déduisait la nécessité d'une « participation égale » de toutes les puissances à l'organisation de la police. Mais sa conclusion s'effondrait avec ses prémisses. L'égalité, aux termes des accords franco-allemands,

1. Voir Protocoles, page 172.
2. Voir Protocoles, page 173.

visait l'introduction, non l'exécution des réformes[1]. Que toutes les puissances prissent une part égale à l'élaboration du règlement international, cela allait de soi, puisque la conférence n'avait pas d'autre objet. Mais que cette participation égale dût s'étendre à la mise en œuvre des décisions prises, c'était contraire aux textes aussi bien qu'au bon sens. De quel droit d'ailleurs M. de Radowitz se faisait-il juge de l'intérêt de « toutes » les puissances ? En vertu de quelle délégation formulait-il en leur nom une thèse que leurs représentants étaient loin de s'approprier ? A cette séance où, pour la première fois, la solution franco-espagnole était officiellement proposée, aucun de ces représentants allait-il protester ? Non. Les uns allaient formellement adhérer aux vues de M. Révoil. Les autres ne feraient aucune objection. C'est à leur profit cependant que M. de Radowitz prétendait agir ! De quelle autorité ? Avait-il ce « mandat de l'Europe » qu'on nous avait tant de fois reproché, à tort du reste, d'avoir invoqué ? Ou bien l'Allemagne se considérait-elle comme la protectrice des États souverains, dont les délégués siégeaient à Algésiras, pour proclamer ainsi, sans même les consulter, une « égalité » qu'ils se gardaient bien d'affirmer ? L'obscurité voulue et tendancieuse de la déclaration allemande obligeait à poser ces questions, mais ne permettait pas d'y répondre. Après les explications si fortement objectives du second délégué russe, celles des représentants de la France et de l'Espagne allaient porter le dernier coup à ce document équivoque.

M. Bacheracht avait montré que la solution franco-espagnole était la seule efficace. M. Révoil, répondant à une objection qui ne figurait pas dans la note lue par M. de Radowitz, mais qui, souvent énoncée, reparaîtrait tôt ou tard, montra que cette police ne porterait aucune atteinte ni à l'indépendance ni à la souveraineté du Sultan, ni à l'égalité économique : de quoi s'agissait-il en effet? De former des troupes de police limitées aux besoins les plus immédiats, c'est-à-dire à assurer la sécurité des ports ouverts et de leur banlieue. Pour cette organisation, quelles ressources seraient nécessaires?

Il suffira, disait M. Révoil, d'effectifs réduits et, à première vue, il semble que quatre ou cinq cents hommes dans un ou deux ports prin-

1. Voir ci-dessus, page 187.

cipaux, cent cinquante à deux cents dans les autres, peuvent suffire. On arriverait ainsi, pour l'ensemble des huit ports, à un total approximatif de deux mille à deux mille cinq cents hommes, sous la direction de seize officiers environ, avec une moyenne de quatre sous-officiers par port...

Il est d'ailleurs bien entendu que la désignation de ces officiers doit être soumise à l'agrément du Sultan, que les corps de police resteront placés sous le commandement des autorités chérifiennes, que le rôle des officiers se bornera à prêter à ces autorités les concours techniques pour l'exercice du commandement et le maintien de la discipline. Ils pourvoiront à l'instruction des troupes, surveilleront leur bonne administration et contrôleront le payement régulier de la solde [1].

Aussi bien, ces propositions, dont nous ne nous étions jamais écartés, ni pendant les négociations franco-allemandes (juillet-septembre 1905), ni pendant la mission à Fez de M. Saint-René-Taillandier, le maghzen les avait acceptées dès ce moment. Un document, émanant de lui et publié à notre *Livre Jaune*, en témoignait [2]. Comment « dans ces proportions, avec ce mandat limité et pour une courte durée », une telle organisation pourrait-elle menacer l'indépendance d'Abd-el-Aziz et la libre concurrence économique des étrangers ? M. Révoil se déclarait incapable de le découvrir. Et il concluait, reprenant dans ses derniers mots les termes mêmes de ces accords franco-allemands que M. de Radowitz paraissait avoir oubliés :

L'internationalisation de la police n'ajouterait aucune garantie et aurait les plus grands inconvénients pratiques. D'ailleurs, les gouvernements d'une part, et, sur place, le corps diplomatique et les consuls, si vigilants pour tout ce qui concerne leurs colonies, ne seront-ils pas toujours en mesure de s'assurer que cette organisation n'est pas détournée de son but et ne lèse aucun des intérêts de leurs nationaux ? C'est dans cet esprit que nous acceptons la réforme ainsi conçue : elle assurera le résultat pratique qu'on souhaite atteindre le plus promptement possible et elle tient compte en même temps des légitimes intérêts de la France, en tant que puissance musulmane, dans l'Afrique du Nord, et de l'intérêt spécial qui s'ensuit pour elle à ce que l'ordre règne dans l'Empire Chérifien [3].

1. Voir Protocoles, page 174.
2. Voir *Livre Jaune*, page 226.
3. Voir Protocoles, page 175.

Il semblait qu'après M. Bacheracht et M. Révoil, il ne restât que peu de chose à dire. Avec un remarquable talent, le second délégué espagnol, M. Perez Caballero, réussit à renouveler le débat en le résumant dans un exposé synthétique dont presque tout est à citer. Le sophisme allemand sur « l'égal intérêt » et la « participation égale » lui fournit un exorde décisif :

> Si j'ai, dit-il, bien compris, le point de vue de la délégation allemande consisterait à soutenir que, si un concours étranger est nécessaire pour la réorganisation de la police au Maroc, ce concours doit être international ; tout autre système étant d'abord contraire à l'égalité des puissances et pouvant être un risque pour l'application effective du principe de liberté économique au Maroc, auquel chacun des délégués ici présents a donné son adhésion dès le moment même de l'ouverture de la conférence.
>
> Je tiens, en premier lieu, à faire observer que l'acceptation du programme de la conférence, par les différents gouvernements, n'a pas préjugé que les diverses questions soumises à notre examen seraient résolues dans un sens déterminé plutôt que dans un autre. Le fond des questions est resté, à ce moment, intact ; spécialement en ce qui concerne l'organisation de la police au Maroc, le fait d'avoir admis que l'affaire serait étudiée par l'ensemble des puissances ne nous engageait, en aucune façon, à admettre plus tard que, si un concours étranger était à prêter au maghzen à cet effet, ce concours devait être collectif[1].

Restait l'autre sophisme, celui qu'on réservait sans doute pour une séance ultérieure : les soixante instructeurs français et espagnols refermant la « porte ouverte ». M. Révoil en avait déjà fait justice. M. Perez Caballero acheva de le démasquer :

> Je ne vois pas, déclara-t-il, comment le concours de l'Espagne et de la France à l'organisation de la police marocaine, pourrait être un danger pour la liberté économique. Je ne comprends pas quelle espèce d'action nuisible à ce principe pourraient exercer ces puissances dans un pays où il est établi que les tarifs et les formalités douanières seront les mêmes pour les marchandises de toute provenance et où l'on va prescrire qu'aucun service public ne sera aliéné au profit des particuliers et que les travaux publics seront toujours l'objet d'adjudications sans acception de nationalité.
>
> En cette matière, il ne faut pas perdre de vue la distinction qui existe entre *l'organisation technique de la police* et *les dispositions de police*, lesquelles, en effet, pourraient, dans une certaine mesure, avoir

---

1. Voir Protocoles, page 175.

une influence sur la liberté du trafic. Mais personne ne peut oublier qu'il ne s'est jamais agi de substituer à l'autorité et à l'administration chérifiennes une autre autorité et une autre administration.

Ce que l'on propose d'organiser, c'est un instrument auxiliaire, un moyen efficace d'exécution pour les arrêts du maghzen. Mais la volonté qui dictera ces arrêts et qui donnera le mouvement audit instrument, continuera toujours à être souveraine. De celle-ci donc, toutes les puissances pourront réclamer le respect pratique de l'égalité économique.

Quant au droit de l'Espagne et de la France de revendiquer pour elles seules l'organisation de la police, M. Perez Caballero n'était pas moins catégorique. Il justifiait ce droit par l'inefficacité de la solution internationale qui, disait-il, n'assurerait à la police « ni la cohésion ni l'unité de direction indispensables »; par l'importance prépondérante des intérêts franco-espagnols au Maroc dans l'ordre commercial; par l'importance unique de ces intérêts dans l'ordre politique; par l'impossibilité de les sauvegarder grâce à la seule police de la frontière, chaque partie du Maroc subissant la répercussion des troubles dont les autres étaient le théâtre; enfin et surtout, par la « spéciale compétence » que les instructeurs français et espagnols apporteraient à l'accomplissement de leur tâche. Il n'y avait rien à répondre à ces arguments fondés sur l'équité autant que sur l'expérience. Ni M. de Radowitz, ni M. de Tattenbach ne firent mine d'esquisser cette réponse.

Après que sir Arthur Nicolson et le comte de Martens Ferrao eurent déclaré se rallier aux vues de MM. Bacheracht, Révoil et Perez Caballero, le président, aucun autre délégué ne demandant la parole, exprima l'avis qu'il conviendrait, « pour donner une expression pratique aux idées échangées » de préparer pour une prochaine séance des propositions écrites. Tout le monde y consentait. M. de Radowitz annonçait qu'il se réservait de formuler bientôt ces propositions, et l'ordre du jour allait être ainsi réglé, lorsque le marquis Visconti-Venosta, voulant sans doute donner à l'Allemagne, après les reproches amers qu'il avait reçus depuis le 3, une satisfaction, proposa de revenir à la banque et aux questions économiques pour ne continuer que plus tard le débat sur la police[1]. Cette proposition, qui ne fut pas sans provoquer quel-

---

1. Voir Protocoles, page 169.

que surprise, nous ramenait aux tentatives d'ajournement. Il était une fois de plus nécessaire de réagir. M. Révoil, intervenant, rappela comment, pas plus tard que l'avant-veille, on avait décidé de mener de front les deux discussions. L'Allemagne venait d'annoncer qu'elle apporterait sur la police des propositions écrites : il fallait étudier ces propositions. Et notre représentant conclut :

> La conférence a consacré, à la banque, trois séances en comité, quatre séances de comité de rédaction et une séance officielle. La conférence a donc pris tous les délais nécessaires et il n'y a pas lieu d'arrêter les délibérations sur la police, tant que les points réservés du projet de banque ne pourront être utilement discutés.
> La conférence est actuellement saisie de la question de l'organisation de la police. D'une façon générale, l'opinion du gouvernement français est que l'examen des solutions proposées appartient aux délégués qui représentent ici l'Europe, appelée par le vœu même de l'Allemagne à se prononcer sur les réformes à introduire au Maroc.

Cette déclaration catégorique, la plus nette qui eût encore écarté le retour aux pourparlers secrets, n'ayant pas été contredite, le duc d'Almodovar proposa une solution moyenne, propre, disait-il, à mettre d'accord toutes les opinions exprimées. La conférence pourrait se réunir le jeudi 8 mars pour continuer en séance officielle l'examen des points réservés du projet de banque et des questions économiques, et, immédiatement après, en séance de comité, pour l'étude de l'organisation de la police. Cette motion ayant été acceptée, la séance consacrée à ce double objet fut fixée au jeudi 8 mars, à dix heures du matin. Le débat se poursuivait donc dans les conditions mêmes que nous avions souhaitées.

V

Comme la séance du samedi 3 mars, celle du lundi 5 provoqua plutôt de la détente que de l'irritation. M. de Tattenbach, qui s'était abstenu de toute intervention, continua d'exprimer à plusieurs de ses collègues son regret de l'obstination intransigeante qu'on manifestait à Berlin. Puis il s'en fut reprendre avec M. White et le marquis Visconti-Venosta la conversation sur la banque qu'avait déclinée M. Révoil [1]. Les représentants des États-Unis et de l'Italie connaissaient nos idées. Ils pouvaient donc, la discussion sur la police étant définitivement engagée, causer utilement, et sans nous découvrir, avec le second délégué allemand. Le 7 mars, sans nous transmettre de propositions que nous pussions accepter, ils nous confirmaient cependant dans l'opinion que l'Allemagne ferait des concessions. La législation française était définitivement acceptée avec le tribunal mixte de première instance pour les procès où la banque serait défenderesse. Pour les censeurs, M. de Tattenbach demandait toujours que les gouvernements pussent, sinon les nommer, au moins ratifier leur choix. Pour le capital enfin, il s'en tenait à ce qu'il avait dit, le 3 mars, à M. Révoil : deux parts au consortium, et cession par lui, non seulement de son droit de préférence pour les emprunts, mais de son droit de contrôle et de prélèvement sur les douanes. Il consentait toutefois à laisser subsister le personnel français chargé, depuis 1904, d'exercer ce contrôle : on le fusionnerait avec celui de la banque. Cette combinaison n'était point défendable, puisque d'un côté les porteurs seuls, et non les banques, disposaient du droit de contrôle, puisque, d'un autre côté, nous avions demandé quatre parts en échange du droit de préférence seul et qu'en nous conviant à céder autre chose, on persistait à ne nous accorder pour ce droit qu'une part au lieu de quatre. En admettant que le droit de contrôle eût été cessible, il n'aurait pu l'être qu'en échange d'une part supplémentaire, soit trois au lieu des deux qu'on nous offrait. Sans doute, M. de Tattenbach répondait à ces objections que nous étions trop exigeants. Mais plusieurs délégués estimaient qu'après le vote du 3 sa résistance ne serait pas irréductible : et malgré l'inutilité immédiate de ses entretiens avec MM. White et Visconti-Venosta, ils pensaient que la conversation pourrait ultérieurement aboutir à l'entente.

Il y avait plus. Et avant même que M. de Radowitz eût déposé le projet qu'il avait annoncé, projet qui aurait évidemment un caractère international [2], le comte de Welsersheimb

---

1. Voir ci-dessus, page 280.
2. Aux termes mêmes de la déclaration du 5. Voir ci-dessus, page 280.

communiquait, le 7 mars, à la délégation française son intention de soumettre à la conférence, en même temps que le projet allemand, un projet transactionnel. Cette communication était significative, car elle montrait que l'Allemagne, sans l'aveu de qui l'Autriche n'eût pas pris cette initiative, était d'ores et déjà résignée à voir écarter la combinaison qu'elle devait présenter le lendemain. Sans doute, M. de Welsersheimb disait que son projet lui était tout personnel. Mais, d'une part, il ne pouvait dire autre chose ; d'autre part, il était évident qu'il n'agissait pas sans instructions ; enfin nous savions par deux de nos ambassades, à qui des gouvernements étrangers en avaient parlé, que non seulement le cabinet de Vienne avait étudié le texte de son délégué, mais qu'il l'avait soumis à la chancellerie allemande qui l'avait elle-même modifié, puis approuvé [1]. Aux termes de ce projet, le Sultan aurait la direction de la police et cette police serait constituée avec des éléments et des cadres marocains; tout le monde, là-dessus, était d'accord. Les instructeurs seraient français à Tanger, Safi, Rabat et Tetouan, espagnols à Mogador, Larache et Mazagan. Un inspecteur général, fourni par la Suisse, les Pays-Bas ou la Belgique, aurait le commandement direct du port de Casablanca et rendrait compte au corps diplomatique chargé du contrôle. La durée de cette organisation serait de cinq ans. En se déclarant prêt à déposer ce projet, M. de Welsersheimb nous révélait, *ipso facto*, l'état d'esprit de ses collègues allemands. Ceux-ci, de toute évidence, ne croyaient pas possible de s'exposer à un vote qui eût appelé la conférence à choisir entre la combinaison franco-espagnole et leur impraticable organisation internationale : le scrutin du 3 mars leur avait, à cet égard, donné une leçon de sagesse qu'ils avaient comprise et retenue. Cependant, pour ne pas abandonner tout à fait leurs positions, ils corrigeaient la solution franco-espagnole en la restreignant à sept ports sur huit, et en subordonnant la police, non seulement à l'inspecteur commandant le huitième port, mais encore aux ministres accrédités à Tanger. C'était une cote mal taillée, illogique, incommode. Mais le comte de Welsersheimb ne disait

1. Un fonctionnaire de la chancellerie de Berlin, M. Kriege, était venu à Vienne pour travailler à la rédaction du projet et sa présence nous avait été signalée.

point du tout que ce fût le dernier mot de la transaction qu'il suggérait. Et d'autre part, prêts que nous étions à consentir à la surveillance de la police, nous avions le droit de penser que l'Allemagne, en échange, céderait sur Casablanca. La porte restait donc ouverte à des amendements, en tout cas à la discussion.

Hors d'Algésiras, l'impression était également favorable. Le bruit nous était revenu de Tanger d'une conversation où le D{^{r}} Rosen, ministre d'Allemagne, après avoir adressé de vifs reproches au sujet de l'attitude de M. Bacheracht à M. Sabline, chargé d'affaires de Russie, avait conclu en s'écriant :

— Notre dignité est engagée. Nous ne reculerons pas. Et, je vous le dis, c'est la France qui cédera.

Toutefois cet accès de colère n'avait pas eu d'écho. La presse allemande marquait une modération toute nouvelle. Le *Lokal-Anzeiger* écrivait : « Tout le monde est persuadé qu'on arrivera à une entente aussi bien sur la question de la banque que sur celle de la police. » La *Gazette de Francfort*, la *Gazette de Cologne*, le *Berliner Tageblatt*, le *Taegliche Rundschau*[1], donnaient une note identique. A la chancellerie, on affirmait, le 7 mars au matin, au correspondant du *Temps*, que les instructions envoyées à M. de Radowitz étaient des plus conciliantes[2]. Le soir du même jour une dépêche de la même source portait : « L'optimisme a repris le dessus à Berlin et on croit généralement que le gouvernement saura faire le nécessaire pour arriver à une entente. » Le 7 mars

1. Voir le *Temps* des 8 et 9 mars.
2. « Je crois savoir que les instructions des délégués allemands en vue des séances de demain sont conçues dans un esprit conciliateur. Il serait toutefois prématuré de prédire que l'accord se fera à la séance de demain, car le nouveau projet transactionnel sera vraisemblablement présenté sur la police par une puissance européenne, amie de l'Allemagne, qui apporterait un amendement au projet russe, notamment pour certains modes de surveillance de la police.

» D'autre part, pour la banque, on me dit que l'Allemagne est disposée à reconnaître le droit français, mais voudrait son application par des tribunaux mixtes. L'opinion générale paraît convaincue qu'un compromis sur la police et la banque constituera la base de l'accord qui est attendu ici, dans le monde des affaires, avec une impatience croissante.

» L'intransigeance allemande a fini par inquiéter les milieux financiers allemands eux-mêmes. Malgré la source de mes informations, au sujet des nouvelles instructions envoyées à MM. de Radowitz et de Tattenbach, l'expérience de ces deux derniers mois permet encore de douter de la réalité de l'esprit de conciliation qui règne à Berlin. » (Voir le *Temps*, 8 mars.)

encore, M. de Szegyeny, ambassadeur d'Autriche en Allemagne, disait à un de ses collègues :
— J'ai vu hier, — c'est-à-dire le mardi 6 — le prince de Bülow. Je suis maintenant certain du succès de la conférence.

Simultanément, le comte Witte, à qui des plaintes avaient été adressées de Berlin au sujet de l'article favorable à la France, publié par le journal officiel l'*Etat Russe*, et qui avait vivement répondu à ces griefs, recevait du correspondant que l'Empereur lui avait désigné à Rominten, un message annonçant que l'entente était faite, si la France acceptait que les instructeurs français et espagnols fussent contrôlés, si elle renonçait à la juridiction française pour la banque, enfin si elle n'exigeait pas pour elle-même et le consortium cinq parts sur quinze dans la formation du capital. En même temps, le comte Lamsdorf, tout en recommandant une grande prudence, signalait que, frappé du scrutin du 3, excédé du reste de tout ce conflit marocain, Guillaume II venait peu à peu à des idées plus modérées. Puis c'était le prince de Radolin qui, d'ordre évidemment de son gouvernement, demandait au baron de Courcel de proposer à M. Rouvier un accord direct sur la police. Enfin, toujours le 7 mars, le prince de Monaco que Guillaume II avait invité le 3 à venir à Berlin à l'occasion de l'inauguration d'un institut océanographique, rentrait à Paris. Et de ses conversations successives avec M. de Tchirschky, le prince de Bülow, l'Empereur lui-même, il rapportait l'impression que ce dernier « en avait assez » et « voulait que cela finît honorablement pour l'Allemagne », rien de plus[1].

Ce n'était pas tout cependant. Le prince se déclarait chargé de transmettre à Paris une proposition ferme, qui équivalait à l'acceptation de celle que M. de Radowitz avait écartée le 19 février. Cette proposition portait en effet : police franco-espagnole dans les ports avec un contrôle, pour la forme, exercé soit par le corps diplomatique soit par un officier pris dans une armée neutre. On ne nous demandait, en retour, que de ne pas insister sur le chiffre des parts primitivement réclamées par nous dans le capital de la

---

[1]. Le chancelier avait ajouté : « Dans quelques mois, personne ne pensera plus au Maroc. » Le prince de Monaco, dès son arrivée à Paris le 7 au soir, communiqua ces renseignements à un ami de M. Rouvier. Il les confirma le lendemain 8, au président du conseil, ainsi qu'à M. Fallières. Il considérait « l'entente comme faite ».

banque[1]. Tous ces symptômes, — et le dernier plus qu'aucun car sa précision était extrême, — prouvaient irrécusablement que la crainte du débat public, accentuée par le vote du 3, éveillait à Berlin le désir d'une entente que nos concessions n'avaient pas suffi à provoquer et que, pour avoir tenu bon, nous étions à la veille d'obtenir la reconnaissance pratique de « l'intérêt spécial » théoriquement inscrit dans le protocole du 8 juillet 1905.

Notre attitude se réglait aussitôt sur ces données concordantes. Dès le 6 mars, M. Rouvier faisait prier l'ambassadeur d'Allemagne de le venir voir. Et, dans une forme plus nette encore, il lui répétait ce qu'il lui avait dit et écrit le 14 février[2]. M. Révoil avait reçu des instructions extrêmement conciliantes sur la banque, M. de Tattenbach le savait, et, sur la police, il avait l'ordre de s'en tenir à la note remise par lui à M. de Radowitz le 26 février. La négociation pouvait et devait donc utilement se poursuivre à Algésiras. Une négociation parallèle était superflue et dangereuse : superflue, parce qu'elle n'ajouterait rien aux termes précisément circonscrits du débat, dangereuse, parce qu'elle risquerait de donner à croire de notre part à des concessions que nous ne ferions pas. La conférence était saisie ; la conférence prononcerait. En conséquence, le même jour 7 mars, M. Révoil était invité par le président du Conseil à déposer à la séance du 8, un projet sur la police. Ce projet, concerté avec le duc d'Almodovar et sir Arthur Nicolson, répondait à nos déclarations du 5. De même que, dans ces déclarations, nous nous étions bornés à exposer la solution franco-espagnole sans parler des « garanties nouvelles », c'est-à-dire de la surveillance, que nous avions envisagées dans nos pourparlers avec M. de Radowitz[3], de même dans ce projet nous ne mentionnions pas cette concession éventuelle, subordonnée à l'acceptation de la police franco-espagnole. Et usant de la liberté que nous avait rendue le refus de l'Allemagne du 19 février, nous prenions comme point de départ la police franco-espagnole pure et simple. Nous nous donnions ainsi plus de marge pour la négociation. Notre rédaction était la suivante :

1. On sait que nous avions demandé quatre parts sur quinze pour le consortium et que nous étions prêts à nous contenter de trois.
2. Voir ci-dessus, page 201.
3. Voir ci-dessus, page 181.

La conférence, appelée par S. M. le Sultan à se prononcer sur les mesures nécessaires pour garantir la sécurité des personnes et des biens des étrangers, déclare que les dispositions à prendre sont les suivantes :

Une troupe de police chérifienne dont les effectifs et les cadres inférieurs seront recrutés parmi les musulmans marocains et placés sous l'autorité de commandants marocains sera organisée dans les huit ports ouverts au commerce.

Pour venir en aide au Sultan dans l'organisation de cette police, des officiers et sous-officiers seront mis à sa disposition par les gouvernements français et espagnol qui soumettront leur désignation et leur affectation à son agrément.

Ces instructeurs seront chargés, pour une durée de trois années, d'assurer l'instruction et la discipline des corps de police marocains et devront, en particulier, surveiller leur bonne administration et contrôler le payement régulier de la solde. Ils prêteront aux autorités investies du commandement de ces corps de police leur concours technique pour l'exercice de ce commandement.

L'effectif total des troupes de police ne devra pas dépasser 2 500 hommes, ni être inférieur à 2 000. Il sera réparti, suivant l'importance des ports, par groupes variant de 150 à 500 hommes. Le nombre des officiers instructeurs sera de 16 au maximum ; celui des sous-officiers, de 32.

Les fonds nécessaires à l'entretien et au payement de la solde des troupes de police et de leurs instructeurs seront avancés au Trésor chérifien par la Banque d'État[1].

Parallèlement, des négociations avec l'Italie, la Belgique et les États-Unis tendaient à nous assurer dans la banque la voix des représentants de ces trois pays[2]. Enfin le président Roosevelt, considérant que Guillaume II, par son télégramme de la fin de février, n'avait pas explicitement répondu à la proposition transactionnelle qu'il lui avait soumise (police franco-espagnole ; rapport adressé au Sultan et transmis aux puissances par la légation d'Italie) lui adressait, le 7 mars, une troisième dépêche dans laquelle, avec insistance, il lui recommandait de nouveau cette solution.

De toutes façons donc, notre position s'était améliorée et s'annonçait, pour le lendemain, meilleure encore. Il convenait seulement de poursuivre notre avantage et d'éviter de nouveaux retards. Pour

---

1. Voir Protocoles, page 186.
2. M. Luzzatti, ministre du Trésor italien, allait, le 13 mars, nous donner, à ce sujet, une promesse formelle.

conjurer ce risque, nous demandions et nous obtenions que le duc d'Almodovar, qui devait quitter Algésiras le samedi 10 mars, afin d'assister aux fêtes données à Madrid en l'honneur du roi de Portugal, fût invité par M. Moret à rester à son poste. Nous avions ainsi l'assurance que la discussion continuerait sans délais. Quelques heures seulement nous séparaient de la séance où les trois projets de l'Allemagne, de la France et de l'Autriche devaient être confrontés. Les Allemands exceptés, la valeur du nôtre n'était contestée par personne. Et la communication, dont le prince de Monaco avait été chargé, nous permettait de croire que cette exception même serait peu durable. Le 7 au soir, après dîner, dans le hall de l'hôtel, on parlait des chances respectives et l'opinion des tiers ne nous était pas défavorable, quand soudain, vers dix heures, un télégramme de presse passa de mains en mains : mis en minorité sur la question des inventaires, le ministère Rouvier venait de donner sa démission.

CHAPITRE IV

LA CRISE MINISTÉRIELLE FRANÇAISE

I. *L'état d'esprit à Algésiras.* — Deux bonnes séances (8 et 10 mars). — La question de la banque. — La police. — Le projet autrichien. — Les promesses de M. de Radowitz. — La confiance du roi d'Italie.

II. *Le revirement.* — Les dernières instructions de M. Rouvier et l'acceptation de l'inspection (9 et 11 mars). — La question de l'article 32. — Les bases de l'accord. — La journée du 11 mars. — L'intransigeance soudaine de M. de Radowitz. — Les violences du comte de Tattenbach. — La situation.

III. *La manœuvre allemande.* — La presse officieuse. — La circulaire du 12 mars. — L'action des ambassadeurs d'Allemagne (13-14 mars). — La dépêche du prince de Bülow au comte Witte (12 mars). — Les trois télégrammes de Guillaume II à M. Roosevelt (14-17 mars).

IV. *Les effets de la manœuvre allemande.* — Le départ de M. Rouvier. — L'état d'esprit de M. Révoil. — L'incertitude des délégués. — L'arrivée de M. Léon Bourgeois (14 mars).

I

Il était à craindre que l'acte de démence électorale commis, sans égard aux difficultés extérieures, par une Chambre agonisante, ne provoquât, en Allemagne, des illusions qui se traduiraient à Algésiras par de nouvelles exigences, non pas peut-être immédiatement, car les positions étaient prises pour les séances qui devaient être tenues le 8 et le 10 mars, mais par une transition insensible, qui nous ramènerait à l'intransigeance d'antan. Sans doute, nos délégués expliquaient, à leurs collègues incrédules [1], que la

---

1. Beaucoup de délégués, dès que la nouvelle de la crise ministérielle fut connue, vinrent dire à M. Révoil : « Alors, c'est fini ? Vous n'avez plus d'instructions ? Nous faisons nos malles. » La délégation française répondit à ces questions, en haussant les épaules et en disant, qu'après comme avant la crise, ses instructions restaient les mêmes. Dans le milieu curieux et cancanier de l'hôtel, on signala comme un symptôme à retenir, que, le jeudi soir, les délégués français avaient, jusqu'à une heure tardive, gaiement causé en buvant du chocolat.

Dans l'une de ses excellentes lettres d'Algésiras au *Journal des Débats*,

journée parlementaire du 7 serait sans action sur notre politique étrangère. Nos journaux écrivaient : « La séance continue [1] » et rappelaient que les instructions données à M. Révoil s'appliquaient à l'ensemble du débat. Les pronostics, à l'hôtel *Reina Cristina*, ne nous en étaient pas moins, par un brusque ressaut, devenus peu favorables. Et l'on augurait mal du sang-froid d'un peuple dont les mandataires élus étaient si peu maîtres d'eux-mêmes.

Par la vitesse acquise, les résultats obtenus la semaine précédente parurent cependant se confirmer. En ce qui concerne la banque, les séances officielles du 8 et du 10 permirent à l'accord de s'établir, au moins en principe, sur la législation, la juridiction, les censeurs et l'assainissement de la monnaie. On a vu [2] quelles avaient été les solutions envisagées, sur les deux premiers points, dans les conversations des jours précédents : ce furent ces solutions qui prévalurent : à savoir, la législation française ; les tribunaux consulaires, quand la banque serait demanderesse ; un tribunal mixte, composé de trois consuls et de deux commerçants, lorsqu'elle serait défenderesse ; la cour de Lausanne pour les appels et aussi, en première instance, pour les contestations soit entre la banque et le Sultan, soit entre la banque et les actionnaires. Pour les censeurs, M. de Tattenbach proposait qu'on en fixât le nombre

M. de Caix écrivait : « Il est curieux de voir quelques diplomates, pressés de quitter Algésiras, s'indigner de notre obstination. Mais ce n'est pas tant sur cette dernière que sur la crise ministérielle que les Français peuvent surprendre, à *Reina Cristina*, des commentaires désobligeants qui produisent partout un mauvais effet que certains diplomates étrangers, incapables de comprendre que la crise ne fait pas table rase de toute la politique française. Ce matin, au thé, j'entendais un délégué s'écrier : « Pourquoi ne pas suspendre la conférence, puisque les délégués français n'ont plus d'instructions ? »

1. Tous les journaux français furent unanimes à cet égard. Le *Temps* écrivait (9 mars 1906) : « Avec ou sans le ministère Rouvier, la France ne peut pas ne pas avoir une politique marocaine. Avec ou sans lui, cette politique ne peut pas être autre que celle qu'a suivie M. Rouvier. Les sacrifices que nous avons consentis sur le terrain économique étaient importants, mais possibles. Ceux qu'on nous demande sur le terrain politique sont et seront toujours inadmissibles. Bien que l'Allemagne ait pu prendre goût à voir s'ouvrir chez nous des crises ministérielles, ces crises, quelle qu'en soit l'issue, ne feront pas que nous n'ayons, au maintien de l'ordre dans l'empire chérifien, un intérêt spécial, reconnu par l'Allemagne elle-même. Elles ne feront pas que toute menace pour l'Algérie ne soit un danger pour la France. Ces vérités, qui dictent à nos plénipotentiaires leur conduite, ne sont pas à la merci des nervosités électorales et des convoitises personnelles, qui décident parfois du sort des cabinets. Elles ont déterminé notre résistance dans le passé. Elles la détermineront dans l'avenir. Nous le répétons : la séance continue. »

2. Voir ci-dessus, page 292.

à quatre et qu'ils fussent désignés par les Banques d'État d'Allemagne, d'Angleterre, d'Espagne et de France ; cette combinaison était acceptable. Il renonçait, en matière d'assainissement monétaire, à l'amendement où l'Espagne avait vu [1] une menace pour la circulation de la *peseta*. Le désaccord se limitait donc à la formation du capital, dans laquelle le délégué allemand n'offrait deux parts au consortium français que contre la cession, non seulement de son droit de préférence pour les emprunts et la frappe de la monnaie (art. 33), mais aussi de son droit de contrôle et de prélèvement sur les recettes douanières (art. 12 et 16) [2]. Lesdites recettes seraient versées à la banque qui se chargerait aussi, par délégation, du service de la dette publique, le droit des porteurs sur leur gage restant intact. On sait déjà pourquoi cette combinaison n'était pas admissible, puisqu'elle disposait de droits qui appartenaient, non aux banques, mais aux porteurs. M. Révoil l'écarta donc. Il n'en restait pas moins que trois points sur quatre avaient été réglés depuis le 3 mars et que l'intervention répétée des délégués marocains, aux séances du 8 et du 10, n'avait à aucun instant réveillé les controverses antérieures [3]. L'essentiel, il est vrai, restait à trancher. Mais l'entente, si on la voulait, n'était pas impossible.

Les deux séances de comité, consacrées ces mêmes jours à la police, confirmèrent cette impression de sécurité qui ne s'accordait pas avec les craintes provoquées, le 7 au soir, par notre crise ministérielle. Peu de jours avant, le marquis Visconti-Venosta, sollicité d'inscrire quelques lignes sur l'album d'une dame [4], avait écrit : « *Pax hominibus bonæ voluntatis* ». Il semblait qu'il n'y eût, à ce moment, que des hommes de bonne volonté, que cette bonne volonté s'appliquât à s'élever à la hauteur des circonstances et à infliger aux pessimistes un éclatant démenti. Dès le 8, en même temps que M. de Radowitz donnait lecture des « réflexions que lui avaient suggérées les idées exposées à la précédente

---

1. Voir ci-dessus, page 229.
2. Voir Protocoles, page 189.
3. La délégation marocaine avait expliqué, le 10 mars, que le gouvernement chérifien était fort capable d'assurer lui-même le maintien de l'ordre et qu'il ne demandait aux puissances que des conseils.
4. La comtesse de Tattenbach.

séance », réflexions qui aboutissaient au refus de la solution franco-espagnole, M. de Welsersheimb déposait le projet transactionnel qu'il avait annoncé le 7 à M. Révoil. Et le dépôt seul de ce projet indiquait que l'Allemagne ne s'obstinerait pas à son refus. De son côté, M. Révoil, en commentant le projet remis par lui la veille au président, déclarait officiellement, ce qu'il avait dit le 17 février, que, si satisfaction nous était donnée sur la nationalité des instructeurs, nous ne refuserions pas d'examiner de nouvelles garanties de contrôle. L'allure générale du débat était donc excellente. Et les détails fortifiaient encore la signification de l'ensemble.

La déclaration de M. de Radowitz était conçue comme il suit :

Nous sommes d'accord avec les opinions énoncées dans la dernière séance de comité et prouvant la nécessité de l'organisation, au Maroc, d'une police placée sous l'autorité souveraine de S. M. Chérifienne. Nour apprécions les raisons qui recommandent d'avoir recours, par une participation efficace dans cette organisation, à des officiers choisis en France et en Espagne. Mais nous ne saurions admettre qu'une pareille coopération fût limitée à ces deux nations, sans autre contrôle ni garantie de surveillance internationale.

Il est évident que, dans un pays dans l'état de culture du Maroc, l'exercice de la seule force réelle capable de maintenir l'ordre et de garantir la sécurité publique donnerait aux deux puissances qui en auraient le privilège exclusif une position exceptionnelle, laquelle se ferait sentir sur le terrain des intérêts matériels et porterait atteinte au principe de la liberté économique pour tous. Il serait, en effet, à prévoir que le Maroc tomberait dans une dépendance de ces deux États, dont résulterait une inégalité de situation inacceptable pour les autres nations.

Les intérêts de l'Europe au Maroc demandent des garanties plus fortes. Protéger et développer ces intérêts communs par une action commune, tel est le principe pratiqué avec succès en d'autres circonstances internationales. Il suffit de rappeler les résultats obtenus en Macédoine et en Chine par les efforts collectifs des puissances.

Nous demandons donc, pour l'organisation de la police marocaine, une coopération étrangère qui assure à toutes les nations intéressées, l'égalité du traitement économique et la politique de la porte ouverte.

Nous examinerons chaque proposition faite dans ce sens, avec le plus vif désir de voir la conférence aboutir à une entente en cette importante matière[1].

1. Voir Protocoles, page 185.

Cette déclaration n'était visiblement qu'une manœuvre permettant à l'Allemagne de passer du terrain, où elle s'était maintenue jusqu'alors, sur celui où M. de Welsersheimb s'établissait : et de là venaient les contradictions qu'elle recélait. Le plénipotentiaire allemand, pour la première fois du reste, appréciait « les raisons qui recommandaient d'avoir recours à des officiers français et espagnols ». Il est vrai, qu'après avoir admis la supériorité technique de ces officiers, il réclamait une organisation internationale « comme en Macédoine et en Chine ». D'autre part, il affirmait que l'Allemagne ne saurait admettre que le choix du Sultan pour les instructeurs fût limité à l'Espagne et à la France, « sans autre contrôle ni garantie de surveillance internationale ». Cela signifiait-il qu'avec ce contrôle et cette garantie il aurait accepté la solution franco-espagnole ? Mais alors, pourquoi avait-il répondu par un refus, — sa note du 19 février, — à M. Révoil, quand celui-ci, le 17, lui avait offert ladite garantie, s'il nous donnait satisfaction sur la nationalité des instructeurs ? Il résumait d'ailleurs sa pensée en disant : « Nous demandons pour l'organisation de la police marocaine une coopération étrangère qui assure, à toutes les nations intéressées, l'égalité du traitement économique et la politique de la porte ouverte. » Donc, ce n'était déjà plus la même chose que le 5 mars, quand il demandait « la participation égale de toutes les puissances à l'organisation de la police ». Il se contentait désormais « d'une coopération étrangère », c'est-à-dire ni française ni espagnole, dont il ne définissait ni le caractère ni le degré, et qu'il ne réclamait que pour assurer à tous l'égalité économique et la « porte ouverte ». Si donc il était démontré que cette égalité et cette « porte ouverte » pouvaient être pleinement sauvegardées sans recourir à la coopération en question, on devait espérer que M. de Radowitz renoncerait à l'exiger. Il définissait le but qu'il voulait atteindre. Si on lui prouvait que ce but était atteint, fût-ce par d'autres moyens que ceux qu'il semblait suggérer, il était permis de compter qu'il ne ferait pas d'objections.

Dans ces conditions, l'exposé et le projet du comte de Welsersheimb prenaient toute leur valeur. Et on pouvait les considérer comme la traduction pratique des idées générales émises par M. de Radowitz. Le délégué autrichien commençait par résumer très-heureusement l'effort conciliateur accompli par la France depuis le début de la conférence, par l'Allemagne, depuis le 3 mars seulement.

Au début, disait-il, la question qui nous occupe se présentait sous cette forme :
La France, si je suis bien renseigné, réclamait *pour elle seule* le mandat de l'organisation de la police au Maroc.
L'Allemagne s'opposait à cette demande ; elle insistait sur la nécessité de donner à l'organisation de la police un caractère international, c'est-à-dire elle demandait que *toutes les puissances* représentées à la conférence eussent le droit d'y participer.
Aujourd'hui, la situation n'est plus la même.
Des concessions ont été faites de part et d'autre. La France s'est déclarée prête à associer l'Espagne à l'œuvre dont il s'agit.
L'Allemagne paraît vouloir consentir à restreindre dans une certaine mesure le nombre des nationalités qui seraient appelées à fournir les instructeurs.
On peut donc constater qu'un certain rapprochement s'est déjà produit[1].

Après quoi, M. de Welsersheimb cherchait, dans les déclarations récentes des représentants de l'Allemagne et de la France, les éléments d'un nouvel acheminement vers l'accord non encore établi et il ajoutait :

Je crois pouvoir entrevoir la possibilité que l'Allemagne, sans être obligée de sacrifier aucun des principes fondamentaux dont la conférence doit s'inspirer, pourrait accepter une réduction ultérieure du nombre des nationalités qui auraient à participer à l'organisation de la police. Nous avons entendu à la dernière séance de comité la déclaration de M. le premier délégué d'Allemagne qui terminait en disant que son gouvernement était prêt à discuter toute combinaison qui rentrait dans le cadre des principes généraux qui formaient la base des travaux de la conférence. Ces paroles me semblent indiquer clairement que la possibilité d'un rapprochement ultérieur du côté de l'Allemagne n'est pas complètement exclu, à la condition toutefois que, d'autre part, les garanties nécessaires soient données pour la sauvegarde des intérêts communs à tous les pays représentés à la conférence.
En ce qui concerne le point de vue de la France, nous savons par la réponse qu'elle a donnée à la dernière proposition allemande que, au point de vue du principe de l'égalité de traitement en matière économique, antérieurement reconnu par elle, si la conférence reconnaît l'utilité de nouvelles garanties, elle ne se refusera pas à les examiner.

1. Voir Protocoles, page 187.

Dans la séance du 5 mars, S. Exc. M. Révoil a ajouté que, d'ailleurs les gouvernements, d'une part, et sur place le corps diplomatique et les consuls, si vigilants pour tout ce qui concerne leurs colonies, seraient toujours en mesure de s'assurer que cette organisation n'est pas détournée de son but et ne lèse aucun des intérêts de leurs nationaux. Tant la réponse du gouvernement français que ces paroles de M. le délégué plénipotentiaire de France semblent prouver que la France serait prête à accepter un contrôle destiné à surveiller le fonctionnement de l'organisation policière[1].

Et M. de Welsersheimb concluait :

C'est donc sur ce terrain que je crois qu'il sera possible d'arriver à un accord et c'est dans cet ordre d'idées que j'ai tâché de faire entrer dans mon projet les éléments qui me paraissent indispensables pour trouver la solution à laquelle nous désirons aboutir[2].

1. Voir Protocoles, page 187.
2. Le comte de Welsersheimb expliqua ainsi son intervention à M. Joseph Galtier (Voir le *Temps* du 10 mars 1906).
« Je voudrais, d'abord, détruire une erreur. Je ne suis pas venu ici pour suivre aveuglément l'Allemagne. Je n'ai pas mission d'acquiescer à toutes ses paroles et d'accepter toutes ses propositions. Notre qualité d'alliés ne nous empêche pas d'avoir notre sentiment et d'exercer notre indépendance à la conférence. Mais nous pouvons, en cette qualité, jouer un rôle de conseillers, et servir ainsi la cause de l'entente.
» Vous n'ignorez pas d'ailleurs que, de Vienne, on a fait, il y a quelque temps, à Berlin, des démarches pressantes qui n'ont pas abouti. Les efforts du comte Goluchowski n'ont donc pas eu tout de suite le succès que nous en attendions. J'ajoute que ces démarches prouvent notre désir sincère de voir les deux puissances en conflit arriver à un accord.
» Notre désir n'était pas platonique, puisque, après les tentatives faites à Berlin, nous sommes intervenus à Algésiras sans nous laisser décourager. Quelle est la cause de cette intervention ?
» En examinant la situation, j'ai constaté aisément que les deux parties en présence restaient intransigeantes. La France acceptait simplement la coopération franco-espagnole, tandis que l'Allemagne demandait une organisation internationale de la police. Toutes deux, par conséquent, tenaient fermement à leurs principes. Or la discussion sur des principes est le plus souvent dangereuse et stérile ; elle prête à de grands débats, à de beaux discours, mais ici les meilleures harangues du monde ne changent pas les votes et il suffit d'un seul vote pour tout compromettre.
» L'essentiel est donc de s'entendre. Je me suis proposé, en conséquence, d'accord avec mon gouvernement, qui m'a permis de présenter cet exposé, de fournir à la conférence autre chose que des paroles vagues, c'est-à-dire un projet sur lequel on pût discuter. En effet, il importait avant tout, à mon avis, d'avoir une base de discussion concrète.
» Pour établir ce projet, je suis parti de ce point que nous ne sommes pas ici une cour de justice ou d'arbitrage pour trancher une question de droit. Il ne s'agit pas de savoir qui, dans le litige, a raison ou tort. Il nous faut arriver à une transaction qui finisse par rallier tout le monde.
» Ces sortes de transactions ne sauraient s'obtenir sans des concessions réci-

TARDIEU. 20

En conséquence, il soumettait à la conférence le projet suivant :

I. Le Sultan aura le commandement suprême de la troupe de police.

II. Le Sultan chargera des officiers français de l'organisation de la troupe de police à Tanger, Safi, Rabat et Tetouan.

III. Le Sultan chargera des officiers espagnols de l'organisation de la troupe de police à Mogador, Larache et Mazagan.

IV. Le Sultan nommera, en outre, un officier supérieur en rang, qui sera chargé de l'organisation de la troupe de police à Casablanca, et qui, en même temps, fera fonction d'inspecteur général de toutes les troupes de police. Le Sultan le choisira librement parmi les officiers, que lui présentera, au nombre de trois, et avec l'assentiment des puissances signataires, ou le gouvernement de la Suisse ou celui des Pays-Bas.

V. Les cadres de la troupe de police seront marocains.

VI. L'administration et notamment la paye de la troupe s'effectuera par les employés européens, moyennant des fonds qui seront mis à leur disposition par la Banque d'État.

VII. L'inspecteur général rendra compte de ses fonctions au corps diplomatique à Tanger, qui aura à contrôler l'exécution de l'organisation policière.

VIII. Cette organisation sera instituée à titre d'essai pour la durée de cinq ans[1].

Il était aisé de montrer que toutes les critiques générales, que provoquait la déclaration allemande, s'appliquaient au projet autrichien. Comme à M. de Radowitz, on pouvait demander au comte de Welsersheimb, pourquoi, reconnaissant les qualités d'efficacité de la police franco-espagnole, il croyait devoir exclure un port sur huit du domaine de sa compétence ; comment surtout, s'il admettait que les officiers français et espagnols établis à Tanger, Tetouan, Larache, Rabat, Safi, Mogador et Mazagan ne menaçaient pas la liberté commerciale, la protection de cette liberté exigeait la présence d'officiers suisses, hollandais ou belges à Casablanca. Com-

proques. Je ne pense pas que la France s'attendît à ce que la conférence admît complètement sa manière de voir ; de même pour l'Allemagne. J'ai donc voulu concilier deux prétentions divergentes. Je voudrais y avoir réussi.

» Dans l'intérêt du monde entier, il faut que la conférence aboutisse. Rappelez-vous la tension si redoutable de juin dernier. Nous avons tous besoin que cette incertitude si pleine de dangers se dissipe. J'espère qu'on finira par s'accorder. »

1. Voir Protocoles, page 188.

ment, d'autre part, conciliait-il avec la souveraineté du Sultan l'affectation des ports en dehors de lui, et la subordination de l'inspecteur, non à lui, mais au corps diplomatique ? Toutefois, d'un accord tacite, on avait réservé pour la séance suivante la discussion. A celle-ci, chacun faisait connaître ses projets, et rien de plus [1].

M. Révoil se borna donc à expliquer le sens du sien, à montrer qu'il ne violait pas les engagements pris vis-à-vis de l'Allemagne, à redire qu'il ne pouvait porter atteinte à l'égalité économique et qu'au surplus, « si la question de la nationalité des officiers était résolue selon nos vues et si ensuite la conférence reconnaissait, au point de vue d'une égalité de traitement économique, l'utilité de nouvelles garanties, la France ne se refuserait pas à les examiner [2] ». En répondant que « la délégation allemande prendrait en sérieuse considération les deux projets présentés et se réservait de faire connaître sa manière de voir à la prochaine séance, après avoir demandé des instructions à son gouvernement », M. de Radowitz marqua, à son tour, un égal désir d'entente ; il reconnut que le projet français méritait « sérieuse considération » ; il admit, — ou les mots n'ont point de sens, — qu'une partie des dispositions de ce projet pourrait être incorporée à celui de M. de Welsersheimb [3].

Cette impression se précisa plus encore à la séance de comité du 10. Après un échange d'observations [4] entre le comte de Welsersheimb et M. Perez Caballero, M. de Radowitz prenait, en effet, la parole et lisait la déclaration suivante :

Je suis en mesure de déclarer notre adhésion en principe, aux propositions formulées par S. Exc. M. le premier délégué d'Autriche-Hongrie, propositions dont les détails resteraient à discuter. Si par cette adhésion nous renonçons à une partie essentielle des demandes que nous avions jusqu'ici maintenues relativement à la question de la police marocaine, nous le faisons uniquement dans l'espoir d'amener ainsi un accord général.

1. A noter cependant une courte protestation de M. Perez Caballero qui reprocha au comte de Welsersheimb de n'avoir pas, dans sa déclaration, suffisamment rappelé les droits de l'Espagne. Voir Protocoles, page 184.
2. Voir Protocoles, page 184. M. Révoil fut énergiquement appuyé par M. Perez Caballero.
3. Voir Protocoles, page 184.
4. Au sujet de l'incident provoqué le 10 par M. Caballero et qui n'eut d'ailleurs aucune suite. Voir Protocoles, page 192.

Il nous semble que cet accord devrait se faire sur les bases des deux projets soumis à la conférence. Celui de la délégation française contient certainement des propositions qui méritent le plus sérieux examen. Elles pourraient être complétées par celles du projet austro-hongrois.

Il serait peut-être indiqué de renvoyer les deux projets à la commission de rédaction qui tâcherait de les mettre en harmonie [1].

Impossible, par conséquent, d'équivoquer. L'accord, de l'aveu du plénipotentiaire allemand, devait s'établir « sur la base des deux projets français et autrichien », que le comité de rédaction « tâcherait de mettre en harmonie ». En d'autres termes, on modifierait chacun des deux projets de façon à les rendre acceptables. Sur quels points ? La réponse était aisée. Qu'on ajoutât au projet français l'inspection, dont il ne parlait point ; qu'on effaçât du projet autrichien, avec le régime spécial de Casablanca, l'extension abusive des pouvoirs de l'inspecteur : l'entente était faite. Et c'est à la rendre possible que venait de s'engager M. de Radowitz. Tout le monde le comprenait ainsi et quand, aux observations de sir Arthur Nicolson et de M. Révoil sur les inconvénients qu'il y aurait à donner à l'inspecteur le commandement d'un port, le plénipotentiaire allemand ne répliqua rien [2], le sens, si clair déjà des

---

[1]. Voir Protocoles, page 193.

[2]. Voir Protocoles, page 194. Voici le texte des observations de sir Arthur Nicolson et de M. Révoil.

« S. Exc. sir Arthur Nicolson se demande s'il ne serait pas préférable, pour rehausser l'autorité de l'inspecteur, de ne pas lui donner de commandement spécial. Il pense, en outre, qu'il serait préférable que l'inspecteur résidât à Tanger, où il aurait plus d'autorité et plus de liberté d'action. Du reste, si l'inspecteur avait sous sa direction un contingent de police, il serait possible que ce contingent fût moins bien organisé que ceux qu'il aurait à inspecter dans les autres ports. On pourrait alors faire des comparaisons peu flatteuses, et sa position, ainsi que son autorité, seraient par conséquent diminuées. Il y a encore une question à résoudre, à savoir qui ferait l'inspection du contingent de l'inspecteur? Il est clair qu'il ne pourrait pas la faire lui-même. Si l'inspecteur était établi à Tanger, il pourrait faire les tournées d'inspection entouré de ses officiers d'ordonnance et de son escorte, et par là même, sa position et son influence seraient rehaussées aux yeux des autorités marocaines.

» S. Exc. M. Révoil ne croit pas que l'attribution d'un commandement effectif soit utile, bien au contraire, à l'autorité de l'inspecteur dont on envisage l'institution. Si on limite la durée de cet essai à trois années, la tâche de l'inspecteur sera assez lourde; le caractère complexe de cette tâche, la difficulté des moyens de transport, bien d'autres encore, permettent d'assurer que l'inspecteur ne sera pas inoccupé. Placer l'inspecteur sur un point éloigné de Tanger, l'astreindre à une besogne de commandement et d'organisation qui

paroles prononcées par lui, se fortifia encore. La mission du comité de rédaction, à qui les deux textes étaient renvoyés, serait, cette fois, sans écueils. La combinaison des deux projets, si nettement prévue par le représentant de l'Allemagne, se réaliserait sans peine par la concession mutuelle que tout paraissait indiquer. Et M. Révoil exprimait l'opinion générale, lorsqu'il se félicitait de l'esprit de conciliation, qui venait de présider au débat[1]. L'Allemagne, après des mois de mauvaise humeur, allait-elle profiter de nos embarras intérieurs pour donner au conflit une solution élégante, reconnaître nos droits et répondre à notre modération ? Il était permis de l'espérer. Le 10 mars, le comte Cassini télégraphiait que l'entente était certaine. Et, le 11, le Roi d'Italie, en recevant M. Barrère, qui venait lui remettre la lettre par laquelle M. Fallières lui notifiait son élection à la présidence de la République, lui disait qu'il considérait l'accord définitif comme sûr et comme imminent.

II

Dès le 9 mars, M. Rouvier, après avoir pris l'avis de sir Edward Grey, avait mis M. Révoil en mesure de mener rapidement cette dernière négociation. Et, par une dépêche du 11, il lui avait confirmé ces instructions. Pour faire équilibre à l'acceptation, indispensable pour nous, de la solution franco-espagnole sans restriction, il l'autorisait à accepter non plus seulement le principe d'une surveillance, telle que nous l'avions d'abord envisagée (rapports de la légation d'Italie à Tanger, communiqués aux puissances par le gouvernement italien[2]), mais la création d'une inspection. Cet inspecteur devrait, d'après les instructions de M. Rouvier, être choisi parmi les anciens officiers de l'armée suisse ou de l'armée

resterait sans contrôle, l'exposer au risque d'échouer, lui et ses collaborateurs, dans cette besogne ou d'y moins réussir que ceux dont la conférence a reconnu la compétence spéciale, cela n'aurait que des inconvénients et irait à l'encontre du but que Son Exc. M. le comte de Welsersheimb se propose. Toutes ces raisons suffiraient, en dehors même des raisons de principe, à démontrer les graves inconvénients de l'attribution proposée. »

1. Voir Protocoles, page 194.
2. Voir ci-dessus, page 180.

danoise, à condition toutefois que ses rapports annuels fussent adressés non au corps diplomatique, mais au Sultan, et qu'il n'eût ni commandement ni collaboration au commandement. En ce qui concerne la banque, nous étions disposés à accepter que les quatre censeurs fussent désignés par les Banques d'État de France, d'Angleterre, d'Espagne et d'Allemagne, et à nous contenter de deux parts sur quinze, au lieu de quatre, en échange du droit de préférence pour les emprunts et la frappe de la monnaie. Ces deux parts nous suffisaient pour avoir la majorité dans le comité d'études et le conseil d'administration, puisque nous venions d'obtenir la promesse que l'Italie voterait avec nous[1] et que nous avions ainsi huit voix sur quinze. Nous ne pouvions abandonner le droit de contrôle et de prélèvement, garantie inaliénable des obligataires. Mais, dès ce moment, dans le désir de hâter la conclusion de l'entente, nous envisagions la possibilité d'ajouter à notre apport les droits de l'article 32[2]. On se souvient que cet article imposait au gouvernement marocain l'obligation, s'il désirait gager un nouvel emprunt sur le solde disponible (40 p. 100) des recettes douanières, de ne fixer le quantum à prendre sur ce solde, qu'après entente avec les banques contractantes. L'article ajoutait : « Tous ordres de payement que le gouvernement impérial du Maroc pourrait donner à ses fonctionnaires sur le solde disponible sur le produit des douanes, ne pourront être considérés à un titre quelconque comme un privilège sur le produit des douanes disponible, ni primer le service du présent emprunt qui reste

1. Voir ci-dessus, page 297 note 2.
2. Voici le texte de cet article :
Art. 32. — Le ministre des Finances déclare, au nom du gouvernement impérial du Maroc, que, par suite du remboursement des trois emprunts ci-dessus spécifiés, français, anglais et espagnol, dont le montant global est de 22 500 000 francs, les produits des douanes de l'empire seront libres et peuvent être affectés au service du présent emprunt.
Quant au solde du produit des douanes restant disponible pour le gouvernement chérifien, après prélèvement de la proportion que le représentant des porteurs de titres et ses délégués doivent faire encaisser pour le service de l'emprunt, il ne pourra, sans entente préalable avec les banques contractantes sur le quantum qu'il convient de donner sur le solde susdit, être affecté à la garantie d'aucun autre emprunt.
Tous ordres de payement que le gouvernement impérial du Maroc pourrait donner à ses fonctionnaires sur le solde disponible sur le produit des douanes, ne pourront être considérés à un titre quelconque comme un privilège sur le produit des douanes disponible, ni primer le service du présent emprunt qui reste garanti jusqu'à la fin par le produit des douanes.

garanti jusqu'à la fin par le produit des douanes. » Cet article ne restreignait, en aucune façon, les droits des porteurs qui, en tout état de cause, restaient garantis par les articles 11, 16, 17 et 21[1]. Que le droit qu'il stipulait fût exercé par le consortium des banques contractantes ou par la Banque d'État, le représentant des porteurs de titres n'en conservait pas moins, aux termes de l'article 11 et de l'article 32 lui-même, le droit d'exiger, pour le service de l'emprunt de 1904, la priorité de paiement sur les recettes douanières. Il était donc assez naturel que les banques, si elles cédaient les droits de l'article 33, ne retinssent pas ceux de l'article 32. Et c'était une façon commode de grossir notre apport. En un mot, le représentant de la France était autorisé à faire trois concessions : une sur la police : acceptation de l'inspection, à condition qu'elle n'impliquât pas de commandement direct ou indirect et ne portât pas atteinte à la souveraineté du Sultan ; deux sur la banque : réduction de quatre à deux du nombre des parts à attribuer au consortium et cession éventuelle des droits de l'article 32. Nous n'étions irréductibles que sur deux points : suppression de la police mixte à Casablanca et cession du droit de contrôle. L'Allemagne, par conséquent, n'avait à accepter que deux modifications, tandis que nous en acceptions trois. Dans l'effort demandé par M. de Radowitz pour « mettre en harmonie » les projets en présence, nous payions largement notre part.

Les choses en étaient là, lorsque, le samedi 10 mars, dans l'après-midi, sir Arthur Nicolson alla voir M. de Radowitz. Le plénipotentiaire anglais, convaincu comme tout le monde que le cadre des concessions mutuelles était arrêté dans l'esprit des deux

---

1. Art. 11. — Le présent emprunt est garanti spécialement et irrévocablement par préférence et priorité à tous autres emprunts par la totalité du produit des droits de douanes, tant à l'entrée qu'à la sortie de tous les ports de l'empire existant ou à créer.
Art. 17. — Ainsi qu'il a été dit à l'article 11, le produit des douanes est affecté en totalité et par privilège au service du présent emprunt.
Art. 21. — Au cas où deux mois avant chaque échéance semestrielle, le total des encaissements effectués et reçus par le représentant des porteurs de titres à Tanger, par application de la perception limitée prévue à l'article 17, n'atteindrait pas le montant de la semestrialité correspondant à cette échéance, le représentant des porteurs de titres en avisera le commissaire du maghzen qui devra parfaire la semestrialité dans un délai de quinze jours à partir de cette notification, et ce au moyen des autres ressources du gouvernement impérial du Maroc et notamment au moyen du solde du produit des douanes qui restera disponible.

parties, félicita son collègue de ses concessions de la veille, puis lui dit :

— Il n'y a plus maintenant que l'attribution de Casablanca aux Suisses qui soit inadmissible pour la France. Donnez-lui la satisfaction d'y renoncer, puisqu'elle vous donne, à vous, l'inspection. Et tout sera fini.

Avec une vive surprise, sir Arthur, qui s'attendait à une adhésion immédiate, rencontra un tout autre accueil. M. de Radowitz trouvait naturel que la France fît une concession à l'Allemagne en acceptant l'inspection. Il n'admettait pas que l'Allemagne dût, en échange, faire une concession à la France en acceptant la suppression de la police suisse à Casablanca.

— Mon gouvernement, déclarait-il, a dit son dernier mot. Ce dernier mot, c'est le projet autrichien tel quel, avec l'inspecteur et la police suisse à Casablanca; c'est à prendre ou à laisser.

Le soir même et le surlendemain lundi, M. White, le comte Cassini, le duc d'Almodovar venaient, à leur tour, voir leur collègue allemand. Il était plus catégorique encore. Il ne se contentait plus d'affirmer que ses instructions étaient irrévocables. Il déclarait qu'on les lui avait renouvelées le 11, et, s'engageant lui-même, il donnait « sa parole d'honneur » qu'il ne s'agissait point là d'un *bluff* et d'un marchandage, mais de l'énonciation réfléchie d'une résolution inébranlable. Le lundi soir, il se rendait chez sir Arthur Nicolson. Et comme celui-ci insistait, lui montrait l'illogisme blessant de l'exigence maintenue pour Casablanca, lui rappelait ses paroles du 10, lui demandait enfin ce que l'Allemagne avait, suivant ses propres expressions, « pris du projet français », puisqu'elle s'en tenait au projet autrichien *ne varietur*, M. de Radowitz répondait :

— Que voulez-vous ? Je n'y peux rien. Mes ordres sont formels. J'ai fait tout ce qui dépendait de moi. J'ai demandé qu'on mît l'inspecteur à Tanger et que Casablanca, comme les autres ports, fût confié à la police franco-espagnole. On m'a répondu très sèchement que c'était impossible. Je ne peux plus rien.

En même temps, M. de Tattenbach changeait de ton. Le 11, à la séance du comité de rédaction, il revenait sur les concessions qu'il avait précédemment consenties quant au mode de nomination des censeurs[1]. Pour le capital, il maintenait ses prétentions. Pour la police, il affirmait avec raideur que le projet autrichien n'était modifiable sur aucun point. Le 14, à une nouvelle séance de la commission de rédaction, il ne se contentait pas d'être intransigeant; il était agressif et menaçant, si bien que M. Regnault devait le ramener vivement à un ton plus courtois. Le parti pris de résistance et d'intimidation s'affirmait donc, avec les nuances différentes qu'y mettaient l'inégalité de l'âge et du tempérament, chez les deux délégués de l'Allemagne. Au même moment, la presse allemande nous en renvoyait l'écho. Et elle accusait des « influences occultes » de s'exercer à Paris pour empêcher le succès de la conférence.

Quelle était cependant la situation? Le 10 mars, deux projets se trouvaient en présence : le projet français et le projet autrichien. Au projet français, on savait que l'Allemagne reprochait de ne pas comporter d'inspection. Au projet autrichien, on savait que la France reprochait de confier à l'inspecteur la police de Casablanca. C'était donc sur ces deux points que devait porter l'effort transactionnel que M. de Radowitz avait défini en disant : « Il y a beaucoup de bon dans ces deux projets. Le comité de rédaction devra tâcher de les mettre en harmonie. » Il était clair que le comité demanderait à la France d'ajouter à son texte ce que l'Allemagne désirait, à l'Allemagne d'effacer du sien ce que la France repoussait. Or, que voyait-on? La France, très loyalement faisait un pas en avant et acceptait l'inspection. L'Allemagne, au contraire, restait immobile et maintenait à Casablanca la police suisse. Oubliant qu'il avait le premier parlé de combiner le projet Révoil et le projet Welsersheimb, M. de Radowitz écartait simplement le premier de ces projets pour s'en tenir au second. Par une surenchère soudaine, il retirait d'une main ce qu'il avait paru donner de l'autre et revenait sur une promesse qu'il avait publiquement formulée.

Comment expliquer cette volte-face? Non point certes par l'intérêt objectif que pouvait présenter la présence à Casablanca d'instructeurs suisses commandés par l'inspecteur. M. de Welsersheimb avait motivé cette présence en disant qu'à défaut de ce comman-

---

1. Voir ci-dessus, page 301.

dement, l'inspecteur serait inoccupé[1]. Mais comment admettre que huit ports à inspecter, dans un pays où les communications sont difficiles toujours, impossibles souvent; qu'une vérification portant sur la discipline, la bonne administration, le paiement régulier de la solde, la correction internationale des méthodes appliquées, dussent laisser à ce fonctionnaire tant de loisirs? Comment songeait-on d'ailleurs à le placer loin de Tanger, centre de toute information et de toute action politique, pour l'astreindre à une absorbante besogne de commandement et d'organisation, où il risquerait de réussir moins bien que ceux qu'il inspecterait? *Quis custodiet custodem?* Qui inspecterait l'inspecteur, si celui-ci commandait, en même temps qu'il inspectait, — alors surtout que, de toute évidence, l'inspecteur suisse ou hollandais serait d'une moindre compétence que les officiers français et espagnols, déjà rompus aux affaires marocaines, qu'il aurait à surveiller? Au surplus, rien dans les déclarations faites à la séance du 10 par M. de Radowitz n'indiquait qu'il attachât à la question de Casablanca une importance spéciale. Il n'avait pas relevé les critiques formulées sur ce point par sir Arthur Nicolson et M. Révoil. Et le comte de Welsersheimb lui-même avait toujours présenté la combinaison du huitième port comme une simple modalité, accessoire et non essentielle, de son projet. Ce n'était donc pas pour un motif technique que le plénipotentiaire allemand manquait à ses engagements du 10. Il obéissait à un ordre venu de Berlin. Et cet ordre avait une autre origine qu'un intérêt marocain.

La chancellerie impériale, à voir durer la crise ministérielle française et se prolonger dans le salon de M. Sarrien les réunions d'où le cabinet, toujours à peu près formé, ne sortait jamais constitué[2], avait repris espoir dans cette capitulation, que, du 3 au 7 mars, elle avait renoncé à nous arracher[3]. C'est pour cela que, par un détour, elle annulait ses concessions antérieures en soustrayant à la France et à l'Espagne une partie du mandat qu'elle avait déclarer leur accorder. C'est pour cela que l'inspection, « aussi

---

[1]. Voir ci-dessus, page 308.

[2]. Les pourparlers ministériels avaient commencé le 7 mars. Ils ne se terminèrent que le 13 au soir.

[3]. Plusieurs personnalités allemandes ne cachaient pas leur espoir de voir la politique de la chancellerie bénéficier de l'approche des élections françaises.

discrète que possible », avait-on dit le 5 et le 6 mars, au prince de Monaco, était établie à Casablanca avec un commandement effectif; pour cela, que le projet autrichien, d'abord considéré comme « modifiable »[1], devenait intangible; pour cela enfin, que l'affirmation inscrite dans la *Gazette de l'Allemagne du Nord*[2], que l'Allemagne ne chercherait pas à tirer parti de la chute du cabinet Rouvier, était contredite par les faits. Qui sait même si, à ce moment, le désir mondial ne se réveillait pas et si le rêve de garder à Casablanca, sous le couvert de police neutre, la possibilité ultérieure d'une installation allemande, ne hantait pas les imaginations ardentes des employés pangermanistes de la chancellerie impériale? Le 13 mars, le correspondant parisien du *Berliner Tageblatt*, en relations constantes avec le prince de Radolin, ne télégraphiait-il pas à son journal :

> Le plus important des points non résolus à présent est l'attribution du port de Casablanca. Ce port (et non celui de Mogador, ainsi qu'on l'a toujours dit par erreur) est, depuis plusieurs mois, l'objet de nombreux projets qui avaient pour but de créer, sur ce point de la côte marocaine, une *situation spéciale*. Je crois que lorsque M. de Radowitz partit pour Algésiras, il avait en poche un projet tout semblable au projet autrichien[3].

La résurrection de tant d'espérances dressait de nouveau en face de nous le mur d'obstruction que nous avions cru renverser. Et pour avoir, au regard de l'Europe, affiché son ataxie, la Chambre, par son vote du 7, nous exposait à toutes les menées que nous pensions avoir conjurées.

---

1. Voir ci-dessus, pages 308.
2. La *Gazette de l'Allemagne du Nord* avait écrit :
« La crainte que l'Allemagne n'aggrave son attitude par suite de la chute du ministère Rouvier ne semble pas fondée, par le fait même que la politique allemande se laisse uniquement diriger par des raisons objectives. Elle ne peut donc pas être influencée par des évènements fortuits.
» La chute du ministère Rouvier n'a été nulle part accueillie avec plus de calme qu'à Berlin. Dans la presse comme dans les milieux politiques, on est convaincu qu'elle n'exercera aucune influence sur la politique française dans la question marocaine. D'ailleurs, il se confirme que la direction de la politique extérieure restera sans doute confiée à M. Rouvier jusqu'à la conclusion de l'affaire marocaine. » (Voir le *Temps*, 11 mars 1906.)
3. Voir le *Temps*, 14 mars 1906.

III

Dès ce moment, en effet, une double campagne de fausses nouvelles, — campagne de presse d'abord, campagne diplomatique ensuite, — s'engage contre nous et souligne le sens de l'intransigeance soudainement marquée à Algésiras par la délégation allemande. Le but est de nous démoraliser pendant l'interrègne ministériel, d'intimider, quel qu'il soit, le futur ministre des Affaires étrangères, et, pour cela, de détacher de la France les concours qui n'ont pas cessé de lui être acquis, ou tout au moins de propager l'impression que ces concours deviennent incertains ou timides. Dès le 10 mars, on voit se dessiner la manœuvre. Le correspondant de la *Gazette de Cologne* parle de la « reconnaissance » qu'inspire à toutes les grandes puissances l'attitude « prévenante » de l'Allemagne[1]. Le 12 mars, M. Stein, correspondant à Berlin de la *Gazette de Francfort* et l'intime du chancelier, écrit :

Il se confirme que la grosse majorité des puissances considère le projet autrichien comme une transaction à bon compte, et on peut s'attendre à ce que leurs représentants exercent sur les délégués français leur influence pour leur faire accepter ce projet.

Le même jour, une dépêche d'Algésiras au *Lokal-Anzeiger* porte que « la résistance de la France l'a isolée, en poussant du côté allemand les principales puissances neutres, notamment la Russie, l'Italie, l'Amérique et même l'Angleterre[2] ». Et le correspondant ajoute que, pour cette dernière puissance, c'est une conversation de sir Arthur Nicolson avec M. de Radowitz qui a déterminé le changement ; or, dans cette conversation, le plénipotentiaire de la Grande-Bretagne avait marqué, au contraire, à son collègue allemand, sa surprise de le voir insister sur le régime spécial de Casablanca, au lieu de répondre, par un bon procédé, à notre concession sur l'inspection[3]. Tous les jours

1. Voir *Agence Havas*, 10 mars 1906.
2. Voir le *Temps*, 13 mars 1906.
3. Voir ci-dessus, page 312. Sir Arthur Nicolson continuait à dire à M. Révoil : « Nous vous soutiendrons, quoi que vous fassiez. »

suivants, la même rumeur court, portée par les journaux allemands, toute l'Europe. Et soit dans les agences officieuses, soit dans les grands quotidiens, comme la *Gazette de Cologne* et le *Lokal-Anzeiger*, on retrouve l'affirmation que « les alliés mêmes de la France » blâment sa résistance et la pressent d'adhérer au projet autrichien. Même, comme il est difficile de nous accuser d'intransigeance alors que nous avons, à notre projet, ajouté l'inspection et que, du projet autrichien, l'Allemagne n'a rien retiré, on a recours à l'équivoque. Et l'on télégraphie d'Algésiras que M. Regnault, au comité de rédaction du 14 mars, a déposé un nouveau projet, qui ne tient compte ni des demandes allemandes ni des propositions autrichiennes[1]. Cette fois, c'est l'agence Wolff qu'on a mobilisée : elle est aussi sincère que dans sa dépêche historique du 9 février. Le « nouveau projet » qu'elle dénonce n'est en effet que celui-là même que M. Révoil a déposé le 8 mars en comité, projet où, comme on sait, il n'était pas question de l'inspecteur et où il ne pouvait en être question, puisque nous subordonnions à l'acceptation intégrale de la police franco-espagnole, encore discutée, notre adhésion à l'inspection. M. Regnault n'avait pas modifié ce texte et n'avait pas à le modifier, puisqu'en réclamant une police suisse pour Casablanca, l'Allemagne excluait la solution franco-espagnole, le 14 aussi bien que le 8 mars. L'assertion de l'agence Wolff est donc manifestement fausse ; qu'importe si, en la publiant, on déroute l'opinion européenne, si l'on énerve l'opinion française, si l'on se dispense par l'intimidation de faire honneur aux promesses dictées par la raison ?

1. Voici le texte de cette dépêche :
« Les nouvelles propositions pour la police que M. Regnault a communiquées hier après la séance du comité ont fait naître une surprise générale chez les délégués, car elles étaient inattendues dans l'état des négociations et à peine explicables. Elles sont en contradiction avec l'attitude de M. Révoil et les informations du *Temps* relatives aux instructions qui lui ont été envoyées de Paris. (Pour ces instructions voir ci-dessous page 328.) Elles tendent à donner à la police des huit ports un caractère aussi français que possible et elles ne tiennent pas compte de l'inspecteur général international que désirent les puissances et que la France a déjà accepté. Elles apportent, autant qu'on en peut juger par la dépêche Wolff et celle de notre correspondant, des exigences qui ont déjà été repoussées par l'Allemagne. Comme jusqu'ici la publication du *Temps* a été considérée comme incontestablement officieuse et que dans les instructions à M. Révoil publiées par ce journal l'inspecteur général international est accepté, il y a lieu de supposer que le projet Regnault a été établi avant que les nouvelles instructions fussent arrivées de Paris à M. Révoil. »

Cependant, comme on craint que les journaux ne suffisent pas à emporter le succès, la diplomatie impériale entre au jeu. Le 12 mars [1], les ambassadeurs d'Allemagne reçoivent un télégramme circulaire, qui résume une dépêche de M. de Radowitz. Cette dépêche assure que la majorité des délégués à Algésiras est absolument favorable à l'Allemagne et que presque tous conseillent à la France d'adhérer au projet autrichien; d'admettre, par conséquent, que Casablanca soit soustrait à la police franco-espagnole. Les ambassadeurs sont invités à communiquer ces renseignements aux gouvernements auprès de qui ils sont accrédités. Il va de soi que la communication sera faite avec les nuances voulues. A Londres, on insistera surtout sur l'attitude de la Russie; à Saint-Pétersbourg sur celle de l'Angleterre, et ainsi de suite. Mais partout, on fera naître la même impression : à savoir, que tout le monde donne tort à la France; que la France est abandonnée de tous; qu'elle seule empêche l'accord et encourt, par là, le blâme de l'Europe. Le mardi 13 mars, le comte Wolff-Metternich, ambassadeur à Londres, va s'acquitter auprès de sir Edward Grey de la mission qui lui a été confiée. Le secrétaire d'État lui réplique froidement :

— Ce que vous me dites là n'est pas possible.

Un instant déconcerté, l'ambassadeur se ressaisit bientôt et poursuit dans les milieux diplomatiques la campagne qu'il a ainsi engagée, si bien que, deux jours après, son collègue d'Autriche questionne, à ce sujet, M. Geoffray, ministre de France. A Vienne, le général de Wedel fait, le lendemain mercredi 14, une communication identique au comte Goluchowski. Le comte de Monts, plus rudement, somme, au nom de la conscience euro-

---

1. Le fait fut reconnu par la *Gazette de l'Allemagne du Nord*, dans les termes suivants : « D'après des dépêches privées de Paris, le *Temps* prétend que les ambassadeurs allemands à Londres et à Washington ont, sur les instructions de Berlin, propagé la légende de l'isolement de la France. La vérité se réduit à ce fait que, le 12 mars, les représentants de l'Allemagne reçurent communication d'un rapport de M. de Radowitz disant que le projet Welsersheimb avait reçu un accueil extrêmement favorable et que la majorité des délégués avaient conseillé l'entente à leurs collègues français. Les diplomates allemands reçurent aussi les instructions de communiquer cela aux cabinets auprès desquels ils étaient accrédités, et d'exposer que le projet Welsersheimb offrait une base propre à mener la conférence à bonne fin et à inaugurer une période de tranquillité, de sécurité et de prospérité économique. » (Voir le *Temps*, 23 mars 1906) et ci-dessous, page 333.)

péenne, M. Sonnino de nous mettre en demeure de céder. A Washington, le baron Speck de Sternburg vient prier M. Root de ne pas nous encourager dans une obstination que tous réprouvent à Algésiras : et il invoque, comme ses collègues, la caution de M. de Radowitz. Enfin, à Saint-Pétersbourg, M. de Schœn est plus affirmatif. Tout le monde, d'après lui, a « lâché » la France. La Russie se singulariserait en la soutenant plus longtemps.

Alors sonne l'heure de porter le dernier coup, et voici qu'interviennent le prince de Bülow et l'Empereur lui-même. Le 12 mars, le chancelier de l'Empire télégraphie au comte Witte, sans passer par le comte Lamsdorf par le canal d'un financier allemand qui se trouvait à Saint-Pétersbourg. Et il lui dit en substance ceci :

— L'Allemagne n'a cessé de céder. La France semblait tardivement en convenir, quand, à nos « avances », elle a répondu par des exigences nouvelles. Elle est l'objet d'un blâme général, même de la part des Anglais. A vous de lui faire entendre raison par une énergique intervention et d'obtenir l'envoi d'instructions nouvelles à M. Révoil, si l'on ne veut aboutir à une rupture définitive.

On a vu ce qui s'était passé à Algésiras ; comment seuls depuis le 8 mars nous avions fait une concession en acceptant l'inspection ; comment à cette concession l'Allemagne avait répondu par l'immobilité ; comment enfin le plénipotentiaire anglais en avait été le premier surpris. Tout contredisait donc les assertions du chancelier : aussi bien, pour les juger, il suffit de relire les procès-verbaux des séances [1]. Cependant, dès le lendemain, le 13 mars, Guillaume II se les approprie et, en répondant télégraphiquement à la depêche que lui avait adressée le 7 mars, M. Roosevelt, il déclare que le projet Roosevelt (police franco-espagnole, rapports de la légation d'Italie) n'est pas acceptable ; que le projet autrichien est d'ailleurs excellent ; qu'on l'approuve sans réserve à Algésiras ; que l'Angleterre, la Russie, l'Espagne même le jugent bon ; que les États-Unis doivent à leur tour nous presser de l'accepter. Comme cette première instance risquerait de n'être point décisive, le 15 mars, nouveau télégramme ; Guillaume II, cette fois, dénonce nos convoitises, l'avidité de nos banques, les

---

1. Voir Protocoles, page 193.

appétits de nos coloniaux, et presse le président d'agir sur nous. Trois jours plus tard, enfin, le 17, troisième dépêche. Elle est plus énergique encore que les précédentes ; elle affirme explicitement que l'Italie, la Russie, l'Angleterre et l'Espagne ont abandonné la France ; que les États-Unis seuls l'appuient ; que l'intérêt de la paix exige qu'à leur tour ils se prononcent pour le projet autrichien et forcent ainsi notre consentement.

Des procédés regrettables, dont depuis le début de l'affaire avait usé, vis-à-vis de nous, la diplomatie allemande, ceux-là étaient les moins défendables. Car cette prodigieuse intrigue nouée contre notre pays, à l'heure où une crise ministérielle l'affaiblissait moralement et lui donnait l'air d'un navire sans pilote ; cette affirmation de notre isolement, affirmation que rien ne justifiait, comme on devait, quelques heures après, le constater publiquement[1] ; ce réquisitoire furieux contre notre intransigeance, alors que, depuis le dépôt du projet autrichien, nous avions été les seuls à modifier nos propositions, — l'Allemagne maintenant les siennes et se dérobant ainsi à la « mise en harmonie » des textes en présence, — tout décelait le dessein de nous faire violence. Et la hâte même, avec laquelle les journaux, les ambassadeurs, le chancelier, l'Empereur agissaient, à reprises successives, sur tous les points du monde, trahissait la confiance de nous arracher, avant que nous eussions un gouvernement, le sacrifice de nos droits et de nos intérêts : coup de force diplomatique préparé et accompli dans le silence des chancelleries et dont la hardiesse risquait d'obtenir la consécration du succès.

IV

Jamais en effet notre situation n'avait été plus grave, jamais les résultats acquis n'avaient été plus compromis.

Si nous avions pu saisir dès le principe tous les fils des menées adverses, il nous aurait été possible de dissiper sans retard l'équivoque et de rompre le réseau que l'on tendait sur nous. Mais, malgré le télégraphe, une manœuvre, telle que celle dont nous étions l'objet

---

1. Voir ci-dessous, page 328 et suivantes.

et qui se poursuit sur tant de terrains à la fois, ne se révèle qu'au bout de quelques jours. Pour la parer, il faut que la nouvelle en arrive d'abord aux représentants du pays qu'elle vise ; qu'elle soit transmise par eux à leur gouvernement ; que leurs informations centralisées et coordonnées empruntent à ce rapprochement tout leur sens. Jusque-là, on est sans défense. On sent peser sur soi une lourde atmosphère, qu'on ne peut secouer. On devine le danger, sans le voir. On est affaibli, et plus qu'à demi vaincu, avant d'avoir essayé une résistance que l'on ne sait où diriger. C'était le cas de notre diplomatie.

A Paris, M. Rouvier quittait le ministère. Il avait rempli son devoir en adressant à M. Révoil les fermes instructions dont on a lu plus haut l'analyse [1]. Il ne pouvait faire davantage. A Algésiras, la délégation française, qui six jours plus tôt avait pu se croire au port, était démoralisée par le retour offensif de l'Allemagne, — et plus profondément qu'elle ne s'en rendait compte [2]. Elle continuait, M. Révoil dans ses conversations avec ses collègues, M. Regnault dans les séances difficiles du comité de rédaction, à défendre fermement ses positions [3]. Mais à se sentir serrée chaque jour de plus près, à lire dans les journaux d'outre-Rhin les attaques dont elle était l'objet, elle ne trouvait pas dans les instructions qui lui venaient de Paris et lui prescrivaient de ne point céder, une suffisante raison de confiance. Elle connaissait, pour l'avoir déjà rencontré sur sa route, l'ardent désir d'en finir et de fuir les responsabilités, dont étaient animés certains des plénipotentiaires. Elle savait que l'Angleterre, la Russie, l'Espagne, le Portugal, la suivraient jusqu'au bout. Mais que déciderait le ministre de demain ? Elle l'ignorait : or l'ignorance irrite les nerfs. Et la nervosité dont elle souffrait, expression réflexe de la plus respectable angoisse patriotique, n'échappait pas, quelque

1. Voir ci-dessus, page 309.
2. Sir Arthur Nicolson télégraphia à ce moment à sir Edward Grey que le plénipotentiaire français lui semblait avoir perdu confiance. En réalité, M. Révoil faisait aussi bonne contenance que possible. Mais il ne méconnaissait pas les graves difficultés de la situation. Ce fut le mérite de M. Léon Bourgeois, énergiquement soutenu par le *Temps*, d'assurer, dès son arrivée aux affaires, M. Révoil, qu'il lui maintenait intégralement les instructions de son prédécesseur (Voir ci-dessous, page 329).
3. A aucun moment, ni M. Révoil, ni M. Regnault n'admirent vis-à-vis de leurs collègues l'hypothèse de concessions nouvelles.

effort qu'elle fît, aux regards hostiles ou simplement curieux.

En examinant la troublante alternative du risque des concessions ou du danger d'une rupture, elle diminuait inconsciemment sa capacité de résistance. Et quand elle évaluait les chances que nous réservait un nouveau vote, elle inclinait au pessimisme. Sans doute, le projet non amendé n'était pas acceptable, puisqu'il équivalait à la solution internationale repoussée par nous dès le premier jour ; substituait un mandat à trois à un mandat à deux ; ouvrait la porte à toutes les intrigues européennes et mettait au-dessus du Sultan le corps diplomatique de Tanger. Mais, d'autre part, quelles seraient les suites de la rupture ? Et à quoi bon cette rupture, puisque, malgré la fidélité de nos amis, l'unanimité requise nous interdisait d'espérer un résultat matériel ? Enfin, dans ce qui s'imprimait, en Allemagne, au sujet des dispositions des puissances, — les démarches des ambassadeurs, du chancelier et de l'Empereur n'étaient pas encore connues, — n'y avait-il pas l'indice d'une évolution, non point des délégués, mais de leurs gouvernements ? C'était, en effet, le grand danger de la manœuvre allemande que d'inspirer des doutes, — pour quelques heures seulement, il est vrai, mais en pleine crise une heure peut être décisive, — aux chancelleries sur l'opinion des plénipotentiaires, aux plénipotentiaires sur l'opinion des chancelleries. Le terrain paraissait instable et perfide. La prudence conseillait l'immobilité. Mais l'immobilité est la pire des tactiques, dans une négociation comme sur un champ de bataille. Et l'ajournement répété des séances de la conférence n'était pas une solution. Tout concourait donc à inquiéter, à troubler, à déprimer ceux qui, depuis deux mois révolus, défendaient pied à pied notre cause. Et cette inquiétude, ce trouble, cette dépression étaient pour nous le pire des périls. C'est dans ces conditions pénibles et critiques que, le 14 mars, M. Léon Bourgeois prit, des mains de M. Rouvier, la direction des affaires.

QUATRIÈME PARTIE

L'ACCORD

(14 mars-7 avril).

CHAPITRE PREMIER

CASABLANCA.

I. *La tâche de M. Léon Bourgeois.* — La déclaration ministérielle. — Le premier contact avec les ambassadeurs. — Les instructions de M. Révoil confirmées (14 mars). — L'Angleterre dément l'attitude que l'Allemagne lui a prêtée (13 mars). — La Russie suit son exemple (19 mars). — Le *Temps* publie les deux circulaires (16-20 mars). — L'aveu de la *Gazette de l'Allemagne du Nord*. — Une nouvelle dépêche de M. Roosevelt (17 mars). — Les instructions de M. Henry White.

II. *La politique de M. Léon Bourgeois.* — Plus de concessions sur la police. — Transactions possibles sur la banque. — Leur limite. — Une solution élégante, mais irréalisable. — L'article 17 et l'article 32. — Les arguments juridiques. — La thèse adoptée.

III. *Le succès de la France.* — La première intervention du comte de Khevenhuller (15 mars). — L'intransigeance du prince de Radolin (17 mars). — La seconde visite du comte de Khevenhuller et sa signification (17 mars). — L'Allemagne cède sur Casablanca. — Déclarations du Dr Rosen, de M. de Szœgyeny, du prince de Bülow, de M. de Schœn, du comte Goluchowski et du comte de Khevenhuller (18-24 mars). — Un nouveau télégramme de Guillaume II à M. Roosevelt (20 mars).

IV. *A Algésiras.* — Inertie et nervosité. — Les fausses nouvelles. — Les quatre séances du comité de rédaction (20, 21, 23, 25 mars). — La séance plénière du 26. — L'accord sur Casablanca (26 mars). — Une nouvelle proposition allemande sur la Banque. — Un état d'esprit dangereux.

I

La tâche de M. Bourgeois était complexe et malaisée. Tout ce qu'avait gagné la fermeté de son prédécesseur, la crise ministérielle nous l'avait fait perdre. Jamais l'intrigue nouée par l'Allemagne ne nous avait serrés d'aussi près. Jamais les puissances, amies de la France, n'avaient été l'objet d'une pression aussi vive. Enfin plus d'un, à Algésiras ou ailleurs, escomptait, de la part d'un ministre nouveau, une tendance à céder qui, en facilitant la solution, éviterait la prolongation des débats et la nécessité d'un vote. Il fallait, pour conjurer ces risques, de la fermeté et de la présence d'esprit. Il importait d'abord que la politique du cabinet

Sarrien fût définie clairement et que la continuité de notre action diplomatique, exigée par la permanence de nos droits et de nos intérêts, fût publiquement affirmée. Cela fait, nous aurions à déjouer les manœuvres menées depuis huit jours contre nous, à montrer que la France ne s'abandonnait point et que personne ne l'abandonnait. Après quoi, il faudrait remettre en marche la négociation et déterminer l'Allemagne à la concession que M. de Radowitz avait annoncée le 10 mars[1], mais qu'ensuite il n'avait point faite. Négociateur de tempérament et de carrière, plus rompu que M. Rouvier aux pourparlers diplomatiques, convaincu par l'étude du dossier marocain que nous étions arrivés à la limite des transactions acceptables, M. Bourgeois allait, en moins de deux semaines, ressaisir l'avantage. Ce fut une partie décisive, où le succès final récompensa notre résolution de préférer la rupture même à un accord humiliant et mauvais.

Un ministère qui se constitue a un moyen immédiat de publier ses vues : sa déclaration. Le 14 mars, cette déclaration était lue à la tribune de la Chambre par M. Sarrien, président du Conseil, à celle du Sénat par M. Clemenceau, ministre de l'Intérieur. Le passage relatif à la politique extérieure était rédigé comme il suit :

A l'extérieur, nous entendons continuer, notamment dans les questions qui touchent à notre situation dans l'Afrique du Nord, la politique suivie par nos prédécesseurs et qui a reçu récemment encore l'approbation du parlement.

Pleinement conscients des droits et des intérêts vitaux que notre diplomatie a pour devoir de sauvegarder, nous sommes convaincus que l'exercice de ces droits et le développement normal de ces intérêts peuvent être assurés sans porter atteinte à ceux d'aucune autre puissance ; comme nos prédécesseurs, à qui nous tenons à rendre hautement justice, nous avons l'espoir que la droiture et la dignité de cette attitude permettront le règlement prochain et définitif des difficultés pendantes.

Fidèle à une alliance dont la France et la Russie éprouvent également l'action bienfaisante et à des amitiés dont nous avons pu mesurer aussi la sûreté et le prix, la France a, dans le monde, une situation qu'affermit encore l'esprit de justice et de paix avec lequel elle envisage les divers problèmes posés par la force des choses devant les nations.

1. Voir ci-dessus, page 308.

Cet esprit continuera à être le nôtre et c'est pourquoi nous poursuivrons avec confiance une politique, qui sert également à nos yeux la cause de notre patrie et celle de la paix du monde.

On ne pouvait concevoir réponse plus péremptoire à ceux des journaux d'outre-Rhin qui avaient fait au nouveau ministère l'injure de compter sur lui pour l'abandon de la politique nationale [1]. Le juste hommage, rendu à M. Rouvier, apportait une réplique excellente aux tentatives obliques de la *Gazette de Voss*, notamment, pour opposer l'un à l'autre le gouvernement de la veille et celui du lendemain. La déclaration rappelait, d'autre part, fort à propos, que la politique inaugurée par M. Rouvier, continuée par M. Bourgeois, n'était pas seulement la leur ; qu'elle était celle aussi de la Chambre entière qui, le 16 décembre 1905, l'avait faite sienne à la presque unanimité. Elle précisait avec force la nature des droits et l'importance des intérêts engagés, du côté français, dans le débat marocain. Et tout en exprimant la conviction que nous pouvions sauvegarder les uns et les autres sans léser aucune puissance, elle affirmait « la pleine conscience » qu'avait le gouvernement du devoir défensif qui s'imposait à lui. Tout cela devait être dit. Et il était impossible de le mieux dire.

Dès le 14 mars et le lendemain 15, les ambassadeurs rendaient visite au ministre des Affaires étrangères. Et celui-ci, tout aussitôt, dégageait de ce premier contact une impression : c'est que partout le bruit, propagé par la circulaire allemande du 12, de notre lassitude et de celle de nos amis [2], avait été accueilli, sinon comme vrai, au moins comme vraisemblable. Si brefs que fussent ces entretiens initiaux, ils suffirent à M. Léon Bourgeois pour démentir,

---

1. Voici, d'après le *Temps*, quelques extraits de journaux allemands. « La *Gazette de Voss* attend beaucoup de concessions du ministère Sarrien-Bourgeois. Elle est d'avis que les instructions testamentaires de M. Rouvier à M. Révoil ne doivent pas lier M. Bourgeois. Finalement, elle reproduit tous les arguments connus sur l'isolement de la France et elle garde confiance dans le succès de la conférence. » Le correspondant du *Temps* à Berlin télégraphiait le 13 mars : « On admet généralement que M. Léon Bourgeois ne sera pas plus intransigeant que M. Rouvier, et on se flatte même que le nouveau ministre aura plus de liberté d'action et pratiquera sans hésitation une politique de bons rapports. » Trois jours après, le *Bœrsen Courrier* déclarait qu'on pouvait compter sur des concessions françaises. (Voir le *Temps*, 14 et 17 mars 1906.)

2. Voir ci-dessus, page 316.

en ce qui nous concernait, les affirmations de M. de Radowitz et de la chancellerie impériale. Au comte de Khevenhuller, ambassadeur d'Autriche, et au comte Tornielli, ambassadeur d'Italie, il déclara avec une insistance particulière, qu'il ne comprenait pas comment l'Allemagne avait pu se tromper aussi gravement sur nos intentions. Il était notoire que M. Rouvier avait confirmé à M. Révoil ses instructions antérieures, puisque le *Temps* les avait publiées le 13 mars [1]. Ces intructions, tout en laissant la porte ouverte à la négociation, maintenaient catégoriquement notre refus d'admettre, pour le huitième port, une police qui ne fût point franco-espagnole; elles maintenaient non moins énergiquement notre décision de n'accepter de la part de l'inspecteur ni commandement ni collaboration au commandement. Ce faisant, elles préservaient ce que nous considérions comme « un intérêt vital ». Or ces intérêts, la déclaration ministérielle affirmait qu'ils ne seraient pas abandonnés. Comment pouvait-on croire que M. Bourgeois pût

---

1. Voir le *Temps* daté du 14 mars 1906, *Propos diplomatiques*. Ces instructions, que le *Temps* crut devoir publier pour réagir contre la légende de notre capitulation, portaient :
« 1° Dans l'ensemble, se prêter, comme par le passé, à toutes les transactions, mais à la condition formelle que l'intérêt spécial de la France, en matière politique, soit sauvegardé et que ses droits contractuels, en matière économique, ne soient pas abandonnés sans une équitable compensation ;
» 2° Dans la question de la banque, admettre une réduction de nos demandes primitives ; accepter, comme marque extrême de notre esprit de conciliation, une part pour la France, trois pour les établissements français, déjà créanciers du Maroc pour 65 millions, et bénéficiaires indiscutés d'un droit de contrôle et de préférence ;
» 3° Dans la question de la police, accepter, si cette police est franco-espagnole, la création d'une inspection. Se prêter à ce que cette inspection soit aussi efficace et aussi forte que possible. Mais en revanche, n'admettre à aucun prix qu'elle se transforme en une collaboration et refuser catégoriquement que l'inspecteur ait le commandement direct d'un port. »
Le correspondant du *Temps* à Berlin télégraphiait à ce sujet le 14 mars : « La publication par le *Temps* des dernières instructions de M. Rouvier à M. Révoil produit ici une vive sensation. Le *Lokal-Anzeiger* estime que M. Bourgeois se trouve en présence d'une situation définie et dans l'impossibilité de modifier ces instructions par d'autres, à moins qu'un nouveau projet ne surgisse à la conférence. Le *Berliner Tageblatt* considère la publication du *Temps* comme destinée à couper toute retraite à M. Bourgeois. M. Schiemann déclare que les prétentions françaises, comme elles sont formulées par le *Temps*, sont irréalisables, mais souhaite de pouvoir noter dans une huitaine que le différend a disparu. La publication du *Temps* est une grosse surprise dans les milieux officiels, qui croyaient que M. Révoil ne persistait dans son attitude qu'en attendant les indications du nouveau ministère. On refuse toutefois de se prononcer sur ces instructions avant d'avoir vu l'interprétation que leur donnera M. Révoil à la prochaine séance plénière. »

modifier, à cet égard, la politique de son prédécesseur? Et le ministre ajoutait :

— Aujourd'hui même, 14 mars, j'ai purement et simplement confirmé à M. Révoil les instructions de M. Rouvier.

Aussi bien, la situation était très nette. Deux projets étaient en présence, que M. de Radowitz avait reconnus, par leur combinaison, susceptibles d'aboutir à un accord : le projet français et le projet autrichien. Nous avions, sans tarder, fait connaître ce que nous pouvions emprunter au second, à savoir le principe de l'inspection. Nous attendions encore que l'Allemagne nous fît connaître ce qu'elle empruntait au nôtre. Si on nous refusait la police franco-espagnole des huit ports, nous refusions l'inspection. Si nous acceptions l'inspection, nous entendions que satisfaction nous fût donnée sur la nationalité des instructeurs, à Casablanca comme ailleurs.

La netteté de cette déclaration produisit un effet immédiat. La France ne cédait pas. Les puissances qui la soutenaient tinrent à honneur de montrer qu'elles ne cédaient pas davantage. On a vu[1] que, dès le 12 mars, quand le comte Wolff-Metternich était venu annoncer à sir Edward Grey que sir Arthur Nicolson nous conseillait d'abandonner Casablanca et de souscrire à l'inspection sans compensation, le secrétaire d'État anglais avait répondu à l'ambassadeur par le plus net des démentis :

— Ce que vous me dites là, avait-il répliqué, n'est pas possible.

Le soir même, il télégraphiait à Algésiras pour avoir des explications. Et, dès le 13, il recevait la réponse du plénipotentiaire britannique. Sir Arthur Nicolson déclarait que, jamais, au cours de ses conversations avec son collègue allemand, il n'avait ni dit ni laissé entendre qu'il fût favorable au projet autrichien sans amendement, ni que nous pussions céder sur la police du huitième port. Sans doute, si la France avait mis bas les armes, le gouvernement anglais n'aurait pas été plus intransigeant qu'elle. Mais il demeurait résolu à nous soutenir en tout et partout, quelle que fût notre attitude. La publication par le *Temps* des dernières instructions de M. Rouvier, l'affirmation de M. Léon Bourgeois qu'il s'appropriait ces instructions, témoignaient de notre fermeté.

---

1. Voir ci-dessus, page 318.

Sir Edward Grey fit immédiatement le nécessaire pour qu'on sût que, contrairement aux assertions de la circulaire allemande, il restait à nos côtés sans l'ombre de faiblesse ni d'hésitation. Et comme, au même moment, les ambassadeurs d'Angleterre à Vienne et à Saint-Pétersbourg, télégraphiaient qu'on leur demandait des détails sur « l'adhésion de leur pays au projet autrichien », il adressa à tous ses représentants, à la date du 13 mars [1], un télégramme circulaire avec ordre de le communiquer. Ce télégramme portait que les instructions données à sir Arthur Nicolson lui prescrivaient, d'une façon générale, de maintenir à la France, dans l'avenir comme dans le passé, pour toutes les questions encore à trancher, un appui absolu et sans réserve ; plus spécialement de l'appuyer énergiquement dans son refus d'admettre que l'inspecteur de la police eût le commandement de Casablanca, ou de quelque autre port que ce fût, et qu'ainsi un ces huit ports fût soustrait à la police franco-espagnole. Le lendemain 14 mars, sir Francis Bertie, ambassadeur d'Angleterre, venait porter cette dépêche à M. Georges Louis, directeur des affaires politiques au quai d'Orsay. Et sir Charles Hardinge, sous-secrétaire d'État permanent au Foreing Office, informait M. Paul Cambon, qu'il en avait donné connaissance au comte Wolff-Metternich. Trois jours après [2], le *Temps*, estimant qu'il y avait intérêt à ce que l'opinion européenne fût informée, ainsi que les chancelleries, publiait les instructions envoyées à sir Arthur Nicolson. Nul ne pouvait plus croire que l'Angleterre songeât à nous abandonner, moins encore qu'elle agît sur nous pour nous décider à capituler [3].

1. Le 13 mars au soir, M. Rouvier avait déjà quitté le quai d'Orsay. M. Léon Bourgeois n'y était pas encore arrivé. C'est la publication des instructions de M. Révoil par le *Temps* qui détermina l'envoi de cette circulaire.

2. Voir le *Temps*, 18 mars 1906, *Propos diplomatiques*.
« 1° D'une façon générale maintenir à la France, dans l'avenir comme dans le passé, pour toutes les questions encore à trancher, un appui absolu et sans réserve.
» 2° Plus spécialement appuyer énergiquement la France dans son refus d'admettre que l'inspecteur de la police ait le commandement du port de Casablanca ou de quelque autre que ce soit et qu'ainsi ce port soit soustrait à la police franco-espagnole. »

3. Une note officieuse anglaise exposa, en ces termes, à la date du 19 mars, les raisons du gouvernement britannique : « La circulaire récente de sir Edward Grey, qui a été communiquée à tous les ambassadeurs d'Angleterre et notamment à sir Arthur Nicolson, pour déclarer que l'Angleterre n'acceptait nullement la proposition autrichienne relative à Casablanca et rappeler que

La Russie, à son tour, entrait alors en scène. Et ne voulant pas remplir ses devoirs d'alliée avec moins de netteté que la Grande-Bretagne ne s'acquittait de ses obligations d'amie [1], elle adressait à ses ambassadeurs une circulaire identique à la circulaire anglaise. Cette circulaire était ainsi conçue :

Saint-Pétersbourg, 6/19 mars 1906.

Je viens d'envoyer au comte Cassini le télégramme suivant :

Le gouvernement impérial estime nécessaire d'opposer un démenti énergique à la nouvelle qui a été répandue qu'il aurait pris parti contre le point de vue français et pour la création d'une organisation spéciale de police à Casablanca. Cette nouvelle est sans fondement. En conséquence, pour éviter toute fausse interprétation dans une question de cette importance, vous voudrez bien donner l'assurance au plénipotentiaire français que vous êtes prêt à l'appuyer en ce qui concerne l'organisation de la police dans le port susnommé. En même temps, les puissances représentées à la conférence seront informées des instructions qui vous sont adressées, afin de détruire le soupçon qui pourrait naître d'un double jeu de la Russie, alors que, en dehors du désir de soutenir son alliée dans ses justes revendications, ses efforts ne tendent qu'à un but élevé de conciliation, c'est à savoir de trouver aux difficultés actuelles une solution qui réponde à la dignité des deux parties.

Signé : LAMSDORF.

Cette communication, parfaitement correcte dans le fond et dans la forme, exaspéra le gouvernement et les journaux allemands. C'était, en effet, la première manifestation publique des senti-

---

l'Angleterre appuyait sans réserve l'action française à la conférence, a été motivée par les raisons suivantes. Des bruits provenant d'Algésiras et de Berlin ont été répandus dans les diverses capitales de l'Europe, aussitôt après la présentation du projet autrichien. Suivant ces bruits, tous les délégués à Algésiras se prononçaient pour l'adoption de ce projet, et la France restait complètement isolée dans son opposition à Casablanca. On allait jusqu'à insinuer que l'Angleterre et la Russie elle-même abandonnaient les délégués français. Ces bruits ont pris un tel développement que le ministre des Affaires étrangères anglais a cru nécessaire de les arrêter net. Une autre raison de la circulaire anglaise est que l'Angleterre, au lendemain de l'arrivée au pouvoir du nouveau ministère français, a voulu montrer que rien n'était changé et qu'elle soutiendrait la France à Algésiras comme par le passé ». (Voir le *Temps*, 21 mars.)

1. Il convient de noter que le chargé d'affaires d'Angleterre à Saint-Pétersbourg avait déjà protesté auprès du comte Lamsdorf contre l'attitude prêtée à son gouvernement et à sir Arthur Nicolson par la circulaire allemande du 12 mars.

ments de la Russie. Cette irritation s'accrut de ce fait que le *Temps*, ayant connu, avant le prince de Bülow et avant M. Léon Bourgeois, ces instructions, en publia, dès le 20 mars, un résumé et que c'est par ce résumé, aussitôt télégraphié, qu'on en eut connaissance à Berlin [1]. Le lendemain soir, une fête de cour avait lieu au palais. Tout le monde remarqua l'air sombre et irrité de l'Empereur, du chancelier, de M. de Tchirschky et leurs nerveux conciliabules. On savait de plus qu'avant la fête, le secrétaire d'État avait eu un long entretien avec le comte d'Osten-Sacken. Très maladroitement, la *Gazette de l'Allemagne du Nord* allait d'ailleurs souligner et augmenter l'importance de la dépêche russe, en engageant contre le *Temps* une campagne d'une violence inouïe. Elle prétendit d'abord que la publication du journal français n'était point exacte, alors qu'il suffisait de comparer les deux textes pour constater l'identité de leur sens ; pour s'assurer que, dans l'un comme dans l'autre, le gouvernement russe démentait énergiquement l'attitude à lui attribuée par le gouvernement allemand ; que, dans l'un comme dans l'autre, il affirmait n'avoir jamais conseillé à la France de céder sur Casablanca ; que, dans l'un comme dans l'autre enfin, il proclamait sa volonté de remplir tous ses devoirs d'allié et son désir de voir la conférence aboutir

---

[1]. Voir le *Temps*, 21 mars, *Propos diplomatiques*.
Le comte d'Osten-Sacken, ambassadeur de Russie à Berlin, avait, en effet, tardé vingt-quatre heures à faire la communication à la Wilhelmstrasse. De son côté, M. Nélidof ne fit la communication à M. Léon Bourgeois que le mercredi 20, à six heures du soir. Or, à ce moment, le *Temps* avait déjà paru. On me permettra de ne pas préciser la source d'où je tenais le document. Malgré les provocations de la *Gazette de l'Allemagne du Nord*, j'ai cru, à l'époque, devoir la taire. Et je ne juge pas que l'heure soit encore venue de sortir de cette discrétion. Le résumé publié par moi, dans le *Temps*, à la suite de la communication verbale qui m'avait été faite de cette circulaire, était ainsi conçu :

« Il est absolument faux que le gouvernement russe ait conseillé à la France d'accepter les propositions autrichiennes relatives à l'organisation de la police. Il est également faux que le gouvernement impérial pense que le gouvernement français puisse admettre que l'organisation de la police à Casablanca soit confiée à une puissance neutre. Le gouvernement impérial n'a jamais cessé et ne cessera pas de se conduire vis-à-vis de la France en allié fidèle, estimant travailler ainsi pour le mieux au succès de la solution conciliante qu'il souhaite. Vu l'importance de la question et pour dissiper tout malentendu, vous communiquerez ce télégramme au plénipotentiaire français et vous en ferez part aux représentants des autres puissances à Algésiras. Les gouvernements représentés à la conférence en seront également informés ».

à une solution conciliante. Elle contesta ensuite que la publication du *Temps* eût été légitimée par les fausses nouvelles qu'avait propagées la diplomatie allemande sur l'isolement de la France :

Il n'existe pas, disait-elle, de documents de la diplomatie impériale qui contiennent une allusion à l'isolement de la France ou à un changement de front de la Russie [1].

Le *Temps* répondit aussitôt [2], en révélant les démarches simultanées faites, à la suite de la circulaire du 12, par le comte Wolff-Metternich, le baron Speck de Sternburg et les autres ambassadeurs allemands. Et l'organe de la chancellerie dut avouer l'existence de cette circulaire [3], qui détruisait du coup toute sa

---

1. Voir le *Temps*, 26 mars.
2. Voici l'article du *Temps* à ce sujet, *Propos diplomatiques*.
« Ce n'est pas seulement les journaux allemands qui ont faussement affirmé que toutes les puissances représentées à Algésiras, y compris la Russie et l'Angleterre, conseillaient à la France d'accepter le projet autrichien et d'admettre à Casablanca l'installation d'une police neutre. Deux ambassadeurs d'Allemagne ont tenu un langage semblable, à quelques heures d'intervalle, dans les deux capitales où ils sont accrédités, et par conséquent en vertu d'instructions identiques adressées de Berlin à l'un et à l'autre.

» Ces ambassadeurs sont le comte Wolff-Metternich, ambassadeur à Londres, et le baron Speck de Sternburg, ambassadeur à Washington.

» C'est à la suite de la démarche faite près de lui par M. de Metternich et après un entretien où cet ambassadeur avait inexactement dépeint l'attitude des puissances, notamment de la Russie, que sir Edward Grey a publiquement expliqué dans une note officieuse (que nous rappelons dans notre Bulletin) pourquoi il avait confirmé en termes énergiques à sir Arthur Nicolson l'ordre d'appuyer la France dans sa résistance au projet autrichien.

» C'est dans les mêmes conditions que le comte Lamsdorf a adressé au comte Cassini les instructions qui ont si fort ému la presse allemande.

» La *Gazette de l'Allemagne du Nord*, en affirmant qu'il n'existe pas de « document » de la diplomatie allemande faisant allusion à l'isolement de la France ou à un changement de front de la Russie, oublie donc — délibérément — deux démarches officielles des représentants de l'Allemagne à Londres et à Washington. On appréciera ce que vaut cette singulière façon de jouer sur les mots.

» Si la *Gazette de l'Allemagne du Nord* revenait à la charge, j'apporterais de nouvelles précisions. Mais celles qu'on vient de lire suffiront sans doute à lui rappeler qu'elle est sur un terrain où elle n'aura pas le dernier mot. »

3. Voici l'article de la *Gazette de l'Allemagne du Nord* où s'enregistra cet aveu :

« Le *Temps* continue à troubler les négociations et à rendre l'entente plus difficile. D'après des dépêches privées de Paris, le *Temps* prétend que les ambassadeurs allemands à Londres et à Washington ont, sur les instructions de Berlin, propagé la légende de l'isolement de la France. La vérité se réduit à ce fait que, le 12 mars, les représentants d'Allemagne reçurent communication d'un rapport de M. de Radowitz disant que le projet Welsersheimb avait reçu un accueil extrêmement favorable et que la majorité des délégués avaient

thèse. La colère des officieux de Berlin avait donc pour résultat de justifier, au regard du public, la nécessité des démentis anglais et russes, en obligeant l'Allemagne elle-même à confesser la campagne qui les avait provoqués. La lumière était ainsi faite non seulement sur le présent, mais sur le passé. Et les révélations du *Temps*[1] montraient, avec les menées dont la France avait été l'objet, la fidélité des concours précieux qu'elle avait partout rencontrés.

conseillé l'entente à leurs collègues français. Les diplomates allemands reçurent aussi les instructions de communiquer cela aux cabinets auprès desquels ils étaient accrédités, et d'exposer que le projet Welsersheimb offrait une base propre à mener la conférence à bonne fin et à inaugurer une période de tranquillité, de sécurité et de prospérité économique. » (Voir le *Temps*, 28 mars).

1. Le *Temps* du 26 mars exposa ainsi les raisons pour lesquelles il avait publié les circulaires anglaise et russe :

« Cette publication, que la *Gazette de Francfort* juge inutile et dangereuse, c'est l'Allemagne, et l'Allemagne seule, qui l'a provoquée en traçant un tableau inexact des dispositions des puissances. Nous pensons que l'heure des reproches est passée. Et nous ne lui reprochons pas cette inexactitude, que nous passons aux profits et pertes de cette interminable affaire. Mais, pour nous disculper, nous sommes contraints de le lui rappeler: Pourquoi, dès le 11 mars, le *Lokal-Anzeiger* écrivait-il : « La résistance française à Algésiras a isolé la « France et poussé du côté allemand les principales puissances neutres, notam- « ment la Russie, les États-Unis, l'Italie et même l'Angleterre. Cette attitude « de l'Angleterre a été provoquée par une longue conversation qui a eu lieu le « samedi 10 mars au soir entre sir Arthur Nicolson et M. de Radowitz? » Pourquoi le lendemain, à la chancellerie même, déclarait-on à notre correspondant de Berlin que « l'Angleterre paraissait disposée à ne pas encourager « une plus longue résistance de la France » ? Pourquoi, le 12 mars, la *Gazette de Francfort* confirmait-elle sous les initiales de M. Stein, ami personnel du chancelier, « que la majorité des puissances était favorable à l'idée de confier « un port sur huit à une police neutre ? » Pourquoi, le 17, la *Gazette de Cologne* écrivait-elle : « Nous croyons que l'Autriche, l'Italie et même la « Russie, alliée de la France, appliquent leurs efforts diplomatiques à décider « la France à céder, convaincues qu'elles sont que le projet autrichien répond « à toutes les prétentions légitimes de la France ? » Pourquoi, nous le répétons, ces affirmations concordantes des organes les mieux renseignés de la presse allemande, — alors que ces affirmations étaient radicalement contraires à la réalité des choses et donnaient à une fausse nouvelle l'autorité des plus grands journaux d'outre-Rhin, alors que jamais sir Arthur Nicolson ni le comte Cassini n'avaient, dans leurs entretiens avec M. de Radowitz, prononcé une seule parole qui pût motiver cette version ? Pourquoi surtout faut-il que de cette fausse nouvelle, des représentants officiels de l'Allemagne se soient portés caution dans des conditions qu'une note de la *Gazette de l'Allemagne du Nord* nous oblige à préciser. »

M. Francis Charmes, dans la *Revue des Deux Mondes* du 1er avril suivant, appréciait en ces termes la publication par le *Temps* des deux circulaires : « La divulgation des instructions qui ont été données à un certain moment au comte Cassini, venant après celle des instructions qui l'avaient été à sir Arthur Nicolson, a eu pour objet et pour effet de couper court à une campagne de fausses nouvelles qui présentaient sous un jour trompeur les attitudes de la Russie et de l'Angleterre à notre égard. »

On sait [1], avec quelle insistance, par trois télégrammes de Guillaume II en date du 13, du 15 et du 17 mars, succédant à trois démarches du baron Speck de Sternburg, la pression allemande s'était exercée à Washington. L'appui des États-Unis nous fut, contre cette pression, aussi fidèle que l'avait été celui de l'Angleterre et de la Russie. L'Empereur d'Allemagne demandait que M. Roosevelt nous recommandât le projet autrichien : le président s'y refusa ; que, du moins, M. White reçût l'ordre de voter ce projet : M. Roosevelt s'y refusa encore. A la dernière dépêche de l'Empereur, appuyée énergiquement par l'ambassadeur, un troisième refus répondit, — refus verbal d'abord adressé à M. de Sternburg, refus écrit ensuite, télégraphié à Guillaume II par l'intermédiaire du baron de Sternburg (17 mars). Non seulement M. Roosevelt, très mal impressionné par les récentes manœuvres de l'Allemagne, déclarait, avec une netteté particulière, le projet autrichien « inacceptable ». Mais il affirmait que, si la doctrine de Monroë ne l'eût pas empêché de prendre parti, il l'eût activement combattu comme étant une amorce de partage du Maroc, au moyen de sphères d'influence [2]. M. Roosevelt rappelait d'ailleurs qu'ayant, le 7 mars, soumis à l'Empereur un projet [3], il s'y tenait ; que, si le délégué américain ne s'abstenait pas, il ne pourrait voter que pour ledit projet ; que la France avait fait une grosse concession en acceptant l'inspection ; qu'il appartenait à l'Allemagne de la reconnaître en renonçant à ses prétentions sur la police suisse de Casablanca, injustifiable à tous égards. En même temps, M. Root télégraphiait à M. White des instructions dans le même sens, qui constituaient la réfutation complète des arguments invoqués [4] en faveur de la

---

1. Voir ci-dessus, page 319.
2. Développant ce principe, M. Roosevelt se déclarait donc partisan d'une police mixte franco-espagnole dans chaque port. (Voir ci-dessous, page 385.)
3. Voir ci-dessus, page 297.
4. L'opinion américaine était d'ailleurs d'accord avec le président. On télégraphiait de New-York, le 23 mars, à la *Gazette de Cologne* :
« J'apprends de très bonne source que la question de Casablanca a de nouveau provoqué des manifestations de défiance envers l'Allemagne. Plusieurs grandes puissances ont communiqué au gouvernement de Washington les craintes que leur inspirent les prétentions exagérées de l'Allemagne, qui semblent comporter le danger de complications pouvant aboutir à une guerre. Le Sénat a même demandé au président Roosevelt, si l'Allemagne ne cherche pas à acquérir à Casablanca un port de guerre comme base, devant lui servir, à l'avenir, à mettre à exécution ses vues sur le Brésil. »

thèse autrichienne et demandait à l'ambassadeur d'Allemagne d'appuyer à Berlin les vues du gouvernement de l'Union.

En moins d'une semaine, nous avions donc non seulement rétabli la foi dans notre fermeté[1], mais encore provoqué la manifestation publique des sympathies qui nous étaient acquises. La légende de notre découragement et celle de notre isolement, répandue par l'Allemagne à la faveur de la crise ministérielle, s'effondrait. Et l'édifice de nos alliances et de nos amitiés apparaissait plus solide que jamais. Le danger de la veille ajoutait même quelque chose à la sécurité présente. Et le bénéfice du contraste nous fortifiait encore. Le jour fâcheux jeté sur les menées allemandes obligeait l'Allemagne à garder plus de réserve et, pour se disculper, à modérer ses demandes. La négociation pouvait être reprise au point où la chute du cabinet Rouvier l'avait interrompue. Le terrain perdu du 7 au 14 mars était regagné. Et nous nous retrouvions à pied d'œuvre. Quelques heures d'énergie, de décision et de publicité avaient fait plus que des mois de patience et de discrétion. Il restait à trancher la question de Casablanca. Et, pour l'aborder, nous étions doublement armés, puisque nous étions décidés à ne point reculer et que l'Europe entière savait, grâce aux déclarations officielles et publiques des puissances intéressées, que cette décision rencontrait l'unanime approbation de nos alliés et de nos amis.

II

Pendant que notre diplomatie d'une part, notre presse d'autre part, procédaient à cette riposte nécessaire, M. Léon Bourgeois, étudiant l'énorme dossier de la conférence, déterminait la ligne de conduite à laquelle il allait s'arrêter, tant dans ses rapports avec les ambassadeurs que dans ses instructions à M. Révoil. Et, d'accord avec son prédécesseur, — la déclaration ministérielle en témoignait, — sur les principes de notre politique, il examinait les modalités, entre lesquelles son choix devrait s'exercer pratiquement.

---

[1]. Le 19 mars, la Chambre vota, sans débat, le budget des Affaires étrangères. A la demande de M. Bourgeois, toutes les interpellations furent ajournées.

Comme il l'avait dit, dès le 15, à l'ambassadeur d'Autriche, la question de la police ne se prêtait plus de notre part à aucune concession nouvelle. Nous avions commencé par demander le mandat d'organiser seuls cette police. Pour donner satisfaction à l'Allemagne, nous avions admis un double amendement, modifiant ce mandat dans son caractère et dans son extension. Nous avions accepté que ce fût le Sultan qui créât la police, des instructeurs étant simplement placés à sa disposition et nous avions admis que ces inspecteurs fussent, non pas exclusivement français, mais espagnols et français[1]. Le 17 février, nous avions fait un pas de plus et nous avions dit à l'Allemagne : « Si vous consentez à la combinaison franco-espagnole, nous ne refuserons pas de l'entourer de certaines garanties. » Ces garanties, nous les concevions à ce moment sous la forme d'un simple compte-rendu, d'un rapport qu'établirait la police franco-espagnole et que l'Italie transmettrait aux puissances[2]. Bientôt, nous étions allés plus loin encore. Et sans réclamer rien de plus, nous avions adhéré au principe de l'inspection, à condition toutefois qu'on n'apportât point de restriction au privilège de la France et de l'Espagne et que Casablanca fût, comme les autres ports, confié aux instructeurs français et espagnols[3]. A partir de ce moment, nous touchions un point de résistance impossible à déplacer. Si nous cédions sur Casablanca, nous étions dépossédés, par un détour, de l'avantage en vue duquel nous avions souscrit à l'inspection. Si le huitième port avait une police suisse, danoise ou hollandaise, la police marocaine cessait d'être franco-espagnole. Et si elle cessait de l'être, elle reprenait le caractère international que nous estimions inacceptable. Inacceptable aussi était la confusion du commandement et de l'inspection en la personne d'un inspecteur chargé directement de la police d'un port. Inacceptable enfin l'atteinte portée à la souveraineté du Sultan par la subordination de cet inspecteur, non pas au maghzen, mais au corps diplomatique. M. Bourgeois n'avait qu'à récapituler l'histoire de la négociation pour en dégager ces conclusions. Il le fit en quelques heures et,

---

1. Voir ci-dessus, page 149.
2. Voir ci-dessus, page 180.
3. Voir ci-dessus, page 307.

son parti pris, il s'y tint avec une invariable fermeté. Il ne céderait rien sur Casablanca. Il exigerait que la police franco-espagnole fût acceptée sans restriction ; qu'elle s'étendît à tous les ports. Il veillerait enfin à ce que l'inspecteur, dont les attributions seraient à définir ultérieurement de façon explicite et précise, contrôlât, sans diriger et restât l'agent du Sultan, au lieu de devenir celui de l'Europe. En tout cas, il ne consentirait à s'occuper de cette question qu'après avoir obtenu sur celle de Casablanca une assurance ferme et définitive.

Un esprit politique pouvait aisément se former une opinion sur un problème d'ordre purement politique tel que celui de la police. A l'égard de la banque, un examen plus minutieux était indispensable. Deux idées générales devaient guider M. Léon Bourgeois dans l'étude qu'il en allait faire. D'abord, il n'estimait pas qu'une affaire d'argent, si légitime et importante fût-elle, eût pour la France le caractère « vital » que présentait la sauvegarde de notre sécurité algérienne. Plaie d'argent, dit-on, n'est pas mortelle. Si nous avions un sacrifice à consentir encore, mieux valait que ce fût un sacrifice financier. Toutefois et cette idée corrigeait la première, nous ne devions pas, en recherchant à tout prix une transaction sur la banque, créer un état de choses pire que le *statu quo*. Et si l'Allemagne prétendait nous entraîner jusque-là, notre devoir était de ne pas la suivre. Dans ce cas, une solution était théoriquement admissible. Si nous constations qu'il était impossible d'obtenir, en matière de banque, le minimum nécessaire, ne pouvions-nous point suggérer ou faire suggérer par une puissance amie l'ajournement du débat ? C'était, en somme, une concession, puisque l'idée de la Banque d'État était une idée française ; puisque nous avions, en 1904, obtenu du maghzen, à ce sujet, sinon une promesse positive, du moins un engagement moral ; puisqu'enfin nos titres à une situation spéciale et privilégiée dans cet établissement étaient reconnus même par l'Allemagne, et que le désaccord ne portait que sur l'appréciation de ce privilège. D'autre part, tout en faisant valoir le mérite que nous avions à renoncer à ce projet, nous étions à peu près sûrs de ne rien perdre à son abandon. Les porteurs de l'emprunt de 1904 gardaient non seulement leurs droits, mais leur gage. Et quant aux établissements contractants, ils estimaient qu'en raison de leur situation acquise ils pouvaient fonder une banque privée sans craindre une concurrence sérieuse. C'était un expédient élégant, qui allégeait le débat, sans compromettre nos intérêts et pouvait, s'il réussissait, nous éviter un conflit sans nous infliger de préjudice.

Cet expédient se heurtait malheureusement à de graves objections. D'abord l'Allemagne, si par hypothèse elle cédait sur Casablanca, chercherait évidemment à obtenir des avantages financiers. Quels seraient ces avantages, s'il n'y avait point de Banque d'État ? Vis-à-vis des tiers, nous aurions peine à expliquer comment, ayant demandé, le 3 mars, à la conférence, de coupler la discussion des deux questions, police et banque, nous prenions la résolution soudaine de supprimer la seconde d'un programme rédigé par nous-mêmes le 28 septembre 1905. De plus, sans Banque d'État, comment mettre sur pied la police ? Comment la rétribuer ? Comment faire honneur à notre promesse de régulariser, d'assainir, de fortifier le crédit marocain ? C'était une faillite. Était-il habile d'en prendre la responsabilité ? En fait, d'ailleurs, d'après les renseignements de M. Révoil, la conférence ne s'y prêterait pas. Et nous entamerions, sans résultat, le crédit assuré jusqu'alors à notre politique par sa parfaite unité. Nous nous trouvions ainsi ramenés à la nécessité de chercher ce que, dans le projet de banque, tel qu'il se comportait depuis la séance du 3 mars, nous pouvions faire de concessions nouvelles. Nous avions accepté déjà que la banque fût marocaine. Nous avions admis, à la demande de M. de Tattenbach, qu'un tribunal spécial à compétence limitée fût institué à Tanger. Nous étions d'accord avec lui sur les autres dispositions relatives à la juridiction et aussi sur la législation. Pour les censeurs, une nuance seulement nous séparait. L'Allemagne consentait, comme nous, à ce qu'ils fussent fournis par les Banques d'État. Il restait à savoir qui les choisirait. Et nous pouvions accepter que ce fussent les Banques d'État elles-mêmes avec approbation des gouvernements. Sur un point unique, la répartition du capital, le désaccord subsistait. Ce désaccord était double. D'un côté, l'Allemagne ne voulait pas donner au consortium le nombre de parts que nous réclamions pour lui. D'un autre côté, elle lui demandait la cession de droits qu'il ne pouvait ou ne voulait pas céder. Ces droits étaient ceux des articles 12 et 16 (contrôle) et de l'article 32 (faculté de déterminer le quantum à prendre pour gager les emprunts nouveaux sur le solde disponible de 40 p. 100). Sur ces trois articles, des arguments juridiques étaient en présence qu'il convenait de peser scrupuleusement.

A l'égard du droit de contrôle, il nous était, malgré l'insistance du comte de Tattenbach, impossible de rien accorder. C'était, on l'a vu, la garantie des porteurs[1]. Ni le gouvernement français, ni même les établissements contractants ne pouvaient disposer de cette garantie. Dans le vif désir d'aboutir à une entente, on avait examiné la question de savoir si, à défaut d'une cession de ce droit, on ne pourrait prévoir sa délégation à la Banque d'État. Cette délégation aurait peut-être facilité l'exercice du contrôle qui, jusqu'alors, bien qu'inscrit dans le contrat de 1904, n'avait jamais fonctionné[2]. Et les droits des porteurs sur le gage douanier seraient restés les mêmes, l'organe de surveillance étant modifié sans risques réels, puisque la Banque d'État, par son intervention, eût ajouté sa caution propre à celle constituée par les recettes douanières. Si séduisante que fût cette combinaison, les conseils du ministère des Affaires étrangères et de la Banque de Paris ne crurent pas devoir s'y rallier. La délégation du droit de contrôle pouvait ne présenter aucun danger : il n'en restait pas moins que, sans le consentement des porteurs, cette délégation eût été aussi incorrecte juridiquement qu'une cession proprement dite. Restait donc l'article 32. On se souvient que M. Rouvier, d'accord avec M. Révoil, avait estimé que nous pouvions le négocier. Cet article obligeait le gouvernement marocain, s'il voulait gager un nouvel emprunt sur le solde disponible (40 p. 100) des recettes douanières, à ne fixer le quantum à prendre sur ce solde qu'après entente avec les banques contractantes. Le paragraphe 2 du même article stipulait, d'ailleurs, que le solde disponible demeurait frappé d'une première hypothèque en faveur des porteurs de l'emprunt, — ceci pour le cas où, les recettes diminuant, le prélèvement de 60 p. 100 n'aurait pas été suffisant. Il ne s'agissait ni de céder le solde disponible ni même l'hypothèque qui pesait sur lui. Mais il était permis de concevoir la cession à la Banque d'État

---

1. Voir ci-dessus, page 281.
2. Les autorités marocaines ne s'y étaient jamais prêtées. Et le rôle des agents de l'emprunt se bornait, depuis 1904, à opérer le prélèvement de 60 p. 100 sans intervention de surveillance ni de gestion.

du droit d'apprécier, d'accord avec le maghzen, dans quelle mesure les 40 p. 100 pouvaient, en deuxième rang, servir de gage à un nouvel emprunt, les porteurs conservant, aux termes de l'article 11, l'ensemble des recettes comme garantie. C'est à cette conception qu'on s'était arrêté d'abord[1]. Mais, depuis lors, certaines difficultés avaient été signalées à l'attention du ministère. Son jurisconsulte, M. Louis Renault, estimait que, comme l'article 33, l'article 32 énonçait une mesure prise dans l'intérêt, non des banques, mais des porteurs et que, partant, on n'en pouvait point disposer sans leur aveu. Les porteurs, d'après M. Renault, gardaient, — et cela n'était contesté par personne, — un privilège sur l'ensemble des recettes, et, par l'article 32, s'engageaient seulement à rendre au maghzen le libre emploi d'une partie de ses revenus, si cette partie n'était point nécessaire au service de l'emprunt. Or, ils avaient délégué le pouvoir d'en juger à un mandataire déterminé, la Banque de Paris. Il était donc impossible de substituer, à ce mandataire choisi par eux, un autre mandataire, à savoir, la Banque d'État du Maroc. De son côté, la Banque de Paris pensait qu'on ne pouvait, à proprement parler, céder les droits de l'article 32. Comme, cependant, il était difficile, après les conversations auxquelles les plénipotentiaires avaient été mêlés, de revenir sur notre offre de grossir ainsi notre apport, M. Léon Bourgeois se décida à présenter la question sous une forme différente, qui évitait l'écueil juridique sans modifier le résultat pratique. Le consortium restait seul compétent pour apprécier quelle quotité du solde de 40 p. 100 pouvait être éventuellement dégagée de la garantie de l'emprunt 1904, afin de servir en première ligne de gage à un emprunt nouveau. Mais le gouvernement chérifien conservait la faculté d'offrir à des prêteurs une seconde hypothèque sur le solde disponible. Et cette faculté pouvait être abandonnée à la Banque d'État. C'était évidemment moins que ce que nous avions cru d'abord pouvoir céder. Mais c'était quelque chose encore. On s'arrêta à cette solution mixte par la rédaction suivante :

Cession des droits de l'article 33 et de l'article 32, sous la réserve expresse du privilège général conféré en premier rang aux porteurs

---

1. Voir ci-dessus, page 311.

de titres, sur la totalité du produit des douanes (privilège défini par l'art. 11) et généralement sous la réserve de tous droits résultant du dit contrat en faveur des porteurs.

Moyennant cette cession, quelle part obtiendrions-nous dans la répartition du capital? C'était le dernier point, sur lequel M. Léon Bourgeois avait à prendre parti. Il savait que, sur les quinze voix correspondant dans le comité d'étude et dans le conseil d'administration aux quinze parts constitutives du capital, nous étions assurés d'avoir avec nous celles de l'Angleterre, de la Russie, de l'Espagne, de l'Italie et du Portugal, ce qui, s'ajoutant à la nôtre, faisait six voix. Il nous en fallait donc deux de plus, au minimum, car nous ne pouvions compter absolument sur celles de la Belgique et des États-Unis. Ainsi se déterminait la limite que nous ne devions pas dépasser. Nous avions, à l'origine, réclamé quatre parts pour le droit de préférence seul. Et nous avions laissé entendre que nous nous suffirions de trois. Nous pouvions, en fin de compte, nous contenter de deux, tout en ajoutant à notre apport la clause relative à l'article 32, limitée ainsi qu'on vient de le voir. L'Allemagne nous offrait une part pour cet apport ainsi défini. Il fallait la déterminer à couper la différence en deux, étant d'ailleurs bien entendu que la réduction à deux parts de notre demande primitive serait subordonnée à l'acceptation de la police franco-espagnole pour les huit ports, sans la restriction de Casablanca.

Ayant ainsi déterminé le terrain sur lequel il pouvait se mouvoir, M. Bourgeois était à même de négocier utilement. C'est par l'intermédiaire du comte de Khevenhuller, ambassadeur d'Autriche, qu'allait s'engager cette négociation.

III

Le comte Goluchowski n'avait pas changé d'idée. Il considérait toujours que l'intervention autrichienne pouvait aboutir à un accord. Et il estimait que cet accord serait aussi profitable à son pays qu'à lui-même. En déposant son projet, le comte de Welsersheimb s'était inspiré fidèlement des instructions de son chef. Il avait reconnu l'efficacité de la police franco-espagnole. Sans doute, à la demande de l'Allemagne, il avait apporté à cette police la restriction que l'on sait et proposé, pour Casablanca, un régime spécial. Mais, dès le premier jour, il avait marqué que cette question n'avait à ses yeux qu'une importance très-secondaire [1]. De son côté, le comte de Khevenhuller, dans sa première visite à M. Léon Bourgeois, s'était borné à l'interroger sur ses intentions, sans indiquer le moins du monde, que la police de Casablanca dût être nécessairement suisse, danoise ou hollandaise. Tandis qu'en Allemagne, le gouvernement et la presse présentaient le projet autrichien comme un dernier mot intangible [2], l'Autriche et ses représentants étaient donc beaucoup moins cassants. Ils nous demandaient de faire quelques concessions sur la banque. Mais ils semblaient apprécier les raisons qui nous empêchaient d'en consentir de nouvelles à l'égard de la police. De sa conversation du 15 mars avec M. de Khevenhuller, le ministre des Affaires étrangères gardait l'impression d'un désir vif et sincère de conciliation, qui recherchait, loin de les exclure, les possibilités d'entente.

L'Allemagne, à ce moment même, tentait un dernier effort pour nous déterminer à capituler. Et elle essayait encore d'emporter de haute lutte le succès, que lui avait fait espérer la chute de M. Rouvier. A Vienne, son ambassadeur, le général de Wedel, affirmait sur l'honneur que c'était fini des concessions; que la France accepterait, tel quel, le projet autrichien ou que la conférence serait rompue [3]. A Paris, le samedi 17, le prince de Radolin venait au ministère et, sans brutalité, mais avec insistance, il priait M. Bourgeois de céder sur Casablanca, « base nécessaire du contrôle de l'inspecteur ». Comme le ministre déclarait de nouveau que nous ne consentirions jamais à une solution internationale

---

1. Voir ci-dessus, page 293.

2. Le *Lokal-Anzeiger* (13 mars), disait qu'il n'était pas probable que l'Allemagne pût faire de nouvelles concessions sur la police. Même note dans la *Münchner Allgemeine Zeitung*. Les agences officieuses écrivaient le 17 mars : « La position diplomatique de l'Allemagne fut rarement aussi favorable. Aussi il n'y a pas de motif de renoncer à notre point de vue qui est approuvé par presque toutes les nations comme correct et loyal. »

3. Le général de Wedel tenait publiquement ces propos, qui m'ont été rapportés par deux de ses collègues.

introduisant une troisième puissance au Maroc, à une solution illogique confondant l'inspection et le commandement, à une solution humiliante annulant, par un détour, le mandat qu'on disait nous confier, le prince, d'un ton inquiet, exprima la crainte qu'il n'y eût pas moyen de s'entendre. M. Léon Bourgeois ne se laissa pas troubler par cette appréhension et répondit simplement que la France, en acceptant l'inspection, avait pris du projet autrichien ce qu'elle en pouvait prendre ; que l'Allemagne n'avait rien pris du projet français, et qu'au contraire, au cours de la crise ministérielle, elle avait exercé sur nous et nos amis une pression difficile à accorder avec des dispositions conciliantes ; que c'était à elle d'apporter sa pierre à l'édifice de l'accord. M. Bourgeois concluait en disant qu'il voulait l'entente, mais une entente durable et durable parce qu'honorable. Et il tirait argument des articles énergiques publiés chaque jour par le *Temps*[1], pour montrer à l'ambassadeur qu'il n'était, ce voulant, que l'interprète fidèle de l'opinion publique.

La visite du prince de Radolin fut la dernière tentative pour imposer à la France le projet autrichien dans sa forme primitive. Le jour même, samedi 17 mars, où cette tentative se produisait, le comte de Khevenhuller revenait au quai d'Orsay : et très nettement, sous la forme d'une intervention officielle, il offrait à M. Bourgeois de chercher une autre formule. Il ne disait pas laquelle. Mais comme il enregistrait sans objection notre décision de ne plus rien accorder sur la police, il allait de soi qu'il croyait

1. Le *Temps* écrivait le 18 mars :
« Il faut donc qu'on s'habitue, à Berlin, à voir la situation telle qu'elle est et qu'on renonce aux illusions. La France ne cédera pas. Et si on persiste à vouloir l'y contraindre, elle préférera à une solution aussi préjudiciable qu'humiliante le maintien du *statu quo*. Ce *statu quo*, comme vient de l'établir avec force la *Pall Mall Gazette*, serait loin d'être désavantageux au consortium amical des puissances méditerranéennes. A Fez comme à Tanger, la triple action des diplomaties française, anglaise et espagnole saurait interdire aux Allemands cette mainmise sur le Maroc dont ils nous menacent bruyamment dans l'hypothèse d'un échec de la conférence d'Algésiras. Par la frontière algérienne, par Gibraltar et par Ceuta, les trois pays amis pourraient d'autre part, si l'action allemande prenait une forme agressive, lui barrer rapidement la route. Enfin, dans l'ordre économique, l'Allemagne y regarderait à deux fois avant de provoquer en Afrique et en Europe les représailles possibles des marchés français et britannique. Si donc l'intransigeance manifestée à Berlin depuis la crise ministérielle venait à persister, nous n'aurions aucune peine à préférer le *statu quo* à un accord à tout prix. Et peut-être loin d'y perdre, pourrions-nous y gagner. »

pouvoir triompher des résistances allemandes au sujet de Casablanca et nous demander, en dehors de l'inspection déjà acceptée, de simples concessions financières. Il était également certain, étant donnés les rapports de l'Allemagne et de l'Autriche, que le comte Goluchowski n'avait pas envoyé M. de Khevenhuller porter à M. Bourgeois une « offre » caractérisée, sans être sûr que son initiative ne serait pas désavouée à Berlin. Nous avions, par conséquent, l'assurance que, quoi qu'en dissent le général de Wedel, le prince de Radolin et les journaux, la chancellerie allemande était résignée à céder sur Casablanca. Elle renonçait à ce qu'elle croyait possible, lorsque, du 12 au 15 mars, l'Empereur et le chancelier sommaient l'Europe de nous imposer le projet autrichien. Et elle consentait à l'amendement que M. de Radowitz avait paru admettre au début de mars et qu'avait seule rendu « inacceptable » la chute du cabinet français.

Presque aussitôt, d'ailleurs, la nouvelle de cette concession nous était de toutes parts confirmée. C'est d'abord du Maroc qu'elle venait, de Tanger où le Dr Rosen disait, le 18 mars, à un agent du maghzen : « L'accord est fait. Nous laissons Casablanca à la police franco-espagnole. » Puis d'Algésiras où, le 18 au soir, M. de Radowitz déclarait : « Ne parlons plus de la proposition autrichienne[1]. » Alors, paraissait, un article significatif de la *Gazette de l'Allemagne du Nord* en date du lundi 19 :

Pour l'intérêt spécifique allemand, y lisait-on, il est fort indifférent qu'à Casablanca un couple d'instructeurs suisses ou hollandais plutôt qu'espagnols ou français dirige la police marocaine. Nous ne croyons pas non plus que l'Allemagne puisse laisser échouer l'entente pour la seule question de la police à Casablanca, si la France est disposée à entourer cette police, dans les ports, de garanties vraiment suffisantes pour que son fonctionnement serve impartialement tous les intérêts étrangers. Le premier pas a déjà été accompli, dans cette voie, par la concession aux termes de laquelle doit être institué un inspecteur général neutre[2].

Le même jour, l'ambassadeur d'Autriche à Berlin et plusieurs

---

[1]. A la séance de comité de rédaction du 20 mars, le comte Koziebrodski reconnut que la proposition autrichienne était susceptible de modifications.

[2]. Voir le *Temps*, 21 mars.

de ses collègues informaient M. Bihourd que la concession annoncée par la note officieuse était acquise et qu'on n'insisterait pas pour soustraire Casablanca à la police franco-espagnole. A son tour, le prince de Bülow précisait cette information en disant à l'ambassadeur de Russie que l'Allemagne cédait sur ce point et qu'elle voulait seulement que l'inspection fût effective et réelle. Le lendemain, mardi 20, Guillaume II répondait au télégramme que M. Roosevelt lui avait adressé le 17. Dans cette réponse, il n'était plus question de Casablanca. Enfin comme M. Bihourd répétait à M. de Tchirschky ce que M. Bourgeois avait dit au prince de Radolin, le ministre répliquait en souriant :

— Je n'aperçois plus de difficultés, puisque nous acceptons ce que vous désirez [1].

Bien que cette affirmation ne mentionnât pas explicitement la nature de l'adhésion allemande, ni cette adhésion ni son sens ne faisaient de doute pour personne. Le mercredi 21, M. de Schœn allait, au surplus, voir le comte Lamsdorf et lui renouvelait, dans des termes qui ne prêtaient pas à l'équivoque, la communication faite le lundi par le chancelier au comte d'Osten-Sacken. Simultanément, le comte Goluchowski annonçait joyeusement au marquis de Reverseaux que tout était arrangé. Trois jours après enfin, le samedi 24, nous apprenions que l'Allemagne avait fait connaître sa décision aux représentants du maghzen et, le même jour, le comte de Khevenhuller disait à M. Léon Bourgeois ;

— Ne parlons plus de Casablanca. Vous aurez, vous et l'Espagne, les huit ports sans restriction. L'inspecteur ne fera qu'inspecter, sans exercer le commandement dans un port.

La certitude nous était donc acquise de voir triompher nos demandes, quant à la nationalité des instructeurs. Mais avant qu'il ne fût permis de se féliciter sans réserve de ce succès, force nous était, d'une part, de le faire enregistrer à Algésiras par une rédaction définitive, de veiller, d'autre part, à ce qu'il ne fût pas restreint ou compromis par les dispositions relatives soit aux attributions de l'inspecteur, soit à la répartition des ports, soit à l'organisation même de la police franco-espagnole.

[1]. L'entrevue de M. Bihourd avec M. de Tchirschky eut également lieu le mardi 20.

IV

Depuis le 10 mars, l'hôtel *Reina Cristina* et le palais de *l'ayuntamiento* étaient singulièrement mornes. On sentait que l'intérêt, que l'action n'étaient plus là. Les plénipotentiaires faisaient le geste de négocier, mais ne négociaient guère. Quelques-uns amorçaient des transactions, — aussitôt abandonnées. On attendait que vînt d'ailleurs la nouvelle de la décision. Du double dialogue engagé entre Washington et Berlin et entre Vienne et Paris dépendait, au su de tous, le succès de la conférence.

Dans la délégation allemande, M. de Tattenbach seul s'agitait encore. C'est, on s'en souvient, sa mauvaise humeur qui, le 14 mars, avait décidé le comité des rapporteurs à ne plus siéger. Cette mauvaise humeur s'épanchait en libres propos. Oublieux des lenteurs tant de fois opposées, soit pendant les négociations de 1905, soit à Algésiras même, à nos questions ou à nos propositions, il allait, tantôt chez l'un, tantôt chez l'autre, se plaindre de ce pays, qui, après avoir retardé tout le monde par sa crise ministérielle, persistait à ne pas répondre. Répondre à quoi ? Le délégué allemand eût été, sans doute, embarrassé de l'indiquer. Au surplus, du 14 au 26, c'est lui et M. de Radowitz, ou, à leur instigation, M. de Welsersheimb, qui allaient, à des reprises successives, faire reculer les séances. C'est ce que M. Révoil faisait observer, quand on lui rapportait les griefs de son collègue. Nous avions dit ce que nous prenions du projet autrichien. Que prenait l'Allemagne de notre projet ? Nous n'en savions rien. Et dans ces conditions ce n'était pas à nous de parler. Nous avions seulement « les oreilles ouvertes » aux suggestions qu'on nous présenterait. Dans les autres délégations, une sorte de lassitude découragée régnait. Sir Arthur Nicolson, mis au courant par sir Edward Grey de la manœuvre allemande, était allé, dès le mercredi 14 mars, dire à M. de Radowitz :

— Pour éviter tout malentendu, je vous répète, une fois de plus, que je soutiendrai la France jusqu'au bout et qu'elle ne cédera pas sur Casablanca.

M. White correspondait continuellement avec son gouvernement. Et, avec une insistance particulière, il développait à M. de Radowitz et au comte de Welsersheimb les raisons, qu'au même moment, dans son télégramme du 17 à Guillaume II, M. Roosevelt invoquait pour écarter le projet autrichien. Mais le mutisme allemand persistait, maussade et irréductible. C'était un stationnement sans fin, aussi pénible aux plénipotentiaires que l'ordre de « marquer le pas » à une troupe fatiguée par une longue étape.

De temps à autre, on avait de petites émotions qu'on grossissait par nervosité. Le lundi 19 mars, au soir, le bruit se répandait que l'Allemagne allait faire déposer par l'Autriche un nouveau projet, projet étrange entre tous. Il s'agissait d'une organisation de la police qui eût supprimé le régime spécial du huitième port et laissé l'intégralité du mandat aux instructeurs français et espagnols, mais en limitant leur action à quatre ports seulement : Tanger, Larache, Rabat et Casablanca, les quatre autres restant sans police. On s'appuyait, pour justifier cette idée, sur ce fait que, dans les propositions primitives portées à Fez par M. Saint-René-Taillandier, il n'était question que de quatre ports¹. La raison ou le prétexte ne valait pas grand'chose. C'est l'Allemagne elle-même, qui, dans les négociations de 1905, avait demandé que le programme d'organisation de la police ne fût point limité dans son extension. Nous y avions consenti, et depuis lors la conférence avait toujours entendu s'occuper des huit ports ouverts et statuer sur eux tous ensemble. Comment d'ailleurs s'expliquer que la police reconnue nécessaire à Tanger, à Rabat, à Larache, à Casablanca, ne le fût point à Tetouan, à Safi, à Mogador, à Mazagan ? Qu'était-ce que cette faillite partielle ? Enfin n'y avait-il pas, de la part de l'Allemagne, une arrière-pensée de garder la main libre dans les quatre ports laissés sans police ? Pour tous ces motifs, nous ne pouvions accepter une telle combinaison. Nous n'eûmes pas du reste à l'écarter, car elle ne fut jamais formulée. Sa prompte publication dans une dépêche du correspondant du *Temps* à Algésiras et le mauvais accueil qu'elle rencontra parmi les délégués, déterminè-

---

1. Pour le document auquel se référait cette proposition, voir *Livre Jaune*, 1901-1905, page 257.

rent l'Autriche à ne la point présenter et l'Allemagne à y renoncer[1]. Chacun, par conséquent, restait sur ses positions.

Le mardi 20 mars, le comité des rapporteurs reprit ses séances suspendues depuis le 14. M. Regnault en profita pour faire justice de la fausse nouvelle, répandue à son sujet, par l'agence Wolff pendant la crise ministérielle[2].

Je n'ai pas l'intention, dit-il, de transporter au comité des rapporteurs la polémique des journaux ; je ne peux pas cependant laisser passer l'information, donnée par une agence étrangère, au sujet d'un nouveau projet de police que j'aurais déposé devant le comité des rapporteurs.

Ayant été chargé par le comité de fixer par écrit les points déjà examinés, j'ai apporté sur les premiers articles discutés une proposition de rédaction, et en la présentant, j'ai eu bien soin de déclarer que si cette rédaction ne parlait pas du rôle de l'inspection, c'est parce que ce point avait été réservé.

J'ai dit, que, sur ce point, la délégation française avait reconnu le principe d'une inspection, mais qu'elle n'avait pas pris parti sur les modalités de cette inspection ; que, d'autre part, le projet autrichien ne contenait rien de précis pour les attributions de l'inspecteur ; que, par conséquent, je n'étais pas en état de fournir une rédaction sur ce point.

Conformément aux instructions qui me sont données, si on reconnaît que la police sera exercée par des officiers français et espagnols, je suis prêt à discuter l'organisation de l'inspection. D'ailleurs, pour répondre aux intentions de la conférence, nous pourrions reprendre le travail de comparaison entre ces projets et rechercher le moyen de les mettre en harmonie.

1. Voir le *Temps*, 21 mars 1906.
« Algésiras, 20 mars, 1 heure.
« Le bruit court, avec une persistance inquiétante, que M. de Radowitz aurait obtenu du comte de Welsersheimb de se charger du dépôt d'une nouvelle proposition moins acceptable encore que les précédentes. Il s'agirait de restreindre à quatre ports seulement, ceux de Tanger, Larache, Rabat et Casablanca, l'organisation de la police en confiant cette police par alternance à la France et à l'Espagne. On estime, parmi les délégués, que cette proposition serait doublement inadmissible, d'abord parce qu'elle tend à ignorer et à annuler les accords franco-espagnols, ensuite et surtout parce que, sans raison aucune, on exclut quatre ports sur huit d'une organisation qui est aussi nécessaire dans les uns que dans les autres. Mais surtout on est très frappé de ce fait que, par cette proposition, l'Allemagne se réserverait la possibilité ultérieure d'une action personnelle dans ceux des ports que n'organiserait pas la conférence. Pour toutes ces raisons, plusieurs délégués m'ont dit qu'il leur semblait peu probable que l'Autriche se chargeât de déposer un tel projet. Néanmoins, je répète que le bruit de ce dépôt, soit pour ce soir, soit pour demain, court avec persistance. » — J. Galtier.

2. Voir ci-dessus, page 317.

Alors, M. Regnault développa de nouveau ses arguments sur la question de Casablanca, demandant que, suivant les propres termes employés par M. de Radowitz, on « mît en harmonie » le projet français et le projet autrichien. Nous avions accepté le principe de l'inspection, faisant ainsi ce qui dépendait de nous pour arriver à cette « harmonie ». L'Allemagne acceptait-elle la police franco-espagnole sans restriction ? M. de Tattenbach ne répondit point. Le mercredi 21, le comité tint une nouvelle séance. Dès ce moment[1], on avait, à Paris, de bonnes raisons de croire à une concession allemande. Mais, à Algésiras, cette concession semblait loin d'être acquise. M. de Welsersheimb disait à qui voulait l'entendre, que le gouvernement allemand n'avait pas envoyé d'instructions à M. de Radowitz et que, dans ces conditions, l'action médiatrice de l'Autriche ne pouvait pas s'exercer. Le 21, le comité étudiait donc les attributions de l'inspecteur et rédigeait les articles secondaires du projet de police, mais « réservait » toujours l'article relatif à Casablanca. Le vendredi 23, il se réunissait une troisième fois et adoptait une rédaction provisoire qui nous donnait satisfaction, et ne parlait plus du régime spécial du huitième port. Dès ce moment d'ailleurs, l'affaire était réglée. Et à la séance plénière du 26, les représentants de l'Autriche et de l'Allemagne énonçaient officiellement leur adhésion, sur ce point, au système français. M. de Welsersheimb prenait le premier la parole et, après avoir rappelé les termes du conflit, il disait :

> On s'est aperçu que la proposition autrichienne suscitait deux objections principales : la première portait sur les inconvénients pratiques de la double fonction d'inspection et de commandement qu'on se proposait de donner à l'inspecteur, inconvénient qui paraissait de nature à empêcher que le but désiré fût atteint ; la seconde provenait de ce que la France et l'Espagne ne croyaient pas pouvoir admettre que des officiers d'une troisième puissance fussent chargés de l'organisation de la police dans l'un des ports du Maroc.
> L'Autriche-Hongrie a donc cru devoir renoncer à ce point. Cependant, il s'agissait de remplacer par d'autres garanties celle qui disparaissait ainsi du projet primitif. Il a paru qu'on pourrait utilement y substituer le contrôle du corps diplomatique. En conséquence, je me

---

1. Voir ci-dessus, page 346.

propose de déposer un certain nombre d'amendements destinés à préciser ma pensée sur l'exercice efficace de l'inspection [1].

Et M. de Radowitz ajoutait :

Je m'associe aux paroles prononcées par M. le premier délégué d'Autriche-Hongrie et je suis prêt à entrer dans l'examen des projets qui viseraient à créer des garanties sérieuses et efficaces tant pour le contrôle de la police que pour le fonctionnement d'un inspecteur général résidant à Tanger [2].

Le problème, par conséquent, était résolu, en ce qui concernait Casablanca. Et c'est sur les attributions de l'inspecteur que la lutte, désormais, allait porter.

Simultanément, on causait de la banque. Et cette conversation, du 14 au 26, suivait une marche analogue à celle de l'entretien qui se poursuivait sur la police. Le vendredi 16 mars, on apprenait que l'Allemagne faisait une suggestion. Elle consentait à donner deux parts au consortium, en échange des droits des articles 32 et 33 du contrat de 1904, plus, éventuellement, une part en échange du droit de contrôle inscrit aux articles 12 et 16. Mais elle réclamait une part pour le syndicat allemand qui avait, en 1905, prêté 10 millions au Sultan [3]. La proposition était rédigée comme il suit :

Toutefois, en compensation des droits qui lui sont reconnus par les articles 32 et 33 du contrat de juin 1904, droits que le consortium des banques signataires de ce contrat céderait à la Banque d'État du Maroc, il sera attribué au consortium le droit de souscrire deux parts égales à celles réservées à chacun des groupes souscripteurs. Au cas où la Banque d'État du Maroc serait chargée de l'exercice des droits inscrits aux articles 15 et 16 dudit contrat qui sont acquis aux porteurs de titres de l'emprunt 1904, le comité spécial d'études prévu à l'article 24 du présent acte pourrait compenser cet apport par l'attribution d'une part égale aux autres dans la souscription du capital. La Banque d'État du Maroc sera alors chargée d'assurer les perceptions douanières et de les faire parvenir au consortium de l'emprunt 1904, conformément aux stipulations du contrat précité. D'autre part, en compensation des droits qui lui sont reconnus par l'article 7 du contrat d'avance du

1. Voir Protocoles, page 197.
2. Ibid. page 197.
3. Voir ci-dessus, page 12.

30 septembre 1905, droits que le syndicat allemand, signataire dudit contrat, céderait à la Banque d'État du Maroc, il sera attribué au syndicat le droit de souscrire une part égale à celle réservée à chacun des groupes souscripteurs.

Il est difficile de comprendre comment l'Allemagne avait pu croire que nous admettrions cette solution. En nous offrant une part pour le droit de contrôle, qu'elle savait inaliénable, elle ne nous offrait rien. Pour le reste, sa proposition, tout aussi illusoire, contredisait ses engagements les plus formels. L'avance du 30 septembre 1905, sur laquelle elle prétendait fonder, pour la maison Mendelssohn, un droit identique à celui que le consortium français tenait du contrat de 1904, était pour nous une vieille connaissance, car elle avait été, en août et septembre, l'occasion d'un débat complexe et difficile. C'est sous les auspices du comte de Tattenbach, alors en mission à Fez, qu'elle avait été négociée [1]. Au point de vue franco-marocain, elle portait atteinte au droit de préférence, consenti aux banques françaises, en matière d'emprunt. Au point de vue franco-allemand, elle semblait contraire à l'esprit et à la lettre du protocole du 8 juillet qui, en annonçant la conférence, imposait une trêve aux deux parties. Nous avions donc formulé contre elle une énergique protestation. Et cette protestation avait provoqué à Berlin des explications embarrassées. On avait commencé par nier le fait [2]. Puis, devant l'évidence, on avait spécifié que « ce n'était pas un emprunt proprement dit, de nature à préjuger les décisions de la conférence et à diminuer la valeur des engagements pris vis-à-vis de la France [3] ». C'était « une simple avance » dont nous ne devions prendre aucun ombrage, car elle ne constituait pas un titre durable à la finance allemande. On avait consenti au Sultan « un crédit de banque de courte durée [4] », un « crédit passager et étroitement limité [5] ». Enfin, quand le 28 septembre avait été signé, le deuxième accord franco-allemand, on y avait stipulé, dans une forme qui ne laissait place à aucune obscurité :

1. Voir *Livre Jaune*, pages 261 à 311 *passim*.
2. Voir *Livre Jaune*, page 263.
3. Voir *Livre Jaune*, page 269.
4. Voir *Livre Jaune*, page 271.
5. Voir *Livre Jaune*, page 274.

Un accord s'est établi entre le groupe des banques allemandes et le consortium des banques françaises, en vue de participer à cette opération qui gardera son caractère d'avance de courte durée, avec gage spécial et remboursable sur le prochain emprunt ou par les voies et moyens de la Banque d'État dont la création figure au programme de la conférence. L'opération laisse intacte la question du droit de préférence du consortium français [1].

Conformément à cet accord, le consortium français avait ultérieurement obtenu la participation de moitié qui lui avait été promise. Il était donc de moitié dans l'avance de courte durée consentie au Sultan par la maison Mendelssohn, avance qui, on n'avait cessé de nous le rappeler, ne créait « aucun titre durable ». Et cependant, en dépit de cette participation, en dépit du caractère même de l'opération, voici qu'aujourd'hui l'Allemagne revendiquait pour elle seule un avantage exclusif, justifié, prétendait-elle, par l'apport qu'elle ferait à la banque en lui cédant des droits dont, six mois plus tôt, elle niait l'existence et auxquels, en tout cas, la France était associée pour moitié ! Cette prétention, contraire aux engagements de la diplomatie impériale, l'était tout autant à l'arrangement conclu entre les banques françaises et la maison Mendelssohn. Aux termes de cet arrangement, l'avance de 10 millions de marks était, en effet, remboursable par la Banque d'État dès sa constitution. Comment l'abandon des garanties que comportait cette avance pouvait-il, dans ces conditions, être considéré comme un véritable apport à la Banque d'État, puisqu'il dépendait d'elle de faire disparaître l'avance sans compensation et de l'absorber *de plano*? Comment surtout pouvait-on comparer cette avance au droit de préférence et de contrôle du consortium français, qui devait subsister intact et inattaquable, au moins jusqu'en 1941, date où l'emprunt deviendrait remboursable? Qui ne voyait d'ailleurs que, si l'Allemagne, en ajoutant une troisième part aux deux qu'elle accordait déjà au consortium français, prenait pour elle-même deux parts, au lieu d'une qu'elle demandait d'abord, elle annulait purement et simplement sa prétendue concession et continuait à ne nous offrir qu'une seule part en échange du droit de préférence? Comme pour la police, elle

[1]. Voir appendice, page 486.

retirait d'une main ce que de l'autre elle accordait. Comme pour la police, ses « concessions » étaient purement apparentes et ne répondaient à aucune réalité.

M. Révoil, à qui le marquis Visconti-Venosta avait transmis ce singulier amendement, l'écarta tout aussitôt. M. de Radowitz, qui n'avait rien à répondre à nos arguments, se contenta d'insinuer qu'il serait bien désirable d'accorder cependant dans la banque quelque avantage à la finance allemande. Mais notre bonne volonté, si grande fût-elle, ne pouvait aller jusqu'à créer des droits qui n'existaient point. De nouveau, la conversation s'arrêtait donc. Mais le vendredi 23, au moment où il devenait notoire que l'entente était acquise pour Casablanca, M. de Welsersheimb demandait à M. Révoil quel était son dernier mot sur la banque. Le plénipotentiaire français, avec une entière franchise, lui répondait aussitôt que nous ne pouvions céder le droit de contrôle et que, quant aux droits de l'article 32, ils ne pouvaient être négociés qu'autant que le privilège de premier rang des porteurs français sur la totalité des recettes douanières serait explicitement garanti. Quant aux parts, nous réservions notre réponse jusqu'à ce qu'on fût pleinement d'accord sur la police. En tout cas, nous ne saurions descendre au-dessous de deux. Le délégué autrichien déclarait alors ne pas savoir exactement ce qu'accepterait l'Allemagne. Pourtant, il croyait être sûr qu'elle renonçait à réclamer une part supplémentaire pour elle et que, si nous nous contentions de deux pour le consortium, il y aurait moyen peut-être de s'arranger. Il suffirait que, dans la souscription ultérieure de l'emprunt destiné à rembourser l'avance du 30 septembre 1905, la finance allemande obtînt une participation égale à celle qu'elle avait dans l'avance elle-même, c'est-à-dire 50 p. 100.

Quand cette nouvelle se répandit parmi les plénipotentiaires, elle produisit, bien que non confirmée encore, une immense satisfaction. Il semblait à tous que ce fût la fin. A la fatigue, à l'inquiétude, à la mauvaise humeur succédaient l'espoir et l'optimisme. Si l'on s'accordait pour la banque et pour Casablanca, on ne doutait pas que le reste n'allât de soi. On ne voulait pas s'arrêter à l'idée que, sur les deux questions de l'inspection et de la répartition des ports, une nouvelle discussion fût possible. Et la surprise de voir enfin l'Allemagne céder quelque chose était telle qu'on nous adjurait de ne plus provoquer de difficultés, de signer, de signer tout de suite, de signer sans discuter. C'était là, pour nous, un danger réel. Et si nous n'eussions tenu bon, les articles relatifs à l'inspecteur auraient risqué de nous mener très loin. On pouvait admettre qu'un sacrifice nouveau dans le sens du contrôle international fût nécessaire et possible. Mais il ne fallait pas que ce sacrifice aboutît à la répudiation de nos principes et transformât ainsi notre succès en échec. C'est à quoi un dernier effort allait pourvoir, qui ne fut ni le moins pénible ni le moins méritoire.

CHAPITRE II

L'INSPECTEUR

I. *Les concessions françaises en matière d'inspection.* — Les limites de nos concessions. — Ni commandement ni collaboration au commandement. — L'appui de l'Angleterre, de la Russie et des États-Unis. — Le projet Révoil du 19 mars. — Le projet autrichien aggravé. — Ses exigences.

II. *La discussion.* — Les séances de comité (20 mars, 22 mars, 23 mars). — M. Bacheracht et M. Regnault contre le comte de Tattenbach. — Le texte provisoire. — Les amendements du comte de Welsersheimb.

III. *Nouvelles concessions de la France.* — La séance du 26 mars. — L'article 6. — L'ultimatum de M. de Radowitz. — La réponse de M. Révoil. — Nouveau renvoi au comité de rédaction.

IV. *La situation de la France.* — Notre dernière ligne de défense. — Les négociations et la séance du 27 mars. — L'accord. — La séance du 31 mars. — La nationalité de l'inspecteur.

I

Le principe de l'inspection ne figurait pas dans les instructions de M. Révoil. Et c'est à Algésiras même que, par des concessions successives, nous avions été amenés à l'accepter. Il ne s'était agi d'abord que d'un rapport établi par les officiers français et espagnols et transmis aux puissances par la légation d'Italie. C'est le premier projet que M. Roosevelt avait recommandé à Berlin[1]. Puis, au début de mars, nous avions admis l'hypothèse d'un sacrifice plus grand et, à la demande de l'Autriche, nous avions fait connaître que, si satisfaction nous était donnée sans restriction quant à la nationalité des instructeurs, nous consentirions à ce que le rapport sur le fonctionnement de la police fût établi, non par les officiers français et espagnols, mais par un officier emprunté à une armée neutre et qui aurait le titre d'inspecteur

---

1. Voir ci-dessus, page 250.

général[1]. Toutefois, comme, jusqu'au 26 mars, l'Allemagne avait tenu bon sur la question de Casablanca et persisté à exclure ce port de la police franco-espagnole, nous n'avions pas énoncé publiquement nos vues sur les attributions de l'inspecteur. Et nous avions, à cet égard, borné notre adhésion à l'acceptation du principe. Il n'en était pas moins utile de fixer sur ce point nos idées et de définir précisément les articles du projet relatif à l'inspection.

Il était évident, en effet, que, conçue dans un certain sens, l'inspection pouvait annuler pratiquement les résultats pour lesquels nous luttions depuis si longtemps. Que l'inspecteur, même sans commander un port, eût la direction effective et le commandement réel des instructeurs français et espagnols : cela suffisait pour que le mandat de police fût effectivement déplacé, passant de la France et de l'Espagne à la puissance qui fournirait l'inspecteur. Donc il fallait d'abord, — et cette formule était, dès le début de mars, celle de M. Rouvier[2], — que l'inspecteur n'eût ni commandement ni collaboration au commandement; qu'il se contentât d'apprécier la valeur des résultats obtenus et la correction des méthodes employées, sans substituer son action à celle des instructeurs, seuls chargés d'organiser. Il fallait ensuite que l'intervention de ce fonctionnaire ne rendît point, par un détour, à la police franco-espagnole, le caractère international toujours repoussé par nous. L'inspecteur ferait des rapports : là-dessus point de discussion. Mais à qui les adresserait-il? Si c'était, comme le souhaitaient notoirement l'Allemagne et l'Autriche, au corps diplomatique à Tanger, on donnait, à une collectivité internationale et sans responsabilité, le moyen d'intervenir à tout moment dans le fonctionnement de la police franco-espagnole. Et, du même coup, on portait atteinte à cette souveraineté du Sultan que l'on nous avait, si souvent, sommés de respecter. D'autre part, l'envoi des rapports au maghzen, seul procédé correct, ne pouvait suffire, puisque l'inspecteur serait en somme le mandataire de l'Europe et que ce mandataire devait pouvoir renseigner ses mandants sur la marche de sa mission. Il convenait donc d'étudier une combinaison mixte, qui sauvegardât théoriquement les droits

---

1. Voir ci-dessus, page 309.
2. Voir ci-dessus, page 310.

d'Abd-el-Aziz en garantissant pratiquement ceux des puissances. Si, en d'autres termes, les rapports de l'inspecteur pouvaient et devaient être destinés au maghzen, il était indispensable que, par une voie ou par une autre, la transmission en fût assurée aux gouvernements, de qui la France et l'Espagne tenaient le privilège d'aider le Sultan à créer la police des ports. Mais il ne fallait pas que cette transmission aboutît à faire des ministres les maîtres directs de l'inspection.

Nous étions, sur ces principes, en accord parfait non seulement avec l'Angleterre et la Russie, mais encore avec les États-Unis. A notre demande, M. White avait signalé à son gouvernement l'importance de nos arguments. Et dans l'esprit des Américains aussi bien que dans le nôtre, il était acquis que l'inspecteur devrait se contenter de juger les résultats, sans se mêler de l'organisation ; qu'il serait subordonné au Sultan et non au corps diplomatique ; qu'enfin la communication de ses rapports aux ministres des puissances ne saurait, en aucun cas, servir de prétexte à une intervention, de leur part, dans le fonctionnement de la police. N'était-il pas clair d'ailleurs que, si le corps diplomatique paraissait, à quelque degré, responsable de l'inspecteur, il perdrait toute autorité pour soutenir auprès du maghzen les réclamations des gouvernements ou de leurs ressortissants ? C'est ce qui arrive en Turquie, toutes les fois que les revendications des ambassades s'adressent à des services qui ont reçu une organisation internationale. Il ne fallait pas qu'il en fût ainsi, alors que la vie même des Européens résidant au Maroc était l'enjeu du débat. Nous croyions enfin — et sur ce point aussi nous avions fait accepter nos vues par nos amis, — que nous avions intérêt à ce que l'inspecteur fût Suisse et non Hollandais. D'une part, la Suisse n'était pas représentée à la conférence ; et, de ce fait, son impartialité était plus évidente encore que celle des Pays-Bas, qui, bien que sans intérêts au Maroc, avaient pris part à la discussion d'Algésiras. De plus, nous estimions, à tort ou à raison, que le gouvernement suisse serait moins accessible que le gouvernement néerlandais à l'influence et aux suggestions allemandes. C'est dans ces conditions que, le lundi 19 mars, après un échange de vues avec M. Rouvier, M. Révoil définit par écrit, dans le projet suivant, les attributions de l'inspecteur :

Le fonctionnement de la police chérifienne sera, pendant la même durée, l'objet d'une inspection qui ne comportera d'intervention ni dans le commandement, ni dans la direction, et sera confiée à un officier supérieur de l'armée helvétique n'appartenant pas au cadre de l'activité et dont le choix sera proposé à l'agrément de S. M. le Sultan par le gouvernement fédéral suisse. En outre, l'inspecteur se rendra compte des résultats obtenus par la police chérifienne au point de vue du maintien de l'ordre et de la sécurité dans les localités où cette police sera établie. Il établira à ce sujet un rapport annuel. L'inspecteur adressera ce rapport, ainsi que toutes les communications et observations que sa mission lui paraîtra comporter, à S. M. le Sultan et simultanément au gouvernement fédéral, qui se chargera d'en assurer la transmission aux puissances intéressées. Les dispositions réglementaires propres à assurer le recrutement, la discipline et l'administration des corps de police, seront arrêtées d'un commun accord entre l'instructeur français et l'instructeur espagnol les plus élevés en grade et le ministre de la Guerre chérifien ou son délégué.

Ce texte avait, entre autres avantages, celui de la brièveté. Il nous permettait, si les circonstances l'exigeaient, de corser encore un peu, soit les attributions de l'inspecteur en lui donnant accès dans la commission chargée d'élaborer le règlement, soit le rôle du corps diplomatique en lui faisant remettre, selon le vœu de l'Allemagne, une copie des rapports adressés au maghzen. Il éliminait enfin le mot « contrôle » qui, souvent employé dans les premières conversations, avait le grave inconvénient d'impliquer, en anglais (*control*) et d'une façon générale dans la langue diplomatique, l'idée d'une direction et d'un commandement. M. Léon Bourgeois, très prudemment, avait tenu à nous réserver ainsi la marge de quelques concessions nouvelles. L'événement justifia cette prudence en prouvant combien nous eussions perdu à tout céder de prime abord.

Le projet autrichien [1], établi d'accord avec l'Allemagne, tendait ouvertement à généraliser l'action de l'inspecteur et à le subordonner étroitement au corps diplomatique. C'était là, d'après M. de Welsersheimb, la rançon nécessaire du sacrifice consenti à l'égard de Casablanca. Le délégué autrichien ne s'en contentait point d'ailleurs et opposait à notre projet la rédaction aggravée que voici, qui en différait sensiblement, et à laquelle il donnait la forme

---

1. Voir ci-dessus, page 306.

d'un amendement lié à l'acceptation sans réserve de la police franco-espagnole[1].

Le fonctionnement de la police fera, pendant la même période de cinq années, l'objet d'une inspection générale, qui sera confiée par S. M. Chérifienne à un officier supérieur de l'armée helvétique ou néerlandaise. S. M. le Sultan le choisira librement parmi les officiers que lui présentera, au nombre de trois et avec l'assentiment des puissances signataires, ou le gouvernement de la Suisse ou celui des Pays-Bas. Il aura sa résidence à Tanger.

L'inspecteur général, sans intervenir directement dans le commandement ou l'instruction, se rendra compte des résultats obtenus par la police chérifienne au point de vue du maintien de l'ordre et de la sécurité dans les localités où cette police sera installée. Dans l'exercice de ses fonctions, il visitera, au moins une fois par an, chacune des huit places où les corps de police seront établis. Sur le résultat de ces visites d'inspection annuelles, il adressera, par l'entremise du doyen du corps diplomatique à Tanger, un rapport à S. M. le Sultan.

En dehors de ces rapports réguliers, il pourra, s'il le juge nécessaire, adresser, par la même voie, au gouvernement chérifien, des rapports spéciaux sur toute question concernant le fonctionnement de la police.

Le contrôle du fonctionnement de la police sera exercé par le corps diplomatique à Tanger. A cet effet, l'inspecteur général lui prêtera son concours.

En cas de réclamation à l'égard du fonctionnement de la police, la légation intéressée pourra en saisir le corps diplomatique qui, après avoir provoqué une enquête par l'inspecteur général, donnera à l'affaire la suite qu'elle comportera[2].

L'entremise nécessaire du corps diplomatique pour l'envoi au maghzen des rapports d'inspection; le contrôle, qui lui était explicitement attribué sur le fonctionnement de la police; la subordination manifeste de l'inspecteur aux ministres à Tanger; le droit à eux accordé de prescrire librement des enquêtes à ce haut fonctionnaire, presque tout, dans ce projet, était inacceptable. Et son caractère s'aggravait de ce fait que la situation, qu'on prétendait réserver à l'inspecteur sous le contrôle du corps diplomatique, était en contradiction complète avec celle qu'à la demande de l'Allemagne on avait attribuée aux instructeurs. Quand il s'était

---

1. Le prince de Bülow s'était exprimé dans le même sens, le 19 mars, dans sa conversation avec le comte d'Osten-Sacken.
2. Voir Protocoles, pages 201 à 203.

agi de définir les droits et les devoirs de ceux-ci, on n'avait pas cru pouvoir prendre assez de précautions contre le risque possible d'abus d'autorité, susceptibles de porter atteinte à la souveraineté marocaine. Pour garantir de toute restriction cette intangible souveraineté, on avait décidé que les officiers français et espagnols entreraient au service du Sultan et deviendraient fonctionnaires chérifiens ; on avait décidé qu'ils n'exerceraient ni direction ni commandement ; qu'ils seraient mis purement et simplement à la disposition d'Abd-el-Aziz, avec mission d'instruire, sous son autorité, les contingents marocains préposés à la police des huit ports ouverts de l'empire. En un mot, on avait limité autant que possible la liberté de ces officiers. Et c'est après ces limitations que l'on venait tout à coup affranchir l'inspecteur de l'autorité marocaine, le soustraire à la souveraineté du Sultan et le placer, lui, contrôleur général d'une police purement chérifienne, sous les ordres d'un organisme étranger tel que le corps diplomatique ! C'était un insoutenable paradoxe.

Aussi bien, cette proposition présentait un caractère qui, abstraction faite des raisons de droit, nous obligeait à l'écarter en fait ; c'était d'aboutir, par un détour, à cette internationalisation de la police marocaine, que la France avait toujours repoussée. Le jour où un inspecteur indépendant du Sultan et responsable devant le corps diplomatique aurait été chargé de contrôler les officiers français et espagnols, ce jour-là, le prétendu mandat donné à la France et à l'Espagne eût été anéanti au profit du corps diplomatique, organisme international par excellence, et une fois de plus, tout comme quinze jours plus tôt dans l'affaire de Casablanca, on aurait annulé pratiquement les satisfactions théoriquement consenties. Le jeu de l'Allemagne restait le même. Il avait pour objet de ruiner la concession accordée à la France et à l'Espagne. C'était la ruiner que d'introduire dans un port sur huit, comme on avait tenté de le faire, une tierce puissance. C'était la ruiner encore que de subordonner l'inspecteur non pas au Sultan souverain, mais au corps diplomatique, devenu, pour la circonstance, l'usurpateur international de cette souveraineté. Dans un cas comme dans l'autre, la France et l'Espagne étaient jouées. Dans un cas comme dans l'autre, il leur était impossible de s'y prêter.

Toutefois, dans leur désir d'en finir, les plénipotentiaires, sauf une ou deux exceptions, inclinaient à penser que la France, ayant obtenu satisfaction à Casablanca, devait céder sur le reste. Exposée à ces conseils pressants, la délégation française risquait de les prendre à la lettre, de méconnaître par conséquent ce qui, dans le chapitre de l'inspection, devait être à tout prix maintenu de nos prétentions primitives. Fort heureusement, M. Bourgeois, soutenu énergiquement par la presse[1], réagissait contre cette inclination et estimait que nous pouvions sans risques, après avoir passé les gros écueils, résister, au terme de la route, au *bluff* renaissant de l'Allemagne. C'est dans ces conditions qu'allait s'engager la partie.

II

C'est à la même séance de comité de rédaction du mardi 20 mars, dont il a été question déjà dans le précédent chapitre[2], que fut ouvert le débat sur les attributions de l'inspecteur. Comme, à cette date, nous n'avions pas encore reçu l'adhésion officielle de l'Allemagne à la police franco-espagnole sans restrictions, M. Regnault fit observer que c'était sous la réserve expresse de cette adhésion qu'il était autorisé à parler de l'inspection et des conditions pratiques dans lesquelles elle s'exercerait. Puis, après une courte discussion sur le régime de Casablanca, le comité s'ajourna au lendemain mercredi 21.

Ce jour-là, M. Bacheracht, se reportant au projet autrichien, exposa ses idées sur l'organisation de l'inspection prévue par l'article 4 de ce projet : elles étaient naturellement conformes aux nôtres. Et naturellement aussi, le comte de Tattenbach crut devoir les critiquer. D'après lui, le délégué russe ne donnait pas à l'inspecteur de suffisantes garanties. Il fallait que le contrôle de ce dernier sur le fonctionnement de la police fût effectif et réel. Il fallait qu'en toute occasion et sans aucun délai, le corps diplomatique pût

---

1. Le *Temps* écrivait : « C'est au Sultan que l'inspecteur doit adresser ses rapports. Qu'on trouve un moyen, si l'on veut, de les communiquer au corps diplomatique ; mais qu'on ne parle plus de substituer pour leur réception les légations au maghzen. Une telle combinaison serait pour la France et l'Espagne illogique, humiliante et néfaste. » (Voir le *Temps* 28 mars 1906.)

2. Voir ci-dessus, page 349.

mettre en mouvement cet organe de contrôle. Il fallait enfin, puisque les puissances prenaient une lourde responsabilité en organisant la police, qu'elles eussent, par l'intermédiaire de leurs ministres et de l'inspecteur, des droits de surveillance qui leur permissent de sauvegarder cette responsabilité. Sans doute, M. de Tattenbach n'allait pas jusqu'à réclamer pour l'inspecteur un commandement proprement dit. Mais il demandait pour lui et pour le corps diplomatique une si constante intervention dans le fonctionnement de la police, qu'il faisait de lui et des ministres accrédités à Tanger les collaborateurs continus et les chefs véritables des instructeurs français et espagnols.

M. Regnault, en présence de cette argumentation extensive, rappela ce que devait être, en droit et en fait, un inspecteur. Dans aucune administration, dans aucune armée, on ne confond les organes d'exécution et les organes de surveillance. Et toujours le contrôle est distinct du commandement. L'inspecteur, par définition, devait être, vis-à-vis des instructeurs, un surveillant, vis-à-vis de l'Europe, un rapporteur. Si quelqu'une de ces enquêtes, qui sont en tout pays l'une des attributions les plus importantes de la police, devait être menée dans les ports, c'est à la police chérifienne, guidée par ses instructeurs, qu'il appartenait d'y procéder. Et le rôle de l'inspecteur devait se borner, en rendant compte des résultats obtenus, à s'assurer que les principes généraux, admis par la conférence, n'avaient pas été lésés. Si l'inspecteur exerçait, sous forme d'enquête spéciale ou sous quelque autre que ce fût, une action directe, il participait au commandement, ce que M. de Tattenbach lui-même reconnaissait excessif. De même, en ce qui concernait les rapports de l'inspecteur, si ces rapports étaient adressés, soit exclusivement soit en premier lieu, au corps diplomatique, non seulement on portait atteinte à la souveraineté du Sultan, mais on dénaturait la mission des ministres à Tanger, en leur imposant des devoirs particuliers qui, restrictifs du mandat confié à la France et à l'Espagne, étaient de plus en contradiction avec le rôle normal et essentiel des agents diplomatiques. De même enfin, quand il s'agirait d'élaborer les règlements relatifs à l'organisation de la police, il serait illogique d'y faire participer l'inspecteur et de soumettre les textes adoptés à l'approbation du corps diplomatique; car, là encore, on confondrait arbitrairement l'organisation et la surveillance, le commandement et l'inspection. On disait, il est vrai, qu'il fallait sauvegarder les responsabilités de l'Europe en respectant sa liberté d'action? Mais combien il était plus nécessaire de sauvegarder les responsabilités, mille fois plus directes et plus graves, de l'Espagne et de la France ; de n'entraver point, par l'immixtion de l'inspecteur et des ministres l'indépendance indispensable aux instructeurs mis par ces deux puissances à la disposition du Sultan ! C'était affaire de bon sens et de bonne foi. Et nous demandions que, dans l'instant qu'on nous confiait une tâche malaisée, on ne nous en rendît pas, comme à plaisir, l'exécution plus difficile.

Quelle que fût la valeur de ces raisons, elles ne prévalurent pas devant le comité de rédaction sur le sentiment de lassitude qui, de plus en plus, y régnait. Dans la mesure même où l'on avait craint, du 10 au 20, que l'Allemagne ne restât intransigeante à l'égard de Casablanca, on prétendait mettre à notre charge le reliquat de concessions nécessaire à l'établissement de l'accord. Les Russes et les Espagnols eux-mêmes trouvaient que « vraiment. cela n'avait pas d'importance ». Et, dans la discussion entre M. de Tattenbach et M. Regnault, personne ne prit la parole en notre faveur. Malgré nos objections, on admit donc et le principe des enquêtes faites par l'inspecteur à la demande des ministres ; et l'envoi des rapports relatifs à ces enquêtes au corps diplomatique en même temps qu'au maghzen ; et la participation de l'inspecteur à la préparation du règlement de police ; et la ratification de ce règlement par les ministres accrédités à Tanger. C'était, jusqu'à nouvel ordre, l'échec de nos vues et le succès complet du système austro-allemand. Nos réserves étant maintenues, l'accord ne s'établissait donc que sur des points secondaires : à savoir, mode de nomination, solde de l'inspecteur et des instructeurs et fixation des effectifs dans les différents ports. Pour tout le reste, la conférence aurait à choisir entre les deux thèses qui restaient en présence. Nous défendrions devant elle le texte arrêté le 19 mars, déjà soutenu en comité par M. Regnault, et nous ne ferions connaître notre décision définitive que lorsque nous pourrions apprécier dans leur ensemble les concessions de l'Allemagne.

La séance de comité de rédaction du 22 ne nous fut pas plus favorable que celle du 20, et n'établit l'entente sur aucun des points contestés. Celle du 23, consacrée à la rédaction du projet, ne le fut pas davantage. Le texte provisoire adopté par le comité différait sur trois points du projet français. Tandis que nous prévoyions seulement l'envoi du rapport au Sultan et au gouvernement suisse chargé de le transmettre aux puissances, le comité disait :

Ce rapport, ainsi que toute communication relative à la mission de l'inspecteur sera adressé au représentant du Sultan à Tanger et transmis en copie au corps diplomatique.

Le comité prévoyait aussi la collaboration de l'inspecteur à l'étude du règlement de police. Enfin il accentuait, dans son article VII, le rôle du corps diplomatique, en disant :

En cas de réclamation dont le corps diplomatique serait saisi par la légation intéressée, le corps diplomatique pourra demander au représentant du Sultan à Tanger de faire établir un rapport. Ce rapport sera transmis au représentant du Sultan à Tanger et communiqué au corps diplomatique [1].

Sans être ce que nous désirions, cette rédaction était évidemment moins mauvaise que celle de l'Autriche, qui affirmait explicitement le « contrôle » du corps diplomatique sur l'inspecteur et la subordination de celui-ci aux ministres accrédités à Tanger. Mais nous savions que le comte de Welsersheimb ne se contentait pas du projet des rapporteurs et qu'il soutiendrait devant la conférence les amendements dont on a vu plus haut le caractère [2]. Le désaccord subsistait donc. L'intervention du corps diplomatique dans le fonctionnement de l'inspection et, par l'inspection, dans celui de la police, tel allait être désormais le point sensible de la négociation. Et l'Allemagne allait y trouver l'occasion d'une suprême manifestation d'intransigeance.

III

A la veille d'aborder cette discussion, nous pouvions, à part nous, admettre une partie des prétentions allemandes. Mais il

1. Voir Protocoles, page 207.
2. Voir ci-dessus, page 360.

était indispensable de nous réserver par notre silence la possibilité de n'y consentir qu'après débat et en faisant de nos concessions une monnaie d'échange qui nous valût, sur d'autres points, des satisfactions équivalentes. L'essentiel était que l'inspecteur n'apparût pas comme le subordonné, non du Sultan souverain, mais du corps diplomatique irresponsable. Que ses rapports dussent être en fait communiqués au corps diplomatique à Tanger, ce n'était pas évitable. Que le corps diplomatique fût éventuellement autorisé à recourir à lui, c'était possible aussi, — mais à une condition, c'est que les droits du Sultan et ceux des instructeurs français et espagnols fussent également préservés.

Le lundi 26 mars, la conférence qui, de délai en délai, avait cessé de siéger depuis le 10 mars, se réunit à dix heures du matin. Avant que la discussion ne s'ouvrît sur les articles, les déclarations du comte de Welsersheimb et de M. de Radowitz vidèrent l'affaire de Casablanca[1]. Puis, très rapidement, on arriva aux amendements annoncés par le représentant de l'Autriche. Dès l'article III, la question se posa de savoir, s'il convenait que l'inspecteur et le corps diplomatique collaborassent à la rédaction du règlement de police. Sir Arthur Nicolson exprima une opinion négative en indiquant une solution transactionnelle : l'inspecteur pourrait se borner à donner son avis. A son tour, M. Révoil exposa que cette collaboration risquerait d'engager la responsabilité de l'inspecteur et de diminuer sa liberté dans l'exercice de sa surveillance. De même, fallait-il que le corps diplomatique participât à cette rédaction ? Et n'était-il pas préférable, en le tenant en dehors de ce travail, de laisser au maghzen toute la responsabilité, pour le cas où la police ne fonctionnerait pas d'une façon satisfaisante ? Sur les deux points, M. de Tattenbach répondit par un refus. Il fallait que le corps diplomatique fût consulté à ce sujet. Faute de s'entendre, on renvoya une fois de plus l'article au comité de rédaction.

C'est sur l'article VI que le débat prit toute son ampleur. Le projet du comité de rédaction portait :

Art VI. — Le fonctionnement de la police sera, pendant la même période de cinq années, l'objet d'une inspection qui sera confiée à un

1. Voir ci-dessus, page 351.

officier supérieur de l'armée suisse ou néerlandaise dont le choix sera proposé à l'agrément de S. M. le Sultan par le gouvernement suisse ou néerlandais.

L'inspecteur, sans intervenir dans le commandement ou l'instruction, se rendra compte des résultats obtenus par la police chérifienne au point de vue du maintien de l'ordre et de la sécurité dans les localités où cette police sera installée. Il établira tous les ans, ou plus fréquemment s'il le juge nécessaire, un rapport à ce sujet. Ce rapport, ainsi que toute communication relative à la mission de l'inspecteur, sera adressé au représentant du Sultan à Tanger et transmis en copie au corps diplomatique [1].

Le comte de Welsersheimb acceptait la première partie de cette rédaction, mais il modifiait sensiblement la seconde. Au lieu de dire que l'inspecteur adresserait ses rapports au représentant du Sultan à Tanger et les transmettrait en copie au corps diplomatique, c'est au corps diplomatique qu'il confiait la mission de faire parvenir au Sultan lesdits rapports [2]. Il ajoutait qu'en outre, et par la même voie, l'inspecteur pourrait envoyer des rapports spéciaux. Il demandait enfin qu'un nouvel article, qui serait devenu l'article VII, spécifiât que le contrôle du fonctionnement de la police serait exercé par le corps diplomatique avec le concours de l'inspecteur. C'était ce que le comte Koziebrodski avait indiqué, dès le 21 mars, au comité de rédaction. C'était aussi le contre-pied de ce que nous étions résolus à demander.

La discussion s'engagea par une observation de sir Arthur Nicolson.

— Si, dit-il, on attribue le contrôle de la police au corps diplomatique, on décharge le maghzen de toute responsabilité. Est-ce logique? Est-ce sage?

A cette question, on attendait une réponse qui fût une explication : on se trouva en face d'un ultimatum. A peine, en effet, M. de Welsersheimb avait-il eu le temps de dire que le contrôle du corps diplomatique n'était que la compensation de la concession faite par l'Allemagne sur Casablanca, que M. de Radowitz prenait la parole et faisait la déclaration suivante :

Si l'on a adopté le terrain nouveau de délibération qui résulte

1. Voir Protocoles, pages 206 et 207.
2. Voir ci-dessus, page 360.

des amendements présentés aujourd'hui par la délégation d'Autriche-Hongrie, c'est à condition qu'en retour, l'inspection soit entourée de garanties très-sérieuses.

C'est pour la délégation allemande un point capital. S'il ne pouvait pas être réglé conformément à ses vues, il deviendrait sans doute difficile de continuer utilement la discussion de l'organisation de la police[1].

En d'autres termes, l'Allemagne faisait du contrôle du corps diplomatique une condition *sina qua non*. Et avec une ténacité persistante, elle nous ramenait, une fois encore, à cette organisation internationale qu'elle savait pour nous impossible à accepter. M. de Welsersheimb, assez surpris et mécontent du ton de son collègue allemand, venait alors à la rescousse et, dans l'embarras de trouver un argument, cherchait à mettre M. Révoil en contradiction avec lui-même.

— N'avez-vous pas, lui disait-il, déclaré à la séance de comité du 5 mars que, sur place, le corps diplomatique et les consuls, si vigilants pour tout ce qui concerne les nationaux, seraient toujours en mesure de s'assurer que la police ne serait pas détournée de son but, ne léserait aucun des intérêts de leurs ressortissants[2]?

Dans son embarras M. de Welsersheimb jouait sur les mots. M. Révoil avait invoqué, le 5 mars, les droits généraux des ministres et des consuls pour écarter l'inspection. On avait jugé néanmoins qu'un organe spécial était nécessaire. Et c'est au moment de définir les attributions de cet organe de contrôle, qu'on prétendait superposer à son autorité celle du corps diplomatique! M. Révoil crut le moment venu d'exposer publiquement nos vues ; d'expliquer d'abord officiellement, — nous n'avions pas encore eu l'occasion de fournir en séance plénière cette explication, — pourquoi nous avions accepté l'inspection ; de montrer ensuite comment nous concevions qu'elle devait s'exercer. Il le fit dans les termes suivants :

La souveraineté et l'indépendance du Sultan, pas plus que la libre concurrence en matière économique, ne sauraient être compromises par le fait que des officiers instructeurs seront mis à la disposition de

1. Voir Protocoles, page 202.
2. Voir Protocoles, page 202.

S. M. Chérifienne par la France et l'Espagne pour lui prêter, dans l'organisation de la police, un concours nettement limité.

Si, toutefois, une garantie supplémentaire est jugée utile à cet égard, l'inspection supérieure appartenant à une puissance neutre et non représentée à la conférence fournira amplement cette garantie.

La mission de cet inspecteur est aisée à définir. Il doit pouvoir l'exercer en toute indépendance.

Les instructeurs n'ont pas de commandement direct ; ils ne devront jamais substituer leur autorité à celle des fonctionnaires marocains dans l'exercice de la police. La seule autorité responsable à cet égard, la seule à laquelle on doit demander des comptes, le cas échéant, et, par conséquent, faire des représentations, c'est le maghzen.

Il convient de laisser au corps diplomatique sa mission générale au Maroc. Les traités lui donnent des moyens assez étendus de préserver ses ressortissants et de garantir les intérêts particuliers et aussi bien les intérêts généraux du pays qu'il représente, sans compter la vigilance des chancelleries.

Si l'on veut spécifier, dans la matière présente, les pouvoirs du corps diplomatique, stipuler son ingérence directe, on ne fera qu'affaiblir la faculté générale qui vient d'être déterminée. On lui fera prendre, dans le fonctionnement d'une institution chérifienne, une part de responsabilité que le maghzen ne manquera pas d'opposer le jour où le représentant d'une puissance voudra lui adresser une réclamation au sujet de la police. C'est ce qui se passe ailleurs, quand les ambassades ou les légations font valoir auprès des autorités régulières, les réclamations de leurs ressortissants contre un service internationalisé.

Que le corps diplomatique, que l'inspecteur remplissent, d'une manière générale, chacun de leur côté, le mandat qui leur est propre : les garanties que l'on veut élaborer n'en seront que mieux assurées[1].

Immédiatement, au nom de l'Espagne, M. Perez Caballero s'associa et à l'acceptation de l'inspection et aux observations de M. Révoil. Ni M. de Radowitz, ni M. de Tattenbach n'ayant répliqué, le marquis Visconti-Venosta dut proposer le renvoi au comité de rédaction. Cette proposition fut adoptée.

Il en fut de même pour l'article suivant. Pour cet article, le comité de rédaction avait établi le texte que voici, qui répondait à nos désirs :

Art. VII. — En cas de réclamation dont le corps diplomatique serait saisi par la légation intéressée, le corps diplomatique pourra demander au représentant du Sultan à Tanger de faire procéder à une enquête par

---

[1]. Voir Protocoles, page 202.

l'inspecteur, qui devra établir un rapport. Ce rapport sera transmis au représentant du Sultan à Tanger et communiqué au corps diplomatique[1].

M. de Welsersheimb ne s'en contentait pas. Il supprimait l'intervention du représentant du Sultan. Et c'est le corps diplomatique, qui chargeait directement l'inspecteur de procéder aux enquêtes[2]. MM. Révoil et Perez Caballero maintinrent leurs objections. Et le renvoi fut prononcé.

Au terme de cette séance, la situation était donc la suivante. La conférence s'était trouvée d'accord pour définir la nature de la police placée « sous l'autorité souveraine du Sultan » ; le recrutement de ses effectifs pris parmi les musulmans marocains et commandés par des caïds ; elle avait admis que les instructeurs seraient choisis parmi des officiers et sous-officiers français et espagnols ; elle avait réglé la situation matérielle de ces instructeurs[3]. Elle avait précisé leurs attributions, fixé la garnison de chacun des huit ports ouverts, chargé la Banque d'État du paiement de la solde, posé le principe de l'inspection, établi à Tanger la résidence de l'inspecteur, indiqué le chiffre de ses appointements et allocations. Enfin, à la demande de M. Perez Caballero, elle avait adopté la résolution suivante :

> En raison du voisinage et de l'existence de plusieurs anciennes stipulations entre l'Espagne et le Maroc, relatives à la sécurité de ses places fortes et à la tranquillité des régions voisines, l'Espagne jouit, dans certaines parties du Maroc, d'une situation analogue à celle qui résulte pour la France de ses arrangements avec le Sultan relatifs à la région frontière de l'Algérie. Ces parties sont définies par l'article 18 du règlement sur la contrebande des armes et par l'article 25 du règlement des douanes ; et la délégation espagnole y revendique, pour le gouvernement de S. M. Catholique, le même droit que celui qui a été revendiqué par le gouvernement de la République Française en ce qui concerne la région frontière de l'Algérie, c'est-à-dire le droit de régler directement et exclusivement la police avec le Sultan[4].

Il restait par conséquent à statuer sur les articles VI, VII ancien et VII nouveau, relatifs aux attributions de l'inspecteur, à ses rela-

1. Voir Protocoles, page 207.
2. Voir ci-dessus, page 360.
3. Voir Protocoles, pages 197 à 207.
4. Voir Protocoles, page 197.

tions avec le corps diplomatique et au droit de contrôle sur la police réclamé par l'Autriche pour les ministres à Tanger. Rien dans la discussion ne faisait, ni d'un côté ni de l'autre, prévoir de concessions. Et c'est avec mauvaise humeur que les membres du comité de rédaction voyaient revenir à eux le calice qu'ils avaient cru pour toujours écarté.

IV

Le ton cassant de M. de Radowitz avait surpris et mécontenté tout le monde, à commencer par l'Autriche. Le comte Goluchowski, qui se croyait au port et pensait tenir le succès, en fut inquiet. Et dès le lundi 26 au soir, il télégraphia à M. de Welsersheimb de tenter tout le possible pour concilier les thèses en présence : il suggérait, entre autres combinaisons, la remise simultanée des rapports de l'inspecteur au représentant du Sultan et au corps diplomatique. Il n'insistait pas sur l'article VII (nouveau) destiné à affirmer le droit général de contrôle des ministres à Tanger sur le fonctionnement de la police. Par ces instructions immédiates, il plaçait le débat sur un terrain sensiblement plus favorable que celui où nous avait laissés la séance du même jour, et, de nouveau, se comportait moins en « second » de l'Allemagne qu'en médiateur. L'heure était venue pour nous de jeter du lest et de consentir les sacrifices nécessaires.

Celui qui nous coûtait le moins cher était évidemment d'accepter que l'inspecteur participât à la rédaction du règlement sur la police. En fait, on aurait toujours été forcé de le consulter. Et son avis, pour être donné du dehors, n'en eût pas moins, de toute façon, pesé dans la balance. Aussi bien, la commission qui rédigerait ce règlement devant, d'après le texte autrichien, se composer de quatre personnes, un Marocain, un Espagnol, un Français et l'inspecteur, ce dernier ne pourrait pas imposer sa manière de voir aux deux puissances mandataires. Il pouvait d'ailleurs être habile de prévenir ses critiques ultérieures en l'associant au travail préparatoire. Il en était de même pour l'avis à demander sur ce règlement aux ministres à Tanger. Quant aux rapports de l'inspecteur avec le corps diplomatique, force nous était bien d'admettre qu'on ne pourrait pratiquement les empêcher. Mieux valait, par conséquent, nous appliquer à les définir : c'est à quoi pourvut M. Révoil en proposant à M. Bourgeois les deux rédactions suivantes, qui concordaient d'ailleurs, à quelques termes près, avec les instructions qu'il avait reçues de Paris les jours précédents.

Art. VII. — Les rapports et communications, faits au maghzen par l'inspecteur général au sujet de sa mission, seront en même temps remis en copie au doyen du corps diplomatique à Tanger afin que le corps diplomatique soit mis à même de constater que la police chérifienne fonctionne conformément aux décisions prises par la conférence et de surveiller si elle garantit, d'une manière efficace et conforme aux traités, la sécurité des personnes et des biens des ressortissants étrangers, ainsi que celle des transactions commerciales.

Art. VIII. — En cas de réclamations dont le corps diplomatique serait saisi par la légation intéressée, le corps diplomatique pourra, en avisant le représentant du Sultan, demander à l'inspecteur de faire une enquête et d'établir un rapport sur ces réclamations à toutes fins utiles [1].

L'intervention prévue par l'article VII pour le corps diplomatique ne faisait qu'énoncer un droit normal et ne créait pas de privilège abusif. Quant à l'article VIII, il fournissait un moyen de donner une suite rapide aux réclamations présentées contre le maghzen. Et par là, il se recommandait si manifestement au bon accueil de la conférence, qu'il eût été imprudent de ne pas nous l'approprier. Nous pouvions consentir ces légers sacrifices sans compromettre ni l'indépendance des instructeurs, ni l'autonomie de l'inspecteur. Sur un seul point, nous avions le devoir de nous montrer irréductibles. C'était à l'égard de l'article VII (nouveau) du projet autrichien ainsi libellé :

Le contrôle du fonctionnement de la police sera exercé par le corps diplomatique. A cet effet, l'inspecteur général lui prêtera son concours.

C'est à faire disparaître cet article que devait tendre notre effort. Si nous y réussissions, nous pouvions, sans grands risques, être très-arrangeants sur le reste.

1. Voir Protocoles, page 217.

Utilement secondés, notamment par M. White, nous pûmes, dans la matinée du mardi 27, mettre sur pied cette transaction et faire présenter, le même jour, à la conférence qui se réunissait en séance plénière à cinq heures et demie, un projet où, sur le point capital, le comité des rapporteurs nous donnait satisfaction : l'article VII (nouveau), soutenu la veille par M. de Welsersheimb, avait en effet cessé d'y figurer. Nous étions battus, au contraire, sur la question du règlement. Enfin l'article VIII dispensait le corps diplomatique de passer par le représentant du Sultan pour demander des enquêtes à l'inspecteur et, en autorisant les rapports directs entre l'inspection et les légations, n'exigeait plus qu'un simple avis au fonctionnaire marocain. Cette combinaison n'était certes pas très-respectueuse de la souveraineté d'Abd-el-Aziz. Mais elle se justifiait par des raisons de commodité, sans d'ailleurs porter atteinte à l'indépendance de l'inspecteur.

La séance du 27, consacrée à des objets divers, ne fut cependant pas décisive à l'égard de l'inspection. On y adopta *ne varietur* le texte des articles II et III (recrutement, attributions et soldes des instructeurs français et espagnols), IV et V (répartition des effectifs et rapports avec la Banque d'État), VI, VII, IX et X (attributions et traitement de l'inspecteur). Mais trois points, — durée de l'organisation de la police, participation de l'inspecteur à l'élaboration du règlement, enquêtes spéciales confiées à l'inspecteur, — donnèrent encore lieu à différentes réserves. Sur le premier, M. Révoil demandait trois ans au lieu de cinq. Sur le second, il maintenait ses observations de la veille. Sur le troisième, M. de Welsersheimb se disait autorisé à accepter la rédaction qui ne parlait plus du « contrôle » des ministres. Mais M. de Radowitz déclarait n'être pas sûr de l'assentiment de son gouvernement. D'où la nécessité de revenir une fois encore sur ce débat[1].

C'est ce qu'on fit le samedi 31 mars. Ce jour-là, M. de Radowitz ne maintint pas ses restrictions. Et M. Révoil consentit aussi bien au délai de cinq ans qu'à la présence de l'inspecteur dans la commission chargée de rédiger le règlement[2]. Pour l'article VIII (enquêtes

---

1. Voir Protocoles, pages 211-213.

2. La police fut la seule réforme pour laquelle la « courte durée » visée par les accords franco-allemands ait été explicitement limitée à cinq ans. Pour le reste, on s'en référa, sans inconvénients d'ailleurs, aux principes adoptés dans

confiées directement à l'inspecteur par le corps diplomatique), il déclara qu'il eût préféré la première formule, — qui plaçait, entre les légations et l'inspecteur, l'intermédiaire nécessaire du représentant du Sultan, — mais qu'en présence du désir général d'armer les légations contre les fins de non-recevoir trop fréquentes des autorités chérifiennes, il ne croyait pas devoir insister.

Un détail encore restait à régler : la nationalité de l'inspecteur. Dans tous les projets rédigés, on avait prévu pour le Sultan la faculté de choisir entre un officier suisse et un officier hollandais. Mais, de plus en plus, la France et l'Angleterre désiraient que ce choix ne pût se porter sur un Hollandais : une visite maladroite de deux vaisseaux néerlandais à Tanger, peu de jours après le voyage de Guillaume II en 1905, avait, en effet, donné aux Pays-Bas, dans l'esprit des Marocains, une allure germanophile, qui pouvait être gênante pour nous. On jugeait, il est vrai, assez difficile de revenir sur une proposition plusieurs fois répétée. Mais, après examen, on estima que c'était nécessaire, et, le 27 mars, sir Arthur Nicolson fit la déclaration suivante :

J'éprouve un certain embarras, car il s'agit d'une question un peu délicate; mais j'ai tant de confiance dans les sentiments amicaux de mon collègue des Pays-Bas, que je me crois assuré que Son Exc. M. Testa ne se méprendra pas sur la pensée qui m'a inspiré.

Personne n'apprécie plus que moi les hautes qualités des officiers néerlandais et j'ai une entière confiance dans leur zèle et leur dévouement; mais, en ce qui concerne l'inspecteur général, il faut, à mon avis, le demander au pays le plus désintéressé de tous dans les affaires du Maroc.

La Suisse n'a ni commerce, ni navigation, ni représentation au Maroc : la protection même de ses citoyens est répartie entre trois puissances, l'Allemagne, les États-Unis et la France. Elle n'est pas même signataire de la convention de Madrid. Elle est donc dans une situation unique, en ce qui touche ses relations avec le Maroc, et il serait impossible de trouver un pays dont le parfait désintéressement dans les affaires marocaines soit aussi évident et aussi indiscutable.

Pour le rôle difficile et délicat d'inspecteur général, je pense que, sous tous les rapports, la Suisse est particulièrement désignée, et, qu'au surplus, ses officiers possèdent une compétence et une intelli-

---

le programme de la conférence résultant de ces deux accords. Il convient d'observer que, pour la police, l'Acte général ne comporte ni ne sous-entend aucune clause de tacite reconduction.

gence incontestables. Je me permets donc de suggérer que MM. les délégués veuillent bien prier leurs gouvernements respectifs de se mettre, le moment venu, en communication avec le gouvernement fédéral suisse et de le prier d'accepter la commission de désigner un officier supérieur compétent pour remplir les fonctions d'inspecteur général de la police marocaine[1].

M. Révoil, à son tour, prit alors la parole :

Je suis heureux, dit-il, de m'associer aux sentiments qui ont été exprimés par M. le délégué plénipotentiaire de la Grande-Bretagne à l'égard de M. le délégué plénipotentiaire des Pays-Bas et je ne doute pas que M. le Jonkheer Testa ne trouve ici le témoignage de l'estime dans laquelle je tiens l'armée et la nation néerlandaises.

L'intention de la conférence ayant été, lorsque le principe de l'inspection fut admis, de confier ces fonctions à un officier tout-à-fait indépendant des compétitions d'intérêts du Maroc, je crois toutefois qu'il serait préférable, ainsi que l'a fait remarquer Son Exc. sir Arthur Nicolson, de s'adresser à la Suisse [2].

Cette double proposition ne fut pas sans provoquer une assez vive opposition de la part de l'Autriche d'abord, ensuite de l'Allemagne. Mais l'attitude du représentant des Pays-Bas enleva bientôt toute base à cette opposition. Répondant à M. Révoil, M. Testa commença, en effet, par dire qu'il s'en remettait à la conférence. Puis, le 31 mars, il fit la déclaration suivante :

Le gouvernement de S. M. la Reine n'aurait pu donner son consentement à ce que des officiers néerlandais fussent appelés aux fonctions d'inspecteur général des troupes de police au Maroc, que si la conférence l'avait formellement et unanimement désiré et l'avait jugé nécessaire pour arriver à une solution.

Or, s'étant rendu compte que cette unanimité ferait défaut, le gouvernement des Pays-Bas ne saurait consentir à être désigné dans le traité à l'effet de présenter au choix de S. M. Chérifienne des officiers de nationalité néerlandaise pour exercer l'inspectorat général[3].

Le conflit s'évanouissait donc, — faute de combattants. Et le dernier des points litigieux relatifs à l'inspection se trouvait de cette façon définitivement résolu.

1. Voir Protocoles, page 213.
2. Voir Protocoles, page 213.
3. Voir Protocoles, page 239.

Ce long débat était, de tous ceux que nous avait ménagés la conférence, le plus onéreux pour nous, puisqu'il nous amenait à accorder à l'Allemagne des garanties que n'avaient pas prévues les instructions primitives de M. Révoil. Il faut avouer toutefois qu'en acceptant la conférence, c'est-à-dire en soumettant notre politique marocaine au jugement de l'Europe, nous nous étions par avance exposés à admettre l'inspection ou quelque chose d'analogue. Sans doute, dans la dernière semaine, cette inspection même avait vu ses attributions renforcées, — évidemment contre nous. Mais nous avions obtenu qu'elle ne devînt pas, pour le corps diplomatique, l'instrument d'une action directe sur la police franco-espagnole. Et en préservant l'autonomie des instructeurs, nous avions sauvegardé la nôtre. L'inspecteur, comme les instructeurs, serait sous les ordres du Sultan. C'est au nom du Sultan que les instructeurs instruiraient les troupes marocaines. C'est au nom du Sultan que l'inspecteur les inspecterait. Et c'est au Sultan qu'il adresserait ses rapports sur les résultats de son inspection. Le corps diplomatique, représentant normal et gardien naturel des intérêts européens, serait, il est vrai, lui aussi, informé de ces résultats et bénéficierait de la présence à Tanger d'un organe intermédiaire entre la police et le Sultan. C'est pour lui ménager cette information que les rapports de l'inspecteur lui seraient transmis en copie, et qu'il serait autorisé à lui demander des enquêtes. Mais il n'était plus question, — et c'était là l'essentiel, — de substituer le corps diplomatique au maghzen et de l'élever à la dignité de grand-maître de la police. Il n'était plus question de faire, des ministres accrédités à Tanger, par la plus illégale des investitures, les usurpateurs de la souveraineté chérifienne. Il n'était plus question d'annihiler à la fois la responsabilité et l'autorité du Sultan au profit d'un organisme international, inapte à tous égards au rôle qu'on voulait lui faire jouer. Nous avions, en un mot, réduit au minimum un mal inévitable. Était-ce payer trop cher la fermeture du Maroc à la police allemande, l'échec définitif de l'internationalisation, la reconnaissance pratique de nos intérêts spéciaux ?

CHAPITRE III

LA RÉPARTITION DES PORTS

I. *L'importance de la question.* — Les accords franco-espagnols de 1904 et 1905. — Les aspirations espagnoles. — La situation de la France. — Le projet français du 8 mars et la répartition. — Le projet autrichien et les accords franco-espagnols.

II. *Les initiatives espagnoles.* — Le duc d'Almodovar, M. Moret et M. de Leon y Castillo. — La police de Tanger. — La réponse de M. Léon Bourgeois. — La police mixte de Casablanca (18-22 mars).

III. *La répartition et la conférence.* — Rumeurs et inquiétudes. — La proposition Roosevelt sur la police mixte et ses conséquences. — Nos objections. — Un péril évité. — La question pendante entre l'Espagne et la France.

IV. *Les séances du 26 et du 31 mars.* — Le comte de Welsersheimb, M. Révoil et M. Bacheracht. — La dernière négociation avec l'Espagne. — Banque et parts. — Les intrigues allemandes. — L'accord franco-espagnol. — La ratification de la conférence.

I

La question de la répartition des ports entre les instructeurs français et espagnols ne se posa que dans les toutes dernières séances de la conférence. Mais, dès le début, elle avait, on s'en souvient, préoccupé M. Révoil[1]. Tant que nous n'avions pas été fixés sur la nationalité des instructeurs, il avait été impossible d'envisager utilement les termes de ce problème pratique. Et cependant il présentait une importance qui ne nous permettait pas de nous en désintéresser.

Si l'on se reporte au point initial de notre action, c'est-à-dire aux instructions premières de janvier 1906, on constate qu'elles prévoyaient, pour la police, la mise en œuvre pure et simple des accords franco-espagnols du 3 octobre 1904 et du 1er septembre 1905. Ces deux accords ne visaient, on s'en souvient, que cinq ports sur huit, Tetouan et Larache devaient recevoir, dès l'appli-

---

1. Voir ci-dessus, page 157.

cation, une police espagnole. Tanger aurait, pendant quatorze années, une police mixte avec un chef français, et, ce terme écoulé, une police purement espagnole. Rabat et Casablanca auraient une police française. Chacune des deux puissances se trouvait ainsi placée dans la partie du Maroc où elle avait le plus d'intérêts. On ne parlait pas de Mazagan, de Safi, ni de Mogador. Mais, dans l'esprit du gouvernement français, il allait de soi que, ces trois ports ne figurant pas dans la zone où l'Espagne revendiquait des droits spéciaux, la France serait chargée d'y procéder aux organisations éventuelles, qui n'étaient pas alors envisagées.

Toutefois, il ne suffit pas, aux heures de crise, de sous-entendre ce que l'on désire. Et, aussi bien, la discussion à la conférence avait pris une tournure qui ne se prêtait pas à ces sous-entendus. Depuis le début, on s'occupait non pas de cinq ports, mais de huit. Et c'est sur huit ports que, de toute évidence, on statuerait. Or, c'eût été mal connaître l'amour-propre espagnol de croire qu'il accepterait sans protester une combinaison qui eût donné immédiatement cinq ports à la France, deux à l'Espagne, et un, Tanger, à une police mixte commandée par un Français. L'Allemagne, du reste, était toute prête à éveiller cet amour-propre, si, d'aventure, il se fût assoupi. Dès la fin de janvier, M. de Stumm avait fait luire aux yeux de M. de Ojeda la flatteuse perspective d'une police organisée par l'Espagne seule[1]. Sans doute, cette solution avait été écartée aussitôt qu'énoncée. Mais d'autres pouvaient être suggérées qui auraient les mêmes effets. L'Allemagne avait eu communication de nos arrangements secrets avec les Espagnols[2]. Elle savait donc avec précision sur quoi pouvait porter le désaccord entre Paris et Madrid. Le rôle de tentateur, que déjà elle avait joué, pouvait la séduire encore. Et si elle était écoutée, la ruine de la confiance franco-espagnole risquait d'exercer sur l'issue de la conférence la plus fâcheuse influence.

Notre jeu et celui de l'Angleterre, très-utilement servi, pendant ces difficiles semaines par M. Jules Cambon et M. Cartwright, était évidemment de répéter au gouvernement espagnol que nous ne pouvions prendre pour base de nos amicales relations avec lui que

---

1. Voir ci-dessus, page 145.
2. *Ibid.*, page 156.

le texte même des accords qui avaient scellé cette amitié. Nous avions déjà consenti, en 1905, à modifier le traité de 1904. Si nous acceptions de nouveaux amendements, jusqu'où irions-nous? Par contre, à considérer les choses en équité, le fait seul d'avoir réglé de concert avec l'Espagne l'avenir de notre politique marocaine nous imposait, à son égard, certaines obligations. L'appui parfaitement loyal que, — sauf un instant de faiblesse expliqué par la pression allemande, — elle nous avait prêté depuis le commencement de la conférence, n'avait fait qu'augmenter ces obligations. Et si, à la fin des débats, nous devions nous trouver chargés de la police de plus de ports que nous ne l'avions prévu en nous présentant à la conférence, il était juste qu'elle fût associée à ce bénéfice. L'appui que nous recevions d'elle devant les plénipotentiaires ne pouvait, en effet, se mesurer aux ressources matérielles dont elle disposait. Accusés par l'Allemagne d'avoir sur le Maroc des vues de monopole, nous trouvions, dans l'approbation de la puissance la plus directement intéressée à l'intégrité de l'empire chérifien, une force morale inappréciable et dont, maintes fois depuis le 15 janvier, nous avions tiré parti. De même que le sacrifice consenti par nous, le jour où nous avions accepté la réunion de la conférence, avait mis à notre charge un certain nombre de concessions à l'échéance d'Algésiras, de même les liens créés entre l'Espagne et nous par M. Delcassé et resserrés par M. Rouvier, restreignaient inévitablement notre liberté d'action. Il eût été impolitique de ne nous point résigner à cette situation. Et nous y aurions perdu plus que ce que nous devait coûter cette résignation.

Quoi qu'il en fût, nous devions tenir à garder jusqu'au bout l'indépendance de nos mouvements. Si nous modifiions d'accord avec l'Espagne les termes des protocoles de 1904 et 1905, il fallait que ce fût dans l'exercice de notre volonté libre et sans que la conférence s'en mêlât, car une intervention de sa part eût été, en fait, une atteinte à nos traités, en droit, une atteinte à la souveraineté du Sultan. Quand donc arriva, le 8 mars, l'heure de déposer notre projet sur la police, d'accord avec le duc d'Almodovar, M. Révoil se contenta de faire à la répartition une allusion indirecte, en disant :

L'effectif total des troupes de police ne devra pas dépasser 2500 hommes, ni être inférieur à 2 000. Il sera réparti suivant l'importance des ports, par groupes variant de 150 à 500 hommes. Le nombre des officiers instructeurs sera de 16 au maximum; celui des sous-officiers de 32.

Dans sa déclaration du même jour, M. de Radowitz ne souffla mot de la répartition. Il se borna à demander « pour l'organisation de la police marocaine une coopération étrangère assurant, à toutes les nations intéressées, l'égalité du traitement économique et la politique de la porte ouverte [1] ». Au contraire, le comte de Welsersheimb aborda de front la question. Et c'est par la répartition des instructeurs qu'il commença son projet ; on y lisait en effet :

Le Sultan chargera des officiers français de l'organisation de la troupe de police à Tanger, Safi, Rabat et Tetouan.
Le Sultan chargera des officiers espagnols de l'organisation de la troupe de police à Mogador, Larache et Mazagan.
Le Sultan nommera en outre un officier supérieur en rang qui sera chargé de l'organisation de la troupe de police à Casablanca et qui, en même temps, fera fonction d'inspecteur général de toutes les troupes de police.

Soit que ce fût l'effet du hasard, soit que l'Allemagne, inspirant l'Autriche, eût profité de la connaissance qu'elle avait des accords franco-espagnols pour les bouleverser méthodiquement, il ne restait, après ce projet, rien des dispositions prévues par ces accords. Tanger nous était donné sans condition, alors que l'Espagne tenait essentiellement, en attendant le jour où elle y serait seule maîtresse, à participer à la police de cette ville. Tetouan qui avait, à ses yeux, une capitale importance, nous était confié. Des villes sur lesquelles elle comptait, elle ne gardait donc que Larache, recevant en plus Mogador et Mazagan, qui l'intéressaient beaucoup moins. De notre côté, nous perdions Casablanca, remis à l'inspecteur suisse. Indépendamment donc des objections que nous élevions contre le régime spécial institué dans ce dernier port, nous étions fondés à nous plaindre que, sans égards pour la géographie et les intérêts respectifs de l'Espagne et de la France, on eût procédé à une distribution de hasard, où les ports semblaient tirés au sort dans l'ordre le plus illogique : France, France, Espagne, France, Suisse, Espagne, France, Espagne. Il était, il est

---

1. Voir ci-dessus, page 302.

vrai, difficile de protester là contre, sans provoquer des accusations déplaisantes et sans devenir suspects de chercher dans le mandat de police la détermination de deux sphères d'influence. Fort heureusement, la discussion, le 8 et le 10 mars, ne nous obligea pas à traiter ce sujet, — d'autant plus délicat que nous sentions que l'Espagne n'était pas satisfaite de la part à elle accordée et qu'aucun échange de vues ne nous avait encore permis de dissiper ce déplaisir.

II

Lorsqu'après la crise ministérielle et l'arrivée aux affaires de M. Léon Bourgeois, la négociation reprit son activité, le gouvernement espagnol se décida enfin à préciser ses désirs et à nous exposer ses vœux. C'est le duc d'Almodovar qui fit, à ce sujet, le 18 mars, la première ouverture à M. Révoil. On ignorait encore, à ce moment, si l'Allemagne maintiendrait sa prétention de confier à l'inspecteur le commandement d'un port. Mais, déjà, divers indices permettaient d'espérer qu'elle ne serait pas irréductible. Ce point résolu, on arriverait donc immédiatement à la répartition. Il était naturel qu'avant la discussion publique, les délégués espagnols voulussent nous communiquer leurs vues et nous questionner sur les nôtres.

La communication du duc d'Almodovar fut telle qu'on pouvait l'attendre. Il était, disait-il, inquiet de l'accueil que le peuple espagnol ferait à l'arrangement, s'il aboutissait à donner à la France cinq ports, Rabat, Casablanca, Mazagan, Safi, Mogador, et deux seulement, Larache et Tetouan à l'Espagne, Tanger ayant pour quatorze ans une police mixte avec un commandant français. Pour rétablir l'équilibre, un seul moyen : élargir la part de l'Espagne, et ce, dans la région où cet élargissement aurait pour elle le plus de prix, c'est à savoir à proximité de ses possessions. Le ministre d'État concluait en demandant que, par un nouvel amendement au traité de 1904, les instructeurs fussent à Tanger tous espagnols. Il restait entendu que cet arrangement, pas plus que les précédents, ne serait soumis à la conférence ; qu'on s'efforcerait d'obtenir pour l'Espagne et la France le droit de régler entre elles la répartition et que c'est au moment seulement de la mise en œuvre qu'on donnerait suite à l'entente proposée pour Tanger.

Le lendemain, lundi 19 mars, M. Moret tenait à M. Jules Cambon un langage identique. Deux ports sur huit, en vérité, c'était bien maigre! Avions-nous à nous plaindre de l'Espagne? Non, n'est-ce pas? Alors pourquoi mettre son gouvernement dans l'embarras en l'exposant au reproche, non sans fondement, d'avoir tiré peu de parti de la conférence et d'être mal payé de sa fidélité? Le même jour enfin, M. de Léon y Castillo se rendait au quai d'Orsay. Et très-discrètement, avec force ménagements oratoires, il abordait à son tour le cœur du débat. Il montrait les arrangements franco espagnols inadéquats à la situation actuelle, puisqu'au lieu des cinq ports, visés par ces arrangements, huit ports étaient en cause devant la conférence. Qu'allait-on faire de ces trois ports nouveaux? Trois jours après, le jeudi 22, l'ambassadeur revenait à la charge. Et, cette fois, il ne se bornait plus à poser des questions, il formulait des desiderata. D'ordre de son gouvernement, il demandait à M. Bourgeois ce que le duc d'Almodovar avait demandé à M. Révoil : une revision de nos accords créant immédiatement à Tanger l'état de choses prévu pour 1919, et instituant dans cette ville une police purement espagnole ou, au moins, sous commandement espagnol. Nous étions donc en présence d'une demande positive, d'une demande officielle, sur laquelle il fallait prendre parti et que, vu la situation à Algésiras, nous ne pouvions écarter sans inconvénients.

Si M. Révoil et M. Jules Cambon considéraient un sacrifice nouveau comme à peu près inévitable, les bureaux du ministère continuaient à le tenir pour inutile et fâcheux. Connaissant cet état d'esprit, notre délégué avait gardé, dans sa réponse au duc d'Almodovar, une réserve extrême et s'était retranché derrière ses instructions. Il avait reçu, avait-il dit, l'ordre de prendre pour base unique de ses relations avec la délégation espagnole les accords de 1904 et de 1905. Il ne pouvait, par conséquent, envisager l'hypothèse de les modifier. C'était une affaire qui devait être traitée, non entre les plénipotentiaires à la conférence, mais entre les gouvernements. De son côté, M. Jules Cambon avait répondu à M. Moret qu'il rendrait compte au ministre de leur conversation. Mais l'entretien se trouvant transporté à Paris par la démarche de M. de Léon y Castillo, force nous était de découvrir notre pensée. Lors de la première visite de l'ambassadeur, purement interrogative et officieuse, il avait encore été possible de se dérober. Lorsqu'il revint trois jours après avec une mission de son gouvernement, il fut indispensable de définir nos positions.

Il ne s'agissait plus seulement de savoir si nous consentirions en principe à une modification nouvelle des accords antérieurs. Il fallait résoudre un problème positif : celui de Tanger. Et, de ce fait, la difficulté se trouvait accrue. En effet, Tanger, à tort ou à raison, a, pour le public européen, une importance symbolique. C'est le siège du corps diplomatique, le centre de la politique, le centre du commerce aussi. Qui tient Tanger paraît tenir les clés du Maroc. Or, dans cette ville même, nous avions une situation acquise. Et, depuis dix-huit mois, le capitaine Fournier y remplissait les fonctions d'instructeur de la police [1]. Sans doute, nous avions consenti à perdre en 1919 le bénéfice de cette organisation. Mais de là à y renoncer tout de suite, il y avait un pas. Et cet abandon immédiat aurait annulé, aux yeux du public français, l'avantage obtenu à Casablanca. Bien que le soin d'assurer l'ordre à Tanger n'allât pas sans de grosses responsabilités ; bien qu'il y fût plus malaisé qu'ailleurs de surveiller les éléments turbulents qui s'y trouvent en grand nombre ; bien que le contact direct avec le corps diplomatique y dût multiplier les incidents et les réclamations, la concession qu'on nous demandait était considérable. Comment serait-elle acceptée ? M. Moret nous parlait de l'opinion espagnole. Nous avions à compter aussi avec l'opinion française irritable et nerveuse. Si l'Espagne eût souhaité autre chose que Tanger, nous eussions probablement adhéré très-vite à ses vues, d'abord dans un sentiment d'amicale équité à son endroit, ensuite pour conjurer les intrigues possibles de l'Allemagne auprès d'elle. Mais il était évident que c'était Tanger qu'elle voulait et que là porterait tout son effort. Nous étions pris par conséquent entre le désir de lui être agréable et l'impossibilité de nous effacer devant elle.

M. Bourgeois résolut de sortir d'embarras par une réponse transactionnelle. Pour Tanger, déclara-t-il à M. de Leon y Cas-

---

[1]. Voir ci-dessus, page 29.

tillo, la France ne pouvait aller plus loin que la police mixte. Et elle regrettait d'être obligée de s'en tenir aux termes mêmes des accords. Elle voulait cependant répondre par un procédé obligeant à la sympathie précieuse de l'Espagne. Et elle lui proposait, puisque Casablanca était désormais débarrassé de l'inspecteur et de ses Suisses, de créer dans ce port une police franco-espagnole au lieu d'une police française. L'Espagne aurait ainsi deux ports pour elle seule, Tétouan et Larache. Elle partagerait avec nous Tanger et Casablanca. Nous garderions Rabat, Mazagan, Safi et Mogador. L'équilibre se trouverait ainsi non absolument rétabli, mais la part de l'Espagne serait suffisante pour que son gouvernement pût sans péril affronter le jugement de l'opinion publique.

C'était là une ingénieuse combinaison. Mais trois obstacles risquaient de s'opposer à son adoption. Le premier pouvait venir de l'Espagne, pour qui, de toute évidence, le partage de la police de Casablanca avec la France n'équivaudrait pas à la direction exclusive de la police de Tanger. Le second pouvait venir de l'Allemagne, qui, devinant l'état d'esprit des hommes d'État espagnols, serait tentée de l'exploiter contre nous et de proposer à la lassitude de la conférence des solutions plus contraires encore à nos intérêts. Le troisième enfin pouvait venir de tierces puissances qui, bien intentionnées, suggéreraient par inadvertance des solutions impratiques, qu'il nous serait difficile d'écarter, puisque le désir commun à la France et à l'Espagne d'avoir certains ports plutôt que d'autres serait interprété, à tort d'ailleurs, comme l'aveu de projets ultérieurs de partage. Ces trois obstacles allaient, les uns après les autres, surgir devant nous. Et un nouvel effort serait nécessaire pour en triompher. Ce fut la dernière phase de la négociation.

III

Quand M. Léon Bourgeois avait répondu à M. de Léon y Castillo en lui offrant la moitié de la police de Casablanca, l'ambassadeur d'Espagne n'avait formulé aucune observation. Mais dès le surlendemain, c'est-à-dire le dimanche 25 mars, il retournait au quai d'Orsay et déclarait que notre proposition n'était pas acceptable; que son gouvernement n'attachait aucune importance à Casablanca; qu'il en attachait une très grande à Tanger; qu'il insistait, pour que la France acceptât sa suggestion sur ce point. De ce côté donc, loin d'avoir partie gagnée, nous étions avec Madrid en désaccord caractérisé. Et les points de vue, au lieu de se concilier, s'opposaient.

C'était d'autant plus fâcheux qu'à la conférence même les difficultés augmentaient. Le 20 mars, le bruit avait couru, on s'en souvient[1], que l'Autriche, à la demande de l'Allemagne, allait déposer un nouveau projet. Ce projet consistait à réduire à quatre le nombre des ports où l'on placerait des instructeurs européens. Ces ports, Tanger, Larache, Rabat et Casablanca, auraient été attribués, le premier et le troisième à la France, le second et le quatrième à l'Espagne. Les quatre autres, Tetouan, Mazagan, Safi et Mogador seraient restés sans organisation spéciale. Là encore, les accords franco-espagnols étaient savamment ruinés. On ajoutait d'ailleurs, dans les entretiens confidentiels aussitôt répétés qui remplissaient les entractes, que l'Allemagne n'accepterait jamais que la police de Casablanca fût confiée à un Français[2]. Était-ce le signe précurseur d'une intervention de M. de Radowitz dans cette question de la répartition, dont jusqu'alors il ne s'était pas occupé? On pouvait le croire, puisque le comte de Tattenbach y faisait allusion, le même jour, au comité des rapporteurs. Il suffisait, en tout cas, que cette hypothèse fût possible pour qu'elle devînt inquiétante. Aussi fut-ce avec une vive satisfaction que l'on apprit, le 21, que ce projet était abandonné avant que d'être déposé. Mais à cette fausse alerte un danger plus réel allait immédiatement se substituer.

Ce danger, c'est de Washington qu'il venait. Et c'est dans la dépêche même par laquelle, le 17 mars[3], M. Roosevelt nous avait rendu le service éminent d'écarter la proposition Welsersheimb, qu'il s'était fâcheusement glissé. Dans cette note, télégraphiée simultanément à Berlin et à Algésiras, M. Roosevelt commençait par établir fortement les objections que provoquait le projet autrichien du 8 mars: il montrait que l'attribution de quatre ports

1. Voir ci-dessus, page 348.
2. Le comte de Tattenbach et le comte de Welsersheimb l'avaient indiqué à différentes reprises à plusieurs plénipotentiaires.
3. Voir ci-dessus, page 335.

TARDIEU.

à la France, de trois à l'Espagne et d'un à la Suisse ou aux Pays-Bas, impliquait nécessairement l'idée d'un partage du Maroc en trois zones, et que cette idée était en contradiction avec les principes mêmes défendus par l'Allemagne et adoptés par la conférence : à savoir, souveraineté du Sultan et intégrité de son empire. Jusque-là, c'était parfait. Mais, entraîné par son raisonnement, le président en venait alors à exclure toute organisation où les puissances, chargées de la police, agiraient séparément. Il appuyait donc la solution franco-espagnole ; mais il l'entendait en ce sens, que les officiers des deux pays seraient conjointement employés dans l'ensemble des huit ports. En d'autres termes, il ne parlait plus de répartition. Et c'est une police encadrée uniformément dans chaque port d'instructeurs français et d'instructeurs espagnols qu'il recommandait à Guillaume II comme logique et comme acceptable.

C'était là le pire des contre-temps que nous pussions redouter. Avec le système américain, il ne restait rien de l'esprit qui avait présidé à l'élaboration des accords franco-espagnols, rien des termes mêmes de ces accords. Et l'atteinte portée aux dispositions arrêtées entre Paris et Madrid était grosse d'inconvénients pratiques. Les Espagnols ne sont pas toujours de rapports faciles. La juxtaposition, dans tous les ports, d'officiers des deux nationalités serait une cause permanente de conflits et de rivalités, qui rendrait stérile l'œuvre de la conférence. On pouvait, par nécessité transactionnelle, accepter la police mixte dans un ou deux ports. L'instituer partout était impossible. Comme l'avait dit un jour un diplomate espagnol à un de ses collègues français qui lui parlait d'une collaboration de ce genre :

— Nos officiers sont fiers. Ils n'obéiraient pas.

Par contre, repousser cette combinaison était chose malaisée. D'une part, nous risquions de froisser le président Roosevelt, dont le concours actif nous avait si utilement servi. D'autre part, nous ne pouvions douter que l'Allemagne, trouvant dans la note américaine un moyen discret, mais décisif, d'anéantir les arrangements franco-espagnols, élément important de cette politique marocaine de M. Delcassé que la Wilhelmstrasse voulait à tout prix réduire en poussière, ne cherchât à la faire prévaloir. Effectivement, dès le 20 mars, au comité des rapporteurs, M. de Tattenbach s'écriait :

— N'oublions pas qu'il faut régler la répartition des ports entre les Français et les Espagnols.

Et le même jour, 21 mars, on apprenait que Guillaume II, en télégraphiant la veille à M. Roosevelt qu'il renonçait à la police suisse de Casablanca, avait eu le soin de spécifier que, s'il acceptait, c'est parce que Français et Espagnols seraient répartis également dans chacun des ports en une organisation mixte. Nous nous trouvions donc pris au piège, sans pouvoir incriminer personne. Et il était malaisé de faire écarter par la conférence une organisation qui, en apparence, donnait satisfaction à toutes nos exigences, puisqu'elle créait un cadre d'instructeurs purement français et espagnol [1].

Notre diplomatie eut, en cette occasion, le mérite de ne désespérer ni d'elle-même ni des autres. Fort heureusement, l'Allemagne, dès ce moment, n'avait plus les mains libres, car elle avait déjà cédé sur Casablanca sans y mettre la condition de la police mixte. On était au 21 mars. Or c'est le 19 qu'avait paru l'article de la *Gazette de l'Allemagne du Nord* annonçant cette concession. Et

---

[1]. La proposition de M. Roosevelt fut assez rapidement connue, même de la presse, à Algésiras. Le 22 mars, le correspondant du *Temps*, M. Joseph Gallier, télégraphiait :

« Quant à la répartition des ports, il ne serait plus question de la laisser à la France et à l'Espagne, mais de la faire établir par la conférence. Je rappelle à ce sujet que, selon l'esprit du premier projet autrichien, la répartition des ports était, suivant une déclaration ultérieure du comte de Welsersheimb, un point secondaire. L'attribution de Casablanca à une tierce puissance était le prix de la liberté de choix laissée à la France et à l'Espagne. Il n'en irait plus ainsi dans le projet amendé.

» Au lieu de répartir les ports entre les deux puissances, il y aurait dans chacun d'eux une mission mixte composée d'officiers français et espagnols. On éviterait ainsi les zones d'influence et les compétitions. C'est une idée du président Roosevelt, qui considère que cette combinaison est la plus conforme aux principes posés par la conférence. C'est peut-être une solution excellente dans son intention, mais pas du tout pratique et pleine de dangers. »

Et le 23 mars, M. Gallier ajoutait :

« En ce qui concerne les missions mixtes dans chaque port, cette combinaison serait due à une suggestion américaine. Il n'est pas sûr, à cette heure, que l'Autriche ne la prenne pas à son compte. On m'a assuré qu'elle aurait été proposée à la suite d'une démarche de l'ambassadeur d'Allemagne à Washington. Très habilement, celui-ci aurait demandé l'opinion et les conseils des États-Unis en leur qualité de puissance désintéressée dans la question.

» Je ne puis que maintenir les critiques faites hier contre cette idée si peu pratique. Un délégué espagnol que j'ai interrogé partage cette opinion. » (Voir le *Temps*, 23 et 24 mars.)

Le 25 mars, l'ambassadeur de Russie avait cru devoir avertir M. Léon Bourgeois, que l'Allemagne était résolue à poser et à faire discuter la question de la répartition.

c'est le même jour que le prince de Bülow l'avait confirmée au comte d'Osten-Sacken [1]. Il était donc difficile de revenir en arrière. D'ailleurs, tout le monde était d'accord à Algésiras pour regretter la complication qu'avait, involontairement, provoquée M. Roosevelt en parlant d'une police mixte. Le duc d'Almodovar tenait cette organisation pour impraticable. M. Moret était du même avis. Sir Arthur Nicolson demandait à M. White de ne pas s'y arrêter. Et sir Edward Grey exposait à M. Carter, chargé d'affaires des États-Unis, toutes les difficultés qu'elle occasionnerait. Enfin le comte Goluchowski, qui tenait à garder la paternité de l'accord final, l'écartait énergiquement. De notre côté, il était impossible qu'un refus catégorique fût transmis à Washington. Mais, d'abord, nous pouvions faire remarquer que les officiers français et espagnols, ne devant pas exercer de commandement et étant de simples instructeurs, ne devaient, à aucun degré, être considérés comme les agents actuels ou éventuels d'une politique menaçante pour l'intégrité marocaine. Il nous était permis aussi de signaler que l'Allemagne ayant accepté nos propositions sur l'organisation de la police, le président ne verrait probablement aucun inconvénient à se rallier à la solution admise de part et d'autre. Il avait voulu fournir un terrain de transaction. La transaction était acquise. Les États-Unis, n'ayant pas de politique personnelle au Maroc et n'agissant que dans l'intérêt de l'entente, ne pouvaient que se réjouir de la voir établie.

Malgré les légers froissements que provoquèrent ces observations, nous réussîmes à faire triompher nos vues. C'est le 26 mars que la conférence, après une interruption de plus de quinze jours, devait reprendre ses travaux. Dès le 24 [2], nous avions la certitude que M. White ne prendrait pas la parole pour défendre le système de la police mixte et que le comte de Welsersheimb ne la ferait pas figurer parmi les amendements qu'il comptait déposer. Sans doute, M. de Tattenbach, dont la mauvaise humeur augmentait chaque jour, aurait bien voulu s'accrocher à cette combinaison comme à un moyen suprême de nous remettre en échec. Mais si l'occasion lui manquait, ses mauvaises intentions seraient sans

1. Voir ci-dessus, page 346.
2. Le 23 mars au soir, M. Root télégraphia à M. White des instructions qui l'autorisaient à accepter le système proposé par nous.

effet. Le comité de rédaction n'avait pas, dans son projet, touché à la question[1]. Le problème se ramenait donc, d'une part à nous entendre avec l'Espagne, d'autre part à nous assurer que la conférence ne dérangerait pas cet accord. C'est à quoi, pendant cette dernière semaine, allait s'employer notre activité.

IV

Lorsque, le lundi 26 mars, la discussion sur la police s'ouvrit par l'adhésion du comte de Welsersheimb et de M. de Radowitz à nos vues sur Casablanca, nous savions par des renseignements indirects que, si l'Allemagne et l'Autriche ne devaient pas reparler du système américain, elles étaient cependant résolues à prier la conférence de statuer sur la répartition des ports entre la France et l'Espagne. Dans quelle mesure et avec quelle insistance, nous l'ignorions. A la fin de la séance et quand on eût décidé de renvoyer une fois encore au comité de rédaction les articles réservés, M. de Welsersheimb prit la parole. Il ne lui semblait pas que le texte du comité de rédaction, portant que les gouvernements français et espagnol soumettraient à l'agrément du Sultan la désignation et l'affectation des instructeurs, fût suffisant. La question de la répartition était, selon lui, une partie essentielle de l'organisation de la police. Et la conférence, qui venait d'étudier en détail toutes les modalités de cette organisation, pouvait et devait traiter ce point, aussi bien que les précédents. M. de Welsersheimb ajouta :

— Le projet austro-hongrois le réglait dans ses articles 2 et 3 d'une manière qui, par la suite, n'a pas paru acceptable par les deux pays intéressés. Comme les vues de ces deux pays ne sont pas connues par la délégation austro-hongroise, elle ne fera pas de nouvelle proposition concrète à cet égard, mais se bornera à déposer un projet d'article additionnel permettant à la conférence de régler la question, en tenant compte des suggestions qui pourront être faites par les délégués français et espagnols.

Cet article était ainsi conçu :

[1]. Voir Protocoles, page 204.

Des officiers français seront chargés de l'organisation et de l'instruction de la troupe de police à...

Des officiers espagnols seront chargés de l'organisation et de l'instruction de la troupe de police à...[1]

Cette proposition était gênante pour nous en ce sens qu'elle nous obligeait à soumettre à la conférence les arrangements que nous prendrions avec l'Espagne. Elle avait toutefois l'avantage de nous laisser l'initiative de ces arrangements en nous confiant le soin d'apporter à la conférence des suggestions. M. Révoil n'en fit pas moins une dernière tentative pour sauvegarder plus complètement notre liberté sur ce point :

La formule adoptée par l'article II du projet de police préparé par le comité de rédaction, est semblable, dit-il, en ce qui concerne « l'affectation » dans les ports des officiers et sous-officiers français ou espagnols, à celle que proposait le projet français et qu'il serait sans doute inutile d'ouvrir à ce sujet une question nouvelle.

Il s'agit de simples instructeurs, n'exerçant pas de commandement direct et qui seraient mis à la disposition du Sultan pour un temps limité. Il semble que mettre en mouvement tout l'appareil de la conférence pour régler les détails relatifs à la répartition des ports dépasserait la portée de la question.

Il serait préférable de laisser la solution de ce point à un accord direct entre les puissances intéressées et le Sultan[2].

M. Perez Caballero soutint aussitôt son collègue français. Mais il était manifeste que le sentiment de la conférence n'était pas favorable à notre thèse. Elle entendait statuer sur la répartition comme sur le reste. Et il eût été imprudent de provoquer un vote qui eût souligné l'échec de nos désirs.

M. Bacheracht, second délégué russe, qui nous avait déjà si opportunément appuyé lors du premier débat sur la police, prit alors l'initiative d'une proposition transactionnelle.

La délégation russe comprend, dit-il, les raisons invoquées par la France et par l'Espagne pour réserver en principe à leur proposition et à l'agrément du Sultan la désignation et l'affectation des instructeurs.

Il ne semble pas cependant qu'il soit impossible de concilier ces

1. Voir Protocoles, page 204.
2. Voir Protocoles, page 204.

vues avec celles qu'ont exposées MM. les premiers délégués d'Autriche et d'Allemagne. On pourrait, d'ici à la prochaine séance, rechercher une combinaison donnant satisfaction à tous [1].

Cette proposition, immédiatement adoptée, nous assurait donc un nouveau délai pour mettre le point final à notre accord avec l'Espagne. Combinée avec celle du comte de Welsersheimb, elle nous permettait d'espérer que, l'heure venue, cet accord serait entériné sans débat par les plénipotentiaires. Le silence observé par M. de Radowitz et le comte de Tattenbach dépassait même nos espérances. L'Allemagne renonçait à intervenir activement dans la répartition. Cela nous donnait toute liberté d'esprit pour poursuivre de sang-froid la négociation avec Madrid.

Cette négociation n'était pas sans difficulté. Car l'obstination de l'Espagne à réclamer la police de Tanger demeurait entière. On a vu comment M. de León y Castillo avait, le dimanche 25 mars, répondu à M. Léon Bourgeois que notre offre d'une police mixte à Casablanca n'était pas suffisante [2]. Presque en même temps, l'ambassadeur se plaignait que la part de l'Espagne dans la Banque d'État fût également inférieure à ce qu'elle était en droit d'attendre. Aux termes de notre premier projet, nous demandions cinq quinzièmes du capital. Et il était probable que nous obtiendrions trois quinzièmes [3]. L'Espagne au contraire n'avait qu'un quinzième. Nous lui avions, dans les premières conversations relatives à la Banque d'État, fait espérer davantage. Sans doute, il avait été question de lui rétrocéder une des deux parts du consortium. Mais elle désirait que cette rétrocession fût prévue par l'Acte final. Là encore, quelque mauvaise humeur apparaissait qu'il était expédient de dissiper, puisque les développements ultérieurs de notre politique marocaine devaient faire de l'Espagne notre collaboratrice de tous les instants. Il restait seulement à savoir comment nous pourrions concilier les concessions qu'elle nous demandait avec le souci de nos propres intérêts.

Pour la banque, nous avions une réponse facile. La France, en

1. Voir Protocoles, page 204.
2. Voir ci-dessus, page 384.
3. *Ibid.*, page 354.

tant que puissance, n'était pas en effet mieux traitée que l'Espagne. Nous avions une part, tout comme elle, — rien de plus ; nous restions donc dans la lettre de nos arrangements qui prévoyaient pour elle une situation meilleure que celle des autres puissances, la France exceptée. Quant aux droits du consortium, c'étaient des droits privés dont nous n'avions pas à nous occuper. Que le consortium, tenant compte des concours espagnols qu'il avait reçus[1], fût prêt à rétrocéder une des deux parts qu'on lui attribuait en échange des articles 32 et 33 de son contrat, nous nous en félicitions. Mais nous ne pouvions intervenir dans ces arrangements qui ne nous regardaient point. Pour les ports, nos droits s'établissaient de la façon suivante. Nous avions, en vertu d'engagements du Sultan, une situation acquise à Tanger, Rabat Casablanca. Restaient donc cinq ports à répartir. Nous en demandions trois, Safi, Mazagan et Mogador, mais, conformément à l'arrangement de 1905, nous consentions à ce que la police de Tanger fût immédiatement franco-espagnole et, par une dérogation à cet arrangement, nous admettions qu'il en fût de même pour celle de Casablanca. L'Espagne nous répondait qu'elle aurait préféré nous laisser Casablanca et avoir Tanger. Mais cela ne dépendait pas de nous. Ne savait-on pas, en effet, que, pour soustraire Casablanca à nos instructeurs, l'Allemagne avait demandé d'abord son attribution à la police suisse ; qu'ensuite elle avait spécifié, en renonçant à cette demande, qu'il faudrait en tout cas que Casablanca n'eût pas une police française[2] ? Force était donc d'y créer une organisation mixte. Mais, alors, on ne pouvait pas nous demander d'abolir celle de Tanger pour livrer cette ville à l'Espagne seule. C'était une question d'équité. Et les exigences de l'Allemagne ne laissaient pas le choix des solutions. Une seule était possible : celle que nous proposions.

L'Espagne invoquait, il est vrai, l'esprit, sinon la lettre, des accords de 1904. Elle montrait que ces accords avaient tracé les limites respectives de l'action française et de l'action espagnole, d'après la situation géographique et les intérêts notoires des

---

1. Les banques espagnoles, créancières d'un emprunt antérieur remboursé sur celui du 12 juin 1904, avaient été intéressées à l'opération du consortium français.
2. Voir ci-dessus, page 385.

deux pays. Et à cet égard, il eût été logique que l'Espagne fût seule à Tanger, la France seule à Casablanca. Mais cette solution présentait le grave inconvénient de dévoiler, sous le feu de l'Allemagne, les arrangements de 1904. Et l'aveu qu'elle eût impliqué eût été pour la chancellerie impériale une raison de plus d'exiger que le chef de la police à Casablanca ne fût pas un officier français. De quelque côté donc qu'on envisageât le problème, il fallait se tenir au système arrêté, après mûre réflexion, par M. Léon Bourgeois, quelle que fût, pour la combinaison espagnole, la sympathie de certaines personnes, notamment de M. Jules Cambon.

Du 27 au 31 mars, M. Révoil s'appliqua à résister aux vives instances du duc d'Almodovar et à le maintenir sur le terrain où nous entendions demeurer. La chose n'était pas aisée. Car si M. de Radowitz s'abstenait d'intervenir, en revanche le comte de Tattenbach ne cessait d'encourager les désirs de la délégation espagnole. Le jeudi 29 mars, un nouvel effort était tenté à Paris par M. de Léon y Castillo et M. Bourgeois devait renouveler les objections qui ont été résumées ci-dessus. Le vendredi 30, M. Perez Caballero insistait de nouveau auprès de M. Regnault pour obtenir satisfaction à Tanger. C'était une lutte de tous les instants. C'est seulement à la veille de la séance où la question devait être traitée que l'accord finit par s'établir, dans une dernière conversation entre M. Révoil et le duc d'Almodovar, sous sa forme définitive et tel que nous étions obligés de l'exiger : c'est à savoir, Tanger mixte avec un chef français, Casablanca mixte avec un chef espagnol[1], Tetouan et Larache à l'Espagne, Safi, Mogador, Rabat et Magazan à la France.

M. Bacheracht, qui, à la séance du lundi 26, avait proposé de réserver à une entente franco-espagnole le soin de présenter sur la répartition des propositions précises, ouvrit la discussion par la déclaration suivante :

Au cours de la séance du 26 mars, la délégation russe avait exprimé l'espoir qu'on pourrait rechercher une combinaison sur la répartition des ports entre les instructeurs espagnols et les instructeurs français, qui pût donner satisfaction à tous.

---

[1]. Cet engagement fut pris verbalement par M. Révoil dans une conversation avec M. de Radowitz.

Les délégations espagnole et française avaient pensé que cette question pouvait être réglée directement entre elles et le maghzen.

La délégation russe est heureuse de pouvoir annoncer à la conférence qu'à la suite des pourparlers poursuivis à ce sujet, les deux délégations se sont prêtées, en vue de faciliter une entente, à une solution établie sur les bases suivantes :

La France a fait observer que des engagements antérieurs du Sultan lui avaient déjà assigné un mandat de même nature à Tanger et à Rabat. Elle était même en état de faire valoir une situation analogue à Casablanca.

La France n'ayant pas insisté sur ce dernier port, il a été convenu, d'un commun accord, entre les deux pays, qu'il n'y avait plus à s'occuper que de la répartition des instructeurs dans six ports, trois devant revenir aux instructeurs français, trois aux instructeurs espagnols.

Mais l'Espagne ayant invoqué le grand intérêt qu'elle avait à participer à la police de Tanger, en raison de l'importance de sa colonie dans cette ville, il a été admis par les gouvernements que les cadres des instructeurs seraient répartis de la façon suivante, et la délégation russe propose de rédiger comme suit l'article XI du règlement sur la police :

Le cadre des instructeurs de la police chérifienne (officiers et sous-officiers) sera : espagnol à Tetouan, mixte à Tanger, espagnol à Larache, français à Rabat, mixte à Casablanca, français dans les trois autres ports [1].

Cette déclaration était propre à flatter la susceptibilité de l'Espagne, puisqu'elle nous montrait consentant, à sa demande, deux concessions, l'une à Tanger, l'autre à Casablanca. Le duc d'Almodovar, comme il s'y était engagé la veille au soir, déclara qu'il acceptait cette formule. M. Révoil y adhéra à son tour. Et la conférence adopta le texte proposé sous l'article XI par la délégation de Russie.

C'était, semble-t-il, la fin du débat. Il y eut encore, pour le rouvrir, une tentative indirecte. Les Espagnols restaient inconsolables de partager avec nous la police de Tanger. Et du reste le duc d'Almodovar et M. Moret redoutaient, à cet égard, les attaques de M. Montero Rios et des journaux de sa nuance. C'est dans ces conditions que, le 1er avril, il fut question, à titre privé, entre M. Révoil et le duc d'Almodovar, d'un arrangement, qui eût coupé en deux la

---

1. Voir Protocoles, page 239.

police de Tanger, confiant Tanger-ville aux Espagnols et Tanger-banlieue à la France. Cette division avait peut-être des avantages pratiques de commodité locale. Elle avait, en tout cas, le grand inconvénient de nous exclure de Tanger même et de nous faire perdre, au regard de l'opinion, le bénéfice de notre succès de la veille. Si l'Espagne commandait à Casablanca, il fallait que nous commandions à Tanger : or, dans la combinaison envisagée par M. Révoil et le duc d'Almodovar, il n'y avait plus de commandement pour la police de Tanger. M. Bourgeois et le Conseil des ministres estimèrent que c'était impossible. Et la conversation n'eut pas de suite. On s'en tint, par conséquent, à la formule lue par M. Bacheracht. Et c'est cette formule, telle quelle, qui s'inscrivit, huit jours plus tard, dans l'Acte général.

Nous arrivions ainsi au terme de cette secondaire, mais difficile négociation, en préservant, autant que faire se pouvait, nos accords de 1904 et de 1905. Nous avions, à plusieurs reprises, déclaré au gouvernement espagnol ou à ses représentants, qu'après comme avant la conférence, ces accords restaient pour nous la charte de nos relations avec lui. Nous avions réussi à limiter au strict minimum les modifications qu'ils subissaient, puisque ces modifications se bornaient à remplacer par une police mixte la police française de Casablanca — Safi, Mogador et Mazagan, dont les accords ne parlaient point, étant tous trois confiés à des instructeurs français. Sans doute, distinguait-on chez le duc d'Almodovar quelque mauvaise humeur de cette issue. Mais, par de bons procédés, nous devions, aidés de l'Angleterre, réussir à la dissiper. L'essentiel était donc acquis. Tous les points litigieux étaient définitivement réglés. Et il ne restait plus à la conférence qu'à trancher, avant de se séparer, un certain nombre de questions de détail sans importance comme sans périls[1].

---

[1]. Au cours de cette dernière discussion, les délégués marocains exprimèrent une réserve expresse et générale quant à l'adhésion de leur souverain aux mesures adoptées pour l'organisation de la police.

CHAPITRE IV

L'ACTE GÉNÉRAL

I. *Les dernières négociations (26 mars-7 avril)*. — Les censeurs et les parts. — Les réserves marocaines. — Les droits de douane et l'estimation des valeurs. — Le comité d'estimation et le comité permanent. — Les services et travaux publics. — Les vœux anglais, marocain, américain, allemand, autrichien et espagnol.

II. *La signature (7 avril)*. — La préparation de l'Acte général. — Le protocole additionnel et la mission Malmusi. — La séance de clôture. — L'économie de l'Acte général. — Le rôle du corps diplomatique. — Le départ. — Interviews des plénipotentiaires. — Distinctions et récompenses.

III. *L'impression en Europe*. — La presse française. — La presse allemande. — Les tiers. — Le discours du prince de Bülow (6 avril). — Le discours de M. Léon Bourgeois (11 avril).

IV. *Les mesures d'exécution*. — La mission Malmusi (juin-juillet 1906). — Les puissances et la ratification. — La Banque d'État et le comité d'études. — Les deux sessions de mai et de novembre. — Les statuts et le règlement. — La police et l'anarchie. — L'intervention franco-espagnole (décembre 1906). — Les règlements économiques.

I

Du 26 mars au 8 avril, la conférence mit la dernière main à son œuvre. La plus importante des questions, dont le détail restait à régler, était celle de la Banque d'État. Lors de la séance du 26, deux points seulement demeuraient en litige : la nomination et les attributions des censeurs ; le nombre des parts à attribuer au consortium dans la constitution du capital, en échange des droits de l'article 33 intégralement cédés, et de ceux de l'article 32 cédés sous certaines réserves [1]. Pour les censeurs, on admettait en principe qu'ils fussent désignés par les Banques d'État des pays intéressés. Mais on n'était pas d'accord sur leur nombre. On avait parlé d'abord de quatre : un Français, un Espagnol, un Anglais et un Allemand. Cette combinaison eût été acceptée sans débat, si

---

1. Voir ci-dessus, page 341.

l'Italie n'avait pas discrètement marqué son désir d'avoir, elle aussi, un censeur et si surtout l'on n'avait craint que, ces fonctionnaires étant en nombre pair, il ne fût malaisé de les départager dans les cas où ils ne seraient pas d'accord. Mais, alors, l'Autriche avait fait savoir que, si l'Italie avait un censeur, elle en voulait aussi avoir un. Pour le capital, il ne semblait pas impossible [1] que l'Allemagne acceptât l'octroi au consortium des deux parts qui nous étaient indispensables. Mais cette solution n'était ni officielle ni définitive.

Dans ces conditions, le comité des rapporteurs proposa, le mardi 27 mars, à la conférence, deux rédactions dont l'une prévoyait trois censeurs (France, Espagne, Allemagne) et dont l'autre en prévoyait six (France, Espagne, Allemagne, Angleterre, Italie, Autriche). Six, c'était beaucoup. Trois, ce n'était pas assez, car sir Arthur Nicolson déclarait [2] qu'il n'était pas autorisé à renoncer au censeur anglais. Le jeudi 29 mars, il insistait pour que, vu les grands intérêts économiques de l'Angleterre au Maroc, l'un des censeurs fût désigné par la Banque d'Angleterre. Le marquis Visconti-Venosta renonçait alors au censeur italien. Le comte de Welsersheimb faisait de même pour le censeur autrichien [3]. Et le samedi 31 mars, on adoptait, pour le nombre et le recrutement des censeurs, la rédaction suivante :

Art. XX. — Chacun des établissements ci-après, Banque de l'Empire allemand, Banque d'Angleterre, Banque d'Espagne, Banque de France, nommera, avec l'agrément de son gouvernement, un censeur auprès de la Banque d'État du Maroc.
Les censeurs resteront en fonctions pendant quatre années. Les censeurs sortants peuvent être désignés à nouveau.
En cas de décès ou de démission, il sera pourvu à la vacance par l'établissement qui a procédé à la désignation de l'ancien titulaire, mais seulement pour le temps où ce dernier devait rester en charge [4].

Restaient les attributions. Le comité des rapporteurs, à la demande du comte de Tattenbach, avait écrit :

1. Voir ci-dessus, page 354.
2. Voir Protocoles, page 209.
3. Voir Protocoles, page 222.
4. Voir Protocoles, page 236.

Les censeurs exerceront la surveillance de la gestion de la banque au nom des puissances signataires.

M. Révoil observa que cette expression, qui semblait leur donner une délégation directe des gouvernements, dépassait sans doute la pensée de la conférence et proposa la rédaction :

Les censeurs exerceront la surveillance dont ils sont investis par le présent acte en ce qui concerne la gestion de la banque [1].

Le 31 mars [2], on adopta la rédaction française. On y ajouta que le haut-commissaire marocain [3] pourrait assister aux réunions des censeurs.

En ce qui concerne le capital, M. de Tattenbach ayant, le 27 mars, confirmé officiellement à M. Révoil son acceptation de deux parts pour le consortium dans les conditions qui ont été précisées ci-dessus [4], le comité de rédaction put établir un texte qui, le 31 mars, fut adopté sans débat. Il était conçu comme il suit :

Toutefois, deux parts égales à celles réservées à chacun des groupes souscripteurs, seront attribuées au consortium des banques signataires du contrat du 12 juin 1904, en compensation de la cession qui sera faite par le consortium à la Banque d'État du Maroc : 1° des droits spécifiés à l'article 33 du contrat ; 2° du droit inscrit à l'article 32, § 2, du contrat concernant le solde disponible des recettes douanières, sous réserve expresse du privilège général, conféré en premier rang par l'article 11 du même contrat aux porteurs de titres sur la totalité du produit des douanes [5].

M. Révoil prenant alors la parole fit la déclaration suivante, à laquelle adhéra M. de Radowitz.

— Je crois devoir ajouter qu'il est bien entendu que sont généralement réservés tous les droits résultant du contrat du 12 juin 1904 en faveur des porteurs de titres de l'emprunt [6].

1. Voir Protocoles, page 210.
2. Voir Protocoles, page 236.
3. Voir Protocoles, page 237.
4. Voir ci-dessus, page 354.
5. Voir Protocoles, page 237.
6. M. Révoil se mit verbalement d'accord avec M. de Radowitz au sujet de l'avance Mendelssohn de 1905, dans les conditions qui ont été indiquées ci-

Après une observation de M. Perez Caballero qui demanda et qui obtint qu'on fortifiât les garanties assurées à la monnaie espagnole[1], on approuva, sans discussion, le texte revu des articles relatifs à la législation et à la juridiction[2]. Et la question se trouva, de ce fait, complètement résolue.

On revint alors en arrière, à la requête des délégués marocains. Dès le 10 mars, ces derniers avaient donné lecture d'une lettre chérifienne, aux termes de laquelle Abd-el-Aziz déclarait, avec la courtoisie enveloppée dont les musulmans adoucissent l'expression de leurs pensées, que la conférence allait trop vite en besogne, que, notamment pour la police, elle faisait plus qu'il ne lui avait demandé[3]. Le 26 mars, nouvelle lettre chérifienne relative, celle-là, aux « impôts et revenus ». Abd-el-Aziz, après d'abondants remerciements, priait qu'on bornât le droit des Européens d'acheter des propriétés à un rayon de 10 kilomètres (au lieu de 12) autour des ports ouverts; qu'on n'étendît pas ce droit, même avec autorisation, à l'ensemble du Maroc, et qu'enfin on consentît une surtaxe douanière supérieure à 2,50 p. 100[4]. Le même jour, dans une troisième lettre, Abd-el-Aziz se plaignait qu'on eût laissé au corps diplomatique, sous forme de règlements à établir, trop de questions à régler[5]. Enfin, dans une quatrième lettre, le Sultan exprimait le vœu que le produit de la surtaxe fût appliqué aux travaux publics, non seulement dans les ports, mais dans toute l'étendue de l'empire; que le programme des travaux fût arrêté par le gouvernement chérifien et que le maghzen seul fût juge des conditions dans lesquelles pourrait être autorisé le cabotage des céréales[6].

Conformément aux propositions du comité de rédaction, la confé-

---

dessus, page 354 et dans les termes suivants : « Dans le cas où, en exécution de l'accord intervenu en septembre 1905 entre le syndicat des banques allemandes et le consortium des banques françaises, la Banque d'Etat rembourserait, au moyen d'un emprunt, l'avance de 10 millions de marks faite à Sa Majesté Chérifienne, il sera réservé au syndicat des banques allemandes, dans la souscription du nouvel emprunt, une part égale à sa participation dans ladite avance, telle qu'elle a été réglée aux termes dudit accord. »

1. Voir Protocoles, page 235, ci-dessus, page 229 et Acte général article 37.
2. Voir Protocoles, page 236.
3. Voir Protocoles, page 196.
4. Voir Protocoles, page 225.
5. Voir Protocoles, page 226.
6. Voir Protocoles, page 227.

rence décida que le droit d'acheter des propriétés dans toute l'étendue de l'empire, résultant de la convention de Madrid, ne pouvait être restreint ; elle admit seulement que le périmètre autour des ports ouverts, où l'achat pourrait avoir lieu sans autorisation, serait réduit de 12 à 10 kilomètres[1]. En ce qui touche les règlements à établir par les ministres à Tanger, on accepta que (sauf certaines exceptions)[2], la majorité et non l'unanimité du corps diplomatique aurait qualité pour statuer, — ceci pour éviter des retards. Quant à la surtaxe douanière, la conférence déclara qu'elle ne pourrait être supérieure à 2,50 p. 100 *ad valorem* ; elle refusa également d'exclure le corps diplomatique de l'étude des travaux à exécuter ; elle consentit seulement à ce que l'emploi de la surtaxe ne fût pas limité aux ports ouverts. Les délégués marocains répondirent, une fois de plus, qu'ils réservaient l'approbation de leur gouvernement[3].

On s'occupa alors de certains points relatifs aux douanes et à la contrebande, qui, jusqu'alors, étaient restés en suspens, et d'abord de l'estimation des valeurs en douane, — d'autant plus intéressante que les droits, comme on sait, étaient *ad valorem*. A la séance du 29 mars, la délégation allemande déposa un projet fixant les droits d'après la valeur de l'article importé pris à son lieu de chargement ou d'achat « avec majoration des frais de transport et d'assurance jusqu'au port de déchargement au Maroc[4] ». Les « principaux commerçants étrangers » devraient procéder, « en commun avec l'administration des douanes chérifiennes », à l'élaboration d'un tarif pour une durée d'une année au plus. Le tarif ainsi arrêté serait officiellement adopté pour les produits et ressortissants des États signataires, à condition qu'aucun membre du corps diplomatique n'y eût fait opposition dans les quinze jours suivant sa publication. M. Révoil ayant fait observer qu'il devait réserver les droits des porteurs de l'emprunt de 1904 sur les intérêts desquels l'estimation des valeurs en douane risquait d'avoir de graves répercussions, sir

---

1. Voir ci-dessus, page 122.
2. Ces exceptions visaient l'établissement des taxes sur certaines industries, commerce et professions, l'établissement des droits de stationnement et d'ancrage, les revisions éventuelles de la déclaration sur les impôts et revenus (Voir Acte final, articles 64, 70, 75 et 76).
3. Voir Protocoles, pages 218 à 221.
4. Voir Protocoles, page 232.

Arthur Nicolson déposa, d'accord avec son collègue français, un autre projet plus précis et plus complet que le projet allemand [1]. Aux termes de ce projet, l'estimation devait être faite, pour un an, par un comité comprenant : trois membres désignés par le gouvernement marocain ; trois membres désignés par le corps diplomatique à Tanger ; deux délégués de la Banque d'État ; deux agents de la délégation de l'emprunt marocain 5 p. 100 1904 ; dix membres honoraires domiciliés au Maroc que la commission consulterait toutes les fois qu'elle le jugerait utile. Ces membres honoraires seraient désignés par la commission elle-même sur des listes de notables commerçants établies par chaque légation pour les étrangers et par le représentant du Sultan pour les Marocains. De plus, les tarifs proposés par le comité seraient approuvés par un second comité, dit « comité permanent des douanes », qui, composé d'un délégué du corps diplomatique, d'un commissaire chérifien et d'un fonctionnaire de la délégation de l'emprunt de 1904, serait consulté sur toutes les améliorations à apporter à l'administration douanière. Le comité des douanes devrait également s'assurer que « toutes les prescriptions concernant les formalités douanières et la comptabilité seraient régulièrement exécutées par les agents des douanes et surveillées par le service du contrôle prévu aux articles 15 et 16 du contrat du 12 juin 1904 ». Outre sa valeur objective, cette rédaction avait, au point de vue français, le double avantage d'homologuer le contrat de 1904 et de rendre exécutoire le droit de contrôle prévu par ce contrat, mais jamais exercé [2]. Dès le 29 mars, le comte de Tattenbach critiqua l'intervention prévue d'un agent du contrôle de l'emprunt. Le 2 avril [3], cependant, la conférence adopta presque sans modification le projet anglais. Au lieu de deux délégués de la banque et de deux délégués de l'emprunt 1904, le comité d'estimation des valeurs en douane comprendrait un délégué de chacune des deux institutions. Le comité permanent des douanes était institué, malgré les objections des délégués chérifiens : on y faisait entrer, au lieu d'un agent de l'emprunt, un délégué de la Banque d'État. On ne main-

---

1. Voir Protocoles, page 233.
2. Voir ci-dessus, page 340.
3. Voir Protocoles, page 241.

tenait pas la phrase sur le « service de contrôle », mais on disait, ce qui revenait au même :

Par la création du comité des douanes, il ne sera porté aucune atteinte aux droits stipulés en faveur des porteurs de titres par les articles 15 et 16 du contrat d'emprunt du 12 juin 1904[1].

On précisait aussi [2], à la demande du comte Koziebrodski, que la surtaxe douanière serait qualifiée « taxe spéciale », afin qu'il fût bien entendu qu'elle restait en dehors du gage assuré sur les recettes douanières aux porteurs de l'emprunt français[3].

Il convenait enfin, — la délégation allemande l'exigeait expressément, — d'ajouter quelques précisions aux indications relatives aux travaux publics et aux adjudications[4]. Dès le 22 mars, M. de Tattenbach avait apporté à sir Arthur Nicolson, qui l'avait communiqué à M. Révoil, un « projet sur les services et travaux publics ». On y lisait que le gouvernement marocain s'engageait à n'aliéner aucun des services publics au profit d'intérêts particuliers : c'était la formule même employée dans l'accord franco-allemand du 28 septembre 1905. M. de Tattenbach énonçait ensuite le principe de l'adjudication sans acception de nationalité pour les chemins de fer, tramways, chaussées publiques, canaux, ports, câbles, télégraphes avec ou sans fil, téléphones, phares, éclairage au gaz ou à l'électricité, constructions d'édifices publics, mines, carrières, forêts, balisage et, d'une façon générale, pour tous travaux ou fournitures destinés aux « autorités publiques ». Les adjudications seraient prononcées suivant un règlement qu'arrêterait le corps diplomatique et après avis, sur chacune d'elle, d'une commission prise dans son sein. Pour les chemins de fer, le gouvernement chérifien devrait s'entendre d'abord sur

---

1. Voir Protocoles, page 241.
2. Voir Protocoles, page 240.
3. La conférence s'occupa également des conséquences qu'aurait le projet relatif à la contrebande et à sa répression sur la législation intérieure des différents États. Sur la proposition du baron de Joostens, elle décida d'insérer dans l'Acte final une clause stipulant que « chaque État contractant s'engageait à présenter à son parlement les lois nécessaires pour se mettre en harmonie avec les engagements contractés. »
Voir Protocoles, page 223 et acte final article 120.
4. Voir ci-dessus, page 129.

la marche à suivre avec les ministres à Tanger [1]. C'était là abuser de l'intervention diplomatique et entrer à l'excès dans le détail. Par un second projet déposé le 29 mars, en même temps que le projet allemand, le comte de Welsersheimb précisait encore le régime de l'adjudication [2]. A la suite de deux séances du comité des rapporteurs, la rédaction fut sensiblement allégée. On se borna à énoncer à l'article 2 que l'adjudication serait obligatoire « dans le cas où le gouvernement chérifien croirait devoir faire appel aux capitaux étrangers ou à l'industrie étrangère pour l'exploitation de services publics ou pour l'exécution de travaux publics, routes, chemins de fer, ports, télégraphes et autres ». Il n'était plus question de l'avis préalable du corps diplomatique avant chaque adjudication, ni de son intervention pour l'élaboration d'ensemble d'un plan de voies ferrées : une simple communication était prévue, permettant aux nationaux de toutes les puissances signataires de se rendre un compte exact des travaux et de se préparer à y concourir. Le droit d'expropriation était reconnu sous réserve d'une enquête, dont la forme serait précisée dans un règlement à établir d'accord avec les ministres à Tanger. Ce texte [3] fut adopté, tel quel, à la séance du 2 avril.

La conférence avait ainsi épuisé son programme. Elle voulut, avant de se séparer, compléter son œuvre, en émettant un certain nombre de vœux, qu'elle se bornait d'ailleurs à recommander à

---

1. Voir Protocoles, page 230.
2. En vue d'assurer dans la pratique l'application du principe de la porte ouverte et de l'égalité économique sans aucune restriction, principe qui a été accepté par toutes les puissances représentées ici, la délégation austro-hongroise exprime le vœu que la conférence, dans ses dispositions sur l'adjudication des travaux publics, concessions, fournitures, etc., s'inspire des règles suivantes :
1° Que le corps diplomatique, afin de pouvoir attirer à temps l'attention des nationaux respectifs, soit immédiatement informé chaque fois que des travaux publics auront été projetés ;
2° Qu'un délai suffisant soit établi pour que les sujets de toutes les nations puissent être mis à même de concourir effectivement ;
3° Que le cahier des charges, ainsi que tous les plans et documents, soient annexés à l'avis d'adjudication, pour que le corps diplomatique puisse en prendre connaissance ;
4° Que le cahier des charges ne contienne aucune condition ou disposition, qui, directement ou indirectement, pourrait porter atteinte à la libre concurrence et mettre en état d'infériorité les compétiteurs d'un pays vis-à-vis des autres.
3. Voir Protocoles, page 243.

l'attention du Sultan. Le 29 mars, sir Arthur Nicolson demanda qu'on étudiât les moyens d'empêcher ou de diminuer, parmi les populations indigènes, la consommation des boissons alcooliques [1]. Le 2 avril, les délégués marocains demandèrent qu'on délibérât sur les abus résultant de l'exercice du droit de protection : la conférence prit acte de leurs observations, sans pouvoir les discuter, puisqu'elles visaient une question non comprise au programme [2]. Le même jour, M. White, donnant suite à un projet qu'il avait confié dès le début de janvier à M. Révoil, pria la conférence de signaler au Sultan l'intérêt qu'elle attacherait à ce que « les israélites de son empire et tous ses sujets sans distinction de croyance fussent traités avec justice et équité » ; tous les plénipotentiaires adhérèrent au vœu du plénipotentiaire américain [3]. Sir Arthur Nicolson exprima alors son désir que « Sa Majesté chérifienne daignât prendre en considération la question de l'esclavage dans son empire et adopter des mesures pour limiter et graduellement abolir les pratiques de l'esclavage et surtout pour défendre la vente publique des esclaves dans les villes de son empire [4] ». L'adhésion, ici aussi, fut unanime. On approuva de même un vœu de M. de Radowitz pour « que les feux nautiques le long de la côte Atlantique marocaine fussent augmentés et améliorés selon les besoins de la navigation [5] » ; un vœu du comte Koziebrodski tendant à obtenir que les statistiques douanières fussent établies plus exactement avec indication de l'origine véritable des marchandises [6] ; un vœu du duc d'Almodovar pour la construction d'un chemin de fer reliant Tanger au point de la côte africaine le moins distant du Brésil [7]. Ce fût, entre délégués, un véritable assaut de courtoisie approbative. On se livrait sans mesure à la joie inattendue de se trouver d'accord.

---

1. Voir Protocoles, pages 221 et 229.
2. Voir Protocoles, page 245.
3. Voir Protocoles, pages 246 à 248.
4. Voir Protocoles, page 248.
5. Voir Protocoles, page 249.
6. Voir Protocoles, page 249.
7. Voir Protocoles, page 250.

II

A la fin de la séance du samedi 31 mars, le duc d'Almodovar fit la déclaration suivante :

— Le moment me paraît venu de reviser les textes adoptés par la conférence et de les coordonner en un Acte général. Je propose de confier ce travail à une commission spéciale composée de LL. EE. MM. Perez Caballero, deuxième délégué d'Espagne, Regnault, délégué technique de France et Klehmet, conseiller technique de la délégation allemande.

Cette proposition ayant été adoptée à l'unanimité, le lundi 2 avril, M. Perez Caballero donna lecture du projet d'Acte général qu'il avait élaboré avec ses collègues et à la rédaction duquel le second délégué français avait pris naturellement une part prépondérante[1]. La lecture de ce projet ne provoqua aucune observation. Et l'on s'occupa aussitôt des conditions dans lesquelles on pourrait procéder à la signature de l'Acte. Le baron de Joostens fit remarquer que la Belgique y adhérait sous réserve de la position particulière résultant pour elle de sa neutralité perpétuelle. Les délégués marocains déclarèrent qu'ils n'avaient pas de pleins pouvoirs, mais ils admirent, à la demande du président, que les délégués des puissances ne pouvaient pas, pour signer, attendre la décision du Sultan. La séance de clôture et de signature fut donc fixée au samedi 7 avril. Toutefois, il fallait prévoir la procédure spéciale que rendait nécessaire l'abstention des délégués marocains. D'accord avec M. Révoil, le duc d'Almodovar proposa d'ajouter, à l'Acte général, un protocole additionnel, aux termes duquel les gouvernements s'engageraient à unir leurs efforts pour obtenir du Sultan la ratification intégrale des décisions de la conférence. A cette fin, M. Malmusi, ministre d'Italie à Tanger et doyen du corps diplomatique, serait chargé de se rendre à Fez en mission spéciale. On décida également que les vœux de la confé-

---

1. Il était en effet naturel que les délégués français eussent le rôle principal dans la préparation d'un texte rédigé dans leur langue. A ce sujet, il est amusant de rappeler que M. de Radowitz s'était, quelques semaines plus tôt, plaint au marquis Visconti-Venosta que nos plénipotentiaires « rédigeassent trop bien ».

rence relatifs au choix de l'inspecteur général de la police ainsi qu'à la compétence de la cour fédérale de Lausanne seraient portés à la connaissance du gouvernement de la confédération helvétique par le duc d'Almodovar, tout d'abord à titre d'information officieuse, la communication officielle devant être faite aussitôt que l'Acte général aurait été dûment ratifié par les puissances signataires.

M. White déclara alors que son gouvernement, en s'associant aux décisions de la conférence « ne prenait aucune obligation ou responsabilité par rapport aux mesures qui pourraient être rendues nécessaires pour la mise à exécution desdits règlements et déclarations[1] ». M. Sager, délégué suédois, s'associa à cette réserve. La position de chacun étant ainsi précisée, le marquis Visconti-Venosta exprima au duc d'Almodovar les remercîments de la conférence. Le duc répondit en rendant hommage « au constant bon vouloir de tous ». Après quoi, les plénipotentiaires, ayant remis leurs pouvoirs trouvés en bonne et due forme, apposèrent sur l'Acte général leur signature et leur cachet[2]. La conférence était terminée[3].

Le duc d'Almodovar prononça donc le discours suivant :

MM. les délégués, au moment où nos délibérations prennent fin et à la veille de nous séparer, un sentiment de très-vif regret se mêle en moi à la satisfaction que nous cause la pleine réussite de nos travaux.

Les mois que nous avons passés dans cette ville, dont le nom demeurera désormais associé dans l'histoire à la conférence internationale sur le Maroc, ont été consacrés à l'étude de questions que l'opinion générale n'envisageait pas sans appréhension. L'esprit de concorde a heureusement triomphé de tous les obstacles et, pas un instant, l'issue favorable de notre tâche n'a été menacée. Les rapports qu'il nous a été donné de nouer entre nous, d'officiels qu'ils étaient au début, se sont, à mesure que le temps s'écoulait, changés en relations d'étroite cordialité et l'émotion dont s'accompagne nécessairement notre sépa-

1. Voir Protocoles, page 254.
2. A la demande de M. Révoil, M. Bourgeois avait désigné, le 31 mars, comme deuxième plénipotentiaire français, M. Regnault, dont l'active compétence avait si grandement contribué au succès de la conférence.
3. Suivant le désir des délégués marocains, on prit acte, au procès-verbal, d'une réserve concernant les travaux des ports de Tanger, Larache, Casablanca et Safi. Ces travaux, ayant été concédés à des entreprises particulières, ne pouvaient être compris parmi ceux soumis à l'adjudication.
Voir ci-dessus, page 271.

ration resserrera encore les liens de la durable amitié qui est née de nos communs travaux.

Chacun d'entre nous va reprendre le courant de sa vie habituelle, un moment interrompue par l'importante mission que consacre aujourd'hui la signature de l'Acte général de la conférence.

Qu'il me soit permis de penser qu'en quittant cette salle, témoin de nos délibérations, chacun de nous emporte la conviction d'avoir collaboré à une œuvre féconde de paix et de justice dont l'importance et la portée seront considérables.

Notre estimé collègue, le ministre d'Italie et doyen du corps diplomatique à Tanger, pourra l'affirmer, lorsque, investi du mandat des puissances signataires, il se trouvera appelé à recommander à S. M. Chérifienne l'application des réformes sur lesquelles, conformément au programme proposé, les puissances se sont mises d'accord. Leur entente unanime constitue la meilleure garantie du développement de son empire et du maintien du triple principe de la souveraineté du Sultan, de l'intégrité du territoire et de la liberté économique sans aucune inégalité pour tous les États.

Je ne veux pas terminer ces brèves paroles sans signaler publiquement ici le zèle et le dévouement de tous ceux qui nous ont constamment prêté leur concours dans la préparation, la rédaction et la traduction des textes qui sont aujourd'hui devenus l'acte général de la conférence. Notre gratitude se doit à elle-même de leur réserver une mention spéciale.

Notre mission se trouvant ainsi terminée, je déclare close la conférence internationale d'Algésiras.

L'Acte général, où s'inscrivait le fruit de trois mois d'efforts, commençait par un préambule qui, grâce à l'heureuse intervention de MM. Révoil et Regnault, reproduisait exactement l'esprit et la lettre de nos traités marocains [1]. Il portait, en effet, que les puissances signataires « s'inspirant de l'intérêt qui s'attache à ce que l'ordre, la paix et la prospérité règnent au Maroc, et ayant reconnu que ce but précieux ne saurait être atteint que moyennant l'introduction de réformes basées sur le triple principe de la souveraineté et de l'indépendance de Sa Majesté le Sultan, de l'intégrité de ses États et de la liberté économique sans aucune inégalité, avaient résolu, sur l'invitation qui leur avait été adressée par Sa Majesté Chérifienne, de réunir une conférence à Algésiras ». L'Acte lui-même était divisé en six parties. La première

---

[1]. Voir appendice, page 504.

(articles 1 à 12) était une « déclaration relative à l'organisation de la police ». La seconde (articles 13 à 30) était un « règlement concernant la surveillance et la répression de la contrebande des armes ». La troisième (articles 31 à 58) était un « acte de concession d'une Banque d'État marocaine». La quatrième (articles 59 à 76) était une « déclaration concernant un meilleur rendement des impôts et la création de nouveaux revenus. » La cinquième (articles 77 à 104) était un « règlement sur les douanes de l'empire et la répression de la fraude et de la contrebande ». La sixième (articles 105 à 119) était une « déclaration relative aux services publics et aux travaux publics ». Dans un septième chapitre (articles 120 à 123), la conférence avait groupé les dispositions générales, à savoir :

1° Ratification de l'Acte d'Algésiras, suivant les lois constitutionnelles de chaque État, avant le 31 décembre 1906 ;

2° Mise en vigueur de l'Acte au plus tard à cette date et avant, si possible ;

3° Maintien en vigueur des traités, conventions et arrangements des puissances signataires avec le Maroc, sous réserve que, en cas de conflit entre les dispositions de ces traités et celles de l'Acte général, les stipulations de ce dernier prévaudraient ;

4° Engagement de la part des puissances signataires de mettre en harmonie avec les dispositions de l'Acte général, leurs législations internes.

Au point de vue de l'exécution, l'Acte général prévoyait, après ratification des puissances, l'intervention du corps diplomatique, accrédité à Tanger, pour l'élaboration de règlements sur les points suivants :

1° Approbation, à la majorité des voix, d'un règlement sur l'organisation de la police (article 4) ;

2° Établissement, à la majorité des voix et d'accord avec le maghzen, d'un règlement sur le commerce des armes de chasse et de luxe non rayées, de fabrication étrangère, ainsi que des munitions s'y rapportant (article 18) ;

3° Application du *tertib* aux ressortissants étrangers, après que cet impôt serait régulièrement perçu sur les sujets marocains (article 59) ;

4° Établissement, à la majorité des voix et d'accord avec le maghzen, d'un règlement sur les taxes urbaines acceptées en principe par la conférence (article 61) ;

5° Revision des contrats en vertu desquels des ressortissants étrangers détiendraient des biens *habous* ou des propriétés domaniales (article 63) ;

6° Établissement, à l'unanimité des voix, d'un règlement sur l'application éventuelle aux ressortissants étrangers des taxes, réclamées par les délégués marocains, sur certains commerces, industries et professions (article 64) ;

7° Établissement, à la majorité des voix et d'accord avec le maghzen, d'un règlement sur la création et l'application aux étrangers de droits sur les contrats et actes authentiques devant les *adouls;* de timbre, de mutation sur les ventes immobilières ; de statistique et de pesage sur les marchandises transportées par cabotage ; d'un droit de passeport à percevoir sur les sujets marocains ; éventuellement, de droits de quais et de phares (article 65) ;

8° Établissement, d'accord avec le maghzen et à la majorité des voix, d'un programme de travaux publics (article 66) ;

9° Établissement, dans les mêmes conditions, d'un règlement sur les adjudications (articles 66 et 110) ;

10° Établissement, à l'unanimité des voix et d'accord avec le maghzen, d'une revision des droits de stationnement et d'ancrage dans les ports marocains (article 70) ;

11° Établissement, à la majorité des voix et d'accord avec le maghzen, d'un règlement sur les droits de magasinage en douane (article 71) ;

12° Établissement, dans les mêmes conditions, d'un règlement sur la quantité d'opium à introduire sur permis spécial (article 72) ;

13° Fixation, dans les mêmes conditions, des indemnités à attribuer à des ressortissants étrangers, par suite de la création du monopole des tabacs (article 73) ;

14° Revision éventuelle, à l'unanimité des voix et d'accord avec le maghzen, de la déclaration sur les impôts et revenus (article 75);

15° Participation au travail de la commission d'estimation des valeurs en douane (article 96) et du comité permanent des douanes (article 97) ;

16° Revision du règlement de magasinage en douane de concert avec le gouvernement chérifien et à la majorité des voix (article 98);

17° Revision éventuelle, à l'unanimité des voix et d'accord avec le maghzen, du règlement sur les douanes, deux ans après son entrée en vigueur (article 104) ;

18° Établissement, à la majorité des voix et d'accord avec le maghzen, d'un règlement sur l'expropriation (article 114) ;

19° Établissement annuel d'une liste d'arbitres en matières d'expropriation (article 118).

La cérémonie de la signature mit le comble à l'allégresse qui s'épanouissait depuis le 1er avril en lunchs et en dîners dont l'un des plus brillants fut offert, le 3, par M. Révoil. A cette heure de délivrance, l'Europe passa sans transition de la gravité à l'espièglerie. Et ce fut un spectacle bien curieux que celui qu'offrit alors la grande salle de l'*ayuntamiento* :

> Les délégués quittèrent leur grande table et allèrent successivement s'asseoir devant une petite, qui portait l'unique exemplaire authentique, celui qui ira aux archives du ministère des Affaires étrangères d'Espagne. Mais à peine leur signature donnée, les diplomates venaient vers les groupes de dames, causaient et offraient la plume qu'ils venaient de rendre historique. A ces souvenirs offerts, on voulut bien vite en joindre de conquis et ce fut une rafle des substantielles et excellentes fournitures de bureau, dont les autorités espagnoles avaient chargé la grande table. Les délégués eux-mêmes donnaient l'exemple ; ils préparaient leur déménagement en insérant dans les rayons de leur classeur à papier, plumes, buvards-tampons, gommes, essuie-plumes, plumiers. Ceux de ces objets qui vagabondaient isolément sur le tapis attiraient vite l'attention, dans le désert qui s'était fait autour d'eux et trouvaient un amateur. L'un brandissait un plumier, l'autre un essuie-plume : on s'en prit même aux encriers, cependant dangereusement pleins. Un journaliste décrocha le calendrier et le fit fiévreusement signer aux diplomates de bonne volonté, bien qu'on en eût arraché malheureusement les feuilles jusqu'à la date du 9. Tandis que les uns allaient en bas, au bureau de poste provisoire, faire authentiquer leurs prises par l'apposition du cachet postal de la conférence, les autres s'amusaient à faire mine d'emporter les chaises. Cet intermède joyeux dura assez longtemps, car la confection des sceaux de cire qui accompagnent chaque signature est une affaire sérieuse et compliquée : quelques-uns armoriés, immenses, sont d'une majesté impressionnante, d'autres, au contraire, très simples, enlacent de petites initiales comme les cachets qui ferment les lettres de chaque jour. Pendant qu'on en tournait la cire et qu'on les pressait, le cordial

pillage s'achevait : aucun des diplomates, même les plus vénérables, ne s'en abstint.

Il était terriblement tard, mais la junte municipale devait, avant la fin, avoir son rôle dans les rites de la clôture. Depuis quelque temps, l'alcade et les membres de la junte attendaient à la porte de la séance, accompagnés des deux huissiers, porteurs d'une énorme masse d'armes et revêtus à la mode du XVIe siècle, d'une livrée rouge et or, assez analogue à celle des gardiens de la tour de Londres. L'alcade, qui s'exprime aisément en français, lut un compliment à la conférence et annonça qu'une plaque commémorative serait scellée au « front » de la *Casa consistorial*. Le marquis Visconti-Venosta improvisa une petite réponse pleine de bonne grâce, disant que les délégués garderaient, eux aussi, le souvenir d'Algésiras agréablement gravé dans leur souvenir [1].

C'était la fin. Tandis que les délégués bouclaient leurs malles, ils ne se refusèrent pas la satisfaction légitime de rendre hommage à leur œuvre et de prendre à témoin de leur succès ces reporters contre l'indiscrétion desquels ils avaient courtoisement lutté trois mois durant. Ce fut le comte Cassini, le plus communicatif de tous, qui ouvrit le feu, à la demande de M. Pimienta, correspondant du *Temps* à Tanger :

Vous pouvez écrire, dit le comte, que je considère le résultat de la conférence comme très-satisfaisant. J'estime, en ce qui concerne la France, qu'elle peut partir d'Algésiras la tête haute. Elle le doit d'abord à la compétence de son représentant à Algésiras, ensuite au concours de ses alliés et amis. Je me hâte d'ajouter que les décisions de la conférence ne lèsent les intérêts de personne et que l'esprit de conciliation, qui a caractérisé durant ces derniers quinze jours l'attitude des délégués allemands, n'a pas peu contribué à faciliter notre tâche...

Mon gouvernement n'a eu qu'une préoccupation : remplir loyalement ses devoirs d'allié envers la France. Les difficultés d'ordre intérieur que la Russie a traversées dernièrement ne nous ont pas détournés un seul instant de ce devoir. Mais je tiens à ajouter que, si notre concours a été particulièrement efficace, c'est grâce aux relations cordiales que mon gouvernement n'a cessé d'entretenir avec l'Allemagne, notre voisine et amie. C'est au caractère de ces relations que nous devons d'avoir été écoutés à Berlin, à l'heure décisive. Je me suis inspiré du même principe à Algésiras, et c'est l'attitude apparemment réservée, que j'ai gardée durant les premières

1. Robert de Caix, *Journal des Débats*, 12 avril 1906.

semaines, qui m'a permis d'intervenir utilement au dernier moment.

Je n'ai pas cessé, vous le savez, de me montrer optimiste. Le dernier quart d'heure, disais-je toujours, est bon conseiller. Comme vous voyez, il l'a été. Mon optimisme, je puis maintenant l'avouer, a passé plus d'une fois par de rudes épreuves, et ce n'est pas sans émotion que je songe encore aux redoutables éventualités qu'un échec de la conférence faisait entrevoir. Cet échec, il faut le reconnaître, était, il y a un mois, assez probable, et quand on pense au chemin parcouru depuis lors dans la voie de la sagesse, on se sent heureux, je vous l'assure, d'avoir collaboré à cette œuvre de réconciliation internationale.

Une condition cependant s'impose pour qu'elle soit féconde et durable : c'est qu'on enterre à Algésiras le souvenir des luttes et polémiques qui, désormais, appartiennent au passé. Il faut partir d'ici sans amertume ni regrets [1].

M. Révoil fut plus bref. Il se contenta de remarquer :

Les accords de la conférence sauvegardent pleinement nos droits et nos intérêts essentiels au Maroc. Nous avons été entourés à Algésiras d'une atmosphère de sympathie et d'estime que nous devons autant à la bonté de notre cause qu'au calme et à la fermeté avec lesquels le gouvernement français l'a soutenue...

La solidarité des puissances représentées au Maroc doit s'accroître après la conférence. On ne peut pas ne pas comprendre, en effet, l'intérêt primordial qu'il y a pour tous à donner au maghzen le sentiment bien net du parfait accord de toutes les puissances signataires des résolutions prises à Algésiras [2].

Le duc d'Almodovar paraphrasa son discours de clôture. Il ajouta seulement :

Au point de vue de la question marocaine, je suis particulièrement satisfait d'avoir vu sanctionner par la conférence la situation spéciale de l'Espagne. J'espère que le gouvernement marocain s'emploiera sincèrement à l'application des réformes que nous avons adoptées et dont il doit être le premier à bénéficier. Pour être lentes et modestes, ces réformes n'en seront peut-être que plus efficaces. L'essentiel, c'est que le Sultan soit en état de mettre fin à l'anarchie qui désole son pays et dont les manifestations dans ces derniers temps ont été particulièrement dangereuses dans la région voisine de Tanger.

La collaboration de la France et de l'Espagne dans l'œuvre de la police marocaine ne peut être qu'utile à l'amitié de nos deux pays.

1. Voir le *Temps*, 3 avril 1906.
2. Voir le *Temps*, 5 avril 1906.

L'Espagne a marché, vous le savez, dans toute cette affaire, la main dans la main avec la France. Cette ligne de conduite n'a pas été seulement dictée par un accord antérieur respecté de part et d'autre avec une égale loyauté ; elle répond parfaitement au sentiment national espagnol[1].

Le marquis Visconti-Venosta précisa en ces termes, le rôle de l'Italie :

En ma qualité de représentant d'un pays profondément attaché à la cause de la paix, ma mission consistait à jouer un rôle de médiateur loyal. Je me suis refusé d'ailleurs à croire qu'un échec de la conférence dût nécessairement provoquer une guerre. Mais il pouvait créer une inquiétude, une incertitude du lendemain préjudiciable à tous les intérêts économiques et financiers. C'est ce que mon gouvernement a voulu éviter.

L'Italie ne pouvait d'ailleurs oublier ni son alliance avec une des puissances en cause, ni la cordialité heureusement rétablie de ses relations avec l'autre, ni enfin l'identité de ses vues avec celles de cette dernière sur les questions méditerranéennes. Placé ainsi dans une situation, qui était à certains égards délicate et difficile, j'ai cru m'en tirer en me vouant à une action loyalement conciliatrice.

Quant aux relations entre la France et l'Italie, ce qui est, je crois, le côté de la question qui vous intéresse plus particulièrement, vous pouvez dire qu'elles sont aussi bonnes après la conférence qu'elles l'étaient auparavant. Rien n'a infirmé l'entente que des intérêts réciproques avaient suggérée au sujet de la Méditerranée[2].

Le comte de Welsersheimb parla enfin de l'action exercée par l'Autriche-Hongrie :

Ce n'est plus, je crois, dit-il, un secret pour personne que notre action à Algésiras et celle de nos ambassadeurs à Paris et à Berlin ont assez sensiblement contribué à ce résultat. Une partie de la presse française n'a cessé cependant de nous représenter non seulement comme étant à la remorque de l'Allemagne, mais encore comme surenchérissant en quelque sorte sur ses demandes. Il faut pour émettre de pareilles idées bien mal connaître l'Autriche et plus mal encore ce qui s'est passé à Algésiras.

Enfin « tout est bien qui finit bien ». Et j'ai le ferme espoir que le règlement de la question qui nous a amenés ici imprimera aux relations franco-allemandes un caractère de confiance et de concorde. Ce sera

1. Voir le *Temps*, 6 avril 1906.
2. Voir le *Temps*, 6 avril 1906.

un bienfait pour le monde. La presse des deux pays peut, je crois, contribuer largement à ce résultat si, au lieu de rallumer les cendres de la bataille d'hier, elle les éteint complètement[1].

Dès le samedi 7 avril, plusieurs plénipotentiaires quittaient Algésiras. Le lundi 9, tous étaient partis. Entre temps, un certain nombre de distinctions honorifiques étaient venues récompenser leur zèle. Le comte Cassini était nommé conseiller intime. Sir Arthur Nicolson recevait de son souverain la grand'croix de Saint-Michel et Saint-Georges. Le comte de Welsersheimb était chaudement félicité par le comte Goluchowski et celui-ci, à son tour, recevait de Guillaume II un télégramme où ses services, « comme brillant second » de l'Allemagne, étaient appréciés avec plus de chaleur peut-être que de tact[2]. M. de Radowitz avait l'Aigle-Noir. M. de Mülhberg, sous-secrétaire d'État à la Wilhelmstrasse et M. de Holstein la grand'croix de l'Aigle-Rouge, — médiocre compensation, pour ce dernier, d'une disgrâce que sa démission, exigée par M. de Tchirschky, allait bientôt rendre officielle. M. de Glasenapp, conseiller financier de la délégation allemande et le comte de Welsersheimb étaient également décorés par Guillaume II des ordres impériaux.

C'était là l'épilogue de protocole. Que pensait l'opinion — parlements et journaux, — de l'issue de la conférence ? Comment

1. Voir le *Petit Temps*, 7 avril 1906.
2. Voici le texte de ce télégramme :
« Au moment où j'envoie, avec l'assentiment de votre très-gracieux souverain, la grand'croix de l'ordre de l'Aigle-Rouge au comte de Welsersheimb en reconnaissance de l'action pleine de succès qu'il a exercée à Algésiras, j'éprouve le besoin de vous exprimer de tout cœur mes sincères remerciements pour l'inébranlable appui que vous avez prêté à mes représentants.
» Vous avez accompli une belle action en fidèle allié. Vous avez été un brillant second sur le terrain, et vous pouvez, en pareil cas, compter sur un pareil service de ma part. »
Une grande partie de la presse autrichienne commenta avec irritation cette appréciation impériale qui, suivant elle, diminuait le rôle de l'Autriche. Le comte Goluchowski en fut, lui aussi, peu satisfait. Quelques semaines après, Guillaume II se trouvant à Vienne, allait aggraver ce mécontentement.
Un soir, après un dîner, comme l'Empereur allemand, dans un salon où n'était pas François-Joseph, causait avec son ambassadeur, il se tourna soudain vers le comte Goluchowski et l'appelant familièrement :
— Golu ! Golu ! s'écria-t-il, venez donc ici et asseyez-vous près de votre empereur !
Ce n'était, on le conçoit, qu'une façon de parler. Mais « Golu » la trouva un peu trop cavalière. Il vint s'asseoir près de « son » empereur, et écouta avec résignation les compliments qui lui étaient réservés.

l'accord était-il jugé? Quels espoirs fondait-on sur lui? C'est ce que, très rapidement, discours d'hommes d'État et articles de presse allaient permettre de préciser.

III

Bien que l'opinion publique n'eût rien connu de l'intense action diplomatique dont la conférence venait d'être l'occasion et qu'on a vu se développer au jour le jour au cours des pages qui précèdent, elle avait l'intuition que l'Europe avait traversé trois mois de crise : et de savoir enfin acquise la solution si longtemps souhaitée, elle éprouvait une impression de soulagement. C'est cette impression qu'exprima d'abord la presse entière. Ce n'est qu'ensuite qu'on vint aux appréciations.

En France, ces appréciations, exemptes de toute forfanterie, furent unanimement favorables ; nous verrons tout à l'heure dans quelle mesure elles étaient justifiées [1] : il nous suffit ici de les enregistrer. Le *Temps*, sans méconnaître que la nature des accords intervenus à Algésiras modifiait les conditions dans lesquelles nous avions primitivement envisagé la possibilité des solutions marocaines, approuva les décisions de la conférence :

Nous restons, écrivait-il, pour la mise en œuvre des décisions de la conférence, dans la situation même que nous avions admise, avant qu'il fût question de réunir cette conférence, dans nos arrangements avec l'Espagne de l'automne de 1904. En un mot, à l'échec de forme près qui fait de nous les mandataires de l'Europe au lieu de nous laisser maîtres de notre action, nous sommes à l'égard de la police marocaine dans l'exacte position que nous avions prévue il y a dix-huit mois. De même, en ce qui concerne la banque, nous gardons, malgré l'importance de nos sacrifices, une position particulière, puisque nous avons en tout trois parts et que les autres pays n'en ont qu'une, puisque d'ailleurs le droit de contrôle sur les douanes demeure intégralement acquis aux porteurs de l'emprunt français du 12 juin 1904...

« Ni vainqueurs ni vaincus », avait dit le prince de Bülow. « Ni vainqueurs ni vaincus », avait répété M. Rouvier. C'est à peu près la formule qui convient pour caractériser la transaction présente. Si l'Allemagne avait plus vite reconnu pratiquement ces « droits spéciaux »

---

1. Voir ci-dessous, page 437 et suivantes.

de la France, admis par elle en théorie, le 8 juillet 1905, on aurait, pour en venir là, gagné sept ou huit mois. C'eût été, pour tous, préférable. Mais tout est bien qui finit bien [1].

Le *Journal des Débats* concluait dans le même sens :

La conférence d'Algésiras, ouverte sous la pression de préoccupations graves et poursuivie au milieu d'un malaise pénible et général, se termine en somme de la manière la plus favorable, puisque chacun s'en va joyeux, proclamant qu'il n'y a ni vainqueurs ni vaincus. Il serait même plus juste de dire qu'il n'y a eu que des vainqueurs à Algésiras. Nous-mêmes, nous ne pouvons que nous féliciter d'avoir vu triompher la justice de notre cause, grâce certainement à la modération, en même temps qu'à la loyauté et à la fermeté de notre diplomatie, mais aussi grâce à l'habileté et au dévouement de nos représentants et grâce enfin au concours précieux que leur ont si fidèlement apporté nos alliés et nos amis. Nous devons, en outre, être profondément heureux de la sympathie générale que nous avons rencontrée partout dans le monde et qui s'est manifestée si opportunément à l'heure critique, comme de la courtoisie parfaite dont nos adversaires ne se sont jamais départis à notre égard.

De son côté, l'Allemagne n'a pas lieu d'être moins satisfaite. Elle désirait, dans une question où tant d'intérêts divers et si importants étaient en jeu, que toutes les puissances fussent consultées et sollicitées de donner leurs avis. Elle affirmait d'ailleurs que ce désir procédait d'un sentiment parfaitement désintéressé, qu'elle n'était inspirée que par le seul souci de l'intérêt général, et qu'elle ne réclamait aucun avantage particulier, mais simplement l'application rigoureuse et sincère du droit commun pour tout le monde. La conférence lui a, sur ce point, donné toute satisfaction [2].

Le *Siècle*, tout en critiquant les solutions intervenues au point de vue proprement marocain, reconnaissait le bénéfice général que nous retirions de la conférence en ce qui touche nos alliances et nos amitiés. Les autres organes de la presse parisienne et départementale approuvaient presque sans réserve [3].

En Allemagne, les jugements étaient sensiblement plus complexes et plus divers. Les uns s'attachaient surtout à prouver que la diplomatie impériale avait obtenu toutes les garanties qu'elle

---

1. Voir le *Temps*, 31 mars 1906.
2. Voir *Journal des Débats*, 8 avril 1906.
3. Un des adversaires les plus ardents de l'Acte d'Algésiras fut M. René Millet, ancien résident général de France à Tunis.

désirait. Les autres estimaient, au contraire, que le bénéfice était étrangement inférieur à l'effort dépensé. Le 3 avril, la *Gazette de l'Allemagne du Nord* soutenait, avec son autorité officielle, la première de ces deux thèses. Elle écrivait :

Tout jugement sur le résultat de la conférence pour l'Allemagne doit avoir pour base la comparaison entre le point de départ et la conclusion actuelle. Cette comparaison, pour qui n'impute pas de propos délibéré à notre politique des intentions qui ont été désavouées sans cesse depuis le commencement, ne présente aucune disproportion entre le but et le résultat. Fidèle au but qu'elle s'était proposé dès le début, la diplomatie allemande n'a demandé aucune faveur particulière pour elle-même, mais, elle a toujours eu pour unique souci, dans toutes ses demandes, de faire respecter le principe de garanties internationales suffisantes pour assurer la liberté d'action de toutes les puissances qui ont des intérêts au Maroc. Persuadée que ces efforts mériteraient la reconnaissance des puissances, l'Allemagne se rendit à la conférence, bien qu'il fût notoire que la France y venait ayant déjà conclu des accords avec trois puissances...

Ni l'Allemagne ni la France n'a été victorieuse à Algésiras, mais bien le principe international qui, en ce qui concerne le Maroc, a reçu une confirmation nouvelle et solennelle.

La politique allemande avait écrit sur son drapeau la défense de ce principe, non pas par un esprit systématique de chicane, mais parce que le maintien d'un régime international au Maroc se montrait favorable au développement des propres intérêts de l'Allemagne dans le domaine commercial et économique.

La conférence est tombée d'accord sur les garanties fermes et précises permettant à l'esprit d'initiative allemand de s'affirmer librement dans l'empire chérifien, alors que ces garanties n'auraient pu être obtenues par une entente particulière avec la France.

Le Maroc reste un champ libre pour la lutte économique entre toutes les nations; nous reconnaissons volontiers que la France a apporté son concours loyal et elle a ainsi permis à l'Allemagne et à toutes les autres puissances neutres signataires de pouvoir tenir compte des intérêts particuliers de la France et de l'Espagne au maintien de l'ordre à l'intérieur de l'empire chérifien.

Nous espérons sincèrement que l'inquiétude qui avait pris naissance sans la faute de l'Allemagne et qui a troublé pendant longtemps la situation internationale cédera maintenant la place à une confiance générale dans un fécond et pacifique labeur.

M. Schiemann constatait dans la *Gazette de la Croix*[1] que la

---

1. Voir le *Temps*, 2 avril 1906, 4 avril 1906.

conférence s'était approprié les principes énoncés par Guillaume II, lors de son voyage à Tanger. Plus objective, la *Gazette de Francfort* disait :

> Si les Français sont satisfaits d'avoir fait reconnaître leurs droits spéciaux à la frontière et de s'être assuré l'organisation de la police dans les principaux ports ainsi que d'autres avantages, les Allemands, d'autre part, se félicitent d'avoir fait soumettre la police franco-espagnole à la surveillance d'un inspecteur général. Il reste à voir si l'inspecteur général pourra jouer, en réalité, un rôle quelque peu important. On admet généralement qu'un des résultats de la conférence a été de resserrer et de rendre plus amicales les relations entre les puissances[1].

La *Gazette de Cologne* écrivait :

> La paix européenne est sortie indemne des essais de résistance qui viennent de se faire à Algésiras. Le mérite en revient au bon vouloir de tous et en particulier aux efforts infatigables et désintéressés de l'Autriche-Hongrie.
>
> Ni vainqueur ni vaincu ! C'était là le mot d'ordre avec lequel le prince de Bülow est allé à la conférence. Nous croyons qu'il a été tenu ; du moins, nous autres Allemands, nous ne rapportons d'Algésiras aucune rancune contre la France. Nous ne ferons rien pour empêcher la France de jouer, si elle veut le faire, le rôle que lui attribuait M. Hanotaux, lorsqu'il écrivait, il y a quelques jours : « Délivrée des complications particulières dans lesquelles une fausse manœuvre l'avait entraînée, la France peut et même doit, conformément à sa situation, à ses tendances manifestes, à son tempérament sociable et modérateur, devenir le principal intermédiaire de la réconciliation et de l'apaisement[2] ».

Le correspondant parisien du *Berliner Tageblatt* jugeait, ainsi qu'il suit, les résultats acquis :

> L'Allemagne a obtenu à Algésiras tout ce qu'elle pouvait obtenir ou, du moins, tout ce qu'elle pouvait obtenir à force de marchandage patient. On eût pu, dès le début de la conférence, faire le geste de celui qui donne généreusement et s'assurer en même temps, par des entretiens particuliers, des avantages dans d'autres parties du monde ; mais en ne voulant pas user de ces procédés, nous n'avons pu arracher çà et là à notre avantage que quelques bribes des projets français. Répétons-le encore une fois, on ne pouvait mieux faire et tout le génie

---

1. Voir *Gazette de Francfort*, 3 avril.
2. Voir *Gazette de Cologne*, 2 avril.

de Bismarck ou la subtilité d'un Talleyrand n'auraient pas obtenu davantage. Mais il faut dire tout d'abord que Bismarck ne serait jamais allé à Algésiras et aurait évité les erreurs qui ont créé logiquement la situation de ces dernières semaines. Il est plus que probable que ce grand réaliste n'aurait pas, au mois de juin 1905, sacrifié la politique des résultats à des succès diplomatiques, qu'il aurait reconnu dès 1904 la signification de l'affaire marocaine et qu'il aurait été prêt immédiatement à profiter des événements.

Plus sévères étaient les *Nouvelles de Hambourg* :

Au fond, disaient-elles, la France a tout obtenu à la conférence. Les concessions qu'elle a faites sont purement formelles ; sur le fond même, nous n'avons fait que céder. Le protocole final a mis la police aux mains de la France, plus complètement encore qu'on ne pouvait s'y attendre d'après les négociations antérieures. En face de ce résultat, il faut franchement reconnaître que l'intervention de la politique allemande au Maroc a été une faute. Les intérêts commerciaux de l'Allemagne ne justifiaient en aucune façon l'engagement d'une action diplomatique dont tout homme d'État perspicace devait se dire qu'elle pourrait donner lieu aux complications les plus graves. Le seul fait d'avoir omis de nous communiquer l'accord anglo-français ne pouvait suffire à balancer le désavantage qui résultait pour nous, vis-à-vis de la France, de notre faiblesse dans la question marocaine.

La *Tägliche Rundschau* constatait avec regret l'isolement de l'Allemagne. Pour la *Tageszeitung*, la politique marocaine, « commencée par la fanfare, finissait par la chamade ». Pour le *Vorwærts*, enfin, cette politique « chicanière » avait eu pour résultat d'aigrir l'opinion française : juste remarque, dont le reste de la presse allemande ne semblait pas comprendre la portée[1].

1. Voir le *Temps*, 2, 3, 4, 5, 6, 7 avril.
Le correspondant du *Temps* à Berlin, M. Roels, appréciait, en ces termes, à la date du 31 mars, l'opinion du public allemand :
« La grande majorité des Allemands éprouvent une satisfaction évidente du fait seul que la conférence est virtuellement terminée, et l'unique reproche que l'on songerait peut-être à adresser au gouvernement serait de ne pas avoir clos plus tôt l'ère des inquiétudes. Cette satisfaction est mêlée de quelque déception. On entend fréquemment dire que, depuis le mois de juin dernier, la position de l'Allemagne est loin de s'être améliorée et que la diplomatie impériale ne sut pas profiter de l'état d'esprit des Français, après la chute de M. Delcassé. On dit volontiers qu'on perdit l'occasion d'une précieuse entente, en voulant se poser comme défenseur des droits des autres puissances, qui cependant ne paraissaient pas se croire lésées et qui ne savent aucun gré de cette intervention.
» Parmi les intéressés qui parlent de porter des capitaux au Maroc, on reproche

Parmi les tiers, la presse anglaise était la plus ardente à affirmer le succès de la France. Le *Times*, notamment, s'en félicitait :

> Aujourd'hui, disait-il, la France a l'Europe de son côté ; elle est forte de l'approbation des puissances, plus forte qu'elle ne l'était l'été dernier. Nous ne désirons pas passer sous silence l'attitude conciliante de l'Allemagne, mais nous n'oublions pas que l'Allemagne n'a adopté cette attitude qu'à la dernière heure, et nous pouvons dire qu'elle s'est décidée à modifier son attitude seulement lorsqu'elle s'est aperçue que tout espoir d'affaiblir l'entente anglo-française était vain. Or, loin d'affaiblir cette entente, l'incident marocain l'a affermie d'une façon éclatante. De plus, l'alliance de la Russie avec la France sort glorieuse de l'épreuve ; la France et la Russie sont des alliées aussi fermes que jamais et un grand nombre d'Anglais ont conçu l'espoir que la conférence d'Algésiras donnera une nouvelle impulsion à la politique inaugurée par lord Lansdowne et sir Charles Hardinge, politique consistant à compléter l'alliance franco-russe et l'entente anglo-française par l'alliance cordiale de la Grande-Bretagne et de la Russie [1].

Les autres journaux, à quelques nuances près, tenaient le même langage. En Russie, la presse libérale exprimait l'opinion que « l'Allemagne, ayant cherché à isoler la France, était tombée dans son propre piège [2] ». Le *Novoïe Vremia*, plus pessimiste, écrivait : « Ce n'est pas la paix, c'est un armistice de cinq ans. » Les journaux espagnols étaient généralement satisfaits. Ceux d'Italie étaient partagés entre la colère, que leur inspiraient les attaques de la presse allemande contre le marquis Visconti-Venosta, et le désir, inspiré par le gouvernement, d'apaiser un impérieux allié. Le *Giornale d'Italia* disait « que l'Italie n'avait été guidée que par le

---

aussi à la diplomatie impériale d'avoir perdu beaucoup de temps à Algésiras dans des débats théoriques et de brûler maintenant les étapes au détriment des questions pratiques. Ils comptaient que les délégués allemands soumettraient un projet sur l'organisation de la justice, qui paraît abandonnée, pour permettre d'en finir aujourd'hui. Ils voudraient avoir une codification du droit de propriété marocain, à l'instar des codifications entreprises par la France pour l'Algérie et la Tunisie. Ils demandent des juges consulaires chargés de l'appliquer avec le concours des représentants du Sultan. Ces juges consulaires choisis d'après la nationalité des parties en cause formeraient des sortes de tribunaux mixtes simplifiés, destinés à soustraire les propriétaires étrangers à la vénalité et à l'arbitraire des Marocains.

» Ces réclamations viennent s'ajouter aux critiques qui n'attendent que la fin complète de la conférence pour se produire ouvertement. »

1. Voir le *Temps* du 3 avril 1906.
2. Voir le *Temps* du 5 avril 1906.

souci de faciliter l'accord et de maintenir la paix ». En Autriche, l'officieux *Fremdenblatt* se félicitait du rôle conciliant joué par le comte de Welsersheimb et la *Nouvelle Presse libre* faisait chorus en ajoutant :

A Paris, on peut dire que tout ce qui était possible pour la situation privilégiée de la France a été obtenu. Dans peu de jours, deux années se seront écoulées depuis la convention franco-anglaise. Le résultat favorable de la conférence justifie l'espoir que le nuage, qui depuis ces deux années planait menaçant sur la paix de l'Europe, est, pour des années, écarté de l'horizon.

Dans l'*Indépendance Belge* M. Roland de Marès terminait un remarquable article par cette conclusion :

On est en droit, à Paris, de se réjouir franchement du résultat obtenu et de considérer que le prestige extérieur de la République sort considérablement grandi de cette épreuve. Non seulement l'Allemagne n'est pas parvenue à rompre l'entente anglo-française, ce qui était son but essentiel en provoquant la crise marocaine, mais la France a vu s'affirmer en sa faveur des sympathies politiques si précieuses qu'on peut estimer que sa situation internationale est aujourd'hui la plus fortement établie du monde et qu'elle est à l'abri de toutes les surprises mauvaises...

La leçon est amère pour l'Allemagne, mais elle peut être profitable et heureuse pour tout le monde civilisé, car elle tend à prouver qu'il n'y a en Europe aucune hostilité systématique contre le peuple allemand, aucune haine, aucune jalousie contre cette grande nation arrivée si rapidement à un haut degré de prospérité, mais que, d'autre part, les nations européennes ne s'en laissent plus imposer par les procédés d'intimidation familiers aux dirigeants allemands et qu'il importe que ceux-ci renoncent à leur politique égoïste et mesquine, s'ils veulent que l'Allemagne soit respectée et aimée, qu'elle soit à même de jouer dans le domaine mondial le grand rôle que lui réserve la destinée [1].

Quant aux Marocains, ils ne pouvaient cacher à leurs intimes, la désillusion qu'ils ressentaient de voir sanctionné par l'Europe ce programme français de réformes dont l'Allemagne leur avait promis de les préserver. Ils avaient cru que les rivalités des puissances leur permettraient d'échapper à tout changement, à tout

---

1. Voir *Indépendance Belge*, 1er avril 1906.

contrôle. Changement et contrôle faisaient désormais l'objet d'un accord international.

Bientôt d'ailleurs, à côté de l'opinion privée, l'opinion officielle allait se manifester. Le 5 avril, au Reichstag, le prince de Bülow, dans un discours assez bref, exprimait son sentiment [1]. Il était tout à l'optimisme, pour le présent, — et pour le passé. On avait cru à la guerre : pure folie ; car la question marocaine n'avait pas pour l'Allemagne une importance vitale. Et le chancelier précisait :

> Nous n'avons pas d'intérêts politiques directs au Maroc. Nous n'y avons pas non plus d'aspirations politiques ; nous n'y avons pas, comme l'Espagne, un passé mauritanien de plusieurs siècles, et nous n'avons pas, comme la France, une frontière commune de plusieurs centaines de kilomètres avec le Maroc ; nous n'avons pas de droits historiques acquis par toutes sortes de sacrifices comme en ont ces deux nations civilisatrices européennes.

Pour obtenir des garanties économiques et ne pas se laisser traiter comme une quantité négligeable, l'Allemagne avait voulu la conférence. « La conférence ne l'avait pas déçue. » Ce discours, d'un ton si cavalièrement rassuré, était fait pour inspirer à la France un mélange de satisfaction, de surprise et de regret ; de satisfaction, parce que les idées développées par le prince étaient, dans leur ensemble, exactement conformes à celles que, depuis longtemps, notre pays avait acceptées ; de surprise, parce que ces idées, si elles répondaient aux solutions adoptées la semaine précédente par la conférence d'Algésiras, avaient été contredites, dix mois durant, par l'attitude de la diplomatie impériale ; de regret, parce que, si le chancelier eût tenu plus tôt ce langage excellent et si, plus tôt, la politique allemande s'en fût inspirée à notre égard, d'inutiles controverses, fécondes en froissements, eussent été épargnées à la France et à l'Allemagne. Écoutez en effet le prince de Bülow : « On ne peut pas se refuser à reconnaître qu'aucun pays n'était plus capable, en raison de son expérience, de fournir des instructeurs de police que l'Espagne et la France, pays voisins du Maroc ». Combien il était fâcheux que M. de Radowitz n'eût pas été autorisé à parler ainsi, au temps où il bataillait si fort contre la police franco-espagnole ! Et comme le prince Radolin et le Dr Rosen

---

1. Voir appendice, page 531.

eussent vu leur tâche facilitée, si leurs instructions leur avaient permis, en juillet et en septembre 1905, de reconnaître aussi équitablement « l'intérêt spécial » de la France[1] !

Six jours plus tard, à la Chambre des députés, M. Léon Bourgeois prenait à son tour la parole. Dans un excellent discours qu'il lisait à la tribune[2], le ministre des Affaires étrangères s'attachait d'abord à montrer l'unité de la politique française à l'égard du Maroc.

La Chambre, disait-il, avait accueilli par une approbation unanime la déclaration du 10 décembre dernier, où mon prédécesseur avait exposé devant elle les principes de la politique française au Maroc et fixé les conditions dans lesquelles il avait accepté de prendre part à la conférence d'Algésiras.

Lorsque le cabinet actuel a été appelé aux affaires, il a manifesté, devant le Sénat et devant la Chambre sa résolution de maintenir les instructions déjà données à nos représentants à la conférence et de suivre une politique qui, selon l'expression de M. Rouvier, « constituait la garantie indispensable des intérêts de la France au Maroc et de sa situation spéciale vis-à-vis de l'empire chérifien ».

Nous définissions nous-mêmes en ces termes l'esprit de cette politique : « Pleinement conscients des droits et des intérêts vitaux que notre diplomatie a le devoir de sauvegarder, nous sommes convaincus que l'exercice de ces droits et le développement normal de ces intérêts vitaux peuvent être assurés sans porter atteinte à ceux d'aucune autre puissance. Comme nos prédécesseurs, nous avons l'espoir que la droiture et la dignité de cette attitude permettront le règlement prochain et définitif des difficultés pendantes. »

En accueillant, comme elles l'ont fait, ces déclarations, les deux Chambres nous ont donné la certitude que, dans l'action très ferme, très loyale et très pacifique que nous comptions poursuivre, nous avions avec nous le sentiment réfléchi de la nation.

La force morale que vous nous aviez ainsi donnée a grandement contribué, messieurs, à l'heureuse issue des délibérations d'Algésiras.

M. Bourgeois analysait alors l'Acte d'Algésiras et les négociations qui l'avaient précédé. Il concluait :

Je voudrais en terminant, dégager en quelques mots ce que j'appellerai la haute moralité de l'œuvre d'Algésiras.

---

1. C'est après avoir prononcé ce discours que le prince de Bülow fut frappé de l'attaque qui le retint six mois loin des affaires.
2. Voir appendice, page 534.

En parvenant à s'arrêter, après de si longs et si difficiles débats, sur les termes d'une transaction honorable pour tous, fondée sur la raison et l'équité, toutes les puissances présentes ont manifesté leur volonté de subordonner leurs vues particulières aux nécessités de la bonne entente générale et d'assurer pour l'avenir au monde ce calme et cette confiance que donne l'état normal des relations internationales.

C'est dans ce même esprit que le gouvernement a suivi les travaux de la conférence et que la démocratie républicaine en interprétera certainement les résultats.

La France y a pu mettre à l'épreuve la solidité de ses alliances et de ses amitiés, auxquelles sont venues s'adjoindre des sympathies précieuses ; elle puise dans cette situation des forces d'autant plus grandes qu'elle entend seulement les mettre au service de la civilisation, de la justice et de la paix [1].

Le 24 avril, au Sénat italien, le comte Guicciardini répondit à une interpellation de M. de Martino en rappelant les jugements favorables portés déjà sur l'œuvre de la conférence par le prince de Bülow, sir Edward Grey [2] et M. Léon Bourgeois. Il ajouta :

Ces jugements aussi autorisés et concordants résument la pensée générale de toutes les puissances et démontrent que la conférence d'Algésiras a répondu au but suprême pour lequel elle avait été convoquée : l'accord et la paix.

Au nom du gouvernement italien, et je sais que j'interprète les sentiments unanimes de notre pays, je me félicite de l'heureuse issue de la conférence d'Algésiras, utile et honorable pour tout le monde.

C'est une nouvelle preuve de l'esprit pacifique qui anime l'œuvre internationale de la diplomatie. L'Italie considère cet esprit comme profitable au bien-être des peuples, et de son côté elle s'attache, comme elle l'a fait à Algésiras, à y contribuer largement et sincèrement.

La position de l'Italie à la conférence était particulièrement délicate, car elle devait régler un différend entre une puissance alliée et une puissance avec laquelle nous avons de bons rapports d'amitié et avec laquelle déjà depuis quelques années nous avons un accord spécial concernant les questions africaines intéressant la Méditerranée.

---

1. A la suite de cette déclaration, le crédit pour la conférence fut voté à l'unanimité de 524 votants.

2. Le 10 avril, à la Chambre des Communes, sir Edward Grey questionné par M. Schwann, avait dit : « La déclaration anglo-française de 1904, à laquelle se rapporte certainement la question posée, ne dit pas que l'égalité économique de toutes les puissances au Maroc doive cesser au bout de trente années. Les engagements que l'Angleterre et la France ont pris l'une envers l'autre ne sont nullement modifiés et encore moins supprimés par les stipulations de la convention d'Algésiras. »

Notre action à Algésiras ne pouvait donc être que conciliatrice et médiatrice.

Avant que la conférence ait commencé ses travaux, le gouvernement italien a fait connaître ses intentions aux puissances intéressées.

Notre action fut en effet une œuvre de conciliation et de médiation, et son but a été complètement atteint, puisque aucune nation n'est sortie de la conférence diminuée dans ses intérêts matériels, ni dans son prestige moral, et qu'une nouvelle et heureuse page de paix a été écrite pour le bien de l'Europe et de la civilisation.

L'Italie doit surtout témoigner sa gratitude envers le marquis Visconti-Venosta, qui, comme conseiller et interprète de la pensée du gouvernement, ayant la pleine conscience des difficultés et la claire vision de la route à suivre pour atteindre le but désiré, a rendu un double service au pays dont il était le représentant, et à la cause de l'entente internationale à laquelle aspiraient tous les gouvernements et tous les peuples.

Le point final se trouvait ainsi mis aux appréciations dont devait faire l'objet l'œuvre des plénipotentiaires. Il restait à assurer l'exécution de leurs décisions. C'est à quoi allait s'employer, au milieu d'obstacles divers, l'activité des gouvernements.

IV

La première chose à faire était d'obtenir du Sultan la ratification de l'Acte d'Algésiras. Le 24 mai, en vertu de la mission à lui confiée par la conférence, M. Malmusi, ministre d'Italie à Tanger et doyen du corps diplomatique, quittait Tanger. Le 2 juin, il arrivait à Fez. Reçu le 5 par le sultan, il exposait à Abd-el-Aziz l'objet de sa mission. Dans une seconde audience, le 6, il insistait pour avoir une prompte réponse. Le 17, il revenait à la charge. Et le 18, il recevait l'assurance que le Sultan adhérait, sans aucune restriction, à l'Acte d'Algésiras. Neuf jours après cependant, le grand-vizir lui remettait, sous la forme d'une note verbale non signée, des « observations et desiderata » d'ailleurs assez imprécis[1].

---

1. Voici le passage principal de cette note verbale :
« Le maghzen demande s'il pourra, comme il le désire, substituer ou transporter les instructeurs militaires d'un port à un autre.

» Il interprète cet article dans le sens que ni la France ni l'Espagne n'auront d'autres privilèges sur les autres puissances.

» Art. 4. — Le maghzen désire que, dans la pratique, cet article s'applique de

M. Malmusi fit observer que ni les unes ni les autres ne pouvaient infirmer ni restreindre la portée de la ratification. Le grand-vizir ne protesta point. Le 9 juillet, M. Malmusi était de retour à Tanger. L'adhésion du Sultan permettait aux puissances de procéder, à leur tour, à la ratification. Mais à ce moment les vacances parlementaires étaient ou commencées ou à la veille de s'ouvrir. Or on a vu que l'Acte général prévoyait la ratification des Chambres. D'où un retard sensible, non sans inconvénients. Les ratifications se produisirent, sauf pour la Russie, la Belgique et l'Angleterre[1], après la rentrée d'automne. Elles intervinrent pour la France le 6 décembre, pour l'Allemagne le 10 décembre, pour l'Autriche, la Hongrie, l'Italie, les États-Unis, le Portugal, les Pays-Bas et la Suède entre le 10 et le 25 décembre.

Toutefois, dès avant qu'elles fussent échangées, il y avait lieu, notamment pour la banque, de prendre certaines dispositions préparatoires prévues par l'Acte général. Désireux d'éviter, autant que faire se pourrait, les retards d'application, les plénipotentiaires n'avaient pas seulement fixé un délai de ratification, — le 31 décembre 1906, — ils avaient en outre stipulé que la Banque d'État devrait être constituée dans les deux mois qui suivraient cette ratification, c'est-à-dire au plus tard le 28 février, et que, sans même attendre la ratification, les gouvernements devraient procéder aux engagements, études et formalités préliminaires à la constitution même de la banque (articles 56 et 57 de l'Acte général). En exécution de ces articles, les gouvernements signataires, dans les quatre semaines qui suivirent la signature, notifièrent leur intention d'user de leur droit de souscription dans la formation du capital de la banque et désignèrent les groupes chargés de souscrire leurs parts respectives. Seuls, les États-Unis renoncèrent à sous-

---

manière que les instructeurs soient Européens, non naturalisés, qu'ils connaissent la langue arabe. Les commandements seront faits en arabe, pour la meilleure exécution des exercices militaires par les indigènes.

» Dans son sentiment, une fois terminé le délai de cinq ans, les officiers instructeurs retourneront dans leur pays, dûment récompensés ; ils pourront être remplacés par des officiers du maghzen.

» Art. 9. — D'après les dispositions de cet article, le maghzen comprend que le caractère des réclamations sur lesquelles l'inspecteur général devra faire une information sera spécifié dans le sens qu'il s'agit de réclamations concernant exclusivement la police. »

1. L'Angleterre et la Belgique ratifièrent en juin, la Russie en juillet.

crire. Quant au Maroc, qui entend exercer son droit de souscription, il n'avait pas encore fait connaître, à la fin de 1906, le groupe souscripteur à qui il donnera mission de le représenter. Les autres gouvernements firent les désignations suivantes :

Allemagne : Banque Mendelssohn et Cie.
Autriche-Hongrie : K. K. priv. Œsterr. Boden Credit Anstalt.
Belgique : Société générale de Belgique.
Espagne : Banque d'Espagne.
France : Banque de Paris et des Pays-Bas.
Grande-Bretagne : MM. Glyn Mills Currie et C°.
Italie : Banque d'Italie.
Pays-Bas : Nederlandische Handel-Maatschappij.
Portugal : Banque de Portugal.
Russie : Banque du Nord.
Suède : Skandinaviska Credit Aktiebolaget.

Le consortium des banques françaises, titulaire de deux parts en échange de la cession des droits des articles 32 et 33 du contrat d'emprunt du 12 juin 1904, a, comme le gouvernement français, délégué la Banque de Paris et des Pays-Bas.

Dans un second délai, celui-là de trois semaines à compter de l'expiration du délai de souscription, l'Acte général avait prévu la constitution d'un comité spécial chargé de rédiger les statuts de la banque, d'élaborer un règlement sur les rapports de la banque avec le maghzen et, plus généralement de prendre les mesures nécessaires pour que la banque pût fonctionner. Chaque groupe souscripteur était représenté au sein de ce comité, qui était donc composé de treize délégués, onze représentant les parts des puissances et deux celles du consortium français. Ces délégués étaient les suivants :

Allemagne : M. Arthur Fischel.
Autriche-Hongrie : M. Julius Herz.
Belgique : M. de Brabander.
France : M. G. Dupasseur.
Grande-Bretagne : Sir Edward Law.
Italie : M. Canovaï.
Pays-Bas : M. Van Nievof.
Portugal : M. da Cunha.
Russie : M. Wehrung.
Suède : M. Wallemberg.

Consortium : MM. Georges Pallain, gouverneur de la Banque de France, et Gaston Guiot, ministre plénipotentiaire, délégué des porteurs de titres de l'emprunt de 1904.

En même temps, les puissances investies par la conférence de la mission de surveiller la banque, désignèrent les quatre censeurs qui furent :

Allemagne : M. de Glasenapp.
Espagne : M. Moralès.
France : M. de Liron d'Airolle.
Grande-Bretagne : Sir Edward Law.

Par courtoisie pour l'Espagne, le Comité tint sa première séance à Madrid, mais il décida immédiatement de transporter à Paris le siège de ses délibérations, auxquelles les censeurs furent invités à participer avec voix consultative. La présidence fut déférée à M. Pallain, gouverneur de la Banque de France, délégué du consortium français. Le comité spécial a tenu à la Banque de France deux sessions, l'une en mai-juin 1906, l'autre au mois de novembre de la même année. La Banque du Maroc, étant aux termes de l'Acte général, une société anonyme régie par la loi française et soumise en même temps à des dispositions et obligations spéciales édictées par l'Acte, le comité avait pour tâche de mettre en harmonie, dans les statuts, ces deux ordres de stipulations légales et diplomatiques, et de fixer, en ce qui concernait les rapports de la banque et du maghzen, les procédures utiles. Dans sa première session, le comité a élaboré le projet de statuts et, dans la session de novembre, le règlement précisant les rapports de la banque avec le maghzen. Statuts et règlement ont été, conformément à l'Acte général, approuvés par les censeurs et ont un caractère définitif. La tâche du comité n'était d'ailleurs pas terminée, car l'Acte général (art. 57 *in fine*) a voulu qu'il vécût jusqu'à la constitution de la banque. C'est à lui qu'incombait le soin de procéder aux formalités que la loi française exige des fondateurs de toute Société (dépôts des statuts chez un notaire, versement dans une banque du quart du capital) et il était stipulé qu'il y devait procéder dès que la ratification générale des puissances aurait été acquise.

Telle qu'elle résulte, non-seulement de l'Acte général, mais des règlements et statuts qui l'ont complétée et précisée, la Banque d'État marocaine présente les caractères suivants. Le capital initial est fixé à 15 400 000 francs divisé en 14 parts de 2 200 actions de 500 francs. Sur ces 14 parts, 12 sont prises par les puissances signataires (États-Unis exceptés) et 2 par le consortium. Chaque part donne droit à la désignation d'un administrateur statutaire. La société est constituée pour quarante années; le siège social est à Tanger; le conseil d'administration se réunit à Paris. A côté des rouages ordinaires d'une banque (assemblées générales, conseil d'administration, commissaires des comptes), fonctionnent des organes spéciaux : collège des censeurs, haut-commissariat chérifien, commission d'escompte. Le rôle des uns et des autres est défini, ainsi que leur mode de désignation, dans l'Acte d'Algésiras, dont les statuts et le règlement n'ont guère fait que reproduire littéralement les dispositions. Envisagée au point de vue des opérations qu'elle doit ou qu'elle peut faire, la banque se présente sous divers aspects. Dans ses rapports avec les particuliers, elle est une simple banque qui fait la généralité des opérations de banque (escompte des effets de commerce, avances sur titres et valeurs en marchandises, avances en comptes courants, dépôts, opérations de change, etc). Mais son objet principal est ailleurs et, de ce chef, la banque assume des rôles et des charges divers.

Dans les limites fixées par l'Acte général, limites restreintes qu'il dépendra du maghzen d'élargir, la Banque d'État est chargée des opérations de trésorerie du gouvernement marocain, c'est-à-dire, notamment, d'encaisser les revenus et de payer les dépenses pour son compte. Telle taxe, dite additionnelle, sera encaissée par la banque, mais avec affectation spéciale échappant absolument à la décision du maghzen ; tel autre revenu sera encaissé obligatoirement par la banque, mais non affecté, et sous certaines réserves, laissé à la disposition du Sultan; on doit espérer que, progressivement, le gouvernement marocain confiera à la banque le soin d'encaisser d'autres revenus et de payer la totalité de ses dépenses. La banque est obligée, d'autre part, de faire au gouvernement marocain des avances, dont la principale, à concurrence de 10 millions de francs, est destinée à la création et à l'entretien de la police.

Cette avance est l'objet le plus immédiat qu'aient envisagé les puissances : elles ont voulu créer la sécurité dans les ports ouverts et, comme elles auraient vainement demandé au maghzen de faire les fonds, elles ont, à cet effet, institué la banque. Enfin la banque est chargée du service des emprunts publics du Maroc; et, dans un autre ordre d'idées, elle doit prendre les mesures utiles en vue de l'assainissement de la situation monétaire. En compensation de ses charges et obligations, la banque jouit de divers droits et avantages, parmi lesquels les plus importants sont le privilège d'émission et le droit de préférence en matière d'emprunts publics. On s'est imaginé au Maroc que la banque était faite pour fournir des fonds, sans fatigue, à l'appétit du maghzen; on s'est imaginé en Europe qu'elle avait pour mission de contrôler la gestion financière du Sultan. La vérité n'est ni d'un côté ni de l'autre. L'Acte d'Algésiras a limité, expressément et par nature d'objets, les avances que la banque est autorisée à faire au maghzen; elle ne pourra donc pas l'encourager à des dépenses exagérées ou inutiles. Par contre, les puissances ont voulu que la banque fût un organe administratif, non un organe de contrôle, et, conséquemment, le Sultan continuera à faire sur ses revenus non affectés toutes dépenses, utiles ou non, qu'il lui conviendra.

Avec la Banque d'État, l'organisation de la police constituait la partie essentielle des décisions de la conférence. Peu de jours après la signature de l'Acte d'Algésiras, il devint évident que cette organisation était urgente et que le progrès de l'anarchie appelait de promptes mesures. Ce n'est pas ici le lieu de faire l'histoire de cette anarchie et il suffira d'en rappeler les manifestations principales. En avril, c'est le meurtre par les gens de Raissouli de deux Arabes aux portes de Tanger. En mai, c'est l'assassinat, tout près de la ville, d'un Français, M. Charbonnier; ce sont les troubles de Marrakech et l'arrestation arbitraire d'un domestique de la légation de Russie. En août, c'est, à Tanger même, en plein marché, une bataille entre les Andjeras et les gardes de Raissouli : plusieurs Européens sont blessés; c'est, quelques jours après, le meurtre, sur la plage, d'un jeune Espagnol. En septembre, c'est l'occupation de Mogador par le chef berbère Anflous, celle de Casablanca par le sorcier Ma-el-Aïnin, le meurtre, à El Ksar, d'un protégé français, les attentats, près de Marrakech, contre un Français, M. Lassallas, et un Allemand, M. Holtze. En octobre, c'est l'attaque d'Arzila par Berrian et l'arrestation à Rabat de l'Allemand Heinrich. Depuis lors, à Tanger et aux environs, ce sont les continuelles vexations infligées par Raissouli aux Européens, aux protégés, aux Algériens et aux indigènes[1]. A laisser se développer de tels désor-

1. Voici la liste des principaux méfaits de Raissouli à la date du 20 décembre 1906.

    1. *Affaires intéressant les Français résidant à Tanger.*

    1° Le 9 septembre 1906, les gens de Raissouli, agissant sur son ordre, arrachent les piquets de fer limitant la concession destinée à recevoir le monument funèbre de notre compatriote Charbonnier, assassiné l'été dernier aux portes de Tanger. Plainte est adressée à Torrès. Elle ne reçoit aucune suite.

    2° Le 27 septembre, Torrès annonce à la légation que Raissouli se plaint, — car ce brigand est susceptible — qu'un Français, M. Robic, ait empiété sur un terrain du maghzen au marché aux bœufs et y ait commencé des constructions; Raissouli pourrait saisir les tribunaux, mais il préfère une justice plus expéditive. Il notifie donc que, si en trois jours, M. Robic n'a pas vidé les lieux, il démolira ses établissements. Ainsi fait-il, étant homme de parole.

    3° Le 9 novembre, M. Gros, restaurateur au chemin de la Montagne, voit arriver chez lui des hommes de Raissouli. Ils prétendent pénétrer dans son établissement pour arrêter un guide marocain qui accompagne des touristes anglais et qui est assis à leur table. Prétexte : le guide rompt le jeûne du Ramadan que Raissouli, lui, respecte. M. Gros s'oppose à l'arrestation. On tire aussitôt un coup de fusil sur son établissement. Plainte à Torrès. Aucune suite.

    4° Le 6 novembre, MM. Blanchet et Braunschweig sont sommés par les hommes de Raissouli, en armes comme toujours, de leur verser de l'argent. Motif : la réfection d'un des puits de la plage.

    5° Quelques jours après, des gens armés se réclamant de la même autorité et conduits par le propre khalifa de Raissouli font planter des poteaux de fer dans la propriété de M. Blanchet parce que, d'après eux, des indigènes en sont propriétaires. On réclame auprès de Torrès. Les poteaux sont toujours là. Et on défend d'y toucher. M. Blanchet d'y toucher.

    6° Le 9 novembre, deux géomètres français, MM. Frère et Gallet, relevaient les plans d'une propriété appartenant à la Société immobilière. Des gens en armes les assaillent. M. Frère est arrêté. Il exige qu'on le conduise à la légation de France, où le ministre le fait relâcher. M. Gallet n'arrive à se dégager qu'en prenant son revolver.

    7° La Compagnie Marocaine veut faire clôturer un terrain qu'elle possède près de l'hôpital français. Raissouli le lui interdit. Il y consent quelques heures après, — à condition qu'on lui verse 40 douros.

    8° M. Fabarez fait un règlement de bornage avec un voisin espagnol. Il s'agit d'un terrain dont il est propriétaire depuis plus de six ans. Pour cela, on creuse, afin de retrouver une borne qui servira de point de repère. Ben Mansour s'y oppose et fait arrêter les travaux.

    9° A diverses reprises, les officiers du *Galilée* sont injuriés et menacés. La dernière fois, c'est en français qu'on les injurie. Un autre jour, étant non en civil, mais en uniforme, ils voient des gens de Raissouli ramasser des pierres pour les leur lancer.

    10° Un géomètre et un typographe français se promenaient au Marshan, un dimanche de décembre. Eux aussi sont assaillis à coups de pierres.

    11° Les notaires de Tanger reçoivent de Raissouli l'interdiction de procéder

dres, on courait deux risques : celui, d'abord, d'assister à des accidents irréparables ; celui, ensuite, de ne pouvoir organiser la police prévue par la conférence. A des reprises différentes, le 22 septembre,

aux opérations de bornage et de mesurage sur les terrains de la banlieue. Il en résulte une gêne commerciale intense. La Société immobilière ne peut faire borner un terrain qu'elle a acquis. D'autres Français sont dans le même cas.

II. *Réclamations des Algériens.*

Ici, on est obligé de choisir : car les exploits de Raissouli sont véritablement trop nombreux.

Voici d'abord El Hadj Abdessalam ben Ayed, habitant la Gharbia ; il a été arrêté, gardé en prison à Zinat, chez le caïd. Il est maltraité odieusement et obligé de payer 150 douros pour recouvrer sa liberté.

Abd el Kader ben Mohammed Afki, arrêté tout aussi arbitrairement, se voit mettre les fers aux pieds. Il s'en tire en payant 30 douros : c'est pour rien.

Si Mohamed Souilhi, habitant comme les deux premiers la Gharbia, a été dépouillé de son troupeau de moutons par les hommes de Raissouli. Pour le ravoir, il paye 375 pesetas.

El Hadj Abdelouahab se plaint qu'on ait violé son domicile. Pour lui, comme pour les trois premiers, le maghzen ne nie pas et se reconnaît responsable des méfaits de Raissouli. Mais d'autres Algériens sont moins favorisés.

El Arbi ben Esghir a été arrêté par ordre du caïd, sans motif ni prétexte. Il est toujours emprisonné à Zinat. Une somme de 400 douros a été versée à la légation par le maghzen pour le dédommager de son arrestation illégale. Cet Algérien est maltraité dans sa prison. L'affaire a été rappelée à Ben Sliman le 28 août 1906. La lettre est restée sans réponse. Il y a plus de neuf mois que cet Algérien est emprisonné par Raissouli. Les cheurfa d'Ouezzan sont intervenus à notre demande, mais n'ont pas été écoutés.

Le 14 septembre 1906, Mohammed Afkis s'est plaint d'un vol dont il a été victime il y a deux ans à la Gharbia (il s'agissait d'un bœuf qui lui avait été enlevé et qu'il a retrouvé chez Ali Rechouck, chef de la police de Raissouli). La légation est intervenue pour obtenir la restitution. Refus de Rechouck. Plainte à Torrès. Aucun résultat.

Le 5 octobre, les Algériens de la Gharbia sont de nouveau mis à contribution. Mohammed Souilhi a vu Raissouli pénétrer dans son *arzib* et lui enlever de force huit moutons. Torrès s'est déclaré impuissant à donner une solution à l'affaire.

Le 18 octobre, Si Zahion ben Ayed, Algérien, est venu se plaindre qu'on ait exigé de son père une contribution de 30 pesetas sans aucune raison plausible. Ayant refusé de payer, il a été appréhendé, battu, dépouillé. On lui a pris 12 douros en argent. Torrès a été saisi de la réclamation. Il n'en parle plus depuis lors.

Le 10 novembre, les gens de Raissouli, mis en goût par l'impunité, reviennent à l'arzib de Mohammed Souilhi. C'est encore huit moutons qui s'en vont. Plainte, et pas de résultat.

Le 12 novembre, à propos d'une affaire de divorce, Bou Arour ben Sahah, Marocain, et Constantini, Algérien, ont affaire à Raissouli. Le khalifa du brigand, qui avait reçu du père de la femme répudiée un respectable pot-de-vin inculpe l'Algérien de « mensonge », et le fait bâtonner en plein Socco. On le ramène en prison complètement inanimé. Il n'en sort que grâce à la générosité d'un ami qui paye très cher sa liberté. Notre ressortissant demeure estropié, tant a été énergique la bastonnade qu'il a subie. (Voir le *Temps. Propos diplomatiques*, 25 décembre 1906.)

le 1er novembre, le 23 novembre, le corps diplomatique avait protesté, — toujours sans résultat. Que pouvait-on faire ? Anticiper sur les décisions de la conférence et, sans attendre la ratification, instituer la police ? C'était fort malaisé[1]. L'article 4 de l'Acte final prévoyait, en effet, que les instructeurs français et espagnols entreraient en service pour une durée de cinq ans, « à dater de la ratification ». Or, c'étaient les plus élevés en grade de ces instructeurs qui devaient, avec l'inspecteur et le ministre de la Guerre chérifien, élaborer le règlement de la police. Comment, dans ces conditions, devancer la ratification ? De plus, l'article 6 disait : « Les fonds nécessaires à l'entretien et au payement de la solde des troupes et des officiers et sous-officiers instructeurs seront avancés au Trésor chérifien par la Banque d'État... » Or, l'article 57 de l'Acte final relatif à la constitution de la banque portait à son paragraphe 2 : « L'assemblée générale constitutive de la société aura lieu dans un délai de deux mois à partir de la ratification du présent acte .» Dans ces conditions, avec quoi aurait-on payé les instructeurs, si, d'aventure, on les eût installés en fonctions avant la ratification ? Quand même cette anticipation n'eût provoqué aucune objection d'ordre politique, elle se fût heurtée à des obstacles matériels difficiles à surmonter. Dans ces conditions, le gouvernement français et le gouvernement espagnol, qui, dès le 28 octobre, avaient envoyé des croiseurs devant Tanger, crurent nécessaire, afin de sauvegarder leurs responsabilités, d'obtenir l'agrément des puissances signataires pour une action éventuelle susceptible de garantir efficacement la vie et les biens des Européens résidant à Tanger[2]. Le

---

[1]. La *Gazette de Francfort* et M. René Millet, ambassadeur de France, dans un article de la *Revue politique et parlementaire*, avaient, tour à tour, envisagé cette solution.

[2]. M. Regnault, ministre de France, caractérisait ainsi la situation à Tanger à la date du 11 novembre 1906. « Est-ce à dire qu'on doive prévoir pour une heure prochaine des événements fâcheux? Il est impossible de rien affirmer, car au Maroc les événements ne s'enchaînent pas suivant un ordre logique. On assiste à l'embrasement de successifs feux de paille, qui demain seront éteints, mais qui après-demain peuvent flamber de nouveau. Je ne saurais mieux traduire ma pensée qu'en vous disant que c'est l'incertitude absolue. Cela peut s'arranger. Cela peut s'aggraver. Nul ne sait si c'est la première hypothèse qui se vérifiera ou la seconde. Vous voyez donc que je ne suis pas un prophète de malheur. Mais ce qu'il faut bien comprendre, c'est qu'à Tanger on ne peut compter à aucun degré sur le gouvernement du Sultan. Ce gouvernement n'existe malheureusement pas. C'est le néant. Or, le néant n'est pas une garantie. Et c'est pourquoi, sans pousser les choses au noir, je

5 décembre, une note en ce sens fut remise dans toutes les capitales par les ambassadeurs de France et d'Espagne[1]. Nulle part, elle ne provoqua d'objection. L'envoi de l'escadre franco-espagnole détermina le Sultan à destituer Raissouli[2] et à charger son ministre de la Guerre Guebbas, de courir sus au brigand. Le repaire de Raissouli à Zinat fut détruit. Mais lui-même put s'échapper. M. Pichon, ministre des Affaires étrangères, commenta ces mesures à la tribune le 6 décembre et fut approuvé par l'immense majorité de la Chambre. Au début de janvier 1907, les escadres

pense que l'insécurité présente, l'impossibilité où l'on est de tabler sur l'avenir créent pour les étrangers résidant au Maroc un état de choses qui justifie toutes leurs préoccupations. Tanger est une ville trop européenne pour que cette instabilité puisse s'y prolonger sans dommage. (Voir le *Temps*, *Propos diplomatiques*, 11 novembre 1906.)

1. Voici le texte de cette note : « Les événements récents de la région de Tanger et les incidents répétés qui ont eu lieu dans cette ville sont de nature à faire craindre que les étrangers n'y trouvent plus de garanties suffisantes pour leur sécurité. Si la situation empirait au point d'aboutir à des désordres plus graves, l'institution de la police prévue par l'Acte d'Algésiras apparaîtrait avec un caractère de nécessité urgente, et la France et l'Espagne auraient à prendre des mesures pour en hâter l'organisation dans les conditions acceptées par les puissances qui ont participé à la conférence.

» C'est dans cet esprit que les deux gouvernements ont décidé d'envoyer à Tanger des forces navales capables de pourvoir à toute éventualité.

» Suivant les circonstances, les ministres français et espagnol, préalablement d'accord à cet effet, pourront, après s'être concertés avec leurs collègues du corps diplomatique à Tanger, requérir du commandant en chef des forces navales, le débarquement des détachements nécessaires pour le maintien de l'ordre dans la ville et sa banlieue.

» En cas d'attaque à main armée, les ministres de France et d'Espagne, d'un commun accord, pourront requérir d'urgence ledit débarquement et en rendront compte à leurs collègues.

» Le commandement appartiendra à l'officier du grade le plus élevé et, dans le même grade, au plus ancien de l'une ou l'autre nationalité.

» On proposerait immédiatement au maghzen de créer à l'abri de cette protection indispensable mais purement provisoire, les corps de police.

» Les détachements seraient rembarqués aussitôt que possible et, au plus tard, dès que la police aura été mise à même de fonctionner.

» L'autorité du gouverneur de Tanger serait maintenue et on demanderait au Sultan de rétablir le fonctionnement de la juridiction de ses représentants à Tanger et dans sa région dans les conditions normales qu'elle avait précédemment.

» Le pavillon chérifien resterait seul arboré sur les bâtiments de Tanger.

» Les deux gouvernements, désireux de donner aux puissances signataires de l'Acte d'Algésiras, avant même sa ratification, toute garantie qu'ils se conformeront à son esprit dans l'accomplissement de la mission particulière qui leur a été reconnue pour assurer la sécurité des étrangers au Maroc, tiennent à faire connaître d'avance aux puissances leurs projets éventuels afin de bien marquer le caractère de leur action. »

2. 26 décembre 1906.

française et espagnole furent rappelées; mais, avec l'aveu des puissances, M. Pichon prit des dispositions pour que la police fût instituée sans retard. A cette fin, le gouvernement suisse fut officiellement prié de désigner l'inspecteur. Il fit choix, en cette qualité, du colonel Arnim Muller [1], de l'artillerie.

Une autre série de mesures était requise pour la mise en œuvre des décisions d'Algésiras. Il fallait que le corps diplomatique étudiât les règlements qu'il avait reçu mission d'élaborer et dont l'objet principal était de discipliner la concurrence internationale [2]. Sur une très heureuse initiative de M. Regnault, nommé, le 9 juin 1906, ministre de France au Maroc, les ministres, à la fin d'août, prirent l'engagement unanime de conformer leur conduite, sans attendre la ratification, aux principes posés par la conférence; notamment, en matière de travaux publics et de concessions, il ne serait fait aucune dérogation à la règle de l'adjudication destinée à maintenir l'égalité de tous sur le terrain économique. Cette décision était un frein pour ceux des diplomates qui auraient pu être tentés de pêcher en eau trouble. Pour le reste, on profita de la présence à Tanger de Mokri et de Bennis pour décider l'ordre de travail à suivre. On estima que les matières qui devaient être d'abord réglementées étaient l'introduction des explosifs, les taxes sur les constructions urbaines et les droits de magasinage, l'adjudication et l'expropriation. Ce travail devait être mené aussi rapidement que possible et soumis, au fur et à mesure, à l'approbation du maghzen.

Tel fut le lendemain de la conférence. Rien, dans les faits que

1. Voici la liste des officiers instructeurs français et espagnols :
France. — Directeur de l'ensemble du service de police : le commandant Mangin, breveté, du 156ᵉ d'infanterie à Toul.
Répartis entre les divers postes :
Les capitaines Brémond, breveté, 2ᵒ régiment de tirailleurs ; Toulat, chef du bureau arabe de Mécheria ; Poulet, 2ᵒ tirailleurs ; Bolelli, ;65ᵒ d'infanterie Massoutier, chef de l'annexe de Barika.
Les lieutenants Michaud, 6ᵉ régiment d'artillerie ; Cousse, affaires indigènes de Tunisie ; Sicard, 3ᵉ tirailleurs ; Mellier, 4ᵉ tirailleurs ; Gasenel, 18ᵉ dragons.
Espagne. — Casablanca, le commandant d'infanterie Fausto Santa-Cualla, le capitaine Enrique Avila et trois sergents ; Tanger, le capitaine d'infanterie Francisco Paixot, le lieutenant Robert Aguilar, trois sergents et un maréchal des logis de cavalerie ; Tetouan, le capitaine d'infanterie Pablo Cogolludo, les lieutenants Enrique Garcia et Cuevas, trois sergents et un maréchal des logis d'artillerie ; Larache, le capitaine d'artillerie Juan Lopera, le lieutenant d'infanterie Manuel de Las Heras et trois sergents.

2. Voir ci-dessus, page 408.

nous venons de résumer, n'était de nature à surprendre les puissances, car elles n'ignoraient pas les difficultés de leur tâche. Les troubles de Tanger et l'intervention franco-espagnole ont d'ailleurs permis de constater que tous les signataires restent d'accord sur les principes : à savoir, introduction par l'Europe des mesures à prendre, exécution de ces mesures par la France et l'Espagne. L'Acte d'Algésiras garde donc sa pleine valeur. Quelle est exactement cette valeur ? Comment se doivent apprécier les résultats marocains, les résultats européens de la conférence ? Dans quelle situation laisse-t-elle notre pays ? Répondre à ces questions, c'est donner à cette étude sa conclusion naturelle et établir, en fin de crise, le bilan de ces semaines agitées.

CONCLUSION

I. *Coup d'œil rétrospectif.* — L'unité de la politique française. — L'équivoque de la politique allemande. — L'Allemagne et la « réprobation de l'Europe ». — L'Angleterre et la Russie. — Le rôle des États-Unis, de l'Autriche et des petites puissances.
II. *Les résultats marocains.* — Les réformes et l'empire chérifien. — Les réformes et la France. — Le programme français adopté par la conférence. — Les intérêts français au Maroc et l'Acte général. — L'Allemagne au Maroc après la conférence.
III. *Les résultats européens.* — L'amitié franco-anglaise consolidée. — Son action à Rome et à Madrid. — L'alliance russe fortifiée. — Les sympathies franco-américaines. — L'évolution de la Triple-Alliance. — Les exigences de l'Italie. — Les réserves de l'Autriche. — Le mécontentement de l'opinion allemande. — L'Allemagne et l'Europe. — La résignation du prince de Bülow.
IV. *Les enseignements de la crise.* — Les erreurs marocaines de la France. — Les fautes européennes. — Les principes à sauvegarder. — La politique de M. Delcassé, sa force et sa faiblesse. — Diplomatie et armée. — La leçon militaire de la crise marocaine.

I

La conférence avait duré trois mois, moins une semaine. Du 15 janvier au 20 février, elle s'était partagée entre les travaux économiques (contrebande des armes, douanes, amélioration du système fiscal) et les pourparlers à huis-clos entre la France et l'Allemagne. Du 20 février au 7 mars, on avait discuté en séance la banque et la police, tandis que, de Pétersbourg et de Washington, s'exerçait énergiquement une action conciliatrice qui semblait, au début de mars, à la veille d'aboutir. Du 7 au 14 mars, notre crise ministérielle nous avait fait perdre tout le terrain gagné. Du 14 au 26, M. Bourgeois, énergiquement appuyé par les puissances alliées et amies, avait ressaisi l'avantage. Du 26 mars au 7 avril, l'accord définitif s'était établi.

Pendant cette longue période de négociations et de luttes, la politique française n'avait pas varié. Et notre diplomatie, non sans risques, avait joué cartes sur table, indiquant, dès le début, quelles concessions elle accepterait, quels sacrifices au contraire, elle se refuserait à consentir. Le 15 janvier, M. Révoil avait répondu à l'accusation de « tunisification » en affirmant le triple principe de la souveraineté du Sultan, de l'intégrité de son empire, et de la « porte ouverte [1] ». Le 3 février, il avait accepté le partage du mandat de police avec l'Espagne [2]. Le 17, il avait admis que l'exercice de ce mandat partagé pût être entouré de garanties qui n'avaient pas été, du reste, explicitement précisées [3]. Vers la même date, M. Regnault avait laissé entendre au comte de Tattenbach que nous ne serions pas irréductibles quant au nombre de parts à attribuer au consortium dans la constitution du capital de la banque [4]. A partir de ce moment, c'est-à-dire un mois juste après la réunion de la conférence, nous avions donc abandonné tout ce que nous pouvions abandonner et épuisé, dans les pourparlers à huis-clos, notre disponibilité de concessions.

Ces pourparlers avaient eu l'avantage de dissiper les présomptions créées contre nous par l'Allemagne [5]. Ils ne suffirent pas à décider celle-ci à une transaction directe. Par trois fois, le 26 janvier [6], le 10 février [7] et le 19 [8], un refus intransigeant nous fut notifié, soit par M. de Radowitz, soit par les agences officieuses, cependant qu'une action tenace, exercée à Algésiras et dans les différentes capitales, tendait, en déformant les faits, à détacher de nous nos alliés, à présenter comme obstination ce qui n'était que fermeté, à annuler la valeur de ce que nous cédions, à nous isoler en nous discréditant [9]. Le recours à la conférence s'imposait.

1. Voir ci-dessus, page 106.
2. *Ibid.*, page 151.
3. *Ibid.*, page 181.
4. *Ibid.*, page 183.
5. Dès le début aussi, la délégation française avait pris la direction du travail d'organisation des intérêts communs et élaboré la plupart des projets, — douanes, contrebandes, impôts, etc., — adoptés par la conférence. Par là encore, elle avait gagné des sympathies.
6. Voir ci-dessus, page 144.
7. *Ibid.*, page 168.
8. *Ibid.*, page 187.
9. *Ibid.*, page 193 et suivantes.

M. Révoil y procéda, en déposant, le 20 février, son projet de banque [1]. Mais la banque, matière elle-même à discussion, fût-elle devenue objet d'entente, que nos intérêts politiques, supérieurs encore à nos intérêts économiques, n'eussent pas été préservés. Il fallait donc coupler la question de la police et la question de la banque, — comme du reste M. de Radowitz l'avait indiqué lui-même dès le 23 janvier [2]. Il fallait aussi, sur la forme sinon sur le fond, obtenir un vote, qui permît à l'opinion européenne de s'éclairer sur le groupement des puissances, présenté par la presse allemande sous le jour le plus inexact. C'est à quoi pourvut le scrutin du 3 mars, qui, en décidant la discussion simultanée de la police et de la banque, mit neuf voix de notre côté contre deux seulement du côté de l'Allemagne [3]. Ainsi s'exprimait, — de biais, mais avec clarté, — le sentiment de l'Europe, dont, depuis les refus de l'Allemagne, l'approbation publique était notre seule chance de succès. Cette approbation ne fut pas sans effet. Et, du 3 au 7 mars, des indices concordants nous procurèrent la certitude que l'Allemagne se décidait à accepter la formule proposée par nous le 17 février [4].

L'entente paraissait prochaine, quand la chute du cabinet Rouvier remit en question les avantages que nous étions à la veille d'obtenir [5]. Il nous fallut, de nouveau, réagir contre des exigences renaissantes, contre d'insidieuses campagnes de presse et de diplomatie, qui, une fois de plus, visaient à propager la légende de notre isolement [6] et décourageaient, par leur continuité, nos représentants et nos amis. La police franco-espagnole, admise au moment où, le 6 mars, le prince de Monaco quittait Berlin [7], fut faussée, dans son principe et dans son application, par le maintien de l'amendement qui confiait Casablanca à une police suisse ou hollandaise [8]. Et l'Allemagne reprit ce qu'elle s'était déclarée prête

1. Voir ci-dessus, page 221.
2. Ibid., page 138.
3. Ibid., page 278.
4. Ibid., page 294.
5. Ibid., page 298.
6. Ibid., page 316.
7. Ibid., page 295.
8. Ibid., page 312.

à céder. La fermeté avec laquelle M. Léon Bourgeois s'appropria les instructions données à M. Révoil par son prédécesseur, la franchise qu'apportèrent l'Angleterre et la Russie à soutenir sa résistance, enfin la publicité que le *Temps* assura, tant aux manœuvres allemandes qu'aux répliques qu'elles avaient provoquées, rétablit notre situation[1]. La netteté du président Roosevelt à l'égard de Guillaume II compléta ce que le comte Lamsdorf appelait la « réprobation de l'Europe ». Devant cette manifestation de force diplomatique, devant cette majorité groupée autour de nous, l'Allemagne admit enfin la valeur des motifs que nous exposions depuis des semaines. Elle céda à la contrainte morale. Et, le 26 mars, nous reçûmes de M. de Radowitz l'assurance que la police franco-espagnole ne serait plus discutée[2]. Nous dûmes alors payer cet inestimable avantage d'une certaine extension du contrôle admis par nous le 17 février. Au lieu de rapports communiqués à l'Europe par la légation d'Italie, nous acceptâmes l'inspecteur, dont les pouvoirs furent fortifiés, sans qu'il dût cependant exercer le commandement ou y participer, sans que non plus il fût soustrait à la souveraineté du Sultan et placé sous celle du corps diplomatique[3]. Simultanément, nous réduisîmes de quatre à deux les parts que nous demandions pour le consortium dans le capital de la banque, sans perdre toutefois la majorité dans le comité des statuts et le conseil d'administration[4]. La répartition des ports entre les instructeurs français et espagnols, réglée par un accord franco-espagnol, fut enfin ratifiée par la conférence[5]. Ramenée à ses lignes essentielles, la politique française apparaît donc, d'un bout à l'autre, une et droite, marquant sans réticences les limites qu'elle ne dépassera point et s'y tenant, s'exposant ainsi à la surenchère des exigences adverses, mais s'assurant, en revanche, au regard des tiers, le mérite de la loyauté. Faut-il ajouter que cette politique fut supérieurement servie par ceux qui avaient charge de la défendre? Les faits portent, en leur faveur, un témoignage que tout commentaire affaiblirait.

1. Voir ci-dessus, page 327 et suivantes.
2. *Ibid.*, page 351.
3. *Ibid.*, page 356 et suivantes.
4. *Ibid.*, page 354.
5. *Ibid.*, page 377 et suivantes.

CONCLUSION

La politique allemande fut, à tous égards, la contrepartie de la nôtre, — dans son fond, car l'Allemagne hésita jusqu'au dernier jour sur les solutions qu'elle pouvait accepter ; dans sa forme, car elle ne démasqua jamais son jeu ; et ce jeu fut, trois mois durant, tout de feintes et de *bluff*. Quand on débarque à Algésiras, l'Allemagne propose aux uns et aux autres sept ou huit solutions diverses et contradictoires, où les principes généraux déguisent mal les convoitises particulières[1]. Il n'y a que la France à qui elle ne propose rien, bien qu'elle ait pris l'initiative de solliciter de nous des pourparlers directs[2]. A nos concessions, M. de Radowitz, sur des instructions de Berlin que peut-être il n'approuve pas, répond par des refus successifs, qui vont en s'aggravant jusqu'au 19 février et contrastent avec les promesses « d'aide » prodiguées en 1905[3]. Dès ce moment, cependant, nous acceptons et le mandat franco-espagnol et des garanties de contrôle, c'est-à-dire ce que l'Allemagne admettra le 26 mars. Mais elle ne souscrit pas à cette solution sage, parce qu'elle est convaincue qu'en appuyant, elle obtiendra plus. C'est pour cela qu'elle nous menace d'une rupture de la conférence[4] ; pour cela qu'avec une désinvolture dédaigneuse elle néglige les quatre arbitrages qui s'offrent à elle : arbitrage russe, arbitrage italien, arbitrage américain, arbitrage autrichien. A ces quatre puissances, — d'accord, à des nuances près, pour désirer une transaction honorable, — elle rend, par son intransigeance, la tâche si difficile que, peu à peu, d'intermédiaires bénévoles, elles deviennent, chacune selon ses moyens, les auxiliaires de notre politique. A cette erreur capitale s'ajoutent des fautes de conduite. On entend si souvent M. de Radowitz et le comte de Tattenbach donner leur parole qu'ils n'iront pas plus loin, que ceux qui d'abord se sont laissés prendre à ces affirmations et que l'événement a ensuite éclairés[5], refusent bientôt de s'y arrêter. Il y a aussi les fausses nouvelles écloses dans les agences et dans les feuilles les plus directement inspirées par les plénipotentiaires allemands. Il y a surtout la brutale tentative d'intimidation pour-

1. Voir ci-dessus, page 144 et suivantes.
2. *Ibid.*, page 138.
3. *Ibid.*, page 193.
4. *Ibid.*, page 167 et suivantes.
5. Notamment, le marquis Visconti-Venosta.

suivie pendant la crise ministérielle française, les reproches, les insinuations, les menaces, — tout un ensemble de procédés maladroits autant qu'incorrects, où s'exprime une confiance excessive dans la veulerie des autres, un mépris singulier de l'opinion et de la conscience publiques[1].

Ce que les arguments de la France n'avaient pas obtenu, sa résistance le conquiert. Et c'est en se voyant seule, blâmée par l'Autriche même qui cependant la soutient par nécessité d'alliance, que l'Allemagne se décide, le 26 mars, à accepter ce qu'elle refusait depuis près de deux mois et demi. Cette adhésion, donnée plus tôt, aurait paru spontanée; consentie dans ces conditions, elle prit une allure de reculade. Imprécision des desseins, appétit de représailles, infatuation, ce sont, en politique, des défauts qui se paient tôt ou tard. L'Allemagne, à qui ils avaient réussi en 1905[2], comptait, en 1906, sur un succès pareil. Elle exigeait, sans souci de nos droits, l'internationalisation intégrale pour la banque, pour la police, pour tout. Elle ne tenait compte ni des engagements souscrits par elle, ni des titres acquis par nous, ni des changements survenus, — préparation militaire de la France, participation de l'Europe au débat d'Algésiras. Elle croyait pouvoir forcer la fortune. La fortune lui résista. Et bien qu'en lui-même le résultat final fût pour elle acceptable, elle se donna, à l'avoir écarté si longtemps, l'apparence de céder par force et non point par persuasion. Si la conférence, à ce titre, lui fut une déception, elle fut l'artisan de sa déconvenue, la créatrice de son isolement.

Les caractères opposés de la politique allemande et de la politique française précisèrent et accentuèrent les dispositions qu'apportaient les puissances tierces à l'examen du litige. On sait pour quelles raisons et avec quelle énergie l'Angleterre était résolue à nous soutenir. L'essai de « débauchage » tenté le 3 février par le comte de Tattenbach sur sir Arthur Nicolson[3], l'incident de la dépêche Wolff[4], la circulaire du 12 mars[5], ne firent que confirmer

1. Voir ci-dessus, page 316.
2. *Ibid.*, page 9.
3. *Ibid.*, page 148.
4. *Ibid.*, page 167.
5. *Ibid.*, page 318.

sa résolution. Elle eut le rare mérite, — rare surtout pour une grande puissance, — de jouer à Algésiras, volontairement et constamment, un rôle de second. Tandis que l'Autriche, par l'initiative qu'elle prenait de suggérer des transactions, exerçait, par rapport à l'Allemagne, une action de médiatrice plutôt que de collaboratrice, l'Angleterre se borna à faire siennes nos décisions et à mettre à leur service son autorité. Sir Arthur Nicolson avait dit le 23 janvier à M. de Radowitz :

— Ma politique est trop étroitement liée à celle de la France, pour que je puisse même me faire vis-à-vis d'elle le truchement de vos propositions[1].

Cette formule résuma jusqu'au dernier jour la politique anglaise, politique unilatérale qui plaça son honneur et son intérêt dans sa fidélité exclusive, aussi discrète que ferme, à notre endroit. Et le service rendu à la France s'étendit du même coup à l'amitié franco-anglaise, source, avait-on dit, d'aventures pour notre pays qui serait exposé par elle à de périlleux entraînements. Loin de nous entraîner, l'Angleterre nous soutint, aussi respectueuse de notre liberté que de ses engagements. Et le bloc, que nous fîmes avec elle, fut la base de notre succès.

La Russie, attachée à l'alliance française, mais soucieuse de l'amitié allemande, aurait été volontiers l'honnête courtier de l'accord direct. Dans la première semaine de février, alors que le gouvernement russe recommandait à Berlin la police franco-espagnole comme conforme à l'opinion de la majorité des plénipotentiaires, on comptait à Saint-Pétersbourg sur une prompte solution[2]. Il en fallut bientôt rabattre. Et, dès lors, la Russie nous assura un concours excellent. On se souvient de la lettre du comte Witte à Guillaume II[3], de la séance du 3 mars, de l'exposé enfin fait, le 5, de nos vues sur la police par M. Bacheracht[4]. Après la crise ministérielle et le trouble qui s'en suivit, le gouvernement russe ne voulut pas que sa fidélité fût moins évidente que celle du gouvernement britannique, et, comme sir Arthur Nicolson, le comte Cassini reçut l'ordre de marcher jusqu'au bout avec

1. Voir ci-dessus, page 139.
2. Ibid., page 158.
3. Ibid., page 247.
4. Ibid., page 283.

M. Révoil[1]. La politique russe, à la conférence, n'eut donc pas un instant de fléchissement et se conforma sans faiblesse aux obligations de l'alliance. C'était la première fois que, dans une occasion semblable, nous mettions à l'essai sa fidélité. L'essai fut tout à son honneur.

L'Espagne avait reconnu dès le premier jour la solidarité de ses intérêts et des nôtres : l'attitude du duc d'Almodovar l'établit de façon péremptoire[2]. Le roi, le président du Conseil, et le ministre d'État appréciaient, à sa valeur, la triple entente franco-anglo-espagnole, en Europe autant qu'au Maroc, et M. Jules Cambon ne manquait pas de leur signaler que la conférence était, pour cette entente, une épreuve décisive[3]. Il fallait tenir compte cependant des intrigues de ceux qui, à Madrid, blâmaient, depuis son début, la politique franco-espagnole, ensuite et surtout des manœuvres allemandes, offres d'abord, menaces après. Un seul instant, du 17 au 19 février, ces manœuvres eurent sur la délégation espagnole une prise momentanée et, alors, le duc d'Almodovar suggéra à M. Révoil une combinaison qui déchirait les accords franco-espagnols[4]. Mais ce fut une défaillance toute passagère, naturelle si l'on songe à la pression exercée, sans conséquences durables d'ailleurs. Et, depuis lors, soit dans le débat sur la banque[5], soit dans le débat sur la police[6], les plénipotentiaires espagnols eurent une part active et brillante à la défense des intérêts communs. Même la délicate question de la répartition des ports et la négociation à laquelle elle donna lieu entre **Paris** et **Madrid** n'entama point cette solidarité[7]. L'Espagne, jusqu'à la dernière minute, fut pour nous une associée loyale, à la peine comme à l'honneur. Si le mérite se mesure aux difficultés, celui de la diplomatie espagnole doit être hautement reconnu. En manifestant sa droiture, elle avait prouvé sa clairvoyance.

L'embarras de l'Italie était plus grand encore. D'un côté, la

---

1. Voir ci-dessus, page 331.
2. *Ibid.*, page 105.
3. *Ibid.*, page 81.
4. *Ibid.*, page 189.
5. *Ibid.*, page 226 et suivantes.
6. *Ibid.*, page 289.
7. *Ibid.*, page 377.

Triple-Alliance qui ignore la Méditerranée, mais qui est à Berlin l'objet d'interprétations impérieuses ; de l'autre, les accords méditerranéens avec l'Angleterre et la France. Aux yeux du marquis Visconti-Venosta, l'intérêt italien exigeait un accord direct qui évitât aux tiers, et d'abord à son pays, la nécessité de se prononcer. Pendant les quatre premières semaines, l'éminent représentant de l'Italie travailla activement à préparer cet accord. Il étudia les thèses en présence, et, tant sur la banque que sur la police, il ne jugea point que celle de l'Allemagne valût la nôtre. Il exprima son opinion, notamment le 23 janvier et le 5 février[1]. Et la délégation allemande en ressentit une vive colère. Puis, quand, le 19 février, il devint évident que les négociations directes n'aboutiraient pas, il ne cacha pas son désir de n'avoir pas à voter : il était de ceux qui auraient préféré, à l'hypothèse de ce vote, un accord partiel sur les questions économiques, — ce qu'on appelait alors, à Algésiras, un enterrement décent de la conférence[2]. La France, qui avait besoin d'une discussion complète et plus encore d'un scrutin, obtint de lui, cependant, l'expression publique de son avis à la séance du 3 mars[3]. Cet avis ne portait que sur un point de procédure. Il n'en eut pas moins un retentissement immense[4]. De ce jour, il fut entendu à Berlin que l'Italie faisait défection, alors qu'elle cherchait seulement à rester impartiale. Et la presse allemande se déchaîna. Le gouvernement italien, craignant les représailles, tenta de nous retenir. Mais le coup était porté, — et sans que l'Allemagne fût en droit de rien reprocher à l'Italie, car celle-ci n'avait pas repoussé le fond des propositions allemandes. La réserve qu'elle garda depuis lors précisa, à Berlin, la modération de ses intentions, sans nous porter préjudice. Le cabinet de Rome nous facilita d'ailleurs les concessions sur la banque, en nous promettant que l'administrateur italien[5] voterait avec son collègue français. Et, grâce à l'autorité de son délégué, il traversa cette crise périlleuse sans sacrifier son indépendance et sans courir d'autres risques que

1. Voir ci-dessus, page 153.
2. *Ibid.*, page 191.
3. *Ibid.*, page 278.
4. *Ibid.*, page 280.
5. *Ibid.*, page 297.

celui de subir, pendant quelques semaines, les outrages de la presse allemande.

Les États-Unis n'avaient au Maroc d'autre intérêt que celui de la « porte ouverte ». Et cet intérêt fut, dès le début, sauvegardé. Ils purent donc jouer le rôle de médiateur avec le maximum d'indépendance. On a vu qu'à diverses reprises, soit M. White, soit M. Root, soit M. Roosevelt lui-même, appuyèrent nos propositions [1]. Est-ce à dire que le gouvernement de l'Union prit parti, contrairement aux instructions communiquées au Sénat, en janvier, par le secrétaire d'État [2] ? Non. Car ce que soutenait le président, c'était moins la thèse de la France que la thèse du bon sens et de l'équité, — à savoir que, l'égalité commerciale étant garantie, il n'y avait, quoi qu'en dît l'Allemagne, aucun péril à reconnaître, sur le terrain politique, les intérêts spéciaux de la France et de l'Espagne, admis par l'Allemagne même le 8 juillet 1905. Que si, à différentes reprises, nous avons signalé la vivacité des répliques américaines à certaines communications de l'Allemagne [3], c'est qu'on estimait à Washington que ces communications, négatives toujours et toujours contraires aux engagements pris l'année précédente, rendaient impossible l'établissement de l'entente. Le 3 mars, M. White vota avec M. Révoil ; la nature de la question posée le lui permettait sans nul doute [4]. Pour le reste, le plénipotentiaire des États-Unis n'eut qu'une préoccupation : faciliter l'accord, et puisque, après les concessions de la France, c'est de l'Allemagne que venaient les obstacles, agir sur l'Allemagne dans l'intérêt de cet accord. Le gouvernement de l'Union, en se comportant ainsi, ne rendait pas seulement à la modération de notre programme un hommage justifié, il se conformait exactement aux principes directeurs de sa politique. Et le président, en écartant par ses dépêches des 7 et 17 mars [5], les pressantes instances de Guillaume II, exerçait la seule action d'où pût sortir l'entente finale. Toute autre interprétation de la politique américaine serait abusive, injuste et fausse.

1. Voir ci-dessus, pages 153, 173, 249, 335.
2. *Ibid.*, page 64.
3. *Ibid.*, page 235.
4. *Ibid.*, page 278.
5. *Ibid.*, pages 297 et 335.

L'Autriche-Hongrie, pendant les six premières semaines, ne fut que l'alliée docile de l'Allemagne. Mais, pas plus que les autres puissances, elle ne demeura sourde à la leçon des événements et, comme elles, comprit que, pour arriver à l'entente, on ne pouvait demander à la France toutes les concessions. En élaborant le projet qui fut déposé par le comte de Welsersheimb à la séance du 8 mars [1], elle remit en marche, par un amendement décisif, la négociation sur la police arrêtée, le 5, par le refus de M. de Radowitz [2]. En chargeant le comte de Khevenhuller de reprendre cette négociation avec M. Léon Bourgeois [3], elle prépara la concession nécessaire, qui fut consentie, le 26 mars, à l'égard de Casablanca [4]. Et durant ces trois semaines, les conseils qu'elle donna à Berlin, concordant avec la résistance de la France, appuyée par l'Angleterre, la Russie et les États-Unis, furent pour beaucoup dans l'évolution de l'Allemagne. A aucun moment, d'ailleurs, le gouvernement autrichien ne fut l'instrument du *bluff* allemand. A aucun moment, il n'usa contre nous ni de pression ni d'intimidation. A aucun moment, il ne nous dit autre chose que la vérité. Et cette diplomatie loyale fut apaisante au lieu d'être irritante. On se rappelle, il est vrai, que, dans la deuxième quinzaine de mars, le comte de Welsersheimb déposa, au sujet de l'inspection, des amendements que nous dûmes combattre et dont une partie fut repoussée [5]. C'était la rançon de ce que son gouvernement avait, non sans peine, obtenu à Berlin de concessions. M. Révoil s'en rendit compte, et il ne garda pas rancune à son collègue austrohongrois de la suprême passe d'armes qu'il fut obligé de soutenir contre lui.

Que dire des puissances secondaires qui ne ressorte déjà des chapitres qui précèdent? La ligne de leur politique avait été, — exception faite du Portugal, qui prit ouvertement parti pour l'Angleterre et pour la France, — toute de réserve et de retraite. Le jour du vote, elles avaient suivi la majorité. Par ailleurs, elles avaient ménagé les uns et les autres, conseillant à tous, surtout à

---

1. Voir ci-dessus, page 306.
2. *Ibid.*, page 286.
3. *Ibid.*, page 345.
4. *Ibid.*, page 351.
5. *Ibid.*, page 360.

la France, les concessions, parce qu'en arrivant à Algésiras, l'intransigeance de l'Allemagne, — et de l'Allemagne seule, — était acceptée comme un dogme. La « porte ouverte » avait intéressé d'abord quelques-unes d'entre elles. Mais, très vite, elles avaient constaté que cet intérêt n'était point menacé. Et, alors, suivant le mot de M. Robert de Caix, elles n'avaient plus songé qu'à « se défiler » : ce à quoi, en somme, elles avaient réussi. Quant au Maroc, — qu'un plénipotentiaire irrespectueux appelait un jour le *de cujus*, — il était allé de surprise en déception : surprise de voir la conférence se réunir, siéger et aboutir ; déception d'assister à l'élaboration successive des mesures qu'il croyait écartées ; déception aussi de trouver dans les décisions de la conférence un bénéfice financier sensiblement inférieur à celui qu'il escomptait. Il s'était cru délivré, par l'Allemagne, des réformes et de l'influence française. Or les réformes reparaissaient, telles que M. Saint-René-Taillandier les lui avait présentées, aggravées encore par la présence d'instructeurs espagnols plus antipathiques aux Marocains que les instructeurs français. Et notre position spéciale était reconnue par l'Europe, qui consacrait, en outre, notre droit d'assurer seuls la police de la frontière. C'était la ruine de toutes les illusions. L'attitude des délégués chérifiens s'en ressentit. Un certain nombre de projets furent déposés par eux au cours des débats. Aucun ne fut pris en considération. La conférence disposa du Maroc, en présence de ses représentants, mais sans leur consentement. Et c'est en bloc, qu'en juin 1906, on obtint, par la mission de M. Malmusi, l'adhésion qui, à Algésiras, avait été réservée[1]. Il n'y eut pas même d'obstruction active de la part de Torrès et de Mokri, — à peine quelques tentatives, auxquelles on ne s'arrêta point. La délégation marocaine, ou joua les personnages muets, ou parla à la cantonnade. Abstention et indécision, telle fut son invariable attitude.

Ainsi réduite à ses éléments, l'action des diplomaties prend son sens plein et sa pleine valeur. On vient de voir suivant quelle courbe elle s'était développée. Quels résultats obtenait-elle ? Et comment ces résultats, soit au Maroc, soit en Europe, pouvaient-ils être évalués ?

---

1. Voir ci-dessus, page 425.

II

Les résultats locaux de la conférence doivent être envisagés à quatre points de vue différents : Maroc, France, Espagne, Allemagne.

Au point de vue marocain, il est clair que, si les mesures arrêtées par les plénipotentiaires sont appliquées, l'empire chérifien en retirera un bénéfice. Toutes ces mesures ont, en effet, un objet unique : le développement de l'ordre. Et l'ordre seul fait défaut au Maroc. Comme l'écrivait M. Delcassé, le 12 avril 1904, dans sa circulaire aux ambassadeurs, « le Maroc a une population de beaucoup supérieure à celle de l'Algérie et de la Tunisie réunies, — par conséquent une main-d'œuvre plus abondante et il possède en quantité ce que n'ont ni la Tunisie ni l'Algérie : l'eau toujours [1] ». Pour que ses richesses naturelles soient exploitées, que manque-t-il? Les capitaux et la sécurité qui les attire. Relisez l'Acte général d'Algésiras : vous constaterez que c'est d'établir cette sécurité que les plénipotentiaires se sont constamment préoccupés. D'abord, par la police, — police des huit ports ouverts et d'eux seuls, il est vrai, mais c'est par là qu'il fallait commencer ; ensuite, par la répression de la contrebande des armes, destinée à tarir la source des désordres ; enfin, par la revision des règlements douaniers propre à supprimer les fraudes dont souffrent à la fois les commerçants scrupuleux et le fisc chérifien. La sécurité rétablie, il faudra améliorer les conditions matérielles de l'exploitation du pays : outillage des ports, voies de communication, routes et chemins de fer ; le corps diplomatique de Tanger pourra procéder, à cet égard, à d'utiles préparations, suivant les indications inscrites dans l'Acte général. Enfin, la Banque d'État, avec sa double fonction d'établissement privé et d'institution publique, assainira la monnaie, facilitera les échanges, commanditera les entreprises, ajoutera la sécurité financière à la sécurité matérielle. Ce n'est là que l'ébauche d'un programme

---

1. Voir *Livre Jaune*, 1904, circulaire du 12 avril.

complet de régénération marocaine, inférieur à celui que des théoriciens pourraient concevoir, mais c'est une ébauche pratique, presque immédiatement réalisable, adaptée aux besoins les plus urgents. C'est une œuvre d'expérience et d'opportunisme. Qu'elle se traduise en actes, et les statistiques nous apprendront bientôt quelles en sont les conséquences pour cet empire du Maghreb, si propre à l'agriculture et au négoce, et paralysé jusqu'ici par l'anarchie, le désordre et la corruption. Est-il besoin d'ajouter que, grâce à la « porte ouverte », à l'égalité économique et à l'adjudication, tous les pays commerçants en bénéficieront largement et qu'ainsi l'intérêt général des puissances, si souvent invoqué par l'Allemagne, se confondra avec celui du Maroc?

Dans ce progrès certain, quels sont le rôle et la part de la France? Son rôle d'abord. A cet égard, il suffit de relire, à côté de l'Acte d'Algésiras, les documents, antérieurs de deux ans, où fut exposé notre programme marocain, pour constater que, à quelques différences près, qui toutes sont secondaires, les réformes sanctionnées par la conférence sont celles-là mêmes que, dès le principe, nous avions recommandées au maghzen. S'agit-il de la police? Voici ce que M. Delcassé écrivait le 15 décembre 1904 :

> C'est surtout à la périphérie que nous devrons, dans la plupart des cas, inaugurer au Maroc la constitution, sous la direction et le contrôle de nos officiers, de forces de police chérifiennes destinées à rassurer les résidants étrangers[1].

En mai 1905, que proposait M. Saint-René-Taillandier et qu'acceptait Abd-el-Aziz? La « création de corps de police avec instructeurs français à Oudjda, Tanger, Larache, Rabat, Casablanca et Fez[2] ». Et qu'est-ce que, le 1er août suivant, suggérait M. Rouvier? La constitution dans les mêmes villes, Fez excepté, de corps de troupes chérifiennes commandées par des officiers et sous-officiers français[3]. La conférence avait ajouté quatre ports à ceux que visait notre note du 1er août 1905, adjoint l'Espagne à la France pour

---

1. Voir *Livre Jaune*, 1901-1905 page 183.
2. Voir *Livre Jaune*, page 226.
3. Voir *Livre Jaune*, page 257.

l'exercice du mandat, et créé l'inspection. Mais le principe premier restait identique.

S'agit-il de la Banque d'État? Comment M. Delcassé la définissait-il en décembre 1904 ?

Une institution de cette nature pourrait être chargée du service de trésorerie du gouvernement chérifien. Cette Banque d'État contribuerait également, dans toute la mesure possible, à mettre en œuvre les moyens financiers de nature à remédier à la dépréciation actuelle de la monnaie marocaine et à modifier les cours désastreux du change qui en résultent[1].

Et M. Rouvier, le 1ᵉʳ août 1905, écrivait :

La banque exercerait pour le compte et au profit exclusif du trésor chérifien le droit de frapper monnaie. Elle aurait, en outre, en matière monétaire, un rôle très utile à remplir sans délai. La frappe exclusive de la monnaie chérifienne, coïncidant avec la diminution des exportations, du fait de la pénurie des récoltes, a avili la valeur de cette monnaie et en a fait monter le change à un taux (175 p. 100) qui aggrave lourdement les charges du maghzen. La banque prendrait les dispositions nécessaires pour assainir la situation monétaire et stabiliser le cours de la monnaie chérifienne. D'autre part elle pourrait être chargée, à la convenance du maghzen, des services de caisse et de trésorerie. Enfin elle effectuerait au Trésor chérifien les avances dont il aurait besoin, à condition toutefois qu'elles fussent consacrées à des dépenses destinées à avoir une répercussion certaine sur la prospérité économique du pays. Dans cette catégorie de dépenses se rangent celles qu'entraînerait l'application des réformes de police et, d'autre part, certaines entreprises urgentes ayant pour effet d'assurer une première amélioration des ports et de l'outillage économique du pays. La Banque d'État servirait tout naturellement les intérêts économiques et commerciaux des diverses nations ; et il serait aisé, dans la formation et la représentation de son capital, de donner à cette situation une sanction pratique[2].

Sur ces deux questions, qu'avait fait la conférence, sinon reprendre, en les précisant, nos suggestions initiales ? Il en était de même pour la contrebande des armes, pour les douanes, pour les travaux publics, pour l'augmentation des revenus. Les mesures que la France avait jugées nécessaires, la conférence se les appro-

1. Voir *Livre Jaune*, page 183.
2. Voir *Livre Jaune*, page 258.

priait. Et, par là même, le principe de notre politique marocaine recevait des représentants de l'Europe une éclatante consécration.

Restait à savoir comment, dans l'application, nos intérêts étaient sauvegardés ? Ces intérêts se ramenaient à deux : d'abord obtenir des réformes susceptibles de diminuer l'anarchie marocaine, ensuite nous assurer pour l'exécution de ces réformes une place privilégiée ; éviter, en tout cas, qu'une intervention étrangère ne pût faire du Maroc la base d'une politique hostile à l'Algérie[1]. Or, pour la police, que voyons-nous ? Non seulement l'Allemagne n'obtient pas le « secteur » qu'elle désirait en 1905[2] ; non seulement elle n'a pas le commandement d'un port[3] ; non seulement aucun officier allemand ne figure parmi les instructeurs. Mais ces instructeurs sont exclusivement français et espagnols et ne comprennent pas d'officiers neutres, sur le gouvernement desquels l'action éventuelle de l'Allemagne aurait pu s'exercer. Sans doute, il y a l'inspecteur. Et l'inspecteur constitue notre principale concession. Mais, d'une part, cette concession résultait, par avance, de l'acceptation de la conférence[4]. Et d'autre part, les attributions de l'inspecteur sont définies de telle sorte qu'elles ne peuvent devenir un danger. L'inspecteur est un organe de transmission : rien de plus. Il est, vis-à-vis de la police franco-espagnole, un témoin, vis-à-vis de l'Europe, un rapporteur. Il s'assure que les principes posés par la conférence sont respectés. Mais il n'exerce ni commandement, ni

1. Voir ci-dessus, page 19.
2. Voir *Livre Jaune*, 1901-1905, page 235.
3. Voir ci-dessus, page 243.
4. Il était inévitable qu'ayant accepté la conférence, c'est-à-dire l'intervention de l'Europe dans l'introduction des réformes, l'Europe eût le droit de s'assurer que l'exécution de ces réformes était conforme aux principes adoptés par elle. Comme l'écrivait M. de Caix, dans son rapport au comité du Maroc : « Si l'on ne voulait faire aucune concession, c'est en juin ou juillet 1905 qu'il fallait rompre, ne pas aller à la conférence. En y allant, surtout après l'accord du 28 septembre, on ne pouvait s'en tirer qu'avec un compromis, comme toujours en pareil cas. Un des membres de la conférence disait : « Vous êtes dans la situation malaisée, paradoxale même, de demander à une assemblée internationale de renoncer, en votre faveur, à internationaliser. La situation de l'Allemagne est autrement facile. » Un autre plénipotentiaire ajoutait : « Vous avez en acceptant la conférence et son programme, introduit au Maroc le microbe international et vous ne pouvez savoir comment vous limiterez ses ravages. » A la fin des débats, la même personne estimait que les lésions faites par ce microbe étaient beaucoup plus limitées qu'on n'aurait cru.

collaboration au commandement. Fonctionnaire chérifien, c'est au maghzen qu'il adresse ses rapports, dont le corps diplomatique ne reçoit que des copies. Il n'est pas « sous le contrôle » des ministres à Tanger [1]. Ses relations avec eux se réduisent à ceci, que ces derniers peuvent lui demander des enquêtes en avertissant de leur démarche le représentant du Sultan. Ce n'est de quoi diminuer ni l'autonomie des instructeurs, ni la souveraineté d'Abd-el-Aziz. Et c'est, à la surveillance près, l'organisation que nous avions prévue. L'identité se retrouve jusque dans le détail, puisque, sauf une modification [2], la répartition des ports entre l'Espagne et la France est établie par la conférence dans les termes mêmes qu'avaient employés les deux pays dans leur accord secret du 1er septembre 1905 [3].

Pour la Banque d'État, la situation était plus complexe. On peut soutenir qu'en acceptant l'internationalisation de son capital, nous étions allés plus loin que ne l'exigeait l'accord du 28 septembre 1905, qui disait seulement « concours financier donné au maghzen par la création d'une Banque d'État ». Sur ce point, comme pour la police, nous aurions été fondés en droit à soutenir qu' « introduction des réformes par voie d'accord international » ne signifiait pas exécution internationale de ces réformes [4]. Mais, en fait, nous n'aurions pas obtenu que la banque, comme la police, fût exclusivement franco-espagnole. Et c'est, on s'en souvient, sur le terrain financier que, dans ses instructions du 12 janvier 1906, M. Rouvier avait prescrit à M. Révoil de consentir les concessions qu'il estimerait indispensables [5]. Pratiquement d'ailleurs, nous n'avions qu'un intérêt, c'était d'obtenir, dans la direction de la nouvelle banque, une place équivalente à l'importance de notre apport [6], équivalente aussi à notre rôle prépondérant dans la constitution du crédit marocain. Pour cela, un seul moyen, nécessaire et suffisant : posséder, dans le comité des statuts et dans le conseil d'administration, la majorité. Or, cette majorité, nous

1. Voir ci-dessus, page 373.
2. La police mixte à Casablanca au lieu de la police française.
3. Voir ci-dessus, page 395.
4. *Ibid.*, page 287.
5. *Ibid.*, page 112.
6. Droits de l'article 32 et de l'article 33 du contrat du 12 juin 1904.

l'avions. Les États-Unis ayant renoncé à souscrire leur part, le conseil, comme le comité, comprenait quatorze membres : il nous fallait donc huit voix. Comme puissance, nous en avions une ; le consortium deux ; de plus, nous avions acquis l'assurance que les administrateurs anglais, espagnol, portugais, russe et italien voteraient avec leurs collègues français[1]. C'étaient donc neuf voix à nous. De même, dans le collège des censeurs, nous tenions la majorité, puisque les quatre censeurs étaient français, anglais, espagnol et allemand[2]. Enfin nous avions réussi à garder à la banque un caractère purement financier. Et tous les amendements du comte de Tattenbach, — tendant à la subordonner à l'action politique du corps diplomatique, baptisé conseil de surveillance, — avaient été repoussés[3]. Si l'on note, en outre, que la banque était régie par la loi française ; que le siège du conseil d'administration était fixé à Paris ; que les droits de garantie et de contrôle des porteurs français sur l'ensemble des recettes douanières, étaient expressément maintenus, on estimera que, sur ce terrain comme sur celui de la police, nous avions préservé les intérêts essentiels qu'il nous appartenait de défendre et que nous n'abandonnions, des principes directeurs de notre politique, que ce qu'exigeait la forme nouvelle donnée au débat par la réunion de la conférence. Nous avions consenti des sacrifices de forme, mais sauvé le fond ; admis que, pour l'introduction des mesures à prendre, l'Europe s'interposât entre le Sultan et nous, mais, pour l'exécution de ces mesures, réclamé et obtenu la reconnaissance de l'intérêt spécial que, dès le premier jour, nous avions invoqué. Par une autre route, nous arrivions au même but, sans trop souffrir des ronces d'un chemin malaisé.

Pour certains Espagnols, plus épris de rêve que de réalité, l'Acte d'Algésiras était une déception. Comme on l'a dit fort justement, préciser, c'est limiter. Et les décisions de la conférence fixaient une borne à des aspirations qui, dans le libre champ de l'hypothèse, n'en avaient jusqu'alors point connu. Qui ne voit cependant que, pratiquement, l'Espagne n'avait qu'à se louer de l'issue du

1. Voir ci-dessus, page 297.
2. *Ibid.*, page 397.
3. *Ibid.*, page 230.

débat? Non seulement l'amitié franco-anglaise fournissait à sa politique une base large et pacifique. Mais, au Maroc même, il lui devenait loisible de recommencer, sans risques, avec l'aveu de l'Europe et l'appui de la France, une entreprise coloniale, moins onéreuse et plus productive que celles dont le poids pesait encore sur elle. Sans avoir besoin ni d'une flotte ni d'une expédition, elle voyait s'ouvrir devant elle un champ d'exploitation. A la population malheureuse de l'Andalousie, une terre d'émigration excellente pouvait être assurée à bref délai. La monnaie espagnole gardait, dans l'empire chérifien, sa force libératoire [1]. L'association des banques espagnoles avec le consortium français de l'emprunt de 1904 leur donnait, dans la Banque d'État, une place privilégiée, immédiatement après la France [2]. Enfin la charge de rétablir l'ordre dans les ports ouverts était partagée entre l'Espagne et nous. Et c'est dans la zone même qui l'intéressait le plus que ses officiers étaient appelés à exercer leur action. Ni ses intérêts positifs, ni sa juste fierté ne recevaient donc d'atteinte. Matériellement et moralement elle sortait de la conférence dans une position excellente, tant en Europe qu'en Afrique. Et, dès le début de son règne, Alphonse XIII obtenait un succès extérieur, tel que, depuis longtemps, son pays n'en avait recueilli.

Qu'est-ce que, dans ces conditions, l'Allemagne, au Maroc, retirait de la conférence et comment se justifiait la satisfaction exprimée par le prince de Bülow, dans son discours du 5 avril [3]? Pour établir le bilan de ses avantages, il faudrait préciser d'abord la nature et le but du dessein qu'elle avait poursuivi. Or, on l'a vu [4], rien n'est plus difficile que de savoir exactement ce que l'Allemagne entendait obtenir dans l'empire chérifien. Et c'est en Europe, et non au Maroc, qu'on trouve les raisons profondes de sa politique marocaine. De là, dans cette politique, le flottement que nous avons constaté. Si cependant, laissant de côté les manifestations discordantes et déconcertantes qui ont précédé ou accompagné la conférence, on s'en tient aux déclarations officielles, l'Allemagne avait voulu d'abord protester contre l'exclusion dont elle prétendait avoir

1. Voir ci-dessus, page 229.
2. *Ibid.*, page 391.
3. Voir appendice, page 531.
4. Voir ci-dessus, page 48.

été victime, de la part de M. Delcassé, dans le règlement des affaires marocaines ; ensuite exiger, pour leur règlement, une forme internationale, c'est-à-dire des garanties contre une annexion politique ou un monopole économique de la part de la France. A ces deux desiderata, la conférence répondait sans conteste. Ce n'est pas après dix mois de négociations franco-allemandes que la France pouvait être suspectée de ne vouloir point « causer » avec l'Allemagne. Ce n'est pas après la réunion à Algésiras des représentants de toute l'Europe, qu'on pouvait parler encore d'une « main-mise française sur le Maroc ». De cela, le chancelier triomphait[1]. Mais ce triomphe était factice. Car quand on crée soi-même les obstacles qu'on se flatte ensuite d'avoir renversés; on remporte de faciles victoires. Il résultait, selon lui, de la conférence, que la France s'engageait à ne pas conquérir le Maroc, à ne pas le monopoliser. Et M. Schiemann s'écriait : « Nous l'emportons : car ce que la France promet aujourd'hui, c'est ce que Sa Majesté l'Empereur avait exigé, à Tanger, le 31 mars 1905[2]. » Déduction fragile, dont les prémisses manquaient. Jamais, nous n'avions conçu les projets qu'on nous attribuait : il était donc abusif de prétendre qu'on nous eût contraint d'y renoncer. Souveraineté du Sultan, intégrité du Maroc, liberté commerciale, c'était notre plan, avant d'être celui de Guillaume II. Et, comme M. Clémenceau à M. Jaurès, nous aurions pu dire à l'Allemagne : « Votre programme, nous le connaissons, car c'est le nôtre ; et vous nous l'avez pris. » En réalité, dès que l'Allemagne avait désiré s'en assurer, elle avait pu se convaincre, à cet égard, de notre parfait accord avec elle. La conférence n'avait rien changé à notre politique, ni à son profit ni au nôtre. Cette politique était demeurée invariable. Avant comme après, nous nous y tenions. S'il plaisait au prince de Bülow de voir dans sa stabilité un succès de sa diplomatie, c'était un artifice de dialectique, qui ne pouvait tromper personne.

Il est vrai que, dans l'application, l'Allemagne avait déduit, des principes acceptés par nous, des conclusions contraires aux nôtres. Confondant arbitrairement le domaine politique et le domaine

---

1. Voir ci-dessus, page 422 et appendice, page 531.
2. Voir ci-dessus, page 417.

économique, l'introduction des réformes et leur exécution, elle avait demandé, au nom de l'égalité commerciale, que toutes les réformes, même politiques, fussent strictement internationales et que toutes les puissances y prissent une part égale[1]. Dans cet ordre d'idées, son obstination n'avait pas suffi à lui assurer gain de cause. La police était franco-espagnole, — exclusivement. Et la résistance que, plus de deux mois durant, le gouvernement impérial avait opposée à cette solution ne lui permettait pas de la présenter comme une victoire. C'est pourquoi le prince de Bülow en diminuait l'importance et déclarait, le 5 avril, que la satisfaction accordée à la France et à l'Espagne était toute naturelle[2]. Mais alors, pourquoi, si longtemps, la leur avoir refusée ? En réalité, l'Allemagne, sur ce point capital, avait cédé à la pression de l'Europe. Et l'optimisme officiel ne masquait pas la vérité à la clairvoyance de l'opinion[3]. Un seul dédommagement avait été obtenu par la chancellerie impériale : l'institution de l'inspection. Sans se contenter de notre parole et du rôle normal de surveillance qui incombe au corps diplomatique à l'égard des intérêts dont il a la charge, elle avait exigé que la police franco- espagnole fût spécialement contrôlée par un fonctionnaire pris dans une armée neutre, qui serait, pour la conférence disparue, une sorte d'exécuteur testamentaire chargé de veiller à l'observation des volontés du défunt. Mais cet inspecteur, à notre demande, avait été exclu de tout commandement et subordonné au Sultan, non à l'Europe. Du moins pouvait-elle dire que, grâce à lui, les puissances seraient en mesure de surveiller la France et l'Espagne. Avec la réunion même de la conférence, — hommage rendu non à ses arguments, mais à sa force, — c'était l'unique restriction que, dans l'exécution des mesures prises, elle eût réussi à nous imposer. Etait-ce pour elle un succès ? Etait-ce un succès aussi que d'avoir, après des semaines d'intransigeance, dû nous reconnaître, dans la banque, une situation privilégiée ?

Si l'Allemagne n'avait exigé le débat d'Algésiras que pour des

---

1. Voir ci-dessus, page 286.
2. Voir appendice, page 532.
3. Le mécontentement qui n'a cessé de se manifester en Allemagne, pendant les derniers mois de 1906, s'explique pour une part par le sentiment qu'on a eu de la stérilité de la politique extérieure.

motifs purement marocains, elle aurait donc été, au terme de l'affaire, la dupe de son insistance. Car elle eût obtenu d'une négociation directe avec la France, au printemps de 1905, des avantages infiniment supérieurs à ceux que lui valait la conférence [1]. Celle-ci fermait à son action politique les huit ports marocains. Si on avait, comme cela semble probable, rêvé à de certaines heures, à Berlin, de dépôts de charbon et de points d'appui pour la flotte [2], ce rêve était désormais condamné. Quant à la liberté commerciale, qu'on se targuait de nous avoir imposée, nous ne l'avions jamais contestée. Les résultats africains étaient donc, pour l'Allemagne, aussi médiocres qu'ils étaient, pour la France, appréciables. Mais, nous l'avons vu, le Maroc n'avait été, au dire de M. de Bülow, qu'une « occasion ». Pour apprécier équitablement les profits que nos adversaires tiraient de ces trois mois d'efforts, ce n'est donc pas le Maroc, c'est l'Europe qu'il faut considérer. C'est la politique générale qui avait déterminé l'action allemande : comment se présentait, en avril 1906, la situation générale des puissances les unes par rapport aux autres et de l'Allemagne vis-à-vis d'elles ?

III

La politique marocaine de l'Allemagne avait été une politique de représailles européennes [3]. Démontrer à la France l'inutilité de l'entente franco-anglaise ; fortifier du même coup la Triple-Alliance en détachant l'Italie des puissances occidentales, tel avait été l'objet de ce que le prince de Bülow appelait, en 1905, une « riposte nécessaire [4] ». A quoi aboutissait cette riposte ?

L'entente franco-anglaise pouvait se rompre de deux façons : ou par une infidélité de la France, ou par une infidélité de l'Angleterre. L'Allemagne, en 1905, avait surtout agi sur nous [5]. Au

1. Voir ci-dessus, page 51.
2. *Ibid.*, page 49.
3. *Ibid.*, page 54.
4. Dans son interview de Baden-Baden. Voir appendice, page 486.
5. Voir ci-dessus, page 10 les menaces adressées à M. Rouvier. Il y eut aussi, à ce moment, le voyage d'intimidation fait à Paris par le prince Henckel de Donnersmarck.

début de la conférence, elle avait agi sur l'Angleterre [1]. Ni d'un côté, ni de l'autre, elle n'avait réussi. Non seulement les deux pays, réconciliés par le traité du 8 avril 1904, étaient demeurés étroitement solidaires pour le règlement de l'affaire marocaine. Mais cette solidarité localisée [2] s'était étendue peu à peu à toute leur diplomatie. Les débuts de l'entente cordiale avaient été accueillis des deux parts avec satisfaction, mais sans enthousiasme. La consécration populaire vint ensuite, d'autant plus expressive qu'elle avait été plus réfléchie. Rien n'unit mieux deux politiques que la communauté du péril. Entre la France et l'Angleterre, la crise marocaine scella cette union d'autant plus fortement qu'il était évident pour tous que l'amitié franco-anglaise, redoutable instrument de guerre, ne servait, en l'espèce, qu'à des fins pacifiques. Cette amitié n'était pas seulement conservatrice : elle était, de plus, attractive. Nul doute que l'Espagne et l'Italie n'y aient trouvé une raison décisive de se tenir fermement attachées à leurs accords avec la France. L'absolue et visible unité d'action à Madrid, de M. Jules Cambon et de M. Cartwright, à Rome, de M. Barrère et de M. Egerton. fut, du premier au dernier jour, le gage de la fidélité espagnole et italienne [3]. Cette unité, d'autant plus efficace qu'elle était plus nouvelle, pesa, dans la balance, d'un poids au moins égal à celui de la Triple-Alliance. L'Italie comprit mieux l'intérêt permanent de la contre-assurance que M. de Bülow naguère qualifiait de « tour de valse [4] ». L'Espagne trouva dans l'intimité franco-anglaise l'énergie de résister aux fantaisies de son imagination et aux invites de l'Allemagne [5]. L'une et l'autre constatèrent que le traité de 1904, au lieu d'être un règlement de liquidation, devenait le principe durable d'une politique avec laquelle il fallait, sur laquelle on pouvait compter. L'Allemagne avait assuré que cette « combinaison fragile » ne résisterait pas à ses coups. La combinaison résistait. Et c'est l'Allemagne qui reculait. A Rome comme à Madrid, on en fut frappé. Et le binôme franco-anglais sortit de la crise, non seulement intact, mais fortifié.

1. Voir ci-dessus page 147 la démarche du comte de Tattenbach près de Sir Arthur Nicolson.
2. Voir ci-dessus, page 206.
3. *Ibid.*, page 62.
4. *Ibid.*, page 207.

Si l'on veut définir le changement, on peut dire que l'entente cordiale était, à Algésiras, passée de l'état statique à l'état dynamique et que sa puissance s'était accrue de toute la vitesse acquise.

Ce qui était vrai de l'Espagne et de l'Italie, l'était aussi de la Russie. Pour prendre contre nous, au Maroc, une attitude hostile, l'Allemagne avait attendu les défaites de Kouropatkine. Du simple examen des dates, il résulte que sa politique a suivi une courbe parallèle à celles des armes russes. Notre action marocaine n'était ni plus ni moins troublante en 1905 qu'en 1904. Le traité anglo-français disait tout. Et quiconque le trouvait mauvais pouvait le déclarer immédiatement. Si l'on attendit douze mois; si la « politique de réserve », — le mot est du chancelier de Bülow — précéda la politique d'intervention, c'est que la diplomatie allemande agit, non suivant des principes, mais suivant les circonstances, et que ces circonstances, du fait des désastres de Mandchourie, devenaient, en 1905, singulièrement favorables. Tout le monde, en France, fit cette constatation. M. Rouvier la porta à la tribune le 19 avril 1905 [1]. Et quand la conférence commença, la France entière mesura ce qu'elle avait perdu à voir s'effondrer, au bout de l'Asie, le prestige militaire de ses alliés. On s'aperçut, dans un brusque réveil, que, de Moukden à Fez, le chemin était moins long qu'on n'avait cru, — et que ce chemin passait par Paris. L'alliance franco-russe s'en trouva consolidée [2]. Elle le fut davantage encore de l'utile appui rencontré par nous à Saint-Pétersbourg, soit avant soit pendant la conférence. Cet appui, net et public, fut pour l'Allemagne une surprise plus grande que la solidité même de l'entente cordiale. Guillaume II croyait tenir Nicolas II. Le prince de Bülow se flattait d'être maître du comte Witte et du comte Lamsdorf. Rien de tout cela ne prévalut contre les obligations de l'alliance, conforme, disait Bismarck, à la nature des choses, conforme aussi aux intérêts financiers de la Russie comme aux intérêts politiques de la France. L'étonnement ressenti à Berlin n'eut d'égal que la colère qui s'y marqua : colère de presse, qui après la publication des instructions du comte Cassini, éclata dans

1. Voir ci-dessus, page 9.
2. Voir Georges Villiers. *L'avenir de l'alliance russe*. Revue Bleue 1er juillet 1905.

les journaux les plus officieux[1], colère gouvernementale, qui se traduisit d'abord par le refus de l'Allemagne de participer à l'emprunt russe[2], ensuite par la sourde campagne qui aboutit à la retraite du comte Lamsdorf, malade d'ailleurs et fatigué[3]. De ce côté encore, la politique européenne de l'Allemagne aboutissait donc à un échec. L'alliance franco-russe s'affirmait aussi solide que l'amitié des puissances occidentales et méditerranéennes. La nécessité de cette alliance était mieux comprise à l'épreuve de trois mois de lutte qu'elle ne l'avait été en treize ans de sécurité. Et, du même coup, pour la première fois, une collaboration anglo-russe s'esquissait à Algésiras. La réconciliation de « l'ours » et de la « baleine » n'est pas près encore de s'inscrire dans un traité. Si jamais elle se réalise, elle aura pris naissance dans les longs entretiens du comte Cassini avec sir Arthur Nicolson et sir Donald Mackenzie Wallace, interprète fidèle de la pensée royale[4]. A l'heure où la Russie a besoin de toutes ses ressources pour résoudre ses difficultés intérieures, la fermeté pacifique de la France et de l'Angleterre n'a pu que lui paraître digne d'estime et de confiance. Et le parti, nombreux à Peterhof, qui tient pour l'entente allemande, a dû lui-même discerner, à la clarté de l'expérience, où sont, à l'heure présente, les risques d'aventures et de complications.

C'est pour cela que, sans autre souci que celui de la paix, les États-Unis, eux aussi, se sont trouvés, à l'issue des débats, plus près de la France que de l'Allemagne. Si M. Roosevelt nous soutint, c'est qu'il pensait que l'équilibre des forces, nécessaire au repos du monde, n'était pas menacé par nous, mais par l'Allemagne. Les procédés de la diplomatie allemande pendant la conférence, sa prétention ouvertement affichée de parler au nom de l'Europe, apparurent à Washington comme un danger, danger politique et

---

1. Voir ci-dessus, page 332.

2. L'Allemagne, en refusant de souscrire à l'emprunt russe qui fut émis en avril 1905, crut qu'elle empêcherait l'opération d'aboutir. Le prince de Radolin exprima cette opinion dans ses conversations avec deux de ses collègues, de qui je la tiens. Malgré l'abstention de l'Allemagne, l'emprunt fut couvert quinze fois.

3. Le comte Lamsdorf prit sa retraite en mai 1906. Il fut remplacé par M. Isvolsky, ministre de Russie à Copenhague.

4. Voir ci-dessus, page 78.

danger économique tout ensemble. Le jour où prendrait corps l'idée, chère à Guillaume II, de créer, soit par la persuasion soit par la force, les États-Unis d'Europe, les États-Unis d'Amérique se sentiraient en péril. Or, ce péril ne vient ni de Londres ni de Paris. L'allure impérialiste et dominatrice de la politique allemande, pendant l'affaire du Maroc, irrita le gouvernement de l'Union. Cette irritation n'alla pas jusqu'à lui faire prendre publiquement parti. Mais tout ce que pouvait sa formidable impartialité s'employa, dans la coulisse, à barrer la route aux entreprises allemandes. Au surplus, ce que nous voulions accomplir au Maroc lui rappelait, par beaucoup de traits, ce qu'il avait réalisé à Cuba. La liberté commerciale étant garantie, il n'admettait pas qu'on pût encore l'invoquer pour refuser à la France et à l'Espagne la mission, à laquelle il les jugeait aptes, d'organiser la police [1]. A Washington comme à Saint-Pétersbourg, bien que pour des motifs différents, l'Allemagne s'aperçut qu'il ne lui suffisait pas de parler pour être entendue, d'exiger pour être obéie. Là, comme en Europe, elle constata que, sans nourrir contre elle de mauvais desseins, on entendait cependant n'être pas mené par elle. Ce fut le cas d'ailleurs, non seulement des grandes puissances, mais des puissances secondaires, qui toutes refusèrent l'indiscrète « protection » qu'on leur offrait ; — du Portugal, qui, ouvertement, se prononça pour la France ; de la Belgique, qui résista dans sa neutralité à toutes les injonctions de Berlin ; des Pays-Bas, qui, plus accessibles à l'influence allemande, refusèrent pourtant de s'en faire les agents ; de la Suède, qui sauvegarda avec un soin scrupuleux le droit qu'elle avait de s'abstenir. Si donc, pour l'Allemagne, l'isolement consiste à n'être pas suivie, elle était, à l'issue de la conférence, isolée de tous ceux qui n'étaient pas liés à elle. Sur ces derniers, du moins, son autorité s'exerçait-elle sans partage ?

Du côté de l'Italie, on a pu mesurer déjà les limites de cette autorité. Au regard du cabinet de Berlin, le représentant de l'Italie à Algésiras devait être le « second » de M. de Radowitz, — et rien de plus. En choisissant comme plénipotentiaire le marquis Visconti-Venosta, le marquis de San-Giuliano avait marqué qu'il ne se

---

1. Voir ci-dessus, page 335.

contenterait pas de ce rôle[1]. Effectivement, c'est en arbitre et en pacificateur, c'est-à-dire avec indépendance, que voulut agir et qu'agit le délégué de l'Italie. Il ne se laissa détourner de sa voie ni par les flatteries dont il fut d'abord accablé ni par les remontrances discourtoises qui lui furent ensuite prodiguées[2]. Aussi bien, si l'alliance de l'Allemagne est indispensable à l'Italie pour vivre sur un pied correct avec l'Autriche-Hongrie, elle n'a pas un moindre besoin de l'amitié française et de l'amitié anglaise. Livrée pendant vingt années à la Triple-Alliance par son hostilité contre nous, elle a voulu reconquérir cette liberté d'action, dont la maison de Savoie, avant même qu'elle ne songeât à la couronne d'Italie, avait fait entre la France d'une part, les puissances de l'Europe centrale d'autre part, un si subtil et profitable usage. Elle a voulu surtout trouver dans la Méditerranée, laissée toujours en dehors des stipulations de la Triplice, la garantie d'un *statu quo*, qui n'exclût pas cependant le développement éventuel de ses ambitions historiques, notamment à Tripoli[3]. Sur ces deux points, elle a obtenu satisfaction. Elle a gardé sa place dans la Triplice. Mais elle a ajouté au prestige qui lui en venait l'influence politique qui résulte, suivant le mot de M. de Bülow, du « jeu du contrepoids ». A un contrat elle a opposé un autre contrat. A des alliés, en qui les questions économiques autant que celle d'Albanie, l'obligeaient à voir des rivaux possibles ou prochains, elle a montré que, si soucieuse fût-elle de leur amitié, elle n'y était plus, comme naguère, condamnée par la solitude. L'alliance allemande a cessé d'être une alliance subie pour devenir un accord voulu. Et le « jeu » qui s'y est introduit en a doublé le prix. Si l'on observe d'autre part que, dans la Méditerranée, l'Italie a trouvé les sûretés qu'elle cherchait ; que, par des accords dont le texte est resté secret, mais dont l'esprit est connu, elle s'est procuré auprès de l'Angleterre et de la France, pour sa situation navale, des garanties de conservation analogues à celles qu'en 1882 elle avait obtenues de l'Autriche et de l'Allemagne pour sa frontière terrestre ; si l'on considère enfin son crédit restauré grâce à notre concours financier,

---

1. Voir ci-dessus, page 80.
2. *Ibid.*, pages 138 et 280.
3. *Ibid.*, page 62.

sa sécurité morale reconquise du côté des Alpes, on comprendra le soin qu'elle mit, à Algésiras, à ne pas sacrifier à son « assurance » continentale sa « contre-assurance » maritime. La violence même avec laquelle la presse et le gouvernement allemands lui reprochèrent son impartialité précisa chez elle la résolution de la sauvegarder. Et quand la conférence se sépara, l'autonomie conquise par sa diplomatie fut d'autant plus appréciée qu'elle avait été, de la part de l'Allemagne, l'objet d'assauts plus directs [1]. Il était donc évident que, si la Triplice subsistait, — et elle subsistera tant que l'Autriche et l'Italie, ne pouvant pas vivre amies, seront forcées de vivre alliées, — l'Italie entendait, cependant, être dans cette combinaison autre chose qu'un instrument passif et qu'à l'interprétation impérieuse de la chancellerie de Berlin, elle opposait, notamment dans la Méditerranée, la thèse des obligations limitées et de la liberté des contractants.

Sur l'Autriche, l'Allemagne comptait absolument. Et, par sa dépêche au comte Goluchowski, Guillaume II déclara publiquement que sa confiance n'avait pas été trompée [2]. On sait cependant comment, à partir du 1er mars, la diplomatie austro-hongroise s'efforça de garder à son action un caractère individuel [3]. C'est que si, poussée par Bismarck vers les réalisations orientales, elle s'est, depuis trente ans, tournée vers les Balkans, elle n'a pas renoncé à jouer un rôle dans l'Europe occidentale. Et ce rôle serait fini, le jour où elle n'y apparaîtrait que comme l'agent de la Wilhelmstrasse. En Orient même, la politique de Guillaume II, son intimité avec la Turquie, le progrès incessant du commerce allemand en Serbie, en Bulgarie, en Roumanie, soustraient à l'Autriche-Hongrie une part des profits qui lui avaient, d'abord, été promis [4]. Plus encore que les Autrichiens, les Hongrois sont inquiets du *Drang nach Osten* des Hohenzollern. Et les uns et les autres, si divisés soient-ils, reconnaissent que l'intérêt primordial de la monarchie dualiste est de maintenir, tel qu'il est, l'équilibre de l'Europe. D'où, pendant la conférence, la nécessité d'agir, non seulement sur la France, mais encore sur l'Allemagne. Ce faisant, l'Autriche rendit

1. Voir ci-dessus, page 280.
2. *Ibid.*, page 414.
3. *Ibid.*, page 292.
4. Voir Victor Bérard. *La France et Guillaume II* (Paris, 1907).

service à son allié : car c'est grâce aux transactions dont elle prit l'initiative, que la politique allemande put sortir de l'impasse où l'avaient enfermée son intransigeance obstinée et la désapprobation de l'Europe[1]. Mais elle profita également de cette action médiatrice, en prouvant qu'elle avait sa politique à elle et qu'elle ne prenait pas à Berlin toutes ses inspirations. Là encore donc, l'Allemagne devait reconnaître qu'elle n'était pas, au sein de la Triplice, souveraine absolue; que cette alliance, autrefois despotique à son profit, était devenue parlementaire ; que chacun y revendiquait le droit de discuter et d'agir. La Triplice a gagné à cette évolution de devenir une garantie de paix. Mais ce n'est pas à l'Allemagne qu'elle le doit.

Loin d'étendre le champ de son action, l'Allemagne, à Algésiras, l'a donc resserré. Elle n'a rompu ni relâché aucune des combinaisons qui l'offusquaient. Et ses alliés mêmes, tout en remplissant vis-à-vis d'elle leurs devoirs contractuels, n'ont pas admis que leur diplomatie fût absorbée par la sienne. Elle n'a réussi qu'à nous imposer un minimum de sacrifices marocains et elle a consolidé, du même coup, notre situation européenne. La méthode ambiguë de sa politique, ses alternatives de promesses imprécises et de sommations brutales, son attitude négative et intransigeante, lui ont porté, d'autre part, un préjudice qu'elle ne réparera pas sans peine. D'avoir amené l'Europe à Algésiras pour, ensuite, essayer de traiter sans elle en récusant son jugement; d'avoir élevé contre la France des griefs, qui, bientôt, aux yeux de tous, n'étaient plus que des prétextes ; d'avoir cherché, jusqu'au dernier jour, moins à sauvegarder par des arguments un intérêt positif, qu'à obtenir par la force un succès d'amour-propre, l'opinion publique lui a su mauvais gré. Et sa diplomatie, pleine de faux fuyants et de surprises, a paru plus inquiétante comparée, à la nôtre, simple, droite et mesurée. Quelle que soit la cause de ces erreurs, — défaut de direction, désaccords entre l'Empereur, le chancelier et les bureaux[2], maladresses de leurs représentants, — la conférence, et l'Europe avec elle, en ont été choquées, comme aussi de la suprême manœuvre menée contre la France pendant

1. Voir ci-dessus, page 344.
2. *Ibid.*, page 74.

sa crise ministérielle [1]. Et, s'il y avait à l'issue du débat, un sentiment général, c'était de refuser confiance à la parole de l'Allemagne. Il est malaisé de pénétrer, dans ce dédale de contradictions, le fond de la pensée impériale. Mais cette incertitude même n'a fait que mieux découvrir les procédés regrettables des agents d'exécution. Et par là, la conférence, réunie à la demande de l'Allemagne, a abouti à une diminution de son autorité politique et de son crédit moral.

Lisez d'ailleurs tout ce qui, pendant les mois suivants, s'est imprimé outre-Rhin. Dans les livres, dans les revues, dans les journaux, vous trouverez l'expression d'un mécontentement dont la vivacité et l'unanimité sont, croyons-nous, sans précédents. Sans doute, l'origine de ce mécontentement est complexe et il ne s'explique pas tout entier par des motifs extérieurs. Mais quand on s'attaque au régime personnel, au secret diplomatique, à l'effacement du chancelier [2], n'est-il pas clair que l'on songe surtout à cette affaire marocaine engagée si bruyamment, menée si rudement et si médiocrement résolue? Voyez d'ailleurs, entre beaucoup d'autres articles, celui que la *Gazette de Francfort* consacrait, le 17 novembre 1906, à la politique impériale [3]. Elle déclarait, d'accord en cela avec tout le parti libéral, que l'aventure marocaine n'avait conjuré aucun des risques contre lesquels on prétendait avoir voulu se mettre en garde et qu'elle avait aggravé, loin de l'améliorer, la position de l'Allemagne. Elle revenait sur ses critiques anciennes contre les méthodes qui ont rendu la diplomatie allemande « désagréable à tout le monde ». Elle rappelait la dépêche au président Krüger ; les attaques contre les Japonais ; la propagande pour une union continentale contre la race jaune ou contre l'Amérique ; les menées panislamiques telles que les pratiqua, contre la France en Algérie, contre l'Angleterre en Egypte, le baron Max Oppenheim [4]. Et elle concluait : « Quel a été le succès de tout cela? Nous avons laissé les Boërs en plan. Les Japonais ont vaincu les Russes. Le Sultan du Maroc doit subir la police

---

1. Voir ci-dessus, page 316.
2. Voir le *Temps* novembre-décembre 1906 *passim*.
3. Voir le *Temps*, 19 novembre 1906.
4. Le baron Oppenheim fit en 1905 un voyage suspect en Algérie et Tunisie.

franco-espagnole. » Cela valait-il, demandait-elle, la peine de tant s'agiter? Gros effort, maigre résultat, tels semblaient au public allemand les traits caractéristiques de la politique gouvernementale. Et la disproportion constatée lui inspirait quelque sévérité à l'égard de cette politique [1].

Cela est si vrai que, lorsque, remis de sa maladie, le prince de Bülow fit au Reichstag, le 14 novembre 1906, l'exposé de la situation, il n'eut, pour les combinaisons diplomatiques contre lesquelles, un an durant, s'était exercée son ingéniosité que paroles aimables et prévenantes. Relations correctes entre les deux pays voisins que de terribles guerres ont séparés, mais qui sont l'un et l'autre attachés à la paix; possibilité entre eux d'arrangements limités sur des questions économiques ou coloniales ; de la part de l'Allemagne, acceptation non seulement de l'alliance franco-russe, mais de l'amitié franco-anglaise et de l'amitié franco-italienne [2] ; espoir affirmé, que ces amitiés « pourront être considérées » comme purement pacifiques, c'était un programme excellent, à condition que, des mots, il passât dans les actes. Sans doute, par moments,

1. M. Bassermann, membre libéral du Reichstag, résumait ainsi la situation, le 14 novembre 1906.
« Mais qu'en est-il advenu ? Nous sommes entrés dans une ère de voyages, de discours, de télégrammes et d'avances aimables prodiguées de tous côtés. Aujourd'hui, la Triplice n'a plus d'utilité pratique. La presse et la population italiennes penchent de plus en plus vers la France. L'Autriche a été trop louée pour ce rôle de « brillant second » qu'elle-même déclina. L'alliance franco-russe reste intacte et les dispositions de la France sont plutôt moins bonnes qu'autrefois pour nous. L'explication de Cronberg entre les deux souverains anglais et allemand n'empêche pas l'Angleterre de suivre son ancienne politique qui tend à nous isoler. Nous vivons à une époque d'alliances entre les autres nations ; l'entente anglo-russe est pour nous particulièrement grave, et Bismarck avait déjà le cauchemar des coalitions. Notre politique manque de tranquillité et de suite, et on voit des mains brutales déranger les plans bien préparés. L'étranger suit ces choses avec attention et méfiance. Nous ne voyons pas de danger aigu de guerre, mais bien le danger d'un dénouement brusque après une tension. »

2. « Je fais remarquer ici expressément que nous ne pensons nullement à nous glisser entre la France et la Russie, ou entre la France et l'Angleterre.
» Nous ne pensons pas à faire de la rupture de l'amitié entre les puissances occidentales l'objet de nos efforts, avoués ou secrets.
» L'alliance franco-russe, depuis son origine, n'a pas été un danger pour la paix ; au contraire, elle s'est montrée comme un poids qui coopérait à la marche régulière de l'horloge du monde. Nous espérons que l'on pourra dire la même chose de l'entente cordiale anglo-française. Les bonnes relations entre l'Allemagne et la Russie n'ont nullement rompu l'alliance franco-russe ; les bonnes relations entre l'Allemagne et l'Angleterre ne peuvent non plus être en contradiction avec l'entente cordiale, si celle-ci poursuit des buts pacifiques. » (Voir le *Temps*, 17 novembre 1906.)

la menace se cachait sous les fleurs, — quand par exemple M. de Bülow disait : « Si l'Italie se détachait de la Triple-Alliance, ou si elle suivait une politique chancelante ou équivoque, cela augmenterait les chances d'une grande et générale conflagration. » En d'autres termes : « Si l'Italie sortait de la Triplice, nous laisserions l'Autriche lui déclarer la guerre. » Mais, en même temps, le chancelier, en reconnaissant que l'Italie avait été « correcte » à Algésiras [1], admettait que la complexité des relations internationales s'oppose à la conception de l'alliance-prison, où l'on est rivé par une chaîne. Bismarck n'avait pas pensé que ses engagements avec l'Autriche lui interdissent d'en prendre d'autres avec la Russie. Aujourd'hui, la Triple-Alliance, malgré les raisons profondes qu'elle a de durer, ne pourrait pas prétendre à claustrer ceux qu'elle lie. Entente austro-russe, entente anglo-italienne, entente franco-italienne, sont désormais des éléments constitutifs de l'équilibre européen. Il ne pourrait être que profitable à la sécurité commune qu'on s'en rendît compte à Berlin.

Dans l'ensemble, ce discours constituait une acceptation catégorique de la situation nouvelle créée en Europe par la politique de M. Delcassé et combattue, en 1905, par la politique allemande. Et certes, on ne doit pas oublier que le prince de Bülow lui-même nous a appris à n'attacher à ses affirmations qu'une relative importance, en répétant avec insistance que « le langage des diplomates et des politiques varie suivant les circonstances ». Il n'en reste pas moins que son acceptation, quelle qu'en soit la valeur, prouve qu'il esti-

---

1. « Nous n'avons pas à nous plaindre de l'attitude du gouvernement italien, en particulier de MM. Sonnino, San-Giuliano, Visconti-Venosta et Guicciardini.

» L'Italie se trouvait, en effet, à la conférence dans une situation difficile. Il existait, entre elle et la France, certaines conventions relatives au Maroc et dont nous savons qu'elles n'étaient pas contraires aux clauses de la Triple-Alliance. Nous avions même, dans les années qui ont précédé mon arrivée à la chancellerie, dit aux Italiens que nous leur laissions le soin de s'arranger avec leurs voisins de la Méditerranée et d'Afrique. Aussi, lorsque la façon dont on voulait ignorer les droits que les traités nous assuraient au Maroc nous força à agir, lorsqu'il en fut résulté la conférence d'Algésiras, l'Italie se trouva dans une situation difficile, dans laquelle le gouvernement italien a agi correctement à notre égard, non seulement en nous informant en temps voulu des limites de l'appui qu'il pouvait nous donner à Algésiras, mais également en nous fournissant, dans les limites en question, les moyens d'arriver au but que nous poursuivions pour la réalisation des principes que nous défendions. »

Il est superflu de remarquer combien ce *satisfecit* est en contradiction avec l'attitude de la diplomatie et le ton de la presse allemande pendant la conférence. (Voir ci-dessus, pages 198 et 280.)

merait imprudent et inutile de critiquer les alliances et les amitiés de la France. S'il y adhère sans restriction et d'un mouvement spontané, c'est parfait. S'il y adhère par nécessité, c'est bien encore. Sans aller jusqu'à préférer la résignation à l'approbation, quand on n'obtient pas la seconde, la première a son prix. Et si l'Allemagne, d'elle-même ou malgré elle, renonce à mettre en question le droit que nous avons de choisir nos amis, c'est là un succès qui nous suffit et que nous ne songeons pas à forcer. Notons seulement que si, en 1906, le chancelier croyait pouvoir être optimiste, alors que rien n'était changé dans la situation de l'Europe, on était en droit de lui demander comment les inquiétudes qu'il ressentait un an plus tôt avaient pu s'apaiser sans que le groupement des puissances se modifiât. Preuve nouvelle que, même au point de vue allemand, tout l'appareil d'appréhensions, de récriminations et de menaces opposé à la France, avant et pendant la conférence, n'était ni juste, ni nécessaire, ni habile.

IV

Si, pour les nations, l'égoïsme est un devoir, on ne s'étonnera pas que nous terminions par nous-mêmes cet examen général de la situation de l'Europe, afin de dégager, tant des fautes commises que des résultats acquis, les conclusions françaises de la crise d'Algésiras.

Au Maroc même, notre programme est bon ; et il faut nous y tenir. Pas de conquête, parce qu'une conquête serait ruineuse et inutile; pénétration commerciale, dont la prospérité présente, malgré des circonstances politiques défavorables, garantit l'avenir brillant ; pénétration pacifique, en dépit du discrédit qu'a jeté sur cette méthode la mauvaise application qu'elle a reçue à ses débuts ; réformes de police et d'administration, dont la conférence a, sur nos conseils, établi un sommaire excellent. Quant aux erreurs passées, il suffit de les rappeler pour les éviter. A la politique d'imagination, il convient, tout d'abord, de substituer la politique des réalités. La première condition de cette politique, c'est de ne pas oublier que l'Algérie est et doit rester la base de notre pénétration dans l'Empire chérifien. On a cru, en 1904, que le Maroc, comme un fruit mûr, tomberait de lui-même sous notre influence régénératrice. On a tardé près d'un an à proposer au Sultan les initiatives qui auraient dû, dès le printemps de 1904, amorcer les réformes. On a rappelé de Fez le premier secrétaire de notre légation, M. Descos, à l'heure où sa présence et son expérience y auraient été le plus nécessaires. On y a envoyé M. Saint-René-Taillandier, après avoir donné au maghzen le temps d'organiser sa résistance. On n'a pas préparé cette mission par les mesures pécuniaires qui auraient pu la rendre efficace. On a laissé les agents français, consuls et vice-consuls, avec des traitements de famine, qui ne leur permettaient ni d'agir ni de vivre. On a pensé que notre politique, étant pacifique, ne devait rien coûter, ou que du moins il suffisait d'affecter le budget de 600 000 francs mis à sa disposition à des constructions d'écoles et d'hôpitaux. Enfin, au lieu de procéder par des propositions successives, on a soumis au Sultan un plan d'ensemble fait pour choquer, par son abstraction académique, des esprits orientaux soucieux d'images et de relief. Ce sont là des fautes que l'expérience a condamnées. Sans chercher à qui la responsabilité première en doit être imputée, sachons les retenir, pour ne pas les répéter.

En Europe, notre politique est bonne aussi dans son essence; et c'est par l'application seule qu'elle a péché. Nos alliances et nos amitiés restent, telles qu'elles sont, l'instrument nécessaire de cette politique. Et la conférence les a toutes éprouvées et resserrées. Mais il ne faut pas que leur interprétation donne prise à des équivoques. Nous avons le droit absolu, et ce droit a été précisé par la crise marocaine, de choisir alliés et amis où et comme nous l'entendons. Nous avons le droit absolu de prendre des garanties contre les tentatives d'intimidation dont l'Allemagne s'est montrée capable et, sans chercher à l'isoler agressivement, de lui lier les mains dans l'hypothèse de nouveaux coups de brutalité. C'est ce que nous avons fait à Algésiras. Et c'est ce que nous ferions en toute autre occasion pareille. Toutefois, et quels que soient dans le passé nos justes griefs, nous sommes tenus d'accepter loyalement, s'il est loyalement accepté à Berlin, l'état normal restauré par la conférence. Il en est des combats des diplomates comme de ceux des armées. Une heure vient où la paix succédant à la guerre crée pour chacun des devoirs nouveaux. Ces devoirs, dont la clôture de la conférence a marqué le début, la France les doit remplir sans arrière-pensée. L'énergie soutenue avec laquelle elle a défendu ses intérêts lui donne le droit, arrivée au but, d'oublier les amertumes de la route et les actes hostiles, dont une entente équitable efface les conséquences. Les peuples, tout en conservant les grands partis pris qui sont leur force et leur honneur, doivent appliquer au règlement quotidien de leurs affaires des habitudes de bonne grâce, qui évitent les silences prolongés, d'où sortent les difficultés bruyantes. La Prusse, après Iéna, a donné, à cet égard, un exemple méritoire d'habileté et de prudence. Et, pendant le demi-siècle qu'elle a employé à préparer sa revanche, le dessein de longue portée qu'elle poursuivait ne lui a jamais fait oublier la nécessité courante des communications et des conversations internationales. Cette nécessité est plus impérieuse encore à notre temps, où, le champ de la politique s'étant élargi, il n'est pas d'affaire que l'on puisse espérer régler en excluant de ce règlement, soit par action, soit par omission, une puissance déterminée. Aujourd'hui comme hier, on peut, on doit avoir ses préférences. Mais la diplomatie a pour mission de les envelopper et de les masquer de telle sorte que jamais l'escrimeur ne livre son fer aux prises d'un adversaire attentif. Renonçons donc au mutisme d'où naît l'équivoque. Il ne suffit pas d'ignorer ceux dont on croit avoir à se plaindre ou à se défier. Et c'est folie de se faire représenter auprès d'eux par des ambassadeurs de second ordre. Il ne suffit pas non plus d'être convaincu qu'on a raison : il faut, par des exposés sans réticences, communiquer cette conviction au pays et à ses mandataires, de qui émane toute autorité. Le silence et la maussaderie sont les pires des méthodes. Substituons-leur la franchise, la publicité et la bonne grâce.

M. Delcassé ne l'avait pas suffisamment compris : et c'est beaucoup pour cela qu'il est tombé. Mais ce n'est pas pour cela seulement. Sa politique était excellente dans son principe ; et l'expérience l'a démontré, puisque les combinaisons scellées par lui, si elles furent l'origine de la crise, nous ont permis d'en sortir avec honneur et profit. Mais il ne sut pas l'adapter aux contingences de la situation européenne. Pour poursuivre une politique d'action, il faut disposer de toutes ses ressources morales et matérielles, diplomatiques et militaires. Or la crise marocaine, facile à prévoir dès les premières semaines de 1905, éclata quelques mois après Liao-Yang, quelques semaines avant Moukden, au moment, par conséquent, où l'alliance de la Russie perdait momentanément toute valeur. Comment ne comprit-on pas alors qu'il fallait à tout prix, avant que ne devînt public le projet de voyage à Tanger, jeter du lest et prévenir le conflit? C'était possible en janvier ; c'était possible en février ; ce ne le fut plus dès le mois de mars. La politique ne consiste pas seulement à savoir ce que l'on veut. Elle implique aussi l'appréciation des possibilités. Quand un peuple n'a qu'une alliance et que cette alliance est paralysée, c'est une obligation stricte que de ne point l'exposer aux aventures. L'Allemagne avait su, en 1904, pratiquer une politique de réserve. La France ne sut pas, en 1905, imiter son exemple.

Mais ce n'est pas tout. Une action diplomatique est une opération de crédit, dont la base est constituée par ce que l'on pourrait appeler l'encaisse militaire de chaque peuple. Quand on est au gouvernement, il y a des abstractions qu'on doit s'interdire, et les données diplomatiques ne sont pas les seules dont doive tenir compte un ministre des Affaires étrangères. Une politique, bonne et sage en elle-même, peut devenir néfaste et ruineuse, faute d'évaluer exactement les ressources militaires sur lesquelles elle s'appuie. Chaque puissance vaut, auprès des autres, par l'estime qu'elles font de sa force. Si séduisant que soit le but, il faut donc s'en détourner résolument, si les moyens manquent pour l'atteindre. En 1905, la politique française était dépourvue de moyens d'exécution. L'Allemagne le savait : et c'est pour cela qu'elle put nous menacer impunément. En 1906, nos ressources avaient été, tant bien que mal, reconstituées : et c'est pour cela qu'impunément nous pûmes résister aux menaces allemandes. Si, au moment de la retraite de M. Delcassé, l'opinion française n'a pas eu le sang-froid nécessaire pour faire, dans l'intimidation allemande, l'exact départ du *bluff* et de la vérité, c'est que notre pays apparaissait à l'étranger comme affaibli et désorganisé, et qu'il avait conscience de cette désorganisation. Ce que nous avons payé, par les humiliations de mai et de juin 1905, ce n'est pas une erreur de tactique ou une insuffisance de notifications officielles ; c'est l'idée qu'on se faisait au delà de nos frontières de notre anémie nationale.

Si donc, non seulement dans le présent, mais dans l'avenir, nous voulons écarter ces risques, soyons forts et soyons très forts. Le mot : « Faites-moi de bonnes finances, je vous ferai de bonne politique », n'exprime que la moitié de la vérité. Pour faire de bonne politique, il faut aussi, il faut surtout avoir une bonne armée. Ayant fourni des preuves décisives de notre esprit de conciliation, tâchons d'en fournir d'aussi catégoriques de notre puissance militaire. C'est la meilleure garantie de la paix de la France, le meilleur soutien de la paix de l'Europe. Sans doute, l'alliance russe a repris une partie de sa valeur et l'amitié anglaise garde toute la sienne. Il est certain que celle-ci, par la crainte qu'elle inspire à l'Allemagne, est une garantie de paix. Mais si la guerre éclatait, le concours de l'Angleterre, désastreux pour nos adversaires, serait loin d'être décisif pour nous. La destruction de la flotte et du commerce allemands n'écarteraient pas de notre frontière de l'Est un seul canon, un seul soldat. Et c'est donc, avec nos propres forces, qu'il nous faudrait faire face, sur les champs de bataille historiques. Rien ne permet actuellement d'attribuer à l'Allemagne des desseins agressifs. Mais, pour nous assurer qu'elle n'en formera pas, c'est en nous-mêmes — et en nous seuls — que nous devons chercher nos sûretés. En 1905, tout était prêt, de l'autre côté des Vosges, pour une guerre, — impopulaire sans doute, mais dont une forte discipline patriotique aurait fait une guerre nationale. La prudence nous oblige à admettre comme la possibilité de demain ce qui fut la réalité d'hier. Nous devons être également prêts à repousser une agression, si elle se produisait, et à défendre notre neutralité, au cours d'un conflit qui nous serait étranger.

Pour avoir la paix, il ne suffit pas de la vouloir. Il faut être capable de l'imposer. Car la volonté d'un seul est impuissante à la garantir, si cette volonté est celle du plus faible. La conférence d'Algésiras a prouvé, il est vrai, que les « impondérables » ont gardé quelque pouvoir, et qu'il ne dépend pas d'une puissance de faire aux autres la loi, dès que s'engage un débat public. Mais parce qu'un péril a été conjuré, est-ce une raison pour s'y offrir de nouveau ? La paix armée est une charge écrasante. Mais c'est une charge indispensable. Puisque nous en subissons le poids, nous devons, par le souci constant de nos forces militaires, nous en assurer le bénéfice. La politique de réformes démocratiques n'exclut pas la politique de défense nationale : au contraire, elle l'exige comme sa sauvegarde nécessaire ; car plus un peuple place haut son idéal, plus il a le devoir de le préserver des atteintes de l'étranger. La diplomatie, si habile soit-elle, n'est rien sans ce substratum : colosse aux pieds d'argile, elle s'effondre au premier choc.

La leçon d'Algésiras est donc, en dernière analyse, un enseignement militaire. « La guerre, a dit von der Goltz, est l'affaire des nations. » La capacité de faire la guerre est leur salut. C'est de cette maxime qu'il faut nous pénétrer, tout pacifiques que nous soyons, — et pour pouvoir le rester, — si nous voulons éviter, pour l'avenir, les alertes de la veille. C'est la condition de toute politique coloniale. Disons mieux, c'est la condition de l'indépendance et de l'existence même de la nation.

APPENDICES

APPENDICE I

Convention de Madrid du 3 juillet 1880.

Son Exc. le Président de la République française ; S. M. l'Empereur d'Allemagne, roi de Prusse ; S. M. l'Empereur d'Autriche, roi de Hongrie ; S. M. le Roi des Belges ; S. M. le Roi de Danemark ; S. M. le Roi d'Espagne ; S. E. le Président des Etats-Unis d'Amérique ; S. M. la Reine du Royaume-Uni de Grande-Bretagne et d'Irlande ; S. M. le Roi d'Italie; S. M. le Sultan du Maroc : S. M. le Roi des Pays-Bas ; S. M. le Roi de Portugal et des Algarves ; S. M. le Roi de Suède et de Norvège.

Ayant reconnu la nécessité d'établir sur des bases fixes et uniformes l'exercice du droit de protection au Maroc, et de régler certaines questions qui s'y rattachent, ont nommé pour leurs plénipotentiaires à la conférence qui s'est ouverte à Madrid, savoir :...

...Lesquels, en vertu de leurs pleins pouvoirs, reconnus en bonne et due forme, ont arrêté les dispositions suivantes :

ARTICLE PREMIER. — Les conditions dans lesquelles la protection peut être accordée sont celles qui sont stipulées dans le traité britannique et espagnol avec le gouvernement marocain et dans la convention survenue entre ce gouvernement, la France et d'autres puissances, en 1863, sauf les modifications qui y sont apportées par la présente convention.

ART. 2. — Les représentants étrangers, chefs de mission, pourront choisir leurs interprètes et employés parmi les sujets marocains et autres.

Ces protégés ne seront soumis à aucun droit, impôt ou taxe quelconque, en dehors de ce qui est stipulé aux articles 12 et 13.

ART. 3. — Les consuls, vice-consuls ou agents consulaires, chefs de poste, qui résident dans les Etats du Sultan du Maroc, ne pourront choisir qu'un interprète, un soldat et deux domestiques parmi les sujets du Sultan, à moins qu'ils n'aient besoin d'un secrétaire indigène.

Ces protégés ne seront soumis non plus à aucun droit, impôt ou taxe quelconque, en dehors de ce qui est stipulé aux articles 12 et 13.

Art. 4. — Si un représentant nomme un sujet du Sultan à un poste d'agent consulaire dans une ville de la côte, cet agent sera respecté et honoré, ainsi que sa famille habitant sous le même toit, laquelle comme lui-même ne sera soumise à aucun droit, impôt ou taxe quelconque en dehors de ce qui est stipulé aux articles 12 et 13, mais il n'aura pas le droit de protéger d'autres sujets du Sultan en dehors de sa famille.

Il pourra toutefois, pour l'exercice de ses fonctions, avoir un soldat protégé.

Les gérants des vice-consulats, sujets du Sultan, jouiront, pendant l'exercice de leurs fonctions, des mêmes droits que les agents consulaires, sujets du Sultan.

Art. 5. — Le gouvernement marocain reconnaît aux ministres, chargés d'affaires et autres représentants, le droit, qui leur est accordé par les traités, de choisir les personnes qu'ils emploient soit à leur service personnel, soit à celui de leurs gouvernements, à moins toutefois que ce ne soient des cheicks ou autres employés du gouvernement marocain, tels que les soldats de ligne ou de cavalerie, en dehors des maghaznias préposés à leur garde. De même, ils ne pourront employer aucun sujet marocain sous le coup de poursuites.

Il reste entendu que les procès civils engagés avant la protection se termineront devant les tribunaux qui en auront entamé la procédure.

L'exécution de la sentence ne rencontrera pas d'empêchement. Toutefois, l'autorité locale marocaine aura soin de communiquer immédiatement la sentence rendue à la légation, consulat ou agence consulaire dont relève le protégé.

Quant aux protégés qui auraient un procès commencé avant que la protection eût cessé pour eux, leur affaire sera jugée par le tribunal qui en était saisi.

Le droit de protection ne pourra être exercé à l'égard des personnes poursuivies pour un délit ou un crime avant qu'elles en aient été jugées par les autorités du pays et qu'elles n'aient s'il y a lieu accompli leur peine.

Art. 6. — La protection s'étend sur la famille du protégé, sa demeure est respectée.

Il est entendu que la famille ne se compose que de la femme, des enfants et des parents mineurs qui habitent sous le même toit.

La protection n'est pas héréditaire. Une seule exception, déjà établie par la convention de 1863, et qui ne saurait créer un précédent, est maintenue en faveur de la famille de Benchimol.

Cependant, si le Sultan du Maroc accordait une autre exception, chacune des puissances contractantes aurait le droit de réclamer une concession semblable.

Art. 7. — Les Représentants étrangers informeront par écrit le ministre des Affaires étrangères du choix qu'ils auront fait des employés.

Ils communiqueront chaque année audit ministre une liste nominative des personnes qu'ils protègent ou qui sont protégées par leurs agents dans les États du Sultan du Maroc.

Cette liste sera transmise aux autorités locales qui ne considéreront comme protégés que ceux qui y sont inscrits.

Art. 8. — Les agents consulaires remettront chaque année à l'autorité du pays qu'ils habitent une liste, revêtue de leur sceau, des personnes qu'ils protègent. Cette autorité la transmettra au ministre des Affaires étrangères, afin que si elle n'est pas conforme aux règlements, les représentants à Tanger en soient informés.

L'officier consulaire sera tenu d'annoncer immédiatement les changements survenus dans le personnel protégé de son consulat.

Art. 9. — Les domestiques, fermiers et autres employés indigènes des secrétaires ou interprètes indigènes ne jouissent pas de la protection. Il en est de même pour les employés ou domestiques marocains des sujets étrangers.

Toutefois, les autorités locales ne pourront arrêter un employé ou un domestique d'un fonctionnaire indigène en service d'une légation ou d'un consulat, ou d'un sujet ou protégé étranger, sans en avoir prévenu l'autorité dont il dépend.

Si un sujet marocain au service d'un sujet étranger venait à tuer quelqu'un, à le blesser ou à violer son domicile, il serait immédiatement arrêté, mais l'autorité diplomatique ou consulaire sous laquelle il est placé serait avertie sans retard.

Il n'est rien changé à la situation des censaux telle qu'elle a été établie par les traités et par la convention de 1863, sauf ce qui est stipulé relativement aux impôts dans l'article suivant.

Art. 11. — Le droit de propriété au Maroc est reconnu pour tous les étrangers.

L'achat de la propriété devra être effectué avec le consentement préalable du gouvernement, et les titres de ces propriétés seront soumis aux formes prescrites par les lois du pays.

Toute question qui pourrait surgir sur ce droit sera décidée d'après ces mêmes lois, avec l'appel du ministre des Affaires étrangères stipulé dans le traité.

Art. 12. — Les étrangers et les protégés propriétaires ou locataires de terrains cultivés, ainsi que les censaux admis à l'agriculture payeront l'impôt agricole. Ils remettront chaque année à leur consul la note exacte de ce qu'ils possèdent, en acquittant entre ses mains le montant de l'impôt.

Celui qui fera une fausse déclaration payera, à titre d'amende, le double de l'impôt qu'il aurait dû régulièrement verser pour les biens non déclarés. En cas de récidive, cette amende sera doublée.

La nature, le mode, la date et la quotité de cet impôt seront l'objet d'un règlement spécial entre les représentants des puissances et le ministre des Affaires étrangères de Sa Majesté Chérifienne.

Art. 13. — Les étrangers, les protégés et les censaux, propriétaires de bêtes de somme, payeront la taxe dite des portes. La quotité et le mode de perception de cette taxe, commune aux étrangers et aux indigènes, seront également l'objet d'un règlement spécial entre les représentants des puissances et le ministre des Affaires étrangères de Majesté Chérifienne.

Ladite taxe ne pourra être augmentée sans un nouvel accord avec les représentants des puissances.

Art. 14. — La médiation des interprètes, secrétaires indigènes ou soldats des différentes légations ou consulats, lorsqu'il s'agira de personnes non placées sous la protection de la légation ou du consulat, ne sera admise qu'autant qu'ils seront porteurs d'un document signé par le chef de la mission ou par l'autorité consulaire.

Art. 15. — Tout sujet marocain naturalisé à l'étranger qui reviendra au Maroc devra, après un temps de séjour égal à celui qui aura été nécessaire pour obtenir la naturalisation, opter entre sa soumission entière aux lois de l'empire ou l'obligation de quitter le Maroc, à moins qu'il ne soit constaté que la naturalisation étrangère a été obtenue avec l'assentiment du gouvernement marocain.

La naturalisation étrangère acquise jusqu'à ce jour par des sujets marocains, suivant les règles établies par les lois de chaque pays, leur est maintenue pour tous ses effets, sans restriction aucune.

Art. 16. — Aucune protection irrégulière ou officieuse ne pourra être accordée à l'avenir.

Les autorités marocaines ne reconnaîtront jamais d'autres protections, quelle que soit leur nature, que celles qui sont expressément arrêtées dans cette convention.

Cependant, l'exercice du droit consuétudinaire de protection sera réservé aux seuls cas où il s'agirait de récompenser des services signalés rendus par un Marocain à une puissance étrangère, ou pour d'autres motifs tout à fait exceptionnels.

La nature des services et l'intention de les récompenser par la protection seront préalablement notifiées au ministre des Affaires étrangères à Tanger, afin qu'il puisse au besoin présenter ses observations ; la résolution définitive restera, néanmoins, réservée au gouvernement auquel le service aura été rendu.

Le nombre de ces protégés ne pourra dépasser celui de douze par puissance, qui reste fixé comme maximum, à moins d'obtenir l'assentiment du Sultan.

La situation des protégés qui ont obtenu la protection en vertu de la coutume désormais réglée par la présente disposition sera, sans limitation du nombre pour les protégés actuels de cette catégorie, identique, pour eux et pour leur famille, à celle qui est établie pour les autres protégés.

Art. 17. — Le droit au traitement de la nation la plus favorisée est reconnu par le Maroc à toutes les puissances représentées à la conférence de Madrid.

Art. 18. — La présente convention sera ratifiée. Les ratifications seront échangées à Tanger dans le plus bref délai possible.

Fait à Madrid, en treize exemplaires, le 3 juillet 1880.

APPENDICE II

Déclaration concernant l'Égypte et le Maroc du 8 avril 1904.

Article premier. — Le gouvernement de Sa Majesté Britannique déclare qu'il n'a pas l'intention de changer l'état politique de l'Égypte.

De son côté, le gouvernement de la République Française déclare qu'il n'entravera pas l'action de l'Angleterre dans ce pays, en demandant qu'un terme soit fixé à l'occupation britannique ou de toute autre manière, et qu'il donne son adhésion au projet du décret khédivial qui est annexé au présent arrangement, et qui contient les garanties jugées nécessaires pour la sauvegarde des intérêts des porteurs de la dette égyptienne, mais à la condition qu'après sa mise en vigueur aucune modification ne pourra y être introduite sans l'assentiment des puissances signataires de la convention de Londres de 1885.

Il est convenu que la direction générale des antiquités en Égypte continuera d'être, comme par le passé, confiée à un savant français.

Les écoles françaises en Égypte continueront à jouir de la même liberté que par le passé.

Art. 2. — Le gouvernement de la République Française déclare qu'il n'a pas l'intention de changer l'état politique du Maroc.

De son côté, le gouvernement de Sa Majesté Britannique reconnait qu'il appartient à la France, notamment comme puissance limitrophe du Maroc sur une vaste étendue, de veiller à la tranquillité dans ce pays et de lui prêter son assistance pour toutes les réformes administratives, économiques, financières et militaires, dont il a besoin.

Il déclare qu'il n'entravera pas l'action de la France à cet effet, sous réserve que cette action laissera intacts les droits, dont, en vertu des traités, conventions et usages, la Grande-Bretagne jouit au Maroc, y compris le droit de cabotage entre les ports marocains dont bénéficient les navires anglais depuis 1901.

Art. 3. — Le gouvernement de Sa Majesté Britannique, de son côté, respectera le droit dont, en vertu des traités, conventions, et usages, la France jouit en Égypte, y compris le droit de cabotage accordé aux navires français entre les ports égyptiens.

Art. 4. — Les deux gouvernements, également attachés au principe de la liberté commerciale tant en Égypte qu'au Maroc, déclarent qu'il ne s'y prêteront à aucune inégalité, pas plus dans l'établissement des droits de douanes ou autres taxes que dans l'établissement des tarifs de transports par chemin be fer.

Le commerce de l'une et de l'autre nation avec le Maroc et avec l'Égypte jouira du même traitement pour le transit par les possessions françaises et britanniques en Afrique. Un accord entre les deux gouvernements réglera les conditions de ce transit et déterminera les points de pénétration.

Cet engagement réciproque est valable pour une période de trente ans. Faute de dénonciation expresse faite une année au moins à l'avance, cette période sera prolongée de cinq en cinq ans.

Toutefois, le gouvernement de la République Française au Maroc et le gouvernement de Sa Majesté Britannique en Égypte se réservent de veiller à ce que les concessions des routes, chemins de fer, ports soient donnés dans des conditions telles que l'autorité de l'État sur ces grandes entreprises d'intérêt général demeure entière.

Art. 5 — Le gouvernement de Sa Majesté Britannique déclare qu'il usera de son influence pour que les fonctionnaires français actuellement au service égyptien ne soient pas mis dans des conditions moins avantageuses que celles appliquées aux fonctionnaires anglais du même service.

Le gouvernement de la République Française, de son côté, n'aurait pas d'objection à ce que des conditions analogues fussent consenties aux fonctionnaires britanniques actuellement au service marocain.

Art. 6. — Afin d'assurer le libre passage du canal de Suez, le gouvernement de Sa Majesté Britannique déclare adhérer aux stipulations du traité conclu le 29 octobre 1888 et à leur mise en vigueur. Le libre passage du canal étant ainsi garanti, l'exécution de la dernière phrase du paragraphe 1 et celle du paragraphe 2 de l'article 8 de ce traité resteront suspendues.

Art. 7. — Afin d'assurer le libre passage du détroit de Gibraltar, les deux gouvernements conviennent de ne pas laisser élever des fortifications ou des ouvrages stratégiques quelconques sur les parties de la côte marocaine comprises entre Melilla et les hauteurs qui dominent la rive droite du Sébou exclusivement.

Toutefois cette disposition ne s'applique pas aux points actuellement occupés par l'Espagne sur la rive marocaine de la Méditerranée.

Art. 8. — Les deux gouvernements, s'inspirant de leurs sentiments sincèrement amicaux pour l'Espagne, prennent en particulière considération les intérêts qu'elle tient de sa position géographique et de ses possessions territoriales sur la côte marocaine de la Méditerranée, et au sujet duquel le gouvernement français se concertera avec le gouvernement espagnol.

Communication sera faite au gouvernement de Sa Majesté Britannique de l'accord qui pourra intervenir à ce sujet entre la France et l'Espagne.

ART. 8. — Les deux gouvernements conviennent de se prêter l'appui de leur diplomatie pour l'exécution des clauses de la présente déclaration relative à l'Égypte et au Maroc.

APPENDICE III

Déclaration relative à l'arrangement franco-espagnol signé à Paris le 3 octobre 1904 par M. Delcassé, ministre des Affaires étrangères et le marquis del Muni, ambassadeur d'Espagne.

Le gouvernement de la République Française et le gouvernement de Sa Majesté le roi d'Espagne, s'étant mis d'accord pour fixer l'étendue des droits et la garantie des intérêts qui résultent, pour la France, de ses possessions algériennes, et, pour l'Espagne, de ses possessions sur la côte du Maroc, et le gouvernement de Sa Majesté le roi d'Espagne ayant, en conséquence, donné son adhésion à la déclaration franco-anglaise du 8 avril 1904, relative au Maroc et à l'Égypte, dont communication lui avait été faite par le gouvernement de la République Française, déclarent qu'ils demeurent fermement attachés à l'intégrité de l'empire marocain sous la souveraineté du Sultan.

APPENDICE IV

Déclaration lue par M. Rouvier, président du Conseil, ministre des Affaires étrangères, à la séance de la Chambre des députés, le 10 juillet 1905.

La Chambre n'a point oublié que notre ministre au Maroc avait pour mission, en se rendant à Fez au mois de janvier dernier, de faire connaître au Sultan, au nom de la France, les réformes les plus propres à remédier à la situation troublée de son empire.

Exposées dans leurs grandes lignes et à titre consultatif à une assemblée de notables, examinées très complètement de concert avec des plénipotentiaires désignés à cet effet, ces projets de réforme ne soulevèrent aucune fin de non-recevoir, aucune objection grave. Mais Sa Majesté Chérifienne, après avoir été mise au courant de ces négociations préliminaires, désira prendre l'avis des puissances étrangères et les inviter, à cet effet, à se réunir en conférence internationale. L'invitation nous a été adressée le 30 mai.

A la date du 6 juillet, le cabinet de Berlin faisait connaître par une note au gouvernement de la République, que la conférence lui paraissait le meilleur moyen de préparer ces réformes.

Nous avons répondu que nous n'étions pas opposés, en principe et de parti pris, à l'idée de la conférence ; mais qu'il nous paraissait nécessaire, pour y donner utilement notre adhésion, de nous mettre d'accord avec l'Allemagne sur certains principes dont nous ne pourrons nous départir au Maroc. Nous désirions, notamment, acquérir la certitude que le gouvernement impérial appréciait comme nous l'intérêt spécial qu'avait la France, en raison de sa situation de pays limitrophe, au maintien de l'ordre dans l'empire chérifien.

Les explications que j'ai échangées avec l'ambassadeur d'Allemagne à Paris, celles qui sont intervenues entre notre représentant à Berlin et le prince de Bülow, ont amené les deux gouvernements à se donner les assurances réciproques dont les lettres que je vais lire à la Chambre ont fixé les termes.

M. Rouvier, président du Conseil, ministre des Affaires étrangères, au prince de Radolin, ambassadeur d'Allemagne à Paris.

Paris, le 8 juillet 1905.

Le gouvernement de la République s'est convaincu, par les conversations qui ont eu lieu, entre les représentants des deux gouvernements, tant à Paris qu'à Berlin, que le gouvernement impérial ne poursuivait, à la conférence proposée par le Sultan du Maroc, aucun but qui compromît les légitimes intérêts de la France dans ce pays, ou qui fût contraire aux droits de la France résultant de ses traités ou arrangements et en harmonie avec les principes suivants :

Souveraineté et indépendance du Sultan ;

Intégrité de son empire ;

Liberté économique sans aucune inégalité ;

Utilité de réformes de police et de réformes financières dont l'introduction serait réglée pour une courte durée par voie d'accord international ;

Reconnaissance de la situation faite à la France au Maroc, par la contiguïté, sur une vaste étendue, de l'Algérie et de l'empire chérifien, et par les relations particulières qui en résultent entre les deux pays limitrophes ainsi que par l'intérêt spécial qui s'ensuit pour la France à ce que l'ordre règne dans l'empire chérifien.

En conséquence, le gouvernement de la République laisse tomber ses objections premières contre la conférence et accepte de s'y rendre.

Le prince de Radolin, ambassadeur d'Allemagne à Paris, à M. Rouvier, président du Conseil, ministre des Affaires étrangères.

Paris, le 8 juillet 1905.

Le gouvernement de la République acceptant de se rendre à la conférence proposée par le Sultan du Maroc, le gouvernement impérial m'a chargé de vous confirmer ses déclarations verbales aux termes desquelles il ne poursuivra aucun but qui compromette les légitimes intérêts de la France au Maroc, ou qui soit contraire aux droits de la France résultant de ses traités ou arrangements et en harmonie avec les principes suivants :

Souveraineté et indépendance du Sultan ;

Intégrité de son empire ;

Liberté économique, sans aucune inégalité ;

Utilité de réformes de police et de réformes financières dont l'introduction serait réglée, pour une courte durée, par voie d'accord international ;

Reconnaissance de la situation faite à la France au Maroc par la contiguïté, sur une vaste étendue, de l'Algérie et de l'empire chérifien, et par les relations particulières qui en résultent entre les deux pays limitrophes ainsi que par l'intérêt spécial qui s'ensuit pour la France à ce que l'ordre règne dans l'empire chérifien.

Cet échange de lettres a été suivi de la déclaration suivante :

Le gouvernement de la République et le gouvernement allemand conviennent :

1° De rappeler à Tanger simultanément leurs missions actuellement à Fez aussitôt que la conférence se sera réunie ;

2° De faire donner au Sultan du Maroc des conseils par leurs représentants, d'un commun accord, en vue de la fixation du programme qu'il proposera à la conférence sur les bases indiquées dans les lettres échangées sous la date du 8 juillet 1905 entre le président du Conseil, ministre des Affaires étrangères, et l'ambassadeur d'Allemagne à Paris.

L'entente est donc formelle entre l'Allemagne et nous sur les principes essentiels dont le maintien au Maroc a pour la France, puissance limitrophe, un prix tout particulier.

De même est reconnu l'intérêt spécial que nous avons, à ce titre, au maintien de l'ordre dans l'empire chérifien, tout état de trouble pouvant avoir une répercussion parmi les populations musulmanes sujettes de la France.

Enfin, les deux gouvernements admettent également l'utilité d'introduire au Maroc des réformes de police et des réformes financières, ainsi que nous avions pris l'initiative de le proposer. Nous apporterons de concert au Sultan des conseils sur le programme à établir en vue de la consultation des puissances sur les bases résultant de nos divers accords.

L'accord si désirable qui s'est ainsi réalisé entre les deux gouvernements laissent intacts les arrangements que la France avait précédemment conclus avec d'autres puissances. A aucun moment des négociations, la discussion ne s'est portée sur l'accord franco-anglais du 8 avril 1904 ni sur l'accord franco-espagnol du 3 octobre de la même année.

La déclaration faite dans les lettres échangées au sujet des traités et arrangements de la France, aussi bien que les assurances formelles que le représentant du gouvernement impérial m'a apportées spontanément au cours de nos pourparlers et a renouvelées à leur issue, me permettent d'affirmer devant vous que l'Allemagne ne met pas en cause nos accords avec l'Angleterre et l'Espagne.

Pouvait-il, d'ailleurs, en être autrement ?

Ces accords n'engagent vis-à-vis de nous que les deux puissances qui les ont signés et réciproquement nous engagent seuls vis-à-vis d'elles. Il ne pouvait être question d'en tirer argument contre aucune autre puissance, de même qu'aucune autre puissance ne peut rien objecter aux conditions que l'Angleterre et l'Espagne ont consenties pour leur part et dans la plénitude de leur droit.

La Chambre se félicitera certainement de l'heureux résultat auquel ont abouti les négociations entre la France et l'Allemagne au sujet du Maroc, grâce aux sincères efforts de leurs gouvernements.

APPENDICE V

Accord signé, le 28 septembre 1905, par M. Rouvier, président du Conseil, ministre des Affaires étrangères, et le prince de Radolin, ambassadeur d'Allemagne à Paris.

Les deux gouvernements se sont mis d'accord pour proposer au Sultan le projet de programme suivant élaboré en conformité des principes adoptés dans l'échange de lettres du 8 juillet :

I. 1° Organisation, par voie d'accord international, de la police hors de la région frontière ;

2° Règlement organisant la surveillance et la répression de la contrebande des armes. — Dans la région frontière, l'application de ce règlement restera l'affaire exclusive de la France et du Maroc.

II. Réforme financière.

Concours financier donné au maghzen par la création d'une Banque d'État avec privilège d'émission, se chargeant des opérations de trésorerie et s'entremettant pour la frappe de la monnaie dont les bénéfices appartiendraient au maghzen.

La Banque d'État procéderait à l'assainissement de la situation monétaire.

Les crédits ouverts au maghzen seraient employés à l'équipement et à la solde des troupes de police et à certains travaux publics urgents, notamment à l'amélioration des ports et de leur outillage.

III. Étude d'un meilleur rendement des impôts et de la création de nouveaux revenus.

IV. Engagement par le maghzen de n'aliéner aucun des services publics au profit d'intérêts particuliers.

Principe de l'adjudication, sans acception de nationalité, pour les travaux publics.

Fait à Paris, le 28 septembre 1905.

Signé : ROUVIER.
RADOLIN.

Note concertée entre les commissaires des gouvernements français et allemand.

Paris, le 28 septembre 1905.

Les négociations entre la France et l'Allemagne concernant le projet de programme de la conférence sur les affaires marocaines viennent d'aboutir.

L'accord s'est fait sur un programme qui comprend : organisation de la police ; règlement concernant la surveillance et la répression de la contrebande des armes ; réforme financière consistant principalement dans l'institution d'une Banque d'État ; étude d'un meilleur rendement des impôts et de la création de nouveaux revenus ; enfin fixation de certains principes destinés à sauvegarder la liberté économique.

Quant à la région frontière, par une réserve spéciale insérée au projet de programme, il est entendu que les questions de police continuent à y être réglées directement et exclusivement entre la France et le Sultan et restent en dehors du programme de la conférence. Dans la même région, l'application du règlement sur la contrebande des armes restera l'affaire exclusive de la France et du Maroc.

Les deux gouvernements se sont mis d'accord pour demander à l'Espagne si elle accepterait que la ville d'Algésiras fût choisie comme lieu de réunion de la conférence.

En ce qui concerne les questions de l'emprunt et du port, elles ont été réglées de la manière suivante :

I. Pressé par sa situation financière, le Maghzen s'était adressé à un intermédiaire étranger résidant au Maroc — qui a eu lui-même recours à un groupe de banques allemandes — pour obtenir une avance de courte durée remboursable sur le prochain emprunt ; le gouvernement marocain offrait en gage ses biens immobiliers dans les différentes villes de la côte.

Un accord s'est établi entre le groupe des banques allemandes et le consortium des banques françaises, en vue de participer à cette opération qui gardera son caractère d'avance de courte durée, avec gage spécial, et remboursable sur le prochain emprunt ou par les voies et moyens de la Banque d'État dont la création figure au programme de la conférence. L'opération laisse intacte la question du droit de préférence du consortium français.

En ce qui concerne la construction d'un môle dans le port de Tanger, le gouvernement marocain avait, par une lettre adressée à la légation d'Allemagne en date du 26 mars, demandé à la maison Borgeaud et Reutemann l'établissement de deux plans entre lesquels il choisirait. Comme, à la même époque, une Compagnie française avait été autorisée à étudier les mêmes travaux, il a été entendu qu'on prendrait un délai pour examiner les titres de cette Compagnie, et que, à moins que la Compagnie française ne présente des titres identiques à ceux de la Compagnie allemande, celle-ci exécutera les travaux commandés par le maghzen.

III. Le projet de programme et la proposition concernant le lieu de réunion de la conférence vont être soumis sans délai, par les deux gouvernements, à l'adhésion du Sultan et à celle des puissances signataires de la convention de Madrid ou y ayant adhéré.

Dès que les propositions concernant le programme et le lieu de la conférence auront été soumises au Sultan, les deux missions quitteront Fez pour retourner à Tanger.

APPENDICE VI

Déclarations du prince de Bülow publiées par le « Temps » le 5 octobre 1905.

— Il y a, dans les incidents auxquels a donné lieu depuis bientôt six mois l'affaire marocaine, deux choses distinctes à considérer. Le Maroc est la première, la politique générale est la seconde. Au Maroc, nous avons des intérêts commerciaux importants. Nous avons tenu et nous tenons à les sauvegarder. Sur ce terrain général, nous avons été obligés de répondre à une politique qui tendait à nous « isoler » et qui, à cette intention avouée, empruntait, vis-à-vis de nous un caractère nettement hostile.

» Je ne veux pas revenir sur le passé, mais je crois qu'entre deux grands peuples unis par les liens d'une haute culture intellectuelle et morale, rien ne vaut une explication franche. Quand la France s'est entendue avec l'Angleterre d'abord, avec l'Espagne ensuite, au sujet du Maroc, j'ai dit au Reichstag que je me refusais à considérer que ces accords eussent une pointe dirigée contre l'Allemagne. A cette affirmation optimiste on a inutilement infligé un démenti en affectant d'ignorer l'Allemagne et de se passer d'elle. Inutilement aussi, on a imprimé à des événements en soi fort acceptables et dignes même d'approbation, tels que le rapprochement franco-italien ou le rapprochement franco-anglais, une allure antiallemande. Il ne pouvait nous convenir de nous résigner à ce prétendu isolement. Je ne crois pas qu'aucune grande puissance s'y fût prêtée. L'affaire marocaine était la manifestation la plus récente et la plus caractérisée de cette politique ; elle a été pour nous l'occasion d'une riposte nécessaire.

» Ne revenons pas, si vous le voulez bien, sur les incidents qui ont marqué ce débat et qui, fort heureusement, n'ont plus qu'un intérêt rétrospectif. Le *Temps* l'écrivait l'autre jour avec raison : « Les deux gouvernements ont dû chercher les bases de leur entente sur un terrain que sans doute ils n'eussent choisi ni l'un ni l'autre si le problème marocain eût pu dès l'origine être traité en lui-même. Néanmoins, et malgré les difficultés inhérentes à une action ainsi engagée, les négociateurs sont arrivés à un accord. » Je considère cet accord comme un événement heureux dans la vie des deux nations, car il met fin à une période de défiance que j'ai toujours jugée regrettable ; et grâce à la précision des pourparlers, il établit l'entente non seulement sur la forme, mais sur le fond, sans froisser ni les intérêts ni l'amour-propre des contractants.

» Puisque des deux côtés on travaillait pour s'entendre et non pour se quereller, j'ai cherché une solution équitable, en tenant compte d'une part du besoin qu'a la France d'assurer sur sa frontière algérienne l'ordre et la sécurité, d'autre part des intérêts légitimes de l'Allemagne et des droits que lui confère la convention de Madrid. J'ai été heureux de constater que les vues de M. Rouvier étaient, quant aux principes à suivre, en parfaite harmonie avec les miennes.

» Dans quelques semaines la conférence se réunira. J'espère que la même harmonie ne manquera pas de s'y manifester. J'estime que cette assemblée, loin de nous diviser, doit contribuer à nous rapprocher. A ce rapprochement toutefois une condition est nécessaire : c'est qu'on se rende bien compte dans le public français que la politique qui tendait à isoler l'Allemagne est chose du passé, que cette route d'hier est aujourd'hui abandonnée sans retour. J'ai la confiance qu'il en sera ainsi. Et c'est pourquoi j'ai donné, dans l'accord signé vendredi, une grande preuve de notre esprit de conciliation. Je n'ai qu'un désir : c'est que la politique française, à la conférence et après, me permette de continuer cette politique de bonne entente, la seule digne de deux grands peuples voisins, l'un et l'autre facteurs essentiels de la civilisation. »

Je fais alors observer au prince que, si le dessein d'isoler l'Allemagne, dessein dont on s'est probablement exagéré à Berlin la précision et le sérieux, a jamais existé, le Parlement et le public français, d'accord avec le président du Conseil, ont montré qu'ils ne s'y associaient pas. J'ajoute qu'en tout cas certaines manifestations de la politique allemande ont provoqué en France une défiance égale à celle qu'on reproche à la politique française d'avoir créée en Allemagne. Je cite notamment les démarches de M. de Tattenbach.

— Je sais, reprend le prince. On m'a dit cette impression. Je regrette qu'on l'ait ressentie. Mais je vous donne ma parole de gentleman que jamais il n'y a eu de notre part la moindre arrière-pensée. Malentendu fâcheux : rien de plus. Au surplus nous l'avons prouvé dans les négociations qui viennent d'aboutir.

Et comme je réponds que, malgré tout, certaines appréhensions subsistent, que l'on se demande en France si l'Allemagne, abandonnant la tradition bismarckienne, fera désormais obstacle à notre expansion coloniale, acceptée, favorisée même par le premier chancelier ; qu'on redoute, d'autre part, qu'il n'existe à Berlin un secret désir de nous engager dans une politique antianglaise ; qu'on craint enfin qu'un rapprochement russo-allemand ne soit à cet égard un moyen indirect de nous forcer la main, — toutes choses de nature à empêcher le rétablissement de la confiance, — le chancelier m'arrête et dit :

— Toutes ces inquiétudes sont sans fondement. Oui, c'est vrai, le prince de Bismarck a souvent reconnu la légitimité de votre politique coloniale, et moi-même j'ai dit un jour au Reichstag qu'il n'était point, en Afrique ou en Asie, de terrain où nos intérêts se heurtassent. Mais encore faut-il que cette politique coloniale ne soit pas, comme dans le cas marocain, l'occasion de mauvais procédés vis-à-vis de l'Allemagne. Si, en 1904, on avait répondu au discours confiant que j'avais prononcé au Reichstag, comme il était naturel qu'on y répondît, en me communiquant officiellement l'accord anglo-français avec les explications nécessaires, il n'y aurait pas eu d'affaire marocaine. En deux heures nous eussions été d'accord. On ne l'a pas voulu : d'où le conflit. Mais ce conflit n'est pas nécessaire. Ce conflit est anormal. Aujourd'hui comme hier, pourvu que votre politique coloniale respecte nos intérêts commerciaux qui croissent chaque jour et notre dignité que nous plaçons plus haut encore, non seulement nous ne vous gênerons pas, mais au besoin nous vous aiderons, au Maroc et ailleurs.

» Vous m'avez parlé d'un autre principe de défiance. Vous m'avez dit qu'on se demande, en France, s'il n'y a pas en Allemagne l'arrière-pensée de vous entraîner à prendre parti pour nous contre l'Angleterre, de vous impliquer dans un conflit qu'on prétend inévitable. Sur ce point encore, je m'expliquerai volontiers.

» Il y a des gens, je le sais, qui prophétisent entre l'Angleterre et l'Allemagne la guerre fatale. M. Tittoni vous disait samedi qu'il ne croyait pas à cette guerre. Moi je vais plus loin et je dis que c'est une bêtise de l'annoncer comme inévitable. L'Allemagne et l'Angleterre se feraient trop de mal l'une à l'autre. Elles ne tenteront pas l'épreuve. Et si je ne méconnais pas la violence des polémiques de presse et la nervosité du public, j'affirme que les gouvernements, à Londres comme à Berlin, ont trop le souci de leur responsabilité pour se laisser influencer par ces violences.

» Votre pays a d'ailleurs un rôle utile à jouer en apaisant les esprits au lieu de les exciter. Le *suave mari magno* n'est pas de mise en pareille matière. La solidarité internationale est trop profonde pour qu'on puisse se flatter — continuons à parler latin — d'être le *tertius gaudens* d'une querelle, quelle qu'elle soit. S'il y a entre Anglais et Allemands des préventions qui, je le répète, s'évanouiront tôt ou tard, la France peut aider à les dissiper. Permettez-moi d'ajouter que son exemple est là pour prouver qu'il est toujours possible de se réconcilier avec l'Angleterre.

» De même en ce qui regarde la Russie. Nous sommes avec vos alliés en bonnes, en très bonnes relations. C'est là une situation naturelle, traditionnelle. Pourquoi en prendriez-vous ombrage ? Est-ce que nous avons pris ombrage de l'alliance franco-russe ? Non. Parce que cette alliance n'a jamais eu à notre égard le caractère agressif qu'on a donné, je ne sais pourquoi, à certains rapprochements, qui sans avoir la valeur d'une alliance, ont paru beaucoup plus inquiétants.

» Un double système d'alliances, dont l'un et l'autre sont pacifiques, assure l'équilibre de l'Europe. A ces alliances peuvent et doivent se superposer des amitiés. Vous êtes bien avec l'Italie : rien de mieux. Nous sommes bien avec la Russie : c'est parfait. Il faut seulement ne pas donner au rapprochement franco-italien un caractère antiallemand, au rapprochement russo-allemand un caractère antifrançais. Mais quoi de plus facile que de réaliser cette condition ?

» Je vous ai parlé librement, car la franchise est, à mon sens, la meilleure des politiques. Je vous ai dit l'origine de notre différend, le juste mécontentement de l'Allemagne de se voir systématiquement laissée de côté, l'impossibilité où nous étions — où tout autre eût été à notre place — de tolérer qu'on annonçât notre isolement, c'est-à-dire notre diminution matérielle et morale. Nous avons répondu dans la forme que nous offraient les circonstances. Il a pu y avoir, de part et d'autre, des heures désagréables ; mais, somme toute, un conflit inutile a été évité et la paix a été maintenue : c'est l'essentiel.

» Je souhaite que cette détente soit le prélude d'une réciproque confiance. L'opinion allemande s'abandonnera volontiers à ce sentiment dès qu'elle aura la certitude que nul ne songe plus à Paris à faire le vide autour de nous, — ce qui, entre peuples comme entre individus, passera toujours pour un mauvais procédé. »

APPENDICE VII

Discours prononcé au Reichstag par le prince de Bülow
le 6 décembre 1905.

Un homme d'État ne peut pas, au premier moment venu, faire un discours sur la situation extérieure, principalement quand cette situation n'est pas absolument satisfaisante (*wenn diese Lage keine durchaus befriedegende ist*). (Ecoutez! Ecoutez!)

Quand des désaccords viennent seulement d'être surmontés, et quand de nouveaux sont à craindre, il doit toujours se demander s'il doit parler et si son discours public ne fera pas plus de mal que de bien.

Les relations de gouvernement à gouvernement peuvent être correctes ; elles peuvent être animées de profonds sentiments pacifiques, mais les rapports entre cabinets ne sont pas toute la politique d'un pays. Ils ne sont pas toujours les mêmes que ceux entre les peuples et nous avons maintenant à compter avec une profonde antipathie de l'opinion publique anglaise. Dans ces tout derniers temps seulement on a pu remarquer un mouvement en sens contraire. Je salue sincèrement de tels signes d'amélioration. Je voudrais bien voir en eux le commencement d'un retour à l'entente réciproque de deux grands peuples de culture égale.

En ce qui concerne la question du Maroc, je ne puis apporter à la tribune aucun fait nouveau et ne peux dire non plus tout ce que contiennent les documents diplomatiques. Cependant, je vais vous exposer l'évolution de la question marocaine. Je crois raisonnable que les représentants du peuple allemand sachent quelle attitude les gérants responsables de la politique étrangère de l'Allemagne ont adoptée dans cette question qui touche, par delà les intérêts immédiats qu'elle comporte, le domaine de la situation internationale de l'Empire et qui a créé de réelles difficultés.

Déjà à la conférence de Madrid, c'est-à-dire il y a vingt-cinq ans, l'Allemagne n'a recherché aucun avantage qui lui fût particulier, mais de même que les autres puissances, elle a favorisé le développement paisible et indépendant du Maroc. S'inspirant fidèlement de cette conception, l'action de l'Allemagne au Maroc ne pouvait avoir qu'un caractère défensif et non pas agressif.

Elle ne pouvait poursuivre aucune acquisition de territoires, elle demandait seulement le respect des traités, le respect de sa situation à l'égard du Maroc, considéré comme État indépendant, le respect au point de vue économique de ses droits, égaux à ceux des autres nations.

La convention franco-anglaise d'avril 1904 équivalait, en ce qui concerne le Maroc, à dire que l'Angleterre se désintéressait de ce pays en faveur de la France. L'Angleterre s'engageait à laisser les mains libres à la France. Nous n'avons jamais contesté au gouvernement anglais, pas plus que, ultérieurement, au gouvernement espagnol, le droit de disposer des intérêts de leurs nationaux au Maroc, mais les droits de l'Allemagne ne pouvaient se trouver supprimés du fait d'une convention franco-anglaise (*Très juste*).

Ces droits résultent de la convention signée en 1880 à Madrid entre toutes les grandes puissances d'Europe et d'Amérique et le Maroc, et aussi du traité de commerce germano-marocain du 2 juillet 1890. Au sujet de l'accord franco-anglais, il faut rappeler en particulier l'article 17 de la convention de 1880 qui garantissait à toutes les puissances participantes la clause de la nation la plus favorisée.

Si par conséquent la France sur la base de son accord franco-anglais voulait acquérir des droits privilégiés, en contradiction avec le traitement de la nation la plus favorisée dont jouissaient d'autres États, il fallait non seulement l'assentiment du Maroc, mais aussi celui des autres puissances signataires de la convention.

Nous avons un intérêt considérable à ce que les territoires du monde qui sont encore libres actuellement ne soient pas désormais fermés (*Vifs applaudissements*) et à ce que notre industrie et notre commerce ne trouvent pas la porte fermée dans un pays de grand avenir. Si l'on a dit que nos intérêts commerciaux étaient trop peu importants pour justifier une défense sérieuse, je réponds que chaque pays à le droit d'apprécier lui-même la valeur de ses intérêts. L'adage *minima non curat prætor* ne s'applique pas au cas où les droits consacrés par les traités et le prestige d'un pays sont en jeu. J'aurais vivement désiré que notre entente avec la France sur la conciliation de nos droits tels qu'ils résultaient des traités avec la convention anglo-française s'effectuât d'une façon coulante, rapide et sans bruit. C'est pourquoi je me suis exprimé en termes conciliants au Reichstag peu après la signature de la convention.

J'ai insisté à ce moment sur ce point que nous n'avions pas besoin de craindre que nos droits et nos intérêts fussent lésés ni que la convention fût une arme dirigée contre nous. Je crois par ces paroles avoir donné clairement à entendre ma pensée ; elles étaient du moins d'une courtoisie parfaite. Mon attente que l'autre partie s'aboucherait et s'entendrait avec nous, avant de mettre ses plans à exécution au Maroc, ne s'est pas réalisée. (*Ecoutez !*) On ne nous a fait, dans tous les cas, aucune communication sérieuse et suffisante au sujet de l'accord.

Une partie de la presse française s'efforçait de donner à la convention franco-anglaise un sens hostile à l'Allemagne. D'autres côtés aussi se manifestait une tendance à nous créer des difficultés. Le ministre qui porte la lourde responsabilité de la sécurité et de la paix d'un grand pays ne doit pas s'assoupir ni se laisser duper. Il doit attendre tranquillement que la situation se soit éclaircie d'une façon ou de l'autre.

Ce moment est arrivé lorsque la France s'est préparée, sans autre explication, sans nous avoir rien demandé, à tirer de la convention franco-anglaise des conséquences qui avaient la plus grande portée.

Dans ce but fut envoyé le ministre français Saint-René-Taillandier qui soumit au gouvernement marocain des propositions dont l'acceptation aurait mis le Maroc dans une situation analogue à celle de la Tunisie. Le Maroc nous en avisa et nous informa en même temps que M. Saint-René-Taillandier avait invoqué, pour appuyer ses demandes, un mandat que l'Europe lui aurait donné. Les droits que nous assurait la convention de Madrid se trouvaient donc ainsi manifestement violés.

La souveraineté du Maroc, garantie par des traités internationaux, se trouvait mise en question et nos intérêts économiques au Maroc étaient menacés de disparaître d'ici à une époque assez peu éloignée. A ce moment se déroula une longue campagne diplomatique que je ne veux pas récapituler dans ses détails. Les points de vue que nous considérâmes comme directeurs au cours de ces négociations se trouvent condensés dans la note suivante que j'adressai, le 11 avril, à M. de Metternich, notre ambassadeur à Londres :

Berlin, 11 avril.

« Bien que d'après les communications de Votre Excellence, l'opinion publique en Angleterre soit peu susceptible d'une appréciation objective des affaires du Maroc et en particulier de notre politique au Maroc, je ne voudrais pas négliger cependant de vous orienter sur les principaux points de vue de cette dernière.

» La convention anglo-française prévoit expressément le maintien du *statu quo*. Nous étions donc en droit d'admettre que si, à un moment donné, il était introduit des innovations qui fussent de nature à affecter les intérêts des puissances étrangères, l'Allemagne serait au nombre des puissances avec lesquelles on entrerait en pourparlers à ce sujet.

» Partant de cette conception, nous ne sortîmes pas de notre rôle d'observateurs jusqu'au moment où le gouvernement marocain fit demander à notre représentant à Tanger si véritablement le ministre de France était le mandataire des puissances européennes, comme il l'avait exposé au maghzen.

» A peu près en même temps, nous apprîmes que le programme présenté par celui-ci contenait des exigences inconciliables avec le maintien du *statu quo*. Comme pour faire disparaître tout doute sur les tendances finales du gouvernement français, quelques organes inspirés de la grande presse parisienne patronnèrent concurremment cette idée que le Maroc devait être mis dans la même situation que la Tunisie à l'égard de la France. Notre point de vue est que ce dessein de la France est dépourvu de toute base au point de vue du droit international et porte ainsi préjudice aux intérêts de tous les États qui ont pris part aux précédentes conférences marocaines, mais actuellement n'ont pas été consultés par la France.

» L'objection des journaux officieux français d'après laquelle, au cours des précédentes conférences, il se serait agi uniquement de questions d'intérêts de droit privé, et non de changements politiques, est un argument de chicane et n'a aucune valeur, car un changement tel que la tunisification du Maroc, qui a pour conséquence d'écarter, d'après l'exemple de Tunis, les éléments non français de la vie commerciale du Maroc, touche naturellement les intérêts privés dans leur ensemble.

» On ne peut donc empêcher les puissances signataires de poser la question aussi longtemps que la France n'abandonne pas le terrain du droit pour prendre purement et simplement celui de la force.

» En ce qui concerne l'Angleterre et l'Espagne, nous ne contestons à aucun de ces deux gouvernements le droit de disposer à son bon plaisir des intérêts de ses sujets au Maroc pour le présent et pour l'avenir, mais nous ne croyons pas qu'aucune de ces deux puissances ait en même temps la prétention de disposer des intérêts des sujets des autres puissances signataires, par exemple des Allemands.

» L'article de l'accord anglo-français, qui établit le maintien du *statu quo*, confirme notre opinion.

» Si la France marche maintenant au bouleversement de cet accord, elle le fait à ses risques et périls. L'Angleterre n'en est pas responsable.

» La presse anglaise fait actuellement de grands efforts pour attribuer, comme elle en a du reste l'habitude depuis des années, toutes sortes de noirs projets à la politique allemande. On pourrait dire de notre situation :

> Cet animal est très-méchant,
> Quand on l'attaque, il se défend.

» Nous prenons la défense de nos intérêts, dont on veut disposer sans nous demander l'assentiment auquel les traités nous donnent droit.

» L'importance de ces intérêts n'est en ceci qu'une chose accessoire.

» Celui à qui on prend de l'argent dans sa poche se défendra toujours de toutes ses forces, qu'il s'agisse de 5 ou de 5.000 marks. Que nous ayons des intérêts au Maroc, cela n'a même pas besoin d'être démontré. Si nous les abandonnons, en restant muets, nous encourageons le monde, qui est spectateur, à procéder avec aussi peu de sans-gêne à notre égard dans d'autres questions qui seraient peut-être plus importantes. Votre Excellence pourra donc dire, quand elle jugera une conversation sur la politique marocaine indiquée, que l'Allemagne intervient pour défendre au Maroc les intérêts de ses nationaux, qui se confondent avec les intérêts des nationaux de tous les autres États signataires et qui s'identifient avec le maintien de la porte ouverte.

» Votre Excellence pourra dire aussi que l'Allemagne n'a pas l'intention de s'assurer, soit au Maroc, soit ailleurs, à cette occasion, au moyen de négociations séparées, des avantages particuliers de quelque nature qu'ils soient. »

Dans cet état d'esprit, au moment où la question du Maroc est entrée, sans que ce soit de notre faute, dans une période aiguë, nous avons cherché à amener une solution pacifique au moyen d'une nouvelle conférence. Nous avons maintenu du commencement à la fin cette claire argumentation légale. Nous avons reconnu la situation particulière résultant pour la France de la communauté de sa frontière algérienne, mais nous avons résolument fait reconnaître le point de vue de droit auquel nous nous plaçons, en face de la politique dangereuse qui consistait à nous ignorer. (*Vifs applaudissements.*)

Depuis, le gouvernement français a adopté l'idée de la conférence, et s'est entendu avec nous sur son programme, et toutes les puissances y prendront part. Il va de soi que nous continuerons à représenter et à défendre à cette conférence ce que nous avons considéré jusqu'ici comme juste et équitable. (*Applaudissements.*)

Dans cette tâche, nous ne nous laisserons pas troubler par les tentatives auxquelles se livrent une vieille haine, une vieille envie et un ancien antagonisme qui attribuent à la politique allemande des mobiles faux pour semer la méfiance, et en particulier, pour faire suspecter notre amour de la paix. On a dit de nous que nous cherchions une occasion pour nous jeter sur la France. Messieurs, pourquoi ferions-nous cela ? Par désir de revanche ? Pour quelle raison ? Par simple ardeur belliqueuse ? C'est absurde. Puis on a prétendu que nous voulions forcer la France à marcher avec nous contre l'Angleterre. C'est également absurde.

Toutes ces rumeurs et tous les mensonges analogues prouvent seulement qu'il existe contre nous des dispositions hostiles contre lesquelles nous devons être sur nos gardes. Je n'utiliserai pas cette occasion pour affirmer solennellement en de belles phrases, devant vous, devant l'Europe et le monde, le principe fondamental de notre politique. Notre attitude dans l'affaire du Maroc prouve précisément, d'une manière irréfutable, que si nous cherchons à défendre les intérêts et les droits allemands, nous nous efforçons aussi de surmonter pacifiquement les difficultés matérielles et les hostilités diplomatiques, sans mépriser les droits des autres et sans aucune provocation. (*Applaudissements.*)

Faisant cela nous agissons dans le cadre de la politique traditionnelle allemande, qui, depuis l'obtention de l'unité, ne connaît de but plus élevé et de plus grand intérêt que de développer la force de notre culture à l'intérieur et à l'extérieur pour être à chaque moment assuré contre les horreurs de la guerre. (*Applaudissements.*)

Celui qui ne s'en est pas encore rendu compte ne veut pas voir clair, et tous les discours et toutes les assurances ne lui serviraient de rien. (*Applaudissements prolongés.*)

APPENDICE VIII

Déclaration lue devant la Chambre des députés le 16 décembre 1905, par M. Rouvier, président du Conseil, ministre des Affaires étrangères.

Le 10 juillet dernier, j'ai fait connaître à la Chambre les premiers résultats des négociations engagées entre l'Allemagne et la France au sujet de la conférence marocaine.

Le gouvernement de la République n'a accepté de participer à cette conférence qu'après s'être mis d'accord avec le gouvernement impérial sur les principes qui constituent la garantie indispensable des intérêts de la France au Maroc et de sa situation spéciale vis-à-vis de l'empire chérifien.

C'est cet accord que consacrait le protocole du 8 juillet. En le communiquant à la Chambre, je l'ai priée d'ajourner tout débat sur les affaires marocaines jusqu'au moment où je pourrais lui fournir de plus complètes explications : en effet, nous avions encore à déterminer le programme de la conférence et à le faire accepter de concert par le Sultan.

Le 28 septembre dernier, j'ai signé avec le prince de Radolin un nouveau protocole, qui a fixé le projet de programme, en conformité des principes adoptés dans l'échange de lettres du 8 juillet.

A la date du 22 octobre, le Sultan du Maroc a fait connaître à notre ministre à Fez et au ministre d'Allemagne qu'il adhérait au programme proposé et qu'il se ralliait au choix de la ville d'Algésiras, comme lieu de réunion de la conférence.

L'Espagne, prêtant de nouveau à l'Europe son hospitalité qu'elle pouvait d'ailleurs considérer dans l'espèce comme une tradition, il lui appartenait de convoquer les puissances.

Pour satisfaire à une demande du maghzen, la date du 15 décembre, primitivement fixée, n'a pas été maintenue. Je suis fondé à penser que la conférence s'ouvrira dans les premiers jours de janvier.

J'avais également promis au Parlement de placer sous ses yeux les documents concernant la question marocaine. Le *Livre Jaune*, qui vous a été distribué, vous permet d'apprécier, dans son ensemble, la politique suivie par la France au Maroc et les incidents qui en ont marqué la dernière phase : tout esprit impartial y trouvera en même temps la preuve de la modération et de la légitimité de notre action.

La France, Messieurs, ne peut pas ne pas avoir une politique marocaine ; la forme et la direction que prendra dans l'avenir l'évolution de l'empire marocain influeront d'une manière décisive sur les destinées de nos possessions de l'Afrique du Nord.

Depuis soixante ans, le voisinage du Maroc a été pour l'Algérie une cause permanente de trouble et d'agitation. La sécurité de nos communications et de nos postes-frontières ; celle de nos sujets algériens, menacée par des excitations de toute nature ; la présence constante sur nos confins des rebelles et des fugitifs de chaque insurrection ; l'agression continue, non point de maraudeurs isolés, non point de bandes, mais de hordes de plusieurs milliers d'hommes : tout nous imposait la nécessité de réclamer que l'État limitrophe remplît ses obligations envers nous.

Le *Livre Jaune*, abondamment documenté, que nous vous avons remis, contient un tableau fidèle de nos efforts et des méthodes que nous avons appliquées à la solution du problème. Nous avons longtemps espéré, nous avons pu même croire à certains moments, que nous obtiendrions du gouvernement marocain un concours efficace, une collaboration suivie. Les accords de 1901 et 1902 étaient les plus propres à assurer ce résultat. Mais le gouvernement marocain, livré à lui-même, s'est montré hors d'état d'accomplir ses devoirs élémentaires envers les étrangers. Le désordre intérieur n'a pas cessé d'augmenter ; la rébellion s'est installée au Maroc sur une importante partie du territoire et le maghzen en est arrivé à un tel degré de faiblesse qu'il ne fait plus l'effort nécessaire pour garantir la sécurité des Européens.

Le danger de cette anarchie contagieuse, la légitimité de nos griefs, ont été reconnus par les puissances dont les intérêts, à des titres divers, sont avec les nôtres, les plus importants au Maroc. Elles ont admis que les lourdes responsabilités du maghzen à notre égard, s'ajoutant à notre position spéciale, nous autorisaient à nous présenter à lui, d'accord avec elles, non plus seulement en plaignants, mais en conseillers, reconnaissant que si nos conseils étaient écoutés, la civilisation générale en profiterait.

Telle était la situation quand l'intervention de l'Allemagne s'est produite. L'Allemagne n'a pas jugé suffisant d'être informée de nos accords : estimant que ses intérêts exigeaient qu'elle fût plus directement consultée, elle a appuyé officiellement le projet de conférence présenté par le Sultan, qui en appelait ainsi de nos propositions à une consultation internationale.

J'ai considéré que, sous condition d'obtenir les garanties nécessaires, nous ne devions pas nous refuser aux tempéraments compatibles avec le souci de la dignité de la France comme avec la sauvegarde de ses intérêts essentiels, et que passer outre, c'eût été perdre le sentiment de notre responsabilité envers le pays. Nous entendions ne pas faire sortir la question marocaine des proportions qu'elle doit garder; nous avons accepté de nous rendre à la conférence.

Dans quelle situation nous y présentons-nous, et que comptons-nous y faire?

Il ne saurait plus y avoir de méprise aujourd'hui sur le caractère et la portée véritables des propositions que notre ministre à Fez a présentées à l'agrément du Sultan. Ces propositions ne tendaient en aucune façon à introduire au Maroc un régime analogue à celui appliqué dans la Régence de Tunis. D'autre part, nous n'avons jamais invoqué auprès du maghzen un prétendu mandat de l'Europe; M. Saint-René-Taillandier a rempli avec une correction parfaite la mission qui lui avait été confiée et qui ne mettait en cause ni les droits souverains du Sultan, ni la situation des puissances, telle qu'elle résulte des traités. Nous avions déjà tracé ces limites; nous n'avons donc qu'à rester fidèles à nous-mêmes.

Ce n'est point une discussion de juristes qui s'ouvrira à la conférence. La question qui se pose devant elle est simple. Chaque puissance a des droits au Maroc : ils ne sont pas contestés. Chaque puissance y bénéficie des traités : il n'a jamais été question d'y porter atteinte. Chaque puissance enfin, dans une mesure quelconque, peut faire valoir ses intérêts. Ces intérêts doivent être respectés. Mais ce que nous avons le devoir de montrer à la conférence, c'est la qualité spéciale de nos droits et l'importance de nos propres intérêts.

Nos droits tout d'abord. Il ne s'agit pas du régime de notre frontière algérienne, qui reste du ressort exclusif de la France et du Maroc; c'est là une réserve explicitement sanctionnée par le protocole du 8 juillet et confirmée le 28 septembre.

Mais la situation particulière que nous occupons au Maroc ne résulte pas seulement de la contiguïté de nos frontières; notre droit a une portée plus générale. Il consiste en ceci que la France est puissance musulmane dans l'Afrique du Nord; que nous avons à y maintenir et y préserver notre autorité sur une population de 6 000 000 d'indigènes en contact avec 700.000 colons européens, que la communauté de langue, de religion, de race, qui rapproche cette population de celle du Maroc, la rend sensible à toutes les excitations que peut développer dans l'État voisin, soit l'absence de gouvernement régulier, soit la constitution d'un gouvernement hostile. Nous sommes donc fondés à réclamer l'existence dans l'empire chérifien d'un pouvoir à la fois traditionnel et obéi partout, et, d'autre part, à nous assurer que ce gouvernement ne sera jamais amené à user de son autorité pour menacer notre territoire et troubler notre colonie.

Rien n'est plus réel que ce droit. Il n'atteint aucun droit étranger. Il garantit celui de toutes les puissances civilisées.

Nous invoquerons encore, auprès de la conférence, une autre considération : celle de nos intérêts qui figurent au premier rang des intérêts européens ; le développement de notre commerce, le nombre de nos nationaux et de nos entreprises, le chiffre des capitaux français engagés au Maroc justifient cette affirmation. Ce sont là des faits. Cependant, sur ce terrain de l'activité économique et de la libre concurrence, nos traités avec l'Angleterre et l'Espagne, nos arrangements du 8 juillet et du 28 septembre derniers avec l'Allemagne montrent que nous désirons un régime libéral assurant une complète égalité de traitement à toutes les entreprises de commerce et d'industrie.

La reconnaissance d'une situation spéciale, résultant des faits les plus évidents, admise par les puissances les plus intéressées, inscrite aux derniers accords que nous avons conclus avec le gouvernement impérial ne peut donc porter préjudice à personne.

Je viens d'indiquer à la Chambre la nature et la position exacte de la question : l'indépendance de l'empire marocain, la restauration et la réforme du maghzen nous paraissent toujours les deux conditions fondamentales de l'œuvre que réclame l'état actuel du Maroc. Si on ramène la question marocaine à ses éléments essentiels, il apparait avec évidence qu'elle engage un intérêt national, qu'elle s'impose à notre politique sous peine de compromettre la grande œuvre entreprise par la France depuis trois quarts de siècle dans le nord-ouest de l'Afrique et qui lui a coûté de si lourds sacrifices.

Des négociations qui ont abouti aux accords des 8 juillet et 28 septembre, nos droits sont sortis, sinon tous reconnus, du moins tous préservés. Ces négociations ont pu être laborieuses ; je tiens à prendre acte de leur résultat : que l'Allemagne et la France aient réussi à franchir ces deux premières étapes dans le règlement des difficultés qui ont failli un moment troubler leurs relations, c'est là un fait que je me reprocherais, pour ma part, de laisser dans l'ombre au cours de ces explications.

D'ailleurs, des droits aussi légitimes, des intentions aussi modérées que les nôtres ne sauraient se heurter, d'aucun côté, à une opposition irréductible. Nous attendons avec calme les résultats de la conférence.

Messieurs, la politique extérieure de la France républicaine est facile à définir.

Fidèle à une alliance restée hors de toute atteinte, à des amitiés précieuses exemptes de toute arrière-pensée, désireuse d'entretenir avec tous des relations courtoises, et même réciproquement confiantes, la

France sûre d'elle-même, gardant la conscience de la noblesse de son histoire et de ses destinées, ne vise, nous l'affirmons hautement, qu'à sauvegarder ses droits, ses intérêts et le plein exercice de sa liberté.

APPENDICE IX

Documents statistiques sur la situation commerciale des puissances au Maroc.

(Ces documents ont été établis grâce à l'obligeance de l'Office national du Commerce extérieur.)

Commerce général des puissances en francs.

(Chiffres français.)

	1902	1903	1904	1905
Commerce total...	103.347.628	109.495.888	97.689.513	78.642.893
France	21.098.155	24.321.035	22.709.259	28.075.127
Algérie	11.802.000	10.492.000	6.704.573	8.392.869
France et Algérie	32.900.155	34.813.035	29.413.832	36.467.996
Angleterre	43.011.595	45.036.094	39.266.450	23.240.372
Allemagne	9.317.667	10.522.183	10.900.875	7.832.141
Espagne	8.723.335	7.903.076	7.602.972	3.163.093

Pourcentage du commerce européen.

(Chiffres français.)

États.	1902	1903	1904	1905
France seule	20,4	22,2	23,2	35,7
Algérie seule	10,7	9,5	6,8	10,6
France et Algérie	31,1	31,7	30.	46,3
Angleterre	41,6	41,1	40,1	29,5
Allemagne	9,01	9,6	11,1	9,9
Espagne	8,4	7,2	7,7	4,02

Tonnage des ports marocains.

(Chiffres français.)

	1903	1904	1905
Pavillon français	22,4	22,9	30,7
— anglais	35,1	33,4	34,3
— allemand	18,7	17,4	15,5
— espagnol	20,8	15,3	14,8

Commerce de Tanger.
(Statistiques consulaires françaises.)

	1903			1904		
	Exportation.	Importation.	Total.	Exportation.	Importation.	Total.
Angleterre.	1.478.293	2.437.989	3.916.282	1.475.979	2.078.829	3.554.808
France...	529.680	3.387.280	3.916.960	596.091	3.924.832	4.520.923
Allemagne.	147.348	1.605.280	1.752.628	102.276	950.116	1.052.392
Espagne...	2.354.936	722.265	3.077.201	2.209.327	649.213	2.858.540

Les rapports anglais donnent d'autre part pour 1904 :

France..................	4.515.850
Allemagne................	1.309.310

La proportion est donc visiblement la même dans les deux statistiques. Il en est de même pour le tonnage des navires qui donne, en 1904, 15 p. 100 à la France et 11,5 p. 100 à l'Allemagne.

Commerce de Safi en 1904.
(Chiffres anglais.)

	Exportation.	Importation.	Total.
Angleterre......	2.788.875	3.696.875	6.485.750
France.........	211.000	1.176.625	1.387.625
Allemagne......	1.172.875	164.625	1.337.500
Espagne........	150.750	»	»

(Chiffres français.)

	Exportation.	Importation.	Total.
Angleterre......	2.414.532	2.315.080	4.729.612
France.........	222.275	872.440	1.094.715
Allemagne......	1.150.315	115.431	1.265.746

Commerce de Mogador en 1904.
(Chiffres anglais.)

	Exportation.	Importation.	Total.
Angleterre......	1.704.700	3.794.775	5.499.475
France.........	462.925	2.762.250	3.225.175
Allemagne......	3.061.575	451.825	3.513.400
Espagne........	98.525	48.200	146.725

(Chiffres français.)

	Exportation.	Importation.	Total.
Angleterre......	1.463.407	3.178.317	4.641.724
France.........	452.832	2.726.176	3.179.008
Allemagne......	3.118.294	502.520	3.620.814
Espagne........	124.334	214.835	339.169

APPENDICES 501

Commerce de Mazagan en 1904.

(Chiffres français).

	Exportation.	Importation.	Total.
Angleterre	3.571.900	6.294.400	9.866.300
France	852.710	1.870.525	2.723.235
Allemagne	1.383.950	256.275	1.640.225
Espagne	2.026.000	22.100	2.048.100

(Chiffres allemands.)

Angleterre	3.756.750	4.169.525	7.926.275
France	685.375	1.976.900	2.662.275
Allemagne	1.941.500	249.575	2.191.075
Espagne	1.797.075	115.800	1.912.875

(Chiffres anglais.)

Angleterre	3.370.900	6.219.400	9.590.300
France	674.175	896.525	1.570.700
Allemagne	1.383.950	256.275	1.640.225
Espagne	2.126.000	22.100	2.148.100

Commerce de Casablanca en 1904.

Statistiques françaises.

	Exportation.	Importation.	Total.
Angleterre	3.967.775	2.460.225	6.428.000
France	3.618.184	1.531.619	5.149.803
Allemagne	393.582	1.245.800	1.639.382
Espagne	244.474	7.206	251.680

Statistiques anglaises.

Angleterre	4.484.200	1.861.675	6.345.875
France	3.231.725	1.484.175	4.715.900
Allemagne	988.800	1.987.600	2.976.400
Espagne	121.850	1.717.450	1.839.300

Commerce de Larache.

Statistiques françaises.

	EN 1903			EN 1904		
	Exportation.	Importation.	Total.	Exportation.	Importation.	Total.
Angleterre	348.150	9.708.925	10.057.075	1.269.400	4.691.925	5.961.325
France	674.415	6.421.500	7.095.915	437.624	3.931.774	4.369.398
Allemagne	68.325	552.850	621.175	306.350	194.425	500.775
Espagne	147.150	1.080.250	1.227.400	220.175	—	—

Statistiques anglaises.

Angleterre	714.025	9.717.825	10.431.850	411.925	4.918.350	5.330.275
France	348.150	6.426.700	6.774.850	773.825	1.959.625	2.733.450
Allemagne	64.925	555.850	620.775	306.350	1.306.125	1.612.475
Espagne	160.150	1.079.450	1.239.600	44.000	—	—

Proportion du commerce de Rabat.

D'après un rapport consulaire allemand (mars 1906).

	Exportation		Importation	
	1904	1905	1904	1905
Allemagne	13 p. 100	16 p. 100	48 p. 100	21 p. 100
Angleterre	44 —	39 —	7 —	11 —
France	43 —	49 —	45 —	68 —

APPENDICE X

Liste des missions diplomatiques à la conférence d'Algésiras.

ALLEMAGNE. — MM. de Radowitz, ambassadeur à Madrid; le comte de Tattenbach, ministre à Lisbonne; Klehmet, conseiller rapporteur; de Radowitz, secrétaire d'ambassade; de Glasenapp, conseiller financier; Schabinger, drogman.

AUTRICHE-HONGRIE. — MM. le comte de Welsersheimb, ambassadeur à Madrid; le comte Koziebrodzki, ministre à Tanger; de Montlong, secrétaire, chargé des affaires marocaines au Ballplatz.

BELGIQUE. — MM. le baron de Joostens, ministre à Madrid; le comte de Buisseret, ministre à Tanger; Peltzer, secrétaire.

ESPAGNE. — MM. le duc d'Almodovar del Rio, ministre d'État; Perez Caballero, ministre à Bruxelles; Pina y Millet, un des deux chefs du secrétariat de la conférence; Hontoria (extrêmement actif et qui mena souvent la délégation espagnole); Cristobal Vallin, spécialiste marocain, s'occupant de la question au département d'État; de Ojeda, fils du sous-secrétaire d'État; le comte de Pradère; Reginaldo Ruiz, drogman.

ÉTATS-UNIS. — MM. Henry White, ambassadeur à Rome; Gummeré, ministre à Tanger; Einstein, secrétaire.

FRANCE. — MM. Révoil, ambassadeur à Berne; Regnault, ministre plénipotentiaire, délégué des porteurs de titres de l'emprunt de 1904; de Margerie, conseiller d'ambassade à Madrid, qui a fait la plus grande partie du travail du secrétariat de la conférence; Aynard, directeur du cabinet du gouverneur général de l'Algérie; comte de Chérisey, secrétaire de la commission de rédaction; R. de Billy, secrétaire de la mission française, chargé des rapports avec la presse; commandant Codet, secrétaire particulier de M. Révoil; capitaine Grandconseil, du cabinet de M. Jonnart, chargé de la chancellerie; Destailleurs, chargé de la chancellerie; G. Jessé-Curély, consul suppléant, attaché au service des douanes marocaines; Gaillard, consul à Fez, chargé du drogmanat; L. Leriche, consul à Rabat, chargé du drogmanat ; Dupasseur, directeur de la Banque de Paris et des Pays-Bas ; Luret, chargé des questions économiques ; Secchi, secrétaire de M. Luret.

On peut joindre à la délégation française :

MM. le capitaine de frégate Habert, commandant du *Galilée ;* le commandant du *Lalande ;* Salmon, directeur des *Archives marocaines ;* le commandant Fariau, chef de la mission militaire au Maroc.

GRANDE-BRETAGNE. — Sir Arthur Nicolson, ambassadeur à Madrid ; MM. Vaughan (malade presque tout le temps) ; Lionel Saint-Aubyn, secrétaire ; A. Irvin, drogman.

ITALIE. — MM. le Marquis Visconti-Venosta ; Malmusi, ministre à Tanger ; Sforza, secrétaire ; les deux fils du marquis Visconti-Venosta venus l'un après l'autre comme secrétaires particuliers ; Comandari, drogman.

MAROC. — El Hadj Mohammed ben El arbi Ettorrès, délégué du Sultan à Tanger ; El Hadj Mohammed ben Abdesselam El Mokri, ministre des Dépenses ; El Hadj Mohamed Es-Seffar et Si Abderrahman Bennis.

PAYS-BAS. — MM. le Jonkheer Testa ; de Stuers, secrétaire.

PORTUGAL. — MM. le comte de Tovar (presque toujours absent) ; le comte de Martens Ferrao ; Navarro, attaché commercial.

RUSSIE. — MM. le comte Cassini, ambassadeur à Madrid ; Bacheracht, ministre à Tanger ; Kolémine, beau-fils de M. Bacheracht.

SUÈDE. — M. Sager.

APPENDICE XI

Liste des principaux correspondants de journaux.

POUR LA FRANCE

Temps, MM. J. Galtier et Pimienta ; *Débats*, R. de Caix ; *Matin*, Hedeman et René François ; *Écho de Paris*, A. Mévil, Ch. Biel ; *Éclair*, A. Causse ; *Petit Parisien*, Brun ; *Petit Journal*, Castex ; *Gaulois*, Dino d'Alfano ; *Figaro*, du Taillis ; *Journal*, Gaston Routier ; *New-York Herald*, Stanhope ; *Agence Havas*, Mercadier et Henry Delmas ; *Politique Coloniale*, Ali Zachy Bey ; *Dépêche Coloniale*, Henri Lorin ; *Petite République*, Paul Ballaguy ; *Liberté*, Maurice Gandolphe ; *Dépêche marocaine*, Robert Raynaud.

POUR L'ANGLETERRE

Times, MM. Mackenzie Wallace et Houghton ; *Tribune*, Budgett Meakin ; *Standard*, Pountney ; *Daily Chronicle*, Charles Rudy ; *Exchange Telegraph*, Michael Pitman.

POUR LES ÉTATS-UNIS

Associated Press, MM. Charles Thompson, Elmer Roberts, Cortesi.

POUR L'ALLEMAGNE

Agence Wolff, MM. Rieger; *Lokal Anzeiger*, Baron von Zedlitz; *Gazette de Francfort*, Dr Max de Rosenberg.

POUR L'AUTRICHE-HONGRIE

Neue Freie Presse, M. Sigmund Gebauer-Grünburg.

POUR L'ITALIE

Secolo, Dr Mario Borsa; *Popolo Romano*, Dr E. C. Tedeschi; *Mattino*, M. Jean Carrère; *Tribuna*, M. Belcredi; *Giornale di Sicilia*, M. Cesualdo Pennino; *Giornale d'Italia*, M. Vittorio Vettori.

POUR L'ESPAGNE

Diario Universal, MM. H. de Bouis; *Heraldo*, Rocamora; *Epoca*, Xavier Betegon; *Correspondencia de Espana*, Cadenas, G. Rittwagen; *Imparcial*, Ed. Munaz; *Liberal*, Alfredo Vicenti.

POUR L'AL MOAYAD DU CAIRE

Ali Zachy Bey.

APPENDICE XII

Acte général de la Conférence internationale d'Algésiras.

AU NOM DU DIEU TOUT-PUISSANT :

Sa Majesté l'Empereur d'Allemagne, Roi de Prusse, au nom de l'Empire allemand; Sa Majesté l'Empereur d'Autriche, Roi de Bohême, etc., et Roi apostolique de Hongrie; Sa Majesté le Roi des Belges; Sa Majesté le Roi d'Espagne; le Président des États-Unis d'Amérique; le Président de la République Française; Sa Majesté le Roi du Royaume-Uni de la Grande-Bretagne et d'Irlande et des territoires britanniques au delà des mers, Empereur des Indes; Sa Majesté le Roi d'Italie; Sa Majesté le Sultan du Maroc; Sa Majesté la Reine des Pays-Bas; Sa Majesté le Roi du Portugal et des Algarves, etc., etc., etc.; Sa Majesté l'Empereur de toutes les Russies; Sa Majesté le Roi de Suède.

S'inspirant de l'intérêt qui s'attache à ce que l'ordre, la paix et la prospérité règnent au Maroc, et ayant reconnu que ce but précieux ne saurait être atteint que moyennant l'introduction de réformes basées sur le triple principe de la souveraineté et de l'indépendance de Sa Majesté le Sultan, de l'intégrité de ses États et de la liberté économique sans aucune inégalité, ont résolu, sur l'invitation qui leur a été adressée par Sa Majesté Chérifienne, de réunir une conférence à Algésiras pour arriver à une entente sur lesdites réformes, ainsi que pour examiner les moyens de se procurer les ressources nécessaires à leur application, et ont nommé pour leurs délégués plénipotentiaires, savoir :

Sa Majesté l'Empereur d'Allemagne, roi de Prusse, au nom de l'Empire allemand,

Le Sieur JOSEPH DE RADOWITZ, son ambassadeur extraordinaire et plénipotentiaire près de Sa Majesté Catholique, et

Le Sieur CHRISTIAN, COMTE DE TATTENBACH, son envoyé extraordinaire et ministre plénipotentiaire près Sa Majesté Très Fidèle;

Sa Majesté l'Empereur d'Autriche, Roi de Bohême, etc., et Roi Apostolique de Hongrie,

Le Sieur RODOLPHE, COMTE DE WELSERSHEIMB, son ambassadeur extraordinaire et plénipotentiaire près Sa Majesté Catholique, et

Le Sieur LÉOPOLD, COMTE BOLESTA-KOZIEBRODZKI, son envoyé extraordinaire et ministre plénipotentiaire au Maroc;

Sa Majesté le Roi des Belges,

Le Sieur MAURICE, BARON JOOSTENS, son envoyé extraordinaire et ministre plénipotentiaire près Sa Majesté Catholique, et

Le Sieur CONRAD, COMTE DE BUISSERET-STEENBECQUE DE BLARENGHIEN, son envoyé extraordinaire et ministre plénipotentiaire au Maroc;

Sa Majesté le Roi d'Espagne,

Don JEAN MANUEL Y GUTIÉNERREZ DE CASTRO, DUC DE ALMODOVAR DEL RIO, son ministre d'État, et

Don JUAN PÉREZ CABALLERO Y FERRER son envoyé extraordinaire et ministre plénipotentiaire près Sa Majesté le Roi des Belges.

Le Président des États-Unis d'Amérique,

Le Sieur HENRY WHITE, ambassadeur extraordinaire et plénipotentiaire des États-Unis d'Amérique près Sa Majesté le Roi d'Italie, et

Le Sieur SAMUEL R. GUMMERÉ, envoyé extraordinaire et plénipotentiaire des États-Unis d'Amérique au Maroc;

Le Président de la République Française,

Le Sieur PAUL RÉVOIL, ambassadeur extraordinaire et plénipotentiaire de la République Française auprès de la Confédération Suisse, et

Le Sieur EUGÈNE REGNAULT, ministre plénipotentiaire ;

Sa Majesté le Roi du Royaume-Uni de la Grande-Bretagne et d'Irlande et des territoires britanniques au delà des mers, Empereur des Indes,

Sir ARTHUR NICOLSON, son ambassadeur extraordinaire et plénipotentiaire près Sa Majesté l'Empereur de toutes les Russies;

Sa Majesté le Roi d'Italie,

Le Sieur Émile, Marquis Visconti-Venosta, chevalier de l'Ordre de la Très Sainte Annonciade, et

Le Sieur Giulio Malmusi, son envoyé extraordinaire et ministre plénipotentiaire au Maroc;

Sa Majesté le Sultan du Maroc,

El Hadj Mohammed Ben El Arbi Ettorrès, son délégué à Tanger et son ambassadeur extraordinaire,

El Hadj Mohammed Ben Abdesselam el Mokri, son ministre des Dépenses,

El Hadj Mohammed Es-Seffar,

Si Abderrahman Bennis;

Sa Majesté la Reine des Pays-Bas,

Le Sieur Jonkheer Hannibal Testa, son envoyé extraordinaire et ministre plénipotentiaire près Sa Majesté Catholique;

Sa Majesté le Roi du Portugal et des Algarves, etc., etc., etc.

Le Sieur Antoine, Comte de Tovar, son envoyé extraordinaire et ministre plénipotentiaire près Sa Majesté Catholique, et

Le Sieur François-Robert Comte de Martens Ferrao, pair du Royaume, son envoyé extraordinaire et ministre plénipotentiaire au Maroc;

Sa Majesté l'Empereur de toutes les Russies,

Le Sieur Arthur Comte Cassini, son ambassadeur extraordinaire et plénipotentiaire près Sa Majesté Catholique, et

Le Sieur Basile Bacheracht, son ministre au Maroc;

Sa Majesté le Roi de Suède,

Le Sieur Robert Sager, son envoyé extraordinaire et ministre plénipotentiaire près Sa Majesté Catholique et près Sa Majesté Très Fidèle.

Lesquels, munis de pleins pouvoirs qui ont été trouvés en bonne et due forme, ont, conformément au programme sur lequel Sa Majesté Chérifienne et les puissances sont tombées d'accord, successivement discuté et adopté :

I. Une déclaration relative à l'organisation de la police;

II. Un règlement concernant la surveillance et la répression de la contrebande des armes;

III. Un acte de concession d'une banque d'État marocaine;

IV. Une déclaration concernant un meilleur rendement des impôts et la création de nouveaux revenus;

V. Un règlement sur les douanes de l'Empire et la répression de la fraude et de la contrebande;

VI. Une déclaration relative aux services publics et aux travaux publics;

et ayant jugé que ces différents documents pourraient être utilement coordonnés en un seul instrument, les ont réunis en un Acte général composé des articles suivants :

CHAPITRE PREMIER

DÉCLARATION RELATIVE A L'ORGANISATION DE LA POLICE

Article premier. — La conférence, appelée par Sa Majesté le Sultan à se prononcer sur les mesures nécessaires pour organiser la police, déclare que les dispositions à prendre sont les suivantes.

Art. 2. — La police sera placée sous l'autorité souveraine de Sa Majesté le Sultan. Elle sera recrutée par le maghzen parmi les musulmans marocains, commandée par des caïds marocains et répartie dans les huit ports ouverts au commerce.

Art. 3. — Pour venir en aide au Sultan dans l'organisation de cette police, des officiers et sous-officiers instructeurs espagnols, des officiers et sous-officiers instructeurs français, seront mis à sa disposition par leurs gouvernements respectifs, qui soumettront leur désignation à l'agrément de Sa Majesté Chérifienne. Un contrat passé entre le maghzen et les instructeurs, en conformité du règlement prévu à l'article 4, déterminera les conditions de leur engagement et fixera leur solde qui ne pourra pas être inférieure au double de la solde correspondante au grade de chaque officier et sous-officier. Il leur sera alloué, en outre, une indemnité de résidence variable suivant les localités. Des logements convenables seront mis à leur disposition par le maghzen qui fournira également les montures et les fourrages nécessaires.

Les gouvernements auxquels ressortissent les instructeurs se réservent le droit de les rappeler et de les remplacer par d'autres, agréés et engagés dans les mêmes conditions.

Art. 4. — Ces officiers et sous-officiers prêteront, pour une durée de cinq années à dater de la ratification de l'acte de la conférence, leur concours à l'organisation des corps de police chérifiens. Ils assureront l'instruction et la discipline conformément au règlement qui sera établi sur la matière ; ils veilleront également à ce que les hommes enrôlés possèdent l'aptitude au service militaire. D'une façon générale, ils devront surveiller l'administration des troupes et contrôler le paiement de la solde qui sera effectué par l'Amin, assisté de l'officier instructeur comptable. Ils prêteront aux autorités marocaines, investies du commandement de ces corps, leur concours technique pour l'exercice de ce commandement.

Les dispositions réglementaires propres à assurer le recrutement, la discipline, l'instruction et l'administration des corps de police, seront arrêtées d'un commun accord entre le ministre de la Guerre chérifien ou son délégué, l'inspecteur prévu à l'article 7, l'instructeur français et l'instructeur espagnol les plus élevés en grade.

Le règlement devra être soumis au corps diplomatique à Tanger qui formulera son avis dans le délai d'un mois. Passé ce délai, le règlement sera mis en application.

Art. 5. — L'effectif total des troupes de police ne devra pas dépasser deux mille cinq cents hommes ni être inférieur à deux mille. Il sera réparti suivant l'importance des ports par groupes variant de cent cinquante à six cents hommes. Le nombre des officiers espagnols et français sera de seize à vingt ; celui des sous-officiers espagnols et français de trente à quarante.

Art. 6. — Les fonds, nécessaires à l'entretien et au paiement de la solde des troupes et des officiers et sous-officiers instructeurs, seront avancés au Trésor chérifien par la banque d'État, dans les limites du budget annuel attribué à la police qui ne devra pas dépasser deux millions et demi de pesetas pour un effectif de deux mille cinq cents hommes.

Art. 7. — Le fonctionnement de la police sera, pendant la même période de cinq années, l'objet d'une inspection générale qui sera confiée par Sa Majesté Chérifienne à un officier supérieur de l'armée suisse dont le choix sera proposé à son agrément par le gouvernement fédéral suisse.

Cet officier prendra le titre d'inspecteur général et aura sa résidence à Tanger.

Il inspectera, au moins une fois par an, les divers corps de police et, à la suite de ces inspections, il établira un rapport qu'il adressera au maghzen.

En dehors des rapports réguliers, il pourra, s'il le juge nécessaire, établir des rapports spéciaux sur toute question concernant le fonctionnement de la police.

Sans intervenir directement dans le commandement ou l'instruction, l'Inspecteur général se rendra compte des résultats obtenus par la police chérifienne au point de vue du maintien de l'ordre et de la sécurité dans les localités où cette police sera installée.

Art. 8. — Les rapports et communications, faits au maghzen par l'inspecteur général au sujet de sa mission, seront, en même temps, remis en copie au doyen du corps diplomatique à Tanger, afin que le corps diplomatique soit mis à même de constater que la police chérifienne fonctionne conformément aux décisions prises par la conférence et de surveiller si elle garantit, d'une manière efficace et conforme aux traités, la sécurité des personnes et des biens des ressortissants étrangers, ainsi que celle des transactions commerciales.

Art. 9. — En cas de réclamations dont le corps diplomatique serait saisi par la légation intéressée, le corps diplomatique pourra, en avisant le représentant du Sultan, demander à l'inspecteur général de faire une enquête et d'établir un rapport sur ces réclamations, à toutes fins utiles.

Art. 10. — L'inspecteur général recevra un traitement annuel de vingt-cinq mille francs. Il lui sera alloué, en outre, une indemnité de six mille francs pour frais de tournées. Le maghzen mettra à sa disposition une maison convenable et pourvoira à l'entretien de ses chevaux.

Art. 11. — Les conditions matérielles de son engagement et de son installation, prévue à l'article 10, feront l'objet d'un contrat passé entre lui et le maghzen. Ce contrat sera communiqué en copie au corps diplomatique.

Art. 12. — Le cadre des instructeurs de la police chérifienne (officiers et sous-officiers) sera espagnol à Tétouan, mixte à Tanger, espagnol à Larache, français à Rabat, mixte à Casablanca, et français dans les trois autres ports.

CHAPITRE II

RÈGLEMENT CONCERNANT LA SURVEILLANCE ET LA RÉPRESSION DE LA CONTREBANDE DES ARMES

Art. 13. — Sont prohibés dans toute l'étendue de l'empire chérifien, sauf dans les cas spécifiés aux articles 14 et 15, l'importation et le commerce des armes de guerre, pièces d'armes, munitions chargées ou non chargées de toutes espèces, poudres, salpêtre, fulmicoton, nitroglycérine et toutes compositions destinées exclusivement à la fabrication des munitions.

Art. 14. — Les explosifs nécessaires à l'industrie et aux travaux publics pourront néanmoins être introduits. Un règlement, pris dans les formes indiquées à l'article 10, déterminera les conditions dans lesquelles sera effectuée leur importation.

Art. 15. — Les armes, pièces d'armes et munitions destinées aux troupes de Sa Majesté Chérifienne seront admises après l'accomplissement des formalités suivantes :

Une déclaration, signée par le ministre de la Guerre marocain, énonçant le nombre et l'espèce des fournitures de ce genre commandées à l'industrie étrangère, devra être présentée à la légation du pays d'origine qui apposera son visa.

Le dédouanement des caisses et colis contenant les armes et munitions, livrées en exécution de la commande du gouvernement marocain, sera opéré sur la production :

1° De la déclaration spécifiée ci-dessus ;

2° Du connaissement indiquant le nombre, le poids des colis, le nombre et l'espèce des armes et munitions qu'ils contiennent. Ce document devra être visé par la légation du pays d'origine, qui marquera au verso les quantités successives précédemment dédouanées. Le visa sera refusé à partir du moment où la commande aura été intégralement livrée.

Art. 16. — L'importation des armes de chasse et de luxe, pièces d'armes, cartouches chargées et non chargées, est également interdite. Elle pourra toutefois être autorisée :

1° Pour les besoins strictement personnels de l'importateur ;

2° Pour l'approvisionnement des magasins d'armes autorisés conformément à l'article 18.

Art. 17. — Les armes et munitions de chasse ou de luxe seront admises pour les besoins strictement personnels de l'importateur, sur la production d'un permis délivré par le représentant du maghzen à Tanger. Si l'importateur est étranger, le permis ne sera établi que sur la demande de la légation dont il relève.

En ce qui concerne les munitions de chasse, chaque permis portera au maximum sur mille cartouches ou les fournitures nécessaires à la fabrication de mille cartouches.

Le permis ne sera donné qu'à des personnes n'ayant encouru aucune condamnation correctionnelle.

Art. 18. — Le commerce des armes de chasse et de luxe, non rayées, de fabrication étrangère, ainsi que des munitions qui s'y rapportent, sera réglementé, dès que les circonstances le permettront, par décision chérifienne, prise conformément à l'avis du corps diplomatique à Tanger statuant à la majorité des voix. Il en sera de même des décisions ayant pour but de suspendre ou de restreindre l'exercice de ce commerce.

Seules, les personnes ayant obtenu une licence spéciale et temporaire du gouvernement marocain, seront admises à ouvrir et exploiter les débits d'armes et de munitions de chasse. Cette licence ne sera accordée que sur demande écrite de l'intéressé, appuyée d'un avis favorable de la légation dont il relève.

Des règlements pris dans la forme indiquée au paragraphe premier de cet article détermineront le nombre des débits pouvant être ouverts à Tanger et, éventuellement, dans les ports qui seront ultérieurement désignés. Ils fixeront les formalités imposées à l'importation des explosifs à l'usage de l'industrie et des travaux publics, des armes et munitions destinées à l'approvisionnement des débits, ainsi que les quantités maxima qui pourront être conservées en dépôt.

En cas d'infractions aux prescriptions réglementaires, la licence pourra être retirée à titre temporaire ou à titre définitif, sans préjudice des autres peines encourues par les délinquants.

Art. 19. — Toute introduction ou tentative d'introduction de marchandises prohibées donnera lieu à leur confiscation et, en outre, aux peines et amendes ci-dessous, qui seront prononcées par la juridiction compétente.

Art. 20. — L'introduction ou tentative d'introduction par un port ouvert au commerce ou par un bureau de douane sera punie :

1° D'une amende de cinq cents à deux mille pesetas et d'une

amende supplémentaire égale à trois fois la valeur de la marchandise importée ;

2° D'un emprisonnement de cinq jours à un an ;

ou de l'une des deux pénalités seulement.

Art. 21. — L'introduction ou tentative d'introduction en dehors d'un port ouvert au commerce ou d'un bureau de douane sera punie :

1° D'une amende de mille à cinq mille pesetas et d'une amende supplémentaire, égale à trois fois la valeur de la marchandise importée ;

2° D'un emprisonnement de trois mois à deux ans ;

ou de l'une des deux pénalités seulement.

Art. 22. — La vente frauduleuse, le recel et le colportage des marchandises prohibées par le présent règlement seront punis des peines édictées à l'article 20.

Art. 23. — Les complices des délits prévus aux articles 20, 21 et 22 seront passibles des mêmes peines que les auteurs principaux. Les éléments caractérisant la complicité seront appréciés d'après la législation du tribunal saisi.

Art. 24 — Quand il y aura des indices sérieux faisant soupçonner qu'un navire mouillé dans un port ouvert au commerce transporte, en vue de leur introduction au Maroc, des armes, des munitions ou d'autres marchandises prohibées, les agents de la douane chérifienne devront signaler ces indices à l'autorité consulaire compétente afin que celle-ci procède, avec l'assistance d'un délégué de la douane chérifienne, aux enquêtes, vérifications ou visites qu'elle jugera nécessaires.

Art. 25. — Dans le cas d'introduction ou tentative d'introduction par mer de marchandises prohibées, en dehors d'un port ouvert au commerce, la douane marocaine pourra amener le navire au port le plus proche pour être remis à l'autorité consulaire, laquelle pourra le saisir et maintenir la saisie jusqu'au payement des amendes prononcées. Toutefois la saisie du navire devra être levée, en tout état de l'instance, en tant que cette mesure n'entravera pas l'instruction judiciaire, sur consignation du montant maximum de l'amende entre les mains de l'autorité consulaire ou sous caution solvable de la payer, acceptée par la douane.

Art. 26. — Le maghzen conservera les marchandises confisquées, soit pour son propre usage, si elles peuvent lui servir, à condition que les sujets de l'empire ne puissent s'en procurer, soit pour les faire vendre en pays étranger.

Les moyens de transport à terre pourront être confisqués et seront vendus au profit du Trésor chérifien.

Art. 27. — La vente des armes réformées par le gouvernement marocain sera prohibée dans toute l'étendue de l'empire chérifien.

Art. 28. — Des primes, à prélever sur le montant des amendes prononcées, seront attribuées aux indicateurs qui auront amené la découverte des marchandises prohibées et aux agents qui en auront opéré la saisie ; ces primes seront ainsi attribuées, après déduction, s'il y a lieu, des frais du procès : un tiers à répartir par la douane entre les indicateurs, un tiers aux agents ayant saisi la marchandise et un tiers au Trésor marocain.

Si la saisie a été opérée sans l'intervention d'un indicateur, la moitié des amendes sera attribuée aux agents saisissants et l'autre moitié au Trésor chérifien.

Art. 29. — Les autorités douanières marocaines devront signaler directement aux agents diplomatiques ou consulaires les infractions au présent règlement commises par leurs ressortissants, afin que ceux-ci soient poursuivis devant la juridiction compétente.

Les mêmes infractions, commises par des sujets marocains, seront déférées directement par la douane à l'autorité chérifienne.

Un délégué de la douane sera chargé de suivre la procédure des affaires pendantes devant les diverses juridictions.

Art. 30. — Dans la région frontière de l'Algérie, l'application du règlement sur la contrebande des armes restera l'affaire exclusive de la France et du Maroc.

De même, l'application du règlement sur la contrebande des armes dans le Riff, et en général dans les régions frontières des possessions espagnoles, restera l'affaire exclusive de l'Espagne et du Maroc.

CHAPITRE III

ACTE DE CONCESSION D'UNE BANQUE D'ÉTAT

Art. 31. — Une banque sera instituée au Maroc, sous le nom de « Banque d'État du Maroc », pour exercer les droits ci-après spécifiés dont la concession lui est accordée par Sa Majesté le Sultan, pour une durée de quarante années à partir de la ratification du présent acte.

Art. 32. — La banque, qui pourra exécuter toutes les opérations rentrant dans les attributions d'une banque, aura le privilège exclusif d'émettre des billets au porteur, remboursables à présentation, ayant force libératoire dans les caisses publiques de l'empire marocain.

La banque maintiendra, pour le terme de deux ans à compter de la date de son entrée en fonctions, une encaisse au moins égale à la moitié de ses billets en circulation, et au moins égale au tiers après cette période de deux ans révolue. Cette encaisse sera constituée pour au moins un tiers en or ou monnaie or.

Art. 33. — La banque remplira, à l'exclusion de toute autre banque ou établissement de crédit, les fonctions de trésorier-payeur de l'empire. A cet effet, le gouvernement marocain prendra les mesures nécessaires pour faire verser dans les caisses de la banque le produit des revenus des douanes, à l'exclusion de la partie affectée au service de l'emprunt 1904 et des autres revenus qu'il désignera.

Quant au produit de la taxe spéciale créée en vue de l'accomplissement de certains travaux publics, le gouvernement marocain devra le faire verser à la banque, ainsi que les revenus qu'il pourrait ultérieurement affecter à la garantie de ses emprunts, la banque étant spécialement chargée d'en assurer le service, à l'exception toutefois de l'emprunt 1904 qui se trouve régi par un contrat spécial.

Art. 34. — La banque sera l'agent financier du gouvernement, tant au dedans qu'au dehors de l'empire, sans préjudice du droit pour le gouvernement de s'adresser à d'autres maisons de banque ou établissements de crédit pour ses emprunts publics. Toutefois, pour lesdits emprunts, la banque jouira d'un droit de préférence, à conditions égales, sur toute maison de banque ou établissement de crédit.

Mais, pour les Bons du Trésor et autres effets de trésorerie à court terme que le gouvernement marocain voudrait négocier sans en faire l'objet d'une émission publique, la banque sera chargée, à l'exclusion de tout autre établissement, d'en faire la négociation, soit au Maroc, soit à l'étranger, pour le compte du gouvernement marocain.

Art. 35. — A valoir sur les rentrées du Trésor, la banque fera au gouvernement marocain des avances en compte courant jusqu'à concurrence d'un million de francs.

La banque ouvrira en outre au gouvernement, pour une durée de dix ans à partir de sa constitution, un crédit qui ne pourra pas dépasser les deux tiers de son capital initial.

Ce crédit sera réparti sur plusieurs années et employé en premier lieu aux dépenses d'installation et d'entretien des corps de police organisés conformément aux décisions prises par la conférence, et subsidiairement aux dépenses de travaux d'intérêt général qui ne seraient pas imputées sur le fond spécial prévu à l'article suivant.

Le taux de ces deux avances sera au maximum de 7 p. 100, commission de banque comprise, et la banque pourra demander au gouvernement de lui remettre en garantie de leur montant une somme équivalente en bons du Trésor.

Si, avant l'expiration des dix années, le gouvernement marocain venait à contracter un emprunt, la banque aurait la faculté d'obtenir le remboursement immédiat des avances faites conformément au deuxième alinéa du présent article.

Art. 36. — Le produit de la taxe spéciale (articles 33 et 66) formera un fonds spécial dont la Banque tiendra une comptabilité à part. Ce fonds sera employé conformément aux prescriptions arrêtées par la conférence.

En cas d'insuffisance et à valoir sur les rentrées ultérieures, la banque pourra ouvrir à ce fonds un crédit dont l'importance ne dépassera pas le montant des encaissements pendant l'année antérieure.

Les conditions de taux et de commission seront les mêmes que celles fixées à l'article précédent pour l'avance en compte courant au Trésor.

Art. 37. — La banque prendra les mesures qu'elle jugera utiles pour assainir la situation monétaire au Maroc. La monnaie espagnole continuera à être admise à la circulation avec force libératoire.

En conséquence, la banque sera exclusivement chargée de l'achat des métaux précieux, de la frappe et de la refonte des monnaies, ainsi que de toutes autres opérations monétaires qu'elle fera pour le compte et au profit du gouvernement marocain.

Art. 38. — La banque, dont le siège social sera à Tanger, établira des succursales et agences dans les principales villes du Maroc et dans tout autre endroit où elle le jugera utile.

Art. 39. — Les emplacements nécessaires à l'établissement de la Banque ainsi que de ses succursales et agences au Maroc seront mis gratuitement à sa disposition par le gouvernement et, à l'expiration de la concession, le gouvernement en reprendra possession et remboursera à la banque les frais de construction de ces établissements. La banque sera, en outre, autorisée à acquérir tout bâtiment et terrain dont elle pourrait avoir besoin pour le même objet.

Art. 40. — Le gouvernement chérifien assurera sous sa responsabilité la sécurité et la protection de la banque, de ses succursales et agences. A cet effet, il mettra dans chaque ville une garde suffisante à la disposition de chacun de ces établissements.

Art. 41. — La banque, ses succursales et agences seront exemptes de tout impôt ou redevance ordinaire ou extraordinaire, existants ou à créer ; il en est de même pour les immeubles affectés à ces services, les titres et coupons de ses actions et ses billets. L'importation et l'exportation des métaux et monnaies destinés aux opérations de la banque seront autorisées et exemptes de tout droit.

Art. 42. — Le gouvernement chérifien exercera sa haute surveillance sur la banque par un haut-commissaire marocain, nommé par lui, après entente préalable avec le conseil d'administration de la banque.

Ce haut-commissaire aura le droit de prendre connaissance de la gestion de la banque ; il contrôlera l'émission des billets de banque et veillera à la stricte observation des dispositions de la concession.

Le haut-commissaire devra signer chaque billet ou y apposer son sceau ; il sera chargé de la surveillance des relations de la banque avec le Trésor impérial.

Il ne pourra pas s'immiscer dans l'administration et la gestion des affaires de la banque, mais il aura toujours le droit d'assister aux réunions des censeurs.

Le gouvernement chérifien nommera un ou deux commissaires

adjoints qui seront spécialement chargés de contrôler les opérations financières du Trésor avec la banque.

Art. 43. — Un règlement, précisant les rapports de la banque et du gouvernement marocain, sera établi par le comité spécial prévu à l'article 57 et approuvé par les censeurs.

Art. 44. — La banque, constituée avec approbation du gouvernement de Sa Majesté Chérifienne sous la forme des sociétés anonymes, est régie par la loi française sur la matière.

Art. 45. — Les actions intentées au Maroc par la banque seront portées devant le tribunal consulaire du défendeur ou devant la juridiction marocaine, conformément aux règles de compétence établies par les traités et les firmans chérifiens..

Les actions intentées au Maroc contre la banque seront portées devant un tribunal spécial, composé de trois magistrats consulaires et de deux assesseurs. Le corps diplomatique établira, chaque année, la liste des magistrats, des assesseurs et de leurs suppléants.

Ce tribunal appliquera à ces causes les règles de droit, de procédure et de compétence édictées en matière commerciale par la législation française. L'appel des jugements prononcés par ce tribunal sera porté devant la Cour fédérale de Lausanne, qui statuera en dernier ressort.

Art. 46. — En cas de contestation sur les clauses de la concession ou de litiges pouvant survenir entre le gouvernement marocain et la banque, le différend sera soumis, sans appel ni recours, à la Cour fédérale de Lausanne.

Seront également soumises à cette Cour, sans appel ni recours, toutes les contestations qui pourraient s'élever entre les actionnaires et la banque sur l'exécution des statuts ou à raison des affaires sociales.

Art. 47. — Les statuts de la banque seront établis d'après les bases suivantes par un comité spécial prévu par l'article 57. Il seront approuvés par les censeurs et ratifiés par l'assemblée générale des actionnaires.

Art. 48. — L'assemblée générale constitutive de la Société fixera le lieu où se tiendront les assemblées des actionnaires et les réunions du conseil d'administration ; toutefois ce dernier aura la faculté de se réunir dans toute autre ville, s'il le juge utile.

La direction de la banque sera fixée à Tanger.

Art. 49. — La banque sera administrée par un conseil d'administration composé d'autant de membres qu'il sera fait de parts dans le capital initial.

Les administrateurs auront les pouvoirs les plus étendus pour l'administration et la gestion de la Société ; ce sont eux notamment qui nommeront les directeurs, sous-directeurs et membres de la commission indiquée à l'article 54, ainsi que les directeurs des succursales et agences.

Tous les employés de la Société seront recrutés, autant que possible, parmi les ressortissants des diverses puissances qui ont pris part à la souscription du capital.

Art. 50. — Les administrateurs, dont la nomination sera faite par l'assemblée générale des actionnaires, seront désignés à son agrément par les groupes souscripteurs du capital.

Le premier conseil restera en fonctions pendant cinq années. A l'expiration de ce délai, il sera procédé à son renouvellement à raison de trois membres par an. Le sort déterminera l'ordre de sortie des administrateurs ; ils seront rééligibles.

A la constitution de la Société, chaque groupe souscripteur aura le droit de désigner autant d'administrateurs qu'il aura souscrit de parts entières, sans que les groupes soient obligés de porter leur choix sur un candidat de leur propre nationalité.

Les groupes souscripteurs ne conserveront leur droit de désignation des administrateurs, lors du remplacement de ces derniers ou du renouvellement de leur mandat, qu'autant qu'ils pourront justifier être encore en possession d'au moins la moitié de chaque part pour laquelle ils exercent ce droit.

Dans le cas où, par suite de ces dispositions, un groupe souscripteur ne se trouvera plus en mesure de désigner un administrateur, l'assemblée générale des actionnaires pourvoirait directement à cette désignation.

Art. 51. — Chacun des établissements ci-après : banque de l'Empire allemand, banque d'Angleterre, banque d'Espagne, banque de France, nommera, avec l'agrément de son gouvernement, un censeur auprès de la banque d'État du Maroc.

Les censeurs resteront en fonctions pendant quatre années. Les censeurs sortants peuvent être désignés à nouveau.

En cas de décès ou de démission, il sera pourvu à la vacance par l'établissement qui a procédé à la désignation de l'ancien titulaire, mais seulement pour le temps où ce dernier devait rester en charge.

Art. 52. — Les censeurs qui exerceront leur mandat en vertu du présent acte des puissances signataires devront, dans l'intérêt de celles-ci, veiller sur le bon fonctionnement de la banque et assurer la stricte observation des clauses de la concession et des statuts. Ils veilleront à l'exact accomplissement des prescriptions concernant l'émission des billets et devront surveiller les opérations tendant à l'assainissement de la situation monétaire ; mais ils ne pourront jamais, sous quelque prétexte que ce soit, s'immiscer dans la gestion des affaires, ni dans l'administration intérieure de la banque.

Chacun des censeurs pourra examiner en tout temps les comptes de la banque, demander, soit au conseil d'administration, soit à la direction, des informations sur la gestion de la banque et assister aux réunions du conseil d'administration, mais seulement avec voix consultative.

Les quatre censeurs se réuniront à Tanger, dans l'exercice de leurs fonctions, au moins une fois tous les deux ans, à une date à concerter entre eux. D'autres réunions à Tanger ou ailleurs devront avoir lieu, si trois des censeurs l'exigent.

Les quatre censeurs dresseront, d'un commun accord, un rapport annuel qui sera annexé à celui du conseil d'administration. Le conseil d'administration transmettra sans délai une copie de ce rapport à chacun des gouvernements signataires de l'acte de la conférence.

Art. 53. — Les émoluments et indemnités de déplacement affectés aux censeurs seront établis par le comité d'étude des statuts. Ils seront directement versés à ces agents par les banques chargées de leur désignation et remboursés à ces établissements par la banque d'État du Maroc.

Art. 54. — Il sera institué à Tanger, auprès de la direction, une commission dont les membres seront choisis par le conseil d'administration, sans distinction de nationalité, parmi les notables résidant à Tanger, propriétaires d'actions de la banque.

Cette commission, qui sera présidée par un des directeurs ou sous-directeurs, donnera son avis sur les escomptes et ouvertures de crédits.

Elle adressera un rapport mensuel sur ces diverses questions au conseil d'administration.

Art. 55. — Le capital, dont l'importance sera fixée par le comité spécial désigné à l'article 57, sans pouvoir être inférieur à quinze millions de francs, ni supérieur à vingt millions, sera formé en monnaie or, et les actions, dont les coupures représenteront une valeur équivalente à cinq cents francs, seront libellées dans les diverses monnaies or, à un change fixe, déterminé par les statuts.

Ce capital pourra être ultérieurement augmenté en une ou plusieurs fois, par décision de l'assemblée générale des actionnaires.

La souscription de ces augmentations de capital sera réservée à tous les porteurs d'actions, sans distinction de groupe, proportionnellement aux titres possédés par chacun d'eux.

Art. 56. — Le capital initial de la banque sera divisé en autant de parts égales qu'il y aura de parties prenantes parmi les puissances représentées à la conférence.

A cet effet, chaque puissance désignera une banque qui exercera, soit pour elle-même, soit pour un groupe de banques, le droit de souscription ci-dessus spécifié ainsi que le droit de désignation des administrateurs prévu à l'article 50. Toute banque choisie comme chef de groupe pourra, avec l'autorisation de son gouvernement, être remplacée par une autre banque du même pays.

Les États qui voudraient se prévaloir de leur droit de souscription auront à communiquer cette intention au gouvernement royal d'Espagne, dans un délai de quatre semaines à partir de la signature du présent acte, par les représentants des puissances.

Toutefois deux parts égales à celles réservées à chacun des groupes souscripteurs seront attribuées au *consortium* des banques signataires du contrat du 12 juin 1904, en compensation de la cession qui sera faite par le *consortium* à la Banque d'État du Maroc :

1° Des droits spécifiés à l'article 33 du contrat ;

2° Du droit inscrit à l'article 32 (§ 2) du contrat, concernant le solde disponible des recettes douanières sous réserve expresse du privilège conféré en premier rang par l'article 11 du même contrat aux porteurs de titres sur la totalité du produit des douanes.

Art. 57. — Dans un délai de trois semaines à partir de la clôture de la souscription notifiée par le gouvernement royal d'Espagne aux puissances intéressées, un comité spécial, composé de délégués nommés par les groupes souscripteurs, dans les conditions prévues à l'article 50 pour la nomination des administrateurs, se réunira afin d'élaborer les statuts de la banque.

L'assemblée générale, constitutive de la Société aura lieu dans un délai de deux mois, à partir de la ratification du présent acte.

Le rôle du comité spécial cessera aussitôt après la constitution de la Société.

Le comité spécial fixera lui-même le lieu de ses réunions.

Art. 58. — Aucune modification aux statuts ne pourra être apportée, si ce n'est sur la proposition du conseil d'administration et après avis conforme des censeurs et du haut-commissaire impérial.

Ces modifications devront être votées par l'assemblée générale des actionnaires à la majorité des trois quarts des membres présents ou représentés.

CHAPITRE IV

DÉCLARATION CONCERNANT UN MEILLEUR RENDEMENT DES IMPÔTS ET LA CRÉATION DE NOUVEAUX REVENUS

Art. 59. — Dès que le *tertib* sera mis à exécution d'une façon régulière à l'égard des sujets marocains, les représentants des puissances à Tanger y soumettront leurs ressortissants dans l'Empire. Mais il est entendu que ledit impôt ne sera appliqué aux étrangers :

a) Que dans les conditions fixées par le règlement du corps diplomatique à Tanger en date du 23 novembre 1903 ;

b) Que dans les localités où il sera effectivement perçu sur les sujets marocains.

Les autorités consulaires retiendront un tantième pour cent des sommes encaissées sur leurs ressortissants pour couvrir les frais occasionnés par la rédaction des rôles et le recouvrement de la taxe.

Le taux de cette retenue sera fixé, d'un commun accord, par le maghzen et le corps diplomatique à Tanger.

ART. 60. — Conformément au droit qui leur a été reconnu par l'article 11 de la convention de Madrid, les étrangers pourront acquérir des propriétés dans toute l'étendue de l'empire chérifien, et Sa Majesté le Sultan donnera aux autorités administratives et judiciaires les instructions nécessaires pour que l'autorisation de passer les actes ne soit pas refusée sans motif légitime. Quant aux transmissions ultérieures par actes entre vifs ou après décès, elles continueront à s'exercer sans aucune entrave.

Dans les ports ouverts au commerce et dans un rayon de dix kilomètres autour de ces ports, Sa Majesté le Sultan accorde d'une façon générale et sans qu'il soit désormais nécessaire de l'obtenir spécialement pour chaque achat de propriété par les étrangers, le consentement exigé par l'article 11 de la convention de Madrid.

A Ksar-el-Kébir, Arzila, Azemmour, et éventuellement dans d'autres localités du littoral ou de l'intérieur, l'autorisation générale ci-dessus mentionnée est également accordée aux étrangers, mais seulement pour les acquisitions dans un rayon de deux kilomètres autour de ces villes.

Partout où les étrangers auront acquis des propriétés, ils pourront élever des constructions en se conformant aux règlements et usages.

Avant d'autoriser la rédaction des actes transmissifs de propriété, le cadi devra s'assurer, conformément à la loi musulmane, de la régularité des titres.

Le maghzen désignera, dans chacune des villes et circonscriptions indiquées au présent article, le cadi qui sera chargé d'effectuer ces vérifications.

ART. 61. — Dans le but de créer de nouvelles ressources au maghzen, la conférence reconnaît, en principe, qu'une taxe pourra être établie sur les constructions urbaines.

Une partie des recettes ainsi réalisée sera affectée aux besoins de la voirie et de l'hygiène municipales et, d'une façon générale, aux dépenses d'amélioration et d'entretien des villes.

La taxe sera due par le propriétaire marocain ou étranger sans aucune distinction ; mais le locataire ou le détenteur de la clef en sera responsable envers le Trésor marocain.

Un règlement édicté d'un commun accord par le gouvernement chérifien et le corps diplomatique à Tanger fixera le taux de la taxe, son mode de perception et d'application et déterminera la quotité des ressources ainsi créées qui devra être affectée aux dépenses d'amélioration et d'entretien des villes.

A Tanger cette quotité sera versée au Conseil Sanitaire international, qui en réglera l'emploi jusqu'à la création d'une organisation municipale.

Art. 62. — Sa Majesté Chérifienne, ayant décidé en 1901 que les fonctionnaires marocains chargés de la perception des impôts agricoles ne recevraient plus des populations ni *sokhra*, ni *mouna*, la conférence estime que cette règle devra être généralisée autant que possible.

Art. 63. — Les délégués chérifiens ont exposé que des biens *habous* ou certaines propriétés domaniales, notamment des immeubles du maghzen, occupés contre payement de la redevance de 6 p. 100, sont détenus par des ressortissants étrangers, sans titres réguliers ou en vertu de contrats sujets à revision. La conférence, désireuse de remédier à cet état de choses, charge le corps diplomatique à Tanger de donner une solution équitable à ces deux questions, d'accord avec le commissaire spécial que Sa Majesté Chérifienne voudra bien désigner à cet effet.

Art. 64. — La conférence prend acte des propositions formulées par les délégués chérifiens au sujet de la création des taxes sur certains commerces, industries et professions.

Si, à la suite de l'application de ces taxes aux sujets marocains, le corps diplomatique à Tanger estimait qu'il y a lieu de les étendre aux ressortissants étrangers, il est dès à présent spécifié que lesdites taxes seront exclusivement municipales.

Art. 65. — La conférence se rallie à la proposition faite par la délégation marocaine d'établir avec l'assistance du corps diplomatique :

a) Un droit de timbre sur les contrats et actes authentiques passés devant les *adoul* ;

b) Un droit de mutation, au maximum de 2 p. 100, sur les ventes immobilières ;

c) Un droit de statistique et de pesage, au maximum de 1 p. 100 *ad valorem*, sur les marchandises transportées par cabotage ;

d) Un droit de passeport à percevoir sur les sujets marocains ;

e) Éventuellement, des droits de quais et de phares dont le produit devra être affecté à l'amélioration des ports.

Art. 66. — A titre temporaire, les marchandises d'origine étrangère seront frappées à leur entrée au Maroc d'une taxe spéciale s'élevant à 2 1/2 p. 100 *ad valorem*. Le produit intégral de cette taxe formera un fonds spécial qui sera affecté aux dépenses et à l'exécution de travaux publics, destinés au développement de la navigation et du commerce en général dans l'empire chérifien.

Le programme des travaux et leur ordre de priorité seront arrêtés, d'un commun accord, par le gouvernement chérifien et par le corps diplomatique à Tanger.

Les études, devis, projets et cahiers de charges s'y rapportant seront établis par un ingénieur compétent nommé par le gouvernement chérifien, d'accord avec le corps diplomatique. Cet ingénieur pourra, au besoin, être assisté d'un ou de plusieurs ingénieurs adjoints. Leur traitement sera imputé sur les fonds de la caisse spéciale.

Les fonds de la caisse spéciale seront déposés à la banque d'État du Maroc, qui en tiendra la comptabilité.

Les adjudications publiques seront passées dans les formes et suivant les conditions générales prescrites par un règlement que le corps diplomatique à Tanger est chargé d'établir avec le représentant de Sa Majesté Chérifienne.

Le bureau d'adjudication sera composé d'un représentant du gouvernement chérifien, de cinq délégués du corps diplomatique et de l'ingénieur.

L'adjudication sera prononcée en faveur du soumissionnaire qui, en se conformant aux prescriptions du cahier des charges, présentera l'offre remplissant les conditions générales les plus avantageuses.

En ce qui concerne les sommes provenant de la taxe spéciale et qui seraient perçues dans les bureaux de douane établis dans les régions visées par l'article 103 du règlement sur les douanes, leur emploi sera réglé par le maghzen avec l'agrément de la puissance limitrophe, conformément aux prescriptions du précédent article.

ART. 67. — La conférence, sous réserve des observations présentées à ce sujet, émet le vœu que les droits d'exportation des marchandises ci-après soient réduits de la manière suivante :

Pois chiches	20 pour 100.	
Maïs	20	—
Orge	50	—
Blé	34	—

ART. 68. — Sa Majesté Chérifienne consentira à élever à dix mille le chiffre de six mille têtes de bétail de l'espèce bovine que chaque puissance aura le droit d'exporter du Maroc. L'exportation pourra avoir lieu par tous les bureaux de douane. Si, par suite de circonstances malheureuses, une pénurie de bétail était constatée dans une région déterminée, Sa Majesté Chérifienne pourrait interdire temporairement la sortie du bétail par le port ou les ports qui desservent cette région. Cette mesure ne devra pas excéder une durée de deux années ; elle ne pourra pas être appliquée à la fois à tous les ports de l'Empire.

Il est d'ailleurs entendu que les dispositions précédentes ne modifient pas les autres conditions de l'exportation du bétail fixées par les firmans antérieurs.

La Conférence émet, en outre, le vœu qu'un service d'inspection vétérinaire soit organisé au plus tôt dans les ports de la côte.

ART. 69. — Conformément aux décisions antérieures de Sa Majesté Chérifienne et notamment à la décision du 28 septembre 1901, est autorisé entre tous les ports de l'empire le transport par cabotage des céréales, graines, légumes, œufs, fruits, volailles, et en général des marchandises et animaux de toute espèce, originaires ou non du Maroc, à l'exception des chevaux, mulets, ânes et chameaux pour lesquels un permis spécial du maghzen sera nécessaire. Le cabotage pourra être effectué par des bateaux de toute nationalité, sans que lesdits articles aient à payer les droits d'exportation, mais en se conformant aux droits spéciaux et aux règlements sur la matière.

Art. 70. — Le taux des droits de stationnement ou d'ancrage imposés aux navires dans les ports marocains se trouvant fixé par des traités passés avec certaines puissances, ces puissances se montrent disposées à consentir la revision desdits droits. Le corps diplomatique à Tanger est chargé d'établir, d'accord avec le maghzen, les conditions de la revision qui ne pourra avoir lieu qu'après l'amélioration des ports.

Art. 71. — Les droits de magasinage en douane seront perçus dans tous les ports marocains où il existera des entrepôts suffisants, conformément aux règlements pris ou à prendre sur la matière par le gouvernement de Sa Majesté Chérifienne, d'accord avec le corps diplomatique à Tanger.

Art. 72. — L'opium et le kif continueront à faire l'objet d'un monopole au profit du gouvernement chérifien. Néanmoins l'importation de l'opium spécialement destiné à des emplois pharmaceutiques sera autorisée par permis spécial, délivré par le maghzen, sur la demande de la légation dont relève le pharmacien ou médecin importateur. Le gouvernement chérifien et le corps diplomatique régleront, d'un commun accord, la quantité maxima à introduire.

Art. 73. — Les représentants des puissances prennent acte de l'intention du gouvernement chérifien d'étendre aux tabacs de toutes sortes le monopole existant en ce qui concerne le tabac à priser. Ils réservent le droit de leurs ressortissants à être dûment indemnisés des préjudices que ledit monopole pourrait occasionner à ceux d'entre eux qui auraient des industries créées sous le régime actuel concernant le tabac. A défaut d'entente amiable, l'indemnité sera fixée par des experts désignés par le maghzen et par le corps diplomatique, en se conformant aux dispositions arrêtées en matière d'expropriation pour cause d'utilité publique.

Art. 74. — Le principe de l'adjudication, sans acception de nationalité, sera appliqué aux fermes concernant le monopole de l'opium et du kif. Il en serait de même pour le monopole du tabac, s'il était établi.

Art. 75. — Au cas où il y aurait lieu de modifier quelqu'une des dispositions de la présente déclaration, une entente devra s'établir à ce sujet entre le maghzen et le corps diplomatique à Tanger.

Art. 76. — Dans tous les cas prévus par la présente déclaration, où le corps diplomatique sera appelé à intervenir, sauf en ce qui concerne les articles 64, 70 et 75, les décisions seront prises à la majorité des voix.

CHAPITRE V

RÈGLEMENT SUR LES DOUANES DE L'EMPIRE ET LA RÉPRESSION DE LA FRAUDE ET DE LA CONTREBANDE

ART. 77. — Tout capitaine de navire de commerce venant de l'étranger ou du Maroc devra, dans les vingt-quatre heures de son admission en libre pratique dans un des ports de l'empire, déposer au bureau de douane une copie exacte de son manifeste, signée par lui et certifiée conforme par le consignataire du navire. Il devra en outre, s'il en est requis, donner communication aux agents de la douane de l'original de son manifeste.

La douane aura la faculté d'installer à bord un ou plusieurs gardiens pour prévenir tout trafic illégal.

ART. 78. — Sont exempts du dépôt du manifeste :

1° Les bâtiments de guerre ou affrétés pour le compte d'une puissance ;

2° Les canots appartenant à des particuliers, qui s'en servent pour leur usage, en s'abstenant de tout transport de marchandises ;

3° Les bateaux ou embarcations employés à la pêche en vue des côtes ;

4° Les yachts uniquement employés à la navigation de plaisance et enregistrés au port d'attache de cette catégorie ;

5° Les navires chargés spécialement de la pose et de la réparation des câbles télégraphiques ;

6° Les bateaux uniquement affectés au sauvetage ;

7° Les bâtiments hospitaliers ;

8° Les navires-écoles de la marine marchande ne se livrant pas à des opérations commerciales.

ART. 79. — Le manifeste déposé à la douane devra annoncer la nature et la provenance de la cargaison avec les marques et numéros des caisses, balles, ballots, barriques, etc.

ART. 80. — Quand il y aura des indices sérieux faisant soupçonner l'inexactitude du manifeste, ou quand le capitaine du navire refusera de se prêter à la visite et aux vérifications des agents de la douane, le cas sera signalé à l'autorité consulaire compétente afin que celle-ci procède avec un délégué de la douane chérifienne aux enquêtes, visites et vérifications qu'elle jugera nécessaires.

ART. 81. — Si, à l'expiration du délai de vingt-quatre heures indiqué à l'article 77, le capitaine n'a pas déposé son manifeste, il sera passible, à moins que le retard ne provienne d'un cas de force majeure, d'une amende de cent cinquante pesetas par jour de retard, sans toutefois que cette amende puisse dépasser six cents pesetas. Si le capitaine a présenté frauduleusement un manifeste inexact ou incomplet, il sera personnellement condamné au payement d'une somme égale à la valeur des marchandises pour lesquelles il n'a pas produit de manifeste, et à une amende de cinq cents à mille pesetas, et le bâtiment et les marchandises pourront en outre être saisis par l'autorité consulaire compétente pour la sûreté de l'amende.

Art. 82. — Toute personne, au moment de dédouaner les marchandises importées ou destinées à l'exportation, doit faire à la douane une déclaration détaillée, énonçant l'espèce, la qualité, le poids, le nombre, la mesure et la valeur des marchandises, ainsi que l'espèce, les marques et les numéros des colis qui les contiennent.

Art. 83. — Dans le cas où, lors de la visite, on trouvera moins de colis ou de marchandises qu'il n'en a été déclaré, le déclarant, à moins qu'il ne puisse justifier de sa bonne foi, devra payer double droit pour les marchandises manquantes, et les marchandises présentées seront retenues en douane pour la sûreté de ce double droit ; si, au contraire, on trouve à la visite un excédent quant au nombre des colis, à la quantité ou au poids des marchandises, cet excédent sera saisi et confisqué au profit du maghzen à moins que le déclarant ne puisse justifier de sa bonne foi.

Art. 84. — Si la déclaration a été reconnue inexacte quant à l'espèce ou à la qualité, et si le déclarant ne peut justifier de sa bonne foi, les marchandises inexactement déclarées seront saisies et confisquées au profit du maghzen par l'autorité compétente.

Art. 85. — Dans le cas où la déclaration serait reconnue inexacte quant à la valeur déclarée, et si le déclarant ne peut justifier de sa bonne foi, la douane pourra soit prélever le droit en nature séance tenante, soit, au cas où la marchandise est indivisible, acquérir ladite marchandise, en payant immédiatement au déclarant la valeur déclarée, augmentée de 5 p. 100.

Art. 86. — Si la déclaration est reconnue fausse quant à la nature des marchandises, celles-ci seront considérées comme n'ayant pas été déclarées, et l'infraction tombera sous l'application des articles 88 et 90 ci-après et sera punie des peines prévues auxdits articles.

Art. 87. — Toute tentative ou tout flagrant délit d'introduction, toute tentative ou tout flagrant délit d'exportation en contrebande de marchandises soumises au droit, soit par mer, soit par terre, seront passibles de la confiscation des marchandises, sans préjudice des peines et amendes ci-dessous qui seront prononcées par la juridiction compétente.

Seront en outre saisis et confisqués les moyens de transport par terre dans le cas où la contrebande constituera la partie principale du chargement.

Art. 88. — Toute tentative ou tout flagrant délit d'introduction, toute tentative ou tout flagrant délit d'exportation en contrebande par un port ouvert au commerce ou par un bureau de douane seront punis d'une amende ne dépassant pas le triple de la valeur des marchandises, objet de la fraude, et d'un emprisonnement de cinq jours à six mois, ou de l'une des deux peines seulement.

Art. 89. — Toute tentative ou tout flagrant délit d'introduction, toute tentative ou tout flagrant délit d'exportation en dehors d'un port ouvert au commerce ou d'un bureau de douane seront punis d'une amende de trois cents à cinq cents pesetas et d'une amende supplémentaire égale à trois fois la valeur de la marchandise, ou d'un emprisonnement d'un mois à un an.

Art. 90. — Les complices des délits prévus aux articles 88 et 89 seront passibles des mêmes peines que les auteurs principaux. Les éléments caractérisant la complicité seront appréciés d'après la législation du tribunal saisi.

Art. 91. — En cas de tentative ou flagrant délit d'importation, de tentative ou flagrant délit d'exportation de marchandises par un navire en dehors d'un port ouvert au commerce, la douane marocaine pourra amener le navire au port le plus proche pour être remis à l'autorité consulaire, laquelle pourra le saisir et maintenir la saisie jusqu'à ce qu'il ait acquitté le montant des condamnations prononcées.

La saisie du navire devra être levée, en tout état de l'instance, en tant que cette mesure n'entravera pas l'instruction judiciaire, sur consignation du montant maximum de l'amende entre les mains de l'autorité consulaire ou sous caution solvable de la payer acceptée par la douane.

Art. 92. — Les dispositions des articles précédents seront applicables à la navigation de cabotage.

Art. 93. — Les marchandises non soumises aux droits d'exportation, embarquées dans un port marocain pour être transportées par mer dans un autre port de l'empire, devront être accompagnées d'un certificat de sortie délivré par la douane, sous peine d'être assujetties au payement du droit d'importation et même confisquées si elles ne figuraient pas au manifeste.

Art. 94. — Le transport par cabotage des produits soumis aux droits d'exportation ne pourra s'effectuer qu'en consignant au bureau de départ, contre quittance, le montant des droits d'exportation relatifs à ces marchandises.

Cette consignation sera remboursée au déposant par le bureau où elle a été effectuée, sur production d'une déclaration revêtue par la douane de la mention d'arrivée de la marchandise et de la quittance constatant le dépôt des droits. Les pièces justificatives de l'arrivée de la marchandise devront être produites dans les trois mois de l'expédition. Passé ce délai, à moins que le retard ne provienne d'un cas de force majeure, la somme consignée deviendra la propriété du maghzen.

Art. 95. — Les droits d'entrée et de sortie seront payés au comptant au bureau de douane où la liquidation aura été effectuée. Les droits *ad valorem* seront liquidés suivant la valeur au comptant et en gros de la marchandise rendue au bureau de douane, et franche de droits de douane et de magasinage. En cas d'avaries, il sera tenu compte, dans l'estimation, de la dépréciation subie par la marchandise. Les marchandises ne pourront être retirées qu'après le payement des droits de douane et de magasinage.

Toute prise en charge ou perception devra faire l'objet d'un récépissé régulier, délivré par l'agent chargé de l'opération.

Art. 96. — La valeur des principales marchandises taxées par les douanes marocaines sera déterminée chaque année, dans les conditions spécifiées à l'article précédent, par une commission des valeurs douanières, réunie à Tanger et composée de :

1° Trois membres désignés par le gouvernement marocain ;
2° Trois membres désignés par le corps diplomatique à Tanger ;
3° Un délégué de la Banque d'État ;
4° Un agent de la délégation de l'emprunt marocain 5 p. 100, 1904.

La commission nommera douze à vingt membres honoraires domiciliés au Maroc, qu'elle consultera quand il s'agira de fixer les valeurs et toutes les fois qu'elle le jugera utile. Ces membres honoraires seront choisis sur les listes des notables, établies par chaque légation pour les étrangers et par le représentant du Sultan pour les Marocains. Ils seront désignés, autant que possible, proportionnellement à l'importance du commerce de chaque nation.

La commission sera nommée pour trois années.

Le tarif des valeurs fixées par elle servira de base aux estimations qui seront faites dans chaque bureau par l'administration des douanes marocaines. Il sera affiché dans les bureaux de douane et dans les chancelleries des légations ou des consulats à Tanger.

Le tarif sera susceptible d'être revisé au bout de six mois, si des modifications notables sont survenues dans la valeur de certaines marchandises.

Art. 97. — Un comité permanent, dit « Comité des Douanes », est institué à Tanger et nommé pour trois années. Il sera composé d'un commissaire spécial de Sa Majesté Chérifienne, d'un membre du corps diplomatique ou consulaire désigné par le corps diplomatique à Tanger, et d'un délégué de la banque d'État. Il pourra s'adjoindre, à titre consultatif, un ou plusieurs représentants du service des douanes.

Ce comité exercera sa haute bienveillance sur le fonctionnement des douanes et pourra proposer à Sa Majesté Chérifienne les mesures qui seraient propres à apporter des améliorations dans le service et à assurer la régularité et le contrôle des opérations et perceptions (débarquements, embarquements, transport à terre, manipulations, entrées et sorties des marchandises, magasinage, estimation, liquidation et perception des taxes). Par la création du « Comité des Douanes », il ne sera porté aucune atteinte aux droits stipulés en faveur des porteurs de titres par les articles 15 et 16 du contrat d'emprunt du 12 juin 1904.

Des instructions, élaborées par le comité des douanes et les services intéressés, détermineront les détails de l'application de l'article 96 et du présent article. Elles seront soumises à l'avis du corps diplomatique.

Art. 98. — Dans les douanes où il existe des magasins suffisants, le service de la douane prend en charge les marchandises débarquées à partir du moment où elles sont remises, contre récépissé, par le capitaine du bateau aux agents préposés à l'aconage jusqu'au moment où elles sont régulièrement dédouanées. Il est responsable des dommages causés par les pertes ou avaries de marchandise qui sont imputables à la faute ou à la négligence de ses agents. Il n'est pas responsable des avaries résultant soit du dépérissement naturel de la marchandise, soit de son trop long séjour en magasin, soit des cas de force majeure.

Dans les douanes où il n'y a pas de magasins suffisants, les agents du maghzen sont seulement tenus d'employer les moyens de préservation dont dispose le bureau de la douane.

Une revision du règlement de magasinage, actuellement en vigueur, sera effectuée par les soins du corps diplomatique statuant à la majorité, de concert avec le gouvernement chérifien.

Art. 99. — Les marchandises et les moyens de transport à terre confisqués seront vendus par les soins de la douane, dans un délai de huit jours à partir du jugement définitif rendu par le tribunal compétent.

Art. 100. — Le produit net de la vente de marchandises et objets confisqués est acquis définitivement à l'Etat ; celui des amendes pécuniaires ainsi que le montant des transactions seront, après déduction des frais de toute nature, répartis entre le Trésor chérifien et ceux qui auront participé à la répression de la fraude ou de la contrebande :

Un tiers à répartir par la douane entre les indicateurs ;
Un tiers aux agents ayant saisi la marchandise ;
Un tiers au Trésor marocain.

Si la saisie a été opérée sans l'intervention d'un indicateur, la moitié des amendes sera attribuée aux agents saisissants et l'autre moitié au Trésor marocain.

Art. 101. — Les autorités douanières marocaines devront signaler directement aux agents diplomatiques ou consulaires les infractions au présent règlement commises par leurs ressortissants, afin que ceux-ci soient poursuivis devant la juridiction compétente.

Les mêmes infractions, commises par des sujets marocains, seront déférées directement par la douane à l'autorité chérifienne.

Un délégué de la douane sera chargé de suivre la procédure des affaires pendantes devant les diverses juridictions.

Art. 102. — Toute confiscation, amende ou pénalité devra être prononcée pour les étrangers par la juridiction consulaire et pour les sujets marocains par la juridiction chérifienne.

Art. 103. — Dans la région frontière de l'Algérie, l'application du présent règlement restera l'affaire exclusive de la France et du Maroc ;

De même, l'application de ce règlement dans le Riff et, en général, dans les régions frontières des possessions espagnoles, restera l'affaire exclusive de l'Espagne et du Maroc.

Art. 104. — Les dispositions du présent règlement, autres que celles qui s'appliquent aux pénalités, pourront être revisées par le corps diplomatique à Tanger, statuant à l'unanimité des voix, et d'accord avec le maghzen à l'expiration d'un délai de deux ans à dater de son entrée en vigueur.

CHAPITRE VI

DÉCLARATION RELATIVE AUX SERVICES PUBLICS ET AUX TRAVAUX PUBLICS

Art. 105. — En vue d'assurer l'application du principe de la liberté économique sans aucune inégalité, les puissances signataires déclarent qu'aucun des services publics de l'empire chérifien ne pourra être aliéné au profit d'intérêts particuliers.

Art. 106. — Dans le cas où le gouvernement chérifien croirait devoir faire appel aux capitaux étrangers ou à l'industrie étrangère pour l'exploitation de services publics ou pour l'exécution de travaux publics, routes, chemins de fer, ports, télégraphes et autres, les puissances signataires se réservent de veiller à ce que l'autorité de l'Etat, sur ces grandes entreprises d'intérêt général, demeure entière.

Art. 107. — La validité des concessions qui seraient faites aux termes de l'article 106 ainsi que pour les fournitures d'État sera subordonnée, dans tout l'empire chérifien, au principe de l'adjudication publique, sans acception de nationalité, pour toutes les matières qui, conformément aux règles suivies dans les législations étrangères, en comportent l'application.

Art. 108. — Le gouvernement chérifien, dès qu'il aura décidé de procéder par voie d'adjudication à l'exécution des travaux publics, en fera part au corps diplomatique ; il lui communiquera, par la suite, les cahiers des charges, plans et tous les documents annexés au projet d'adjudication, de manière que les nationaux de toutes les puissances signataires puissent se rendre compte des travaux projetés et être à même d'y concourir. Un délai suffisant sera fixé à cet effet par l'avis d'adjudication.

Art. 109. — Le cahier des charges ne devra contenir, ni directement, ni indirectement, aucune condition ou disposition qui puisse porter atteinte à la libre concurrence et mettre en état d'infériorité les concurrents d'une nationalité vis-à-vis des concurrents d'une autre nationalité.

Art. 110. — Les adjudications seront passées dans les formes et suivant les conditions prescrites par un règlement que le gouvernement chérifien arrêtera avec l'assistance du corps diplomatique.

L'adjudication sera prononcée par le gouvernement chérifien en faveur du soumissionnaire qui, en se conformant aux prescriptions du cahier des charges, présentera l'offre remplissant les conditions générales les plus avantageuses.

Art. 111. — Les règles des articles 106 à 110 seront appliquées aux concessions d'exploitation de forêts de chênes-lièges, conformément aux dispositions en usage dans les législations étrangères.

Art. 112. — Un firman chérifien déterminera les conditions de concession et d'exploitation des mines, minières et carrières. Dans l'élaboration de ce firman, le gouvernement chérifien s'inspirera des législations étrangères existant sur la matière.

Art. 113. — Si, dans les cas mentionnés aux articles 106 à 112, il était nécessaire d'occuper certains immeubles, il pourra être procédé à leur expropriation moyennant le versement préalable d'une juste indemnité et conformément aux règles suivantes.

Art. 114. — L'expropriation ne pourra avoir lieu que pour cause d'utilité publique et qu'autant que la nécessité en aura été constatée par une enquête administrative dont un règlement chérifien, élaboré avec l'assistance du corps diplomatique, fixera les formalités.

Art. 115. — Si les propriétaires d'immeubles sont sujets marocains, Sa Majesté Chérifienne prendra les mesures nécessaires pour qu'aucun obstacle ne soit apporté à l'exécution des travaux qu'elle aura déclarés d'utilité publique.

Art. 116. — S'il s'agit de propriétaires étrangers, il sera procédé à l'expropriation de la manière suivante :

En cas de désaccord entre l'administration compétente et le propriétaire de l'immeuble à exproprier, l'indemnité sera fixée par un jury spécial ou, s'il y a lieu, par arbitrage.

Art. 117. — Ce jury sera composé de six experts estimateurs, choisis trois par le propriétaire, trois par l'administration qui poursuivra l'expropriation. L'avis de la majorité absolue prévaudra.

S'il ne peut se former de majorité, le propriétaire et l'administration nommeront chacun un arbitre et ces deux arbitres désigneront le tiers arbitre.

A défaut d'entente pour la désignation du tiers arbitre, ce dernier sera nommé par le corps diplomatique à Tanger.

Art. 118. — Les arbitres devront être choisis sur une liste établie au début de l'année par le corps diplomatique et, autant que possible, parmi les experts ne résidant pas dans la localité où s'exécute le travail.

Art. 119. — Le propriétaire pourra faire appel de la décision rendue par les arbitres, devant la juridiction compétente, et conformément aux règles fixées en matière d'arbitrage par la législation à laquelle il ressortit.

CHAPITRE VII

DISPOSITIONS GÉNÉRALES

Art. 120. — En vue de mettre, s'il y a lieu, sa législation en harmonie avec les engagements contractés par le présent acte général, chacune des puissances signataires s'oblige à provoquer, en ce qui la concerne, l'adoption des mesures législatives qui seraient nécessaires.

Art. 121. — Le présent acte général sera ratifié suivant les lois constitutionnelles particulières à chaque État ; les ratifications seront déposées à Madrid le plus tôt que faire se pourra, et au plus tard le 31 décembre 1906.

Il sera dressé du dépôt un procès-verbal dont une copie certifiée conforme sera remise aux puissances signataires par la voie diplomatique.

Art. 122. — Le présent acte général entrera en vigueur le jour où toutes les ratifications auront été déposées, et au plus tard le 31 décembre 1906.

Au cas où les mesures législatives spéciales, qui dans certains pays seraient nécessaires pour assurer l'application à leurs nationaux résidant au Maroc de quelques-unes des stipulations du présent acte général, n'auraient pas été adoptées avant la date fixée pour la ratification, ces stipulations ne deviendraient applicables, en ce qui les concerne, qu'après que les mesures législatives ci-dessus visées auraient été promulguées.

Art. 123 et dernier. — Tous les traités, conventions et arrangements des puissances signataires avec le Maroc restent en vigueur. Toutefois, il est entendu qu'en cas de conflit entre leurs dispositions et celles du présent acte général, les stipulations de ce dernier prévaudront.

PROTOCOLE ADDITIONNEL

Au moment de procéder à la signature de l'acte général de la conférence d'Algésiras, les délégués de France, d'Allemagne, d'Autriche-Hongrie, de Belgique, d'Espagne, des États-Unis d'Amérique, de la Grande-Bretagne, d'Italie, des Pays-Bas, de Portugal, de Russie et de Suède,

Tenant compte de ce que les délégués du Maroc ont déclaré ne pas être en mesure pour le moment, d'y apposer leur signature, l'éloignement ne leur permettant pas d'obtenir à bref délai la réponse de Sa Majesté Chérifienne concernant les points au sujet desquels ils ont cru devoir lui en référer.

S'engagent réciproquement, en vertu de leurs mêmes pleins pouvoirs, à unir leurs efforts, en vue de la ratification intégrale par Sa Majesté Chérifienne dudit acte général et en vue de la mise en vigueur simultanée des réformes qui y sont prévues et qui sont solidaires les unes des autres.

Ils conviennent, en conséquence, de charger Son Excellence M. Malmusi, ministre d'Italie au Maroc et doyen du corps diplomatique à Tanger, de faire les démarches nécessaires à cet effet, en appelant l'attention de Sa Majesté le Sultan sur les grands avantages qui résulteront pour son empire des stipulations adoptées à la conférence par l'unanimité des puissances signataires.

L'adhésion donnée par Sa Majesté Chérifienne à l'acte général de la conférence d'Algésiras devra être communiquée, par l'intermédiaire du gouvernement de Sa Majesté Catholique, aux gouvernements des autres puissances signataires. Cette adhésion aura la même force que si les délégués du Maroc eussent apposé leur signature sur l'acte général et tiendra lieu de ratification par Sa Majesté Chérifienne.

APPENDICE XIII

Discours du prince de Bülow du 5 avril 1906.

Je désire profiter de la première occasion qui s'offre à moi après la clôture matérielle de la conférence d'Algésiras pour me prononcer devant vous sur notre politique marocaine. Vous comprendrez toutefois que je pèse très soigneusement mes paroles non seulement parce que la clôture formelle de la conférence n'a pas encore eu lieu, et que les résultats de la conférence et la question du Maroc n'ont encore été discutés dans aucun autre parlement, mais aussi parce que je ne voudrais ni diminuer ni troubler l'entente qui a été obtenue, et qui l'a été avec peine.

Il y a des semaines où l'idée de complications militaires s'est emparée des esprits. Pourquoi cela ? Les intérêts vitaux de la nation allemande étaient-ils tellement menacés que les hommes qui dirigent notre politique extérieure pussent songer à soulever la question de force ? Devions-nous, voulions-nous faire la guerre à cause du Maroc ? Non, Messieurs, pas à cause du Maroc.

Nous n'avons pas d'intérêts politiques directs au Maroc. Nous n'y avons pas non plus d'aspirations politiques ; nous n'avons pas, comme l'Espagne, un passé mauritanien de plusieurs siècles, et nous n'avons pas, comme la France, une frontière commune de plusieurs centaines de kilomètres avec le Maroc ; nous n'avions pas de droits historiques acquis par toutes sortes de sacrifices comme en ont ces deux nations civilisatrices européennes ; mais nous avions des intérêts économiques dans ce pays plein d'avenir, qui est indépendant et jusqu'à présent peu ouvert ; nous étions cosignataires d'une convention internationale qui contenait le principe de l'égalité des droits ; nous possédions par un traité de commerce les droits de la nation la plus favorisée. Nous ne pouvions pas permettre que l'on disposât de ces droits sans notre assentiment. C'était là une question touchant au prestige du gouvernement allemand et à la dignité de l'Empire allemand et sur laquelle nous ne pouvions pas céder. (*Parfaitement !*)

Nous ne voulions pas prendre pied au Maroc, car en agissant ainsi, nous aurions plutôt affaibli que renforcé notre situation.

Nous ne voulions pas non plus faire une opposition chicanière ni une opposition quelconque aux prétentions politiques anciennes ou aux prétentions historiques fondées de l'Espagne ou de la France, tant que les droits et intérêts allemands étaient ménagés et respectés.

Nous ne voulions pas non plus prendre l'Angleterre à partie parce qu'elle s'était rapprochée de la France dans le traité d'avril 1904, car dans ce traité, l'Angleterre ne disposait, en ce qui concerne le Maroc, que de ses propres intérêts, et que, relativement à l'Egypte, elle nous a amenés après coup à donner notre assentiment sur les points qui nous concernaient.

Ce que nous voulions, le voici : nous voulions montrer que l'Empire allemand ne se laisse pas traiter comme une quantité négligeable. (*Très bien ! à droite, au centre et sur les bancs des nationaux libéraux*), que les bases d'un traité international ne doivent pas être déplacées sans l'assentiment des puissances signataires (*Parfaitement !*), et que, sur un territoire si important au point de vue économique, qui est indépendant et est situé sur deux grandes routes du commerce du monde, la porte doit rester ouverte pour assurer la liberté de la concurrence étrangère.

Le meilleur moyen d'atteindre notre but par la voie pacifique consistait dans la convocation d'une nouvelle conférence. J'ai lu çà et là dans les journaux que nous aurions obtenu davantage par une entente séparée avec la France. Je ne sais si cette entente eût été possible, et si une tentative de cette nature n'aurait pas eu plutôt pour résultat d'accentuer l'antagonisme.

Dans tous les cas, nous aurions par là affaibli de prime abord notre solide position, basée sur un traité international. Notre confiance dans la force que donne un solide terrain juridique était si grande que nous insistâmes pour que la conférence eût lieu, bien que chacun sût que trois grandes puissances sont liées à la France par des conventions séparées et qu'une quatrième est son alliée ; par conséquent, nous avions à faire prévaloir nos revendications à la conférence contre une majorité de grandes puissances. La conférence dont je viens de parler ne nous a pas déçus.

La conférence a, il est vrai, duré plus longtemps que bien des personnes ne le supposaient ; l'affaire n'était pas, en effet, simple, et il y a, dans la diplomatie comme dans la vie ordinaire, beaucoup d'affaires bien moins importantes au sujet desquelles on discute et se dispute encore plus longtemps. (*Marques d'approbation et hilarité.*)

Je dois remercier nos délégués à la conférence d'avoir soutenu les revendications de l'Allemagne avec autant de fermeté et de ténacité que de prudence. (*Vifs applaudissements.*)

Le détail des décisions de la conférence a été publié par les journaux et est connu de vous tous. Je n'en parlerai pas en ce moment d'une façon plus approfondie et je me bornerai aussi, concernant le jugement à porter sur le résultat général, à faire ressortir les points suivants.

C'eût été un manque de coup d'œil de notre part que de faire échouer la conférence à cause de questions secondaires comme celles qui concernaient le nombre des censeurs de la banque ou un instructeur suisse ou hollandais de la police. Ces questions n'étaient pas pour nous un but, mais seulement le moyen d'arriver à notre but. Nous enfoncer jusqu'au cou pour des questions aussi peu importantes n'aurait pas été une politique pratique.

On ne peut pas se refuser facilement à reconnaître qu'aucun pays n'était plus capable, en raison de son expérience, de fournir des instructeurs de police que l'Espagne et la France, pays voisins du Maroc. Si nous nous étions obstinés à nier ce fait, le reproche d'intransigeance exprimé si haut contre la politique de l'Allemagne par la presse française pendant les négociations de la conférence aurait été réellement justifié. Il s'agissait surtout de garantir le caractère international de l'organisation de la police. La France s'est prêtée, avec un esprit de conciliation égal au nôtre, à une solution loyale de cette très difficile question.

Nous ne sommes pas mesquins ; nous avons fait des concessions sur plusieurs points de détail ; mais nous avons maintenu d'une façon inébranlable le grand principe de la porte ouverte, qui, avec celui de la défense du prestige de l'Allemagne, nous a guidés et devait nous guider pendant toute l'action relative au Maroc. Nous étions, Messieurs, au pied d'une montagne assez difficile à gravir ; en plusieurs endroits le passage n'était pas sans danger. Nous avons traversé une période de fatigue, d'inquiétude, et je crois que nous pouvons maintenant regarder devant nous avec plus de calme. La conférence d'Algésiras a eu, suivant mon opinion, un résultat également satisfaisant pour l'Allemagne et pour la France, et utile à tous les pays civilisés.

APPENDICE XIV

Déclaration lue devant la Chambre des députés le 11 avril 1906 par M. Léon Bourgeois, ministre des Affaires étrangères.

Messieurs,

La Chambre avait accueilli par une approbation unanime la déclaration du 16 décembre dernier, où mon prédécesseur avait exposé devant elle les principes de la politique française au Maroc et fixé les conditions dans lesquelles il avait accepté de prendre part à la conférence d'Algésiras.

Lorsque le cabinet actuel a été appelé aux affaires, il a manifesté, devant le Sénat et devant la Chambre, sa résolution de maintenir les instructions déjà données à nos représentants à la conférence et de suivre une politique qui, selon l'expression de M. Rouvier, « constituait la garantie indispensable des intérêts de la France au Maroc et de sa situation spéciale vis-à-vis de l'empire chérifien ».

Nous définissions nous-mêmes en ces termes l'esprit de cette politique : « Pleinement conscients des droits et des intérêts vitaux que notre diplomatie a le devoir de sauvegarder, nous sommes convaincus que l'exercice de ces droits et le développement normal de ces intérêts peuvent être assurés sans porter atteinte à ceux d'aucune autre puissance. Comme nos prédécesseurs, nous avons l'espoir que la droiture et la dignité de cette attitude permettront le règlement prochain et définitif des difficultés pendantes. »

En accueillant comme elles l'ont fait ces déclarations, les deux Chambres nous ont donné la certitude que dans l'action très ferme, très loyale et très pacifique que nous comptions poursuivre, nous avions avec nous le sentiment réfléchi de la nation.

La force morale que vous nous aviez ainsi donnée a grandement contribué, Messieurs, à l'heureuse issue des délibérations d'Algésiras.

La conférence a clos ses travaux, il y a quelques jours à peine. C'est samedi dernier qu'ont été échangées les signatures des actes où sont coordonnés les déclarations et les règlements adoptés par les plénipotentiaires des treize puissances représentées.

Nous aurons soin de faire imprimer et distribuer au Parlement, aussitôt que possible, le texte de ces conventions, ainsi que les documents nécessaires à leur discussion détaillée. Nous voulons seulement aujourd'hui en dégager l'esprit général.

En exposant les conditions dans lesquelles la France se rendait à la conférence, conformément aux accords du 8 juillet et du 28 septembre 1905, M. Rouvier avait dit ceci :

« Chaque puissance a des droits au Maroc ; ils ne sont pas contestés. Chaque puissance y bénéficie de ses traités ; il n'a jamais été question d'y porter atteinte. Chaque puissance enfin, dans une mesure quelconque, y peut faire valoir ses intérêts ; ces intérêts doivent être respectés. »

Mais nous avions, nous, des droits d'une qualité particulière, nous avions une situation spéciale, nous avions des intérêts d'une importance exceptionnelle. Nous devions montrer à la conférence et faire reconnaître par elle ces droits, cette situation, ces intérêts.

En dehors du régime de notre frontière algérienne, dont il avait été expressément convenu qu'il restait du ressort exclusif de nos arrangements avec le maghzen et qu'il ne serait en rien soumis à l'examen de la conférence, nous avions au Maroc un droit particulier; ce droit résultait non seulement de la communauté d'une frontière longue de 1.200 kilomètres, mais aussi du fait que nous sommes dans l'Afrique du Nord une puissance musulmane de premier ordre ; nous y exerçons notre autorité sur une population de six millions d'indigènes, que la langue, la religion et la race rapprochent nécessairement de la population marocaine et qui sont sensibles à tous les mouvements que peut provoquer dans l'empire chérifien l'absence d'un ordre régulier. La sécurité de l'Afrique française dépend en partie de la paix intérieure du Maroc. Nous ne pouvions pas, à ce titre, ne pas avoir une politique marocaine et renoncer à donner à Fez les conseils que notre sécurité pouvait rendre indispensables.

Nous avions en outre au Maroc, par le développement de notre commerce, le nombre de nos nationaux, le chiffre des capitaux engagés, une situation économique qui plaçait nos intérêts au premier rang.

La France n'avait jamais cru que les titres qu'elle invoquait pussent nuire aux droits ou aux intérêts légitimes d'aucune puissance, elle avait toujours indiqué les conditions suivantes comme nécessaires et suffisantes pour la sauvegarde de tous : sur le terrain politique, la souveraineté du Sultan, l'intégrité de son empire, l'assistance à lui donner par l'introduction des réformes ; sur le terrain économique, un régime libéral assurant à ces diverses nations une complète égalité de traitement.

Et ces conditions, essentielles pour nous, pouvaient seules fournir une garantie efficace aux autres puissances et servir ainsi la cause générale de la civilisation.

Dès les 8 avril et 3 octobre 1904, ces principes de la politique française avaient été clairement formulés dans les arrangements conclus par l'honorable M. Delcassé avec l'Angleterre et avec l'Espagne. Ils furent également inscrits d'un commun accord entre les gouvernements français et allemand dans les arrangements des 8 juillet et 28 septembre 1905. Nous attendions de la conférence leur consécration définitive.

Dès la première séance, le président, M. le duc d'Almodovar del Rio, proposa de mettre hors de toute discussion les trois points suivants : souveraineté du Sultan, intégrité de l'empire et liberté commerciale. C'étaient les idées mêmes que nous avions formulées. Le délégué français s'empressa de le constater, et sur son initiative — appuyée, d'ailleurs, par le délégué de l'Allemagne — les trois principes définis par le président de la conférence devinrent la règle commune de toutes les décisions ultérieures.

On peut dire que tout le travail de la conférence a eu pour but de concilier ces trois conditions essentielles de la réforme marocaine avec les droits et les intérêts spéciaux que la France avait le devoir de défendre et de faire prévaloir. Un rapide examen des décisions prises vous montrera, je pense, que ce résultat a pu être obtenu, grâce à des concessions réciproques mûrement calculées et loyalement consenties, dans des termes absolument honorables pour tous, et sans que rien, en ce qui touche notre pays, ait été abandonné du fruit de ses efforts passés, de la dignité de sa situation présente et de la sauvegarde de son avenir.

L'importance des capitaux engagés par nous au Maroc nous rend plus précieux qu'à tout autre les réformes qui ont pour objet la répression de la contrebande et de la fraude, l'amélioration du système des perceptions douanières et leur tarification régulière, l'établissement de ressources nouvelles destinées à améliorer les ports, la consolidation de l'autorité chérifienne dans le fonctionnement des services publics.

Nous n'avons également rien à redouter, au point de vue des entreprises de travaux publics, du principe établi de l'adjudication régulière. Plus rigoureuses et mieux appliquées seront les règles des adjudications de ce genre, et plus nous verrons s'accroître les chances de développement de ces grandes industries françaises dont tant d'œuvres ont porté, sur les points les plus éloignés du monde, le renom de prudence et de loyauté.

Nous n'avons eu vraiment aucun sacrifice à consentir pour nous trouver d'accord sur toutes ces questions économiques avec l'unanimité des puissances représentées à Algésiras.

Mais deux questions graves restaient à résoudre : la création d'une banque d'État chérifienne et l'organisation de la police dans les ports ouverts au commerce international.

Sur le premier point, nous ne pouvions oublier que le crédit du gouvernement marocain avait été réellement créé par les capitaux français.

L'emprunt conclu en 1904 entre le maghzen et les représentants de l'épargne française avait donné à celle-ci des gages certains et des garanties formelles : un privilège sur la totalité des recettes douanières, avec le contrôle de la perception de ces recettes ; le droit de décider d'accord avec le gouvernement marocain l'affectation de l'excédent de ces recettes à toute opération nouvelle; enfin un droit de préférence, à conditions égales, pour tout nouvel emprunt.

Les intérêts que le gouvernement français avait à défendre présentaient donc le caractère le plus légitime.

Nous n'hésitions pas à accepter avec toutes ses conséquences le principe de la liberté économique, mais nous devions d'abord mettre à l'abri de toute atteinte les droits contractuels de nos nationaux. En outre, si une banque d'État se substituait aux groupes français dans les opérations d'émission et de crédit nécessaires à l'empire et centralisait entre ses mains les services de la trésorerie, nous devions revendiquer dans cet établissement international la place due à ceux qui avaient les premiers entrepris la réorganisation des finances chérifiennes. Le crédit du Maroc est la condition nécessaire de toutes les réformes.

En demandant pour nous des avantages particuliers dans la banque nouvelle, nous ne cherchions pas à servir des intérêts purement financiers, nous réclamions notre part légitime d'influence et d'action dans l'œuvre, indispensable à notre empire africain, de l'établissement de l'ordre et de la sécurité au Maroc.

La question de l'organisation de la police était à nos yeux plus importante encore. Nous avions établi dans nos arrangements de juillet et de septembre, et nous ne devions pas laisser remettre en question le droit spécial que nous créait notre situation de puissance limitrophe et de puissance musulmane; nous avions reconnu qu'une autre nation, notre voisine et notre amie, l'Espagne, avec laquelle nous nous étions mis d'accord depuis plus d'un an, avait, elle aussi, des intérêts et des droits particuliers. Mais si nous étions prêts à entreprendre, de concert avec elle, la tâche de venir en aide au Sultan dans l'organisation de la police, nous étions fondés à demander à la conférence de ne pas laisser une troisième puissance prendre sur un point quelconque de l'empire une place semblable à celle que la France et l'Espagne seules tenaient de leur situation géographique et politique et de leurs services passés.

Telles étaient nettement les deux questions qui tenaient encore en suspens les délibérations d'Algésiras lorsque le cabinet actuel prit, le 14 mars dernier, la responsabilité des affaires. J'en poursuivis personnellement l'étude dans le même esprit que mon honorable prédécesseur. La France n'avait aucune arrière-pensée, elle souhaitait sincèrement l'heureuse issue de la conférence, et par là, elle entendait servir, non pas simplement les vues de sa propre politique, que garantissait en tout cas sa puissante situation de fait en Afrique, mais comme et surtout les intérêts supérieurs de la civilisation et de la paix. Elle pouvait donc déterminer avec une entière netteté les points vitaux sur lesquels il ne lui serait pas possible de céder, et déclarer qu'en revanche, elle examinerait avec l'esprit de conciliation le plus large et la volonté d'entente la plus loyale, les concessions qui lui seraient demandées sur d'autres points.

Nous avons ainsi fait connaître qu'il nous paraîtrait impossible d'accepter, en ce qui touche l'organisation de la police, l'attribution du huitième port à une troisième puissance; que nous n'avions pas d'objection à l'institution d'une inspection générale, confiée à un officier d'une puissance neutre et chargée de constater les résultats du service des corps de police, dont nos cadres devaient assurer l'instruction et l'administration, mais qu'il devait être nettement entendu que l'inspecteur n'interviendrait ni dans leur commandement ni dans leur instruction.

Si ces points étaient acceptés, nous étions disposés à demander aux groupes français créanciers des emprunts antérieurs, de consentir à une diminution du nombre des parts qu'ils réclamaient dans la souscription du capital de la banque d'État. Nous manifestions par cette concession notre volonté sincère d'aboutir à une entente, en réservant seulement tous les droits appartenant aux porteurs de titres que nous ne pouvions pas juridiquement abandonner.

Messieurs, un résumé rapide de l'acte du 7 avril vous permettra de voir que ce clair et rapide langage a été entendu et compris de tous.

Dans le préambule de cet acte, la conférence donne tout d'abord son adhésion aux principes que nous avions admis nous-mêmes, comme le point de départ de toutes les réformes : souveraineté du Sultan, intégrité de son empire.

Elle donne sous ces conditions, une garantie internationale aux plus pressantes de ces réformes, la répression de la contrebande, la création de nouvelles ressources, l'organisation douanière, etc.

Dans le domaine économique, elle maintient, sans aucune inégalité, le principe de la liberté commerciale. Elle laisse hors de toute discussion et de tout examen les droits qui nous appartiennent dans notre région frontière et qui sont du ressort exclusif de nos arrangements avec le maghzen.

Elle reconnaît les services rendus par les capitaux français au crédit de l'empire et les titres qui nous appartiennent de ce chef, en donnant à la France et au groupe de ses nationaux une place — sinon aussi large que nous l'avions souhaitée d'abord — du moins prééminente encore dans l'organisation de la banque d'Etat.

Elle réserve d'ailleurs et garantit expressément les droits et les gages qui ont été stipulés pour les porteurs français dans le contrat de 1904.

Enfin, elle reconnaît notre situation politique spéciale en nous appelant « à venir en aide au Sultan dans l'organisation de la police », et, en n'associant à nous, dans cette tâche, aucune autre puissance que notre voisine et amie l'Espagne, dont nous avions déjà reconnu les intérêts et les droits particuliers.

Elle stipule que les résultats obtenus par la police chérifienne au point de vue de l'ordre et de la sécurité dans les ports feront l'objet d'une inspection générale confiée à un officier de l'armée suisse ; mais elle reconnait expressément, conformément à notre demande, que cet inspecteur n'aura à intervenir ni dans le commandement ni dans l'instruction des corps de police ; aucune atteinte ne sera donc portée au droit souverain du Sultan sur les troupes dont l'instruction est confiée aux officiers français et espagnols.

Enfin, en établissant la répartition des cadres d'officiers et de sous-officiers des deux nations dans les ports, en créant des cadres mixtes à Tanger et à Casablanca, des cadres espagnols à Tétouan et à Larache, des cadres français à Rabat, à Mazagan, à Safi et à Mogador, elle tient compte des convenances de la France et de l'Espagne et nous met en mesure de procéder à cette organisation dans une complète entente avec la puissance dont les intérêts au Maroc sont solidaires des nôtres.

Messieurs, si les dispositions de l'acte général du 7 avril nous paraissent ainsi conformes aux vues de notre pays, nous ne sommes pas moins heureux de constater que leurs résultats sont acceptés par toutes les nations avec les sentiments que ne peut manquer d'inspirer toute transaction équitable.

L'intérêt spécial de la France au Maroc a été reconnu depuis la clôture de la conférence, notamment par l'Allemagne, dans les termes les plus nets et les plus satisfaisants : « L'Allemagne, a dit le prince de Bülow au Reichstag, n'a pas, comme l'Espagne, un passé mauritanien de plusieurs siècles, ni comme la France une frontière commune de plusieurs centaines de kilomètres avec le Maroc ; elle n'a pas de droits historiques acquis par toutes sortes de sacrifices comme ceux de ces deux nations civilisatrices. On ne pouvait, a ajouté le chancelier, se refuser à reconnaître qu'aucun pays n'était plus capable, en raison de son expérience, de fournir des instructeurs de police, que l'Espagne et la France, pays voisins du Maroc. » Et, reconnaissant que nous nous étions prêté « à une solution loyale de cette très difficile question », le chancelier concluait que le résultat « était également satisfaisant pour l'Allemagne et pour la France, et utile à tous les pays civilisés. »

Messieurs, nous ne voulons pas chercher une définition meilleure d'un accord dont nous avons toujours dit que nous le voulions équitable et tel qu'il ne laissât après lui ni arrière-pensée ni mauvais souvenir.

Je n'oublie pas, certes, quelle part est due dans ce résultat au dévouement et au talent avec lesquels nos représentants à Algésiras ont interprété les instructions qui leur avaient été données avec tant de précision et d'autorité par mon honorable prédécesseur M. Rouvier.

Je tiens à nommer devant vous notre premier délégué, M. Révoil, dont l'activité, la présence d'esprit, la droiture avisée ont, ainsi que la compétence hautement appréciée de son collègue M. Regnault, si puissamment servi notre cause.

J'ai déjà adressé à nos plénipotentiaires les remerciements du gouvernement de la République. Permettez-moi, Messieurs, de les leur renouveler ici et de leur donner par là même la consécration de votre suffrage.

Mais je manquerais à un devoir de justice et de gratitude si je ne rappelais hautement parmi les causes de l'heureuse issue de la conférence, l'élévation des vues et la haute impartialité de son président, le souci de tous les droits en présence qui a constamment animé les diverses puissances appelées à Algésiras comme à une sorte de conseil d'arbitrage et qui, dans les diverses phases de la conférence, a suggéré d'heureuses formules de conciliation, notamment aux délégués de l'Italie, des États-Unis et de l'Autriche-Hongrie, la confiance qui n'a cessé d'unir l'Espagne à la France, enfin, Messieurs, l'inébranlable fermeté avec laquelle notre constante alliée, la Russie et l'Angleterre, notre amie également fidèle, n'ont cessé de soutenir la légitimité et la modération de notre cause.

Messieurs, je voudrais, en terminant, dégager en quelques mots ce que j'appellerai la haute moralité de l'œuvre d'Algésiras.

En parvenant à s'accorder, après de si longs et si difficiles débats, sur les termes d'une transaction honorable pour tous, fondée sur la raison et l'équité, toutes les puissances présentes ont manifesté leur volonté de subordonner leurs vues particulières aux nécessités de la bonne entente générale et d'assurer pour l'avenir au monde ce calme et cette confiance que donne l'état normal des relations internationales.

C'est dans ce même esprit que le gouvernement a suivi les travaux de la conférence et que la démocratie républicaine en interprétera certainement les résultats.

La France y a pu mettre à l'épreuve la solidité de ses alliances et de ses amitiés, auxquelles sont venues s'adjoindre des sympathies précieuses ; elle puise dans cette situation des forces d'autant plus grandes qu'elle entend seulement les mettre au service de la civilisation, de la justice et de la paix.

INDEX ALPHABÉTIQUE

Abd-el-Aziz, 6, 13, 20, 30, 33, 42, 82, 114, 124, 176, 259, 272, 273, 288, 358, 361, 373, 399, 425.
Abd-el-Kader, 19.
Abd-el-Kader ben Mohammed Afki, 432.
Abd-ul-Hamid, 259.
Ærenthal (baron d'), 158.
Aguilar (lieutenant), 435.
Ali Réchouk, 432.
Ali Zachy Bey, 503, 504.
Almodovar (duc de), 59, 69, 88, 101, 103, 104, 108, 109, 112, 119, 120, 126, 145, 147, 148, 157, 167, 172, 188, 189, 200, 206, 214, 221, 226, 227, 229, 232, 241, 255, 277, 278, 280, 282, 291, 296, 298, 312, 377, 379, 381, 382, 388, 393, 394, 395, 404, 405, 406, 412, 444, 502, 505, 536.
Alphonse XIII, 50, 59, 69, 81, 193, 200, 207, 455.
Anflous, 430.
Arnim (d'), 74.
Aubin (Eugène), 115.
Avarna (duc d'), 203, 257.
Avila (capitaine), 435.
Aynard (Raymond), 502.

Bacheracht, 38, 69, 87, 88, 120, 265, 275, 280, 282, 283, 284, 285, 287, 289, 290, 294, 356, 362, 377, 390, 393, 395, 443, 503, 506.
Bacon, 64.
Ballaguy, 503.
Ballestrem (comte de), 162.
Barrère (Camille), 193, 206, 241, 252, 254, 269, 309, 459.
Bassermann, 467.
Baudin (Pierre), 41.
Bebel, 7.

Belcredi, 504.
Benchimol, 476.
Bennis (Si Abderrhaman), 90, 120, 435, 503, 506.
Ben-Sliman, 5, 28, 29, 30, 119, 273, 432.
Bérard (Victor), 51, 64, 464.
Berrian, 431.
Betegon, 504.
Bihourd, 4, 6, 8, 34, 44, 72, 77, 152, 243, 345, 346.
Billy (Robert de), 502.
Bismarck (prince de), 47, 51, 62, 72, 99, 268, 419, 460, 464, 468.
Blanchet, 431.
Botelli (capitaine), 435.
Bompard (Maurice), 135, 158, 159, 161.
Bonnal (général, 70.
Borgeaud et Reuteman, 272, 486.
Borsa, 504.
Bou-Amama, 19.
Bou-Arour ben Sahah, 432.
Bou Mzian-Millani, 67.
Bouis (de), 504.
Bourgeois (Léon), 69, 77, 299, 321, 322, 325, 326, 327, 328, 329, 330, 332, 336, 337, 338, 341, 342, 343, 344, 345, 346, 359, 362, 372, 381, 382, 383, 384, 387, 391, 393, 395, 396, 406, 423, 424, 437, 440, 447, 534.
Brabander (de), 427.
Braunschweig, 431.
Brémond (capitaine), 435.
Brun, 503.
Budgett Meakin, 503.
Buisseret (comte de), 90, 120, 502, 505.
Bülow (prince de), 7, 8, 12, 36, 37, 38, 41, 45, 48, 50, 53, 54, 55, 69, 72, 73, 74, 75, 97, 145, 152, 159, 162, 193, 194, 195, 201, 214, 241, 243, 245, 247, 250,

256, 258, 263, 266, 295, 299, 319, 332, 346, 300, 396, 415, 418, 422, 424, 437, 455, 456, 457, 458, 459, 460, 463, 467, 468, 486, 490, 531.

Cadenas, 504.
Caix (vicomte Robert de), 92, 214, 300, 447, 451, 503.
Cambon (Jules), 135, 137, 155, 156, 193, 206, 207, 378, 382, 393, 414, 459.
Cambon (Paul), 1, 78, 330.
Campbell Bannerman (Sir Henry), 79, 217.
Canovaï, 427.
Canovas del Castillo, 105.
Canrobert (maréchal), 70.
Caprivi (comte de), 52.
Carnot (Sadi), 70.
Carrère (Jean), 504.
Carter, 388.
Cartwright, 79, 156, 157, 207, 378, 459.
Cassini (comte), 69, 87, 100, 103, 127, 135, 152, 153, 158, 159, 194, 214, 237, 275, 277, 309, 312, 331, 334, 411, 414, 443, 503, 506.
Castellane (comte Boni de), 9.
Castex, 503.
Causse, 503.
Charbonnier, 430, 431.
Charmes (Francis), 334.
Cherisey (comte de), 6, 70, 502.
Christian IX, 196, 241, 258.
Clemenceau, 69, 93, 94, 95, 326, 456.
Cochin (Denys), 260, 261.
Codet (commandant), 502.
Cogolludo (capitaine), 435.
Comandari, 503.
Combes (Emile), 54.
Constantini, 432.
Cortesi, 503.
Courcel (baron de), 196, 241, 242, 243, 245, 246, 250, 265, 266, 295.
Cousse (lieutenant), 435.
Crispi, 52, 80.
Crozier (Philippe), 193, 196, 242.
Cuevas (lieutenant), 475.
Cunha (da), 427.

Daeschner, 243.
Decrais (Albert), 7.
Delbrück, 264.
Delcassé (Théophile), 1, 3, 4, 7, 8, 9, 13, 21, 35, 37, 38, 52, 54, 55, 65, 71, 76, 77, 93, 94, 98, 136, 144, 164, 197, 282, 379, 419, 437, 449, 450, 451, 468, 471, 472, 481, 535.
Delmas (Henry), 503.

Deschanel (Paul), 9.
Descos, 470.
Develle (Jules), 83.
Destailleurs, 502.
Dino d'Alfano, 503.
Dupassour, 184, 427, 502.

Ebray (Alcide), 42.
Edouard VII, 69, 78, 79, 282.
Egerton, 79, 193, 206, 241, 253, 459.
Einstein, 502.
El Arbi ben Esghir, 432.
El Hadj Abdelouahab, 432.
El Hadj Abdessalam ben Ayed, 432.
El Hadjoui, 6.
Estournelles de Constant (baron d'), 137, 138, 162.
Evans Smith (Sir Charles), 61.

Fabarez, 434.
Fallières (Armand), 20, 69, 76, 209, 218, 248, 309, 382.
Fariau (commandant), 503.
Faure (Félix), 70.
Fidel (Camille), 26, 50.
Fischel (Arthur), 427.
Fischer (Théobald), 50.
Flotow (de), 136.
Fortis, 80, 198.
Foucauld (vicomte de), 19.
Fournier (capitaine), 5, 29.
François-Joseph, 69, 82, 241, 257, 414.
François (René), 503.
Frère, 431.
Freycinet (de), 47.

Gaillard, 119, 502.
Gallet, 431.
Galtier (Joseph), 86, 91, 170, 190, 214, 271, 277, 283, 305, 349, 387, 503.
Gandolphe, 503.
Garcia (lieutenant), 435.
Gasenel (lieutenant), 435.
Gebauer-Grunburg, 504.
Geoffray, 318.
Ghennam, 209, 241.
Glasenapp (de), 186, 414, 428.
Glyn, 427.
Goltz (von der), 474.
Goluchowski (comte), 69, 82, 90, 193, 202, 241, 257, 258, 265, 269, 318, 342, 345, 346, 371, 388, 414, 464.
Gourdin, 19, 61.
Grandconseil (capitaine), 502.
Grey (Sir Edward), 69, 79, 148, 309, 318, 329, 330, 333, 347, 388, 424.
Gros, 431.

INDEX ALPHABÉTIQUE

Guebbas, 18, 28, 434.
Guicciardini (comte), 81, 198, 206, 252, 253, 254, 468.
Guillaume II, 6, 8, 12, 13, 20, 50, 51, 52, 53, 54, 65, 69, 70, 71, 72, 79, 80, 86, 93, 135, 158, 193, 196, 198, 200, 204, 217, 241, 242, 246, 247, 248, 250, 252, 257, 258, 265, 295, 297, 299, 319, 335, 346, 348, 374, 387, 414, 418, 440, 443, 460, 462, 464.
Guiot (Gaston), 428.
Gummere, 502, 505.
Gwinner, 186.

Habert (commandant), 503.
Hanotaux (Gabriel), 263, 418.
Hardinge (Sir Charles), 330, 420.
Harris, 61, 213.
Hedeman, 503.
Heinrich, 431.
Henckel de Donnersmarck (prince), 458.
Hervé (Gustave), 96.
Herz (Julius), 427.
Hohenlohe (prince Clovis de), 47.
Holstein (de), 69, 74, 75, 99, 163, 414.
Holtze, 431.
Hontoria, 104, 502.
Houghton, 503.
Hubert (Lucien), 35.
Hubner (colonel), 50.

Irvin, 503.
Isvolsky, 461.

Jannasch (Dr), 47.
Jaurès (amiral), 39.
Jaurès (Jean), 9, 20, 28, 35, 54, 69, 77, 94, 96, 165, 241, 260, 261, 262, 263, 274, 456.
Jessé Curély, 502.
Jonnart, 502.
Joostens (baron de), 90, 257, 276, 280, 402, 405, 502, 505.
Jusserand (J.-J.), 65, 135, 161.

Khevenhuller Metsch (comte de), 329, 342, 343, 344, 345, 346, 447.
Klehmet, 87, 405, 502.
Kokovtzof, 158, 162.
Kolémine, 503.
Kossuth (François), 203.
Kouropatkine (général), 460.
Koziebrodzki (comte Thadée Bolesta), 90, 345, 367, 402, 404, 502, 505.
Kramarcz (Dr Karel), 203.
Kruger, 466.
Kühlmann (de), 6, 7, 37, 54.

Lacroix (général de), 71.

Lamsdorf (comte), 69, 79, 135, 158, 159, 160, 161, 162, 193, 194, 195, 197, 204, 246, 265, 266, 295, 319, 331, 346, 440, 460, 461.
Lanessan (J.-L. de), 135, 146, 147, 148, 149, 150, 163, 164, 176, 230.
Lansdowne (marquis de), 1, 217, 420.
Lanza (comte), 195.
Lapradelle (de), 40.
Las Heras (capitaine de), 435.
Lassallas, 431.
Law (Sir Edward), 427, 428.
Lecler (René), 27.
Leghait, 217, 257.
Leon y Castillo (de), 60, 190, 377, 382, 383, 384, 391, 393, 481.
Léopold-Salvator (archiduc), 258.
Leriche, 502.
Lionel Saint-Aubyn, 503.
Liron d'Airolle (de), 428.
Lopera (capitaine), 435.
Lorin (Henri), 503.
Loubet (Emile), 52, 60, 69, 70, 76, 81.
Louis (Georges), 330.
Luret, 23, 502.
Lützow (comte de), 258.
Luzzatti, 205, 252, 297.

Mackenzie Wallace (Sir Donald), 78, 79, 461, 503.
Mac Lean (caïd), 61.
Mac-Mahon (maréchal de), 70.
Ma-el-Aïnin, 430.
Magenta (duchesse de), 70.
Malmusi, 110, 120, 396, 405, 425, 426, 447, 531.
Mancini, 62.
Mangin (commandant), 435.
Marchand, 257.
Marès (Roland de), 421.
Margerie (Pierre de), 104, 502.
Marschall (baron de), 51.
Martens Ferrao (comte de), 90, 120, 237, 290, 503, 506.
Martino (de), 424.
Massoutier (capitaine), 435.
Maura, 81.
Mellier (lieutenant), 435.
Mendelssohn, 11, 12, 352, 353, 398, 427.
Menebhi (Si Mehedi el-), 118.
Mercadier, 167, 169, 177, 503.
Mévil (André), 503.
Michaud (lieutenant), 435.
Michaux Bellaire, 115.
Millet (René), 416, 433.
Mohamed Souilhi, 432.
Mohammed Afkis, 432.

Mohammed Ettazi, 272.
Mokri (Ed Hadj Mohammed ben Abdessalam el), 90, 110, 120, 124, 237, 265, 271, 272, 273, 274, 435, 447, 503, 506.
Monaco (prince de), 265, 295, 298, 315, 439.
Monbel (Baylin de), 257.
Monroë, 63, 251, 335.
Montero Rios, 394.
Montlong (de), 502.
Monts (comte de), 81, 193, 198, 199, 205, 318.
Moralès, 428.
Moret, 59, 69, 81, 100, 135, 155, 156, 157, 188, 193, 199, 207, 212, 227, 241, 255, 298, 377, 382, 383, 388, 394.
Moulay Hassan, 30.
Moulaï Rachid, 20.
Moulay Taïeb, 19.
Mühlberg (de), 9, 36, 48, 414.
Muller (colonel), 435.
Munaz, 504.
Muret (Maurice), 99.
Munster (prince de), 70.

Napoléon III, 73.
Navarro, 503.
Nélidof, 160, 161, 332.
Nicolas II, 69, 79, 158, 198, 241, 248, 460.
Nicolson (Sir Arthur), 61, 69, 79, 87, 100, 103, 111, 112, 118, 120, 121, 125, 126, 127, 129, 130, 135, 139, 147, 148, 172, 184, 199, 214, 229, 230, 232, 234, 237, 256, 267, 275, 277, 278, 290, 296, 308, 311, 312, 314, 316, 321, 329, 330, 331, 334, 347, 374, 375, 388, 397, 402, 404, 414, 442, 443, 461, 503, 505.
Niemeyer, 40, 41.
Nievof (van), 427.

Ojeda (de), 81, 135, 145, 156, 157, 172, 199, 200, 255, 256, 378.
Ojeda, fils (de), 104, 502.
Oppenheim (baron Max), 466.
Orléans (duc d'), 91.
Osten-Sacken (comte d'), 159, 160, 193, 194, 195, 204, 266, 332, 346, 360.
Oulad-Sidi-Cheikh, 19.

Paixot (capitaine), 435.
Pallain (Georges), 428.
Paquet, 26.
Peltzer, 502.
Pennino, 504.
Perdicaris, 5, 64, 65.
Perez Caballero y Ferrer, 33, 69, 89, 108, 110, 111, 112, 120, 123, 131, 227, 229,

237, 255, 265, 289, 290, 307, 369, 370, 390, 393, 399, 405, 502, 505.
Pfeil (comte J. de), 49, 98.
Pichon (Stéphen), 434, 435.
Pimienta, 411, 503.
Pina y Millet, 104, 502.
Pitman, 503.
Pitollet (Camille), 97.
Poulet (capitaine), 435.
Pountney, 503.
Pradère (comte de), 502.
Princtti, 61, 205, 206.

Raben (comte), 162.
Radolin (prince de), 3, 8, 10, 11, 33, 35, 36, 37, 44, 54, 74, 95, 96, 136, 151, 193, 196, 200, 201, 212, 213, 265, 295, 315, 343, 344, 346, 461, 482, 483, 484, 485.
Radowitz (de), 56, 69, 85, 86, 87, 88, 89, 100, 104, 107, 108, 109, 112, 113, 125, 126, 127, 128, 135, 137, 138, 139, 140, 141, 142, 143, 144, 145, 146, 147, 148, 149, 150, 151, 152, 153, 154, 156, 159, 167, 169, 170, 171, 172, 173, 174, 175, 176, 177, 179, 181, 182, 187, 188, 193, 194, 202, 203, 216, 221, 222, 224, 233, 262, 265, 267, 276, 277, 278, 280, 285, 286, 287, 288, 290, 294, 295, 296, 299, 301, 302, 303, 306, 307, 308, 311, 312, 313, 314, 315, 316, 318, 319, 326, 328, 329, 333, 334, 345, 347, 348, 350, 351, 354, 366, 367, 369, 371, 373, 380, 385, 389, 391, 393, 398, 404, 414, 422, 433, 439, 440, 441, 442, 447, 462, 502, 505.
Radziwill (prince Antoine), 70.
Raissouli, 5, 64, 143, 430, 431, 432, 434.
Raynaud (Robert), 503.
Regnault (Eugène), 5, 69, 84, 110, 111, 113, 120, 125, 132, 135, 140, 141, 142, 143, 146, 148, 167, 168, 182, 183, 184, 185, 186, 188, 190, 202, 212, 221, 228, 265, 274, 313, 317, 321, 349, 350, 356, 362, 363, 364, 393, 405, 406, 407, 433, 435, 438, 502, 503, 540.
Renaud, 272.
Renault (Louis), 341.
Reuss (prince de), 193, 196, 242.
Reventlow (comte de), 7.
Reverseaux (marquis de), 193, 202, 203, 214, 346.
Révoil (Paul), 18, 28, 51, 69, 77, 83, 84, 85, 87, 89, 90, 100, 101, 102, 103, 105, 106, 107, 109, 110, 111, 112, 113, 120, 126, 127, 128, 129, 132, 135, 136, 137, 138, 139, 140, 141, 142, 143, 144, 145, 146, 147, 148, 149, 150, 151, 152, 153, 154, 155, 156, 159, 164, 167, 168, 169,

170, 171, 172, 173, 175, 176, 177, 178,
179, 180, 181, 182, 183, 184, 187, 188,
189, 190, 194, 195, 199, 201, 206, 210,
214, 216, 221, 224, 226, 227, 228, 229,
230, 231, 232, 236, 237, 238, 248, 249,
250, 254, 261, 263, 264, 265, 266, 267,
268, 275, 276, 277, 278, 280, 281, 283,
287, 288, 289, 290, 291, 292, 296, 300,
301, 302, 303, 305, 307, 308, 309, 314,
316, 317, 319, 324, 325, 327, 328, 329,
330, 336, 339, 340, 347, 354, 356, 358,
366, 368, 369, 370, 372, 373, 375, 376,
377, 379, 381, 382, 390, 393, 394, 395,
398, 400, 402, 404, 405, 406, 407, 410,
412, 438, 439, 440, 444, 445, 447, 452,
502, 505, 540.
Richthofen (baron de), 4, 137.
Rieger, 504.
Rittwagen, 504.
Roberts, 503.
Robic, 431.
Rocamora, 504.
Rockstroh, 86.
Roels (Edgar), 97, 419.
Roosevelt (Théodore), 63, 64, 65, 82, 90,
135, 161, 162, 180, 241, 249, 250, 254,
265, 266, 297, 299, 319, 325, 335, 345,
348, 377, 385, 387, 388, 440, 445, 461.
Root (Elihu), 64, 82, 90, 135, 160, 161, 172,
176, 180, 241, 251, 319, 335, 388, 445.
Rosen (D^r), 11, 44, 45, 51, 77, 94, 136,
140, 141, 152, 194, 197, 201, 202, 216,
259, 265, 294, 345.
Rosenberg (de), 504.
Rosenthal (contre-amiral), 50.
Rouard de Card, 32.
Routier, 503.
Rouvier, 1, 9, 10, 11, 12, 13, 14, 17, 22,
29, 30, 35, 42, 44, 45, 46, 51, 54, 69, 74,
76, 77, 84, 93, 94, 95, 96, 101, 135, 136,
138, 140, 141, 151, 153, 159, 165, 177,
179, 180, 185, 190, 194, 196, 197, 201,
207, 210, 216, 217, 242, 243, 248, 257,
260, 262, 264, 265, 266, 275, 295, 296,
298, 299, 300, 309, 315, 321, 322, 326,
327, 328, 329, 330, 336, 340, 343, 357,
358, 379, 415, 423, 450, 451, 452, 460,
481, 482, 483, 484, 485, 487, 495, 534, 539.
Rudy, 503.
Ruiz (Reginaldo), 502.

Sabline, 294.
Sager, 257, 269, 406, 503, 506.
Saint-Aulaire (comte de), 29, 32.
Saint-René-Taillandier, 6, 11, 29, 30, 35,
37, 42, 43, 65, 67, 150, 209, 210, 273,
288, 348, 447, 450, 470, 492, 497.

Saint-Vallier (comte de), 47.
Salmon, 503.
San Giuliano (marquis de), 80, 146, 198,
462, 468.
Santa-Cualla (commandant), 435.
Sarrien, 314, 326, 327.
Saurin, 27.
Schabinger, 502.
Schiemann (Théodore), 93, 99, 141, 163,
164, 176, 328, 417, 456.
Schœn (de), 193, 195, 196, 197, 198, 204,
266, 319, 346.
Schwann, 424.
Secchi, 502.
Sedira (lieutenant), 29.
Seffar (El Hadj Mohammed es-), 503,
506.
Sforza, 503.
Sicard (lieutenant), 435.
Silvestrelli, 80, 89, 198.
Simon (Jules), 70.
Solms (comte de), 47.
Sonnino (baron Sydney), 81, 193, 198,
199, 241, 253, 269, 319, 468.
Sorel (Albert), 72.
Stanhope, 100, 214.
Steeg (T.), 48.
Stein, 99, 263, 316, 334.
Sternburg (baron Speck de), 135, 147,
160, 161, 172, 176, 319, 333, 335.
Stuers (de), 503.
Stumm (de), 82, 145, 156, 163, 172, 193,
199, 241, 255, 378.
Szœgyeny-Marich (de), 195, 295.

Taillis (du), 503.
Talleyrand, 419.
Tatischef (général), 158.
Tattenbach (comte de), 9, 10, 12, 13, 34,
47, 56, 69, 84, 85, 86, 87, 88, 89, 90,
92, 94, 110, 111, 120, 129, 132, 135, 138,
141, 142, 143, 145, 146, 147, 148, 153,
155, 167, 168, 169, 170, 172, 173, 182,
183, 184, 185, 186, 188, 189, 199, 202,
212, 221, 222, 224, 228, 230, 231, 232,
233, 236, 237, 238, 239, 256, 258, 265,
267, 272, 273, 274, 278, 280, 281, 290,
291, 292, 294, 296, 299, 300, 312, 339,
340, 347, 350, 352, 356, 363, 364, 366,
369, 385, 386, 388, 391, 397, 398, 402,
438, 441, 442, 454, 488, 502, 505.
Tattenbach (comtesse de), 301.
Tchirschky-Bögendorff (de), 163, 295,
332, 346, 414.
Tedeschi, 504.
Testa (Jonkheer), 257, 278, 374, 375, 503,
506.

Tots (van), 257.
Thompson, 503.
Thors, 186.
Tittoni, 80, 205, 206, 488.
Tornielli (comte), 328.
Torrès (El Hadj Mohammed ben el Arbi-Et-), 90, 211, 212, 431, 432, 447, 503, 506.
Tovar (comte de), 503, 506.
Toulat (capitaine), 435.
Trollo (de), 257.

Vaillant (Edouard), 9.
Vallin (Cristobal), 502.
Varley, 5.
Vassel, 6, 43.
Vaughan, 503.
Vettori, 504.
Vicenti, 504.
Victor-Emmanuel III, 69, 80.
Villanueva, 60, 209.
Villiers (Georges), 70, 72, 74.
Visconti-Venosta (marquis), 61, 69, 80, 85, 86, 89, 92, 100, 101, 103, 108, 110, 112, 123, 126, 132, 135, 138, 142, 146, 152, 153, 158, 167, 168, 169, 171, 172, 173, 175, 177, 191, 193, 198, 199, 205, 206, 239, 241, 254, 265, 268, 276, 277, 280, 290, 292, 301, 354, 369, 397, 405, 406, 411, 413, 420, 445, 462, 468, 503, 505.

Wallomberg, 427.
Wedel (général de), 203, 318, 343, 345.
Wehrung, 427.
Welsersheimb (comte de), 69, 90, 125, 214, 265, 277, 280, 292, 293, 302, 303, 304, 305, 306, 307, 309, 313, 314, 333, 334, 342, 347, 348, 349, 350, 354, 356, 359, 365, 366, 367, 368, 370, 371, 373, 377, 380, 385, 388, 389, 391, 397, 403, 413, 414, 421, 447, 502, 505.
White (Henry), 64, 69, 89, 90, 100, 103, 127, 132, 135, 138, 139, 147, 152, 153, 164, 167, 168, 169, 170, 171, 172, 173, 175, 177, 179, 180, 181, 192, 241, 249, 250, 254, 265, 268, 276, 278, 280, 291, 292, 312, 325, 335, 348, 358, 373, 388, 404, 406, 445, 502, 505.
White, 25.
Witte (comte), 12, 63, 77, 79, 100, 241, 246, 247, 248, 249, 250, 265, 266, 279, 295, 299, 319, 443, 460.
Wolff (Théodor), 99.
Wolff-Metternich (comte), 318, 329, 330, 333, 492.
Wolfrom (Gustave), 47.

Zabien Ben Ayed, 432.
Zangarussiano, 31.
Zedlitz (baron de), 504.

TABLE DES MATIÈRES

Avant-propos i

Introduction. 1
   I. Les accords de 1904. — II. L'Allemagne et les accords de 1904. — III. La France et le Maroc en 1904. — IV. Le voyage de Tanger et l'échec de la France à Fez. — V. M. Rouvier et l'accord du 8 juillet 1905. — VI. L'accord du 28 septembre 1905. — VII. La veille de la conférence.

PREMIÈRE PARTIE

L'OUVERTURE

CHAPITRE PREMIER. — LES INTÉRÊTS ET LES DROITS. 17
   I. *Les intérêts français.* — La solidarité algéro-marocaine et ses conséquences. — Sécurité africaine et sécurité continentale. — Réformes et privilège d'exécution. — Les intérêts économiques de la France au Maroc. — Notre progrès. — Notre colonie. — Notre situation morale. 17

   II. *Les droits de la France.* — Droits militaires. — Droits financiers. Capacité spéciale. — Les appels du maghzen. — Notre intérêt spécial reconnu par l'Allemagne. — L'unité de notre programme 28

   III. *La thèse allemande.* — L'absence de notification du traité franco-anglais. — La convention de Madrid de 1880. — L'article 17. — La « tunisification ». — Le « mandat de l'Europe ». — Les prétendues promesses de M. Rouvier. — La thèse de l'internationalisation 36

   IV. *Les mobiles allemands.* — Les arguments économiques. — Les convoitises territoriales. — La politique générale. — France, Italie et Angleterre. — L' « occasion » marocaine et les défaites russes. — Les représailles allemandes 46

   V. *Les intérêts des tiers.* — Les aspirations espagnoles. — Les accords de 1904 et de 1905. — L'opposition antifrançaise à Madrid. — La fidélité de l'Angleterre. — Les engagements de l'Italie. — L'alliance franco-russe. — Les Etats-Unis. — Sympathie et discrétion. — Les Etats secondaires. — L'Autriche-Hongrie et le Maroc. . . . 57

CHAPITRE II. — **LE MILIEU ET LA RENCONTRE**. 69

    I. *Chefs d'État et gouvernements.* — Guillaume II, le prince de Bülow et M. de Holstein. — M. Loubet et M. Fallières. — M. Rouvier et M. Léon Bourgeois. — Édouard VII et sir Edward Grey. — Nicolas II et le comte Lamsdorf. — Victor-Emmanuel III et ses ministres. — Alphonse XIII et M. Moret. — M. Roosevelt et M. Root. — François-Joseph et le comte Goluchowski 69

    II. *Les plénipotentiaires.* — M. Révoil et M. Regnault. — M. de Radowitz et le comte de Tattenbach. — Sir Arthur Nicolson. — Le comte Cassini et M. Bacheracht. — Le duc d'Almodovar et M. Perez Caballero. — Le marquis Visconti-Venosta. — M. Henry White. — Le comte de Welsersheimb. — La vie à Algésiras. — L'hôtel et l'*ayuntamiento* 83

    III. *L'opinion.* — L'évolution de l'opinion française. — Les préparatifs militaires. — La presse. — Le *Temps* et M. Clemenceau. — M. Jaurès et l'*Humanité*. — Le public allemand. — Les journaux et l'officiosité. — Les tiers 92

    IV. *L'ouverture de la conférence.* — Les instructions de M. Révoil. — Les premiers entretiens avec sir Arthur Nicolson et le comte Cassini. — Le discours du duc d'Almodovar et M. Révoil. — Compliments et procédure. — La déclaration de M. Révoil (15 janvier) . . 100

CHAPITRE III. — **LES DÉBATS ÉCONOMIQUES** 108

    I. *La contrebande des armes.* — Le questionnaire espagnol. — L'erreur de M. de Radowitz. — Une entente facile. — Les districts frontières. — La formule du marquis Visconti-Venosta. — L'adhésion de M. de Radowitz 108

    II. *La politique financière du Maroc.* — Le projet chérifien. — L'origine de la crise fiscale. — Les anciens impôts. — Les deux *tertibs*. — Le déficit. — Le questionnaire espagnol. — La conférence et le projet marocain. — Concessions et conditions. — Les deux courants. — M. Perez Caballero et le marquis Visconti-Venosta. — Impôts et douanes 114

    III. *Le maghzen et les douanes.* — Les intérêts des puissances. — La situation de la France. — Une moyenne nécessaire. — Les thèses en présence. — L'adoption du projet français. — Décimes additionnels et caisse spéciale. — Les mesures d'exécution. — Les droits d'exportation. — L'adjudication. — Les réformes administratives des douanes. — La répression. — L'impression générale. 124

DEUXIÈME PARTIE

LE HUIS-CLOS

(15 janvier-10 février.)

CHAPITRE PREMIER. — **LE CONTACT** 135

    I. *Les premières négociations directes.* — La réserve de la France. — La première communication de M. de Radowitz au marquis Visconti-Venosta et à M. White (23 janvier). — La réponse de M. Révoil et de sir Arthur Nicolson. — La première conversation de M. de Radowitz et de M. Révoil (26 janvier). — Les questions de M. de

TABLE DES MATIÈRES 549

Radowitz. — Les prétendues promesses de M. Rouvier. — La réponse
de M. Révoil 135
  II. *Les pourparlers de M. Regnault et du comte de Tattenbach*
(29 *janvier*-3 *février*). — Le premier échange de vues sur la banque
et sur la police. — L'attitude conciliante du plénipotentiaire allemand. — L'apparence et la réalité. 141
  III. *Le double jeu des plénipotentiaires allemands.* — L'offre du
mandat de police à l'Espagne et à l'Italie. — Le « projet marocain ».
— Les cinq combinaisons de M. de Radowitz. — Les offres du comte
de Tattenbach au plénipotentiaire anglais (3 février) 144
  IV. *La seconde conversation de MM. Révoil et de Radowitz* (3 *février*).
— M. de Radowitz soutient le projet Lanessan. — M. Révoil le
combat et admet à titre personnel la police franco-espagnole. — M. de
Radowitz la repousse. — Réponse de M. Révoil. 148
  V. *L'opinion des plénipotentiaires.* — Le comte Cassini, le marquis
Visconti-Venosta et M. White, partisans de la police franco-espagnole.
— L'état d'esprit de M. de Radowitz. — Les faiblesses de la diplomatie allemande (3-6 février) 152
  VI. *L'activité des chancelleries.* — Les offres allemandes à Madrid.
— Entrevues de MM. Cambon, Moret et de Ojeda. — L'optimisme du
comte Lamsdorf. — Une lettre du Tsar à Guillaume II (20 janvier).
— L'intervention russe à Berlin. — Le comte Lamsdorf et M. Bompard. — Le baron de Sternburg et M. Root. — M. Jusserand et
M. Roosevelt. — Le président nous promet son intervention éventuelle (20 janvier-9 février) 154
  VII. *Le silence de Guillaume II.* — La presse allemande. — Une
légère détente. — L'illusion de notre faiblesse. — Le parti de l'intransigeance à Berlin 162

CHAPITRE II. — **LE CONFLIT** 167
  I. *L'incident de la dépêche Wolff.* — L'étonnement des plénipotentiaires. — M. Mercadier et le comte de Tattenbach. — Les explications de M. de Radowitz (9-12 février). 167
  II. *L'origine de la manœuvre.* — M. de Radowitz chez M. White et
chez le marquis Visconti-Venosta (8 février). — L'attitude de l'Italie
et des Etats-Unis. — L'initiative du comte de Tattenbach et l'intransigeance allemande 171
  III. *La troisième entrevue Radowitz-Révoil* (13 *février*). — La proposition allemande. — L'inspection. — L'état d'esprit de M. Révoil . 174
  IV. *La seconde concession de la France.* — L'entente franco-américaine et la surveillance de la police. — Le projet Révoil-White
(15 février). — La tactique décidée. — Les rapports de la légation
d'Italie. — La réponse à M. de Radowitz (17 février). 178
  V. *Suite des négociations Tattenbach-Regnault.* — Les deux thèses.
— Le projet français sur la banque. — L'optimisme au 17 février . 182
  VI. *La crise du 19.* — Le refus du comte de Tattenbach. — Le
refus de M. de Radowitz. — Introduction et exécution. — Les
incertitudes du duc d'Almodovar. — Sa proposition pour la police. —
Le bilan de cinq semaines. — La faillite du huis-clos 185

CHAPITRE III. — **LA PRESSION ALLEMANDE** 193
  I. *L'obstruction allemande.* — Les trois démarches du comte d'Osten-Sacken. — Les trois refus du prince de Bülow (10-19 février). — M. de
Schœn et le comte Lamsdorf. — Le prince de Reuss et M. Crozier . 193

II. *L'intrigue allemande.* — Les accusations de M. de Schœn. — Une lettre de Guillaume II au Tsar (11 février). — Le ministère Sonnino et l'insistance du comte de Monts. — Le recours au marquis Visconti-Venosta. — Les menaces de M. de Stumm. — Alphonse XIII et Guillaume II. — Une dépêche de l'Empereur. — Le prince de Radolin au quai d'Orsay (14 et 15 février). — Le prince de Bülow et le comte Goluchowski 196

III. *La résistance française.* — La réfutation des griefs allemands. — Le marquis de Reverseaux et le comte Goluchowski. — Les conseils autrichiens. — Les avis du comte Lamsdorf. — L'action de M. Barrère et de M. Egerton sur le gouvernement italien. — M. Jules Cambon et M. Moret. — Les instructions d'Alphonse XIII (10-20 février) 202

IV. *L'affaire de Mar-Chica.* — La défiance espagnole. — La première croisière du *Lalande*. — L'intervention du *Turki*. — L'incident du *Zénith* (15 février). — L'émotion de M. Moret. — Une étrange démarche du prince de Radolin 208

V. *L'échec des négociations directes.* — Le pessimisme. — Les responsabilités de l'Allemagne. — La France et la conférence. — Le débat nécessaire 214

TROISIÈME PARTIE

LA CRISE

(20 février-14 mars).

CHAPITRE PREMIER. — LE DÉBAT SUR LA BANQUE 221

I. *Les deux thèses.* — Le projet allemand. — Ses défauts et ses tendances. — Le projet français et l'accord de septembre 1905. — Politique et finances. — La séance du 20 février et le questionnaire espagnol 221

II. *Les séances des 22 et 24 février.* — M. Révoil et le droit de préférence. — Le sens réel de ce droit. — L'Allemagne et l'Espagne. — La banque et le corps diplomatique. — La contradiction persiste. — Le renvoi au comité de rédaction. — Les efforts de M. de Radowitz pour reculer la prochaine séance 227

III. *La séance du 3 mars.* — Le travail du comité de rédaction. — Les cinq points en litige. — Nos concessions possibles. — La question des parts. — Les quinze articles adoptés. — Le débat inutile. — Un nouvel ajournement. — Faut-il aborder la police ? 233

CHAPITRE II. — LA SEMAINE DES CHEFS D'ÉTAT 241

I. *La mission du baron de Courcel.* — L'histoire d'une audience. — Le silence de l'Empereur. — Les offres du prince de Bülow. — Leur caractère inacceptable. — Une légende naissante. — Le démenti français (17-21 février) 241

II. *Guillaume II et la Russie.* — Une lettre du comte Witte à Guillaume II. — La réponse de Guillaume II. — Ses propositions. — L'étonnement du Tsar. — Une déclaration de Nicolas II. — Un article de l'*Etat Russe* (20 février-2 mars) 246

III. *Guillaume II et M. Roosevelt.* — La première dépêche de M. Roosevelt. — Le premier refus de Guillaume II. — La seconde

TABLE DES MATIÈRES

dépêche de M. Roosevelt. — Le second refus de Guillaume II. — Un conseil des ministres à Washington. — Les instructions de M. White (17 février-2 mars)........................... 249

IV. *L'Italie et l'Espagne.* — L'état d'esprit de M. Sonnino. — L'activité de MM. Barrère et Egerton. — Les « confidents » du marquis Visconti-Venosta. — Les idées de M. Moret. — Les instructions du duc d'Almodovar. — M. de Stumm, l'Empereur et le chancelier (22 février-1er mars)............................ 252

V. *Les puissances tierces.* — Notre politique à leur égard. — Belgique, Pays-Bas, Suède. — L'Autriche et ses ennuis. — Un mot de François-Joseph. — L'activité transactionnelle du comte Goluchowski (22 février-1er mars)....................... 256

VI. *Le bilan européen au 3 mars.* — Le vote nécessaire. — Banquo et police. — La nervosité de l'opinion française. — Les attaques de M. Jaurès. — La violence des journaux allemands. — Les instructions de M. Révoil (25 février). — Vers le scrutin.......... 259

CHAPITRE III. — LA POLICE A L'ORDRE DU JOUR......... 265

I. *La réponse de la France à la note allemande du 19 février.* — L'entrevue du 26 février entre MM. Révoil et de Radowitz. — Le jeu des Allemands. — Les ajournements de M. de Radowitz. — Le vote et les pronostics. — La thèse du comte Goluchowski. — Conférences et scrutins. — La réfutation française. — L'appel à notre complaisance. — Le compte des voix...................... 265

II. *L'incident Mokri* (27 *février*). — Les travaux de Safi et de Casablanca. — L'origine de l'affaire. — Craintes injustifiées. — L'attitude de l'Allemagne. — M. Jaurès et l'*Humanité*............ 271

III. *Le premier vote.* — Le travail préparatoire. — La tactique de M. Révoil. — Le rôle des Russes et des Anglais. — La promesse du marquis Visconti-Venosta. — La séance du 3 mars. — Le vote. — L'impression à Algésiras. — Le comte de Tattenbach chez M. Révoil. — Préférence et contrôle....................... 275

IV. *La séance du 5 mars.* — Les déclarations de MM. Bacheracht, Révoil, de Radowitz et Perez Caballero. — Les deux thèses. — L'ordre du jour............................. 282

V. *L'optimisme.* — Les pourparlers de M. de Radowitz avec MM. White et Visconti-Venosta sur la banque. — La démarche du comte de Welsersheimb. — Le projet autrichien et sa signification. — La colère du Dr Rosen. — La confiance du comte Lamsdorf. — Une lettre de Guillaume II au comte Witte. — Le prince de Radolin et le baron de Courcel. — Guillaume II et le prince de Monaco (7 mars). — L'accord semble acquis. — Les instructions de M. Révoil (7 mars). — Une troisième dépêche de M. Roosevelt à Guillaume II. — La chute du cabinet Rouvier....................... 291

CHAPITRE IV. — LA CRISE MINISTÉRIELLE FRANÇAISE..... 299

I. *L'état d'esprit à Algésiras.* — Deux bonnes séances (8 et 10 mars). — La question de la banque. — La police. — Le projet autrichien: — Les promesses de M. de Radowitz. — La confiance du roi d'Italie. 299

II. *Le revirement.* — Les dernières instructions de M. Rouvier et l'acceptation de l'inspection (9 et 11 mars). — La question de l'article 32. — Les bases de l'accord. — La journée du 11 mars. — L'intransigeance soudaine de M. de Radowitz. — Les violences du comte de Tattenbach. — La situation................... 309

III. *La manœuvre allemande.* — La presse officieuse. — La circulaire du 12 mars. — L'action des ambassadeurs d'Allemagne (13-14 mars). — La dépêche du prince de Bülow au comte Witte (12 mars). — Les trois télégrammes de Guillaume II à M. Roosevelt (14-17 mars) 316

IV. *Les effets de la manœuvre allemande.* — Le départ de M. Rouvier. — L'état d'esprit de M. Révoil. — L'incertitude des délégués. — L'arrivée de M. Léon Bourgeois (14 mars) 320

QUATRIÈME PARTIE

L'ACCORD

(14 mars-7 avril).

CHAPITRE PREMIER. — CASABLANCA 325

I. *La tâche de M. Léon Bourgeois.* — La déclaration ministérielle. — Le premier contact avec les ambassadeurs. — Les instructions de M. Révoil confirmées (13 mars). — L'Angleterre dément l'attitude que l'Allemagne lui a prêtée (14 mars). — La Russie suit son exemple (19 mars). — Le *Temps* publie les deux circulaires (16-20 mars). — L'aveu de la *Gazette de l'Allemagne du Nord.* — Une nouvelle dépêche de M. Roosevelt (17 mars). — Les instructions de M. Henry White 325

II. *La politique de M. Léon Bourgeois.* — Plus de concessions sur la police. — Transactions possibles sur la banque. — Leur limite. — Une solution élégante, mais irréalisable. — L'article 17 et l'article 32. — Les arguments juridiques. — La thèse adoptée 336

III. *Le succès de la France.* — La première intervention du comte de Khevenhuller (15 mars). — L'intransigeance du prince de Radolin (17 mars). — La seconde visite du comte de Khevenhuller et sa signification (17 mars). — L'Allemagne cède sur Casablanca. — Déclarations du Dr Rosen, de M. de Szœgyeny, du prince de Bülow, de M. de Schœn, du comte Goluchowski et du comte de Khevenhuller (18-24 mars). — Un nouveau télégramme de Guillaume II à M. Roosevelt (20 mars) 342

IV. *A Algésiras.* — Inertie et nervosité. — Les fausses nouvelles. — Les quatre séances du comité de rédaction (20, 21, 23, 25 mars). — La séance plénière du 26. — L'accord sur Casablanca (26 mars). — Une nouvelle proposition allemande sur la banque. — Un état d'esprit dangereux 347

CHAPITRE II. — L'INSPECTEUR 356

I. *Les concessions françaises en matière d'inspection.* — Les limites de nos concessions. — Ni commandement ni collaboration au commandement. — L'appui de l'Angleterre, de la Russie et des États-Unis. — Le projet Révoil du 19 mars. — Le projet autrichien aggravé. — Ses exigences 356

II. — *La discussion.* — Les séances de comité (20, 22, 23 mars). — M. Bacheracht et M. Regnault contre le comte de Tattenbach. — Le texte provisoire. — Les amendements du comte de Welsersheimb. 362

TABLE DES MATIÈRES 553

    III. *Nouvelles concessions de la France*. — La séance du 26 mars. — L'article 6. — L'ultimatum de M. de Radowitz. — La réponse de M. Révoil. — Nouveau renvoi au comité de rédaction 365

    IV. *La situation de la France*. — Notre dernière ligne de défense. — Les négociations et la séance du 27 mars. — L'accord. — La séance du 31 mars. — La nationalité de l'inspecteur 371

CHAPITRE III. — **LA RÉPARTITION DES PORTS** 377

    I. *L'importance de la question*. — Les accords franco-espagnols de 1904 et 1905. — Les aspirations espagnoles. — La situation de la France. — Le projet français du 8 mars et la répartition. — Le projet autrichien et les accords franco-espagnols 377

    II. *Les initiatives espagnoles*. — Le duc d'Almodovar, M. Moret et M. de Leon y Castillo. — La police de Tanger. — La réponse de M. Léon Bourgeois. — La police mixte de Casablanca (18-22 mars) 381

    III. *La répartition et la conférence*. — Rumeurs et inquiétudes. — La proposition Roosevelt sur la police mixte et ses conséquences. — Nos objections. — Un péril évité. — La question pendante entre la France et l'Espagne 384

    IV. *Les séances du 26 et du 31 mars*. — Le comte de Welsersheimb, M. Révoil et M. Bacheracht. — La dernière négociation avec l'Espagne. — Banque et parts. — Les intrigues allemandes. — L'accord franco-espagnol. — La ratification de la conférence 389

CHAPITRE IV. — **L'ACTE GÉNÉRAL** 396

    I. *Les dernières négociations (26 mars-7 avril)*. — Les censeurs et les parts. — Les réserves marocaines. — Les droits de douane et l'estimation des valeurs. — Le comité d'estimation et le comité permanent. — Les services et travaux publics. — Les vœux anglais, marocain, américain, allemand, autrichien, espagnol 396

    II. *La signature (7 avril)*. — La préparation de l'Acte général. — Le protocole additionnel et la mission Malmusi. — La séance de clôture. — L'économie de l'Acte général. — Le rôle du corps diplomatique. — Le départ. — Interviews des plénipotentiaires. — Distinctions et récompenses 405

    III. *L'impression en Europe*. — La presse française. — La presse allemande. — Les tiers. — Le discours du prince de Bülow (5 avril). — Le discours de M. Léon Bourgeois (11 avril) 415

    IV. *Les mesures d'exécution*. — La mission Malmusi (juin-juillet 1906). — Les puissances et la ratification. — La Banque d'État et le comité d'études. — Les deux sessions de mai et de novembre. — Les statuts et le règlement. — La police et l'anarchie. — L'intervention franco-espagnole (décembre 1906). — Les règlements économiques 425

Conclusion 436

    I. *Coup d'œil rétrospectif*. — L'unité de la politique française. — L'équivoque de la politique allemande. — L'Allemagne et la « réprobation de l'Europe ». — L'Angleterre et la Russie. — Le rôle des États-Unis, de l'Autriche et des petites puissances 436

    II. *Les résultats marocains*. — Les réformes et l'empire chérifien. — Les réformes et la France. — Le programme français adopté par la conférence. — Les intérêts français au Maroc et l'Acte général. — L'Allemagne au Maroc après la conférence 449

III. *Les résultats européens*. — L'amitié franco-anglaise consolidée. — Son action à Rome et à Madrid. — L'alliance russe fortifiée. — Les sympathies franco-américaines. — L'évolution de la Triple-Alliance. — Les exigences de l'Italie. — Les réserves de l'Autriche. — Le mécontentement de l'opinion allemande. — L'Allemagne et l'Europe. — La résignation du prince de Bülow 458

IV. *Les enseignements de la crise*. — Les erreurs marocaines de la France. — Les fautes européennes. — Les principes à sauvegarder. — La politique de M. Delcassé, sa force et sa faiblesse. — Diplomatie et armée. — La leçon militaire de la crise marocaine. 469

APPENDICES

I. Convention de Madrid du 3 juillet 1880. 475
II. Déclaration concernant l'Égypte et le Maroc du 8 avril 1904. . . . 479
III. Déclaration relative à l'arrangement franco-espagnol signé à Paris le 3 octobre 1904 par M. Delcassé, ministre des Affaires étrangères et le marquis del Muni, ambassadeur d'Espagne 481
IV. Déclaration lue par M. Rouvier, président du Conseil, ministre des Affaires étrangères, à la séance de la Chambre des députés, le 10 juillet 1905 481
V. Accord signé le 28 septembre 1905, par M. Rouvier, président du Conseil, ministre des Affaires étrangères, et le prince de Radolin, ambassadeur d'Allemagne à Paris 484
VI. Déclarations du prince de Bülow publiées par le *Temps*, le 5 octobre 1905 486
VII. Discours prononcé au Reichstag par le prince de Bülow, le 6 décembre 1905 490
VIII. Déclaration lue devant la Chambre des députés le 16 décembre 1905 par M. Rouvier, président du Conseil, ministre des Affaires étrangères 495
IX. Documents statistiques sur la situation commerciale des puissances au Maroc 499
X. Liste des missions diplomatiques à la conférence d'Algésiras . . . 502
XI. Liste des principaux correspondants de journaux 503
XII. Acte général de la conférence internationale d'Algésiras 504
XIII. Discours du prince de Bülow du 5 avril 1906 531
XIV. Déclaration lue devant la Chambre des députés le 11 avril 1906 par M. Léon Bourgeois, ministre des Affaires étrangères 534
INDEX ALPHABÉTIQUE 541

ÉVREUX, IMPRIMERIE CH. HÉRISSEY ET FILS

FÉLIX ALCAN, ÉDITEUR

RECUEIL DES INSTRUCTIONS
DONNÉES AUX AMBASSADEURS ET MINISTRES DE FRANCE
DEPUIS LES TRAITÉS DE WESTPHALIE JUSQU'A LA RÉVOLUTION FRANÇAISE
Publié sous les auspices de la Commission des archives diplomatiques
au Ministère des Affaires étrangères
Beaux vol. in-8 raisin, imprimés sur pap. de Hollande, avec introduction et notes

I. — Autriche, par M. Albert SOREL, de l'Académie française. . *Epuisé.*
II. — Suède, par M. A. GEFFROY, de l'Institut. . . . . 20 fr.
III. — Portugal, par le vicomte DE CAIX DE SAINT-AYMOUR . . . . . 20 fr.
IV et V. — Pologne, par M. Louis FARGES, 2 vol. . . . . 30 fr.
VI. — Rome, par M. G. HANOTAUX, de l'Académie française. . . . 20 fr.
VII. — Bavière, Palatinat et Deux-Ponts, par M. André LEBON . . 25 fr.
VIII et IX. — Russie, par M. Alfred RAMBAUD, de l'Institut, 2 vol. Le 1er vol. 20 fr. Le second vol. . . . . 25 fr.
X. — Naples et Palerme, par M. Joseph REINACH. . . . . 20 fr.
XI. — Espagne (1649-1750), par MM. MOREL-FATIO et LÉONARDON (t. I). 20 fr.
XII et XII bis. — Espagne (1750-1789) (t. II et III), par les mêmes. . . 40 fr.
XIII. — Danemark, par M. A. GEFFROY, de l'Institut. . . . . . . 14 fr.
XIV et XV. — Savoie-Mantoue, par M. HORRIC DE BEAUCAIRE, 2 vol. . . 40 fr.
XVI. — Prusse, par M. A. WADDINGTON, 1 vol. (Couronné par l'Institut). 28 fr.

INVENTAIRE ANALYTIQUE

DES ARCHIVES DU MINISTÈRE DES AFFAIRES ÉTRANGÈRES
Publié sous les auspices de la Commission des archives diplomatiques

Correspondance politique de MM. de CASTILLON et de MARILLAC, ambassadeurs de France en Angleterre (1537-1542), par M. Jean KAULEC, avec la collaboration de MM. Louis Farges et Germain Lefèvre-Pontalis. 1 vol. in-8 raisin. . . . . 15 fr.
Papiers de BARTHÉLEMY, ambassadeur de France en Suisse, de 1792 à 1797, par M. Jean KAULEK, 4 vol. in-8 raisin. I. Année 1792, 15 fr. — II. Janvier-août 1793, 15 fr. — III. Septembre 1793 à mars 1794, 18 fr. — IV. Avril 1794 à février 1795. . . . . 20 fr.
Correspondance politique de ODET DE SELVE, ambassadeur de France en Angleterre (1546-1549), par M. G. LEFÈVRE-PONTALIS. 1 vol. In-8 raisin. 15 fr.
Correspondance politique de GUILLAUME PELLICIER, ambassadeur de France à Venise (1540-1542), par M. Alexandre TAUSSERAT-RADEL. 1 fort volume in-8 raisin. . . . . 40 fr.
Correspondance des Beys d'Alger avec la Cour de France (1759-1833), recueillie par Eug. PLANTET, attaché au Ministère des Affaires étrangères. 2 vol. in-8 raisin avec 2 planches en taille-douce hors texte. . . . 30 fr.
Correspondance des Beys de Tunis et des Consuls de France avec la Cour (1577-1830), recueillie par Eug. PLANTET, publiée sous les auspices du Ministère des Affaires étrangères. 3 vol. in-8 raisin. TOME I (1577-1700). *Epuisé.* — TOME II (1700-1770. 20 fr. — TOME III (1770-1830). . . . 20 fr.

Les introducteurs des Ambassadeurs (1589-1900). 1 vol. in-4, avec figures dans le texte et planches hors texte. . . . . 20 fr.

FÉLIX ALCAN, ÉDITEUR

ANNALES DES SCIENCES POLITIQUES

REVUE BIMESTRIELLE
Publiée avec la collaboration des Professeurs et des anciens Élèves de l'Ecole

23ᵉ Année — 1908

Comité de Rédaction : M. A. LEROY-BEAULIEU, de l'Institut, Directeur de l'Ecole libre des Sciences politiques ; M. A. de FOVILLE, de l'Institut, Conseiller maître à la Cour des Comptes ; M. STOURM, de l'Institut, ancien Inspecteur des Finances et Administrateur des Contributions indirectes ; M. Auguste ARNAUNÉ, Directeur de l'Administration des Monnaies ; M. A. RIBOT, de l'Institut, député, ancien Président du Conseil des Ministres ; M. Jules DIETZ ; M. Louis RENAULT, de l'Institut, Professeur à la Faculté de droit de Paris ; M. Albert SOREL, de l'Académie française ; M. VANDAL, de l'Académie française ; M. Emile BOURGEOIS, Maître de conférences à la Sorbonne.

Directeurs des Groupes de travail, Professeurs à l'Ecole libre des Sciences politiques
Rédacteur en chef : M. Achille VIALLATE, Professeur à l'Ecole libre des Sciences politiques.

Prix d'abonnement : **1 an** (du 15 janvier) Paris, **18 fr.** ; Départements et étranger, **19 fr.** La livraison, **3 fr. 50**.

REVUE HISTORIQUE

DIRIGÉ PAR G. MONOD, DE L'INSTITUT. CHARGÉ DE COURS AU COLLÈGE DE FRANCE

33ᵉ Année — 1908

La *Revue Historique* paraît tous les deux mois, par livraison grand in-8º de 15 ou 16 feuilles, et forme à la fin de l'année trois beaux volumes de 500 pages chacun.

Chaque livraison contient : I. Plusieurs *articles de fond*, comprenant chacun, s'il est possible, un travail complet. — II. Des *Mélanges et Variétés*, composés de documents inédit. d'une étendue restreinte et de courtes notions sur des points d'histoire curieux ou mal connuss — III. Un *Bulletin historique* de la France et de l'étranger, fournissant des renseignements aussi complets que possible sur tout ce qui touche aux études historiques. — IV. Une *Analyse des publications périodiques* de la France et de l'étranger, au point de vue des études historiques. — V. Des *Comptes rendus critiques* des livres d'histoire nouveaux.

Prix d'abonnement : Un an, pour Paris, **30 fr.** — Pour les départements et l'étranger, **33 fr.**
La livraison, **6 fr.**

JOURNAL DES ÉCONOMISTES

Revue mensuelle de la science économique et de la statistique

68ᵉ ANNÉE — 1908

Paraît le 15 de chaque mois
par fascicules grand in-8º de 10 feuilles

Rédacteur en chef : M. G. DE MOLINARI
CORRESPONDANT DE L'INSTITUT

PRIX D'ABONNEMENT

France et Algérie : UN AN	36 fr. ; SIX MOIS	19 fr.
Union postale : UN AN	38 fr. ; SIX MOIS	20 fr.
LE NUMÉRO	3 fr. 50	

Les abonnements partent de Janvier ou de Juillet.

Le *Journal des Economistes* publie régulièrement :

Des articles de fond sur toutes les questions à l'ordre du jour, touchant l'Economie politique ou sociale, les Finances, l'Administration, l'Agriculture, l'Industrie, le Commerce, la Politique commerciale, la Sociologie ;
Une Revue des publications étrangères ;
Une Revue des principales publications économiques en langue française ;
Une Revue du mouvement commercial et financier ;
Une Revue du mouvement agricole ;
Une Revue des travaux de l'Académie des Sciences morales et politiques ;
Une Revue du mouvement scientifique et industriel ;
Le compte rendu des discussions de la Société d'Economie politique ;
Un Bulletin contenant des documents financiers, statistiques et administratifs ;
Une bibliographie contenant l'analyse d'ouvrages parus en France et à l'étranger ;
Une Chronique économique.

Envoi franco de numéros spécimen sur demande

FÉLIX ALCAN, Éditeur
LIBRAIRIES FÉLIX ALCAN ET GUILLAUMIN RÉUNIES

PHILOSOPHIE — HISTOIRE

CATALOGUE
DES
Livres de Fonds

	Pages.		Pages.
BIBLIOTHÈQUE DE PHILOSOPHIE CONTEMPORAINE.		ANNALES DE L'UNIVERSITÉ DE LYON	21
Format in-16	2	RECUEIL DES INSTRUCTIONS DIPLOMATIQUES	21
Format in-8	5	INVENTAIRE ANALYTIQUE DES ARCHIVES DU MINISTÈRE DES AFFAIRES ÉTRANGÈRES	21
COLLECTION HISTORIQUE DES GRANDS PHILOSOPHES	12	REVUE PHILOSOPHIQUE	22
Philosophie ancienne	12	REVUE GERMANIQUE	22
Philosophie médiévale et moderne	12	JOURNAL DE PSYCHOLOGIE	22
Philosophie anglaise	13	REVUE HISTORIQUE	22
Philosophie allemande	13	ANNALES DES SCIENCES POLITIQUES	22
Philosophie anglaise contemporaine	14	JOURNAL DES ÉCONOMISTES	22
Philosophie allemande contemporaine	14	REVUE DE L'ÉCOLE D'ANTHROPOLOGIE	22
Philosophie italienne contemporaine	14	REVUE ÉCONOMIQUE INTERNATIONALE	22
LES MAITRES DE LA MUSIQUE	14	SOCIÉTÉ POUR L'ÉTUDE PSYCHOLOGIQUE DE L'ENFANT	22
LES GRANDS PHILOSOPHES	14	BIBLIOTHÈQUE SCIENTIFIQUE INTERNATIONALE	23
MINISTRES ET HOMMES D'ÉTAT	14		
BIBLIOTHÈQUE GÉNÉRALE DES SCIENCES SOCIALES	15		
BIBLIOTHÈQUE D'HISTOIRE CONTEMPORAINE	16	RÉCENTES PUBLICATIONS NE SE TROUVANT PAS DANS LES COLLECTIONS PRÉCÉDENTES	26
PUBLICATIONS HISTORIQUES ILLUSTRÉES	19	TABLE DES AUTEURS	31
BIBLIOTHÈQUE DE LA FACULTÉ DES LETTRES DE PARIS	19	TABLE DES AUTEURS ÉTUDIÉS	32
TRAVAUX DE L'UNIVERSITÉ DE LILLE	20		

On peut se procurer tous les ouvrages
qui se trouvent dans ce Catalogue par l'intermédiaire des libraires
de France et de l'Étranger.
On peut également les recevoir franco par la poste,
sans augmentation des prix désignés, en joignant à la demande
des TIMBRES-POSTE FRANÇAIS ou un MANDAT sur Paris.

108, BOULEVARD SAINT-GERMAIN, 108
PARIS, 6^e

MARS 1907

F. ALCAN.

Les titres précédés d'un *astérisque* sont recommandés par le Ministère de l'Instruction publique, pour les Bibliothèques des élèves et des professeurs et pour les distributions de prix des lycées et collèges.

BIBLIOTHÈQUE DE PHILOSOPHIE CONTEMPORAINE
Volumes in-16, brochés, à 2 fr. 50.
Cartonnés toile, 3 francs. — En demi-reliure, plats papier, 4 francs.

La *psychologie*, avec ses auxiliaires indispensables, l'*anatomie* et la *physiologie du système nerveux*, la *pathologie mentale*, la *psychologie des races inférieures et des animaux*, les *recherches expérimentales des laboratoires*; — la *logique*; — les *théories générales fondées sur les découvertes scientifiques*; — l'*esthétique*; — les *hypothèses métaphysiques*; — la *criminologie* et la *sociologie*; — l'*histoire des principales théories philosophiques*; tels sont les principaux sujets traités dans cette Bibliothèque.

ALAUX (V.), prof. à l'École des Lettres d'Alger. La philosophie de Victor Cousin.
ALLIER (R.). *La Philosophie d'Ernest Renan. 2° édit. 1903.
ARRÉAT (L.). *La Morale dans le drame, l'épopée et le roman. 3° édition.
— *Mémoire et imagination (Peintres, Musiciens, Poètes, Orateurs). 2° édit.
— Les Croyances de demain. 1898.
— Dix ans de philosophie. 1900.
— Le Sentiment religieux en France. 1903.
— Art et Psychologie individuelle. 1906.
BALLET (G.). Le Langage intérieur et les diverses formes de l'aphasie. 2° édit.
BAYET (A.). La morale scientifique. 2° édit. 1906.
BEAUSSIRE, de l'Institut. *Antécédents de l'hégél. dans la philos. française.
BERGSON (H.), de l'Institut, professeur au Collège de France. *Le Rire. Essai sur la signification du comique. 3° édition. 1904.
BERTAULD. De la Philosophie sociale.
BINET (A.), directeur du lab. de psych. physiol. de la Sorbonne. La Psychologie du raisonnement, expériences par l'hypnotisme. 4° édit.
BLONDEL. Les Approximations de la vérité. 1900.
BOS (C.), docteur en philosophie. *Psychologie de la croyance. 2° édit. 1905.
BOUCHER (M.). L'hyperespace, le temps, la matière et l'énergie. 2° édit. 1905.
BOUGLÉ, prof. à l'Univ. de Toulouse. Les Sciences sociales en Allemagne. 2° éd. 1902.
— Qu'est-ce que la Sociologie? 1907.
BOURDEAU (J.). Les Maîtres de la pensée contemporaine. 4° édit. 1906.
— Socialistes et sociologues. 2° éd. 1907.
BOUTROUX, de l'Institut. *De la contingence des lois de la nature. 5° éd. 1905.
BRUNSCHVICG, professeur au lycée Henri IV, docteur ès lettres. *Introduction à la vie de l'esprit. 2° édit. 1906.
— *L'Idéalisme contemporain. 1905.
COSTE (Ad.). Dieu et l'âme. 2° édit. précédée d'une préface par R. Worms. 1903.
CRESSON (A.), docteur ès lettres. La Morale de Kant. 2° édit. (Cour. par l'Institut.)
— Le Malaise de la pensée philosophique. 1905.
DANVILLE (Gaston). Psychologie de l'amour. 4° édit. 1907.
DAURIAC (L.). La Psychologie dans l'Opéra français (Auber, Rossini, Meyerbeer).
DELVOLVÉ (J.), docteur ès lettres, agrégé de philosophie. *L'organisation de la conscience morale. *Esquisse d'un art moral positif*. 1906.
DUGAS, docteur ès lettres. *Le Psittacisme et la pensée symbolique. 1896.
— La Timidité. 3° édit. 1903.
— Psychologie du rire. 1902.
— L'absolu. 1904.
DUMAS (G.), chargé de cours à la Sorbonne. Le Sourire, avec 19 figures. 1906.
DUNAN, docteur ès lettres. La théorie psychologique de l'Espace.
DUPRAT (G.-L.), docteur ès lettres. Les Causes sociales de la Folie. 1900.
— Le Mensonge. *Étude psychologique*. 1903.

F. ALCAN.

Suite de la *Bibliothèque de philosophie contemporaine*, format in-16, à 2 fr. 50 le vol.

DURAND (de Gros). *Questions de philosophie morale et sociale. 1902.
DURKHEIM (Émile), professeur à la Sorbonne. * Les règles de la méthode sociologique. 3ᵉ édit. 1904.
D'EICHTHAL (Eug.) (de l'Institut). Les Problèmes sociaux et le Socialisme. 1899.
ENCAUSSE (Papus). L'occultisme et le spiritualisme. 2ᵉ édit. 1903.
ESPINAS (A.), de l'Institut, prof. à la Sorbonne. * La Philosophie expérimentale en Italie.
FAIVRE (E.). De la Variabilité des espèces.
FÉRÉ (Ch.). Sensation et Mouvement. Étude de psycho-mécanique, avec fig. 2ᵉ éd.
— Dégénérescence et Criminalité, avec figures. 3ᵉ édit. 1907.
FERRI (E.). *Les Criminels dans l'Art et la Littérature. 2ᵉ édit. 1902.
FIERENS-GEVAERT. Essai sur l'Art contemporain. 2ᵉ éd. 1903. (Cour. par l'Ac. fr.).
— La Tristesse contemporaine, essai sur les grands courants moraux et intellectuels du XIXᵉ siècle. 4ᵉ édit. 1904. (Couronné par l'Institut.)
— *Psychologie d'une ville. *Essai sur Bruges*. 2ᵉ édit. 1902.
— Nouveaux essais sur l'Art contemporain. 1903.
FLEURY (Maurice de). L'Ame du criminel. 1898.
FONSEGRIVE, professeur au lycée Buffon. La Causalité efficiente. 1893.
FOUILLÉE (A.), de l'Institut. La propriété sociale et la démocratie. 4ᵉ édition. 1904.
FOURNIÈRE (E.). Essai sur l'individualisme. 1901.
FRANCK (Ad.), de l'Institut. * Philosophie du droit pénal. 5ᵉ édit.
GAUCKLER. Le Beau et son histoire.
GELEY (Dʳ G.). L'être subconscient. 2ᵉ édit. 1905.
GOBLOT (E.), professeur à l'Université de Lyon. Justice et liberté. 2ᵉ éd. 1907.
GODFERNAUX (G.), docteur ès lettres. Le Sentiment et la Pensée, 2ᵉ éd. 1906.
GRASSET (J.), professeur à la Faculté de médecine de Montpellier. Les limites de la biologie. 3ᵉ édit. 1906. Préface de Paul BOURGET.
GREEF (de). Les Lois sociologiques. 3ᵉ édit.
GUYAU. * La Genèse de l'idée de temps. 2ᵉ édit.
HARTMANN (E. de). La Religion de l'avenir. 5ᵉ édit.
— Le Darwinisme, ce qu'il y a de vrai et de faux dans cette doctrine. 6ᵉ édit.
HERBERT SPENCER. * Classification des sciences. 6ᵉ édit.
— L'Individu contre l'État. 5ᵉ édit.
HERCKENRATH. (C.-R.-C.) Problèmes d'Esthétique et de Morale. 1897.
JAELL (Mᵐᵉ). L'intelligence et le rythme dans les mouvements artistiques, avec fig. 1904
JAMES (W.). La théorie de l'émotion, préf. de G. DUMAS, chargé de cours à la Sorbonne. Traduit de l'anglais. 1902.
JANET (Paul), de l'Institut. * La Philosophie de Lamennais.
JANKELEWITCH (S. J.). Nature et Société. *Essai d'une application du point de vue finaliste aux phénomènes sociaux*. 1906.
LACHELIER, de l'Institut. Du fondement de l'induction, suivi de psychologie et métaphysique. 5ᵉ édit. 1907.
LAISANT (C.). L'Éducation fondée sur la science. Préface de A. NAQUET. 2ᵉ éd. 1905.
LAMPÉRIÈRE (Mᵐᵉ A.). * Rôle social de la femme, son éducation. 1898.
LANDRY (A.), agrégé de philos., docteur ès lettres. La responsabilité pénale. 1902.
LANGE, professeur à l'Université de Copenhague. * Les Émotions, étude psycho-physiologique, traduit par G. Dumas. 2ᵉ édit. 1902.
LAPIE, professeur à l'Univ. de Bordeaux. La Justice par l'État. 1899.
LAUGEL (Auguste). L'Optique et les Arts.
LE BON (Dʳ Gustave). * Lois psychologiques de l'évolution des peuples. 7ᵉ édit.
— * Psychologie des foules. 10ᵉ édit.
LÉCHALAS. * Etude sur l'espace et le temps. 1895.
LE DANTEC, chargé du cours d'Embryologie générale à la Sorbonne. Le Déterminisme biologique et la Personnalité consciente. 2ᵉ édit.
— * L'Individualité et l'Erreur individualiste. 2ᵉ édit. 1905.
— Lamarckiens et Darwiniens, 2ᵉ édit. 1904.
LEFÈVRE (G.), prof. à l'Univ. de Lille. Obligation morale et idéalisme. 1895.

F. ALCAN. — 4 —

Suite de la *Bibliothèque de philosophie contemporaine*, format in-16, à 2 fr. 50 le vol.

LIARD, de l'Inst., vice-rect. de l'Acad. de Paris.* **Les Logiciens anglais contemp.** 4° éd.
— **Des définitions géométriques et des définitions empiriques.** 3° édit.
LICHTENBERGER (Henri), maître de conférences à la Sorbonne. * **La philosophie de Nietzsche.** 9° édit. 1906.
— * Friedrich Nietzsche. Aphorismes et fragments choisis. 3° édit. 1905.
LOMBROSO. L'Anthropologie criminelle et ses récents progrès. 4° édit. 1901.
LUBBOCK (Sir John). * **Le Bonheur de vivre.** 2 volumes. 9° édit. 1905.
— *L'Emploi de la vie. 6° éd. 1905.
LYON (Georges), recteur de l'Académie de Lille. * **La Philosophie de Hobbes.**
MARGUERY (E.). L'Œuvre d'art et l'évolution. 2° édit. 1905.
MAUXION, professeur à l'Université de Poitiers. * **L'éducation par l'instruction et les *Théories pédagogiques de Herbart*.** 1900.
— *Essai sur les éléments et l'évolution de la moralité. 1904.
MILHAUD (G.), professeur à l'Université de Montpellier. * **Le Rationnel.** 1898.
— *Essai sur les conditions et les limites de la Certitude logique. 2° édit. 1898.
MOSSO. * **La Peur.** Étude psycho-physiologique (avec figures). 3° édit.
— * La Fatigue intellectuelle et physique, trad. Langlois. 5° édit.
MURISIER (E.), professeur à la Faculté des lettres de Neuchâtel (Suisse). *Les Maladies du sentiment religieux. 2° édit. 1903.
NAVILLE (E.), prof. à la Faculté des lettres et sciences sociales de l'Université de Genève. Nouvelle classification des sciences. 2° édit. 1901.
NORDAU (Max). *Paradoxes psychologiques, trad. Dietrich. 5° édit. 1904.
— Paradoxes sociologiques, trad. Dietrich. 4° édit. 1904.
— * Psycho-physiologie du Génie et du Talent, trad. Dietrich. 3° édit. 1902.
NOVICOW (J.). L'Avenir de la Race blanche. 2° édit. 1903.
OSSIP-LOURIÉ, lauréat de l'Institut. Pensées de Tolstoï. 2° édit. 1902.
— * Nouvelles Pensées de Tolstoï. 1903.
— * La Philosophie de Tolstoï. 2° édit. 1903.
— * La Philosophie sociale dans le théâtre d'Ibsen. 1900.
— Le Bonheur et l'Intelligence. 1904.
PALANTE (G.), agrégé de l'Université. Précis de sociologie. 2° édit. 1903.
PAULHAN (Fr.). Les Phénomènes affectifs et les lois de leur apparition. 2° éd. 1901.
— * Joseph de Maistre et sa philosophie. 1893.
— * Psychologie de l'invention. 1900.
— * Analystes et esprits synthétiques. 1903.
— * La fonction de la mémoire et le souvenir affectif. 1904.
PHILIPPE (J.). *L'Image mentale, avec fig. 1903.
PHILIPPE (J.) et PAUL-BONCOUR (J.). Les anomalies mentales chez les écoliers. (*Ouvrage couronné par l'Institut*). 2° éd. 1907.
PILLON (F.). * La Philosophie de Ch. Secrétan. 1898.
PIOGER (Dr Julien). Le Monde physique, essai de conception expérimentale. 1893.
QUEYRAT, prof. de l'Univ. * **L'Imagination et ses variétés chez l'enfant.** 2° édit.
— *L'Abstraction, son rôle dans l'éducation intellectuelle. 2° édit. 1907.
— * Les Caractères et l'éducation morale. 2° éd. 1901.
— * La logique chez l'enfant et sa culture. 2° édit. 1907.
— *Les jeux des enfants. 1905.
REGNAUD (P.), professeur à l'Université de Lyon. Logique évolutionniste. L'Entendement dans ses rapports avec le langage. 1897.
— Comment naissent les mythes. 1897.
RENARD (Georges), professeur au Conservatoire des arts et métiers. **Le régime socialiste**, *son organisation politique et économique*. 6° édit. 1907.
RÉVILLE (A.), professeur au Collège de France. Histoire du dogme de la Divinité de Jésus-Christ. 4° édit. 1907.
RIBOT (Th.), de l'Institut, professeur honoraire au Collège de France, directeur de la *Revue philosophique*. **La Philosophie de Schopenhauer.** 10° édition.
— * Les Maladies de la mémoire. 18° édit.
— * Les Maladies de la volonté. 21° édit.

F. ALCAN.

Suite de la *Bibliothèque de philosophie contemporaine*, format in-16 à 2 fr. 50 le vol.

RIBOT (Th.), de l'Institut, professeur honoraire au Collège de France, directeur de la *Revue philosophique*. * **Les Maladies de la personnalité**. 11ᵉ édit.
— * **La Psychologie de l'attention**. 6ᵉ édit.
RICHARD (G.), chargé du cours de sociologie à l'Université de Bordeaux. * **Socialisme et Science sociale**. 2ᵉ édit.
RICHET (Ch.). Essai de psychologie générale. 5ᵉ édit. 1903.
ROBERTY (E. de). L'Inconnaissable, sa métaphysique, sa psychologie.
— L'Agnosticisme. Essai sur quelques théories pessim. de la connaissance. 2ᵉ édit.
— La Recherche de l'Unité. 1893.
— * Le Bien et le Mal. 1896.
— Le Psychisme social. 1897.
— Les Fondements de l'Ethique. 1898.
— Constitution de l'Éthique. 1901.
— Frédéric Nietzsche. 3ᵉ édit. 1903.
ROISEL. De la Substance.
— L'Idée spiritualiste. 2ᵉ éd. 1901.
ROUSSEL-DESPIERRES. L'Idéal esthétique. *Philosophie de la beauté*. 1904.
SCHOPENHAUER. * Le Fondement de la morale, trad. par M. A. Burdeau. 7ᵉ édit.
— * Le Libre arbitre, trad. par M. Salomon Reinach, de l'Institut. 8ᵉ éd.
— Pensées et Fragments, avec intr. par M. J. Bourdeau. 18ᵉ édit.
— Écrivains et style. Traduct. Dietrich. 1905.
— Sur la Religion. Traduct. Dietrich. 1906.
SOLLIER (Dʳ P.). Les Phénomènes d'autoscopie, avec fig. 1903.
SOURIAU (P.), prof. à l'Université de Nancy. La Rêverie esthétique. *Essai sur la psychologie du poète*. 1906.
STUART MILL. * **Auguste Comte et la Philosophie positive**. 6ᵉ édit.
— * L'Utilitarisme. 4ᵉ édit.
— Correspondance inédite avec Gust. d'Eichthal (1828-1842)=(1864-1871). 1899. Avant-propos et trad. par Eug. d'Eichthal.
SULLY PRUDHOMME, de l'Académie française. Psychologie du libre arbitre suivi de *Définitions fondamentales des idées les plus générales et des idées les plus abstraites*. 1907.
— et Ch. RICHET, professeur à l'Université de Paris. Le problème des causes finales. 2ᵉ édit. 1904.
SWIFT. L'Éternel conflit. 1904.
TANON (L.). * L'Évolution du droit et la Conscience sociale. 2ᵉ édit. 1905.
TARDE, de l'Institut. La Criminalité comparée. 6ᵉ édit. 1907.
— * Les Transformations du Droit. 5ᵉ édit. 1906.
— * Les Lois sociales. 4ᵉ édit. 1904.
THAMIN (R.), recteur de l'Acad. de Bordeaux. * **Éducation et Positivisme** 2ᵉ édit.
THOMAS (P. Félix). * La suggestion, son rôle dans l'éducation. 2ᵉ édit. 1898.
— * Morale et éducation, 2ᵉ édit. 1905.
TISSIÉ. * Les Rêves, avec préface du professeur Azam. 2ᵉ éd. 1898.
WUNDT. Hypnotisme et Suggestion. Étude critique, traduit par M. Keller 3ᵉ édit. 1905.
ZELLER. Christian Baur et l'École de Tubingue, traduit par M. Ritter.
ZIEGLER. La Question sociale est une Question morale, trad. Palante. 3ᵉ édit.

BIBLIOTHÈQUE DE PHILOSOPHIE CONTEMPORAINE

Volumes in-8, brochés à 3 fr. 75, 5 fr., 7 fr. 50, 10 fr., 12 fr. 50 et 15 fr.
Cart. angl., 1 fr. en plus par vol.; Demi-rel. en plus, 2 fr. par vol.

ADAM (Ch.), recteur de l'Académie de Nancy. * **La Philosophie en France** (première moitié du XIXᵉ siècle). 7 fr. 50
ALENGRY (Franck), docteur ès lettres, inspecteur d'académie. * **Essai historique et critique sur la Sociologie chez Aug. Comte**. 1900. 10 fr.
ARNOLD (Matthew). La Crise religieuse. 7 fr. 50
ARRÉAT. * Psychologie du peintre. 5 fr.

F. ALCAN. — 6 —

Suite de la *Bibliothèque de philosophie contemporaine*, format in-8.

AUBRY (D' P.). La Contagion du meurtre. 1896. 3ᵉ édit. 5 fr.
BAIN (Alex.). La Logique inductive et déductive. Trad. Compayré. 2 vol. 3ᵉ éd. 20 fr.
— * Les Sens et l'Intelligence. Trad. Gazelles. 3ᵉ édit. 10 fr.
BALDWIN (Mark), professeur à l'Université de Princeton (États-Unis). Le Développement mental chez l'enfant et dans la race. Trad. Nourry. 1897. 7 fr. 50
BARDOUX (J.). *Essai d'une psychologie de l'Angleterre contemporaine. *Les crises belliqueuses*. (Couronné par l'Académie française). 1906. 7 fr. 50
BARTHÉLEMY-SAINT-HILAIRE, de l'Institut. La Philosophie dans ses rapports avec les sciences et la religion. 5 fr.
BARZELOTTI, prof. à l'Univ. de Rome. *La Philosophie de H. Taine. 1900. 7 fr. 50
BAZAILLAS (A.), docteur ès lettres, professeur au lycée Condorcet. *La Vie personnelle, *Étude sur quelques illusions de la perception extérieure*. 1905. 5 fr.
BELOT (G.), agrégé de philosophie. Études de morale positive. 1907. 7 fr. 50
BERGSON (H.), de l'Institut, professeur au Collège de France. * Matière et mémoire, essai sur les relations du corps à l'esprit. 2ᵉ édit. 1900. 5 fr.
— Essai sur les données immédiates de la conscience. 4ᵉ édit. 1904. 3 fr. 75
BERTRAND, prof. à l'Université de Lyon. * L'Enseignement intégral. 1898. 5 fr.
— Les Études dans la démocratie. 1900. 5 fr.
BINET (A.), directeur de laboratoire à la Sorbonne. Les révélations de l'écriture, avec 67 grav. 5 fr.
BOIRAC (Émile), recteur de l'Académie de Dijon. * L'Idée du Phénomène. 5 fr.
BOUGLÉ, prof. à l'Univ. de Toulouse. *Les Idées égalitaires. 1899. 3 fr. 75
BOURDEAU (L.). Le Problème de la mort. 4ᵉ édition. 1904. 5 fr.
— Le Problème de la vie. 1901. 7 fr. 50
BOURDON, professeur à l'Université de Rennes.. * L'Expression des émotions et des tendances dans le langage. 7 fr. 50
BOUTROUX (E.), de l'Inst. Études d'histoire de la philosophie. 2ᵉ éd. 1901. 7 fr. 50
BRAUNSCHVIG (M.), docteur ès lettres, prof. au lycée de Toulouse. Le sentiment du beau et le sentiment poétique. *Essai sur l'esthétique du vers*. 1904. 3 fr. 75
BRAY (L.). Du beau. 1902. 5 fr.
BROCHARD (V.), de l'Institut. De l'Erreur. 2ᵉ édit. 1897. 5 fr.
BRUNSCHVICG (E.), prof. au lycée Henri IV, doct. ès lett. La Modalité du jugement. 5 fr.
— *Spinoza. 2ᵉ édit. 1906. 3 fr. 75
CARRAU (Ludovic), professeur à la Sorbonne. La Philosophie religieuse en Angleterre, depuis Locke jusqu'à nos jours. 5 fr.
CHABOT (Ch.), prof. à l'Univ. de Lyon. * Nature et Moralité. 1897. 5 fr.
CLAY (R.). * L'Alternative, *Contribution à la Psychologie*. 2ᵉ édit. 10 fr.
COLLINS (Howard). *La Philosophie de Herbert Spencer, avec préface de Herbert Spencer, traduit par H. de Varigny. 4ᵉ édit. 1904. 10 fr.
COMTE (Aug.). La Sociologie, résumé par E. Rigolage. 1897. 7 fr. 50
COSENTINI (F.). La Sociologie génétique. *Essai sur la pensée et la vie sociale préhistoriques*. 1905. 3 fr. 75
COSTE. Les Principes d'une sociologie objective. 3 fr. 75
— L'Expérience des peuples et les prévisions qu'elle autorise. 1900. 10 fr.
COUTURAT (L.). Les principes des mathématiques, suivis d'un appendice sur *La philosophie des mathématiques de Kant*. 1906. 5 fr.
CRÉPIEUX-JAMIN. L'Écriture et le Caractère. 4ᵉ édit. 1897. 7 fr. 50
CRESSON, doct. ès lettres. La Morale de la raison théorique. 1903. 5 fr.
DAURIAC (L.). *Essai sur l'esprit musical. 1904. 5 fr.
DE LA GRASSERIE (R.), lauréat de l'Institut. Psychologie des religions. 1899. 5 fr.
DELBOS (V.), maître de conf. à la Sorbonne. *La philosophie pratique de Kant. 1905. (Ouvrage couronné par l'Académie française.) 12 fr. 50
DELVAILLE (J.), agr. de philosophie. La vie sociale et l'éducation. 1907. 3 fr. 75
DELVOLVE (J.), docteur ès lettres, agrégé de philosophie. *Religion, critique et philosophie positive chez Pierre Bayle. 1906. 7 fr. 50
DEWAULE, docteur ès lettres. * Condillac et la Psychol. anglaise contemp. 5 fr.
DRAGHICESCO (D.), chargé de cours à l'Université de Bucarest. L'Individu dans le déterminisme social. 1904. 7 fr. 50
— Le problème de la conscience. 1907. 3 fr. 75

F. ALCAN.

Suite de la *Bibliothèque de philosophie contemporaine*, format in-8.

DUMAS (G.), chargé de cours à la Sorbonne. *La Tristesse et la Joie. 1900. 7 fr. 50
— Psychologie de deux messies. *Saint-Simon et Auguste Comte*. 1905. 5 fr.
DUPRAT (G. L.), docteur ès lettres. L'Instabilité mentale. 1899. 5 fr.
DUPROIX (P.), prof. à la Fac. des lettres de l'Univ. de Genève. * Kant et Fichte et le problème de l'éducation. 2ᵉ édit. 1897. (Ouv. cour. par l'Acad. franç.) 5 fr.
DURAND (DE GROS). Aperçus de taxinomie générale. 1898. 5 fr.
— Nouvelles recherches sur l'esthétique et la morale. 1899. 5 fr.
— Variétés philosophiques. 2ᵉ édit. revue et augmentée. 1900. 5 fr.
DURKHEIM, professeur à la Sorbonne. * De la division du travail social. 2ᵉ édit. 1901. 7 fr. 50
— Le Suicide, *étude sociologique*. 1897. 7 fr. 50
— * L'année sociologique : 9 années parues.
 1ʳᵉ Année (1896-1897). — DURKHEIM : La prohibition de l'inceste et ses origines. — G. SIMMEL : Comment les formes sociales se maintiennent. — Analyses des travaux de sociologie publiés du 1ᵉʳ Juillet 1896 au 30 Juin 1897. 10 fr.
 2ᵉ Année (1897-1898). — DURKHEIM : De la définition des phénomènes religieux. — HUBERT et MAUSS : La nature et la fonction du sacrifice. — *Analyses*. 10 fr.
 3ᵉ Année (1898-1899). — RATZEL : Le sol, la société, l'État. — RICHARD : Les crises sociales et la criminalité. — STEINMETZ : Classification des types sociaux. — *Analyses*. 10 fr.
 4ᵉ Année (1899-1900). — BOUGLÉ : Remarques sur le régime des castes. — DURKHEIM : Deux lois de l'évolution pénale. — CHARMONT : Notes sur les causes d'extinction de la propriété corporative. *Analyses*. 10 fr.
 5ᵉ Année (1900-1901). — F. SIMIAND : Remarques sur les variations du prix du charbon au XIXᵉ siècle. — DURKHEIM : Sur le Totémisme. — *Analyses*. 10 fr.
 6ᵉ Année (1901-1902). — DURKHEIM et MAUSS : De quelques formes primitives de classification. Contribution à l'étude des représentations collectives. — BOUGLÉ : Les théories récentes sur la division du travail. — *Analyses*. 12 fr. 50
 7ᵉ Année (1902-1903). — H. HUBERT et MAUSS : Esquisse d'une théorie générale de la magie. — *Analyses*. 12 fr. 50
 8ᵉ Année (1903-1904). — H. BOURGIN : La boucherie à Paris au XIXᵉ siècle. — E. DURKHEIM : L'organisation matrimoniale australienne. — *Analyses*. 12 fr. 50
 9ᵉ Année (1904-1905). — A. MEILLET : Comment les noms changent de sens. — M. MAUSS et H. BEUCHAT : Les variations saisonnières des sociétés eskimos. — *Analyses*. 12 fr. 50
EGGER (V.), prof. à la Fac. des lettres de Paris. La parole intérieure. 2ᵉ éd. 1904. 5 fr.
ESPINAS (A.), de l'Institut, professeur à la Sorbonne. *La Philosophie sociale du XVIIIᵉ siècle et la Révolution française. 1898. 7 fr. 50
FERRERO (G.). Les Lois psychologiques du symbolisme. 1895. 5 fr.
FERRI (Enrico). La Sociologie criminelle. Traduction L. TERRIER. 1905. 10 fr.
FERRI (Louis). La Psychologie de l'association, depuis Hobbes. 7 fr. 50
FINOT (J.). Le préjugé des races. 2ᵉ édit. 1905. 7 fr. 50
— La philosophie de la longévité. 11ᵉ édit. refondue. 1906. 5 fr.
FONSEGRIVE, prof. au lycée Buffon. * Essai sur le libre arbitre. 2ᵉ édit. 1895. 10 fr.
FOUCAULT, maître de conf. à l'Univ. de Montpellier. La psychophysique. 1903. 7 fr. 50
— Le Rêve. 1906. 5 fr.
FOUILLÉE (Alf.), de l'Institut. *La Liberté et le Déterminisme. 4ᵉ édit. 7 fr. 50
— Critique des systèmes de morale contemporains. 4ᵉ édit. 7 fr. 50
— *La Morale, l'Art, la Religion, d'après GUYAU. 5ᵉ édit. augm. 3 fr. 75
— L'Avenir de la Métaphysique fondée sur l'expérience. 2ᵉ édit. 5 fr.
— *L'Évolutionnisme des idées-forces. 3ᵉ édit. 7 fr. 50
— *La Psychologie des idées-forces. 2 vol. 2ᵉ édit. 15 fr.
— *Tempérament et caractère. 3ᵉ édit. 7 fr. 50
— Le Mouvement positiviste et la conception social. du monde. 2ᵉ édit. 7 fr. 50
— Le Mouvement idéaliste et la réaction contre la science posit. 2ᵉ édit. 7 fr. 50
— *Psychologie du peuple français. 3ᵉ édit. 7 fr. 50
— *La France au point de vue moral. 2ᵉ édit. 7 fr. 50
— *Esquisse psychologique des peuples européens. 2ᵉ édit. 1903. 10 fr.
— *Nietzsche et l'immoralisme. 2ᵉ édit. 1903. 5 fr.
— *Le moralisme de Kant et l'immoralisme contemporain. 1905. 7 fr. 50
— *Les éléments sociologiques de la morale. 1906. 7 fr. 50

F. ALCAN. — 8 —

Suite de la *Bibliothèque de philosophie contemporaine*, format in-8.

FOURNIÈRE (E.). *Les théories socialistes au XIX° siècle, de BABEUF à PROUDHON. 1904. 7 fr. 50
FULLIQUET. Essai sur l'Obligation morale. 1898. 7 fr. 50
GAROFALO, prof. à l'Université de Naples. La Criminologie. 5° édit. refondue. 7 fr. 50
— La Superstition socialiste. 1895. 5 fr.
GÉRARD-VARET, prof. à l'Univ. de Dijon. L'Ignorance et l'Irréflexion. 1899. 5 fr.
GLEY (D' E.), professeur agrégé à la Faculté de médecine de Paris. Études de psychologie physiologique et pathologique, avec fig. 1903. 5 fr.
GOBLOT (E.). Prof. à l'Université de Caen. *Classification des sciences. 1898. 5 fr.
GORY (G.). L'Immanence de la raison dans la connaissance sensible. 5 fr.
GRASSET (J.), professeur à la Faculté de médecine de Montpellier. Demifous et demiresponsables. 1907. 5 fr.
GREEF (de), prof. à l'Univ. nouvelle de Bruxelles. Le Transformisme social. 7 fr. 50
— La Sociologie économique. 1904. 3 fr. 75
GROOS (K.), prof. à l'Université de Bâle. *Les jeux des animaux. 1902. 7 fr. 50
GURNEY, MYERS et PODMORE. Les Hallucinations télépathiques, préf. de CH. RICHET. 4° édit. 7 fr. 50
GUYAU (M.). *La Morale anglaise contemporaine. 5° édit. 7 fr. 50
— Les Problèmes de l'esthétique contemporaine. 6° édit. 5 fr.
— Esquisse d'une morale sans obligation ni sanction. 6° édit. 5 fr.
— L'Irréligion de l'avenir, étude de sociologie. 9° édit. 7 fr. 50
— *L'Art au point de vue sociologique. 6° édit. 7 fr. 50
— *Éducation et Hérédité, étude sociologique. 7° édit. 5 fr.
HALÉVY (Élie), docteur ès lettres, professeur à l'École des sciences politiques. *La Formation du radicalisme philosophique, 3 vol., chacun 7 fr. 50
HANNEQUIN, prof. à l'Univ. de Lyon. L'hypothèse des atomes. 2° édit. 1899. 7 fr. 50
HARTENBERG (D' Paul). Les Timides et la Timidité. 2° édit. 1904. 5 fr.
HÉBERT (Marcel), prof. à l'Université nouvelle de Bruxelles. L'Évolution de la foi catholique. 1905. 5 fr.
— Le divin. Expériences et hypothèses. Études psychologiques. 1907. 5 fr.
HÉMON (C.), agrégé de philosophie. La philosophie de M. Sully Prudhomme. Préface de M. SULLY PRUDHOMME. 1907. 7 fr. 50
HERBERT SPENCER. *Les premiers Principes. Traduc. Cazelles. 9° édit. 10 fr.
— *Principes de biologie. Traduct. Cazelles. 4° édit. 2 vol. 20 fr.
— *Principes de psychologie. Trad. par MM. Ribot et Espinas. 2 vol. 20 fr.
— *Principes de sociologie. 5 vol., traduits par MM. Cazelles, Gerschel et de Varigny : Tome I. *Données de la sociologie*. 10 fr. — Tome II. *Inductions de la sociologie. Relations domestiques*. 7 fr 50. — Tome III. *Institutions cérémonielles et politiques*. 5 fr. — Tome IV. *Institutions ecclésiastiques*. 3 fr. 75. — Tome V. *Institutions professionnelles*. 7 fr. 50.
— *Essais sur le progrès. Trad. A. Burdeau. 5° édit. 7 fr. 50
— Essais de politique. Trad. A. Burdeau. 4° édit. 7 fr. 50
— Essais scientifiques. Trad. A. Burdeau. 3° édit. 7 fr. 50
— *De l'Éducation physique, intellectuelle et morale. 10° édit. 5 fr.
— Justice. Traduc. Castelot. 7 fr. 50
— Le rôle moral de la bienfaisance. Trad. Castelot et Martin St-Léon. 7 fr. 50
— La Morale des différents peuples. Trad. Castelot et Martin St-Léon. 7 fr. 50
— Une Autobiographie. Trad. et adaptation H. de Varigny. 10 fr.
HIRTH (G.). *Physiologie de l'Art. Trad. et introd. de L. Arréat. 5 fr.
HOFFDING, prof. à l'Univ. de Copenhague. Esquisse d'une psychologie fondée sur l'expérience. Trad. L. POITEVIN. Préf. de Pierre JANET. 2° éd. 1903. 7 fr. 50
— *Histoire de la Philosophie moderne. Traduit de l'allemand par M. BORDIER, préf. de M. V. DELBOS. 1906. 2 vol. Chacun 10 fr.
ISAMBERT (G.). Les idées socialistes en France (1815-1848). 1905. 7 fr. 50
JACOBY (D' P.). Études sur la sélection chez l'homme. 2° édition. 1904. 10 fr.
JANET (Paul), de l'Institut. *Œuvres philosophiques de Leibniz. 2° édition. 2 vol. 1900. 20 fr.
JANET (Pierre), professeur au Collège de France. *L'Automatisme psychologique. 5° édit. 1907. 7 fr. 50
JAURÈS (J.), docteur ès lettres. De la réalité du monde sensible. 2° éd. 1902. 7 fr. 50
KARPPE (S.), docteur ès lettres. Essais de critique d'histoire et de philosophie. 1902. 3 fr. 75

F. ALCAN.

Suite de la *Bibliothèque de philosophie contemporaine*, format in-8.

LACOMBE (P.). La psychologie des individus et des sociétés chez Taine. 1906. 7 fr. 50
LALANDE (A.), maître de conférences à la Sorbonne, *La Dissolution opposée à l'évolution, dans les sciences physiques et morales. 1899. 7 fr. 50
LANDRY (A.), docteur ès lettres, agrégé de philosophie. *Principes de morale rationnelle. 1906. 5 fr.
LANESSAN (J.-L. de). *La Morale des religions. 1905. 10 fr.
LANG (A.). *Mythes, Cultes et Religion. Introduc. de Léon Marillier. 1896. 10 fr.
LAPIE (P.), professeur à l'Univ. de Bordeaux. Logique de la volonté 1902. 7 fr. 50
LAUVRIÈRE, docteur ès lettres, prof. au lycée Charlemagne. Edgar Poë. Sa vie son œuvre. Essai de psychologie pathologique. 1904. 10 fr.
LAVELEYE (de). *De la Propriété et de ses formes primitives. 5e édit. 10 fr.
— *Le Gouvernement dans la démocratie. 2 vol. 3e édit. 1896. 15 fr.
LE BON (Dr Gustave). *Psychologie du socialisme. 5e éd. refondue. 1907. 7 fr. 50
LECHALAS (G.). *Études esthétiques. 1902. 5 fr.
LECHARTIER (G.). David Hume, moraliste et sociologue. 1900. 5 fr.
LECLÈRE (A.), docteur ès lettres. Essai critique sur le droit d'affirmer. 1901. 5 fr.
LE DANTEC, chargé de cours à la Sorbonne. L'unité dans l'être vivant. 1902. 7 fr. 50
— Les Limites du connaissable, *la vie et les phénom. naturels*. 2e éd. 1904. 3 fr. 75
LÉON (Xavier). *La philosophie de Fichte, *ses rapports avec la conscience contemporaine*, Préface de E. Boutroux, de l'Institut. 1902. (Couronné par l'Institut.) 10 fr.
LEROY (E. Bernard). Le Langage. *La fonction normale et pathologique de cette fonction*. 1905. 5 fr.
LÉVY (A.), maître de conf. à l'Un. de Nancy. La philosophie de Feuerbach. 1904. 10 fr.
LÉVY-BRUHL (L.), prof. adjoint à la Sorbonne. *La Philosophie de Jacobi. 1894. 5 fr.
— *Lettres inédites de J.-S. Mill à Auguste Comte, *publiées avec les réponses de Comte et une introduction*. 1899. 10 fr.
— *La Philosophie d'Auguste Comte. 2e édit. 1905. 7 fr. 50
— *La Morale et la Science des mœurs. 2e édit. 1905. 5 fr.
LIARD, de l'Institut, vice-recteur de l'Acad. de Paris. *Descartes, 2e éd. 1903. 5 fr.
— *La Science positive et la Métaphysique, 5e édit. 7 fr. 50
LICHTENBERGER (H.), maître de conférences à la Sorbonne. *Richard Wagner, poète et penseur. 3e édit. 1902. (Couronné par l'Académie française.) 10 fr.
— Henri Heine penseur. 1905. 3 fr. 75
LOMBROSO. * L'Homme criminel (criminel-né, fou-moral, épileptique), précédé d'une préface de M. le docteur Letourneau. 3e éd., 2 vol. et atlas. 1895. 36 fr.
— Le Crime. *Causes et remèdes*. 2e édit. 10 fr.
LOMBROSO et FERRERO. La femme criminelle et la prostituée. 15 fr.
LOMBROSO et LASCHI. Le Crime politique et les Révolutions. 2 vol. 15 fr.
LUBAC, agrégé de philosophie. * Esquisse d'un système de psychologie rationnelle. Préface de H. Bergson. 1904. 3 fr. 75
LUQUET (G.-H.), agrégé de philosophie. Idées générales de psychologie. 1906. 5 fr.
LYON (Georges), recteur de l'Académie de Lille. * L'Idéalisme en Angleterre au XVIIIe siècle. 7 fr. 50
MALAPERT (P.), docteur ès lettres, prof. au lycée Louis-le-Grand. *Les Éléments du caractère et leurs lois de combinaison. 2e édit. 1906. 5 fr.
MARION (H.), prof. à la Sorbonne. *De la Solidarité morale. 6e édit. 1907. 5 fr.
MARTIN (Fr.), docteur ès lettres, prof. au lycée Voltaire. * La Perception extérieure et la Science positive, essai de philosophie des sciences. 1894. 5 fr.
MAXWELL (J.), docteur en médecine, avocat général près la Cour d'appel de Bordeaux. Les Phénomènes psychiques. Recherches, Observations Méthodes. Préface de Ch. Richet. 3e édit. 1906. 5 fr.
MÜLLER (Max), prof. à l'Univ. d Oxford. *Nouvelles études de mythologie. 1898. 12 fr. 50
MYERS. La personnalité humaine. *Sa survivance après la mort, ses manifestations supra-normales*. Traduit par le docteur Jankélévitch. 1905. 7 fr. 50
NAVILLE (E.), correspondant de l'Institut. La Physique moderne. 2e édit. 5 fr.
— * La Logique de l'hypothèse. 2e édit. 5 fr.
— * La Définition de la philosophie. 1894. 5 fr.
— Le libre Arbitre. 2e édit. 1898. 5 fr.
— Les Philosophies négatives. 1899. 5 fr.

F. ALCAN — 10 —

Suite de la *Bibliothèque de philosophie contemporaine*, format in-8.

NAYRAC (J.-P.). Physiologie et Psychologie de l'attention. Préface de M. Th. Ribot. (Récompensé par l'Institut.) 1906. 3 fr. 75
NORDAU (Max). *Dégénérescence. 7ᵉ éd. 1904. 2 vol. Tome I. 7 fr. 50. Tome II. 10 fr.
— Les Mensonges conventionnels de notre civilisation. 7ᵉ édit. 1904. 5 fr.
— *Vus du dehors. *Essais de critique sur quelques auteurs français contemp.* 1903. 5 fr.
NOVICOW. Les Luttes entre Sociétés humaines. 3ᵉ édit. 10 fr.
— * Les Gaspillages des sociétés modernes. 2ᵉ édit. 1899. 5 fr.
— * La Justice et l'expansion de la vie. *Essai sur le bonheur des sociétés.* 1905. 7 fr. 50
OLDENBERG, professeur à l'Université de Kiel. *Le Bouddha, sa Vie, sa Doctrine, sa Communauté, trad. par P. Foucher, maître de conférences à l'École des Hautes Études. Préf. de Sylvain Lévi, prof. au Collège de France. 2ᵉ éd. 1903. 7 fr. 50
— *La religion du Véda. Traduit par V. Henry, prof. à la Sorbonne. 1903. 10 fr.
OSSIP-LOURIÉ. La philosophie russe contemporaine. 2ᵉ édit. 1905. 5 fr.
— *La Psychologie des romanciers russes au XIXᵉ siècle. 1905. 7 fr. 50
OUVRÉ (H.), professeur à l'Université de Bordeaux. *Les Formes littéraires de la pensée grecque. 1900. (Couronné par l'Académie française.) 10 fr.
PALANTE (G.), agrégé de philos. Combat pour l'individu. 1904. 3 fr. 75
PAULHAN. L'Activité mentale et les Éléments de l'esprit. 10 fr.
— *Les Caractères. 2ᵉ édit. 5 fr.
— Les Mensonges du caractère. 1905. 5 fr.
— Le mensonge de l'Art. 1907. 5 fr.
PAYOT (J.), recteur de l'Académie de Chambéry. La croyance. 2ᵉ édit. 1905. 5 fr.
— *L'Éducation de la volonté. 26ᵉ édit. 1907. 5 fr.
PÉRÈS (Jean), professeur au lycée de Caen. *L'Art et le Réel. 1898. 3 fr. 75
PÉREZ (Bernard). Les Trois premières années de l'enfant. 5ᵉ édit. 5 fr.
— L'Éducation morale dès le berceau. 4ᵉ édit. 1901. 5 fr.
— *L'Éducation intellectuelle dès le berceau. 2ᵉ éd. 1901. 5 fr.
PIAT (C.). La Personne humaine. 1898. (Couronné par l'Institut). 7 fr. 50
— *Destinée de l'homme. 1898. 5 fr.
PICAVET (F.), secrét. général du Collège de France, chargé de cours à la Sorbonne. *Les Idéologues. (Couronné par l'Académie française.) 10 fr.
PIDERIT. La Mimique et la Physiognomonie. Trad. par M. Girot. 5 fr.
PILLON (F.). *L'Année philosophique, 17 années : 1890, 1891, 1892, 1893 (épuisée) 1894, 1895, 1896, 1897, 1898, 1899, 1900 à 1906. 16 vol. Chac. 5 fr.
PIOGER (J.). La Vie et la Pensée, essai de conception expérimentale. 1894. 5 fr.
— La Vie sociale, la Morale et le Progrès. 1894. 5 fr.
PRAT (L.), doct. ès lettres. Le caractère empirique et la personne 1906. 7 fr. 50
PREYER, prof. à l'Université de Berlin. Éléments de physiologie. 5 fr.
PROAL, conseiller à la Cour de Paris. * La Criminalité politique. 1895. 5 fr.
— *Le Crime et la Peine. 3ᵉ édit. (Couronné par l'Institut.) 10 fr.
— Le Crime et le Suicide passionnels. 1900. (Couronné par l'Ac. française.) 10 fr.
RAGEOT (G.), prof. au Lycée St-Louis. *Le Succès, *Auteurs et Public.* 1906. 5 fr.
RAUH, chargé de cours à la Sorbonne. * De la méthode dans la psychologie des sentiments. 1899. (Couronné par l'Institut.) 5 fr.
— *L'Expérience morale. 1903. (Récompensé par l'Institut.) 3 fr. 75
RÉCÉJAC, doct. ès lett. Les Fondements de la Connaissance mystique. 1897. 5 fr.
RENARD (G.), professeur au Conservatoire des arts et métiers. *La Méthode scientifique de l'histoire littéraire. 1900. 10 fr.
RENOUVIER (Ch.) de l'Institut. *Les Dilemmes de la métaphysique pure. 1900. 5 fr.
— *Histoire et solution des problèmes métaphysiques. 1901. 7 fr. 50
— Le personnalisme, avec une étude sur la *perception externe et la force.* 1903. 10 fr.
— *Critique de la doctrine de Kant. 1906. 7 fr. 50
RIBERY, doct. ès lett. Essai de classification naturelle des caractères. 1903. 3 fr. 75
RIBOT (Th.), de l'Institut. * L'Hérédité psychologique. 8ᵉ édit. 7 fr. 50
— *La Psychologie anglaise contemporaine. 3ᵉ édit. 7 fr. 50
— *La Psychologie allemande contemporaine, 6ᵉ édit. 7 fr. 50
— La Psychologie des sentiments. 6ᵉ édit. 1906. 7 fr. 50
— L'Évolution des idées générales. 2ᵉ édit. 1904. 5 fr.
— *Essai sur l'Imagination créatrice. 2ᵉ édit. 1905. 5 fr.
— *La logique des sentiments. 2ᵉ édit. 1907. 3 fr. 75

F. ALCAN.

Suite de la *Bibliothèque de philosophie contemporaine*, format in-8.

RIBOT (Th.), de l'Institut. Essai sur les passions. 1907. 3 fr. 75
RICARDOU (A.), docteur ès lettres. * De l'Idéal. (Couronné par l'Institut.) 5 fr.
RICHARD (G.), chargé du cours de sociologie à l'Univ. de Bordeaux. * L'idée d'évolution dans la nature et dans l'histoire. 1903. (Couronné par l'Institut.) 7 fr. 50
RIEMANN (H.), prof. à l'Université de Leipzig. Les éléments de l'esthétique musicale. Trad. de l'allemand par M. G. Humbert. 1906. 5 fr.
RIGNANO (E.). Sur la transmissibilité des caractères acquis. *Hypothèse d'une centro-epigenèse*. 1906. 5 fr.
RIVAUD (A.), maître de conf. à l'Univ. de Rennes. Les notions d'essence et d'existence dans la philosophie de Spinoza. 1906. 3 fr. 75
ROBERTY (E. de). L'Ancienne et la Nouvelle philosophie. 7 fr. 50
— * La Philosophie du siècle (positivisme, criticisme, évolutionnisme). 5 fr.
— Nouveau Programme de sociologie. 1904. 5 fr.
ROMANES. * L'Évolution mentale chez l'homme. 7 fr. 50
RUYSSEN (Th.), chargé de cours à l'Université de Dijon. * Essai sur l'évolution psychologique du jugement. 5 fr.
SAIGEY (E.). * Les Sciences au XVIII° siècle. La Physique de Voltaire. 5 fr.
SAINT-PAUL (D' G.). Le Langage intérieur et les paraphasies. 1904. 5 fr.
SANZ Y ESCARTIN. L'Individu et la Réforme sociale, trad. Dietrich. 7 fr. 50
SCHOPENHAUER. Aphor. sur la sagesse dans la vie. Trad. Cantacuzène. 7° éd. 5 fr.
— *Le Monde comme volonté et comme représentation. 3° éd. 3 vol., chac. 7 fr. 50
SÉAILLES (G.), prof. à la Sorbonne. Essai sur le génie dans l'art. 2° édit. 5 fr.
— * La Philosophie de Ch. Renouvier. *Introduction au néo-criticisme*. 1905. 7 fr. 50
SIGHELE (Scipio). La Foule criminelle. 2° édit. 1901. 5 fr.
SOLLIER. Le Problème de la mémoire. 1900. 3 fr. 75
— Psychologie de l'idiot et de l'imbécile, avec 12 pl. hors texte. 2° éd. 1902. 5 fr.
— Le Mécanisme des émotions. 1905. 5 fr.
SOURIAU (Paul), prof. à l'Univ. de Nancy. L'Esthétique du mouvement. 5 fr.
— La Beauté rationnelle. 1904. 10 fr.
STAPFER (P.), doyen honoraire de la Faculté des lettres de Bordeaux. Questions esthétiques et religieuses. 1906. 3 fr. 75
STEIN (L.), professeur à l'Université de Berne. * La Question sociale au point de vue philosophique. 1900. 10 fr.
STUART MILL. * Mes Mémoires. Histoire de ma vie et de mes idées. 3° éd. 5 fr.
— *Système de Logique déductive et inductive. 4° édit. 2 vol. 20 fr.
— * Essais sur la Religion. 3° édit. 5 fr.
— Lettres inédites à Aug. Comte et réponses d'Aug. Comte. 1899. 10 fr.
SULLY (James). Le Pessimisme. Trad. Bertrand. 2° édit. 7 fr. 50
— * Études sur l'Enfance. Trad. A. Monod, préface de G. Compayré. 1898. 10 fr.
— Essai sur le rire. Trad. Terrier. 1904. 7 fr. 50
SULLY PRUDHOMME, de l'Acad. franç. La vraie religion selon Pascal. 1905. 7 fr. 50
TARDE (G.), de l'Institut, prof. au Coll. de France. * La Logique sociale. 3° éd. 1898. 7 fr. 50
— * Les Lois de l'imitation. 3° édit. 1900. 7 fr. 50
— L'Opposition universelle. *Essai d'une théorie des contraires*. 1897. 7 fr. 50
— * L'Opinion et la Foule. 2° édit. 1904. 5 fr.
— * Psychologie économique. 1902. 2 vol. 15 fr.
TARDIEU (E.). L'Ennui. *Étude psychologique*. 1903. 5 fr.
THOMAS (P.-F.), docteur ès lettres. * Pierre Leroux, sa philosophie. 1904. 5 fr.
— * L'Éducation des sentiments. (Couronné par l'Institut.) 3° édit. 1904. 5 fr.
VACHEROT (Et.), de l'Institut. * Essais de philosophie critique. 7 fr. 50
— La Religion. 7 fr. 50
WEBER (L.). * Vers le positivisme absolu par l'idéalisme. 1903. 7 fr. 50

COLLECTION HISTORIQUE DES GRANDS PHILOSOPHES

PHILOSOPHIE ANCIENNE

ARISTOTE. **La Poétique d'Aristote**, par HATZFELD (A.), et M. DUFOUR. 1 vol. in-8. 1900. 6 fr.

SOCRATE. *Philosophie de Socrate, par A. FOUILLÉE. 2 v. in-8. 16 fr.

— **Le Procès de Socrate**, par G. SOREL. 1 vol. in-8. . . . . . 3 fr. 50

PLATON. **La Théorie platonicienne des Sciences**, par ÉLIE HALÉVY. In-8. 1895. . . . . 5 fr.

— Œuvres, traduction VICTOR COUSIN revue par J. BARTHÉLEMY-SAINT-HILAIRE : Socrate et Platon ou le Platonisme — Eutyphron — Apologie de Socrate — Criton — Phédon. 1 vol. in-8. 1896. 7 fr. 50

ÉPICURE.*La Morale d'Épicure et ses rapports avec les doctrines contemporaines, par M. GUYAU. 1 volume in-8. 5ᵉ édit. . . . . . 7 fr. 50

BÉNARD. **La Philosophie ancienne, ses systèmes.** La Philosophie et la Sagesse orientales.— La Philosophie grecque avant Socrate. Socrate et les socratiques. — Les sophistes grecs. 1 v. in-8 . . . 9 fr.

FAVRE (Mᵐᵉ Jules), née VELTEN. **La Morale de Socrate**. In-18. 3 50

— **Morale d'Aristote**. In-18. 3 fr. 50

OUVRÉ (H.) **Les formes littéraires de la pensée grecque**. In-8. 10 fr.

GOMPERZ. **Les penseurs de la Grèce**. Trad. REYMOND. (Trad. cour. par l'Acad. franç.).
I. La philosophie antésocratique. 1 vol. gr. in-8 . . . . 10 fr.
II. *Athènes, Socrate et les Socratiques. 1 vol. gr. in-8 . . . . 12 fr.
III. Sous presse).

RODIER (G.). *La Physique de Straton de Lampsaque. In-8. 3 fr.

TANNERY (Paul). **Pour la science hellène.** In-8. . . . . 7 fr. 50

MILHAUD (G.).* **Les philosophes géomètres de la Grèce**. In-8. 1900. (Couronné par l'Inst.). 6 fr.

FABRE (Joseph). **La Pensée antique** De Moïse à Marc-Aurèle. 2ᵉ éd. In-8. 5 fr.

— **La Pensée chrétienne.** Des Evangiles à l'Imitation de J.-C. In-8. 9 fr.

LAFONTAINE (A.). **Le Plaisir**, d'après Platon et Aristote. In-8. 6 fr.

RIVAUD (A.), maître de conf. à l'Univ. de Rennes **Le problème du devenir et la notion de la matière**, des origines jusqu'à Théophraste. In-8. 1906. 10 fr.

GUYOT (H.), docteur ès lettres. **L'Infinité divine** depuis Philon le Juif jusqu'à Plotin. In-8 1906. . 5 fr.

— **Les réminiscences de Philon le juif chez Plotin**. Étude critique. Broch. in-8. . . . . 2 fr.

PHILOSOPHIE MÉDIÉVALE ET MODERNE

* DESCARTES, par L. LIARD, de l'Institut 2ᵉ éd. 1 vol. in-8. 5 fr.

— **Essai sur l'Esthétique de Descartes**, par E. KRANTZ. 1 vol. in-8. 2ᵉ éd. 1897. . . . . 6 fr.

— **Descartes, directeur spirituel**, par V. de SWARTE. Préface de E. BOUTROUX. 1 vol. in-16 avec pl. (Couronné par l'Institut). 4 fr. 50

LEIBNIZ. *Œuvres philosophiques, pub. par P. JANET. 2ᵉ éd. 2 vol. in-8. 20 fr.

— *La logique de Leibniz, par L. COUTURAT. 1 vol. in-8. . 12 fr.

— **Opuscules et fragments inédits de Leibniz**, par L. COUTURAT. 1 vol. in-8 . . . . 25 fr.

— **Leibniz et l'organisation religieuse de la Terre**, d'après des documents inédits, par JEAN BARUZI. 1 vol. in-8 . . . . 10 fr.

PICAVET. chargé de cours à la Sorbonne. **Histoire générale et comparée des philosophies médiévales**. 1 vol. in-8. 2ᵉ éd 1907. 7 fr. 50

WULF (M. de) **Histoire de la philos. médiévale.** 2ᵉ éd In-8. 10 fr.

FABRE (JOSEPH). *L'imitation de Jésus-Christ. Trad. nouvelle avec préface. In-8 . . . . 7 fr.

SPINOZA. **Benedicti de Spinoza opera**, quotquot reperta sunt, recognoverunt J. Van Vloten et J.-P.-N. Land. 2 forts vol. in-8 sur papier de Hollande. . . . . 45 fr.

Le même en 3 volumes. 18 fr.

FIGARD (L.), docteur ès lettres. **Un Médecin philosophe au XVIᵉ siècle.** La Psychologie de Jean

Fernel. 1 v. in-8. 1903. 7 fr. 50
GASSENDI. **La Philosophie de Gassendi**, par P.-F. THOMAS. In-8. 1889 .... 6 fr.
MALEBRANCHE. * **La Philosophie de Malebranche**, par OLLÉ-LAPRUNE, de l'Institut. 2 v. in-8. 16 fr.
PASCAL. **Le scepticisme de Pascal**, par DROZ. 1 vol. in-8....... 6 fr.
VOLTAIRE. **Les Sciences au XVIIIᵉ siècle**. Voltaire physicien, par ÉM. SAIGEY. 1 vol. in-8. 5 fr.
DAMIRON. **Mémoires pour servir à l'histoire de la philosophie au XVIIIᵉ siècle**. 3 vol. in-8. 15 fr.
J.-J. ROUSSEAU*Du Contrat social*, édition comprenant avec le texte définitif les versions primitives de l'ouvrage d'après les manuscrits de Genève et de Neuchâtel, avec introduction par EDMOND DREYFUS-BRISAC. 1 fort volume grand in-8. 12 fr.
ERASME. **Stultitiæ laus des. Erasmi Rot. declamatio.** Publié et annoté par J.-B. KAN, avec les figures de HOLBEIN. 1 v. in-8. 6 fr. 75

PHILOSOPHIE ANGLAISE

DUGALD STEWART. *Éléments de **la philosophie de l'esprit humain**. 3 vol. in-16 .... 9 fr.
— * **Philosophie de François Bacon**, par CH. ADAM. (Couronné par l'Institut). In-8..... 7 fr. 50
BERKELEY. **Œuvres choisies.** *Essai d'une nouvelle théorie de la vision. Dialogues d'Hylas et de Philonoüs.* Trad. de l'angl. par MM. BEAULAVON (G.) et PARODI (D.). In-8. 5 fr.

PHILOSOPHIE ALLEMANDE

FEUERBACH. **Sa philosophie**, par A. LÉVY. 1 vol. in-8..... 10 fr.
JACOBI. **Sa Philosophie**, par L. LEVY-BRUHL. 1 vol. in-8......... 5 fr.
KANT. **Critique de la raison pratique**, traduction nouvelle avec introduction et notes, par M. PICAVET. 2ᵉ édit. 1 vol. in-8.. 6 fr.
— *Critique de la raison pure, traduction nouvelle par MM. PACAUD et TREMESAYGUES. Préface de M. HANNEQUIN. 1 vol. in-8.. 12 fr.
— **Éclaircissements sur la Critique de la raison pure**, trad. TISSOT. 1 vol. in-8....... 6 fr.
— **Doctrine de la vertu**, traduction BARNI. 1 vol. in-8....... 8 fr.
— * **Mélanges de logique**, traduction TISSOT. 1 v. in-8..... 6 fr.
— * **Prolégomènes à toute métaphysique future qui se présentera comme science**, traduction TISSOT. 1 vol. in-8........ 6 fr.
—*Essai critique sur l'Esthétique de Kant, par V. BASCH. 1 vol. in-8. 1896........ 10 fr.
— **Sa morale**, par CRESSON. 2ᵉ éd. 1 vol. in-12......... 2 fr. 50
— **L'Idée ou critique du Kantisme**, par C. PIAT, Dr ès lettres. 2ᵉ édit. 1 vol. in-8..... 6 fr.
KANT et FICHTE et le problème de l'éducation, par PAUL DUPROIX. 1 vol. in-8. 1897....... 5 fr.
SCHELLING. **Bruno, ou du principe divin**. 1 vol. in-8....... 3 fr. 50
HEGEL. *Logique. 2 vol. in-8. 14 fr.
— * **Philosophie de la nature**. 3 vol. in-8............. 25 fr.
— *Philosophie de l'esprit. 2 vol. in-8................ 18 fr.
— *Philosophie de la religion. 2 vol. in-8............. 20 fr.
— **La Poétique**, trad. par M. CH. BÉNARD. Extraits de Schiller, Gœthe, Jean-Paul, etc., 2 v. in-8. 12 fr.
— **Esthétique**. 2 vol. in-8, trad. BÉNARD................ 16 fr.
— Antécédents de l'hégélianisme dans la philos. franç., par E. BEAUSSIRE. In-18. 2 fr. 50
— Introduction à la philosophie de Hegel, par VÉRA. in-8. 6 fr. 50
—* La logique de Hegel, par EUG. NOEL. In-8. 1897..... 3 fr.
HERBART. * **Principales œuvres pédagogiques**, trad. A. PINLOCHE. In-8. 1894.......... 7 fr. 50
La métaphysique de Herbart et la critique de Kant, par M. MAUXION. 1 vol. in-8... 7 fr. 50
MAUXION (M.). **L'éducation par l'instruction** et *les théories pédagogiques de Herbart*. 2ᵉ éd. In-12. 1906............. 2 fr. 50
SCHILLER. **Sa Poétique**, par V. BASCH. 1 vol. in-8. 1902... 4 fr.
Essai sur le mysticisme spéculatif en Allemagne au XIVᵉ siècle, par DELACROIX (H.), maître de conf. à l'Univ. de Caen. 1 vol. in-8. 1900...... 5 fr.

F. ALCAN

PHILOSOPHIE ANGLAISE CONTEMPORAINE
(Voir *Bibliothèque de philosophie contemporaine*, pages 2 à 11.)

PHILOSOPHIE ALLEMANDE CONTEMPORAINE
(Voir *Bibliothèque de philosophie contemporaine*, pages 2 à 11.)

PHILOSOPHIE ITALIENNE CONTEMPORAINE
(Voir *Bibliothèque de philosophie contemporaine*, pages 2 à 11.)

LES MAITRES DE LA MUSIQUE
Études d'histoire et d'esthétique,
Publiées sous la direction de M. JEAN CHANTAVOINE

Chaque volume in-16 de 250 pages environ.................. 3 fr. 50
Collection honorée d'une souscription du Ministre de l'Instruction publique et des Beaux-Arts.

Volumes parus :
* J.-S. BACH, par André PIRRO (2ᵉ édition).
* CÉSAR FRANCK, par Vincent D'INDY (3ᵉ édition).
* PALESTRINA, par Michel BRENET.
BEETHOVEN, par Jean CHANTAVOINE (2ᵉ édition).

En préparation : **Grétry**, par PIERRE AUBRY. — **Mendelssohn**, par CAMILLE BELLAIGUE. — **Moussorgsky**, par J.-D. CALVOCORESSI. — **Orlande de Lassus**, par HENRY EXPERT. — **Wagner**, par HENRI LICHTENBERGER. — **Berlioz**, par ROMAIN ROLLAND. — **Gluck**, par JULIEN TIERSOT. — **Schubert**, par A. SCHWEITZER, etc., etc.

LES GRANDS PHILOSOPHES
Publié sous la direction de M. C. PIAT
Agrégé de philosophie, docteur ès lettres, professeur à l'École des Carmes.

Chaque étude forme un volume in-8° carré de 300 pages environ, dont le prix varie de 5 francs à 7 fr. 50.

*Kant, par M. RUYSSEN, chargé de cours à l'Université de Dijon. 2ᵉ édition. 1 vol. in-8. (*Couronné par l'Institut.*) 7 fr. 50
*Socrate, par l'abbé C. PIAT. 1 vol. in-8. 5 fr.
*Avicenne, par le baron CARRA DE VAUX. 1 vol. in-8. 5 fr.
*Saint Augustin, par l'abbé JULES MARTIN. 1 vol. in-8. 5 fr.
*Malebranche, par Henri JOLY, de l'Institut. 1 vol. in-8. 5 fr.
*Pascal, par A. HATZFELD. 1 vol. in-8. 5 fr.
*Saint Anselme, par DOMET DE VORGES. 1 vol. in-8. 5 fr.
Spinoza, par P.-L. COUCHOUD, agrégé de l'Université. 1 vol. in-8. (*Couronné par l'Académie Française*). 5 fr.
Aristote, par l'abbé C. PIAT. 1 vol. in-8. 5 fr.
Gazali, par le baron CARRA DE VAUX. 1 vol. in-8. (*Couronné par l'Académie Française*). 5 fr.
*Maine de Biran, par Marius COUAILHAC. 1 vol. in-8. (*Récompensé par l'Institut*): 7 fr. 50
Platon, par l'abbé C. PIAT. 1 vol. in-8. 7 fr. 50
Montaigne, par F. STROWSKI, professeur à l'Université de Bordeaux. 1 vol. in-8. 6 fr.

MINISTRES ET HOMMES D'ÉTAT

HENRI WELSCHINGER, de l'Institut. — *Bismarck. 1 v. in-16. 1900. 2 fr. 50
H. LÉONARDON. — *Prim. 1 vol. in-16. 1901............ 2 fr. 50
M. COURCELLE. — *Disraëli. 1 vol. in-16. 1901......... 2 fr. 50
M. COURANT. — Okoubo. 1 vol. in-16, avec un portrait. 1904.. 2 fr. 50
A. VIALLATE. — Chamberlain. Préface de E. BOUTMY. 1 vol. in-16. 2 fr. 50

F. ALCAN.

BIBLIOTHÈQUE GÉNÉRALE
des
SCIENCES SOCIALES

SECRÉTAIRE DE LA RÉDACTION : DICK MAY, Secrétaire général de l'École des Hautes Études sociales.
Chaque volume in-8 de 300 pages environ, cartonné à l'anglaise, **6 fr.**

1. **L'Individualisation de la peine,** par R. SALEILLES, professeur à la Faculté de droit de l'Université de Paris.
2. **L'Idéalisme social,** par Eugène FOURNIÈRE.
3. ***Ouvriers du temps passé** (xv° et xvi° siècles), par H. HAUSER, professeur à l'Université de Dijon. 2° édit.
4. ***Les Transformations du pouvoir,** par G. TARDE, de l'Institut.
5. **Morale sociale,** par MM. G. BELOT, MARCEL BERNÈS, BRUNSCHVICG, F. BUISSON, DARLU, DAURIAC, DELBET, CH. GIDE, M. KOVALEVSKY, MALAPERT, le R. P. MAUMUS, DE ROBERTY, G. SOREL, le PASTEUR WAGNER. Préface de M. E. BOUTROUX.
6. **Les Enquêtes,** pratique et théorie, par P. DU MAROUSSEM. (*Ouvrage couronné par l'Institut.*)
7. ***Questions de Morale,** par MM. BELOT, BERNÈS, F. BUISSON, A. CROISET, DARLU, DELBOS, FOURNIÈRE, MALAPERT, MOCH, PARODI, G. SOREL (*Ecole de morale*). 2° édit.
8. **Le développement du Catholicisme social depuis l'encyclique** *Rerum novarum*, par Max TURMANN.
9. * **Le Socialisme sans doctrines.** *La Question ouvrière et la Question agraire en Australie et en Nouvelle-Zélande,* par Albert MÉTIN, agrégé de l'Université, professeur à l'École Coloniale.
10. * **Assistance sociale.** *Pauvres et mendiants,* par PAUL STRAUSS, sénateur.
11. ***L'Éducation morale dans l'Université.** (*Enseignement secondaire.*) Par MM. LÉVY-BRUHL, DARLU, M. BERNÈS, KORTZ, CLAIRIN, ROCAFORT, BIOCHE, Ph. GIDEL, MALAPERT, BELOT. (*Ecole des Hautes Etudes sociales*, 1900-1901).
12. * **La Méthode historique appliquée aux Sciences sociales,** par Charles SEIGNOBOS, professeur à l'Université de Paris.
13. ***L'Hygiène sociale,** par E. DUCLAUX, de l'Institut, directeur de l'instit. Pasteur.
14. **Le Contrat de travail.** *Le rôle des syndicats professionnels,* par P. BUREAU, prof. à la Faculté libre de droit de Paris.
15. ***Essai d'une philosophie de la solidarité,** par MM. DARLU, RAUH, F BUISSON, GIDE, X. LÉON, LA FONTAINE, E. BOUTROUX (*Ecole des Hautes études sociales*). 2° édit.
16. ***L'exode rural et le retour aux champs,** par E. VANDERVELDE, professeur à l'Université nouvelle de Bruxelles.
17. ***L'Education de la démocratie,** par MM. E. LAVISSE, A. CROISET, Ch. SEIGNOBOS, P. MALAPERT, G. LANSON, J. HADAMARD (*Ecole des Hautes Etudes soc.*).
18. ***La Lutte pour l'existence et l'évolution des sociétés,** par J.-L. DE LANNESSAN, député, prof. agr. à la Fac. de méd. de Paris.
19. * **La Concurrence sociale et les devoirs sociaux,** par le MÊME.
20. ***L'Individualisme anarchiste, Max Stirner,** par V. BASCH, professeur à l'Université de Rennes.
21. ***La démocratie devant la science,** par C. BOUGLÉ, prof. de philosophie sociale à l'Université de Toulouse. (*Récompensé par l'Institut.*)
22. ***Les Applications sociales de la solidarité,** par MM. P. BUDIN, Ch. GIDE, H. MONOD, PAULET, ROBIN, SIEGFRIED, BROUARDEL. Préface de M. Léon BOURGEOIS (*Ecole des Hautes Etudes soc.*, 1902-1903).
23. **La Paix et l'enseignement pacifiste,** par MM. Fr. PASSY, Ch. RICHET, d'ESTOURNELLES DE CONSTANT, E. BOURGEOIS, A. WEISS, H. LA FONTAINE, G. LYON (*Ecole des Hautes Etudes soc.*, 1902-1903).
24. ***Etudes sur la philosophie morale au XIX° siècle,** par MM. BELOT, A. DARLU, M. BERNÈS, A. LANDRY, Ch. GIDE, E. ROBERTY, R. ALLIER, H. LICHTENBERGER, L. BRUNSCHVICG (*Ecole des Hautes Etudes soc.*, 1902-1903).
25. ***Enseignement et démocratie,** par MM. APPELL, J. BOITEL, A. CROISET, A. DEVINAT, Ch.-V. LANGLOIS, G. LANSON, A. MILLERAND, Ch. SEIGNOBOS (*Ecole des Hautes Etudes soc.*, 1903-1904).
26. ***Religions et Sociétés,** par MM. TH. REINACH, A. PUECH, R. ALLIER, A. LEROY-BEAULIEU, le baron CARRA DE VAUX, H. DREYFUS (*Ecole des Hautes Etudes soc.*, 1903-1904).
27. * **Essais socialistes.** *La religion, l'art, l'alcool,* par E. VANDERVELDE.
28. **Le surpeuplement et les habitations à bon marché,** par H. TUROT, conseiller municipal de Paris, et H. BELLAMY.
29. **L'individu, la société et l'état,** par E. FOURNIÈRE.

F. ALCAN. — 16 —

BIBLIOTHÈQUE
D'HISTOIRE CONTEMPORAINE

Volumes in-12 brochés à 3 fr. 50. — Volumes in-8 brochés de divers prix

EUROPE

DEBIDOUR, professeur à la Sorbonne. * **Histoire diplomatique de l'Europe, de 1815 à 1878.** 2 vol. in-8. (*Ouvrage couronné par l'Institut.*) 18 fr.
DOELLINGER (I. de). **La papauté, ses origines au moyen âge, son influence jusqu'en 1870.** Traduit par A. GIRAUD-TEULON, 1904. 1 vol. in-8. 7 fr.
SYBEL (H. de). * **Histoire de l'Europe pendant la Révolution française**, traduit de l'allemand par Mlle DOSQUET. Ouvrage complet en 6 vol. in-8. 42 fr.
TARDIEU (A.). *Questions diplomatiques de l'année 1904. 1 vol. in-12. (*ouvrage couronné par l'Académie française*). 3 fr. 50

FRANCE
Révolution et Empire

AULARD, professeur à la Sorbonne. * **Le Culte de la Raison et le Culte de l'Être suprême**, étude historique (1793-1794). 2ᵉ édit. 1 vol. in-12. 3 fr. 50
— * **Études et leçons sur la Révolution française.** 5v. in-12. Chacun. 3 fr. 50
DUMOULIN (Maurice).* **Figures du temps passé.** 1 vol. in-16. 1906. 3 fr. 50
MOLLIEN (Cte). **Mémoires d'un ministre du trésor public (1780-1815)**, publiés par M. Ch. GOMEL. 3 vol. in-8. 15 fr.
BOITEAU (P.). **État de la France en 1789.** Deuxième éd. 1 vol. in-8. 10 fr.
BORNARD (E.), doct ès-lettres. **Cambon et la Révolution française.** In-8. 7 fr.
CAHEN (L.), agrégé d'histoire, docteur ès lettres.* **Condorcet et la Révolution française.** 1 vol. in-8. (*Récompensé par l'Institut.*) 10 fr.
DESPOIS (Eug.). * **Le Vandalisme révolutionnaire.** Fondations littéraires, scientifiques et artistiques de la Convention. 4ᵉ édit. 1 vol. in-12. 3 fr. 50
DEBIDOUR, professeur à la Sorbonne. * **Histoire des rapports de l'Église et de l'État en France** (1789-1870). 1 fort vol. in-8. 1898. (*Couronné par l'Institut.*) 12 fr.
— * **L'Église catholique et l'État en France sous la troisième République (1870-1906).** — I. (1870-1889), 1 vol. in-8. 1906. 7 fr. — II. (1889-1906), paraîtra en 1907.
GOMEL (G.). **Les causes financières de la Révolution française. Les ministères de Turgot et de Necker.** 1 vol. in-8. 8 fr.
— **Les causes financières de la Révolution française ; les derniers contrôleurs généraux.** 1 vol. in-8. 8 fr.
— **Histoire financière de l'Assemblée Constituante (1789-1791).** 2 vol. in-8, 16 fr. — Tome I : (1789), 8 fr. ; tome II : (1790-1791), 8 fr.
— **Histoire financière de la Législative et de la Convention.** 2 vol. in-8, 15 fr. — Tome I : (1792-1793), 7 fr. 50 ; tome II : (1793-1795). 7 fr. 50
MATHIEZ (A.), agrégé d'histoire, docteur ès lettres. **La théophilanthropie et le culte décadaire, 1796-1801.** 1 vol. in-8. 12 fr.
— **Contributions à l'histoire religieuse de la Révolution française.** In-16, 1906. 3 fr. 50
ISAMBERT (G.). * **La vie à Paris pendant une année de la Révolution (1791-1792).** In-16. 1896. 3 fr. 50
MARCELLIN PELLET, ancien député. **Variétés révolutionnaires.** 3 vol. in-12, précédés d'une préface de A. RANC. Chaque vol. séparém. 3 fr. 50
CARNOT (H.), sénateur. * **La Révolution française, résumé historique.** In-16. Nouvelle édit. 3 fr. 50
DRIAULT (E.), professeur au lycée de Versailles. **La politique orientale de Napoléon.** SÉBASTIANI et GARDANE (1806-1808). 1 vol. in-8. (*Récompensé par l'Institut.*) 7 fr.
— * **Napoléon en Italie (1800-1812).** 1 vol. in-8. 1906. 10 fr.
SILVESTRE, professeur à l'École des sciences politiques. **De Waterloo à Sainte-Hélène (20 Juin-16 Octobre 1815).** 1 vol. in-16. 3 fr. 50
BONDOIS (P.), agrégé de l'Université. * **Napoléon et la société de son temps** (1793-1821). 1 vol. in-8. 7 fr.
VALLAUX (C.). * **Les campagnes des armées françaises (1792-1815).** In-16, avec 17 cartes dans le texte. 3 fr. 50

F. ALCAN

Epoque contemporaine

SCHEFER (Ch.), professeur à l'Ecole des sciences politiques. *La France moderne et le problème colonial. I. (1815-1830). 1 vol. in-8. 7 fr.
WEILL (G.), maître de conf. à l'Université de Caen. Histoire du parti républicain en France, de 1814 à 1870. 1 vol. in-8. 1900. (*Récompensé par l'Institut.*) 10 fr.
— *Histoire du mouvement social en France (1852-1902). 1 v. in-8. 1905. 7 fr.
— L'Ecole saint-simonienne, son histoire, son influence jusqu'à nos jours. In-16. 1896. 3 fr. 50
BLANC (Louis). *Histoire de Dix ans (1830-1840). 5 vol. in-8. 25 fr.
GAFFAREL (P.), professeur à l'Université d'Aix. * Les Colonies françaises. 1 vol. in-8. 6° édition revue et augmentée. 5 fr.
LAUGEL (A.). * La France politique et sociale. 1 vol. in-8. 5 fr.
SPULLER (E.), ancien ministre de l'Instruction publique. *Figures disparues, portraits contemp., littér. et politiq. 3 vol. in-16. Chacun. 3 fr. 50
— Hommes et choses de la Révolution. In-16. 1896. 3 fr. 50.
TAXILE DELORD. *Histoire du second Empire (1848-1870). 6 v. in-8. 42 fr.
TCHERNOFF (J.). Associations et Sociétés secrètes sous la deuxième République (1848-1851). 1 vol. in-8. 1905. 7 fr.
ZEVORT (E.), recteur de l'Académie de Caen. Histoire de la troisième République :
  Tome I. * La présidence de M. Thiers. 1 vol. in-8. 3° édit. 7 fr.
  Tome II. * La présidence du Maréchal. 1 vol. in-8. 2° édit. 7 fr.
  Tome III. * La présidence de Jules Grévy. 1 vol. in-8. 2° édit. 7 fr.
  Tome IV. La présidence de Sadi Carnot. 1 vol. in-8. 7 fr.
LANESSAN (J.-L. de). L'Etat et les Eglises de France. *Histoire de leurs rapports, des origines jusqu'à la Séparation.* 1 vol. in-16. 1906. 3 fr. 50
— Les Missions et leur protectorat. 1 vol. in-16. 1907. 3 fr. 50
WAHL, inspect. général, A. BERNARD, professeur à la Sorbonne. *L'Algérie. 1 vol. in-8. 4° édit., 1903. (*Ouvrage couronné par l'Institut.*) 5 fr.
NOEL (O.). Histoire du commerce extérieur de la France depuis la Révolution. 1 vol. in-8. 6 fr.
DUVAL (J.). L'Algérie et les colonies françaises, avec une notice biographique sur l'auteur, par J. LEVASSEUR, de l'Institut. 1 vol. in-8. 7 fr. 50
VIGNON (L.), professeur à l'Ecole coloniale. La France dans l'Afrique du nord. 2° édition. 1 vol. in-8. (*Récompensé par l'Institut.*) 7 fr.
— Expansion de la France. 1 vol. in-18. 3 fr. 50
LANESSAN (J.-L. de). *L'Indo-Chine française. Étude économique, politique et administrative. 1 vol. in-8, avec 5 cartes en couleurs hors texte. 15 fr.
PIOLET (J.-B.). La France hors de France, notre émigration, sa nécessité, ses conditions. 1 vol. in-8. 1900. (*Couronné par l'Institut.*) 10 fr.
LAPIE (P.), professeur à l'Université de Bordeaux. * Les Civilisations tunisiennes (Musulmans, Israélites, Européens). In-16. 1898. (*Couronné par l'Académie française.*) 3 fr. 50
LEBLOND (Marius-Ary). La société française sous la troisième République. 1905. 1 vol. 3 fr.
GAISMAN (A.). * L'Œuvre de la France au Tonkin. Préface de M. J.-L. de LANESSAN. 1 vol. in-16 avec 4 cartes en couleurs. 1906. 3 fr. 50

ANGLETERRE

MÉTIN (Albert), Prof. à l'Ecole Coloniale. * Le Socialisme en Angleterre. In-16. 3 fr. 50

ALLEMAGNE

SCHMIDT (Ch.), docteur ès lettres. Le grand duché de Berg (1806-1813) 1905. 1 vol. in-8. 10 fr.
VERON (Eug.). * Histoire de la Prusse, depuis la mort de Frédéric II. In-16. 6° édit. 3 fr. 50
— * Histoire de l'Allemagne, depuis la bataille de Sadowa jusqu'à nos jours. In-16. 3° éd., mise au courant des événements par P. BONDOIS. 3 fr. 50
ANDLER (Ch.), prof. à la Sorbonne. *Les origines du socialisme d'État en Allemagne. 1 vol. in-8. 1897. 7 fr.
GUILLAND (A.), professeur d'histoire à l'Ecole polytechnique suisse. * L'Allemagne nouvelle et ses historiens. (NIEBUHR, RANKE, MOMMSEN, SYBEL, TREITSCHKE.) 1 vol. in-8. 1899. 5 fr.
MILHAUD (G.), professeur à l'Université de Genève. *La Démocratie socialiste allemande. 1 vol. in-8. 1903. 10 fr.

F. ALCAN. — 18 —

MATTER (P.), doct. en droit, substitut au tribunal de la Seine. *La Prusse et la révolution de 1848. In-16. 1903. 3 fr. 50
— *Bismarck et son temps. I. *La préparation* (1815-1863). 1 vol. in-8. 10 fr.
II. **L'action* (1863-1870). 1 vol. in-8. 10 fr.

AUTRICHE-HONGRIE

BOURLIER (J.). * Les Tchèques et la Bohême contemporaine. In-16. 1897. 3 fr. 50
AUERBACH, professeur à l'Université de Nancy. *Les races et les nationalités en Autriche-Hongrie. In-8. 1898. 5 fr.
SAYOUS (Ed.), professeur à la Faculté des lettres de Besançon. Histoire des Hongrois et de leur littérature politique, de 1790 à 1815. In-16. 3 fr. 50
*RECOULY (R.), agrégé de l'Univ. Le pays magyar. 1903. In-16. 3 fr. 50

RUSSIE

COMBES DE LESTRADE (Vte). La Russie économique et sociale à l'avènement de Nicolas II. 1 vol. in-8. 6 fr.

ITALIE

COMBES DE LESTRADE (Vte). La Sicile sous la maison de Savoie. 1 vol. in-18. 3 fr. 50
SORIN (Élie). *Histoire de l'Italie, depuis 1815 jusqu'à la mort de Victor-Emmanuel. In-16. 1888. 3 fr. 50
GAFFAREL (P.), professeur à l'Université d'Aix. * Bonaparte et les Républiques italiennes (1796-1799). 1895. 1 vol. in-8. 5 fr.
BOLTON KING (M. A.). *Histoire de l'unité italienne. Histoire politique de l'Italie, de 1814 à 1871, traduit de l'anglais par M. MACQUART; introduction de M. Yves GUYOT. 1900. 2 vol. in-8. 15 fr.

ESPAGNE

REYNALD (H.). * Histoire de l'Espagne, depuis la mort de Charles III. In-16. 3 fr. 50

ROUMANIE

DAMÉ (Fr.). * Histoire de la Roumanie contemporaine, depuis l'avènement des princes indigènes jusqu'à nos jours. 1 vol. in-8. 1900. 7 fr.

SUISSE

DAENDLIKER. *Histoire du peuple suisse. Trad. de l'allem. par Mme Jules FAVRE et précédé d'une Introduction de Jules FAVRE. 1 vol. in-8. 5 fr.

SUÈDE

SCHEFER (C.). * Bernadotte roi (1810-1818-1844). 1 vol. in-8. 1899. 5 fr.

GRÈCE, TURQUIE, ÉGYPTE

BÉRARD (V.), docteur ès lettres. * La Turquie et l'Hellénisme contemporain. (*Ouvrage cour. par l'Acad. française*). In-16 · 5e éd. 3 fr. 50
RODOCANACHI (E.). *Bonaparte et les îles Ioniennes (1797-1816). 1 volume in-8. 1899. 5 fr.
MÉTIN (Albert), professeur à l'École coloniale. *La Transformation de l'Egypte. In-16. 1903. (Cour. par la Soc. de géogr. comm.) 3 fr. 50

INDE

PIRIOU (E.), agrégé de l'Université. *L'Inde contemporaine et le mouvement national. 1905. 1 vol. in-16. 3 fr. 50

CHINE

CORDIER (H.), professeur à l'Ecole des langues orientales. *Histoire des relations de la Chine avec les puissances occidentales (1860-1902), avec cartes. 3 vol. in-8, chacun séparément. 10 fr.
— L'Expédition de Chine de 1857-58. Histoire diplomatique, notes et documents. 1905. 1 vol. in-8. 7 fr.
— *L'Expédition de Chine de 1860. Histoire diplomatique, notes et documents. 1906. 1 vol. in-8. 7 fr.
COURANT (M.), maître de conférences à l'Université de Lyon. En Chine. *Mœurs et institutions. Hommes et faits*. 1 vol. in-16. 3 fr. 50

AMÉRIQUE

ELLIS STEVENS. Les Sources de la constitution des États-Unis. 1 vol. in-8. 7 fr. 50
DEBERLE (Alf.). * Histoire de l'Amérique du Sud, in-16. 3e éd. 3 fr. 50

BARNI (Jules). * Histoire des idées morales et politiques en France au XVIII° siècle. 2 vol. in-16. Chaque volume. 3 fr. 50
— * Les Moralistes français au XVIII° siècle. In-16. 3 fr. 50
BEAUSSIRE (Émile), de l'Institut. La Guerre étrangère et la Guerre civile. In-16. 3 fr. 50
LOUIS BLANC. Discours politiques (1848-1881). 1 vol. in-8. 7 fr. 50
BONET-MAURY. * Histoire de la liberté de conscience (1598-1870). In-8. 1900. 5 fr.
BOURDEAU (J.). *Le Socialisme allemand et le Nihilisme russe. In-16. 2° édit. 1894. 3 fr. 50
— *L'évolution du Socialisme. 1901. 1 vol. in-16. 3 fr. 50
D'EICHTHAL (Eug.). Souveraineté du peuple et gouvernement. In-16. 1895. 3 fr. 50
DESCHANEL (E.), sénateur, professeur au Collège de France. *Le Peuple et la Bourgeoisie. 1 vol. in-8. 2° édit. 5 fr.
DEPASSE (Hector), député. Transformations sociales. 1894. In-16. 3 fr. 50
— Du Travail et de ses conditions (Chambres et Conseils du travail). In-16. 1895. 3 fr. 50
DRIAULT (E.), prof. agr. au lycée de Versailles. * Les problèmes politiques et sociaux à la fin du XIX° siècle. In-8. 1900. 7 fr.
— *La question d'Orient, préface de G. Monod, de l'Institut. 1 vol. in-8. 3° édit. 1905. (Ouvrage couronné par l'Institut). 7 fr.
GUÉROULT (G.). * Le Centenaire de 1789. In-16. 1889. 3 fr. 50
LAVELEYE (E. de), correspondant de l'Institut. Le Socialisme contemporain. In-16. 11° édit. augmentée. 3 fr. 50
LICHTENBERGER (A.). * Le Socialisme utopique, étude sur quelques précurseurs du Socialisme. In-16. 1898. 3 fr. 50
— * Le Socialisme et la Révolution française. 1 vol. in-8. 5 fr.
MATTER (P.). La dissolution des assemblées parlementaires, étude de droit public et d'histoire. 1 vol. in-8. 1898. 5 fr.
NOVICOW. La Politique internationale. 1 vol. in-8. 7 fr.
PAUL LOUIS. L'ouvrier devant l'Etat. Etude de la législation ouvrière dans les deux mondes. 1904. 1 vol. in-8. 7 fr.
— Histoire du mouvement syndical en France (1789-1906). 1 vol. in-16. 1907. 3 fr. 50
REINACH (Joseph), député. Pages républicaines. In-16. 3 fr. 50
— *La France et l'Italie devant l'histoire. 1 vol. in-8. 5 fr.
SPULLER (E.).* Éducation de la démocratie. In-16. 1892. 3 fr. 50
— L'Évolution politique et sociale de l'Église. 1 vol. in-12. 1893. 3 fr. 50

PUBLICATIONS HISTORIQUES ILLUSTRÉES

*DE SAINT-LOUIS A TRIPOLI PAR LE LAC TCHAD, par le lieutenant-colonel MONTEIL. 1 beau vol. In-8 colombier, précédé d'une préface de M. DE VOGÜÉ, de l'Académie française, illustrations de RIOU. 1895. Ouvrage couronné par l'Académie française (Prix Montyon), broché 20 fr., relié amat., 28 fr.

*HISTOIRE ILLUSTRÉE DU SECOND EMPIRE, par Taxile DELORD. 6 vol. in-8, avec 500 gravures. Chaque vol. broché, 8 fr.

BIBLIOTHÈQUE DE LA FACULTÉ DES LETTRES DE L'UNIVERSITÉ DE PARIS

HISTOIRE et LITTÉRATURE ANCIENNES

*De l'authenticité des épigrammes de Simonide, par M. le Professeur H. HAUVETTE, 1 vol. in-8. 5 fr.
*Les Satires d'Horace, par M. le Prof. A. CARTAULT. 1 vol. in-8. 11 fr.
*De la flexion dans Lucrèce, par M. le Prof. A. CARTAULT. 1 vol. in-8. 4 fr.
*La main-d'œuvre industrielle dans l'ancienne Grèce, par M. le Prof. GUIRAUD. 1 vol. in-8. 7 fr.

*Recherches sur le Discours aux Grecs de Tatien, suivies d'une traduction française du discours, avec notes, par A. PUECH, professeur adjoint à la Sorbonne. 1 vol. in-8. 1903.   6 fr.
*Les « Métamorphoses » d'Ovide et leurs modèles grecs, par A. LAFAYE, professeur adjoint à la Sorbonne. 1 vol. in-8. 1904.   8 fr. 50

MOYEN AGE

*Premiers mélanges d'histoire du Moyen âge, par MM. le Prof. A. LUCHAIRE, DUPONT-FERRIER et POUPARDIN. 1 vol in-8.   3 fr. 50
Deuxièmes mélanges d'histoire du Moyen âge, publiés sous la direct. de M. le Prof. A. LUCHAIRE, par MM. LUCHAIRE, HALPHEN et HUCKEL. 1 vol. in-8.   6 fr.
Troisièmes mélanges d'histoire du Moyen âge, par MM. le Prof. LUCHAIRE, BEYSSIER, HALPHEN et CORDEY. 1 vol. in-8.   8 fr. 50
Quatrièmes mélanges d'histoire du Moyen âge, par MM. JACQUEMIN, FARAL, BEYSSIER. 1 vol. in-8.   7 fr. 50
*Essai de restitution des plus anciens Mémoriaux de la Chambre des Comptes de Paris, par MM. J. PETIT, GAVRILOVITCH, MAURY et TÉODORU, préface de M. CH.-V. LANGLOIS, prof. adjoint. 1 vol. in-8. 9 fr.
Constantin V, empereur des Romains (740-775). Étude d'histoire byzantine, par A. LOMBARD, licencié ès lettres. Préface de M. Ch. DIEHL, prof. adjoint. 1 vol. in-8.   6 fr.
Étude sur quelques manuscrits de Rome et de Paris, par M. le Prof. A. LUCHAIRE, membre de l'Institut. 1 vol. in-8.   6 fr.
Les archives de la cour des comptes, aides et finances de Montpellier, par L. MARTIN-CHABOT, archiviste-paléographe. 1 vol. in-8. 8 fr.

PHILOLOGIE et LINGUISTIQUE

*Le dialecte alaman de Colmar (Haute-Alsace) en 1870, grammaire et lexique, par M. le Prof. VICTOR HENRY. 1 vol. in-8.   8 fr.
*Études linguistiques sur la Basse-Auvergne, phonétique historique du patois de Vinzelles (Puy-de-Dôme), par ALBERT DAUZAT. Préface de M. le Prof. A. THOMAS. 1 vol. in-8.   6 fr.
*Antinomies linguistiques, par M. le Prof. VICTOR HENRY. 1 v. in-8. 2 fr.
Mélanges d'étymologie française, par M. le Prof. A. THOMAS. In-8. 7 fr.
A propos du corpus Tibullianum. Un siècle de philologie latine classique, par M. le Prof. A. CARTAULT. 1 vol. in-8.   18 fr.

PHILOSOPHIE

L'imagination et les mathématiques selon Descartes, par P. BOUTROUX, licencié ès lettres. 1 vol. in-8.   2 fr.

GÉOGRAPHIE

La rivière Vincent-Pinzon. Étude sur la cartographie de la Guyane, par M. le Prof. VIDAL DE LA BLACHE, de l'Institut. In-8, avec grav. et planches hors texte.   6 fr.

LITTÉRATURE MODERNE

*Mélanges d'histoire littéraire, par MM. FREMINET, DUPIN et DES COGNETS. Préface de M. le prof. LANSON. 1 vol. in-8.   6 fr. 50

HISTOIRE CONTEMPORAINE

*Le treize vendémiaire an IV, par HENRY ZIVY. 1 vol. in-8. 4 fr.

TRAVAUX DE L'UNIVERSITE DE LILLE

PAUL FABRE. La polyptyque du chanoine Benoît. In-8. 3 fr. 50
A. PINLOCHE. *Principales œuvres de Herbart.   7 fr. 50
A. PENJON. Pensée et réalité, de A. SPIR, trad. de l'allem. In-8. 10 fr.
— L'énigme sociale. 1902. 1 vol. in-8.   2 fr. 50
G. LEFÈVRE. *Les variations de Guillaume de Champeaux et la question des Universaux. Étude suivie de documents originaux. 1898. 3 fr.
J. DEROCQUIGNY. Charles Lamb. Sa vie et ses œuvres. 1 vol. in-8 12 fr.

F. ALCAN.

ANNALES DE L'UNIVERSITÉ DE LYON

Lettres intimes de J.-M. Alberoni adressées au comte J. Rocca, par Emile BOURGEOIS, 1 vol. in-8. 10 fr.
La républ. des Provinces-Unies, France et Pays-Bas espagnols, de 1630 à 1650, par A. WADDINGTON. 2 vol. in-8. 12 fr.
Le Vivarais, essai de géographie régionale, par BURDIN. 1 vol. in-8. 6 fr.

*RECUEIL DES INSTRUCTIONS
DONNÉES AUX AMBASSADEURS ET MINISTRES DE FRANCE
DEPUIS LES TRAITÉS DE WESTPHALIE JUSQU'A LA RÉVOLUTION FRANÇAISE

Publié sous les auspices de la Commission des archives diplomatiques au Ministère des Affaires étrangères.

Beaux vol. in-8 rais., imprimés sur pap. de Hollande, avec Introduction et notes.

I. — **AUTRICHE**, par M. Albert SOREL, de l'Académie française. *Épuisé*.
II. — **SUÈDE**, par M. A. GEFFROY, de l'Institut.................. 20 fr.
III. — **PORTUGAL**, par le vicomte DE CAIX DE SAINT-AYMOUR..... 20 fr.
IV et V. — **POLOGNE**, par M. LOUIS FARGES. 2 vol............... 30 fr.
VI. — **ROME**, par M. G. HANOTAUX, de l'Académie française..... 20 fr.
VII. — **BAVIÈRE, PALATINAT ET DEUX-PONTS**, par M. André LEBON. 25 fr.
VIII et IX. — **RUSSIE**, par M. Alfred RAMBAUD, de l'Institut. 2 vol.
 Le 1er vol. 20 fr. Le second vol..................... 25 fr.
X. — **NAPLES ET PARME**, par M. Joseph REINACH, dépu'é....... 20 fr.
XI. — **ESPAGNE (1649-1750)**, par MM. MOREL-FATIO et LÉONARDON (t. I). 20 fr.
XII et XII bis. — **ESPAGNE (1750-1789)** (t. II et III), par les mêmes.... 40 fr.
XIII. — **DANEMARK**, par M. A. GEFFROY, de l'Institut........... 14 fr.
XIV et XV. — **SAVOIE-MANTOUE**, par M. HORRIC de BEAUCAIRE. 2 vol. 40 fr.
XVI. — **PRUSSE**, par M. A. WADDINGTON. 1 vol. (Couronné par l'Institut.) 28 fr.

*INVENTAIRE ANALYTIQUE
DES ARCHIVES DU MINISTÈRE DES AFFAIRES ÉTRANGÈRES
Publié sous les auspices de la Commission des archives diplomatiques

Correspondance politique de MM. de CASTILLON et de MARILLAC, ambassadeurs de France en Angleterre (1537-1542), par M. JEAN KAULEK, avec la collaboration de MM. Louis Farges et Germain Lefèvre-Pontalis. 1 vol. in-8 raisin .... 15 fr.

Papiers de BARTHÉLEMY, ambassadeur de France en Suisse, de 1792 à 1797 par M. Jean KAULEK. 4 vol. in-8 raisin.
 I. Année 1792, 15 fr. — II. Janvier-août 1793, 15 fr. — III. Septembre 1793 à mars 1794, 18 fr. — IV. Avril 1794 à février 1795, 20 fr. — V. Septembre 1794 à Septembre 1796 .... 20 fr.

Correspondance politique de ODET DE SELVE, ambassadeur de France en Angleterre (1546-1549), par M. G. LEFÈVRE-PONTALIS. 1 vol. in-8 raisin .... 15 fr.

Correspondance politique de GUILLAUME PELLICIER, ambassadeur de France à Venise (1540-1542), par M. Alexandre TAUSSERAT-RADEL. 1 fort vol. in-8 raisin .... 40 fr.

Correspondance des Deys d'Alger avec la Cour de France (1759-1833), recueillie par Eug. PLANTET, attaché au Ministère des Affaires étrangères. 2 vol. in-8 raisin avec 2 planches en taille-douce hors texte. 30 fr.

Correspondance des Beys de Tunis et des Consuls de France avec la Cour (1577-1830), recueillie par Eug. PLANTET, publiée sous les auspices du Ministère des Affaires étrangères. 3 vol. in-8 raisin. TOME I (1577-1700). *Épuisé*. — TOME II (1700-1770). 20 fr. — TOME III (1770-1830). 20 fr.

Les introducteurs des Ambassadeurs (1589-1900). 1 vol. in-4, avec figures dans le texte et planches hors texte. 20 fr.

F. ALCAN.

*REVUE PHILOSOPHIQUE
DE LA FRANCE ET DE L'ÉTRANGER
Dirigée par Th. RIBOT, Membre de l'Institut, Professeur honoraire au Collège de France.
(32ᵉ année, 1907.) — Paraît tous les mois.
Abonnement: Un an : Paris, **30 fr.** — Départements et Etranger, **33 fr.**
La livraison, **3 fr.**
Les années écoulées, chacune **30** francs, et la livraison, **3 fr.**
Tables des matières (1876-1887), in-8. 3 fr. — (1888-1895), in-8. 3 fr. — (1896-1905), in-8. 3 fr.

*REVUE GERMANIQUE (ALLEMAGNE — ANGLETERRE — ÉTATS-UNIS — PAYS SCANDINAVES)
Première année, 1905. — Paraît tous les deux mois (*Cinq numéros par an*).
Secrétaire général : M. PIQUET, professeur à l'Université de Lille.
Abonnement : Paris, **14 fr.** — Départements et Etranger, **16 fr.**
La livraison, **4 fr.**

*Journal de Psychologie Normale et Pathologique
DIRIGÉ PAR LES DOCTEURS
Pierre JANET   et   Georges DUMAS
Professeur au Collège de France.   Chargé de cours à la Sorbonne.
(4ᵉ année, 1907.) — Paraît tous les deux mois.
Abonnement : France et Etranger, **14 fr.** — La livraison, **2 fr. 60**.
Le prix d'abonnement est de 12 fr. pour les abonnés de la Revue philosophique

*REVUE HISTORIQUE
Dirigée par MM. G. MONOD, Membre de l'Institut, et Ch. BÉMONT
(32ᵉ année, 1907.) — Paraît tous les deux mois.
Abonnement : Un an : Paris, **30 fr.** — Départements et Etranger, **33 fr.**
La livraison, **6 fr.**
Les années écoulées, chacune **30 fr.**; le fascicule, **6 fr.** Les fascicules de la 1ʳᵉ année, **9 fr.**
TABLES GÉNÉRALES DES MATIÈRES
I. 1876 à 1880. 3 fr.; pour les abonnés, 1 fr. 50   III. 1886 à 1890. 5 fr.; pour les abonnés, 2 fr. 50
II. 1881 à 1885. 3 fr.;   —   1 fr. 50   IV. 1891 à 1895. 3 fr.;   —   1 fr. 50
V. 1896 à 1900. 3 fr.; pour les abonnés, 1 fr. 50

*ANNALES DES SCIENCES POLITIQUES
Revue bimestrielle publiée avec la collaboration des professeurs
et des anciens élèves de l'Ecole libre des Sciences politiques
(22ᵉ année, 1907.)
Rédacteur en chef : M. A. VIALLATE, Prof. à l'Ecole.
Abonnement. — Un an : Paris, **18 fr.**; Départements et Etranger, **19 fr.**
La livraison, **3 fr. 50**.

*JOURNAL DES ÉCONOMISTES
Revue mensuelle de la science économique et de la statistique
Paraît le 15 de chaque mois par fascicules grand in-8 de 10 à 12 feuilles
Rédacteur en chef : G. DE MOLINARI, correspondant de l'Institut
Abonnement : Un an, France et Algérie, **36 fr.** Six mois, **19 fr.**
Union postale : Un an, **38 fr.** Six mois, **20 fr.** — Le numéro, **3 fr. 50**
Les abonnements partent de janvier ou de juillet.
Tables des matières (1841 à 1865), in-8. 20 fr. — (1866 à 1904), in-8. 20 fr.

*Revue de l'École d'Anthropologie de Paris
Recueil mensuel publié par les professeurs. — (17ᵉ année, 1907).
Abonnement : France et Étranger, **10 fr.** — Le numéro, **1 fr.**
TABLE GÉNÉRALE DES MATIÈRES, 1891-1900. . . . 2 fr.

REVUE ÉCONOMIQUE INTERNATIONALE
(4ᵉ année, 1907) Mensuelle
Abonnement : Un an, France et Belgique, **50 fr.**; autres pays, **56 fr.**

Bulletin de la Société libre pour l'Étude psychologique de l'Enfant
10 numéros par an. — Abonnement du 1ᵉʳ octobre : **3 fr.**

F. ALCAN.

BIBLIOTHÈQUE SCIENTIFIQUE
INTERNATIONALE

Publiée sous la direction de M. Émile ALGLAVE

Les titres marqués d'un astérisque * sont adoptés par le *Ministère de l'Instruction publique de France* pour les bibliothèques des lycées et des collèges.

LISTE PAR ORDRE D'APPARITION

109 VOLUMES IN-8, CARTONNÉS A L'ANGLAISE, OUVRAGES A 6, 9 ET 12 FR.

1. TYNDALL (J.). * Les Glaciers et les Transformations de l'eau, avec figures. 1 vol. in-8. 7ᵉ édition. 6 fr.
2. BAGEHOT. * Lois scientifiques du développement des nations. 1 vol. in-8. 6ᵉ édition. 6 fr.
3. MAREY. * La Machine animale. *Épuisé.*
4. BAIN. * L'Esprit et le Corps. 1 vol. in-8. 6ᵉ édition. 6 fr.
5. PETTIGREW. * La Locomotion chez les animaux, marche, natation et vol. 1 vol. in-8, avec figures. 2ᵉ édit. 6 fr.
6. HERBERT SPENCER. * La Science sociale. 1 v. in-8. 13ᵉ édit. 6 fr.
7. SCHMIDT (O.). * La Descendance de l'homme et le Darwinisme. 1 vol. in-8, avec fig. 6ᵉ édition. 6 fr.
8. MAUDSLEY. * Le Crime et la Folie. 1 vol. in-8. 7ᵉ édit. 6 fr.
9. VAN BENEDEN. * Les Commensaux et les Parasites dans le règne animal. 1 vol. in-8, avec figures. 4ᵉ édit. 6 fr.
10. BALFOUR STEWART. * La Conservation de l'énergie, avec figures. 1 vol. in-8. 6ᵉ édition. 6 fr.
11. DRAPER. Les Conflits de la science et de la religion. 1 vol. in-8. 10ᵉ édition. 6 fr.
12. L. DUMONT. * Théorie scientifique de la sensibilité. Le plaisir et la douleur. 1 vol. in-8. 4ᵉ édition. 6 fr.
13. SCHUTZENBERGER. * Les Fermentations. In-8, 6ᵉ édit. 6 fr.
14. WHITNEY. * La Vie du langage. 1 vol. in-8. 4ᵉ édit. 6 fr.
15. COOKE et BERKELEY. * Les Champignons. In-8, av. fig., 4ᵉ éd. 6 fr.
16. BERNSTEIN. * Les Sens. 1 vol. in-8, avec 91 fig. 5ᵉ édit. 6 fr.
17. BERTHELOT. * La Synthèse chimique. 1 vol. in-8. 8ᵉ édit. 6 fr.
18. NIEWENGLOWSKI (H.). * La photographie et la photochimie. 1 vol. in-8, avec gravures et une planche hors texte. 6 fr.
19. LUYS. * Le Cerveau et ses fonctions. *Épuisé.*
20. STANLEY JEVONS. * La Monnaie. *Épuisé.*
21. FUCHS. * Les Volcans et les Tremblements de terre. 1 vol. in-8, avec figures et une carte en couleurs. 5ᵉ édition. 6 fr.
22. GÉNÉRAL BRIALMONT. * Les Camps retranchés. *Épuisé.*
23. DE QUATREFAGES. * L'Espèce humaine. 1 v. in-8. 13ᵉ édit. 6 fr.
24. BLASERNA et HELMHOLTZ. * Le Son et la Musique. 1 vol. in-8, avec figures. 5ᵉ édition. 6 fr.
25. ROSENTHAL. * Les Nerfs et les Muscles. *Épuisé.*
26. BRUCKE et HELMHOLTZ. * Principes scientifiques des beaux-arts. 1 vol. in-8, avec 39 figures. 4ᵉ édition. 6 fr.

27. WURTZ. *La Théorie atomique. 1 vol. in-8. 9ᵉ édition. 6 fr.
28-29. SECCHI (le père). * Les Étoiles. 2 vol. in-8, avec 63 figures dans le texte et 17 pl. en noir et en couleurs hors texte. 3ᵉ édit. 12 fr.
30. JOLY.* L'Homme avant les métaux. Épuisé.
31. A. BAIN. * La Science de l'éducation. 1 vol. in-8. 9ᵉ édit. 6 fr.
32-33. THURSTON (R.).* Histoire de la machine à vapeur. 2 vol. in-8, avec 140 fig. et 16 planches hors texte. 3ᵉ édition. 12 fr.
34. HARTMANN (R.). *Les Peuples de l'Afrique. Épuisé.
35. HERBERT SPENCER. * Les Bases de la morale évolutionniste. 1 vol. in-8. 6ᵉ édition. 6 fr.
36. HUXLEY. *L'Écrevisse, introduction à l'étude de la zoologie. 1 vol. in-8, avec figures. 2ᵉ édition. 6 fr.
37. DE ROBERTY. *La Sociologie. 1 vol. in-8. 3ᵉ édition. 6 fr.
38. ROOD. * Théorie scientifique des couleurs. 1 vol. in-8, avec figures et une planche en couleurs hors texte. 2ᵉ édition. 6 fr.
39. DE SAPORTA et MARION. *L'Évolution du règne végétal (les Cryptogames). Épuisé.
40-41. CHARLTON BASTIAN. *Le Cerveau, organe de la pensée chez l'homme et chez les animaux. 2 vol. in-8, avec figures. 2ᵉ éd. 12 fr.
42. JAMES SULLY. *Les Illusions des sens et de l'esprit. 1 vol. in-8, avec figures. 3ᵉ édit. 6 fr.
43. YOUNG. * Le Soleil. Épuisé.
44. DE CANDOLLE. * L'Origine des plantes cultivées. 4ᵉ éd. 1 v. in-8. 6 fr.
45-46. SIR JOHN LUBBOCK. * Fourmis, abeilles et guêpes. Épuisé.
47. PERRIER (Edm.). La Philosophie zoologique avant Darwin. 1 vol. in-8. 3ᵉ édition. 6 fr.
48. STALLO. *La Matière et la Physique moderne. 1 vol. in-8. 3ᵉ éd., précédé d'une Introduction par Ch. FRIEDEL. 6 fr.
49. MANTEGAZZA. La Physionomie et l'Expression des sentiments. 1 vol. in-8. 3ᵉ édit., avec huit planches hors texte. 6 fr.
50. DE MEYER. *Les Organes de la parole et leur emploi pour la formation des sons du langage. In-8, avec 51 fig. 6 fr.
51. DE LANESSAN.*Introduction à l'Étude de la botanique (le Sapin). 1 vol. in-8. 2ᵉ édit., avec 143 figures. 6 fr.
52-53. DE SAPORTA et MARION. *L'Évolution du règne végétal (les Phanérogames). 2 vol. Épuisé.
54. TROUESSART. *Les Microbes, les Ferments et les Moisissures. 1 vol. in-8. 2ᵉ édit., avec 107 figures. 6 fr.
55. HARTMANN (R.).*Les Singes anthropoïdes. Épuisé.
56. SCHMIDT (O.).*Les Mammifères dans leurs rapports avec leurs ancêtres géologiques. 1 vol. in-8, avec 51 figures. 6 fr.
57. BINET et FÉRÉ. Le Magnétisme animal. 1 vol. in-8. 4ᵉ édit. 6 fr.
58-59. ROMANES. *L'Intelligence des animaux. 2 v. in-8 3ᵉ édit. 12 fr.
60. LAGRANGE (F.). Physiol. des exerc. du corps. 1 v. in-8. 7ᵉ éd. 6 fr.
61. DREYFUS.* Évolution des mondes et des sociétés. 1 v. in-8. 6 fr.
62. DAUBRÉE. * Les Régions invisibles du globe et des espaces célestes. 1 vol. in-8, avec 85 fig. dans le texte. 2ᵉ édit. 6 fr.
63-64. SIR JOHN LUBBOCK. * L'Homme préhistorique. 2 vol. Épuisé.
65. RICHET (Ch.). La Chaleur animale. 1 vol. in-8, avec figures. 6 fr.
66 FALSAN (A.). *La Période glaciaire. Épuisé.
67. BEAUNIS (H.). Les Sensations internes. 1 vol. in-8. 6 fr.
68. CARTAILHAC (E.). La France préhistorique, d'après les sépultures et les monuments. 1 vol. in-8, avec 162 figures. 2ᵉ édit. 6 fr.
69. BERTHELOT.*La Révol. chimique, Lavoisier. 1 vol. in-8. 2ᵉ éd. 6 fr.
70. SIR JOHN LUBBOCK. * Les Sens et l'instinct chez les animaux, principalement chez les insectes. 1 vol. in-8, avec 150 figures. 6 fr.
71. STARCKE. *La Famille primitive. 1 vol. in-8. 6 fr.
72. ARLOING. *Les Virus. 1 vol. in-8, avec figures. 6 fr.

73. TOPINARD. *L'Homme dans la Nature. 1 vol. in-8, avec fig. 6 fr.
74. BINET (Alf.). *Les Altérations de la personnalité. In-8, 2 éd. 6 fr.
75. DE QUATREFAGES (A.). *Darwin et ses précurseurs français. 1 vol. in-8. 2ᵉ édition refondue. 6 fr.
76. LEFÈVRE (A.). * Les Races et les langues. 1 vol. in-8. 6 fr.
77-78. DE QUATREFAGES (A.). *Les Émules de Darwin. 2 vol. in-8, avec préfaces de MM. Edm. PERRIER et HAMY. 12 fr.
79. BRUNACHE (P.). *Le Centre de l'Afrique. Autour du Tchad. 1 vol. in-8, avec figures. 6 fr.
80. ANGOT (A.). *Les Aurores polaires. 1 vol. in-8, avec figures. 6 fr.
81. JACCARD. * Le pétrole, le bitume et l'asphalte au point de vue géologique. 1 vol. in-8, avec figures. 6 fr.
82. MEUNIER (Stan.).*La Géologie comparée. 2ᵉ éd. in-8, avec fig. 6 fr.
83. LE DANTEC.*Théorie nouvelle de la vie. 3ᵉ éd. 1 v. in-8, avec fig. 6 fr.
84. DE LANESSAN. * Principes de colonisation. 1 vol. in-8. 6 fr.
85. DEMOOR, MASSART et VANDERVELDE. *L'évolution régressive en biologie et en sociologie. 1 vol. in-8, avec gravures. 6 fr.
86. MORTILLET (G. de). * Formation de la Nation française. 2ᵉ édit. 1 vol. in-8, avec 150 gravures et 18 cartes. 6 fr.
87. ROCHÉ (G.). *La Culture des Mers (piscifacture, pisciculture, ostréiculture). 1 vol. in-8, avec 81 gravures. 6 fr.
88. COSTANTIN (J.). *Les Végétaux et les Milieux cosmiques (adaptation, évolution). 1 vol. in-8, avec 171 gravures. 6 fr.
89. LE DANTEC. L'évolution individuelle et l'hérédité. 1 vol. in-8. 6 fr.
90. GUIGNET et GARNIER. * La Céramique ancienne et moderne. 1 vol., avec grav. 6 fr.
91. GELLÉ (E.-M.). *L'audition et ses organes. 1 v. in-8, avec grav. 6 fr.
92. MEUNIER (St.).*La Géologie expérimentale. 2ᵉ éd. in-8, av. gr. 6 fr.
93. COSTANTIN (J.). *La Nature tropicale. 1 vol. in-8, avec grav. 6 fr.
94. GROSSE (E.). *Les débuts de l'art. Introduction de L. MARILLIER. 1 vol. in-8, avec 32 gravures dans le texte et 3 pl. hors texte. 6 fr.
95. GRASSET (J.). Les Maladies de l'orientation et de l'équilibre. 1 vol. in-8, avec gravures. 6 fr.
96. DEMENY (G.). *Les bases scientifiques de l'éducation physique. 1 vol. in-8, avec 198 gravures. 3ᵉ édit. 6 fr.
97. MALMÉJAC (F.). *L'eau dans l'alimentation. 1 v. in-8, avec grav. 6 fr.
98. MEUNIER (Stan.). *La géologie générale. 1 v. in-8, avec grav. 6 fr.
99. DEMENY (G.). Mécanisme et éducation des mouvements. 2ᵉ édit. 1 vol. in-8, avec 565 gravures. 9 fr.
100. BOURDEAU (L.). Histoire de l'habillement et de la parure. 1 vol. in-8. 6 fr.
101. MOSSO (A.).*Les exercices physiques et le développement intellectuel. 1 vol. in-8. 6 fr.
102. LE DANTEC (F.). Les lois naturelles. 1 vol. in-8, avec grav. 6 fr.
103. NORMAN LOCKYER.*L'évolution inorganique. 1 vol. in-8, avec 42 gravures. 6 fr.
104. COLAJANNI (N.). *Latins et Anglo-Saxons. 1 vol. in-8. 9 fr.
105. JAVAL (E.).*Physiologie de la lecture et de l'écriture. 1 vol. in-8, avec 96 gravures, 2ᵉ édition. 6 fr.
106. COSTANTIN (J.). *Le Transformisme appliqué à l'agriculture. 1 vol. in-8, avec 105 gravures. 6 fr.
107. LALOY (L.).*Parasitisme et mutualisme en agriculture. Préface du Pʳ A. GIARD. 1 vol. in-8, avec 82 gravures. 6 fr.
108. CONSTANTIN (Capitaine). Le rôle sociologique de la guerre et le sentiment national. Suivi de la traduction de *La guerre, moyen de sélection collective*, par le Dʳ STEINMETZ. 1 vol. 6 fr.
109. LOEB. La dynamique de l'apparition de la vie. Traduit de l'allemand par MM. DAUDIN et SCHAEFFER. 1 vol. avec fig. 9 fr.

RÉCENTES PUBLICATIONS
HISTORIQUES, PHILOSOPHIQUES ET SCIENTIFIQUES
qui ne se trouvent pas dans les collections précédentes.

ALAUX. Esquisse d'une philosophie de l'être. In-8. 1 fr.
— Les Problèmes religieux au XIX° siècle. 1 vol. in-8. 7 fr. 50
— Philosophie morale et politique. In-8. 1893. 7 fr. 50
— Théorie de l'âme humaine. 1 vol. in-8. 1895. 10 fr.
— Dieu et le Monde. Essai de phil. première. 1901. 1 vol. in-12. 2 fr. 50
AMIABLE (Louis). Une loge maçonnique d'avant 1789. 1 v. in-8. 6 fr.
ANDRÉ (L.), docteur ès lettres. Michel Le Tellier et l'organisation de l'armée monarchique. 1 vol. in-8 (couronné par l'Institut). 1906. 14 fr.
— Deux mémoires inédits de Claude Le Pelletier. In-8. 1906. 3 fr. 50
ARNAUNÉ (A.), directeur de la Monnaie. La monnaie, le crédit et le change, 3° édition, revue et augmentée. 1 vol. in-8. 1906. 8 fr.
ARRÉAT. Une Éducation intellectuelle. 1 vol. in-18. 2 fr. 50
— Journal d'un philosophe. 1 vol. in-18. 3 fr. 50 (Voy. p. 2 et 5.)
*Autour du monde, par les BOURSIERS DE VOYAGE DE L'UNIVERSITÉ DE PARIS. (Fondation Albert Kahn). 1 vol. gr. in-8. 1904. 5 fr.
ASLAN (G.). La Morale selon Guyau. 1 vol. in-16. 1906. 2 fr.
ATGER (F.). Hist. des doctrines du Contrat social. 1 v. in-8. 1906. 8 fr.
AZAM. Hypnotisme et double conscience. 1 vol. in-8. 9 fr.
BACHA (E.). Le Génie de Tacite. 1 vol. in-18. 4 fr.
BALFOUR STEWART et TAIT. L'Univers invisible. 1 vol. in-8. 7 fr.
BELLANGER (A.), docteur ès lettres. Les concepts de cause et l'activité intentionnelle de l'esprit. 1 vol. in-8. 1905. 5 fr.
BENOIST-HANAPPIER (L.), docteur ès lettres. Le drame naturaliste en Allemagne. In-8. Couronné par l'Académie française. 1905. 7 fr. 50
BERNATH (de). Cléopâtre. Sa vie, son règne. 1 vol in-8. 1903. 8 fr.
BERTON (H.), docteur en droit. L'évolution constitutionnelle du second empire. Doctrines, textes, histoire. 1 fort vol. in-8. 1900. 12 fr.
BLUM (E.), agrégé de philosophie. *La Déclaration des Droits de l'homme. Texte et commentaire. Préface de M. G. COMPAYRÉ, Inspecteur général. Récompensé par l'Institut. 3° édit. 1 vol. in-8. 1905. 3 fr. 75
BOURDEAU (Louis). Théorie des sciences. 2 vol. in-8. 20 fr.
— La Conquête du monde animal. In-8. 5 fr.
— La Conquête du monde végétal. In-8. 1893. 5 fr.
— L'Histoire et les historiens. 1 vol. in-8. 7 fr. 50
— *Histoire de l'alimentation. 1894. 1 vol. in-8. 5 fr.
BOUTROUX (Em.), de l'Institut. *De l'idée de loi naturelle dans la science et la philosophie. 1 vol. in-8. 2 fr. 50.
BRANDON-SALVADOR (Mme). A travers les moissons. Ancien Test. Talmud. Apocryphes. Poètes et moralistes juifs du moyen âge. In-16. 1903. 4 fr.
BRASSEUR. La question sociale. 1 vol. in-8. 1900. 7 fr. 50
BROOKS ADAMS. Loi de la civilisation et de la décadence. In-8. 7 fr. 50
BROUSSEAU (K.). Éducation des nègres aux États-Unis. In-8. 7 fr. 50
BÜCHER (Karl). Études d'histoire et d'économie polit. In-8. 1901. 6 fr.
BUDÉ (E. de). Les Bonaparte en Suisse. 1 vol. in-12. 1905. 3 fr. 50
BUNGE (C.-O.). Psychologie individuelle et sociale. In-16. 1904. 3 fr.
CANTON (G.). Napoléon antimilitariste. 1902. In-16. 3 fr. 50
CARDON (G.). *La Fondation de l'Université de Douai. In-8. 10 fr.
CELS (A.). Science de l'homme et anthropologie. 1904. 1 v. in-8. 7 fr. 50
CHARRIAUT (H.). Après la séparation. Enquête sur l'avenir des Églises. 1 vol. in-12. 1905. 3 fr. 50
CLAMAGERAN. La Réaction économique et la démocratie. In-18. 1 fr. 25
— La lutte contre le mal. 1 vol. in-18. 1897. 3 fr. 50

CLAMAGERAN. **Études politiques, économiques et administratives.**
Préface de M. BERTHELOT. 1 vol. gr. in-8. 1904. 10 fr.
— **Philosophie religieuse.** *Art et voyages.* 1 vol. in-12. 1904. 3 fr. 50
— **Correspondance (1849-1902).** 1 vol. gr. in-8. 1905. 10 fr.
COLLIGNON (A.). **Diderot** 2° édit. 1907. In-12. 3 fr. 50
COMBARIEU (J.). *Les rapports de la musique et de la poésie considérés au point de vue de l'expression. 1 vol. in-8. 1893. 7 fr. 50
Congrès de l'Éducation sociale, Paris 1900. 1 vol. in-8. 1901. 10 fr.
IV° Congrès international de Psychologie, Paris 1900. In-8. 20 fr.
V° Congrès international de Psychologie, Rome 1905. In-8. 20 fr.
Congrès de l'enseignement des Sciences sociales, Paris 1900.
 1 vol. in-8. 1901. 7 fr. 50
COSTE. **Économie polit. et physiol. sociale.** In-18. 3 fr. 50 (V. p. 2 et 6).
COUBERTIN (P. de). **La gymnastique utilitaire.** *Défense. Sauvetage.*
Locomotion. 2° édit. 1 vol. in-12. 2 fr. 50
COUTURAT (Louis). *De L'infini mathématique. In-8. 1896. 12 fr.
DANY (G.), docteur en droit. *Les Idées politiques en Pologne à la fin du XVIII° siècle. *La Constit. du 3 mai 1793.* In-8. 1901. 6 fr.
DAREL (Th.). **La Folie.** *Ses causes. Sa thérapeutique.* 1901. In-12. 4 fr.
— **Le peuple-roi.** *Essai de sociologie universaliste.* In-8. 1904. 3 fr. 50
DAURIAC. **Croyance et réalité.** 1 vol. in-18. 1889. 3 fr. 50
— **Le Réalisme de Reid.** In-8. 1 fr.
DEFOURNY (M.). **La sociologie positiviste.** *Auguste Comte.* In-8. 1902. 6 fr.
DERAISMES (Mlle Maria). **Œuvres complètes.** 4 vol. Chacun. 3 fr. 50
DESCHAMPS. **Principes de morale sociale.** 1 vol. in-8. 1903. 3 fr. 50
DESPAUX. **Genèse de la matière et de l'énergie.** In-8. 1900. 4 fr.
— **Causes des énergies attractives.** 1 vol. in-8. 1902. 5 fr.
— **Explication mécanique de la matière, de l'électricité et du magnétisme.** 1 vol. in-8. 1905. 4 fr.
DOLLOT (R.), docteur en droit. **Les origines de la neutralité de la Belgique (1609-1830).** 1 vol. in-8. 1902. 10 fr.
DUBUC (P.). *Essai sur la méthode en métaphysique. 1 vol. in-8. 5 fr.
DUCAS (L.). *L'amitié antique. 1 vol. in-8. 7 fr. 50
DUNAN. *Sur les formes a priori de la sensibilité. 1 vol. in-8. 5 fr.
DUNANT (E.). **Les relations diplomatiques de la France et de la République helvétique (1798-1803).** 1 vol. in-8. 1902. 20 fr.
DU POTET. **Traité complet de magnétisme.** 5° éd. 1 vol. in-8. 8 fr.
— **Manuel de l'étudiant magnétiseur.** 6° éd., gr. in-18, avec fig. 3 fr. 50
— **Le magnétisme opposé à la médecine.** 1 vol. in-8. 6 fr.
DUPUY (Paul). **Les fondements de la morale.** In-8. 1900. 5 fr.
— **Méthodes et concepts.** 1 vol. in-8. 1903. 5 fr.
*Entre Camarades, par les anciens élèves de l'Université de Paris. *Histoire, littérature, philologie, philosophie.* 1901, in-8. 10 fr.
ESPINAS (A.). *Les Origines de la technologie. 1 vol. in-8. 1897. 5 fr.
FERRÈRE (F.). **La situation religieuse de l'Afrique romaine** depuis la fin du IV° siècle jusqu'à l'invasion des Vandales. 1 v. in-8. 1898. 7 fr. 50
FERRIÈRE (Em.). **Les Apôtres,** essai d'histoire religieuse. 1 vol. in-12. 4 fr. 50
— **L'Ame est la fonction du cerveau.** 2 volumes in-18. 7 fr.
— **Le Paganisme des Hébreux.** 1 vol. in-18. 3 fr. 50
— **La Matière et l'Énergie.** 1 vol. in-18. 4 fr. 50
— **L'Ame et la Vie.** 1 vol. in-18. 4 fr. 50
— **Les Mythes de la Bible.** 1 vol. in-18. 1893. 3 fr. 50
— **La Cause première d'après les données expérim.** In-18. 1896. 3 fr. 50
— **Étymologie de 400 prénoms.** In-18. 1898. 1 fr. 50. (V. p. 11.)
Fondation universitaire de Belleville (La). Ch. GIDE. *Travail intellect. et travail manuel;* J. BARDOUX. *Prem. efforts et prem. année.* In-16. 1 fr. 50
GELEY (G.). **Les preuves du transformisme et les enseignements de la doctrine évolutionniste.** 1 vol. in-8. 1901. 6 fr.

F. ALCAN.

GILLET (M.). **Fondement intellectuel de la morale.** In-8. 3 fr. 75
GIRAUD-TEULON. **Les origines de la papauté** d'après Dollinger. 1 vol. in-12. 1905. 2 fr.
GOURD. **Le Phénomène.** 1 vol. in-8. 7 fr. 50
GREEF (Guillaume de). **Introduction à la Sociologie.** 2 vol. in-8. 10 fr.
— **L'évol. des croyances et des doctr. polit.** In-12. 1895. 4 fr.(V.p.3 et 8.)
GRIVEAU (M.). **Les Éléments du beau.** In-18. 4 fr. 50
— **La Sphère de beauté**, 1901. 1 vol. in-8. 10 fr.
GUEX (F.), professeur à l'Université de Lausanne. **Histoire de l'Instruction et de l'Éducation.** In-8 avec gravures, 1906. 6 fr.
GUYAU. **Vers d'un philosophe.** In-18. 3ᵉ édit. 3 fr. 50
HALLEUX (J.). **L'Évolutionnisme en morale** (H. Spencer). In-12. 1901. 3 fr. 50
HALOT (C.). **L'Extrême-Orient.** Études d'hier. Événements d'aujourd'hui. 1 vol. in-16. 1905. 4 fr.
HOCQUART (E.). **L'Art de juger le caractère des hommes sur leur écriture**, préface de J. CRÉPIEUX-JAMIN. Br. in-8. 1898. 1 fr.
HORVATH, KARDOS et ENDRODI. *Histoire de la littérature hongroise, adapté du hongrois par J. KONT. Gr. in-8, avec gr. 1900. Br. 10 fr. Rel. 15 fr.
ICARD. **Paradoxes ou vérités.** 1 vol. in-12. 1895. 3 fr. 50
JAMES (W.). **L'Expérience religieuse**, traduit par F. ABAUZIT, agrégé de philosophie. 1 vol. in-8°. 2ᵉ éd. 1907. Cour. par l'Acad. française. 10 fr.
JANSSENS (E.). **Le néo-criticisme de Ch. Renouvier.** In-16. 1904. 3 fr. 50
— **La philosophie et l'apologétique de Pascal.** 1 vol. in-16. 4 fr.
JOURDY (Général). **L'instruction de l'armée française, de 1815 à 1902.** 1 vol. in-16. 1903. 3 fr. 50
JOYAU. **De l'Invention dans les arts et dans les sciences.** 1 v. in-8. 5 fr.
— **Essai sur la liberté morale.** 1 vol. in-18. 3 fr. 50
KARPPE (S.), docteur ès lettres. **Les origines et la nature du Zohar**, précédé d'une Étude sur l'histoire de la Kabbale. 1901. In-8. 7 fr. 50
KAUFMANN. **La cause finale et son importance.** In-12. 2 fr. 50
KINGSFORD (A.) et MAITLAND (E.). **La Voie parfaite ou le Christ ésotérique**, précédé d'une préface d'Édouard SCHURÉ. 1 vol. in-8. 1892. 6 fr.
KOSTYLEFF. **Esquisse d'une évolution dans l'histoire de la philosophie.** 1 vol. in-16. 1903. 2 fr. 50
— **Les substituts de l'âme dans la psychologie moderne.** 1 vol. in-8. 1906. 4 fr.
LACOMBE (Cl de). **La maladie contemporaine.** Examen des principaux problèmes sociaux au point de vue positiviste. 1 vol. in-8. 1906. 3 fr. 50
LAFONTAINE. **L'art de magnétiser.** 7ᵉ édit. 1 vol. in-8. 5 fr.
— **Mémoires d'un magnétiseur.** 2 vol. gr. in-18. 7 fr.
LANESSAN (de). **Le Programme maritime de 1900-1906.** In-12. 2ᵉ éd. 1903. 3 fr. 50
LASSERRE (A.). **La participation collective des femmes à la Révolution française.** In-8. 1905. 5 fr.
LAVELEYE (Em. de). **De l'avenir des peuples catholiques.** In-8. 25 c.
LEFÉBURE (Cl). **Méthode de gymnastique éducative.** 1905. In-8. 5 fr.
LEMAIRE (P.). **Le cartésianisme chez les Bénédictins.** In-8. 6 fr. 50
LEMAITRE (J.), professeur au Collège de Genève. **Audition colorée et phénomènes connexes observés chez des écoliers.** In-12. 1900. 4 fr.
LETAINTURIER (J.). **Le socialisme devant le bon sens.** In-18. 1 fr. 50
LEVI (Eliphas). **Dogme et rituel de la haute magie.** 3ᵉ édit. 2 vol. in-8, avec 24 figures. 18 fr.
— **Histoire de la magie.** Nouvelle édit. 1 vol. in-8, avec 90 fig. 12 fr.
— **La clef des grands mystères.** 1 vol. in-8, avec 22 pl. 12 fr.
— **La science des esprits.** 1 vol. 7 fr.
LEVY (L.-G.), docteur ès lettres. **La famille dans l'antiquité israélite.** 1 vol. in-8. 1905. Couronné par l'Académie française. 5 fr.

LÉVY-SCHNEIDER (L.), docteur ès lettres. **Le conventionnel Jeanbon Saint-André (1749-1813)**. 1901. 2 vol. in-8. 15 fr.
LICHTENBERGER (A.). **Le socialisme au XVIII⁰ siècle**. In-8. 7 fr. 50
LIESSE (A.), prof. au Conservatoire des Arts et Métiers. **La statistique.** Ses difficultés. Ses procédés. Ses résultats. In-16, 1905. 2 fr. 50
MABILLEAU (L.). *Histoire de la philos. atomistique. In-8. 1895. 12 fr.
MAGNIN (E.). **L'art et l'hypnose.** 1 vol. in-8 avec gravures et planches, cart. 1906. 20 fr.
MAINDRON (Ernest). *L'Académie des sciences (Histoire de l'Académie; fondation de l'Institut national; Bonaparte, membre de l'Institut). In-8 cavalier, 53 grav., portraits, plans. 8 pl. hors texte et 2 autographes. 6 fr.
MANDOUL (J.) **Un homme d'État italien : Joseph de Maistre.** In-8. 8 fr.
MARGUERY (E.). **Le droit de propriété et le régime démocratique.** 1 vol. in-16. 1905. 2 fr. 50
MARIÉTAN (J.). **La classification des sciences, d'Aristote à saint Thomas.** 1 vol. in-8. 1901. 3 fr.
MATAGRIN. **L'esthétique de Lotze.** 1 vol. in-12. 1900. 2 fr.
MERCIER (Mgr). **Les origines de la psych. contemp.** In-12. 1898. 5 fr.
MICHOTTE (A.). **Les signes régionaux** (répartition de la sensibilité tactile). 1 vol. in-8 avec planches, 1905. 5 fr.
MILHAUD (G.) *Le positiv. et le progrès de l'esprit. In-16. 1902. 2 fr. 50
MILLERAND, FAGNOT, STROHL. **La durée légale du travail.** in-12. 1906. 2 fr. 50
MODESTOV (B). **Introduction à l'Histoire romaine.** L'ethnologie préhistorique, les influences civilisatrices à l'époque préromaine et les commencements de Rome, traduit du russe sur MICHEL DELINES. Avant-propos de M. SALOMON REINACH, de l'Institut. 1 vol. in-4 avec 36 planches hors texte et 27 figures dans le texte. 1907. 15 fr.
MONNIER (Marcel). *Le drame chinois. 1 vol. in-16. 1900. 2 fr. 50
NEPLUYEFF (N. de). **La confrérie ouvrière et ses écoles**, in-12. 2 fr.
NODET (V.). **Les agnosies, la cécité psychique.** In-8. 1899. 4 fr.
NOVICOW (J.). **La Question d'Alsace-Lorraine.** In-8. 1 fr. (V. p. 4, 10 et 19.)
— **La Fédération de l'Europe.** 1 vol. in-18. 2⁰ édit. 1901. 3 fr. 50
— **L'affranchissement de la femme.** 1 vol. in-16. 1903. 3 fr.
OVERBERGH (C. VAN). **La réforme de l'enseignement.** 2 vol. in-8. 1906. 10 fr.
PARIS (Comte de). **Les Associations ouvrières en Angleterre** (Trades-unions). 1 vol. in-18. 7⁰ édit. 1 fr. — Édition sur papier fort. 2 fr. 50
PARISET (G.), professeur à l'Université de Nancy. **La Revue germanique de Dollfus et Nefftzer.** In-8. 1906. 2 fr.
PAUL-BONCOUR (J.). **Le fédéralisme économique**, préf. de M. WALDECK-ROUSSEAU. 1 vol. in-8. 2⁰ édition. 1901. 6 fr.
PAULHAN (Fr.). **Le Nouveau mysticisme.** 1 vol. in-18. 2 fr. 50
PELLETAN (Eugène). *La Naissance d'une ville (Royan). In-18. 2 fr.
— *Jarousseau, le pasteur du désert. 1 vol. in-18. 2 fr.
— *Un Roi philosophe, Frédéric le Grand. In-18. 3 fr. 50
— **Droits de l'homme.** In-16. 3 fr. 50
— **Profession de foi du XIX⁰ siècle.** In-16. 3 fr. 50
PEREZ (Bernard). **Mes deux chats.** In-12, 2⁰ édition. 1 fr. 50
— **Jacotot et sa Méthode d'émancipation intellect.** In-18. 3 fr.
— **Dictionnaire abrégé de philosophie.** 1893. in-12. 1 fr. 50 (V. p. 9.)
PHILBERT (Louis). **Le Rire.** In-8. (Cour. par l'Académie française.) 7 fr. 50
PHILIPPE (J.). **Lucrèce dans la théologie chrétienne.** In-8. 2 fr. 50
PHILIPPSON (J.). **L'autonomie et la centralisation du système nerveux des animaux.** 1 vol. in-8 avec planches. 1905. 5 fr.
PIAT (C.). **L'Intellect actif.** 1 vol. in-8. 4 fr.
— **L'Idée ou critique du Kantisme.** 2⁰ édition 1901. 1 vol. in-8. 6 fr.

PICARD (Ch.). **Sémites et Aryens** (1893). In-18. 1 fr. 50
PICTET (Raoul). **Étude critique du matérialisme et du spiritualisme par la physique expérimentale.** 1 vol. gr. in-8. 10 fr.
PINLOCHE (A.), professeur hon^{re} de l'Univ. de Lille. ***Pestalozzi et l'éducation populaire moderne.*** In-16. 1902. (*Cour. par l'Institut.*) 2 fr. 50
POEY. **Littré et Auguste Comte.** 1 vol. in-18. 3 fr. 50
PRAT (Louis). **Le mystère de Platon (Aglaophamos).** 1 v. in-8. 1900. 4 fr.
— **L'Art et la beauté (Kalliklès).** 1 vol. in-8. 1903. 5 fr.
Protection légale des travailleurs (La). 1 vol. in-12. 1904. 3 fr. 50
Les dix conférences composant ce volume se vendent séparées chacune. 0 fr. 60
REGNAUD (P.). **L'origine des idées éclairée par la science du langage.** 1904. In-12. 1 fr. 50
RENOUVIER, de l'Inst. **Uchronie.** *Utopie dans l'Histoire.* 2e éd. 1901. In-8. 7 50
ROBERTY (J.-E.) **Auguste Bouvier,** pasteur et théologien protestant. 1826-1893. 1 fort vol. in-12. 1901. 3 fr. 50
ROISEL. **Chronologie des temps préhistoriques.** In-12. 1900. 1 fr.
ROTT (Ed.). **La représentation diplomatique de la France auprès des cantons suisses confédérés.** T. I (1498-1559). Gr. in-8. 1900. 12 fr.—
T. II (1559-1610). Gr. in-8. 1902. T. III (1610-1626). Gr. in-8. 1906. 20 fr.
SABATIER (C.). **Le Dupleisme humain.** 1 vol. in-18. 1906. 2 fr. 50
SAUSSURE (L. de). **Psychol. de la colonisation franç.** In-12. 3 fr. 50
SAYOUS (E.), *****Histoire générale des Hongrois.** 2e éd. revisée. 1 vol. grand in-8, avec grav. et pl. hors texte. 1900. Br. 15 fr. Relié. 20 fr.
SCHILLER (Études sur), par MM. SCHMIDT, FAUCONNET, ANDLER, XAVIER LÉON, SPENLÉ, BALDENSPERGER, DRESCH, TIBAL, EHRHARD, Mme TALAYRACH D'ECKARDT, H. LICHTENBERGER, A. LÉVY. In-8. 1906. 4 fr.
SCHINZ. **Problème de la tragédie en Allemagne.** In-8. 1903. 1 fr. 25
SECRÉTAN (H.). **La Société et la morale.** 1 vol. in-12. 1897. 3 fr. 50
SEIPPEL (P.), professeur à l'École polytechnique de Zurich. **Les deux Frances et leurs origines historiques.** 1 vol. in-8. 1906. 7 fr. 50
SIGOGNE (E.). **Socialisme et monarchie.** In-16. 1906. 2 fr. 50
SKARZYNSKI (L.). *****Le progrès social à la fin du XIXe siècle.** Préface de M. LÉON BOURGEOIS. 1901. 1 vol. in-12. 4 fr. 50
SOREL (Albert), de l'Acad. franç. **Traité de Paris de 1815.** In-8. 1 fr. 50
TEMMERMAN, directeur d'École normale. **Notions de psychologie** appliquées à la pédagogie et à la didactique. In-8, avec fig. 1903. 3 fr.
VALENTINO (D^r Ch.). **Notes sur l'Inde.** In-16. 1906. 4 fr.
VAN BIERVLIET (J.-J.). **Psychologie humaine.** 1 vol. in-8. 8 fr.
— **La Mémoire.** Br. in-8. 1893. 2 fr.
— **Études de psychologie.** 1 vol. in-8. 1901. 4 fr.
— **Causeries psychologiques.** 2 vol. in-8. Chacun. 3 fr.
— **Esquisse d'une éducation de la mémoire.** 1904. In-16. 2 fr.
VERMALE (F.). **La répartition des biens ecclésiastiques nationalisés dans le département du Rhône.** In-8. 1906. 2 fr. 50
VITALIS. **Correspondance politique de Dominique de Gabre.** 1904. 1 vol. in-8. 12 fr. 50
WYLM (Dr A.). **La morale sexuelle.** 1907. In-8. 5 fr.
ZAPLETAL. **Le récit de la création dans la Genèse.** In-8. 3 fr. 50
ZOLLA (D.). **Les questions agricoles d'hier et d'aujourd'hui.** 1894, 1895. 2 vol. in-12. Chacun. 3 fr. 50

TABLE ALPHABÉTIQUE DES AUTEURS

Adam	5, 13	Bücher (Karl)	26	Dumas (G.)	2, 7, 22	Hébert	5
Alaux	2, 20	Budé	20	Dumont	23	Hegel	13
Alglave	23	Bunge (C. O.)	26	Dumoulin	16	Helmholtz	23
Allier	2	Burdan	21	Dunan	2, 27	Hémon	8
Altmeyr	25	Bureau	15	Dunant (E.)	27	Henneguy	27
Amiable	26	Cahen (L.)	16	Du Potet	27	Henry (Victor)	20
André	26	Caix de St-Aymour	21	Duprat	2, 7	Herbart	13
Annales de sociologie	23	Candolle	24	Duproix	7, 13	Herbert Spencer. Voy. Spencer.	
Andler	17	Canton	26	Dupuy	7	Herckenrath	3
Angot	25	Cardon	26	Durand (de Gros)	3, 7	Hirth	8
Ansieux	25	Carnot	16	Durkheim	5, 7	Hocquart	28
Aristote	12	Carra de Vaux	14	Duval	17	Höffding	8
Arloing	24	Carrau	6	Egger	7	Horrie de Beaucaire	21
Arnauné	26	Cartailhac	21	Eichthal (d')	3, 19	Horvath	28
Arnold (Matthew)	5	Cartault	19, 20	Ellis Stevens	18	Huxley	24
Arréat	2, 5, 26	Cels	26	Encausse	3	Icard	28
Aslan	26	Chabot	6	Endrodi	28	Isambert	8, 16
Atger	26	Chantavoine	15	Erasme	13	Jaccard	25
Aubry	6	Charriaut	26	Espinas	3, 7, 27	Jacoby	8
Auerbach	18	Charlton Bastian	24	Fabre (J.)	12	Jaell	3
Aulard	16	Clamageran	26, 27	Fabre (P.)	20	James	3, 28
Azam	26	Clay	6	Fagnot	29	Janet (Paul)	3, 8, 12
Bachat	12	Colajanni	25	Faivre	3	Janet (Pierre)	8, 22
Bacon	23	Collignon	27	Farges	21	Janssens	28
Bagehot	24	Collins	6	Favre (Mme J.)	12	Jaukelwitch	3
Bain (Alex.)	6, 23, 24	Combarieu	27	Fédérici	26	Jaurès	3
Ballet (Gilbert)	2	Combes de Lestrade	18	Féré	3, 24	Javal	25
Baldwin	6	Comte (A.)	6	Ferrère	27	Joly (H.)	14
Balfour Stewart	23, 26	Constantin	25	Ferrero	7, 9	Joly	24
Bardoux	6, 27	Cooke	26	Ferri (Enrico)	3, 27	Jourdy	28
Barni	19	Cordier	15	Ferri (L.)	7	Joyau	28
Barthélemy St-Hilaire	6	Cosentini	6	Ferrière	27	Kant	15
Baruzi	6	Costantin	25	Fierens-Gevaert	3	Kardos	28
Bazzelotti	6	Coste	2, 6, 27	Figard	12	Karppe	8, 28
Basch	13, 15	Couailhac	14	Finot	7	Kaufmann	28
Bayet	2	Coubertin	27	Fleury (de)	13	Kaulek	27
Bazaillas	6	Couchoud	14	Fonsegrive	5, 7	Kingsford	18
Beaunis	24	Courant	14, 18	Foucault	7	Kostyleff	28
Beaussire	3, 13, 19	Courcelle	13, 14, 27	Fouillée	3, 7, 12	Krantz	12
Bellamy	15	Couturat	6	Fournière	3, 8, 15	Lachelier	3
Bellanger	26	Crépieux-Jamin	6	Franck	3	Lacombe	9
Belot	6	Cresson	2, 6, 13	Fuchs	23	Lacombe (de)	28
Bonard	13	Daendliker	18	Fulliquet	8	Lafaye	20
Beneden (Van)	21, 23	Damé	18	Gaffarel	17, 18	Lafontaine	28
Benoist-Hanappier	16	Danville	2	Gaisman	17	Lafontaine (A.)	12
Bérard (V.)	18	Dany	17	Garnier	25	Lagrange	24
Bergson	2, 6	Darel (Th.)	27	Garofalo	8	Laisant	3
Berkeley	13, 23	Daubrée	24	Gauckler	3	Lalande	9
Bernard (A.)	17	Dauriac	2, 6, 27	Geffroy	21	Laloy	25
Bernath (de)	26	Dauzat (A.)	20	Geley	3, 27	Lampérière	25
Bernstein	23	Deberle	18	Gelle	25	Landry	3, 9
Bertauld	3	Debidour	16	Gérard-Varet	8	Lanessan (de)	9, 15, 17, 24, 25, 28
Berthelot	23, 25	Defourny	27	Gide	3		
Berton	6	Delacroix	13	Gillet	28	Lang	9
Bertrand	6	De la Grasserie	6	Giraud-Teulon	25	Lange	3
Binet	2, 6, 24, 25	Delbos	6	Gley	8	Langlois	18
Blanc (Louis)	17, 19	Delord	17, 19	Goblot	3, 8	Lanson	20
Blaserna	23	Delvaille	2	Godfernaux	6	Lapie	3, 9, 17
Blondel	2	Delvolve	2, 25	Gomel	16	Laschi	9
Blum	6	Demeny	25	Gomperz	12	Lasserre	25
Boirac	15	Demoor	19	Gory	8	Laugel	3, 17
Boiteau	18	Depasse	27	Gourd	28	Laurière	9
Bolton King	16	Deraismes	20	Grasset	3, 8, 25	Laveleye (de)	9, 19, 26
Bondois	19	Derocquigny	27	Graef (de)	3, 8, 28	Leblond (M.-A.)	17
Bonet-Maury	2	Deschamps	19	Griveau	8	Lobon (A.)	21
Bos	2	Deschanel	27	Gross	8	Le lion (G.)	3
Boucher	15	Despaux	16	Grosse	8	Léchalas	3, 9
Bouglé	2, 6, 15	Despois	6	Guéroult	19	Lechartier	9
Bourdeau (J.)	3, 19	Dewaule	15	Guex	28	Leclère (A.)	9
Bourdeau (L.)	6, 25, 26	Dick May	14	Guillard	17	Le Dantec	3, 9, 25
Bourdon	6	D'Indy	16	Guignet	26	Lefébure	25
Bourgeois (E.)	21	Doellinger	27	Guiraud	19	Lefèvre (A.)	25
Bourlier	18	Dollot	14	Gurney	8	Lefèvre (G.)	3, 25
Boutroux (E.)	2, 6, 26	Domet de Vorges	14	Guyau	3, 8, 13, 28	Lefèvre-Pontalis	21
Boutroux (P.)	26	Draghicesco	6	Guyot	12	Lemaire	28
Brandon-Salvador	26	Draper	23	Halévy (Elie)	8, 12	Lemaire	28
Braunschvicg	6	Dreyfus (C.)	24	Halleux	28	Léon (Xavier)	9
Brasseur	26	Dreyfus-Brisac	13	Halot	28	Léonardon	14, 21
Bray	6	Driault	16, 18	Hannequin	19	Leroy (Bernard)	9
Brenet	14	Droz	27	Hanotaux	21	Leroy-Beaulieu (A.)	14
Brochard	6	Dubuc	15	Hartenberg	8	Letainturier	28
Brooks Adams	26	Duclaux	24	Hartmann (E. de)	12	Lévi (Eliphas)	9
Brousseau	26	Dufour (Médéric)	12	Hartmann (R.)	24	Lévy	9, 13
Brucke	23	Dugald-Stewart	13	Hatzfeld	12, 15	Lévy-Bruhl	9, 15
Brunache	25	Dugas	2, 27	Hauser	15	Lévy (L.-G.)	25
Brunschvicg	2, 6	Du Maroussem	15	Hauvette	19		

F. ALCAN — 32 —

Lévy-Schneider 29	Nodet 29	Reinach (J.) 19, 21	Starcke 24
Liard 4, 9, 12	Noël 13	Renard 3, 10	Stein 11
Lichtenberger (A.) 19, 29	Noel 17	Renouvier 10, 30	Strauss 19
Lichtenberger (H.) 4, 9	Nordau (Max) 4, 10	Réville 4	Strohl 11
Liesse 29	Norman Lockyer 25	Reynald 18	Srrowski 11
Lœb 25	Novicow 4, 10, 19, 29	Ribéry 10	Stuart Mill 5, 11
Lombard 20	Oldenberg 10	Ribot (Th.) 4, 5, 10, 11, 22	Sully (James) 11, 24
Lombroso 4, 9	Ogereau 11	Ricardou 11	Sully Prudhomme 5, 11
Lubac 9	Ollé-Laprune 13	Richard 5, 11	Swarte (de) 13
Lubbock 4, 24	Ossip-Lourié 4, 10	Richet 5, 24	Swift 5
Luchaire 9	Ouvré 10, 12	Riemann 11	Sybel (H. de) 16
Luquet 9	Overbergh (Van) 29	Rignano 11	Tait 24
Lyon (Georges) 4, 9	Palante 4, 10	Rivaud 11, 12	Tannery 13
Mabilleau 29	Papus 3	Roberty (de) 5, 11, 24	Tanon 5
Magnin 9	Paris (Cte de) 29	Roberty 30	Tarde 5, 11, 15
Mailand 28	Pariset 29	Roché 25	Tardieu (E.) 11
Maindron 29	Paul-Boncour 12	Rodier 12	Tardieu (A.) 17
Malapert 9	Paul-Boncour (J.) 4	Rodocanachi 18	Tausserat-Radel 31
Malméjac 25	Paul Louis 19	Roisel 5, 30	Tchernoff 17
Mandoul 29	Paulot 11	Romanes 11, 24	Temmermann 30
Mantegazza 24	Paulhan 4, 10, 29	Rood 24	Thamin 29
Marguery 4, 29	Payot 11	Rott 30	Thomas (A.) 29
Mariétan 29	Pellet 16	Rousseau (J.-J.) 13	Thomas (P.-F.) 5, 11, 13
Marion 9	Pelletan 29	Roussel-Despierres 5	Thurston 24
Martin-Chabot 20	Penjon 20	Ruyssen 11, 14	Tissié 5
Martin (F.) 9	Pérès 10	Sabatier (G.) 30	Topinard 25
Martin (J.) 14	Perez (Bernard) 10, 29	Saigey 11, 13	Trouessart 24
Massard 25	Perrier 24	Saint-Paul 11	Turmann 15
Matagrin 29	Pettigrew 23	Saleilles 15	Turot 15
Mathiez 16	Philbert 29	Sanz y Escartin 11	Tyndall 23
Matter 18, 19	Philippe (J.) 4, 19	Saussure 30	Vacherot 11
Maudsley 23	Philippson 4	Sayous 18, 30	Valentino 30
Mauxion 4, 13	Piat 10, 13, 14, 29	Scheffer 17, 18	Vallaux 16
Maxwell 9	Picard (Ch.) 29	Schelling 13	Van Biervliet 30
Mercier (Mgr) 29	Picard (E.) 30	Schinz 30	Vandervelde 15, 25
Métin 15, 17, 18	Picavet 10, 12, 13	Schmidt 23, 24	Vermale 30
Meunier (Stan.) 25	Pictet 30	Schmidt (Ch.) 17	Véra 13
Meyer (de) 11	Piderit 10	Schopenhauer 5, 11	Véron 17
Michotte 29	Pillon 4, 10	Schutzenberger 23	Viallate 14, 22
Milhaud (E.) 4, 12, 29	Pinloche 20, 30	Secrétan (H.) 30	Vidal de la Blache 20
Milhaud (G.) 18	Pioger 4, 10	Seignobos 15	Vignon 17
Mill. Voy. Stuart Mill.	Piolet 17	Séailles 11	Vitalis 30
Millerand 29	Piriou 18	Secchi 24	Waddington 21
Modestor 11	Pirro 14	Scippol 30	Wahl 17
Molinari (G. de) 22	Piunlet 21	Sighele 11	Weber 11
Mollien 16	Platon 12	Sigogno 30	Weil (D.) 29
Monnier 29	Podmore 8	Silvestre 16	Weill (G.) 17
Monod (G.) 22	Poey 30	Skarzynski 30	Welschinger 14
Monteil 19	Prat 10, 30	Socrate 12	Whitney 23
Morel-Fatio 21	Preyer 10	Sollier 5, 11	Wulff (de) 12
Mortillet (de) 25	Proal 10	Sorel (A.) 21, 30	Wundt 5
Mosso 4, 25	Puech 20	Sorin 18	Wurtz 24
Muller (Max) 9	Qualrefages (de) 23, 25	Souriau 5, 11	Wylin 30
Murisier 4	Queyrat 4	Spencer 3, 8, 23, 24	Yung 25, 24
Myers 8, 9	Rageot 10	Spinoza 12	Zapletal 30
Naville (A.) 4	Rambaud (A.) 21	Spir 18	Zeller 5
Naville (Ernest) 11	Rauh 10	Spuller 17, 19	Zevort 17
Nayrac 10	Recéjac 10	Staffer 11	Ziegler 5
Nepluyeff 29	Recouly 18	Stallo 11	Zivy 20
Niewenglowski 23	Regnaud 4, 30	Stanley Jevons 21, 24	Zolla 30

TABLE DES AUTEURS ÉTUDIÉS

Albéroni 21	Diderot 27	Lamennais 3	Renan 2
Aristote 12, 14, 29	Disraëli 14	Lavoisier 24	Renouvier 28
Anselme (Saint) 14	Epicure 12	Leibniz 3, 12	Saint-Simon 7
Augustin (Saint) 14	Erasme 13	Leroux (Pierre) 11	Schiller 13, 30
Avicenne 14	Fernel (Jean) 12, 13	Littré 23, 30	Schopenhauer 4
Bach 14	Feuerbach 9, 13	Lucrèce 19	Secrétan 4
Bacon 13	Fichte 7, 9, 13	Maine de Biran 14	Straton de Lampsaque 12
Barthélemy 21	Gassendi 13	Maistre (J. de) 4	Simonide 19
Baur (Christian) 5	Gazali 14	Malebranche 13, 14	Socrate 12, 14
Bayle 6	Guyau 7, 26	Montaigne 14	Spencer (Herbert) 6, 8
Beethoven 14	Hegel 13	Napoléon 16	Spinoza 6, 11, 12, 14
Bernadotte 18	Heine 9	Nietzsche 4, 5, 7	Stuart Mill 8
Bismarck 14, 18	Herbart 13, 20	Okoubo 14	Sully Prudhomme 5
Bouvier (Aug.) 30	Hobbes 6	Ovide 20	Tacite 26
César Franck 14	Horace 19	Palestrina 14	Taine 6, 9
Chamberlain 14	Hume 9	Pascal 11, 13, 14, 18	Tatien 14
Comte (Aug.) 5, 7, 9, 30	Ibsen 4	Pestalozzi 30	Thomas (Saint) 29
Condillac 6	Jacobi 9, 13	Platon 14	Tibulle 20
Condorcet 16	Kant 2, 7, 10, 13, 14, 29	Poë 9	Tolstoï 7
Cousin 2	Lamarck 3	Prim 11	Voltaire 13
Darwin 3, 25	Lamb 20	Reid 27	Wagner (Richard) 9
Descartes 9, 12			

3445. — Imp. Motteroz et Martinet, rue Saint-Benoît, 7, Paris.

www.ingramcontent.com/pod-product-compliance
Lightning Source LLC
Chambersburg PA
CBHW060301230426
43663CB00009B/1543